# 현대 한중 관계사 연구

**이재령**

1961년 전남 목포에서 태어났다. 단국대학교 문리과대학 사학과를 졸업하고 같은 대학원에서 중국현대사 전공으로 문학박사 학위를 받았다. 단국대 동양학연구소 연구원, 미국 오리건주립대학교 방문 학자로 활동했다.

현재 단국대 사학과 교수로 한중관계연구소 소장을 맡고 있으며 동아시아 근현대사와 한중 관계사에 관해 연구하고 있다.

저서로 『현대중국과 지식인』(2003), 『근현대 전환기 중화의식의 지속과 변용』(공저, 2008) 등과 「남경국민정부시기 재미중국유학생의 지적교류와 일상경험」(2012)을 비롯한 다수의 논문을 발표했다.

# 현대 한중 관계사 연구

2020년 8월 25일 초판 인쇄
2020년 8월 30일 초판 발행

지은이 _ 이재령
펴낸이 _ 김수복
기　획 _ 김남필
편　집 _ 성두현
마케팅 _ 김민배
펴낸곳 _ 단국대학교출판부
등　록 _ 1968.2.27 : No. 제03-00095호
주　소 _ 경기도 용인시 수지구 죽전로 152
전　화 _ 031-8005-2405
팩　스 _ 031-8021-7154

값 25,000원



ISBN 978-89-7092-741-1 (세트)
ISBN 978-89-7092-742-8 94910

# 현대 한중 관계사 연구

## - 일제 침략기 한중 언론의 상호 인식 -

이 재 령

단국대학교출판부

# 책을 펴내며

현재 동아시아에서는 미국의 '패권주의', 중국의 '신중화주의', 일본의 '우경화'에 따른 주도권 경쟁이 치열하게 벌어지고 있다. 고조되고 있는 동아시아의 대립과 갈등을 조정하고 해결하려면, 동아시아 각국이 서로 이해하고 상호 존중하려는 자세가 필요하다. 그 해결 방안의 하나는 고대로부터 현재까지 누적된 정치·경제·사회·문화의 한중 관계 및 항일 투쟁사, 한중 수교 이후의 다양한 교류 활동 등을 체계적으로 정리, 종합하여 미래 지향적인 상호 유대 강화의 방향을 모색하는 작업이다.

현재까지 한중 관계사 연구는 다양한 주제에 걸쳐 많은 성과들이 축적되었지만, 전후 냉전적 세계 질서에 따른 이념 갈등, 일차 사료의 부족, 정치적 핍박, 학문적 제약 등으로 근현대 시기의 연구는 매우 제한적이었다. 특히 한국전쟁 이후로 양국 관계가 더욱 악화되어, 근현대사 연구는 금기 영역화 되면서 객관적 실체에 대한 검증과 이해가 불가능하였다. 1992년 한중 수교를 계기로 양국의 정치·경제 교류가 본격화되었고, 탈냉전의 해빙기를 맞아 학술·문화·스포츠 교류까지 활발해졌다. 근현대 한중 관계사 연구 역시 서구 및 일본의 제국주의 침략에 따른 중국의 위상 변화와 연대 투쟁, 전후 냉전 관계와 상호 인식, 탈냉전 이후 우호·협력 관계로의 전환 등의 주제에 관한 검토가 이루었다.

잘 알려진 대로, 근대 이전의 한중 관계는 기본적으로 중화사상, 화이사상, 천하사상 등에 기초를 둔 책봉 조공 체제였다. 양국의 역사적 문화적 연대와 교류의 관성은 우호와 갈등, 협력과 충돌의 쌍곡선을 그리며, 수천 년 동안 지속되었다. 서구 열강과의 충돌로 본격화된 근대 동아시아는 중국 중심의 봉건적 지역 질서를 대체한 일본 제국주의의 침략에 한국과 중국이 맞서 싸운 공통 경험을 공유하고 새로운 지역 질서의 재편에 직면하였다.

공간적으로 중국 관내와 만주는 일제강점기 동안 한국 독립운동의 중심 무대로, 대한민국 임시정부를 비롯한 다양한 독립운동 세력이 국민당·공산당 등과 직간접적 협력을 이루었던 지역이었다. 그런 만큼 일제강점기 한국 독립운동에 관한 중국의 인식과 대응은 전후 새로운 한중 관계의 출발점이자 역사적 배후지였다. 신해혁명, 3·1운동, 5·4운동 등을 거치며 개인 친분에 따른 구호성 연대에 머물던 한중 관계가 1931년 만주 지역에서 발생한 만보산사건과 만주사변을 계기로 당면 과제로 급부상하였다. 더구나 1937년의 7·7사변은 중일전쟁을 전면전으로 바꾸어놓았고, 한중 연대에 의한 공동 항전은 승리를 위한 필요조건이 되었다. 그동안 중국에서 명맥만 유지하고 있던 한국 독립운동 세력은 실질적 위상 변화와 함께 구체적인 항전 역할을 수행함으로써, 전후 우호적인 한중 관계 형성의 마중물이 되었다. 이 시기에 한중 언론은 양국의 주요 사건뿐만 아니라 전황 및 정세 파악, 시국 대응과 항전 전략, 동아시아 연대론 등 여러 주제와 관련하여 폭넓은 견해를 밝히었다.

일본이 패망한 후 1945년부터 1948년까지 한반도를 둘러싼 국제 정세와 해방 정국에 있어서, 중국은 주요 변수가 되지 못하였다. 종전 이전까지 중국이 구상했던 미·영·중·소 4개국에 의한 한국 문제 처리 방안은 미국이나 소련처럼 강력한 힘을 배경으로 추진되지 않았기 때문에, 실질적 구속력을 담보할 수 없었다. 그렇지만 전후 동아시아의 새로운 질서를 구축해가는 과정에서 중국은 어떤 형식으로든 관련될 수밖에 없었다. 특히 한중 양국은 국경을 마주한 까닭에 서로 영향을 주고받을 수밖에 없는 관계였다. 이런 이유로 전후 중국 언론은 한국 문제에 관하여 깊은 관심을 가지고, 지속적으로 자기 주장을 펼쳤다.

21세기에 들어와 한국은 직면한 한중 양국의 실상을 냉정하게 인식하고, 갈수록 거세어지고 있는 중국의 애국주의와 패권주의 경향에 효율적으로 대응할 수 있는 방안을 모색해야 한다. 그러한 기초작업은 근현대 전환기 한중 관계를 면밀히 검토함으로써, 동아시아를 중심으로 고조되고 있는 주변 국가들의 주도권 경쟁과 남북한의 관계 변화에 능동적으로 대처할 수 있는 단서를 찾을 수 있다. 이를 위해 본서에서는 20세기 전반 반제·반봉건의 공통된 시대 과제를 안고 있던 한국과 중국이 서로를 어떻게 인식했고, 무엇을 위해 소통했으며, 어떤 방식으로 대면하고, 관계를 맺으며 영향을 주고받았는지 양국의 언론을 매개로 전면적으로 파악하고자 하였다. 동시대 한국의 《東亞日報》·『韓國青年』·『光復』 등의 언론 매체와, 중국에서 발행된 《申報》·《大公報》·《中央日報》·《新華日報》·《解放日報》·《人民日報》 등의 신문·잡지는 일제 침략에 맞서 싸운 양국의 상호 인식과 시국 대응, 미래 전망 등을 총체적으로 이해하는데 길잡이가 된다고 판단하였기 때문이다.

본서가 나오기까지 여러 학술 연구 기관의 재정적 물리적 지원과 함께, 동료 연구자들의 학문적 질정에 크게 힘입었다. 필자가 재직 중인 단국대학교는 학문 특성상 빠른 성과를 기대할 수 없음에도 불구하고 한중관계연구소를 설립하여 여태껏 지원을 아끼지 않고 있다. 인문학의 열악한 생태 환경 속에서 든든한 버팀목 역할을 하고 있는 한국연구재단과 동북아역사재단의 국비 지원 프로그램은 새로운 연구를 도전하는 데 적지 않은 힘이 되었다. 본 연구는 오랜 시간에 걸쳐 이루어진 작업으로, 매번 거친 글을 읽고 논평하며 완성도를 높일 수 있도록, 자극과 격려로 도움을 준 단국대학교 사학과 동학들과 중국근현대사학회의 여러 선생님들께 깊이 감사드린다. 연구자로서 여기까지 오는 데 숱한 고비와 난관에 부닥쳤고, 그럴때마다 초심으로 돌아가 스승들의 가르침을 되새기며, 헤아릴 수 없는 학은에 고개 숙인다. 이제 긴 여정을 마무리하며, 절망의 나락에서 굳세게 일어선 큰아들과 힘든 시간을 함께하며 지켜준 사랑하는 가족, 언약 교우들과 결실의 기쁨을 나누고 싶다. 아울러 2020년 벽두부터 코로나19의 팬데믹으로, 온 지구촌이 뒤숭숭하고 일상이 거의 정지되어버린 상황에서 졸고가 세상에 나올 수 있도록, 길을 터준 단국대학교출판부와 실무를 도맡아 수고해주신 성두현 선생님께도 고마움을 전한다.

2020년 초여름<br>죽전 연구실에서 고봉 이재령 씀

# 목 차


책을 펴내며 / 5

서언 : 현대 한중 관계사의 새로운 모색 / 13

1. 머리말 ······ 15
2. 시대 구분과 연구 시각 ······ 20
3. 새로운 인식을 위하여 ······ 29
4. 일제 침략기 한중 언론의 환경 ······ 44

제1부 만주사변(1931년) 전후 한중 언론의 상호 인식

Ⅰ. 만보산사건과 중국 여론의 동향 / 55

1. 머리말 ······ 55
2. 사건 발생과 국민당의 대응 ······ 57
3. 중국 여론의 동향 ······ 73
4. 맺음말 ······ 84

Ⅱ. 만주사변 시기 중국 관영 언론의 현실 인식 : 《중앙일보》 / 87

1. 머리말 ······ 87
2. 관영 언론의 현황 ······ 89
3. 《중앙일보》의 시국 인식 ······ 95
4. 《중앙일보》의 대일 방책 ······ 112
5. 맺음말 ······ 126

Ⅲ. 만주사변 시기 중국 민영 언론의 시국 대응 : 《신보》·《대공보》 / 129
1. 머리말 ···· 129
2. 만주사변 초기의 반응 ···· 132
3. 안내양외론 ···· 144
4. 맺음말 ···· 159

Ⅳ. 만주사변 전후 한국 언론의 중국 인식 : 《동아일보》 / 163
1. 머리말 ···· 163
2. 식민지 시기의 《동아일보》 ···· 165
3. 북벌 이후의 중국 정세 ···· 169
4. 만주사변과 중국의 대응 ···· 178
5. 맺음말 ···· 184

제2부 중일전쟁 시기(1937~1945년) 한중 언론의 인식과 대응

Ⅰ. 중일전쟁 초기 한중 언론의 정세 파악과 시국 대응 : 《동아일보》·《중앙일보》 / 189
1. 머리말 ···· 189
2. 7·7사변과 초기 반응 ···· 192
3. 한중 언론의 정세 분석과 전황 보도 ···· 200
4. 전시 체제와 언론 동향 ···· 214
5. 맺음말 ···· 223

Ⅱ. 중일전쟁 시기 국공 양당의 한국관 : 《중앙일보》·《신화일보》·《해방일보》 / 227
1. 머리말 ···· 227
2. 항전 전략과 동아시아 연대론 ···· 231
3. 식민지 한국의 이해 ···· 239
4. 국공 양당의 대한 인식 ···· 266
5. 맺음말 ···· 287

Ⅲ. 중일전쟁 시기 『한국청년』의 시국 인식과 대응 / 291
1. 머리말 ···································· 291
2. 『한국청년』의 발행 ···································· 293
3. 『한국청년』의 논조 ···································· 299
4. 국제 정세의 인식 ···································· 313
5. 맺음말 ···································· 320

Ⅳ. 중일전쟁 시기 『광복』의 정세 분석과 대일 전략 / 325
1. 머리말 ···································· 325
2. 『광복』의 발행과 성격 ···································· 327
3. 일본의 동향과 전략 분석 ···································· 335
4. 태평양전쟁의 발발과 진로 구상 ···································· 346
5. 맺음말 ···································· 369

제3부 냉전 형성기(1945~1948년) 중국 언론의 한국 인식

Ⅰ. 냉전 형성기 국민당 언론의 한국 인식 / 377
1. 머리말 ···································· 377
2. 미소 군정과 중국의 대응 ···································· 381
3. 한국 문제의 유엔 처리 ···································· 398
4. 남한 총선거와 대한민국 정부 수립 ···································· 414
5. 맺음말 ···································· 427

Ⅱ. 미소 군정 시기 《신화일보》의 한국 인식 / 431
1. 머리말 ···································· 431
2. 남북한 분할 점령과 군정 실시 ···································· 434
3. 미소의 한국 독립 방안과 실제 ···································· 444
4. 남북한의 정치·경제 상황 ···································· 454
5. 맺음말 ···································· 461

Ⅲ. 미소 군정 시기《인민일보》의 남북한 인식 / 467
1. 머리말 ···· 467
2. 미소 군정의 실상 ···· 471
3. 미소공위와 단독 정부의 수립 ···· 487
4. 북한 사회주의 국가의 수립 ···· 509
5. 맺음말 ···· 518

Ⅳ. 2차 세계대전 이후 한국 독립에 관한 중국의 인식 / 523
1. 머리말 ···· 523
2. 전후 한국 문제의 구상과 실제 ···· 524
3. 김구·이승만에 관한 인식 ···· 537
4. 남한 단독 정부 수립과 국민정부의 대응 ···· 546
5. 맺음말 ···· 553

결언 : 한국과 중국의 마주보기 / 557

참고 문헌 / 577
1. 사료 ···· 577
2. 연구서 ···· 579
3. 연구 논문 ···· 586

찾아보기 / 597

# 서언

## 현대 한중 관계사의 새로운 모색

## 1. 머리말

탈냉전이 본격화된 21세기, 한반도를 둘러싼 국제적 역학 관계에서 중심 국가는 당연히 미국과 중국이다. 미국이 20세기 중반 이후 한국의 생존을 좌우하는 정치적 경제적 운명 공동체로서 역할과 기능을 해왔다면, 중국은 오래전부터 우리와 지리적으로 맞닿은 불가분의 관계이지만 역사적으로나 현실적으로 교류와 충돌, 대립과 연대의 쌍곡선을 그려왔다. 개혁·개방 이후 중국은 불과 삼십여 년 만에 국제적 위상을 G2로 자리매김하면서, 세계인의 이목을 집중시켰고, 한국·일본을 비롯한 주변 국가와의 관계에도 상당한 변화가 나타나고 있다.

오늘날 한중 관계의 전환점이 된 1992년 수교 이후, 양국은 경제적으로 상호 3대 교역국으로 부상했으며, 안보·문화·교육 등 다방면에 걸쳐 2008년부터 '전략적 협력 동반자 관계'로 발전하였다. 한편으로 중국이 비약적인 경제 성장을 바탕으로 '대국굴기大國崛起'의 대외 전략을 취하면서, 주변 국가와 갈등을 일으키고 있다. 특히 동북공정을 추진하여 고구려사와 발해사를 중국사의 일부로 편입시킨 역사 왜곡은 한국 내에서 '중국 경계론'을 불러일으켰다.

2016년 8월에는 한중 양국의 최고 지도자가 베이징의 천안문 광장에서 열린 항전 승리 70주년 기념행사에 함께 참석할 만큼 긴밀한 관계를 보여주었다. 하지만 몇 개월 뒤 한국의 사드 배치 결정으로 양국 관계가 급속히 냉각되었다. 빈번해진 중국 정부의 한국에 대한 부정적 여론 몰이는 중국인들이 갖고 있는 대한 인식의 다른 일면을 보여주며, 아직도 한중 관계가 안정적이지 못한 상황임을 입증한다. 이처럼 양국은 수교 이후 이십여 년 만에 냉전 시기의 적대 관계를 뛰어넘어 우호, 협력 관계로 발전했지만, 여전히 보이지 않는 불신이 존재하고 있다. 현재 한중 관계의 본질은 역사적으로 오랫동안 축적되어온 상호 인식에서 그 뿌리를 찾을 수 있다. 따라서 앞으로 양국 관계의 방향을 결정짓는 요소도 역사적 맥락에서 파악할 필요가 있다.

지역이나 국가 간의 관계사 연구는 일국사의 한계를 뛰어넘어 특정 국가 혹은 지역 간 교류와 충돌을 통한 역사상을 폭넓게 이해하기 위한 방법이다. 한중 관계사도 한국사 및 중국사의 외연을 넓히고 심연을 궁구하기 위한 방편으로, 오래전부터 꾸준히 연구되어왔다. 최근 한국과 중국은 정치적 경제적 문화적 관계에서 새로운 변화가 나타나고 있으며, 이와 관련된 양국 학계의 연구도 활발하다. 중국에서는 한국과의 수교를 전후로 베이징北京대학·푸단復旦대학·저장浙江대학 등에 설치된 한국연구센터가 한국사 및 한중 관계사 연구를 주도하며, 정기 간행물까지 발간하고 있다.[1] 한국에서는 수교 이전부터 중국을 포함한 동아시아의 지역 연구를 주도해 온 대학 부설 연구소를 중심으로 한중 관계사에 대한 관심이 높았다.[2] 특히 2002년 중국에서 추진한 동북공정을 계기로 국가 출연 연구 기관인 고구려연구재단과 동북아역사재단이 설립되었다. 이들 기관에서 중국과의 역사 분쟁에 맞서기 위해 고구려사를 중심으로 고조선사, 부여사, 발해사 및 한중일 관계사까지 심도 있는 연구가 진행되었다.[3]

---

1 孫成旭, 「최근 중국학계의 근대 한중 관계사 연구(2007~2016)」, 『東洋學』 제69집, 단국대학교 동양학연구원, 2017, 125~127쪽.

2 국내의 대표적 인문학 국책 연구기관인 한국학중앙연구원을 비롯하여 단국대 동양학연구원, 고려대 아세아문제연구소·민족문화연구원, 연세대 국학연구원, 성균관대 동아시아학술원, 한양대 중소연구소 등 대학 연구 기관을 중심으로 국교 수립 이전부터 양국 관련 연구가 진행되어 왔다. 근래에는 원광대 한중관계연구원, 단국대 한중관계연구소 등과 민간 연구소의 전문적인 연구 활동이 활발하다.

널리 알려져 있듯이, 청일전쟁 이전까지 한국의 대외 관계는 전근대 동아시아의 지역 질서인 중화 체제 속에서 중국·일본 및 주변국과의 관계로, 그 가운데 한중 관계의 비중이 가장 컸다.[4] 연구 범위와 대상은 전 시대에 걸쳐 이루어진 인적 물적 교류 및 제도·문물·종교·학술·사상 등 광범위했다. 수교 이후로는 한중 관계사의 종합적 이해를 위한 개념, 시대 구분, 책봉 조공 관계, 교류와 연대 등에 관한 논의가 많았다. 연구 내용은 조공 책봉에 기반을 둔 사대교린의 소통 역사와 약탈·전쟁의 충돌 역사를 비롯하여 상호 관계 및 인식에 영향을 미친 문제들이 집중 검토되었다. 근현대 한중 관계사 분야에서는 양국 관계에 대한 합리적인 이해와 변화된 동아시아 지역 질서의 포괄적 접근을 위한 실증 연구가 주로 이루어졌다. 이와 함께 중국의 동북공정과 지나친 애국주의, 패권 지향의 위협론 및 북한의 핵무장, 한국의 사드 배치 등 한반도를 둘러싼 각종 현안이 제기될 때마다 언론계와 학계를 중심으로 새로운 담론에 관한 논의가 거듭되었다.[5] 이러한 논의는 곧

---

3 주요 성과로는 고구려역사재단 편, 『한중 관계사 연구논저 목록(근현대)』, 고구려연구재단, 2005 ; 동북아역사재단, 『한중일 학계의 한중 관계사 연구와 쟁점』, 동북아역사재단, 2009 ; 이익주 외 지음, 『동아시아 국제질서 속의 한중 관계사 -제언과 모색』, 동북아역사재단, 2010 등이 있다. 2006년 고구려연구재단은 동북아역사재단으로 확대 개편되었다.

4 高柄翊, 『東亞交涉史의 硏究』, 서울대학교출판부, 1970 ; 全海宗, 『韓國과 中國 -東亞史論集』, 知識産業社, 1979 ; 曺永祿 外, 『中國과 東아시아世界』, 國學資料院, 1996.

5 민두기, 「동아시아의 실체와 그 전망 -역사적 접근」, 『시간과의 경쟁』, 연세대출판부, 2001 ; 김희교, 「한국의 비판적 중국담론, 그 실종의 역사」, 『역사비평』 57, 2001 ; _______, 「『역사비평』과 한국의 중국 담론의 진로」, 『역사비평』 103, 2013 ; _______, 「사드(THAAD)와 한국 보수주의의 중국인식」, 『역사비평』 121, 2017 ; 박기수, 「최근의 한중 관계사·한일관계사 연구의 쇄도와 새로운 동양사 연구 방향의 탐색」, 『역사학보』 223, 2014 ; 배경한, 「20세기 동아시아 국제질서와 한중 관계 -'20세기 한중 관계사'의 새로운 시각과 서술방안 모색」, 『동아시아 국제질서 속의 한중 관계사 -제언과 모색』, 동북아역사재단,

한중 간의 전면적 협력 관계 속에서도 보이지 않는 차이가 존재하고 있음을 의미한다. 따라서 현재는 물론 미래의 한중 관계를 결정짓는 요소 중 하나로 양국 국민들이 서로를 어떻게 인식하고 있는가 하는 점을 파악하는 작업이 매우 중요하다.

특정 국가에 대한 이미지의 형성 및 변화 과정은 기본적으로 그 나라의 역사 배경이나 정치·경제·사회·문화의 상호 관계와 외교 정책 등에 의해 큰 틀이 형성된다. 또한 그 나라와 직결된 사건들을 둘러싼 정부 간의 인식과 대응, 이에 대한 구성원의 여론이나 반응이 실질적 영향을 미친다. 이러한 측면에서 근현대 한중 관계의 변화와 그에 따른 상호 인식은 한국의 피식민 지배와 중국의 혁명 운동이란 정치 상황에 의해 제한받을 수밖에 없다. 청일전쟁으로 동아시아의 전통적 국제 질서인 조공 체제가 무너진 이후, 1945년까지 한중 양국은 일본과 서구 열강의 제국주의적 침략을 받았다는 공통의 역사적 경험이 있다. 또한 두 나라는 식민지 혹은 반식민지 상황을 탈피하려는 저항의 역사도 공유하고 있다. 따라서 일제 침략기 한국과 중국의 양자 관계 및 상호 인식을 총체적으로 검토해 볼 필요가 있다.

지금까지 한중 관계사 연구는 주로 조공 체제나 사대교린이라는 정치적 경제적 이해 관계에 중점을 두고 양국의 교류 및 교역을 다루었다. 연구 시기도 근현대 이전에 집중되었다. 앞으로는 한중 관계가 조공과 사대라는 일방적 수직적 관계 즉, 우월감을 근간으로 한 전통적 인식 틀에서 이루어진 기존의 연구에서 벗어나 중화 질서가 해체된 이

2010 ; ______, 「역사로 보는 한중 관계」, 『지식의 지평』 9, 2010 ; 정문상, 「냉전 시기 한국인의 중국 인식」, 『아시아문화연구』 13, 2007 ; ______, 「『역사비평』과 한국의 중국학 연구」, 『역사비평』 100, 2012 ; 백영서, 「변하는 것과 변하지 않는 것 -한중 관계의 과거·현재·미래」, 『역사비평』 101, 2012.

후 근대 이행기의 상호 관계를 수평적 관점에서 이해할 필요가 있다.

과거 냉전 시기에는 이념 갈등과 정치 체제의 제약으로 중국 연구가 매우 제한적이었으며, 특히 근현대 한중 관계사 연구는 빈약한 자료와 학술적 금기로 온전한 이해가 불가능하였다. 그러나 1992년 한중 수교를 계기로 양국의 정치·경제 교류가 본격화되었고, 탈냉전의 해빙기를 맞아 학술·문화 교류도 함께 활발해졌다. 이후 근현대 한중 관계사 연구는 제국주의 침략에 따른 중국의 국제적 위상 변화, 일제 침략에 맞선 공동 연대 투쟁, 냉전 시기의 적대 관계와 상호 인식, 탈냉전 이후의 우호·협력 관계에 관한 검토가 주류를 이루었다.

현재 우리가 직면한 한중 양국의 실상을 냉정하게 인식하고, 갈수록 거세지고 있는 중국의 민족주의와 팽창주의 전략에 효율적으로 대응할 수 있는 방안을 찾아야 한다. 그러한 기초 작업으로 근현대 전환기 한중 관계사를 면밀히 검토함으로써, 동아시아 지역을 중심으로 고조되고 있는 미·중·일·러의 주도권 경쟁과 남북한의 관계 변화를 능동적으로 해결할 수 있는 역사적 단초를 찾을 수 있다고 본다. 이를 위해 20세기 전반 반제·반봉건의 공통된 시대적 과제를 안고 있던 한국과 중국이 서로를 어떻게 인식했고, 무엇을 위해 소통했으며, 어떤 방식으로 대면하고, 상호 관계를 맺으며 영향을 주고받았는지 전면적으로 파악할 시점에 서 있다.

## 2. 시대 구분과 연구 시각

해방 직후 한중 관계사 연구는 중국 문헌에 소개된 한국 관련 자료를 수집, 분석, 정리하는 수준이었다.[6] 이후 전근대의 대외 관계, 문화교류, 강역, 왜란과 호란 등에 관한 초보적 검토가 이루어졌는데 주로 정치·외교 문제를 다루었다. 또한 중국의 화이華夷론에 토대를 둔 중화사상의 실체와 조공 책봉 체제의 정치적 경제적 이해 관계에 초점을 맞춘 인적교류 및 경제 교역을 실증적으로 다루었다.[7] 한편 역사적으로 요동遼東을 한국과 중국처럼 특정한 국가나 민족의 이름으로 보지 않고 공간적 범주로 이해하여, 제3의 역사 공동체로서 간주하고 환절 혹은 매체로 삼아 양국 관계를 파악하려는 시도도 있었다.[8] 아울러 전근대 동아시아의 국제 관계에서 '편의로운 오해'로 만들어진 중심 질서·소중심 질서 및 역사적 문화적 공통 경험에 의한 교류와 융합의 거시적 시각으로 한중 관계를 분석한 연구도 있다.[9]

이러한 연구는 시기적으로 근대 이전에 집중되었고, 분석 대상도 양국의 내정·외교·군사·종교 등에 치우쳐 경제·교육·학술·문학·예술·과학·기술 등에 대한 관심은 상대적으로 미흡하였다.[10] 한중 관계사의

---

6 한국의 제1세대 중국사학자인 김상기의 해양교류사와 전해종·고병익 등의 '中國正史 朝鮮傳' 연구로 시작되었다. 고병익, 위의 책, 1970 ; 전해종, 위의 책, 1979. 참조.

7 근대이전 한중 관계사 연구로는 아래의 성과들이 있다. 최소자, 『명청시대 중한관계사 연구』, 이대출판부, 1997 ; 한국사연구회, 『고대 한중관계사의 연구』, 삼지원, 1987 ; 曹永祿 외, 위의 책, 1996.

8 김한규 지음, 『한중 관계사 Ⅰ』, 아르케, 1999, 5~18쪽.

9 민두기, 「동아시아의 실체와 그 전망 -역사적 접근」, 『시간과의 경쟁』, 연세대출판부, 2001, 39~62쪽.

10 연구의 양적인 면에서 통론·내정·외교·군사·종교에 관한 성과물이 압도적으로

인식 방향 역시 전통적 중화 질서의 틀에서 벗어나지 못한 채 부분적 단선적으로 이루어져 각자의 특수성을 고려한 연관과 소통의 동아시아를 이해하는 데 한계가 뚜렷하였다. 20세기 후반, 한중 관계사 연구는 일국사의 범주에서 벗어나 동아시아 지역사로 시야를 넓히고, 개별과 전체, 특수와 보편을 함께 고려하는 방법론을 도입하여 지엽 말단식의 역사 해석으로부터 벗어나게 되었다.[11]

근래 한중 관계사 연구에서는 조공과 사대라는 일방적 수직적 상하 관계, 곧 우월감을 바탕으로 한 전통적 인식 틀에서 벗어나 중화 질서가 해체된 이후의 상호 관계를 수평적 관점에서 이해하려는 시도도 꾸준히 이루어졌다. 예컨대 일제 침략기 한중 양국의 내부 요인뿐만 아니라 대일 항전 시기 국제 질서의 변동에 따른 관계 변화와 함께 냉전 시기 적대적 대립 국면에서 간헐적으로 표출된 상호 인식과 대응 양상 등이 검토되었다.

현재까지 논의된 근현대 한중 관계사의 시대 구분론은 몇 가지 견해로 나누어 볼 수 있다. 먼저 권혁수는 양국 관계의 성격 변화를 가져온 조공에서 조약 체제로의 전환에 주목하였다. 그는 주요 계기마다 체결된 조약을 기준으로 제1기는 1876년 강화도조약부터 1885년 청일의 톈진조약까지, 제2기는 1885년 거문도사건부터 1899년 한청통상조약까지, 제3기는 한청통상조약부터 1949년 중국과 북한의 수교까지로 시대 구분하였다.[12] 박상수는 한중 양국의 국제 관계와 정치

---

많다. 김위현 편, 『한중관계논저목록(1900~1999)』, 예문춘추관, 2002. 참조.

11 20세기말 한중 관계를 일원적 개별적 연관이 아닌 교류·소통의 다원적 시각으로 접근하여 동아시아 전체를 하나의 지역사로 이해하려는 노력이 시작되었다. 정문길·최원식·백영서·전형준 엮음, 『동아시아, 문제와 시각』, 문학과 지성사, 1997 ; 최원식·백영서 엮음, 『동아시아인의 '동양'인식 : 19-20세기』, 문학과 지성사, 1997 ; 백영서 외 지음, 『동아시아사의 지역질서 -제국을 넘어 공동체로』, 창비, 2005. 참조.

체제의 변동을 중시하여 개항, 청일전쟁, 러일전쟁, 일제강점기, 남북한 분단을 주요 전환기로 파악하였다. 그리고 제1기는 개항부터 청일전쟁 이전까지, 제2기는 청일전쟁부터 대한제국 멸망까지, 제3기는 일제강점기, 제4기는 남북한의 분단부터 조·중 동맹 관계의 성립까지로 시기를 나누었다.[13]

손성욱은 전자의 견해에 대해 한일병탄 이후 한중 관계가 공식 관계에서 비공식 관계로 전환된 것을 고려하지 않았고 한청통상조약 체결부터 1949년까지를 한 시기로 구분한 관점은 논쟁의 여지가 있다고 지적하였다. 그는 후자의 경우에 대해서는 근대 한중 관계사의 발전을 단계별로 구분한 시각으로 1기부터 3기까지는 제국주의의 확장이란 맥락에서 이해할 수 있지만 4기는 냉전이란 새로운 측면에서 바라봐야 한다고 주장한다. 그리고 그는 제1기의 시점을 조선의 개항이 아닌 병인양요로 보는데 양국 관계가 본격적으로 서세동점의 영향을 받게 되면서 전통적 관계 변화가 시작되었다는 판단에 따른 이해이다.[14]

배경한은 근현대 한중 관계사에 네 차례의 큰 전환기가 있었다고 보았다. 그는 첫째, 청일전쟁 이후 조공 체제의 붕괴와 조약 시대의 도래. 둘째, 일제의 아시아 침략과 한중 공동 항전의 모색. 셋째, 전후 분단 체제의 형성과 냉전 구도에서의 진로. 넷째, 탈냉전 이후 전면적 협력 시기 등으로 시대 구분하였다.[15] 일반적으로 동아시아 역사에서는 개항을 근대의 기점으로 삼는데 제3자인 서양 세력의 개입에 따른

12 權赫秀, 「중국학계의 근대 중한관계사 연구현황에 대하여」, 『근대 한중 관계사의 재조명』, 혜안, 2007.

13 박상수, 「중국학계의 근현대 한중 관계사 인식 : 한중수교 이후의 연구시각」, 『한중일 학계의 한중 관계사 연구와 쟁점』, 동북아역사재단, 2009.

14 孫成旭, 위의 글, 126~127쪽.

15 근현대 한중 관계사의 연구사와 시기 구분은 배경한, 위의 글, 2010. 참조.

지역 질서 구도의 변화에 근거한 주장인 셈이다. 근대 중국을 충격과 반응, 전통과 근대화, 제국주의 등 서구 중심의 인식 틀에 비추어 분석한 구미학계의 영향이 한중 관계에 미친 견해로,[16] 강화도조약을 계기로 양자 관계에서 다자 관계로의 질적 양적 변화가 나타났다고 보는 논의이다.

근현대 한중 관계사에서는 양국 관계 및 주변 환경의 성격 변화에 주목할 필요가 있다. 계기적 성격 변화를 기준으로 정리해 보면 첫째, 1876년 개항을 근대의 기점으로 보고, 1910년 경술국치까지를 '근대 이행기'라 분류할 수 있다. 둘째, 1910~1945년의 '일제 침략기'에는 국가 간의 공식 관계가 아닌 비공식적 지지와 후원으로 이루어졌다. 1945년부터 1990년대 초반까지 수십 년간 지속된 '냉전기'에는 남북한과 중화민국 및 중화인민공화국의 이중 대치의 분단 구도 아래 이념 대립, 전쟁, 체제 경쟁 등으로 서로 엇갈린 우호, 적대 관계가 지속되었다. 1990년 이후부터 현재까지의 '탈냉전기'는 양국 간 공식 수교에 따른 교류와 협력이 다양하게 진행, 발전되어 새로운 전기를 마련하였다.

근현대 한중 관계사의 주된 연구 논점은 근대로의 이행기인 개항 전후 전통적 책봉 조공 체제가 근대적 조약 체제로 바뀌면서 나타난 중국의 국제적 위상 변화와 대응 양상, 한청통상조약의 내용과 성격 등이었다.[17] 한국학계에서는 책봉 조공이란 전근대적 관계로부터 상호 독립을 인정하고 호혜 평등을 목표로 하는 근대 조약 체제로 바뀌었다는 관점에서 양자 관계의 변화에 나타난 성격을 다루었다.[18] 또한

16 폴 A. 코헨 지음·이남희 옮김, 『학문의 제국주의 -오리엔탈리즘과 중국사』, 산해, 2003, 56~57쪽.

17 권혁수, 『19세기말 한중 관계사 연구』, 백산자료원, 2000.

18 배경한, 「20세기 동아시아 국제질서와 한중 관계 -'20세기 한중 관계사'의 새로운 시각과 서술방안 모색」, 『동아시아 국제질서 속의 한중 관계사 -제언과 모

조약이란 외형과 달리 내재된 정치적 경제적 의도를 추적함으로써 근대 이후 변형된 한중 관계의 본질을 규명하려는 시도가 있었다.[19] 근래 19세기 한중 관계사에 대한 개설적인 통괄을 시도하여 '사대질서'에서 벗어나 자주 독립을 지향하려는 조선의 동향과 전통적 상국-속방 관계를 근대적 종주국-속국의 관계로 직환直換하려는 청의 움직임을 주의 깊게 정리한 성과가 있다. 여기서는 19세기 한중 관계의 성격을 청의 '지향'으로써 종주국-속국 관계를 이야기할 수 있어도, 종번·종속이라는 용어로 양국 관계를 설명하기는 곤란하다고 주장한다.[20]

아편전쟁으로부터 시작된 서구 열강의 중국 침탈은 전통적 동아시아 질서인 조공 책봉 체제를 와해시켰고, 후발 제국주의의 일본이 일으킨 청일전쟁과 러일전쟁으로 중화 질서가 완전히 해체되었다. 이로부터 '사대자소事大字小'의 봉건적 한중 관계가 독립운동과 항일전쟁을 매개로 하는 우호, 협력, 연대의 관계로 전환되었다. 이렇게 이해한다면 일제강점기 한중 관계의 연구초점은 일본과 서구 열강의 침략에 맞서 양국이 어떤 변화를 거쳤고, 중화민국 수립 이후 식민지 한인들과의 관계가 어떠했는지를 파악하는 데 맞추어야 한다. 일반적으로 조선과 청의 전통적 종번宗藩 관계가 19세기말 제국주의-식민지의 세계 질서 속에 강제 편입되었고, 양자 모두 일제 침략에 직면하면서 공동 항전을 위한 동반자로 인식하게 된다. 그런 이유로 중국은 한국과의 관계를 '수족手足', '순치脣齒' 등에 비유하며 동병상련同病相憐의 연대감을 강조했고, 중국 내 한국 독립운동에 대한 관심과 지원을 아끼지 않았

---

색』, 동북아역사재단, 2010, 388쪽.

19 이영옥, 「조공질서의 붕괴와 조청관계의 변화(1895~1910)」, 『한중외교관계와 조공책봉』, 고구려연구재단, 2005, 213~240쪽.

20 金衡鐘, 「19세기 근대 한중 관계의 변용 -자주와 독립의 사이」, 『동양사학연구』 140, 2017, 223~224쪽.

다고 본다.

예컨대 스위안화石源華는 중국 국민정부와 한국 임시정부의 관계에 주목하여 "민족주의 시각에서 임시정부는 한국 반일 독립운동의 구현이자 기치이며 상징이고, 민주주의 시각에서 임시정부는 한국 인민이 봉건 전제 통치에서 벗어나 새로운 사회를 건설하고자 했던 기대와 선택, 그리고 그 시도를 보여주며, 한중 관계의 시각에서 임시정부는 중국 인민이 한국 독립 투쟁을 지원했던 대상이자 우호의 표상이었다." 라고 평가하였다.[21] 한국학계도 임정과 중국의 관계를 다각도로 검토했는데 해외 한국 독립운동사의 일환으로 국민정부의 재정 지원과 군사 협력 및 우호 관계를 다루었다.[22] 그런데 한국 독립운동사의 연구 성과와 관련하여 긍정적인 측면만 주목하게 되면 한중 관계의 전체상을 보여주는 데 일정한 장애가 될 수 있다는 우려도 제기되고 있다.[23]

국내의 독립운동이 처한 열악한 상황에서 중국은 한인들에게 가장 중요한 해외 독립운동 근거지였고, 이 기간 동안 양국은 우월에서 연대, 우호 협력, 동반자 관계로 차츰차츰 성격이 변화해 갔다. 이 시기의 한중 관계는 국가 간의 공식 교류가 아닌 항일 연대를 목적으로 이루어진 국민당과 공산당, 그리고 한국 독립운동 세력 간의 협력을 특징으로 한다. 구체적으로는 상하이·베이징·광저우·충칭 등의 주요 도

---

21 石源华, 「论大韩民国临时政府的历史意义 : 纪念大韩民国临时政府创建90周年」, 『韩国研究论丛』 第21輯, 2009, 1쪽 ; 孫成旭, 위의 글, 134쪽. 재인용.

22 김희곤, 『대한민국임시정부사연구』, 지식산업사, 2004 ; 장세윤, 「1940년대 전반기 중국국민당 정권의 한국 독립 문제인식과 대응」, 『한국근현대사연구논총』(오세창회갑기념), 대구 : 간행위, 1995 ; _______, 「중일전쟁기 대한민국임시정부의 대중외교 -광복군문제를 중심으로」, 『한국 독립운동사연구』 2, 1988 ; 이은자, 「카이로회담에서의 한국 문제와 蔣介石」, 『역사학보』 224, 2014 ; 배경한, 「대한민국임시정부와 중화민국의 외교관계(1911~1945)」, 『중국근현대사연구』 56, 2012.

23 배경한, 위의 글, 2010, 390쪽.

시와 화베이·만주·광둥 등지에서 펼쳐진 독립 활동을 매개로, 중국 내 한국 임시정부에 대한 국민정부의 군사·교육·재정 지원 및 외교 승인 문제와 함께 1920, 30년대 만주 지역을 무대로 전개된 항일 무장 활동에 연구 초점이 맞추어졌다.[24] 이밖에 상하이·베이징·톈진의 한인 사회를 독립운동과 연계시켜 분석하거나,[25] 만보산사건萬寶山事件처럼 한중 관계에 끼친 영향이 컸던 특정 사안을 중심으로 각 정파 및 언론의 상황 인식과 대응 양상을 검토하여 서로를 어떻게 기억하고 바라보았는지 규명하고자 하였다.[26]

1930, 40년대의 한중 관계 연구로는 중국 내 한국 독립운동 조직과 이들의 무장 투쟁을 통해 전개된 공동 항전과 상호 인식을 규명한 성과가 있다. 여기서는 중일전쟁 시기 대한對韓 정책의 실체를 밝히고 그 의의를 강조하지만 공동 항전에 내재된 중화 의식과 대국주의 경향까지 함께 지적하였다.[27] 국민정부는 중일전쟁과 국공 내전을 거치는

---

24 대표적인 국내 연구로 한상도, 위의 책, 1995 ; 김희곤, 위의 책, 1995 ; 김희곤, 위의 책, 2004 등이 있다. 중국에서는 石源华, 『韩国独立运动与中国 : 1919~1945』, 上海人民出版社, 1995 ; ________, 『韩国独立运动血史新论』, 上海人民出版社, 1996 ; 徐有威, 「1931~1937年间国民政府与朝鲜独立运动」, 『抗日战争研究』, 1994-2 ; 오경평, 「抗戰時期의 韓國臨時政府의 承認에 대해 中國 國民政府가 가졌던 態度에 대하여」, 『東方學志』 92, 서울 : 연세대국학연구원, 1996 ; 최봉춘, 「대한민국임시정부와 중화민국정부의 관계」, 『한국민족독립운동사연구』 16, 한국민족독립운동사연구회, 1997 등이 있다.

25 孫科志, 『上海韓人社會史 1910~1945』, 한울, 2001 ; 손염홍, 『근대 북경의 한인 사회와 민족운동』, 역사공간, 2010 ; 梁志善, 「天津韩人社会研究(1910~1946)」, 中国復旦大学研究生院 博士学位论文, 2012.

26 孫乘會, 「萬寶山事件과 中國共産黨」, 『동양사학연구』 83, 동양사학회, 2003 ; ________, 「근대 한중 관계사의 새로운 시각 모색 : 萬寶山事件 연구에 대한 적용 가능성을 중심으로」, 『역사학보』 202, 2009 ; 아시아평화와 역사교육연대 편, 『한중일 3국의 8·15기억』, 역사비평사, 2005. 본서 제1부 제1장에서 만보산사건을 둘러싼 중국의 여론 동향을 다루고 있다.

27 김희곤, 『중국관내 한국 독립운동단체 연구』, 지식산업사, 1995 ; 한상도, 『한국

동안 내부 모순을 그대로 드러내며 군사적 외교적 역량이 크게 약화되었다. 이 때문에 중국은 미소 주도로 진행된 동아시아의 전후 질서 재편 과정에서 수동적일 수밖에 없었고 국경을 맞대고 있는 한국 문제 처리에 아무런 영향력을 행사하지 못하였다.

일반적으로 국가 간의 교류와 인식은 표면상 우호, 협력을 내세우지만 공식적이든 비공식적이든 우월이나 차별에 따른 위계 의식이 깔려 있기 마련이다. 이제까지 중국학계는 20세기 전반의 한중 관계를 전통적 중화주의에 기초한 수족, 순치, 동병상련, 형제 등으로 표현하며 뿌리 깊은 연대의식을 강조하였다. 특히 일제강점기 중국 공산당의 한국 인식은 변용된 중화 의식의 틀에서 벗어나 피압박 민족의 해방 투쟁 동지로서 강한 동질감을 드러내고 있다. 국민당도 일관되게 한국과의 오랜 우호 관계를 강조하며 독립운동 세력과 함께 수행한 항일 무장 투쟁을 실질적 연대로 이해하였다.[28] 반면 한국학계는 독립운동 과정에서 보여준 국민정부의 인적 물적 지원과 협력을 높이 평가하면서도 중국군 우위의 한국광복군 편성과 임시정부의 승인 보류 등에서 볼 수 있듯이 변형된 중화 의식의 영향을 지적하고 그 문제점을 밝히고 있다.[29]

---

독립운동과 중국군관학교』, 문학과 사상사, 1995 ; 최기영, 「1930년대 중산대학과 한국 독립운동」, 『眞檀學報』 99, 2005 ; 한시준, 「중한문화협회의 성립과 활동」, 『한국 독립운동사연구』 35, 2010 ; 한철호, 「1930년대 전반기 한중연대와 항일 운동」, 『한국근현대사연구』 22, 2002 ; 김정현, 「제1, 2차 國共合作期의 한중 연대활동 -黃埔軍官學校 人脈을 중심으로」, 『역사학연구』 46, 2012 ; 김지훈, 「중일전쟁기 중국 공산당의 한국인식」, 『역사학보』 194, 한국역사학회, 2004 ; 徐有威, 「1931~1937年間國民政府與朝鮮獨立運動」, 『抗日戰爭硏究』, 1994-2.

28 胡春惠 著·辛勝夏 譯, 『中國안의 韓國獨立運動』, 檀國大出版部, 1978 ; 石源華, 위의 책, 1995 ; 崔丞, 『近代东北亚国际关系史研究』, 东北师范大学出版社, 1992 ; 黄定天, 『东北亚国际关系史』, 黑龙江教育出版社, 1999.

29 박명희·이재령·김지훈·이찬원, 『근현대 전환기 중화의식의 지속과 변용』, 단국

2차 세계대전이 끝난 뒤 국제 질서의 재편 과정에서 한국 독립 문제는 전후 동아시아의 주요 현안으로 미소가 주도하였다. 중국은 지리적 역사적 연관성과 항일 독립 운동을 지지, 후원해 온 현실적 이유로 한국 문제에 어떻게든 간여하려고 했으나 일본의 패망 직후 곧바로 국공 내전에 휩싸여 한반도의 분단 과정을 돌아볼 겨를이 없었다. 하지만 전후 한중 관계의 기본 구도가 이 시기에 형성되어 냉전 기간 내내 지속, 강화되었다.

전후 한중 관계 연구로는 미소 군정 시기 임정과 독립군, 그리고 한인들의 귀환 문제 및 잔류자 처리에 관한 자료 수집과 사실 논증이 체계적으로 이루어졌다.[30] 이 시기 미소 대립으로 고착된 남북 분단과 대결은 20세기 냉전 체제의 전형을 보여주며, 중국의 동아시아 전략에도 직접 영향을 주어 이후 한중 관계의 기본 틀이 되었다. 냉전 형성기 중국의 한국 문제 인식과 대응은 남북한의 분단 과정에서 제기된 미소의 책임론 및 국내 세력 간 정치적 갈등에 초점이 집중될 수밖에 없었다. 이러한 시각을 바탕으로 자국이 배제된 채 진행된 한반도 분단에 대한 중국의 시각과 대응을 파악함으로써 전후 대한 정책의 방향과 성격을 재확인할 수 있다고 본다.

전후 한국과 중국은 하나의 통일 정부가 아닌 서로 다른 정치 이념

---

대출판부, 2008.

30 해방 정국의 한중 관계연구는 전후 임정과 독립군 그리고 한인들의 귀환문제 및 잔류세력의 처리에 관하여 주로 다루었다. 염인호, 「해방후 한국독립당의 중국 관내지방에서의 光復軍擴軍運動, 『역사문제연구』 1, 역사문제연구소, 1996 ; ________, 「해방후 한국독립당의 중국동북지방 진출과 재중한국독립당의 정책(45. 8~47. 2), 『역사교육』 60, 역사교육연구회, 1996 ; 정병준, 「1945-48년 대한민국임시정부의 중국내 조직과 활동」, 『사학연구』 55·56 합집 (신재홍정년 논문집), 한국사학회, 1998 ; 장석홍 외 지음, 『해방후 중국·대만지역 한인의 귀환』, 역사공간, 2012 ; 박정현, 「중일전쟁 종전 뒤(1945~1948년) 국민정부의 만주 지역 한인정책」, 『대구사학』 123, 2016.

에 따라 남한과 북한, 중국 대륙과 타이완으로 나뉘어 개별 정부가 수립되었다. 냉전의 장벽에 둘러쌓인 한중 관계는 각기 다른 정치 체제와 경제 구조를 생산하며 적대적 구도로 재편되었다. 더욱이 3년간의 한국전쟁을 거치면서 북한과 중국, 남한과 미국은 혈맹 관계로 발전했지만 남한과 중국, 북한과 미국은 대립 관계로 고착되었다. 이렇게 삼십여 년을 보내는 동안 대한민국과 조선민주주의인민공화국, 중화민국과 중화인민공화국 사이에 적대적 긴장 관계가 계속되었고, 상호 간극을 좁히지 못하였다. 마오쩌둥毛澤東의 사후, 1978년 말부터 중국이 개혁·개방 정책을 펴면서 한국과 중국의 본격적인 교류가 시작되었고, 1992년 8월 한중 수교를 계기로 양국 관계가 긴밀해졌으며 현재는 전면적 포괄적 협력 관계로 발전하였다.

## 3. 새로운 인식을 위하여

전후 냉전으로 소원했던 한중 관계가 1976년 9월 마오쩌둥의 사망으로 새로운 전기를 맞이하였다. 문화대혁명의 굴레에서 벗어난 중국이 1978년 12월 실용주의자 덩샤오핑鄧小平 지도 체제를 확립하고 개혁·개방 정책을 추진하였다. 중국은 4대 현대화를 통한 새로운 경제 개발에 나섰고, 대외적으로는 적극적인 대서방 접근 정책을 실시하여 미국·일본을 비롯하여 한국 및 타이완과의 경제 협력을 강화하였다. 1980년 중국 공산당 총서기 후야오방胡耀邦이 그리스 공산당 신문과 가진 인터뷰에서 "중국의 개방 정책은 한국의 경제 발전 경험에 기초를 두었으며, 그 경험은 중국의 경제 발전에 크게 기여한다."라고 밝혔다. 중국은 현대화 정책의 관점에서 한국과의 관계를 개선하고 남북대화를 촉진시켜 한반도의 긴장 완화를 긴요한 정책 목표로 삼았다.[31]

한중 경제 교역이 빠르게 팽창되면서 정치·외교 관계의 개선도 불가피해졌다. 1991년 10월 남북한이 유엔에 동시 가입하여 한중 관계의 정상화를 위한 전제 조건이었던 남한 정부의 실체 인정 문제가 해결되었다. 동시에 한국도 아시아에서 타이완과 외교 관계를 가진 유일한 국가였으나, 중국의 군사적 외교적 위상이나 한반도 상황에 대한 발언권, 경제 교역 상대로서의 비중 때문에 '하나의 중국'을 받아들였다. 마침내 1992년 8월 한중 양국은 공식 외교 관계를 수립하고, 공동 이익의 실현을 위한 중요한 협력자가 되었다. 수교 이후 양국 관계는 활발한 경제 교역을 바탕으로 폭넓은 인적 교류와 함께 학술·문화·예술 방면에서도 상호 긴밀한 교류가 진행되었고 한국에서는 중국을 우호·협력의 대상으로 바라보는 시선이 점차 확대되었다.

이렇듯 한중 관계가 경제·외교 측면에서 발전을 거듭하는 가운데 2002년 2월 시작된 중국의 동북공정으로 한국 고대사에 대한 왜곡 문제가 제기되면서 한중 관계사의 역사적 검토 작업이 전개되었다.[32] 한국학계는 동북공정으로 야기된 역사 분쟁에 적극 대응하기 위해 고구려연구재단, 동북아역사재단 등을 중심으로 한중고대사를 집중 연구하여 많은 성과를 내놓았다. 그 과정에서 중국의 대국화에 따른 패권주의를 우려하는 시각도 확산되었다.

---

31 세계속의한국편찬위원회 편, 『세계 속의 한국』, 단국대학교출판부, 2008, 212쪽.

32 백영서, 위의 글 (2013. 6), 63~74쪽.

2012년 한중수교 20주년을 맞이하여 한국학계에서는 그동안의 양국 관계를 재검토하고 상호발전을 위한 미래 지향적인 논의가 폭넓게 이뤄져 왔다. 한국사학계도 수교 이후 활발해진 학술 교류와 수월해진 자료 접근을 배경으로 한중 간 인적 물적 교류와 상호 인식의 변화 등에 관한 연구를 진행하였다. 특히 중국근현대사학계에서는 개혁·개방과 중국 사회주의에 대한 관점, 중국의 대국화에 관한 비판적 담론, 동북공정 등의 주제를 집중적으로 다루었다.

먼지 한국 학계는 사회주의로부터 이탈한 중국 지식인들의 이념적 분화에 주목하여 중국의 개혁·개방에 관한 그들의 시각에 따라 세 분류로 구분하였다. 이에 따르면 첫째, 서구적 근대성을 비판하며 중화성의 회복을 추구한 포스트모더니즘 계열. 둘째, 자본주의와 사회주의를 넘어서는 새로운 경제 체제를 창출하려는 신좌파 계열. 셋째, 21세기 문명의 대안으로 중국 전통 문명의 가치에 주목하는 부류로 나누었다. 여기서 신좌파를 제외하고 공통적으로 중국 중심주의적 사고를 가지고 있다는 지적이 주목된다.[33]

20세기 후반 들어 중국학계에서는 경제 성장과 군사 대국화를 토대로 문화 보수주의와 애국주의가 거세게 불었다. 그 중심에는 중화 민족주의의 회복과 강조 사조가 자리 잡고 있다. 화이사상을 바탕으로 한 중국의 전통적 중화주의와 조공 책봉 체제는 무역, 선교, 함포를 앞세운 서구 열강의 진출로 크게 동요하였다. 아편전쟁 이후 중국의 조공 책봉 체제는 흔들리기 시작하여 청일전쟁과 러일전쟁을 계기로 사실상 폐기되었다. 하지만 일제강점기 중국 관내 한국 독립운동과 전후 질서의 재편 과정에서 엿볼 수 있듯이 중화주의는 여전히 내부적으

33 정문상, 「『역사비평』과 한국의 중국학 연구」, 『역사비평』 100, 2012, 328~345쪽.

로 작동되었으며 시기와 대상에 따라 언제든 표면화 될 수 있는 이념이었다. 그런 까닭에 중국의 개혁·개방과 동북공정 이후 한국학계는 대체로 현대 중국에서 변형된 중화주의의 부활, 곧 신중화주의의 등장을 경계하고 있다.

근래 중국의 과도한 '자국 중심의 민족주의' 경향은 한국뿐만 아니라 전근대 동아시아 문화권에 속했던 일본·베트남 등의 관계에서도 마찬가지로 나타난다. 개혁·개방 이후 중국 지식인들은 자발적이든 타율적이든 대다수가 국가 정책에 부응하여 새로운 중화 민족과 국민 만들기에 나섰다. 그들은 '중국 특색의 사회주의 건설'을 전면에 내세우고 사상적 문화적으로 민족주의와 신보수주의를 추구하였다. 그러는 동안 마오쩌둥 시대에 폐기된 이념처럼 보였던 전통적 유가문화가 민족주의로 재포장되어 사회주의를 대신한 사회 통합 이데올로기 기능을 하게 되었다.

중국의 민족주의는 주창자 성격에 따라 국가, 지식인, 인민의 민족주의가 서로 다른 형식과 내용으로 나타났다.[34] 그런데 중국의 패권적 영향력으로부터 자유로울 수 없는 주변 국가나 중국 내 소수민족의 관점에서는 '신중화주의'로 비칠 수밖에 없는 현실이다. 중국 지식인의 동아시아관에서 나타난 공통점은 '동아시아 속의 중국'이 아닌 '중국 속의 동아시아'로 사유하는 습속이란 지적도 있다.[35] 보편적으로 중국 지식인의 국가관, 세계관은 국가 권력에 의해 조장되었든지, 자율적 자기 규제이든지 전통적인 중화 의식이 지속, 변용되었다고 볼 수 있다.

21세기에 접어들며 G2로 급부상한 중국은 세계 경제·외교 질서의

34 조경란, 「현대중국 민족주의 비판 -동아시아 인식을 중심으로」, 『역사비평』 90, 2010, 431~432쪽.

35 백영서, 위의 글 (2012). 참조.

핵심 역할을 하고 있으며 동아시아의 역학 구도에서도 주도적 위치를 차지하고 있다. 이러한 중국의 대국굴기 또는 위협론에 대해 한국학계에는 긍정과 부정의 이중적 인식이 상존하고 있으며, 중국사상계를 압도하고 있는 애국주의에 대한 관심도 점차 고조되고 있다.

본래 애국주의란 개혁·개방 정책을 시행하면서 사회주의 이념과 대체시키기 위해 대대적으로 진행한 국민 교육의 주제이자, 중국인들 사이에 고양된 국민 이데올로기이다. 한국학계에서 논의된 중국의 애국주의는 세 부류로 나눌 수 있다. 첫째, 신중화주의로 대다수 연구자들에 의해 주장되고 있으며 강국의 꿈이 부활하여 나타난 신중화주의를 의미한다. 둘째, 중화 패권주의로 주류 언론이 제기하고 있으며 신중화주의 경향과 패권주의를 동시에 추구하고 있다는 인식이다. 셋째, 소수 연구자들은 근대 국민국가의 특성을 보여 주는 이념에 불과한 애국주의로 이해하고 있다.[36]

몇 년 전 사드 배치 문제로 한중 관계가 급속히 악화되면서 동북공정 이래 또 다시 양국 국민의 상호 감성에 부정적 영향을 미칠 요인이 크게 증가하였다. 한국학계와 일반 대중들 사이에 팽배한 신중화주의 시각은 동북공정이나 스포츠 경기에서 자주 나타나는 맹목적 애국주의, 일부 중국 언론의 혐한嫌韓론 등을 통해 반복적으로 학습되고, 사드 문제로 더욱 강고해졌다. 이와 함께 급속한 경제 성장 과정에서 형성된 자신감을 바탕으로 전통문화의 우월성을 재정립하면서 중화 세계의 부활을 꿈꾸고 있다는 패권주의 경향이 확산되었다.

그러나 전통적 중화주의의 두 축인 화이사상과 책봉 조공 체제가

36 윤휘탁, 「중국의 애국주의와 역사교육」, 『중국사연구』 18, 2002 ; 이준태·김정현, 「현대 중국인의 애국주의와 민족주의 인식에 대한 계량 분석적 고찰」, 『세계지역연구논총』 29-1, 2011, 305~306쪽.

부재한 점을 지적하고, 중화 패권주의에 관해서도 인종주의와 서구 중심적 보편주의를 기본 축으로 삼은 미국 패권주의처럼 계서階序적 차별관이나 패권의 첫 번째 요소인 군사력이 미약하다는 이유를 들어 부정적인 견해도 있다. 동북공정으로 대표되는 애국주의교육 역시 팽창주의가 아닌 발전적 제3세계 민족주의론으로 이해하면서 민족주의의 범주를 아직 벗어나지 못하였다고 본다. 그 연장 선상에서 한국의 주류 언론과 학계의 보편적 시각인 중국 대국론에 근거한 중국 위협론을 과도하게 해석한 결과라고 비판하면서 현대중국의 성장과 발전을 우려스럽게 보는 데 반대하고 오히려 중국 활용론을 주장하기도 한다.[37]

또한 현대 중국은 한반도 문제에 국한시켜서 보면 대단히 복합적 성격을 띤 국가라고 규정하는 논의도 있다. 그 이유로는 과잉된 민족주의, 거대한 근대 국가 체제의 존재, 신자유주의의 수용과 같은 면모를 함께 가지고 있기 때문이다. 지난 세기 동안 중국은 일본의 침략과 식민지 경험, 저항적 민족주의의 존재, 분단과 이산의 경험, 전쟁과 폭력의 시대에 대한 민중들의 반감, 불가항력적인 자본주의와 신자유주의로의 편입, 평화 시대에 대한 염원 등 우리가 가졌던 기억과 유산을 공유한 국가이다. 그러므로 복합적 성격의 현대 중국에 대해 양비론적 입장 곧, "미국의 패권주의도 문제지만 중국의 대국화 또한 경계해야 한다."는 논리에 부정적인 반응을 보인다.[38]

아울러 기존 학계와 언론계의 중국 위협론, 신중화주의, 중화 패권주의, 민족주의 등에 이의를 제기하면서 "반공 이데올로기에 빠져 있던 우리가 중국과 연대하여 평화 체제를 구축하기 위해 반공 국가 시

---

37 김희교, 위의 글 (2006), 307~310쪽.

38 김희교, 「『역사비평』과 한국의 중국 담론의 진로」, 『역사비평』 103, 2013, 285쪽.

절 우리가 보지 못했던 중국의 또 다른 면모를 보아야 한다."라는 탈이념적 현실론을 주장하기도 했다. 이런 시각은 한반도의 경제·군사위기를 극복하기 위한 방편으로 중국 활용론을 제기하는 견해와도 관련이 있다. 한국에 있어서 중국은 유일하게 국경을 접하고 있는 피할 수 없는 이웃 국가이지만 중국에 있어서 우리는 국경을 맞대고 있는 수많은 국가 중 하나일 뿐이며, 중국은 냉전 시기부터 한국을 미국의 하위 국가로 간주해 왔다는 것이다. 그러므로 냉전의 유산인 지역 내 국가 관계를 이념적으로 보는 시각으로부터 벗어나 동아시아 지역이 공통적으로 대면하고 있는 위험과 이해 관계가 무엇인가를 살피는 것에 기초를 두어야 한다는 논리이다. 따라서 냉전 시기부터 지속된 미국적 중국관으로부터 탈피하여 변화된 중국의 위상을 적극 활용하는 방안이 포함된 평화 체제 담론을 모색하자고 주장한다.[39]

그렇지만 사드 배치 논란으로 일순간 악화된 한중 관계에서 확인할 수 있듯이 전쟁을 경험한 분단 국가의 최우선 과제는 군사력이나 외교력에 기초한 국가 안위일 수밖에 없으며 탈이념적 친경제적 선택은 제한적이다. 따라서 새로운 한중 관계의 질적 변화를 모색하여 상호 공존의 방향으로 나아가려면 기존의 위협론이나 활용론의 불씨가 된 근현대 한중 관계사에 관한 면밀한 검토와 해석이 이루어져야 한다. 왜냐하면 일제강점기, 미소 군정기, 냉전 시기, 그리고 현재의 한반도 상황은 한중 양자 관계뿐만 아니라 미·일·러를 포함한 제3자의 존재와 운동이 영향을 주고받기 때문에 시간적 공간적 배경을 확인하는 작업이 선행되어야 한다.

국제 사회에서 중국의 급작스런 부상과 더불어 한국학계는 온갖 상

39 김희교, 위의 글 (2013), 286쪽.

상력과 분석틀을 동원하여 이런저런 평가와 전망을 내놓으며 새로운 한중 관계의 담론을 모색하고 있다. 과연 우리에게 중국은 무엇일까? 앞선 연구의 지적처럼 중국과 우리는 '변하지 않는 것'과 '변하는 것'이 상존하고 있다. 영토·인구, 역사적 문화적 규모 등 양자 관계의 비대칭성과 지리적 역사적 문화적 근접성, 동아시아의 전략적 요충지로서의 한반도의 위치 및 역할 등은 변하지 않는 것들이다. 반면 변하는 것은 근대 이후 한중 관계를 형성하는 주체가 점차 다양해지고 상호의존성이 심화되었으며, 한중 관계에 끼어드는 제3자로서 강대국의 출현 등이다. 전근대까지 한중 관계가 양자 틀 속에서 이루어졌다면 근대 이후는 다자간의 틀 속에서 수많은 변수들이 작용하였다. 그런 만큼 한반도의 변하지 않은 요소들 가운데 지정학적 위치 때문에 전략적 역할의 중요성은 더욱 커질 수밖에 없다.[40]

전후 한국의 전략적 위치는 여전히 중요한데도 그 주체적 역할이 미약하였다. 더 나아가 냉전 시기 남북으로 분단되어 각각 미국과 소련이 주도한 두 진영에 강제 편입되면서 대중국 관계의 비대칭성과 근접성도 서로 다르게 작동하였다. 특히 남한의 경우, 한국전쟁 이후 중국과 공식 외교 관계의 단절은 물론이고 중국을 '적성국'으로 간주하면서 미국의 패권 아래서 '죽의 장막' 너머의 중국을 멸시하는 풍조가 식민지시기의 멸시 기류와 결합되어 더 증폭되었다.[41] 반면 북한은 공산 혁명의 종주국이자 민족 해방을 가져다 준 소련과의 관계를 중시하면서도 한국전쟁 이래 중국과 혈맹 관계를 지속하였다. 한중 수교가 체결된 후 북한은 상대적으로 고립감을 느끼고 주민들의 동요를 방지하는 등 체제 단속에 부심하였다. 그동안 북한에서 변화의 조짐이 전

40 백영서, 위의 글 (2012). 참조.

41 백영서, 같은 글 (2012), 193~198쪽.

혀 없는 것은 아니지만 현 단계에서 제기되고 있는 비핵화 문제가 미국 및 일본과의 관계 개선에 전제 조건으로 되어 있다. 비핵화 문제가 원만히 해결되어야만 한반도에서 긴장이 해소되는 한편, 새로운 국면을 맞이할 수 있다고 본다. 따라서 북한 정권과 특수 관계인 중국의 역할은 북한의 개방 정책에 자극을 주어 미·일과의 관계 개선을 촉진시키고 동북아 지역에 잔존한 냉전 체제를 종식시키며, 더 나아가 남북 관계의 실질적 진전을 도모할 수 있는 관건이라 할 수 있다.

탈냉전 시기 소련의 몰락과 더불어 미국의 패권이 약화되는 변화 속에 중국이 다시 부상하고 한중 관계는 재조정기에 들어섰으며, 북한에서는 중국의 영향력이 여러 분야에 걸쳐 압도적으로 증폭되었다. 한중 관계는 경제 분야의 인적 물적 교류를 시작으로 점차 영역이 확대되어 현재 외교·학술·문화·스포츠 등 다방면에 걸쳐 영향을 주고받는다. 동북공정이나 사드 배치 문제 등으로 그 위세가 약화되기는 했지만 한국을 방문하는 중국인 관광객의 폭발적 증가나 중국 내에 일반화된 한류 열풍 등은 한중 관계가 갈수록 깅고해지고 있음을 보어준다. 무엇보다 중국이 G2로 부상하면서 양국의 전략적 이해 관계는 더욱 커지고 있다. 중국은 미국과 더불어 한반도 통일이나 한국의 미래를 결정하는 데 전략적으로 가장 중요한 국가로 부상하였다. 중국 역시 미·일과의 관계에서 한국의 지정학적 조건이나 외교적 군사적 역할을 무시할 수 없다. 실례로 2018년 이래 남북한 정상 회담을 통한 평화 체제의 구축과 북미 정상 간 비핵화 협상에서 볼 수 있듯이 중국은 여전히 상수이자 주요소로 작동하고 있다.

현재 한중 관계에서 제삼자인 미국의 존재는 아웃사이더가 아닌 전체 구도를 좌우할 수 있는 직접 당사자나 다름없다. 세계 유일의 초강대국으로서 미국의 영향력은 냉전 이후 현재까지 지속되고 있으며 분단 체제가 해체되지 않으면 상존할 것이다. 그러므로 냉전 시기 미국적 중국관으로부터 벗어난 '탈이념적 중국 활용론'은 동아시아 국제 관계에 대한 역사적 이해나 현실적 고려가 전제되어야 한다. 탈냉전 이후 한국의 역할과 위상을 강조한 '동북아 균형자론'이나 '한반도 운전자론'도 근현대 한중 관계사에 관한 충분한 검토와 해석을 통해서 논리적 타당성과 역사적 당위성 및 현실적 실체를 담보할 수 있다.

이제까지 한국 사학계에서는 20세기 후반부터 발흥한, 전통적 중화주의의 현대적 변형이라고 할 수 있는 '대중화주의' 혹은 '신중화주의'에 대한 비판적 검토가 이루어졌다.[42] 또한 중국의 동북공정으로 야기된 역사 논쟁을 계기로 양국 관계를 재검토하고 본질적 성격을 규명하게 되었다. 주된 내용은 일방적 역사 해석이 한국인들의 중국 인식에 얼마나 큰 영향을 주었는지 파악하고 대응책을 강구하는 등 시의성 있는 연구로 진행되었다.[43] 사실상 전근대 중국의 조공 책봉 체제와 화이관에 기초한 중화주의나 개혁·개방 이후 제기되고 있는 신중화주의 및 중화 패권주의는 본질적으로 '중국 중심의 민족주의'에 기초한 이념이다. 이러한 이데올로기가 21세기 한중 관계에 어떻게 투영되고, 어떤 변화를 가져왔는지를 이해하려면 양국 관계에 영향을 미친 여러 가지 요소들을 복합적으로 고려해야 한다. 일제 식민 지배와 전후 남북한의 분단, 미소의 군정 실시, 삼 년의 한국전쟁과 삼십여 년의 냉전기를 거쳐 국교 정상화에 이르기까지 근현대 한중 관계는 양자가 서로를 새롭게 바라보며 재인식할 수

42 윤휘탁, 『신중화주의 -'중화민국 대가족' 만들기와 한반도』, 푸른역사, 2006.

43 김희교, 위의 글 (2004) ; 조윤경, 「동북공정논쟁 이후의 한중 양국의 인식차이에 대한 비교연구」, 『중국학』 31, 2008 ; 백영서, 「중국의 동북공정과 한국인의 중국인식의 변화」, 『중국근현대사연구』 58, 2013.

있는 시기였다. 또한 한중 양국의 눈에 비친 제3자로서 일본·미국·소련의 존재와 영향력을 확인할 수 있는 기회였다.

개항 이후 한중 관계의 주체가 양자에서 다자 구도로 바뀌었고 외세에 대한 상호 의존성이 심화되면서 일본·미국·소련의 역할과 영향이 커졌다. 특히 일제강점기와 전후 냉전 시기 동안에 가변적 요소들이 얽히고설켜 직접 영향을 미치면서 20세기의 한중 관계는 다자관계로 굳어졌고, 한국 문제 처리에 있어 중국은 종속 변수에 불과했다. 또한 한반도의 지정학적 전략적 중요성이 더 커진 반면, 주체적 역할은 오히려 약화되었다. 일제강점기를 거쳐 전후 한반도가 외세에 의해 강제 분할되고 미국과 소련이 주도하는 냉전 체제로 강제 편입되면서 이데올로기 때문에 중국과의 관계도 달라졌다. 한국과 중국은 6·25전쟁 이후 삼십여 년 동안 냉전적 사고에 익숙해졌고, 북한과 중국은 혈맹 관계를 지속, 강화시켰다.

이처럼 근대이후 한중관계는 전통적 중화 의식이 내면적으로 지속되어 온 것과 20세기를 거치면서 변용되어 온 것이 공존하고 있다. 이와 관련하여 한국이나 중국에서 발행된 신문·잡지 자료를 이용한 양자 간 상호 인식에 대한 흥미로운 연구들이 상당수 나오고 있다. 이 시기 중국 언론의 대한 인식은 운영 주체의 이념 색깔에 따라 달랐지만 일제강점기의 우호·연대 관계를 배경으로 좋은 이미지를 갖고 있었다. 하지만 일제 패망과 동시에 국공 양당이 내전으로 존망을 다투었던 만큼 계층, 정파, 인물마다 한국관에 대한 차별성이 뚜렷하였다.[44] 본 연구에서는 20세기 전반 한중 관계의 변화에 주요 계기로 작용한 만보산사건과 만주사변, 7·7사변과 중일전쟁, 남북 분단과 미소

44 임상범, 「중국의 남한정부 수립에 대한 인식 : 1948년 5월부터 8월까지의 신문기사를 중심으로」, 『사총』 67, 고려대 역사연구소, 2008.

군정, 국공 내전 등에 관한 한중 언론의 인식과 상호 작용을 총체적으로 검토하고자 한다.

제1부는 북벌을 마친 난징국민정부이하 '국민정부'의 시국 상황과 대내외 정책에 관하여 중국의 《중앙일보中央日報》·《신보申報》·《대공보大公報》와 한국의 《동아일보》를 통해 접근하였다. 먼저 한중 관계에 나쁜 영향을 미친 1931년 7월의 만보산사건과 화교배척사건에 관한 중국 언론의 한국관을 살펴보고 국민정부의 현실 인식과 외교적 군사적 대응에 담긴 명분과 실체를 확인한다. 다음으로, 관영 언론을 대표한 《중앙일보》와 민영 신문 중 영향력이 큰 《신보》·《대공보》를 중심으로 만주사변 이후의 여론 방향과 시국 대책을 살펴보기로 한다. 여기서는 '선안내후양외先安內後攘外론'을 집중 검토하였는데, 만주사변으로 야기된 국난 상황에서 국민당의 훈정과 대일 정책에 관한 중국 언론의 시국 인식을 확인할 수 있다. 같은 시기 식민지 한국의 대중국관은 1929년부터 1935년까지 《동아일보》 중국 특파원으로 활동했던 신언준申彦俊의 신문 기사를 토대로 접근하고자 한다. 직접 당사자는 아닐지라도 일본의 중국 침략에 관심을 가질 수밖에 없었던 한국 언론인이 목격한 대일 정책과 그 가운데 애써 찾고자 했던 것이 무엇이었는지 파악할 요량이다. 그리고 전통적 중화 의식으로 유지되어온 동아시아의 국제 관계가 어떻게 지속, 변용되어 갔는지 살펴보기로 한다.

제2부는 만주사변을 계기로 시작된 중일 간의 국지전이 1937년 7월 루거우차오사건 이후 전면전으로 확대되고 일본이 패망에 이르기까지 한중 언론의 시국 인식과 대응 양상을 파헤칠 예정이다. 이 시기 한국과 중국은 국가 단위의 수평 관계는 아닐지라도 일제 침략에 맞서기 위해 연대하고, 공동 항전을 수행할 만큼 가까웠으며, 전후 구상도 함께 모색하였다. 먼저 한중 양국의 대표적 신문인 《동아일보》와 《중

앙일보》의 기사를 비교하는 방식으로 중일전쟁 초기의 전황 및 대응을 살펴보기로 한다. 이어서 전쟁 시기 중국의 대한 인식을 구조적으로 이해하고 그 본질을 파악하기 위해 국민당의 《중앙일보》와 공산당의 《해방일보解放日報》·《신화일보新華日報》·《인민일보人民日報》를 함께 분석하고자 한다. 이 시기의 한중 관계는 대내외 상황과 항일 전략, 한국 독립운동 세력의 분열 등이 복합적으로 작용했기 때문에 종합적인 검토가 필요하다. 전쟁이 장기화되면서 식민지 내의 신문·잡지는 대부분 폐간되었고, 해외 한인들에 의해 발행된 언론만이 겨우 명맥을 유지하였다. 따라서 아시아·태평양전쟁 전후는 중국 내 한인 무장 조직이 발행한 『한국청년』·『광복』 등을 비교, 분석하여 한국 독립운동 조직의 정세 파악과 시국 전망, 전후 모색 등을 살펴볼 것이다.

제3부는 일본의 패전으로 동아시아에 새로운 지역 질서가 형성되던 때, 국공 양당 언론에 비친 한국 분단과 냉전 체제의 형성 과정에 대해 살펴보고자 한다. 중국은 항전 승리 후 국공 내전을 거치면서 중화민국과 중화인민공화국으로 분열되었다. 식민지에서 해방된 한국은 역사적으로나 지정학적으로 중요한 위치에 있던 중국이 배제된 채 미소에 의해 분할 점령된 후 군정을 거쳐 분단이 고착화되었다. 이렇게 시작된 남북한의 냉전 구도는 전후 동아시아 지역 갈등의 불씨로 작용하였고, 아직도 한중 관계에 절대적 영향을 미치는 요소이다. 이와 관련하여 《신보》·《대공보》·《중앙일보》·《신화일보》·《인민일보》 등 중국 신문을 중심으로 한국 독립을 둘러싼 국제적 논의와 미소의 분할 점령 및 군정 실시, 신탁 통치 반대 운동, 남북한 단독 정부의 수립 등 주요 이슈를 중심으로 전후 처리에 관한 논의와 실행 과정을 파악하기로 한다.

전후 중국 공산당과 북한 정권의 관계를 다룬 국내 연구는 상대적으로 미흡하여 중국이 한국을 어떻게 바라보았는가를 조망하는 데 한계가 있다. 또한 자료 접근이 수월한 친국민당 성향의 언론·출판물이나 국공 양당의 기관지에 치중되어 민주당파를 비롯한 제3세력에 대한 이해가 부족할 수밖에 없다. 앞으로 다양한 정치 성향의 잡지와 일반 자료를 종합적으로 분석하고, 이를 통해 전후 한국 문제에 대한 국공 양당과 제3세력의 시각까지 함께 파악함으로써 객관적이며 포괄적 이해가 요구된다.[45]

근래 새롭게 발굴된 자료를 가지고 20세기 초 중국 내의 한국 독립운동 세력의 활동이나, 한중 관계사에 대한 새로운 시도가 이루어지고 있다. 예컨대 타이완 중앙연구원 근대사연구소 당안관 소장의 『주조선사관당안駐朝鮮使館檔案』이나 국민정부의 『외교부당안』 등은 19세기 말부터 20세기 중반에 이르는, 한중 관계의 실상을 밝히는 데에 중요한 정보를 제공해주고 있다.[46] 또한 서울대 규장각 소장의 재한화상在韓華商 관련 당안 자료 연구도 근대 이행기 화상들의 교역 네트워크를 중심으로 한 동아시아 교역권의 실태와 한중 경제 교역에 대한 실상을 보여준다. 이러한 미시적 접근법에 의한 실증 연구는 한중 관계의 경제 영역에서 나타난 구체적 결과를 가지고 기존 동아시아론에 대한 재검토를 제안하고 있다.[47]

연구 주제로 볼 때 그동안 한중 관계사는 정치사·외교사·독립운동

45 정문상, 「냉전 시기 한국인의 중국 인식」, 『아시아문화연구』 13, 2007.

46 이은자, 「한청통상조약시기(1900~1905) 중국의 在韓 치외법권 연구」, 『명청사연구』 26, 2006 ; _______, 「대한제국기 한중간 민사소송의 실례」, 『동양사학연구』 100, 2007 ; _______, 「중화민국 전기(1912~1927) 在朝鮮 영사관 조직」, 『중국근현대사연구』 66, 2015 ; 배경한, 「중일전쟁 시기 蔣介石 국민정부의 對韓政策」, 『역사학보』 208, 2010 ; _______, 「카이로회담에서의 한국 문제와 蔣介石」, 『역사학보』 224, 2014. 등

47 裵京漢, 「중국근현대사 연구 50년의 성과와 과제」, 『동양사학연구』 133, 동양사학회, 2015, 302~303쪽.

사에 집중되었고, 상대적으로 경제 교류, 인적 교류, 학술 교류 등에 관한 연구가 미흡하였다. 20세기 전반기는 동아시아 역사상 대규모의 디아스포라가 이루어진 시기로 한인들의 중국 이주와 중국인들의 한국 이주, 일본인들의 한국 및 만주 이주가 대량으로 진행되었다. 이들 이주민 사회의 형성 과정이나 성격에 대한 연구의 필요성이 꾸준히 제기되었는데 최근 만주 지역으로 이주한 한인 디아스포라 사회에 대한 연구가 일부 이루어지고 있다. 또한 인천을 중심으로 활동한 재한 중국인 사회의 실상과 그들의 무역 활동을 다룬 연구들이 등장하면서 이민 사회 자체에 대한 연구가 활기를 띠고 있다.[48] 이와 더불어 해외 망명자와 유학생 등의 인적 교류도 중요한 연구 주제이다. 20세기 초반의 중국은 늙은 문화 대국이었지만 식민지 한국 지식인들이 가장 손쉽게 서양의 근대 학문·사상·과학·기술을 접촉, 수용할 수 있는 전진기지였다. 그런 만큼 일제강점기 재중 한인 유학생들의 지식이나 정보의 교환 및 문화적 교류와 영향이 광범위하게 이루어졌다. 근래 난징·광저우·상하이·베이징 등지에서 한인 유학생들이 일구어낸 학문적 성취와 독립운동의 역할 등에 관한 심도 있는 연구가 이루어지고 있다.[49] 또한 동북공정의 학술적 대응 차원으로 중국 교과서 분석을 통

---

48 강진아, 「廣東 네트워크(Canton-Networks)와 朝鮮華商 同順泰」, 『사학연구』 88, 2007 ; 정혜중, 「개항기 인천 화상 네트워크와 화교정착의 특징」, 『중국근현대사연구』 36, 2007. 동일한 문제 의식에서 '한국사 속의 외래인, 이주와 삶' 이란 주제로 한국 근대사 속의 일본인, 화교, 서양선교사를 다룬 성과가 있다. (단국대학교 동양학연구원, 『한국사 속의 외래인, 이주와 삶』, 제46회 동양학연구원 정기학술회의 발표문, 2016).

49 최기영, 「1930년대 중산대학과 한국 독립운동, 『眞檀學報』 99, 2005 ; ______, 「1910~1920년대 杭州의 한인유학생」, 『西江人文論叢』 39, 2014 ; 尹恩子, 「20세기 초 南京의 한인유학생과 단체(1912~1925)」, 『중국근현대사연구』 39, 2008 ; ______, 「20세기 초 중국유학과 '金陵'의 韓人 유학생(1912~1927)」, 『중국근현대사연구』 64, 2014 ; ______, 「중국 南京의 국립 東南大學

해 교육 현장에서 중국 학생들의 한국 인식을 체계적으로 분석한 성과들이 다수 있다.[50] 이밖에 서양 학문의 전도체로써 도서의 유통과 번역 같은 지식 정보나 기술의 공유 및 소통, 그리고 이를 통한 서양 문화의 이식과 인식의 상호 영향은 앞으로 한중 관계를 보다 풍부하게 만들 주제들로 연구가 시급하다.

## 4. 일제 침략기 한중 언론의 환경

근대에 등장한 신문·잡지는 자신이 속한 사회의 목격자이자 기록자로서 특정 시기의 현실과 이상을 반영한다. 일제 침략기 한국과 중국의 신문·잡지도 언론·출판의 자유를 박탈당하거나 제한받는 열악한 환경 속에서도 시대를 기록하고 현안을 분석하며 대응책을 모색하였다. 따라서 동시대 한중 언론을 주도한 신문·잡지들에 게재된 관련

---

과 한인독립운동(1921~1926) -한인유학생을 중심으로」, 『중국근현대사연구』 68, 2015 ; 이재령, 「일제강점기 在中 韓人留學生의 실태와 지적교류 -上海地域을 중심으로」, 『중국근현대사연구』 68, 2015 ; ______, 「일제강점기 上海 韓人留學生의 유학생활과 근대 경험」, 『중국근현대사연구』 70, 2016 ; ______, 「1920년대 전후 北京의 유학환경과 韓人學生 현황」, 『中國學報』 80, 2017 ; ______, 「일제강점기 在中韓人留學生의 근대학문·사상의 수용 -北京지역을 중심으로」, 『歷史學硏究』 67, 2017.

50 김지훈, 「중국 실험본 중학교 역사교과서의 한국사인식」, 『사학연구』 78, 2005 ; ______, 「중국의 역사과정표준 고등학교 실험역사교과서의 한국 관련 서술」, 『한국근현대사연구』 36, 2006 ; ______, 「현대중국의 영토인식과 역사교육 -현행중국 중학교 역사교과서의 지도를 중심으로」, 『사림』 52, 2015 ; 이재령, 「중국 역사교과서로 본 현대한국」, 『중국학보』 64, 2011 ; 박영철, 「중국역사교과서의 한국사서술」, 『역사교육』 84, 2002.

기사, 논설, 보고서 등을 면밀히 검토함으로써 실체적 상호 인식과 양자 관계를 확인할 수 있다.

1896년 《독립신문》의 창간으로 시작된 한국의 언론 활동은 일제가 한국을 병탄한 후 사실상 정지되었다. 3·1운동을 계기로 무단정치가 이른바 문화정치로 전환되면서 회유책으로 신문·잡지의 발행이 허용되어 제한적이나마 언론 활동이 가능해졌다. 1920년 민영 종합 일간지로 《조선일보》와 《동아일보》가 허가를 받은 후 《매일신보每日申報》·《시사신보時事新報》·《시대일보時代日報》·《중외일보中外日報》·《중앙일보中央日報》·《조선중앙일보朝鮮中央日報》 등 여덟 종의 일간지와 더불어, 《남선경제일보南鮮經濟日報》·《남선실업신보南鮮實業新報》 등의 지방지도 창간되었다. 주간지와 월간지의 간행도 활발해졌는데 《기독신보基督申報》·《대동신보大東新報》·《민중신문民衆新聞》·《동아상공시보東亞商工時報》·《동아경제신문東亞經濟新聞》 등이 연이어 창간되었다.[51] 이 시기에 출현한 잡지로는 『천도교회월보天道敎會月報』·『시사평론時事評論』·『신생활新生活』·『동명東明』·『조선지광朝鮮之光』·『개벽開闢』·『현대평론現代評論』 등이 있고, 신문사가 발행한 『조광朝光』·『신동아新東亞』·『중앙中央』 등의 종합 잡지를 비롯하여 『동광東光』·『삼천리三千里』·『별건곤別乾坤』·『농민農民』 등이 있었다. 이 시기에 간행된 잡지의 종류는 다양했는데 문예지가 가장 많았고 사상, 의약 순서였다. 그러나 시사 관련 종합 잡지는 일제의 탄압과 경영난으로 오래 지속되지 못했고, 약학·실업 등의 전문지는 그래도 1930년대 후반까지 명맥을 이어갔다.[52]

---

51 여기에는 《매일신보》와 같이 총독부 기관지이거나 친일 단체의 기관지인 《대동신보》 등이 있지만, 형식상 일제가 한국인 명의로 발행한 신문으로 분류된다. 당시 일본인들은 한국인들에 비해 월등히 자유로운 법적인 조건 아래 서울뿐 아니라 각 지방에서 일간지 및 각종 잡지를 출판하였다. (鄭晋錫, 『韓國言論史研究』, 一潮閣, 1983, 129~130쪽).

1920년대 상당히 활발하던 한국에서의 언론 활동은 1931년 만주사변을 계기로 다시 탄압받았다. 1937년 중일전쟁의 발발과 함께 전시 체제가 구축되면서 친일만을 강요당했고, 1940년대 들어서는 친일 신문마저도 거의 다 폐간되었다. 중일전쟁 이후 한국에서 발행된 종합 일간지는 총독부 기관지인 《매일신보》를 제외하면 동아·조선·시대 세 가지밖에 없었고, 지방지로는 대구에서 발행된 《남선경제일보》가 유일하였다.[53] 같은 시기 해외 한인들에 의해 발행된 신문·잡지는 일본·미국·중국의 유학생 단체나 교민 조직, 독립운동 조직의 기관지로 존속하였다. 이 가운데 중국 내 한인 언론 매체로는 임정의 《임시정부공보》·《독립신문》충칭판 重慶版, 조선의용대의 『조선의용대통신』·『조선의용대』, 한국청년전지공작대의 『한국청년』, 민족 혁명당의 『우리통신』, 한국독립당의 『독립평론』, 한국광복군의 『광복』 등이 있었다.[54]

중국의 국민정부는 1926년 장제스蔣介石의 주도로 북벌北伐에 나섰고, 2년 만에 베이징을 점령하면서 군벌 통치를 끝장냈다. 그 후, 국민당은 중앙 정부의 틀을 갖추고 쑨원孫文에 의해 제시된 훈정 단계로 진입하였다.[55] 이 과정에서 일당 체제를 정당화, 합리화하는 정책을 홍보하고, 국민당의 통치 이념인 삼민주의를 사회 각 방면에 전파할 선전 수단이 필수적이었다. 장제스의 국민정부는 국민당 직영의 신문·잡지를 발행하는 목적으로, 제1차 국공합작 시기에 우파 기관지로 상하이에서 발

---

52 鄭晉錫, 위의 책, 146~152쪽.

53 박용규, 『일제강점기 언론사연구』, 나남, 2008. 참조.

54 한시준, 「중국관내 독립운동과 신문잡지」, 『한국 독립운동사연구』 12, 1998, 22~23쪽.

55 이것은 혁명 시기에 당이 국가를 관리하는 '以黨治國'의 통치 체제로 최종 단계인 헌정을 준비하는 예비 과정이었다. 그동안 군사적 물리력을 통치 수단으로 삼았던 군정에서 벗어나 국민당을 정점으로 각종 정책과 법령에 따라 국가를 지배하는 것을 의미했다.

행되던 《민국일보民國日報》를 1927년 3월에 다시 발간하였다. 1928년 2월에는 《중앙일보》가 상하이에서 복간되었고 이듬해 2월 발행처가 난징으로 옮겨져 국민당 중앙의 기관지로 자리 잡았다. 또한 1927년 6월, 국민당 중앙이 상하이에서 발행하던 《중앙반월간中央半月刊》이 난징으로 옮겨져 출판되었다.[56]

1928년부터 국민당 중앙 및 지방의 당·정·군 기관들이 신문·잡지를 발행하여 각 지역마다 발간된 신문·잡지의 60~70%를 차지하였다. 직영 언론은 크게 두 종류로, 각급 당부의 선전부에서 운영하는 매체와 국민당 당원이 운영하는 언론으로, 모두 중앙선전부의 비준을 받아 간행되었다.[57] 그밖에 국민당군이 발행하는 군보를 비롯하여 각 지역의 실력자들이 발행하는 신문 가운데 국민당에 부속되거나 지도를 받는 매체도 있다. 내용을 살펴보면 《중앙일보》를 비롯한 직영 신문은 반공을 전면에 내걸고 모든 분야에 걸쳐 당치黨治를 강조하였으며 장제스의 개인 권력 강화에 중점을 두었다. 1930년대 들어서 직영 신문은 국민당의 언론 통제를 옹호하였고, 만주사변 이후 항일 요구가 거세었지만 부저항주의를 고수하는 등 국민 여론과 동떨어져 있었다.[58]

북벌이 끝난 후 장제스의 군축軍縮에 반발한 옌시산閻錫山·펑위샹馮玉祥·광시계廣西系 등 지방 군벌과의 내전이 끊이지 않았다. 국민당 내에서도 장제스의 개인 권력 강화에 반대한 후한민胡漢民·왕징웨이汪精衛 등

56 穆逸群, 「《中央日報》的二十二年」, 『新闻研究资料』 第15辑, 1982, 122~123쏙.

57 「修正指導黨報條例」, 中国第二历史档案馆 编, 『中华民国史档案资料滙编』 第五辑 第一编 文化(1), 江苏古籍出版社, 1994, 87쪽. (약칭 『档案资料』).

58 賴光臨, 앞의 책, 124쪽. 《중앙일보》의 부적절한 항일 보도에 관해서는 대만학계도 인정하고 있다. 예컨대 曾虛白은 "《중앙일보》가 정부 발표를 보도하는 국민당의 당보로서 그 의견이 매우 정확하고 영향력이 컸지만 항일 정책에 대해서는 일반인의 諒解를 얻지 못하였다"라고 평가하였다. (曾虛白, 앞의 책, 422쪽).

의 저항이 거세었다. 이런 혼돈 양상은 1930년대에 접어들면서 정치적 군사적 갈등을 야기하였지만, 오히려 언론의 수요도 커져 언론의 새로운 변화와 성장 동력으로 작용하였다. 이 시기에 국민당과 정부의 직영 언론은 물론 지방 군벌 및 당내 파벌이 각각 신문·잡지를 경쟁적으로 발간하였으며, 그 여파는 시사 뉴스에 대한 관심을 고조시켜 민영 언론까지 활성화되었다. 《신보》·《대공보》처럼 규모가 큰 상업일간지는 1920년대를 거치면서 재정적으로 건실해지고, 그 영향력도 전국 범위로 확대되었다.[59]

무엇보다 국민정부 시기 자본주의의 발전이 신문 사업의 경제적 기초를 제공해 주었다. 1927년 4월, 청당清黨을 표방한 장제스와 저장 자본가들이 연합하자 상하이를 중심으로 민족경제가 안정을 되찾았고, 이후 3~4년간 상공업·금융업 등이 크게 발전하였다.[60] 이러한 경제 성장은 상하이뿐만 아니라 산둥山東·장쑤江蘇·저장浙江 등 연해 지역에 위치한 도시의 일반 현상으로, 급속한 경제 발전이 민영 신문의 자금 조달, 광고 수입, 설비 투자 등을 촉진시켜 신문 사업에 유리한 여건이 조성되었다. 몇몇 민영 일간지는 1920년대를 거치면서 재정 기초가 튼튼해지고, 구독 지역도 전국으로 확대되었다.[61]

---

59 국민정부 시기 신문 발행이 급증하여 1927년 628종, 1933년 867종, 1935년 1,736종으로 십여 년 만에 세 배의 성장을 기록하였다. 발행지는 대부분 상하이(上海)·베이징(北京)·톈진(天津)·난징(南京)·우한(武漢) 등 몇몇 대도시에 집중되어 지역 간 편차가 컸고, 난징을 둘러싼 장쑤(江蘇)·저장(浙江) 지역이 새로운 언론 중심지로 부각되었다. (趙君豪, 『中國近代之報業』, 商務印書館, 1939. 98쪽). 이 시기의 중국 언론계 현황은 이재령, 『현대중국과 지식인 -국민정부의 교육·언론정책과 지식인의 대응』, 신서원, 2003, 111~120쪽. 참조.

60 당시 상하이의 경제 발전 상황은 Parks M. Coble Jr. The Kuomintang Regime and the Shanghai Capitalists 1927~1929. The China Quarterly, NO. 77(1979), pp.293~310. 참조.

61 方汉奇 主编, 『中国新闻事业通史』 第二卷, 北京 : 中国人民大学出版社, 1996,

이 시기 중국 신문들은 양적 증가, 지역 편차의 심화, 획일적인 정치 성향 등이 그 특징이었다. 우선 양적으로 신문 발행이 급증하여 1927년에 628종에 이르렀다가, 1933년에 867종, 1935년에 1,763종이 가운데 910종이 일간지으로 십여 년 만에 거의 세 배의 성장을 기록하였다.[62] 신문 발행은 대부분 상하이·베이핑北平[63]·톈진·난징·우한武漢 등 몇몇 대도시에 집중되어 지역 간 편차가 매우 컸다. 그중에서 난징을 둘러싼 장쑤·저장 지역이 언론 중심지로 부각되었다.[64] 1936년 4월, 국민정부에 등록된 전국의 각종 신문은 모두 1천 5백여 종으로 그 가운데 672종이 장저江浙 지역에서 발행되어 전체의 44.7%를 차지하였다. 세부적으로는 상하이와 난징을 포함한 장쑤성에서 521종이 발행되었고, 저장성에서는 151종이 발행되었으며, 북방의 허베이河北·허난河南·산둥 지역에서는 모두 302종의 신문이 발행되어 전체 신문의 20%에 불과하였다.[65] 이처럼 국민정부 시기 신문업은 허베이·허난·산둥·장쑤·저장 등지에 집중되어 64.7%를 차지하였고, 도시별로는 상하이·베이핑·난징·칭다오靑島·톈진에 몰려있었다. 일간지뿐만 아니라 다양한 형태의 정기 간행물이 발행되었다.[66]

---

411쪽.

62 趙君豪, 『中國近代之報業』 長沙: 商務印書局, 1939, 98쪽. 1921년에 발행된 중국의 신문·잡지는 모두 1,114종으로 日刊 550, 二日刊 6, 三日刊 9, 五日刊 9, 週刊 154, 旬刊 46, 兩週刊 5, 半月刊 45, 月刊 303, 季刊 4, 半年刊 1, 年刊 1종이었다. 戈公振, 「中國報紙進化之概觀」, 張靜廬, 『中國現代出版史料』 丁, 北京 : 中華書局, 1959, 15쪽. (약칭 『出版史料』).

63 1928년 중화민국 정부의 수도가 난징으로 옮기면서 바뀐 명칭으로, 1949년 중화인민공화국 정부가 수립되면서 원상 회복되었다.

64 1930년부터 1933년까지 국민당 중앙선전부에 등기된 난징의 신문 발행 현황에 따르면 《중앙일보》 이외에 47종의 일간지와 50여 곳의 통신사가 활동하였다. 「南京市在國民黨中央宣傳部登記備案之報紙一覽表」(1930. 2~1933. 12)」, 『档案資料』 文化(2), 127~128쪽.

65 『档案资料』 文化(1), 149~150쪽.

경제 중심지인 상하이는 상공업의 발달로 광고 수입이 늘었으며, 특히 외국 조계는 정치 권력의 간섭을 덜 받았기 때문에 일찍부터 신문업이 발달하였다.[67] 상하이의 언론 매체는 양적으로 꾸준히 성장하여 1930년대 초반에 이미 50여 종의 신문과 14곳의 통신사가 운영되었고, 1937년에는 60여 종의 신문과 32곳의 통신사가 활동하였다.[68] 이 지역의 언론 활동은 '잡지년'으로 일컬어진 1933년의 통계 현황에서도 잘 나타난다. 그해 전국적으로 247종의 잡지가 발행되었는데 그 가운데 178종이 상하이에서 발간되었다.[69]

북방의 주요 항구 도시인 톈진도 일찍부터 상업이 번성하여 광고 수입이 많았으며, 지리적으로 베이핑과 가깝고 외국조계가 있어서 《대공보》·《익세보益世報》·《용보庸報》·《상보商報》·《천진민국일보天津民國日報》 등이 발간되었다.[70] 북방을 대표한 《대공보》는 역사가 오래되고 영향력이 큰 신문 가운데 하나로, 1902년 6월 17일 잉리안지英斂之가 톈진에서 창간한 후 1925년 11월 27일총호 8,315호에 경영난으로 정간되었

66 1936년을 기준으로 日刊 912, 兩日刊 27, 三日刊 78, 五日刊 16, 週刊 423, 旬刊 152, 半月刊 184, 月刊 591, 兩月刊 20, 季刊 101, 半年刊 18, 年刊 11, 不定期刊 200종이 발행되었다. 「1936年全國期刊統計表」, 『出版史料』 乙編, 422~423쪽.

67 1927년 3월 북벌군이 상하이를 장악한 시기에 《申報》·《新聞報》·《時事新報》·《時報》·《民國日報》 등 5종의 일간지가 발행되었는데 모두 朝刊이었다. 袁殊, 「上海報紙之批評」, 『出版史料』 乙編, 131쪽.

68 상하이는 수도인 난징과 근접하여 뉴스의 신속한 취재 및 보도가 쉬웠지만 잦은 당국의 간섭으로 마찰도 빈번하였다. 李龙牧, 『中国新闻事业史稿』 上海人民出版社, 1985, 186쪽.

69 이밖에 南京 39, 杭州 10, 北平 9, 廣州 3, 武昌 3, 天津 2, 鎭江 1, 安慶 1, 濟南 1종의 분포를 보였다. 宋原放, 『中国出版史料』 现代部分 第1卷(1919. 5~1937. 7) 下册, 山东教育出版社·湖北教育出版社, 2001, 351쪽.

70 톈진언론계의 상황은 俞志厚, 「一九二七年到抗战前天津新闻界概说」, 『新闻研究资料』 第14辑, 1982, 178~208쪽. 참조.

다. 이듬해 1926년 9월 1일 속간되었는데 국문통신사를 운영하던 우딩창吳鼎昌·후정즈胡政之·장즈롼張季鸞이 신기공사新記公司를 설립하여 왕지룽王郅隆으로부터 《대공보》를 정식 인수하고 총호 8,316호부터 재발행하였다.[71] 이후 《대공보》는 항일 전쟁 발발 직전까지 상업적으로 크게 성장하였다.[72]

국민정부 시기에 외형상 당보, 정부지, 군사지 등의 관영 언론 이외에 국민당 내 파벌과 공산당 및 기타 정파의 신문·잡지, 민영 상업지, 외국 신문 등 운영 주체가 서로 다른 언론 매체들이 다양하게 존재하였다. 발행 주체에 따라서 국내외 정치·경제·외교 등의 현안마다 뚜렷한 시각 차이를 보였다. 1930년대 들어서 국민정부는 반장 세력을 제거한 후 대내적으로 중앙집권 및 통일정책과 공산당 토벌에 주력하였고, 대외적으로는 불평등조약의 폐지를 위해 노력하였다. 1931년 9월 18일 만주에서 시작된 일본의 침략 행위는 중국인들의 위기감과 애국심을 자극하며 언론의 역할과 비중을 강화시켰다. 대외 요인에 의한 상황 변화는 불완전한 국민정부의 정치 통합과 국력을 결집시킬 수 있는 명분으로 작용하였고, 중일전쟁을 거치면서 관영 언론의 영향력이 크게 확대되었다.

국민정부는 훈정 통치를 하면서 통제 위주의 언론 정책을 실시하였다. 국민당은 직영 언론의 강화로 자체 영향력을 확대하면서 민영 언론과 기타 출판물에 대해 〈출판법〉·〈신문등기법〉·〈선전품심사조례〉 등의 언론 법규를 엄격히 적용하였고, 등기등록제·우편물검사제·사전검열제 등에 의해 신문·잡지의 발행을 전후로 이중 관리하였다. 이런

71 陶菊隐, 『记者生活三十年』, 北京 : 中华书局, 1984, 188쪽.

72 《대공보》는 1949년 6월 14일 「新生宣言」을 발표하고 폐간되었다. (張篷舟, 「大公報大事記(1902~1966)」, 『新闻研究资料』 第7辑, 1981, 200쪽).

과정들이 국민당과 정보 기관에 의해 이뤄짐으로써 모든 언론은 장제스의 통제 아래에 놓였다.[73] 그동안 대도시 자본가들이 운영해 온 상하이의 《신보》·《신문보》나 톈진의 《대공보》 등은 정부의 규제와 간섭으로부터 상당한 독자성을 유지했지만 1930년대 중반 이후 일당 지배가 심화되면서 통제망을 벗어날 수 없었다.*

73 국민정부 시기 언론 관리 법제와 그 시행에 따른 언론계의 반응은 이재령, 위의 책(2003). 참조.

* 이 글은 「근현대 한중관계사의 새로운 담론 모색 -한국 중국사학계의 최근(2002~2017) 성과를 중심으로」, 『中國學論叢』 第57輯, 韓國中國文化學會, 2018, 269~298쪽을 수정 보완한 것이다.

# 제1부

## 만주사변(1931년) 전후 한중 언론의 상호 인식

Ⅰ. 만보산사건과 중국 여론의 동향

Ⅱ. 만주사변 시기 중국 관영 언론의 현실 인식 : 《중앙일보》

Ⅲ. 만주사변 시기 중국 민영 언론의 시국 대응 : 《신보》·《대공보》

Ⅳ. 만주사변 전후 한국 언론의 중국 인식 : 《동아일보》

# Ⅰ. 만보산사건과 중국 여론의 동향

## 1. 머리말

1920년대 후반부터 1940년대까지 중국 대륙을 지배했던 국민정부는 장제스蔣介石의 주도하에 북벌을 완성하고 훈정訓政에 의한 근대 국민국가를 지향하였다. 하지만 국민정부는 당내의 반장反蔣 세력과 공산당의 도전에 직면하였고, 일본의 계속된 침략으로 온전한 국가 기능을 수행하기 어려웠다. 식민지 한국도 임시정부의 형태로만 존재할 뿐이어서 중국과 정상적인 교류는 기대할 수 없었다. 이 때문에 국민정부 시기의 한중 관계는 국가간 외교 관계보다 민간 접촉에 따른 현안을 토대로 규명하는 것이 실질적이다. 예컨대 만주 한인 및 한국 화교 사회에서 발생한 문제나 중국 관내의 한국 독립운동을 통해 중국의 대한국관을 이해하는 것이 첩경이다.[1]

---

1 이와 관련하여 재만 한인(在滿韓人)의 이주 실태와 그에 따른 토지 문제, 법석 지위, 중국 당국의 구축 정책 등을 중심으로 중국인과 재만 한인의 갈등 원인 및 사태 추이에 대한 검토가 있었다. 그러나 정책과 법제 위주의 연구 결과 한중 양국 간 갈등 구조에 직간접 영향을 미친 상호 인식에 관한 분석은 미흡하였다. (吳世昌, 「在滿韓人의 社會的 實態(1910~1930) -中國의 對韓人政策을 中心으로」, 『白山學報』 第9號, 1970. 12 ; 박영석, 「장학량 중국동북정권의 대한인정책 -길림성 관내의 판법·밀령·훈령을 중심으로」, 『한민족독립운동사』 6, 국사편찬위원

1931년 7월에 발생한 만보산萬寶山사건과 한국 배화排華 사태는 한중 양국 사이에 첨예한 대립 양상을 보인 사안이다. 이와 관련하여 발생 배경, 진행 과정, 상호 인식 및 언론 논조 등을 정리하여 일제의 침략성을 밝히거나 한국 독립운동과의 연관성을 검토한 성과들이 있다.[2] 한 걸음 더 나아가 만보산사건 전후의 정치 경제 상황과 대응 방식 및 해결 과정 등을 통해 중국 정부 및 국민들의 한국관을 이해할 수 있다. 당시 중국은 장제스를 중심으로 한 국민정부와 만주를 장악하고 있던 장쉐량張學良, 장시江西소비에트의 공산당, 상공계층, 교육·언론·문화계의 지식인, 그리고 일반 대중까지 제각기 국가 건설의 전망이나 절차, 대내외 현안 등을 둘러싸고 다투고 있었다. 이 사건이 발생하자 모두들 공분하며 배일排日 투쟁의 의지를 분명히 했지만 대응에 있어서는 각양각색이었다. 식민지 한국에서 발행된 《동아일보》와 《조선일보》도 저마다의 입장과 견해에 따라 상이한 대응을 보였다.[3] 따라서 중국의 다양한 정치 세력과 교육계·언론계·상공계

---

회, 1989 ; 劉秉虎, 「在滿韓人의 國籍問題에 대한 연구 -1900년대초 韓·淸 양국의 갈등을 중심으로」, 『史林』 第18號, 2002).

2 선행 연구는 일본 대륙 침략 정책의 하나로 파악하고 한중 연대란 민족주의 시각을 부각시켰고(朴永錫, 『萬寶山事件研究』, 서울 : 亞細亞文化史, 1978), 사건에 관한 중일 간 외교 교섭을 분석하거나(兪辛淳 지음, 신승하 옮김, 『만주사변기의 중일외교사』, 서울 : 고려원, 1994), 조선·동아 일보의 논조를 분석하여 사건 진상과 인식의 차이를 밝혔으며(閔斗基, 「滿洲에서의 萬寶山事件(1931)과 韓國言論의 대응 -相異한 민족주의적 시각」, 『동양사학연구』 65, 1999), 한중 간 갈등 요소로써 만주 한인에 관한 연구 성과가 있다. (叢成義, 『萬寶山事件之研究』, 臺灣政治研究所碩士論文, 1983 ; ________, 「九一八前的東北韓人問題與中日糾紛」, 『韓國學報』 3, 1983 ; 胡春惠, 「萬寶山事件中的韓僑問題」, 『韓國學報』 11, 1992). 손승회는 재만 한인에 대한 공산당의 인식과 대책을 검토하고, 조선 배화 사태를 동아시아의 시각에서 이해하였다. (손승회, 「만보산사건과 중국 공산당」, 『동양사학연구』 제83집, 2003 ; _______, 「만보산사건과 중국의 언론」, 『역사문화연구』 28, 2007 ; _______, 「1931년 식민지 조선의 배화폭동과 화교」, 『중국근현대사연구』 41집, 2009).

등의 대한 인식을 올바로 이해하려면 개별 사건에 대한 각계각층의 현실 인식과 대응 방식을 분석한 후 종합하는 것이 유효하다.[4] 이 글에서는 만보산사건을 둘러싼 국민당의 상황 인식과 대응 방식 및 국내외 여론을 국민당 중앙의 당보인 《중앙일보中央日報》와 민영 상업 신문인 《신보申報》·《대공보大公報》 등과 함께 비교, 검토하여 1930년대 초 한중 관계와 상호 인식을 규명한다.

## 2. 사건 발생과 국민당의 대응

### 1) 국민당의 상황 인식

만보산사건은 중국 동북 지방 창춘현長春縣 만보산의 싼싱바오三姓堡 이퉁하伊通河 유역에서 만주 한인과 중국 농민 사이에 1931년 5월말부터 농수로 축조를 둘러싸고 대립이 발생하여 7월 1일에는 중일 양국의 무력 충돌로 발전한 사건이다. 사건은 여기서 끝나지 않고 그 실상이 한국에 잘못 알려짐으로써 전국적인 화교 배척 사태로 확산되었다. 이후 중국 내부에서는 주요 외교 현안으로써 사건 배경, 사태 추이, 처리 방안 등을 놓고 논란이 뜨거웠다.

사건 발생 후 불과 두 달도 지나지 않아 동북 지역은 일본의 전면 침공으로 사실상 식민지로 전락하였다. 그 결과 일제의 식민 지배를

3 閔斗基, 위의 글, 169~171쪽.

4 孫乘會, 위의 글(2003). 참조.

피하여 만주로 이주해 온 한인들의 법적 경제적 상황은 더욱 나빠질 수밖에 없었다.[5] 애당초 만주 한인에 대한 중국 인식은 식민지 상황과 불가분 관계를 가졌고, 9·18사변 직전에 일어난 만보산사건은 한중일 삼국 관계에 결정적 영향을 미친 것이다.[6]

1927년 4월 다나카 기이치田中義一가 일본 수상으로 취임하면서 이른바 다나카 내각이 구성되었다. 이후 일본의 대중국 정책은 강경하게 바뀌어 침략 위주의 대륙 정책이 가속화되었다.[7] 그 내용은 만주·몽고를 일본의 대륙 침략 기지로 삼아 중국 전역을 지배하고 궁극적으로 세계를 지배하겠다는 것이지만 실제 목표는 '아시아의 맹주 자리'를 노리고 있었다.[8] 1930년대 들어서면서 일본은 무력 침략까지 염두에 둔 적극적인 대륙 정책을 추진하였는데 1931년 7월, 만주에서 발생한 만보산사건과 한국의 화교배척사건은 곧 일본의 만주 침략을 알리는 서막이었다.

만보산사건이 터진 후 국민당은 그 배경을 몇 가지로 파악했는데 일본의 대륙 침략 정책을 첫 번째로 꼽았다.[9] 다음은 한인 이민 정책으로,[10] 만보산사건도 이주해 온 한인들이 중국인 농지를 강제로 점

---

5 吳世昌, 앞의 글, 103쪽 ; 민두기, 위의 글, 143쪽.

6 이 글에서 언급한 만보산사건은 1931년 5월부터 시작된 만주 한인과 중국 농민의 충돌뿐만 아니라 7월에 한국에서 발생한 화교배척운동 곧 조선배화사태까지 포함한다.

7 日本外務省, 『日本外交年表與主要文書』 下, 101~103쪽 ; 楊昭全·何彤梅, 『中國-朝鮮·韓國關係史』 下, 天津人民出版社, 2001, 832쪽.

8 「萬寶山事件與朝鮮排華慘案」, 『東方文化集成 -朝鮮·韓國·蒙古文化編』, 天津人民出版社, 2001, 833쪽.

9 「中央宣傳部對萬寶山事件及朝鮮排華慘案宣傳大綱」, 『萬寶山事件及朝鮮排華慘案』, 南京 : 中國國民黨中央執行委員會宣傳部印, 1931(이하 『萬寶山事件』으로 약칭), 14~15쪽.

10 「中央宣傳部對萬寶山事件及朝鮮排華慘案宣傳大綱」, 『萬寶山事件』, 15~16쪽 ; 「陸軍第十六師特別黨部籌備委員會通電」·「陸軍第五十七師特別黨部籌備委員會通

유하고 일본 경찰의 비호 아래 충돌을 일으킨 사건으로, 일본의 계획적이며 조직적인 침략 정책의 하나로 이해하였다.[11]

그밖에 농지 계약의 위법성과 탈법성이 직접 원인으로 지적되었다. 중국 농민과 만주 한인 사이에 체결된 계약이 현縣정부의 비준을 받지 못하여 효력이 없다는 것이다.[12] 국민당 지방당부들도 "사건 발생의 경위를 조사해 보면 불문곡직不問曲直하고 만보산 지방은 우리 중국에 속한 땅으로 조선인이 세금과 수전水田을 도적질한 것"이라며 한결같이 불법성을 지적하였다.[13] 이처럼 국민당은 사건 발생 원인으로 군사적 경제적 수단을 동원한 일본의 대륙 침략 정책과 그에 따른 한인의 만주 이주 및 불법 행위 등을 들었다. 그리고 중국의 국민 혁명과 한국 독립운동을 저지하려는 목적도 있는 것으로 파악하였다.

만보산사건에 뒤이은 한국 배화 사태는 중국인과 국민정부에 매우 충격적이었다. 만보산에서 발생한 충돌과 희생에 대해 소극적이었던 국민당은 이 사건 이후 신속히 대응 방안을 모색하였다. 국민당은 이 사건을 중국인과 한국인 사이에 나쁜 감정을 조장하여 화교 배척 운동을 일으킨 일본의 의도된 도발 행위로 보았다.[14]

---

電」, 『萬寶山事件』, 84~85쪽.

11 후등임(後藤任)은 만철 총재로 재직할 때 만몽 지역에 한인 삼백만 명을 이주시킬 계획이었는데 "이민정책의 성공은 곧 동삼성이 실질상 일본 영토로 변하는 것"이라고 말할 정도였다. (「蔡委員元培在中央黨部紀念週對萬寶山事件及朝鮮排華慘案之重要報告」, 『萬寶山事件』, 4쪽).

12 「長春縣政府呈市政籌備處原呈」, 『萬寶山事件』, 196쪽 ; 「地主蕭翰林張鴻賓等十二人與郝永德所訂組地契約」, 羅家倫 主編, 『革命文獻』 第33輯, 中國國民黨中央委員會黨史史料編纂委員會, 1978. 506쪽. 국제연합조사위원회 중국 대표 구웨이진(顧維鈞)은 이 문제를 부각시켜 계약의 무효임을 주장하였다. (顧維鈞, 「參與國際聯合會調查委員會中國代表處說帖」, 羅家倫 主編, 같은 책. 493~495쪽).

13 「察哈爾省黨務特派員辦事處通電」, 『萬寶山事件』, 77쪽.

14 「蔡委員元培在中央黨部紀念週對萬寶山事件及朝鮮排華慘案之重要報告」, 『萬寶山事件』, 2쪽 ; 「中央宣傳部對萬寶山事件及朝鮮排華慘案宣傳大綱」, 『萬寶山事件』, 12쪽.

그 근거로는 첫째, 식민 통치하의 한국에서 어떤 집회도 자유롭지 않다는 것이다. 둘째, 일본은 이미 오래전부터 제2의 지난濟南사건과 같은 음모를 꾸며 왔다는 것이다.[15] 셋째, 만보산사건에 관한 일본 신문들의 과장, 왜곡 보도와 감독 소홀로 한인과 중국인 사이에 나쁜 감정을 충동질하였다는 것이다. 넷째, 배화 사태에 다수의 일본인들이 변복한 채 참여하였고 폭동을 조장 방치하였다는 것이다. 다섯째, 화교들의 피난을 방해하고 통신 두절로 사태를 확대시켰다는 이유 등을 들었다.[16] 이러한 사실과 정황들로 미루어 볼 때 배화 사태는 한인의 본의에서 나온 것이 아니라 일본인의 충동질과 강압을 받은 것으로, 일본의 조직과 계획에 의해 꾸며진 흉악한 음모라고 결론 짓고 일본에 대해 무한 책임을 주장하였다.[17]

이에 반하여 중국 공산당은 만보산사건을 일제의 계획적 조직적 음모로 인식했지만 그 목적이 단순한 대륙 침략에 있었다기보다는 중국에서 급속히 발전해 가는 반제 투쟁을 진압하고 한인과 중국인 사이의 적대적 민족 감정을 조장하여 양국 민중의 반일 공동 투쟁 전선을 파괴하는 데에 있다고 보았다.[18]

---

15 국민당은 일본 외상 폐원희중랑(幣原喜重郞)이 만보산사건 직후 "지난사건과 유사한 일이 발생하지 않을 것이라고 보장하기 어렵다"고 언급한 것을 예로 들면서 한국 배화 폭동이 예상되었던 것으로 인식하였다. (「南京特別市執行委員會宣傳部告全國同志同胞書」, 『萬寶山事件』, 67쪽).

16 「中央宣傳部對萬寶山慘案及朝鮮排華慘案宣傳大綱」, 『萬寶山事件』, 18~20쪽 ; 「中國國民黨中央執行委員會祕書處公函」 第612號(1931年 7月 2日)·「國民政府行政院」 第675號(1931年 7月 16日)·「中國國民黨中央執行委員會宣傳部」(1931年 7月 17日)·「國民政府監察院」 第1167號(1931年 7月 17日), 『外交部稿萬寶山案』 373-1 (目錄統一編號 172-1 案卷編號 1072-1), 臺灣國史館 소장 (약칭 『萬寶山案』).

17 「中央宣傳部對萬寶山事件及朝鮮排華慘案宣傳大綱」, 『萬寶山事件』, 18쪽. 이러한 시각은 국민당 하부조직에서도 마찬가지였다. (「浙江省執行委員會呈中央電」, 같은 책, 72쪽).

그러면 만보산사건에 대해 국민당은 어떻게 대응하였는가? 사건 발생 이전부터 국민당은 대외 문제보다 국내 문제에 치중하여 공산당 세력의 토벌에 주력하고 있었다. 만보산사건이 한국 배화 사태로 확산되었지만 국민당은 여전히 직접적이며 실질적인 무력 대응보다는 외교 수단에 의한 타협적 태도를 취하였다. 겉으로는 배일 여론을 수용하는 입장을 취하면서도 군사적 응징보다 외교적 절충에 의한 조용한 처리에 비중을 둔 것이다.

사건 직후 외교부는 곧바로 일본 정부에 몇 가지를 요구하였다. 우선 이번 사건이 여러 가지 정황으로 보아 일본에 완전한 책임이 있으므로 한국 화교에 대한 손해배상, 한인 관련자 처벌, 일본 정부의 사과 및 재발 방지 보장 등을 요구하였다. 그 논거로는 국제법상 일본이 중국인의 생명과 재산에 손해를 입혔고, 중국이 보호하는 재외 교민의 권리를 침해했다는 것이다. 따라서 이 사건은 일본이 마땅히 책임져야 한다는 논리였고, 전력을 다하여 일본이 저지른 폭행 및 침략 음모를 국제 사회에 폭로할 것이라고 선언하였다.[19] 이러한 대응 조치는 사태 해결을 위한 최소 조건들로써 국민당은 일본의 호응을 기대한 것이다.

한편 국민당 내 하부 조직들은 사과, 배상, 재발 방지 등을 기본 요구 조건으로 제시하였고,[20] 그동안 일방적으로 유지되어온 일본의 각종 특권도 모두 철폐하도록 촉구하였다. 일본은 21개 조약을 근거로 동북 지역의 토지상조권과 내지잡거권內地雜居權을 관철시켰을 뿐만

18 손승회, 위의 글(2003), 126쪽.

19 「中央宣傳部對萬寶山慘案及朝鮮排華慘案宣傳大綱」, 『萬寶山事件』, 22~23쪽.

20 「中國國民黨吉林省黨務指導委員會」, 『萬寶山案』 373-1 第6冊 (目錄統一編號 172-1 案卷編號 1072-6).

아니라 한인들을 강제 이주시킨 후 이들의 보호와 독립운동의 진압을 핑계 삼아 중국 주권을 침해하며 수많은 분규를 일으켰다.[21] 따라서 만보산사건도 한인의 만주 이주 때문에 발생한 것이며 일본에 궁극적 책임이 있다고 본 것은 당연하였다.

이런 까닭에 국민당은 대일 교섭 과정에서 일본의 토지상조권과 자유잡거권을 저지하고, 한인의 만주 이주를 엄격히 제한하며, 귀화는 반드시 중국 국적법의 방침에 따르고, 국적을 취득하지 못하면 토지권을 행사할 수 없도록 만들었다. 또한 동북 지역에 주둔하고 있는 일본 군경을 즉각 철수시키며, 재만 일본 교민에 대한 영사재판권도 취소하였다.[22] 그러나 이런 조치들은 모두 무산되었는데 만보산사건을 빌미로 만주·몽고 지역의 진출을 서두른 일본의 의도 때문에 가능한 조용히 사태를 마무리하려던 국민당의 대응은 실효를 거두기 어려웠던 것이다.

한국 배화 사태로 중국 여론이 들끓고 있던 시기에 장제스는 여전히 장시 지역의 공산당 토벌에 주력하며 이른바 '안내양외安內攘外론'을 강조하였다.[23] 이 주장에 따르면 "외환은 대개 내전이 발생할 때 일어나는 법이다. 국가가 분열되어 있으면 외교도 순리적으로 처리되기 힘들다"고 전제하면서 "먼저 내부를 안정시킨 후 외적을 물리쳐 통일을 이룩하고 평화를 실현한다면 나라의 치욕을 면하고 국력을 신장시킬 수 있다"는 대응 논리였다.[24]

이러한 장제스의 시국 대책은 혁명 외교로 구체화되었고 지방당부

---

21 「中國國民黨湖南省岳陽縣黨部執行委員會」, 『萬寶山案』 373-1 第6冊 (目錄統一編號 172-1 案卷編號 1072-6).

22 「中央宣傳部對萬寶山事件及朝鮮排華慘案宣傳大綱」, 『萬寶山事件』, 24~25쪽.

23 "蔣主席關心對日交涉", 《中央日報》, 1931. 8. 6.

24 "蔣主席爲鮮案將告國人", 《中央日報》, 1931. 7. 24.

들도 반장 세력과 공산당 토벌 등이 제대로 해결되지 않기 때문에 일본이 그 틈을 노리고 침입한 것으로 보았다.[25] 따라서 국민이 일제히 분기하여 경제 단교에 힘쓰고, 당·정·군·민이 단결하여 정부 방침에 뒤따를 것임을 다짐하며 혁명 외교에 적극 호응하였다.[26] 이렇듯 국민당의 혁명 외교는 외교 현안에 대한 실질적 대응보다 경제 징계와 외교 절충을 통한 소극적 타협 노선이었다.

그러나 지식인들과 민영 언론 및 당내 일부 조직에서는 중앙 정부의 대응과 달리 근본 해결을 주장하기도 했다. 즉 만보산사건을 계기로 중국 정부가 만주 한인과 관련된 모든 문제를 일괄적으로 담판 지을 필요가 있다고 본 것이다.[27] 예컨대 차이위안페이蔡元培는 그동안 누적된 일본과의 외교·경제·군사 갈등 요인을 이번 기회에 해결하기 위하여 체계적이며 구체적인 접근이 필요하다면서 정세에 관한 조사 연구, 중국 자체의 만주 개발 및 이주 정책에 의한 독자 해결 등을 근본 대책으로 제시하였다.[28] 이러한 견해는 민영 신문인 《대공보》·《신보》의 논조와 일치한 것으로, 철저한 자기 인식을 토대로 경제 개발과 국가 역량의 결집을 강조한 것이다.[29] 국민당 군 내부에서도 중국 스스로 동북 지방의 경제 건설과 국방에 충실하여 일본군을

25 「陸軍第四十八師特別黨部籌備委員會電」, 『萬寶山案』 373-1 20 (目錄統一編號 172-1 案卷編號 1072-5) ; 「中國國民黨哈爾濱黨務特派員辦事處電」, 『萬寶山案』 373-1 第6冊 (目錄統一編號 172-1 案卷編號 1072-6).

26 「中國國民黨湖北省江陵縣執行委員會電」, 『萬寶山案』 373-1 第6冊(目錄統一編號 172-1 案卷編號 1072-6).

27 徐淑希, 「鮮滿案件與韓民問題」(1931.8.5.), 『萬寶山案』 373-1 第7冊 (目錄統一編號 172-1 案卷編號 1072-7).

28 「蔡委員元培在中央黨部紀念週對萬寶山事件及朝鮮排華慘案之重要報告 -民國20年 7月 20日」, 『萬寶山事件』, 7~8쪽.

29 「知彼知己」, 《大公報》, 1931. 7. 7 ; 「人侮與自侮 1~2」, 《申報》, 1931. 7. 14~15.

내쫒고, 남만주철도주식회사(약칭 만철) 주변의 체신권과 경찰권 등을 회수함으로써 국권을 지킬 것을 주장하였다.[30]

한국 배화 사태 이후 민간단체를 중심으로 배일 운동이 확산되면서 경제 단교가 가장 일반적 수단으로 제기되었다. 당시 주요 도시에서는 상인·학생·문화인 조직들과 급히 결성된 각계 반일원교구국회, 대일원교위원회 등이 앞다투어 배일 성명을 발표하였다.[31] 각 지역의 국민당과 군대 조직들도 경쟁적으로 항의 성명을 발표했는데 공통점은 혁명 외교를 지지하면서 일본의 사과와 관련자 처벌, 손해배상, 재발 방지의 보장 등을 요구한 것이었다.[32]

이렇듯 만보산사건과 한국 배화 사태가 연이어 발생하자 국민정부는 신속하게 배일 여론을 수용하면서 원만한 사태 해결을 위한 외교 조치를 취하였다. 구체적으로는 국제법에 의한 외교적 항의와 교섭 절충 및 경제 단교의 수단이 동원되었다. 사태의 가장 신속하고 효과적인 수습책은 한인들을 직접 설득하여 화교 배척 운동을 저지시키는 것이었다. 또한 근본 해결책은 재만한인在滿韓人의 국적 정리와 한

30 「中央陸軍軍官學校武漢分校特黨部執行委員會通電」, 『萬寶山事件』, 81~82쪽.

31 「成都市商會電」·「湘潭人民反日援僑會電」·「湖南淑浦都教育會電」, 『萬寶山案』 373-1 20.(目錄統一編號 172-1 案卷編號 1072) ; 「福建上洋各界反日援僑救國會電」·「津陽各界反日援僑救國會電」·「甯夏各界反日運動大會電」·「湖南人民對日援僑委員會電」·「上海市商會電」·「哈爾濱市商會電」·「朝鮮京城各界聯合協議會電」·「鎭江商會電」·「亞洲文化協會執行委員會電」·「亞洲文化協會南京分會電」·「福旦大學教職員學生同電」·「厦門總商會電」·「中華國貨維持會電」·「長沙市團聯合辦事處電」·「江西全省商會聯合會南昌市商會電」·「南昌市各業同業公會 對日經濟絶交後援會電」, 『萬寶山案』 373-1 第6冊(目錄統一編號 172-1 案卷編號 1072-6).

32 「中國國民黨 吉林省黨務指導委員會電」·「中國國民黨 湖南省岳陽縣黨部執行委員會電」·「中國國民黨 湖北蘄水縣執行委員會電」·「中國國民黨 湖北省江陵縣執行委員會電」·「中國國民黨 湖南省平江縣執行委員會電」·「中國國民黨 湖北省江陵縣執行委員會電」·「中國國民黨 哈爾濱黨務特派員辦事處電」, 『萬寶山案』 373-1 第6冊(目錄統一編號 172-1 案卷編號 1072-6).

중간 통상 및 교민 보호 방안이 마련되어야 했다.[33]

이를 위해 국민정부는 일본과 외교 교섭을 통하여 최저요구가 관철되도록 노력하고, 민간 조직을 주축으로 경제 단교를 실행하며, 이를 계기로 동북 지역에 대한 일본의 특수 권익을 취소시키려 했지만 모두 무산되었다. 애당초 일본은 무력에 의한 만주·몽고 지역의 진출 계획을 가지고 있었기 때문에 외교 절충으로 조용히 사태를 마무리 지으려던 국민당의 대응은 무기력할 수밖에 없었다. 이런 과정에서 일제의 대륙 침략 수단으로 이용된 만주 이민의 당사자이며 배화 폭동의 가해자인 한인에 대한 국민당의 인식은 과거와 사뭇 다른 양상을 띠었다.

### 2) 국민당의 대한 인식

1895년 마관馬關조약 이전의 한중 관계는 명의상 조공 관계였으나 19세기말 이후 중국의 국력이 쇠약해지자 주종主從관계에서 '신분은 귀하나 지위가 없고, 벼슬은 높으나 권세가 없는貴而無位 高而無權' 유명무실한 상황으로 변하였다. 1910년 한일합방 이후 한국은 일본의 식민지로 전락하였고, 중국 또한 일본에 유린당하면서 공동의 적과 맞선 상황에서 한중 관계는 동병상련의 처지로 바뀌었다. 쑨원孫文을 비롯한 초기 국민당의 지도자들은 급변한 시대적 배경 아래서 자연스럽게 한인과의 우호, 한국에 대한 지지 및 상호 부조 등의 새로운 한국관을 형성시켰다.[34] 과거 중국 지식인들이 갖고 있던 문화 우월 의

33 「哈爾濱黨務特派員辦事處通電」, 『萬寶山事件』, 77쪽.

34 만보산사건 이전까지 중국 국민당의 한국관은 다음의 글을 참조하였다. (胡春惠, 「20世紀前半中國國民黨人的韓國觀」, 『근현대 전환기 中華意識의 지속과 변용 -

식에 바탕을 둔 허위적 자부심이 19세기 중반 이후 천조 체제의 붕괴와 더불어 현실의 본 모습을 직시하며 무너지기 시작한 것이다.

쑨원의 한국 인식은 국민당의 한국관을 형성하는 데 주류 역할을 하였다. 쑨원은 동맹회 시기부터 한국 민족의 운명에 대하여 우호적 입장을 취하였다. 그가 주장한 민족주의에 따르면 중국인이 일치단결하여 아시아의 피압박 약소민족주로 한국과 월남을 지지하고 제국주의가 동아시아의 평화를 파괴하는 데 공동으로 반대할 것을 호소하였다. 이러한 입장과 주장은 1921년 광저우에서 한국 임시정부 대표 신규식과 나눈 담화에 잘 나타나 있다.

> 중국과 한국 두 나라는 같은 문자를 쓰고 같은 인종인 본래 형제의 나라로 유구한 역사를 가진 긴밀한 관계이며, 서로 의지하고 돕는 밀접한 이해 관계로 분리할 수 없으니 바로 서방의 영·미와 같다. 한국의 복국復國 운동을 중국이 도와야 할 의무가 있다는 것은 말할 필요가 없다. …… 일본이 약소민족을 침략하고 동아의 화평을 파괴한 것은 실로 마관조약으로 한국 독립을 유린한 것에서부터 시작하는 것이다.[35]

이처럼 쑨원의 한국 인식은 외형상 우호적이었다. 그러나 내재된 의미를 살펴보면 신규식과의 담화 중 일본이 침략함으로써 중화 질서를 바탕으로 한 동아시아의 평화가 깨졌다는 인식을 드러내고 있다. 또한 쑨원은 그해 12월의 한 연설에서 중국이 상실한 영토로 고려·대만臺灣·팽호도澎湖島 등을 열거하면서 전통시대의 조공국들은 모

20세기 전반 中國人의 韓國觀을 중심으로』, 단국대학교 동양학연구소 국제학술회의 자료집, 2004년 5월 15일. 1~3쪽).

35 孫中山, 「北伐完成後中國當全力援助韓國復國運動」, 『國父全集』 補編, 臺北 : 中國國民黨黨史會, 1985, 232~233쪽.

두 중국 영토였는데 중국이 약화되면서 열강들에게 빼앗긴 것으로 보고 있다. 쑨원의 이러한 인식은 조공 질서를 바탕으로 하는 중국 우월적인 영토 관념으로써 곧, 중화주의적 영토 관념을 가졌다고 말할 수 있다. 그런 까닭에 쑨원의 한국 인식은 중화주의적이고 팽창주의적인 입장에서 강대국 중국이 복속시켜야 할 대상으로 한국을 보는 측면이 여전히 남아 있는 것이다.[36] 따라서 쑨원의 한국관은 표현상 우호적이었지만 그 이면에는 관습적으로 중화주의와 대국 의식이 짙게 깔려 있는 이중성을 갖고 있었다.

한국 문제에 관한 쑨원의 공식 입장은 곧 다른 국민당 지도자들에게 영향을 주어 20세기 초 한국의 운명에 대하여 비슷한 관점들을 가지게 되었다. 그 결과 1919년 3·1운동에 관하여 매우 우호적인 태도를 취하였고,[37] 이후로도 역사적 친밀감을 바탕으로 한국 독립을 지지하며 지원에 적극 나섰다.[38] 쑨원이 사망한 후, 북벌을 거치면서 국민당의 실질적 지도자로 위치를 굳힌 장제스는 한국에 대해 매우 우호적인 입장을 취하였다. 그는 1925년 국민당 직속의 황푸黃埔군관학교에 일부 한국 청년들을 모집하여 독립운동의 지도자로 육성하였다. 1928년 북벌 완성으로 중국을 통일한 후에는 한국 독립운동의 각 단체와 연합하여 일본에 공동 대항하는 것을 거시적 목표로 삼아 김구金九·이동녕李東寧·조소앙趙素昂 등을 도와서 한국 임시정부를

36 배경한, 「孫文의 중화의식과 한국 독립운동」, 『역사비평』 1999년 봄호, 역사문제연구소, 138~141쪽. 이 글에서 필자는 왕도 문화를 발전시키기 위해서 일본과 중국을 영도 세력으로 하는 아시아 민족들의 대연합을 주장한 쑨원의 '대아시아주의'에 대해 비판하고, 일제에 대한 이해가 피상적이고 불철저한 측면을 보여준 것과 한국 문제에 대한 애매한 혹은 부정적인 태도를 함께 지적하고 있다.

37 杨昭全·韩俊光, 『中朝关系简史』, 辽宁民族出版社, 1992, 344쪽.

38 胡春惠, 앞의 책, 41~42쪽.

지원하였다.[39]

이런 와중에 만보산사건이 발생하고 급기야 한국에서 화교배척사건이 터짐으로써 그동안 긴밀한 우의를 보이던 한중 관계가 심각한 위기를 맞이하였고, 중국의 대한국관도 중대한 시험대에 오르게 되었다.

만보산사건 이후 중국의 대응 과정에서 국민당 중앙 및 하부 조직의 한국관이 자연스럽게 드러나고 있다. 우선 사건과 관련하여 국민당은 식민지 상황을 고려하면서도 조선인의 단순함과 무지로 인한 폭력 사태를 비이성적 야만 행위라고 비난하였다.[40] 당시 대표적 지식인이었던 차이위안페이는 만보산사건에 관해 언급하는 중 "조선인은 어리석고 겁이 많다"면서 일제가 이를 적극 이용하여 한국을 식민통치하고 있는 것으로 보았다.[41] 이러한 인식은 중국인들의 보편적 시각으로 한인의 수준이 낮고, 두뇌가 단순한 까닭에 한일합방 이후로 한인은 일본에 고용되거나, 혹은 일본 교육을 받은 후 대부분 일인의 지배를 받으며 배화 활동에 참여하고 있다는 것이다.[42] 그리하여 국민당은 한인을 "일본 군벌의 살인 흉기와 희생물에 불과하다"는 극단적인 표현까지 써가며,[43] 일제가 한인을 충동질하여 짐승처럼 행동하게 한 것은 사실상 근세 문명의 오점이라고 비판하였다.[44]

---

39 胡春惠, 「大韓民國臨時政府與中國國民黨之關係 -一寫在白凡金九先生百二十歲誕辰」, 『近代中國』 123, 1998 ; 方永春·呂秀一, 「中國對在華大韓民國臨時政府的援助」, 『近代史研究』 81, 1994 ; 石源华, 「论抗日战争期间国民政府的援助政策」, 『抗日战争研究』 12, 1994. 등 참조.

40 「山東省黨務整理委員會通電」, 『萬寶山事件』, 74~75쪽.

41 「蔡委員元培在中央黨部紀念週對萬寶山事件及朝鮮排華慘案之重要報告」, 『萬寶山事件』, 5쪽.

42 「朝鮮被難華僑之一封血淚書」, 『萬寶山事件』, 54쪽.

43 「中央宣傳部對萬寶山事件及朝鮮排華慘案宣傳大綱」, 『萬寶山事件』, 21쪽.

만보산사건에 관한 국민당의 성시당부, 특별당부, 해외당부의 각종 보고서 및 성명서 등을 살펴보면 "무지몽매한 조선인이 일본인의 교사를 받고 주제넘게 배화 활동에 참여했다"는 점과 "일본의 위세를 빙자하여 야만적이고 폭력적인 악행을 서슴지 않고 있다"는 점을 유달리 강조하고 있는 것이 공통된 특징이다. 한 예로 만보산사건이 일본인의 충동질과 강압에 의한 것으로 한인의 본의는 아닐지라도 그 어리석음과 무모함을 다음과 같이 꼬집고 있다.

> 이번 조선폭동의 무리들은 나라 잃은 침통함도 잊은 채 원수의 부추김에 본래 친하였던 화교를 가장 참혹한 수단으로 사리분별 없이 학살하였다는 악명을 얻었고, 다시 제멋대로 행동한 폭도라는 죄까지 뒤집어썼다.[45]

즉 식민지 한국의 처지를 동정하면서도 일본인에게 농락당한 한인의 무지와 비굴함, 야만성 등을 들춰내며 비하하고 있는 것이다. 지난날 역사적 관계로 볼 때 당시의 한중 관계는 중국인들에게 매우 불만족스러운 상황으로, 한인에게 당한 인적 물적 피해는 가히 충격적이었다. 그 때문에 "조선인을 살펴보면 본래 우리나라 기자箕子의 후예로서 지금은 나라를 잃고 외롭게 남아있다. 결국 악인의 앞잡이로 노예가 되어 이리와 돼지처럼 이리저리 날뛰며 흉악함이 극에 다다랐으니 슬프도다."[46]라고 하여 강한 분노와 깊은 연민의 감정을 동시에 드러내고 있다.

한국 배화 사태와 관련하여 중국인들은 경제적 측면에서도 부정적

44 「鐵道砲隊司令部特別黨部電」, 『萬寶山事件』, 86쪽.
45 「中央宣傳部對萬寶山事件及朝鮮排華慘案宣傳大綱」, 『萬寶山事件』, 20쪽.
46 「駐長崎直屬支部執行委員會通電」, 『萬寶山事件』, 93쪽.

인 한국관을 가졌다. 일제의 식민 통치 이전부터 한인은 게으르고 생산에 힘쓰지 않은 까닭에 상공업이 성장하지 못하였고, 반면 중국 사람화교들은 근검절약하며 참고 노력하는 성품을 지녀 한국의 상업을 장악하게 된 것으로 보았다. 또한 식민 통치 이후 한인은 여전히 낡은 농사법만 고집하고, 본래 나태한 성품 때문에 나아지지 않았지만 중국인(화교)은 천부적인 능력으로 농업 분야에서 많은 이익을 거두었다는 것이다. 특히 야채 재배가 좋은 예로 한인은 상품용 야채를 재배하지 않아 중국인이 독점하게 되었다는 것이다.[47] 이런 현상은 농업뿐만 아니라 공업에서도 마찬가지로 일본인이 중국 공인을 많이 채용하여 한인 공인의 실업자 수가 나날이 늘어났고, 이 때문에 한인 공인의 생활이 곤란해져 화교를 적대시하는 마음이 깊어졌으며, 넓게는 중국인에 대한 감정이 더욱 나빠지게 되었다는 것이다.[48]

당시 한국에는 약 육만여 명의 화교들이 신의주·경성·인천 등 주요 도시를 무대로 생활하였다. 인천항의 무역 현황을 살펴보면 수출권은 일본인에게 있었지만 수입권은 중국 상인이 좌우하였다. 화교 상인들이 중국의 산둥과 거리상 가까운 인천의 이점을 적극 활용하여 근거지로 삼았던 것이다. 그들의 상업 전략은 먼저 주요 도시를 장악한 후 점차 각 지방의 소도시로 진출하는 것으로 한국의 도시 상권을 대부분 장악하였다.[49] 이처럼 경제 문제를 중심으로 발생한

---

47 화교 농민(華農)은 좁은 경작지에서 독특한 비료와 농기구 사용법 및 영업 방법으로 급성장하였는데 인천의 경우 채소 수요의 70%가 이들에 의해 공급되었다. (朴銀瓊, 「韓國 華僑 社會의 歷史」, 『震檀學報』 第52輯, 115쪽).

48 이런 결과로 1927년 12월 15일 조선에서 배화 폭동이 발생하였는데 화교의 사상자가 매우 많았으며, 재물 손실도 대단히 컸다. (「仁川被難僑胞報告書」, 『萬寶山事件』, 37쪽).

49 「附最近在鮮華僑之概況」, 『萬寶山事件』, 62~63쪽.

한인과 화교의 갈등, 충돌은 상호 부정적 이미지를 심어 주었다. '게으르고 나태하며 무능하다'는 중국인의 한인관이나 '돈밖에 모르는 야비한 수전노'와 같다는 한인의 중국인관은 모두 경제 관계 속에서 누적된 나쁜 이미지가 형상화된 결과로 볼 수 있다.

국민당은 무지몽매한 한인들에 의해 자행되고 있는 각종 분규와 폭력 사태가 전적으로 일본의 사주를 받은 결과이지만 그러한 행위의 주체자인 한인들에 대해서도 분노와 동시에 연민을 표시하고 아래처럼 피압박 민족이 공동 투쟁에 나설 것을 주장하고 있다.[50]

> 한인의 배화는 한인의 본의에서 나온 것이 아니라 일인의 충돌질에 의한 것이다. 우리는 한인을 적대시하지 않고 오히려 연민과 아쉬움이 더욱 깊다. 이제 피압박 민족이 공동 투쟁한다는 입장에서 반제국주의 혁명 의식을 불러일으켜 일인과 장기간 영웅적인 생존 투쟁을 전개할 것이다.

항일 투쟁의 구체적 방법으로는 세계 피압박 민족이 연합하고 중국을 동정하는 국가들과 긴밀히 단결하여 엄중히 반항한다는 것이다.[51] 그 이념적 근거는 쑨원의 삼민주의로, 국민당은 "그동안 청천백일기青天白日旗 아래 삼민주의혁명으로 세계의 약소민족과 연합하여 제국주의를 타도하는 직책에 노력하였다"라고 자부하면서, 한중 양국이 일본 제국주의란 공동의 적과 맞서기 위한 상호 연대를 강조하면서 각별한 우호 관계를 내세웠다.[52]

애당초 일본 정부가 한인을 충동질하여 배화 폭동을 일으킨 원인은 본래 중국과 한국 두 민족 간의 친선 합작이 일본 제국주의자의

---

50 「上海特別市執行委員會宣言」, 『萬寶山事件』, 69쪽.

51 「南京特別市執行委員會通電」, 『萬寶山事件』, 64쪽.

52 「南京特別市執行委員會宣傳部告全國同志同胞書」, 『萬寶山事件』, 66~67쪽.

앞날에 불리하기 때문으로, 국민당은 이번 사태도 한인이 중국인에 대해 나쁜 감정을 갖도록 부추김으로써 양쪽 모두에게 상처를 입히고 일본은 앉아서 어부지리漁父之利를 얻으려는 계책으로 보았다. 이 과정에서 중국인과 한인은 모두 일제의 침략과 학살 대상이며 서로 간 참극과 폭행이 끝이 없다는 것이다. 이 때문에 중국인이 먼저 한인에 대해 불필요하고 무익한 악담을 퍼붓거나 적대시하지 않음으로써 일본인의 악랄한 계책에 빠지지 않아야 하며, 전력을 다해 일본인의 음모를 폭로해야 한다고 보았다.[53] 즉 국민당은 한중 관계를 이간질시키려는 일제의 의도를 간파하고 잔악무도한 행동을 폭로하여 한중 양국이 이번 사태의 진상에 대해 심각하게 인식함으로써 본래의 친선과 합작을 회복하고 약소민족이 서로 제휴하는 정신을 바탕으로 더욱 긴밀히 일본 제국주의자의 공작에 항거할 것을 강조한 것이다.

이렇듯 국민당은 피압박 민족의 공적公敵인 일제의 농간에 넘어간 한인에 대해 연민과 동정을 나타내고, 무지몽매함을 힐난하면서도 항일 투쟁에서는 대국의 입장에 서서 약소국을 지원하다는 태도를 취하고 있다. 비록 서구 열강과 일본의 경제적 군사적 침략 앞에 중국이 무기력했지만 과거 종주국으로서의 우월 의식이 여전히 남아 있음을 보여주고 있다. 따라서 한중 관계에 있어서도 동병상련의 현실적 요구가 상호 이해와 연대, 공동 투쟁의 길로 이끌고 있지만 유구한 역사성과 문화적 우월감이 짙게 밴 허위적 자부심은 여전히 강하였다.

---

53 「中央宣傳部對萬寶山事件及朝鮮排華慘案宣傳大綱」, 『萬寶山事件』, 21~22쪽.

## 3. 중국 여론의 동향

### 1) 관영 신문의 대한관

국민정부 초기의 언론 상황은 중앙통신사를 중심으로, 국민당 기관지인 《중앙일보》[54]와 상하이의 《신보》·《시사신보時事新報》·《신문보新聞報》·《시보時報》 및 톈진의 《대공보》 등으로 대표된 민영 언론이 있었다.[55] 이러한 신문들을 살펴보면 대략 1931년 6월 중엽부터 만보산 지역에서 만주 한인과 중국 농민 사이의 갈등이 보도되기 시작하였다. 본래 만보산 일대는 좋은 농지 조건으로 만주 한인과 중국 농민의 관심이 쏠렸고, 이 때문에 충돌이 잦아 일찍부터 언론의 주목을 받았다.[56] 마침내 7월 1일 만보산 지역에서 무력 충돌이 발생하고, 곧이어 터진 조선화교배척사건은 7월 한 달 동안 중국 신문들의 지면을 채웠다.[57] 이 시기에 각종 신문들이 게재한 만보산사건 관련 기

54 국민정부의 수립 이후 장제스가 추진한 언론 대책은 국민당의 직영 언론을 갖추는 것으로, 제1차 국공합작 시기에 국민당 우파의 기관지로 상하이에서 발행된 《민국일보》가 1927년 3월에 다시 발간되었고, 1928년 2월에는 《중앙일보》가 상하이에서 복간된 뒤 이듬해 2월 난징으로 옮겨져 중앙 기관지로 자리 잡았다. (이재령, 『현대중국과 지식인』, 서울 : 신서원, 2003. 120~125쪽. 참조).

55 민영 언론 중 《대공보》와 《신보》의 역사가 오래되고 영향력도 컸는데 《대공보》는 친국민당 성향인 반면 《신보》는 비판적이었고 판매 지역이 전국적으로 가장 넓어 독자층이 광범위하였다. 《신문보》는 상공인 독자층이 두터웠고, 《시보》는 상하이 시내에서 판매 부수가 가장 많았으며, 《시사신보》는 비판적 성향이 강하여 학생 독자의 환영을 받았다. (袁殊, 「上海報紙之批評」, 張靜盧, 『中國現代出版史料』 乙編, 北京 : 中華書局, 1959, 131쪽).

56 「長春韓人占種案始末」, 《中央日報》, 1931. 6. 22.

57 국민당의 해외기관지인 『少年中國』와 《晨報》도 만보산사건에 관하여 7편의 논설과 백여 건의 기사를 썼다. 주요 논설로는 「萬寶山事件及中韓人交惡之解釋」(1931. 7. 13), 「日本帝國主義者與萬寶山案」(1931. 7. 15~16), 「國民應急起監視

사의 빈도와 편집 비중, 내용, 논설 및 기획물의 논조 등을 통해 사건 개요와 중국 언론의 한국관을 살펴볼 수 있다.

보도 형식으로 볼 때 《중앙일보》는 6월부터 8월까지 모두 8편의 사론社論과 2편의 분석 기사 및 190여 건의 기사를 보도하였다.[58] 같은 기간에 《대공보》는 14편의 사평社評과 150여 건의 기사를 보도하였으며, 《신보》는 17편의 시평時評과 십여 편의 연재물 및 150여 건의 기사를 실었다.[59] 또한 《시사신보》는 십여 편의 사론과 백여 건의 기사를 보도하였고,[60] 《시보》와 《신문보》는 분석 기사보다 사실 전달에 치중하여 각각 백여 건의 관련 기사를 보도하였다.

만보산사건을 바라본 중국 언론의 기본 시각은 지난날 일본이 중국을 침탈한 청일전쟁, 21개 조약, 지난사건 등의 연장선에서 의도된 침략 행위로 보는 경향이 뚜렷하였다.[61] 다만 지난사건이 일본 군대의 직접 소행이었다면 만보산사건은 타인의 손, 곧 한인을 선동하여 저지른 잔혹한 행위로 인식하였다.[62]

만보산사건을 전후로 《중앙일보》에 실린 관련 기사는 사건 전반에

---

對日外交」(1931. 7. 30~31), 「日人侵略東北之急進」(1931. 8. 1), 「哀朝鮮」(1931. 8. 21) 등이 있다.

58 《中央日報》의 기사 분류 및 분석은 《中央日報》(臺灣 國史館 所藏 原本)와 劉金質 外篇, 『中朝中韓關係文件資料滙編』, 北京 : 中國社會科學出版社, 2000.

59 《신보》에 실린 심층 연재기사로는 「爲萬寶山案忠告日人韓人弁勗國人 1~2」(1931. 7. 9·11), 「游韓漫談1~6」(1931. 7. 10~16), "悲壯熱烈之援僑大會"(1931. 7. 16)·「韓民移殖東北之研究 1~10」(1931. 7. 23~8. 2), 「鮮案考察記」(1931. 8. 2~6), 「萬案肇事地點馬家哨口訪問紀」(1931. 8. 14) 등이 있다.

60 《時事新報》의 논설은 「萬寶山韓民水田經營問題」(1931. 7. 6), 「中日糾紛」(1931. 7. 9), 「蘇俄與韓族」(1931. 7. 10), 「朝鮮事件之責任」(1931. 7. 11), 「日本之毒計」(1931. 7. 13), 「對日交涉」(1931. 7. 15), 「再論中日交涉」(1931. 7. 16), 「論外交政策」(1931. 7. 21), 「日本對滿蒙之急進」(1931. 8. 11) 등이 있다.

61 「研究日本(1)」, 《申報》, 1931. 7. 19.

62 「再論韓人暴動事件」, 《中央日報》, 1931. 7. 11.

관한 상세한 보도와 더불어 국민당의 대응 방침 및 각종 외교 조치들을 소개하면서 합리화하였다. 또한 각급 당부와 민간단체들이 연이어 발표한 성명서 및 배일 활동을 보도하면서 타협적이고 평화적인 해결 방향으로 여론을 이끌었다.[63] 《중앙일보》는 사건을 보도하면서 자극적 언사나 편집을 피하였고, 일본의 대륙 침략 정책과 폭력성을 비판하면서도 전면 투쟁이 아닌 외교 절충과 경제적 징계 등을 대응책으로 내세웠다.[64] 또한 이번 사건으로 중일 관계에서 공존공영의 희망이 깨질까 봐 노심초사하는 논조를 띠었다.[65] 이런 경향은 장제스의 안내양외론에 근거한 것으로, 국민당이 공산당 토벌에 주력하기 위해서는 외부 요인에 의한 방해를 가능한 봉쇄하거나 최소화시켜야 한다고 보았기 때문이다. 그러기에 《중앙일보》는 사태 확산을 최대한 경계하면서 외교적 타협으로 마무리되기를 바랐다.

책임 소재와 관련하여 《중앙일보》는 "사건의 원흉은 음흉하고 표독한 일제이고 조선인은 여기에 이용당한 허수아비이므로, 형법으로 말한다면 조선 민족은 비록 직접 참여한 정범正犯이지만 일본 사람은 뒤로 숨은 원흉"이라고 규정하였다. 그리고 조선 민족은 이미 일본에 있어서 "소나 말과 다름없는 자유를 잃은 몸"이기 때문에 이번 사건의 원흉은 일제이지 자유를 잃은 조선 민족이 결코 아니라는 주장을 폈다.[66] 즉 현실적으로 식민지 상태인 한국의 암울한 상황과 한계를

63 《中央日報》의 기사로는 "仇同愾敵 日人嗾使韓民慘殺朝鮮華僑"(1931. 7. 11), "各級黨部紛請嚴重抗議韓民排華慘案"(1931. 7. 17), "各級黨部 對滿韓兩案極憤慨"(1931. 7. 20), "海內外各級黨部呈請 中央嚴重交涉朝鮮慘案"(1931. 7. 20). 참조.

64 "韓人慘屠華僑案外交部已向日本嚴重抗議", 《中央日報》, 1931. 7. 8.

65 이러한 태도는 대표적 민영 신문으로 친국민당 성향이 짙던 《대공보》에서도 찾을 수 있다. 만보산사건 후 《대공보》는 대륙 방어 차원에서 중일이 연합하여 소련으로 진공해야 한다고 주장하였고, 이 때문에 중일 간 문제는 모두 협상으로 해결될 수 있다고 낙관하였다. (손승회, 위의 글, 132쪽).

지적하면서 일본에 모든 책임을 묻고 있는 것이다.

또한 역사적 맥락에서 《중앙일보》는 "조선 농민들에 대해 역사상 좋은 감정을 가지고 있어 조선을 배척할 마음이 없으므로 일을 크게 벌이지 말고 화해하자"라고 하여 타협 의지를 공개적으로 표명하였다.[67] 그리고 다음과 같이 한중 관계의 역사적 긴밀함을 강조하면서 문화적 우월감도 함께 드러내고 있다.

> 조선 민족의 건국사는 이천 년 전부터 계속되어 왔으며, 그동안 중국과의 우의는 말할 수 없을 정도로 깊고도 깊다. 중국인은 평화를 신념으로 강성시기에도 약한 민족을 침략한 적이 없고 다른 나라를 멸망시키거나 다른 민족을 압박하는 짓은 더더욱 하지 않았다. 중국과 조선의 관계사를 살펴보면 알겠지만 아주 밀접하다. 더욱이 조선의 문화는 중국에서 전파되어 갔다고 할 수 있다.

아울러 《중앙일보》는 일제의 의도된 침략 정책에 의해 도구로 혹사당한 한인들에게 연민과 동정을 표시하였고,[68] 아래와 같이 현재의 한중 우호 관계를 깨트리려는 목적도 있는 것으로 파악하였다.[69]

> 우리는 알고 있다. 조선과 중국이 몇 천 년의 역사 관계를 갖고 있고, 문화·풍습·습관 등이 모두 동일하며, 일본은 조선 민족이 중국민족이며 조선 문화가 중국문화라는 것을 깊이 알고 있다. ……일본은 이 기회를 이용하여 조선인과 중국인 사이에 반감을 일으켜 조선인이 우리를 원수로 생각하게 만드는 것으로, 이번 참사는 바로 일본의 음모가 성공한 것이다.[70]

---

66 「哀朝鮮」, 《中央日報》, 1931. 7. 31.

67 "中央社吉林九日電", 《中央日報》, 1931. 7. 11.

68 「日人欲重演濟南慘案耶?」, 《中央日報》, 1931. 7. 7.

69 "朝鮮暴動已止 政府派汪使赴鮮慰問僑胞", 《中央日報》, 1931. 7. 11.

명분상 국민당의 외교 노선은 세계주의를 강조한 쑨원의 민족주의에 영향을 받았고, "세계에서 우리 민족을 평등으로 대하는 민족과 연합하여 공동 분투해야 한다."라는 쑨원 유촉에 충실하였다. 이런 까닭에 《중앙일보》는 식민 통치를 받고 있는 한국과 반식민지 상태의 중국은 역사적으로 한 전선에 서 있으며 공동 투쟁의 동지로 보았다. 즉 "영국·독일·이탈리아·일본·러시아 등이 백색제국주의라면 중국·한국·안남베트남·터어키 등은 모두 도마 위의 고기로서 누구에게나 유린당하고 있다"는 것이다.[71]

《중앙일보》는 현재 삼민주의를 실행하여 국민 혁명을 이끄는 것이 국민당의 가장 큰 사명이며, 스스로 자유와 독립을 추구할 뿐만 아니라 약자를 보호하는 민족성으로 피압박 민족을 해방시키는 것이 중국의 시대적 소명이라 하여 '삼민주의에 의한 반제연대 투쟁'을 대내외에 천명하였다. 이런 관점에서 중국의 내지 및 동북 지역에 거주하는 한인 이백만 명의 비참한 상황을 동정하고 법적으로 보호하면서 하루라도 빨리 독립운동에 승리할 것을 축원하였다.[72]

만보산사건 이후 국민당의 시국 인식 가운데 가장 눈에 띄는 대목은 과거 속국이었던 한인에게마저 무시당하고 폭력 대상이 된 것에 대한 당혹감과 자괴감이다. 좋은 예로 아래와 같은 톈진시당부 대표의 발언에서 그런 분위기를 느낄 수 있다.[73]

---

70 "打倒日本帝國主義先應充實我們的實力-樓桐孫在南京市黨部的講演", 《中央日報》, 1931. 7. 21.

71 張元, 「由韓人排華問題說到赤白色帝國主義的聯合對華政策」, 《中央日報》, 1931. 7. 19.

72 「哀朝鮮」, 《中央日報》, 1931. 7. 31.

73 "津市黨部爲萬韓兩案開市民極代表大會 劉不同報告", 《中央日報》, 1931. 7. 20.

> 오늘 우리는 침통하게 생각해 봐야 한다. 현재 우리의 환경이 제국주의의 학대를 받아야 할 뿐만 아니라 동종인의 학대까지 받아야 하는가. 이 얼마나 가슴 아픈 일인가. 이번에 한국인은 일본 제국주의의 꼬드김에 넘어가 우리 중국인을 2천 명 이상이나 참사하였다. ……우리나라 영사관까지 한국 농민에 의해 파괴되었다. 이렇게 큰 치욕에 대해 우리나라 국민들은 매우 가슴 아프다.

또한 교육계 대표는 중국의 현재 상황을 반식민지라면서 식민지보다 오히려 못한 것으로 보았다. 왜냐하면 식민지는 한 나라에만 종속되어 다른 나라들의 모욕과 참사를 당하지 않지만 중국은 어떤 제국주의자들이든지 모두 주인 행세를 하고 아무런 보호도 받지 못하고 있다는 것이다. 더욱이 상하이의 외국인 공원에 내걸린 "중국인과 개는 입장을 금지한다"라는 간판을 예로 들면서 한인보다 못한 중국인의 비참한 현실을 몹시 분개하였다.[74] 이처럼 국민당 인사들은 만보산사건으로 한인에게까지 모욕당한 것을 큰 치욕으로 여기며 중국인의 단결과 분발을 촉구하였다.

이 시기의 중국인들은 일본이 한국을 식민지화한 것이나 자신들을 끊임없이 침략하는 것에 대해 국가적 자존심과 위신에 심한 상처를 입었다. 그런 까닭에 《중앙일보》는 조선 민족의 폭력적인 화교 배척 운동에 대해 이해하면서도 너무나 무의식적으로 불행한 사태를 일으킨 한인들에 대해 격한 분노와 더불어 깊은 연민을 나타내며, 동시에 독립을 위한 강한 민족의식과 지속적인 투쟁을 함께 촉구하였다. 그리고 이 사건으로 인한 모든 처벌과 배상은 일본에 따질 것이므로 한인은 사건 전말에 관한 증거를 공개하여 중일 교섭의 근거로 삼을

74 "津市黨部爲萬韓兩案開市民極代表大會 李仲吟演說", 《中央日報》, 1931. 7. 20.

수 있도록 협조해 주기를 바랬다. 또한 무식한 폭도들을 지도 교육함으로써 이러한 사건이 재발하지 않도록 방지해야 한다고 강조하였다.[75]

《중앙일보》는 본질적으로 중국과 한국이 일본의 압박을 받는 '형제의 나라'이기에 한국의 적은 곧 중국의 적이며, 서로의 도움과 협력이 유일한 공존 공생의 길이라고 보았다. 따라서 만보산사건은 일종의 집안싸움으로 일본에 침략의 기회를 주는 것과 마찬가지라고 이해하였다. 그런데 극소수의 우매한 한인들이 적군과 아군을 분간하지 못한 채 일본의 이간질에 속아서 두 민족 간의 혈육을 희생시키고 있다는 것이다.[76]

만보산사건과 관련하여 《중앙일보》의 보도는 당의 기관지로서 정부 당국의 성명서와 처리 방안에 관한 발표 및 중앙통신사의 기사를 충실히 전하고, 국민당의 하부 조직과 각종 민간단체의 반일활동을 보도하면서 평화적 해결을 도모하였다. 기사 내용은 사건 배경과 관련된 일본의 조직적이며 계획적인 침략 음모를 반복적으로 집중 부각시켜 외부 요인에 더 많은 비중을 두었다.[77] 대응 방식은 만보산사건을 국지적 문제로 파악하여 지방 당국이 중앙의 지시에 따라 법적으로 처리하고, 조선배화사건은 외교 문제로 외교부가 국제법에 따라 처리하려 했다. 그러나 일본이 계속 책임을 회피함으로써 배일 여론이 확산되었고 국가의 중대한 현안으로 다루어졌다.[78]

구체적 처리 방식은 국민의 인내를 최우선으로, 외교부의 엄중 항

75 「告朝鮮民族」, 《中央日報》, 1931. 7. 14.
76 「哀朝鮮」, 《中央日報》, 1931. 7. 31.
77 "萬寶山案發生後 韓人慘屠在韓華僑", 《中央日報》, 1931. 7. 7.
78 "日本答覆不能滿意 我國對日將提二次抗議", 《中央日報》, 1931. 7. 14.

의와 신속한 진상 파악 및 일본의 사과, 손해배상, 재발 방지의 약속 등을 제시하였다. 그러나 각 지역의 교육계·언론계 지식인들과 상공계를 주축으로 한 민간단체들이 곧바로 배일 운동에 적극 나섰다. 특히 상업계가 주도적이었는데 경제 단교를 주요 수단으로 삼았고, 이를 관철시키기 위한 모금 운동까지 펴면서 강경 대응하였다.[79] 외교 절충에 의한 타협 방안을 모색하던 국민정부와 달리 민간 사회에서는 동북 위기를 근본적으로 해결하기 위한 적극성을 보인 것이다. 이런 과정에서 《중앙일보》의 지면에 나타난 중국인의 한국관은 표현상 동정적, 우호적이었지만 그 이면에는 뿌리 깊은 문화적 우월감이 자리 잡고 있었다.

### 2) 민영 신문의 상황 인식

만보산사건과 관련하여 당시 대표적 상업 일간지인 《대공보》나 《신보》의 논조와 인식을 살펴보면 관영 언론과 상당한 차이점을 발견할 수 있다. 먼저 국민당에 우호적이던 《대공보》는 의례적인 보도에 그치지 않고 사건의 원인 규명과 해결 방안을 구체적이며 실질적으로 모색하였다.[80] 무엇보다도 사건 배경과 관련해서는 일본의 침략성을 강조하면서도 관영 언론과 달리 중국 내부의 문제점 곧, 동북 정권의 일관성 없는 한인 정책이나 지방 관리의 무능력 등을 심각하게 제기하였다.[81]

---

79 "滬上反日運動熱烈 本社十四日上海專電", 《中央日報》, 1931. 7. 15.

80 《大公報》의 관련 논설로는 「東北對外關係之前途」(1931. 7. 1)·「知彼知己」(1931. 7. 7)·「緊急善後與根本考慮」(1931. 7. 11)·「再論日本大陸政策」(1931. 7. 12)·「日本答覆朝鮮排華案抗議」(1931. 7. 15)·「幣原認禍源在宣傳」(1931. 7. 18)·「朝鮮案與寧案韓案比較觀」(1931. 7. 28) 등 모두 14편이 있다.

사후 처리는 배일 여론에 편승한 강경 대응을 경계하면서 유연하며 실리적인 해결책을 중시하였다.[82] 곧 현상 유지를 전제로, 중일간 외교 절충과 인적 물적 피해 보상으로 요약되는 국민당의 대응책과 일치하였다. 특히 《대공보》는 근본 문제로서 한인의 토지상조권과 이중국적을 제기하였고,[83] 그 해결책으로는 한인과 일본인을 동등하게 대우하고, 한인의 중국 국적 취득을 허용하는 방안을 내놓았다.[84] 그밖에 중국의 내부 문제를 정리하기 위해 지방 관리와 지식인들의 역할을 중시하는 등 실리적 시국 대책을 주장하였다.[85] 이렇듯 《대공보》는 만보산사건의 발생 원인이나 배경에 있어서 국민당 및 관영 언론과 상이한 인식을 가졌고 처리 방안이나 대한 인식에 있어서는 일치된 경향을 보였다.

한편 《신보》는 사건 배경과 관련하여 일제의 대륙 침략이란 외부 요인을 지적하면서도 《대공보》와 마찬가지로 내부 요인에 상당한 비중을 두었다. 해결 방안도 혁명 외교의 테두리를 벗어나지 않지만 자국에 관한 치밀한 조사와 연구를 통한 자기 심증으로부터 찾고 있다.[86] 이 점은 《중앙일보》가 일본의 침략 의도를 반복적으로 거론함으로써 외부요인을 부각시킨 데 비하여 내부 요인을 중시한 것으로, 그 자체가 곧 비판적 시국 인식을 드러낸 것이라 할 수 있다.

또한 관영 언론은 일본의 만주 침략에 따른 정치적 군사적 의도를

81 "萬寶山案究竟如何", 《大公報》, 1931. 8. 5.
82 "萬寶山案如何交涉", 《大公報》, 1931. 7. 23.
83 「萬寶山事件之嚴重化」, 《大公報》, 1931. 7. 5 ; 「朝鮮之暴動慘案」, 《大公報》, 1931. 7. 8 ; 「朝鮮排華與北韓僑問題」, 《大公報》, 1931. 7. 9.
84 「解決萬寶山案之前途」, 《大公報》, 1931. 8. 13.
85 「東北官民之重大責任」, 《大公報》, 1931. 7. 20.
86 「嗚呼滿蒙」, 《申報》, 1931. 7. 10 ; 「人侮與自侮(1)」, 《申報》, 1931. 7. 14 ; 「研究東北(1)」, 《申報》, 1931. 7. 16.

강조하였지만 《신보》는 한국의 화교 경제에 주목하였다. 당시 한인의 만주 이주가 사실상 일본 식민지정책의 선봉대란 인식은 중국의 보편적 여론이었다. 하지만 《신보》는 한국 화교의 경제력을 시기 질투한 한인들이 이미 오래전부터 마음속으로 몰아낼 생각을 하였고, 일본 식민 당국에 의해 조장된 측면도 있다고 보았다. 따라서 만보산사건과 조선배화사건은 표면상 연루 관계에 있지만 실제는 각각 별도로 배태된 요인이 있다는 것이다.[87] 곧 일본의 침략 정책뿐만 아니라 조선 화교의 과도한 경제력 집중도 배화 사태의 주요 요인으로 인식한 것이다.

전반적으로 《신보》의 보도 경향은 냉정한 현실 인식을 바탕으로 분석 위주의 논평 기사를 많이 썼다.[88] 예를 들자면 사건 원인 및 전개 과정, 사후 처리 등에 관한 미시적 접근보다는 만주를 매개로 한 중일 혹은 국제 문제로 거시적 안목을 보여준다. 이 때문에 사안 자체의 단편적 보도 기사보다는 만주의 이권을 둘러싼 국가 간 대응 전략과 국제 문제에 관한 치밀한 분석이 돋보인다.[89] 또한 만보산사건이란 외교 현안에 대해서는 즉각적이고 단기적 대응보다 충분한 조사와 연구를 토대로 신중한 접근과 근본 해결책을 강조하였다.[90] 이 때문에 중국이 외세의 모욕과 침략으로부터 벗어나려면 철저한

87 「再論萬寶山案」, 《申報》, 1931. 7. 7.

88 만보산사건과 관련된 《신보》 시평은 「再論萬寶山案」(1931. 7. 7)·「異哉所爲被壓迫」(1931. 7. 8)·「强硬外交」(1931. 7. 9)·「嗚呼滿蒙」(1931. 7. 10)·「日政府答覆抗議」(1931. 7. 12)·「無敵國外患者國恒亡」(1931. 7. 13)·「人侮與自侮 1~2」(1931. 7. 14~15)·「硏究東北 1~3」(1931. 7. 16~18)·「硏究日本 1~3」(1931. 7. 19~21)·「外侮與外交 1~3」(1931. 7. 22~24) 등이 있다.

89 《신보》의 「强硬外交」(1931. 7. 9)·「日政府答覆抗議」(1931. 7. 12)·「無敵國外患者國恒亡」(1931. 7. 13) 등 참조.

90 「硏究東北 1~3」, 《申報》, 1931. 7. 16~18 ; 「硏究日本 1~3」, 《申報》, 1931. 7. 19~21.

자기 검증으로,[91] 실업을 부흥시키고 실력을 배양하며 국민의 단결된 의지가 중요하다고 강조하였다.[92]

당시 국민정부는 외교 현안으로 불평등조약의 폐지를 내걸고 자위 정책을 추진하고 있었다. 하지만 《신보》는 만보산사건에서 볼 수 있듯이 국력이 뒷받침되지 않은 외교 정책은 외교가 아니라면서 "자주하지 못하면 자조할 수 없고, 혁명 외교의 구호는 결국 실현될 수 없다"고 주장하였다.[93] 따라서 국가 간 갈등을 전쟁이 아닌 타협에 의한 외교적 수단으로 해결하려면 철저한 준비와 일관된 정책이 필요하다고 보았다.[94]

이런 논지들 가운데 《신보》는 만주 한인에 대하여 일본의 힘만 믿고 탈법 행위를 저지르며 중국 농민을 협박하고 있는 것으로 인식하였다. 더욱이 불량한 한인들은 공산당을 이용하여 국경을 어지럽히고 토비 세력까지 이용하여 상인을 약탈하며 중국인들을 협박하고 있다는 것이다. 따라서 식민지라는 이유만으로 한인이 압박받는다고 동정할 필요가 없다고 주장하였다.[95] 이처럼 만보산사건을 둘러싼 《신보》의 한국관에는 부정적 이미지가 강하였다. 반면 《대공보》는 만주 한인의 토지상조권과 이중 국적 문제를 사건 해결의 본질로 파악하고 그 대책을 강구하고 있다. 만주 한인은 외교상 중국 농민과 갈등, 충돌을 일으키는 분쟁 요인이 되었지만 역사적 관계와 정치적 경제적 현실 상황을 고려하여 동정과 우호의 이미지가 강하였다.

만보산사건을 통해 《중앙일보》를 비롯한 관영 언론의 기사와 논평

91 「人侮與自侮 1」, 《申報》, 1931. 7. 14.
92 「嗚呼滿蒙」, 《申報》, 1931. 7. 10.
93 「外侮與外交 2」, 《申報》, 1931. 7. 23.
94 「外侮與外交 1」, 《申報》, 1931. 7. 22.
95 「異哉所爲被壓迫」, 《申報》, 1931. 7. 8.

은 역사적 자부심과 문화적 우월감에 바탕을 둔 중국인의 단결 의지를 호소하면서 일본에 저항하기 위한 실질적 방법으로 내부의 단결과 일치가 우선 중요하다고 판단하였다. 그리고 일본의 압박을 깨뜨리기 위해서는 약소민족과 연대 투쟁이 필수적이며 그 대상이 한국이었다.

반면 《신보》·《대공보》 등 민영 언론은 정도의 차이일 뿐 한국에 대한 부정적 인식이 강하였다. 하지만 사건과 직접 관련된 발단 배경, 처리 과정 등에서 중국의 내부 문제를 집중 부각시켜 관영 언론과 서로 다른 시국관을 드러냈다. 결론적으로 중국 언론계는 한국, 한국인에 대해 부정적 이미지를 가졌지만 공동 투쟁이란 현실적 필요에 의해 우호와 연대를 주장하는 이중적 한국관을 가졌던 것이다.

## 4. 맺음말

아편전쟁 이후 천조 체제가 급속히 붕괴되면서 중국 중심의 동아시아 질서도 함께 무너지기 시작하였다. 특히 청일전쟁에서 패한 중국은 마관조약으로 조선마저 속방屬方 체제에서 이탈함으로써 전통적 문화 우월감에 기초한 중화 의식이 그토록 경멸해 마지 않던 양이洋夷, 왜이倭夷에 짓밟히게 되었다. 이런 와중에 급기야는 일본의 사주를 받은 한인들에 의해 영토가 유린당하고 자국민의 인명과 재산에 심각한 손상을 입힌 것이 만보산사건이었다.

사건 발생 이후 국민당은 일본의 계획적이며 조직적인 대륙 침략 정책의 하나로 보았다. 뒤이은 한국 내의 화교 배척 사태도 역시 일본의 충동질과 강압에 의해 꾸며진 음모로 인식하였다. 이 때문에 사건과 관련된 모든 책임이 일본에 있다고 주장하였다. 그러나 사후 처리에 있어서는 무력에 의한 강경 대응보다 외교 절충에 의한 타협 방식을 취하였다. 구체적으로는 일본 당국의 사과와 관련자 처벌, 인적 물적 손해배상 등을 요구하였고 국제적으로 일본의 침략 의도를 폭로하여 재발 방지를 도모하였다. 국민당 내의 일부 조직과 지식인, 민영 언론 등은 이 기회에 중일 간 갈등 요인이 된 토지상조권이나 내지잡거권 등 만주 문제를 근본적으로 해결하려고 했지만 일본의 노골적인 침략 정책 때문에 어떤 성과도 거둘 수 없었다.

당시 한국 화교의 월등한 경제력도 배화 폭동의 한 요인으로 작용하였다. 이들은 한국의 해외 수입과 주요 도시의 상권을 장악하고 농업 분야에서도 우월적 지위를 가짐으로써 한인들의 질시대상이 되었다. 더구나 화교들은 한인의 나태한 품성과 무능력, 비생산적인 습성 등을 꼬집으며 자신들의 경제적 지배를 당연시하였다. 이 때문에 한인과 조선 화교 사이의 갈등이 빈번하였으며 서로에게 나쁜 감정을 심어 줄 수밖에 없었다.

만보산사건이 발생한 직후 중국의 모든 언론은 거의 한 달 내내 사건에 관해 상세히 보도하면서 각각의 시국관과 정치적 입지에 따라 다양한 논리를 폈다. 일반적으로 관영 언론은 일본의 계획된 대륙 침략에 의한 외부요인을 집중 거론하면서 국민당의 대응 및 각종 외교 조치들을 소개하고 지지를 표시하며 타협적인 해결책을 모색하였다. 반면 민영 언론은 일본의 침략성을 비판하면서 동시에 중국 내부의 문제점들도 낱낱이 지적하고 자주적이며 근본적인 해결책을 도모하였다. 요컨대 관영, 민영 언론은 시국관 및 국민당과 친소親疏 여부에 따라 상이한 대응 논조를 띠었다.

그러나 대한 인식에 있어서는 국민당과 언론계 모두 별다른 차이를 보이지 않았다. 사건 처리 과정에서 국민당과 중국 언론은 폭력 사태에 직접 관여한 한인들을 일제 침략의 하수인이라고 비하하면서 이들의 단순함과 무지, 비굴함과 야만성을 들춰내고 분노, 멸시, 연민, 동정 등의 감정표현을 감추지 않았다. 다만 중국 여론은 전통적 화이관과 문화적 우열 의식을 토대로 일제의 침략에 대항하기 위한 현실적 필요 때문에 피압박 민족의 연대와 투쟁을 강조하며 한국을 최우선 대상으로 삼았다. 이 시기 중국인의 대한 인식은 오랜 역사적 자부심과 문화적 경제적 우월감, 지정학적 대국 의식, 전통적 주종 관계에 따른 보호 의식 등이 복잡하게 뒤얽힌 특유의 중화 의식이 호혜 평등과 상호 부조에 의한 반제 연대 투쟁이란 형태로 변용되어 표출된 것으로 볼 수 있다.*

* 이 글은 「南京國民政府時期 中國의 韓國認識 -萬寶山事件에 관한 輿論動向을 중심으로」, 『中國史研究』 第31輯, 中國史學會, 2004, 367~399쪽을 수정 보완한 것이다.

# Ⅱ. 만주사변 시기 중국 관영 언론의 현실 인식 : 《중앙일보》

## 1. 머리말

1931년 만주사변으로 시작된 일본의 침략 행위는 중국인들의 위기감과 애국심을 자극하였고 언론계의 비중을 강화시켰다. 또한 대외적 요인에 의한 국난 상황은 아직까지 불완전한 국민정부의 정치 통합과 국력을 결집시킬 수 있는 명분으로 작용하였다. 이제 막 전국적인 통일 정부를 세운 장제스蔣介石는 만주사변 직후 군사력에 의한 신속한 대응보다 "선안내후양외先安內後攘外" 정책을 내세워 공산당 섬멸에 주력하였다. 당내의 다른 정파들도 일본 침략에 대해 각자 의견을 개진하면서 정치적 군사적 위상 변화를 꾀하였다. 언론계 역시 지난濟南사건, 만보산萬寶山사건, 대수해大水害, 나카무라中村사건 등 현안마다 적극적으로 보도, 논평하며 시국에 대응하였다. 따라서 만주사변 전후 중국 신문들의 현실 인식과 대응은 훈정 시기 중국 언론계는 물론, 국내 정세 변화와 동북아 지역 질서를 이해하는 데 중요한 단서를 제공한다.

그동안 만보산사건이나 만주사변 등 일제 침략을 둘러싼 한중 양국의 인식과 대응에 대한 검토가 상당히 이루어졌다.[1] 아울러 만주사변, 상하이上海사변, 화북분리공작, 중일전쟁으로 이어진 일제의 침략 행위에 대한 국민정부의 대응과 언론 동향에 관한 연구가 이루어졌다.[2] 그 가운데 만주사변 시기 언론 동향에 관해서는 《재생再生》·《신보申報》·《대공보大公報》·《성경시보盛京時報》와 『독립평론獨立評論』 등의 관련 기사를 분석하여 국민정부와 각계각층의 시국 인식 및 대응 양상을 정리한 성과들이 있다.[3] 또한 1930년대 초반 《대공보》와 《익세보益世報》의 관련 사설을 사회학적 시각으로 분석하거나, 《신보》·《대공보》·《중앙일보中央日報》의 보도 경향과 사론을 정리한 성과들이 있다.[4] 이런 연구는 만주사변에 관한 주요 신문의 논조를 심층 분석하여 당시 시국 상황과 각계 반응을 이해하는 데 유효하고, 몇몇 신문을 비교함으로써 여론의 흐름도 파악할 수 있다. 다만 연구 대상과 방법이 민영 언론으로 치우쳐 관영 언론에 관한 검토가 미흡하고, 분석 대상이 사설에 한정되어 신문마다 제각기 다른 편집 방향과 보도 형식,

---

1 중국 9·18역사박물관이 2000년부터 발행하고 있는 『"九一八"研究』는 매년 만주사변과 관련된 연구 논문을 십수 편씩 발표하여 주요한 성과물들을 제공하고 있다. 만보산사건과 관련된 연구 성과는 본서 제1부 제1장 각주 2) 참조.

2 沈予, 『日本大陆政策史(1868~1945)』, 社会科学文献出版社, 2005 ; 中国社会科学院中日历史研究中心 编, 『九一八事变与近代中日关系-九一八事变70周年国际学术讨论会论文集』, 社会科学文献出版社, 2004. 참조.

3 王毅, 「九一八事变后知识分子民主言说的特色 一以1930年代《再生》为中心」, 『社会科学论坛』, 2009. 8 : 温文芳. 袁飞, 「《申报》史料中的九一八事变考述」, 『兰台世界』 23, 2011 ; 郑大华, 「理性民族主义之一例:九一八事变后的天津《大公报》」, 『浙江学刊』 4, 2009 ; 齐辉, 「《盛京时报》与九一八事变」, 『民国档案』 3, 2009 ; 齐辉. 李晶晶, 「"九一八"后《盛京时报》的宣传策略」, 『新闻爱好者 (上半月) 』 9, 2009 ; 叶彤, 「九一八事变前《盛京时报》的报道策略」, 『新闻传播』 9, 2009 ; 赵继刚, 「试析胡适民族主义思想特点 一以1931至1937年间《独立评论》对日言论为线索」, 『高等函授学报 (哲学社会科学版) 』 4, 2011.

4 全鹜颉, 「九一八事变对报纸社论影响的研究 -1927年~1937年《大公报》和《益世报》社论的社会学分析」, 南开大学研究生院, 硕士学位论文, 2010. 5.

기사 내용 등을 분석하여 전체 여론을 파악하는 데 한계가 있다. 더욱이 관영 신문에 대한 평가는 국민당의 '목구멍과 혀'로 비유될 만큼 독자 주장이나 시대에 대한 고민이 없는 하수인, 대변인이란 일방적 해석뿐이다.[5]

여기서는 만주사변 시기 중국 언론계의 시국 인식과 대응 양상을 규명하기 위해 국민당 중앙의 당보였던 《중앙일보》를 위주로 검토한다. 세부적으로는 국민정부 초기 관영 언론의 현황을 정리하고, 만주사변 이후 《중앙일보》의 보도 기사와 사론을 토대로 국민당 직영 신문의 인식과 대책을 분석할 것이다. 이를 통해 만주사변 시기 국민당의 '부저항 노선'에 따른 일치단결, 질서 있는 항전 준비, 국제연맹의 외교 간섭, 대일 경제 단교, 정신력 강화, 장기 저항 등의 대일 방침이 어떻게 전달, 적용되었는지 확인할 것이다. 아울러 1930년대 국민당의 훈정 통치가 지녔던 본래 의미와 《중앙일보》를 통해 드러난 실체의 간극을 규명할 것이다.

## 2. 관영 언론의 현황

쑨원孫文 사후, 장제스는 군사력을 배경으로 국민당의 실권을 장악했지만 언론 홍보면에서 국민당 내 다른 파벌보다 우세하지 않았다. 1차 국공합작 시기 광저우廣州·상하이에서 발행된 《민국일보民國日報》는

---

5 周朋畅, 「九一八事变後的报界舆论及其政治诉求 -《申报》·《大公报》·《中央日报》三报社论比较研究」, 华中师范大学历史文化学院, 硕士学位论文, 2014. 5.

전통적 당보로서 왕징웨이汪精衛파와 시산회의西山會議파가 이미 장악하였고, 국민당 우파의 기관지로 1927년 3월 상하이에서 다시 발간되었다. 같은 시기에 공산당의 선전 활동도 아주 뛰어났다. 이런 상황에서 장제스는 "신문은 국민의 교사이고, 신문의 언론 보도는 국민 심리에 커다란 영향을 준다. …… 만약 올바른 지도가 이루어지지 않으면 국민은 잘못된 길로 들어서 국가의 앞날에 큰 위험이 닥치게 될 것"이라며 언론의 역할을 강조하고 신문·잡지에 대한 관리를 본격화하였다.[6]

북벌을 끝낸 국민당이 "본당의 언론 기관은 어떤 경우에도 공산당을 찬성하지 않으며 공산당파 및 최근 제3당과 몇몇 작은 조직들의 선전 도구를 허용하지 않는다."라고 언론 통제 방침을 밝히면서 직영 언론의 역할을 강화하였다.[7] 당시 언론계에서 국민당이 발행하던 신문·잡지의 영향력은 별로 크지 않았다. 이 때문에 국민당은 "국민들이 볼만한 신문·잡지가 극히 드물다. 비교적 역량을 갖춘 신문·잡지는 대부분 상업성에 치우쳐 있고, 현재 우리에게 동정적이지만 끝까지 변하지 않으리란 보장이 없다"[8]면서 당보의 역량 강화에 적극 나섰다.

1928년부터 국민당은 전국적으로 당보를 만들기 시작하여 북벌이 끝난 후 각 지역신문의 60~70%를 차지하였고, 중앙 및 지방의 당·정·군 기관이 앞다투어 직영 신문·잡지를 발행하였다. 국민정부의 직영 언론은 크게 두 종류였는데 국민당 각급 당부의 선전부와 개인당원이 운영하는 것으로, 모두 중앙선전부의 비준을 받아 발간

---

6 "蔣主席對記者之演辭", 《中央日報》, 1929. 7. 11.

7 何民魂, 「談談中國的新聞事業」, 《上海民國日報》, 1928. 10. 6.

8 愼予, 「黨應確定新聞政策」, 《中央日報》, 1929. 3. 30.

되었다.[9] 이밖에 군보軍報와 각 지역 실력자들이 발행한 신문들 중 국민당에 부속되어 있거나 지도를 받는 것이 많았다.

국민정부 시기 국민당 중앙의 당보였던 《중앙일보》는 1926년 겨울 광저우廣州에서 창간되어 1927년 2월 한커우漢口로 옮겨 발행되었고, 이듬해 2월 다시 상하이로 이전하였다. 초기에 《중앙일보》는 국민당 좌파의 영향력이 강하여 장제스와 국민정부에 대해 부정적이었고, 우한武漢 분공 이후 공산당에 반대하였으며, 닝한寧漢 합작으로 발행이 정지되었다. 그러나 직영 언론을 강화하려던 국민당 중앙이 오만 위안을 출자하여 상하이 《상보商報》의 자산을 구입하고, 동로군전적東路軍戰跡총지휘부 정치부 주임 판이즈潘宜之가 사장, 펑쉐페이彭学沛가 총편집을 맡아 1928년 2월 1일 다시 발행되었다.[10] 이 때 《중앙일보》의 편집 방향은 "국민과 함께 하고, 공산주의를 반대하며, 삼민주의의 선전"을 핵심으로 삼았다.[11] 그러나 편집진에 포함된 펑쉐페이 등 국민당 좌파의 영향력이 여전히 컸음으로 장제스에 대해 비우호적이었다.

1928년 6월 국민당 중앙상무위원회가 당보의 발행, 관리, 재정 보조에 관한 〈당보설치조례〉·〈당보지도조례〉·〈당보보조조례〉 등을 제정, 공포하였는데 직영 신문에 대한 국민당 중앙의 관리 감독권을

9 「修正指導黨報條例」, 中国第二历史档案馆 编, 『中华民国史档案资料滙编』 第五辑 第1编, 文化(1), 江苏古籍出版社, 1994(약칭 『檔案資料』), 87쪽.

10 《중앙일보》의 창간일과 관련하여 1928년 1월 1일(曾虛百, 『中國新聞史』, 臺北 : 三民書局, 1966), 2월 1일(賴光臨, 『七十年中國報業史』, 臺北 : 中央日報社, 1981), 2월 10일(穆逸群, 『中央日报的甘二年』, 北京 : 中央广播电视大学出版社, 1987 ; 复旦大学新闻系 新闻史教研室 编, 『简明中国新闻史』, 福建人民出版社, 1986)의 세 가지 주장이 있다.

11 허잉친(何應欽)은 발간문에서 "與民更始, 擯棄共產理論, 進一步宣傳三民主義, 准備宣傳方案, 打倒一切惡勢力"을 《中央日報》의 5대 임무로 제시했다. (周朋暢, 위의 글, 17쪽).

강화하려는 목적이었다.[12] 또한 《중앙일보》의 발행지를 수도 난징南京으로 옮기는 조례가 제정되어 1929년 2월 1일부터 시행되었다. 이것은 외형상 당보 역할을 충실해야 한다는 명분이었지만 장제스의 여론 장악력을 높이려는 의도였다.

국민당은 직영 언론의 관리를 위해 1931년 3월 24일 〈당보지도수정조례〉를 제정하고 발행 주체에 따라 각급 당부 선전부와 개인 당원의 당보로 구분하여 모두 중앙선전부장의 비준을 받도록 규정하였다.[13] 이 시기 《중앙일보》의 사장은 국민당 중앙선전부장인 예추창葉楚傖이 겸임하였고, 총편집은 옌션위嚴愼予, 부간편집은 왕핑링王平陵이 맡았다. 아울러 당내 파벌로부터 고른 지지를 얻기 위해 편집위원회 위원으로 후한민胡漢民·예추창·우즈휘이吳稚暉·다이지타오戴季陶·리스청李石曾·천부레이陳布雷·차이위안페이蔡元培·양신퍼어楊杏佛·쉬잉石瑛·샤오리즈邵力子·판공잔潘公展·뤄자룬羅家倫·푸스녠傅斯年·샤오위안충邵元沖·마인추馬寅初 등 주요 인사들을 총망라하였다.[14]

《중앙일보》가 난징으로 이전한 후, 국민당 중앙과 각 지방 실력자 간의 대립이 격화되자 중앙당보로서 언론 방침을 제시하였다. 그것은 "당의黨義를 명확히 밝히고 국책을 선양한다. 국민당 중앙을 옹호하며 반대파를 척결하여 당의 기반을 공고히 하고 국가의 근본을 옹호한다."라는 내용이었다. 한마디로 반장 세력을 제압하고, 국민당 중앙의 통제력을 강화하려는 취지로, 공산당은 물론 계계桂系, 개조파改造派, 펑위샹馮玉祥, 옌시산閻錫山 등 당내 파벌을 제압하고 장제스의 지지 여론을 구축하는 데 충실하였다. 사상적으로는 쑨원의 삼민주의

12 方汉奇, 『中国新闻事业通史』 第二卷, 北京 : 中国人民大学出版社, 1996, 352쪽.
13 『档案资料』, 87~88쪽.
14 穆逸群, 위의 책, 122~123쪽.

와 지난행이知難行易론을 바탕으로 국민 교화에 힘썼고, 공산주의나 의회주의와 같은 다른 정치사상에 대해서는 매우 배타적이었다.[15]

훈정 실시 이후 《중앙일보》는 정치적으로 우월한 지위를 가졌고 자금도 충분했지만 만주사변 이전까지 다른 민영 신문에 비해 발전 속도가 빠르지 않았다. 신문사의 규모나 인력, 설비가 빈약하여 경영 면에서 시장 경쟁력을 갖춘 《신보》·《대공보》·《익세보》 등과 경쟁할 수 없었다. 애당초 제도적으로 국민당의 언론 관리가 민영 언론의 통제를 목표로 삼았지만 직영 신문인 《중앙일보》에 먼저 피해를 입혔다. 또한 국민당을 위한 정치성 선전 기사와 관련 보도가 큰 비중을 차지하여 시국에 관한 논평이란 언론 고유의 기능을 약화시켰다. 더욱이 엄격한 당보 편집 방침과 보도 제한 규정 등은 《중앙일보》의 취재 범위와 보도 내용 등을 경직시킬 수밖에 없었다. 이 때문에 《중앙일보》는 국민당의 선전 도구로만 비춰져 구독률이 낮았고 독자와 거리가 멀어짐으로써 여론 형성에 별다른 영향을 미치지 못하였다.

침체되었던 《중앙일보》가 만주사변을 계기로 새로운 위기와 기회를 동시에 맞이하게 되었다. 일본의 만주 침략에 대응하여 《중앙일보》는 관영 언론으로서 위상을 십분 활용하며 대일 여론을 생산, 확산, 주도해 나간 것이다. 그 과정에서 신문의 발행 부수나 광고가 다른 민영 신문을 압도하며 매우 빠르게 성장하였다. 1928년 2월 재발행 초기 팔천 부에 불과했던 발행 부수가 1930년대 초반 삼만 부 이상으로 늘이니 상업적 경쟁력까지 갖추게 되었다.[16]

1931년 11월 10일 국민당 제3기 중앙집행위원회 제2차 임시전

15 이 때문에 국민당을 유일한 정치 중심으로 삼아 훈정 체제를 정립함으로써 장제스의 일인 지배를 실현한 것으로 보기도 한다. (方汉奇, 위의 책, 356쪽).

16 方汉奇, 같은 책, 356쪽.

체회의에서는 〈선전방략개선안〉과 〈중앙당부조직개선안〉이 마련되었다. 주요 내용은 시국 상황에 신속히 대응하기 위해 중앙선전부 관할의 《중앙일보》와 도서관·인쇄소·방송국 등을 분리시켜 중앙상무위원회 직속으로 변경시켰다.[17] 이 조치는 관영 언론을 직접 통제하려는 장제스의 의도가 작용한 결과였다. 본래 국민당 중앙의 신문 사업은 중앙선전부에서 관할하였는데, 역대 부장들이 장제스의 직계 인물이 아닌 까닭에 자신이 장악하고 있던 중앙상무위원회 관할로 바꾼 것이다. 또한 외형상 직영 언론의 독립성을 부각시킴으로써 당의 선전 도구라는 어용 색채를 감소시킬 수 있는 이점도 있었고,[18] 직영 언론의 재정 보조에 따른 정부 부담을 줄이는 데도 유리하였다.[19] 그러므로 만주사변 이후 《중앙일보》 및 기타 직영 언론의 관리체제가 독립성을 띠게 된 것은 국난 상황에서 국민정부의 정치적 경제적 이해가 합치된 결과였다.

여기에 힘입어 중앙일보사는 1932년 9월부터 석간인 《중앙야보中央夜報》를 창간하였고, 같은 해 11월 주간지인 《중앙시사주보中央時事週報》도 발간하였다.[20] 당 중앙의 직영지로서 위상이 확고해진 《중앙일보》는 민영 신문이 상상할 수 없을 정도의 재정지원과 각종 취재편의를 제공받으며 신속히 발전하였다. 나중에는 난징·뤄산廬山·충칭重慶·창사長沙·쿤밍昆明·꾸이양貴陽·청두成都·푸지엔福建·안후이安徽·광시廣

17 『檔案資料』 第五輯 第1編, 政治(2), 306~311쪽.

18 「各地黨報應切實整頓幷避用民國日報名稱案」, 武伟, 「十年内战时期国民党新闻思想化政策初探」, 复旦大学新闻界 硕士论文, 1985, 37쪽. (方汉奇, 위의 책, 365쪽. 재인용).

19 당시 국민정부는 국민당 중앙과 성시·직할시의 당보 47 곳, 통신사 17 곳에 매년 180만 원을 지출하였다. (「中央宣傳會新聞宣傳報告」, 「武漢日報等提出的以報養報案」, 武伟, 위의 글, 35~37쪽 ; 方汉奇, 앞의 책, 365쪽. 재인용).

20 穆逸群, 앞의 글, 124쪽.

西·선양瀋陽 등 열두 곳에서 발행되었다. 보도 내용에 있어서 《중앙일보》와 중앙통신사를 비롯한 국민당의 직영 언론은 반공을 전면에 내걸었고 모든 분야에 걸쳐 당치黨治를 강조하였으며, 장제스의 개인 권력을 강화하는 데 주력하였다. 만주사변 이후 《중앙일보》는 대일 항전의 국가 담론을 견인하고 항일 여론의 흐름을 선도함으로써 직영 언론의 위상을 확고히 해나갔다.

## 3. 《중앙일보》의 시국 인식

### 1) 일치 단결과 질서 항전

만주사변 이후, 국민정부의 초기 대응과 대일 정책을 둘러싼 민영 언론과 관영 언론의 시각 차이는 컸다. 반장 세력 및 공산당과 싸우고 있던 국민정부는 일본군의 계속된 도발에도 불구하고 내부를 안정시키는 데 주력하였다.

중국 최대의 민영지인 《대공보》와 《신보》는 서로 다른 시국 인식과 대응책을 내놓았다. 톈진天津에서 발행되던 《대공보》는 '양외攘外'를 위해 국내의 안정과 통일이 우선이란 '선안내先安內론'을 주장하였다. 그리고 장기 항전의 필요성과 함께 "(국민에게) 부끄러움을 알려주어 싸우도록 하며, 나라를 망치고 국민에게 재앙을 안겨준 국민당을 질책하고, 구국의 방법을 탐구한다."는 대일 방침을 제시하였다.[21]

상하이에서 발행된 《신보》는 항일만이 국가 존망의 근본책이라며 '선양외론'을 주장하고, 항일 구국을 위한 여섯 가지 방안을 제시했는데 "민권을 제고한다. 청렴한 정부를 만든다. 민중을 무장시킨다. 실업 계획을 실행한다. 교육을 발전시킨다. 재난 지역을 부흥시킨다."는 내용이었다.[22]

두 민영 신문은 국내를 안정시킬 방안으로 초공전剿共戰을 핵심으로 삼았던 장제스와 달리 내정 개혁, 민권 보장, 농촌 부흥 등을 중시하였다. 다만 《신보》는 안내를 양외의 전제 조건으로 인식한 반면, 《대공보》는 초공의 유효한 수단으로 판단한 것이 달랐다. 북벌이 끝난 뒤 내정 개혁을 통해 부강한 국가 건설을 공동 목표로 삼았던 《대공보》와 《신보》는 일본의 만주 침략에 맞서 '선안내후양외' 정책을 내건 국민정부와 협력 혹은 긴장 관계를 형성한 것이다.[23]

같은 시기 국민당 중앙당보로서 관영 언론을 주도한 《중앙일보》는 일본의 침략에 대해 정부와 당의 입장을 밝힐 책임이 있었다. 《중앙일보》의 첫 반응은 9월 20일자 신문에 "일본군 선양·창춘長春·잉커우營口 점령"이란 제목으로 일본의 만주 침략이 동아시아의 평화를 깨트리는 심각한 파괴 행위라고 보도하였다.[24] 같은 지면에서 중국군은 중앙 정부의 명령을 받들어 어떤 저항도 하지 않고 있으며 주일 영국 대사 및 각국 대표들이 사태를 관망하고 있다고 전하였다. 같은 날짜의 사론은 "큰 재난이 코앞에 있고 나라가 곧 망할 지경인데 나라를 위해 목숨을 바치려면 그 때가 바로 지금이다."라고 하면서 "죽을 결

---

21 贾晓慧, 『《大公报》新论 -20世纪30年代《大公报》与中国现代化』, 天津人民出版社, 2002, 21~22쪽.

22 宋军, 『申报的兴衰』, 上海社会科学院出版社. 1996, 138쪽.

23 두 민영 신문의 시국대응에 관해서는 본서 제1부 제3장 참조.

24 "日軍占領瀋陽長春營口", 《中央日報》, 1931. 9. 20.

심으로 마지막까지 분투하자"라는 항전 의지를 밝혔다.[25] 긴급 소집된 국민당 중앙집행위원회 임시상임위원회에서는 「각급 당부에 알리는 글」을 통해 전국의 동지와 동포들에게 "반드시 한마음 한뜻으로 단결하여 외부의 적을 물리치자"라고 국민당 중심의 일치단결을 강조하였다.[26]

9월 21일자 신문은 당내 반장 세력인 후한민胡漢民을 비롯한 광둥廣東파와 함께 국난을 극복하자면서 "일본의 침략에 맞서 국내의 모든 정치 세력이 정성으로 단결하여 국난을 이겨내자"라는 요지의 국민당 중집위 성명서를 게재하였다.[27] 또한 일본군의 점령지 반환을 요구한 외교부장 왕정팅王正廷의 기자 회견과 상하이·베이핑北平·한커우漢口·전장鎭江·창사長沙·타이위안太原 등 전국의 민중들이 일본의 침략에 맞서 항전을 결의한 내용을 보도하였다.[28] 9월 22일자 사론은 일제가 동북 지방을 호시탐탐 노린지 삼십 년이나 되었으며 근래 나카무라中村사건 이후 침략 행위가 노골화되었다면서 전 국민의 단결을 호소하였다.[29] 같은 날 국제연맹의 중국 대표 스자오지施肇基가 일본군의 폭행에 맞서 국제 사회의 조속한 간섭을 요구했다는 소식도 함께 전하였다.[30]

일본군이 만주 지방을 침략하자 가장 먼저 조직적으로 반일 여론을 일으킨 집단은 국민당의 각급 당부였다. 9월 22일자 《중앙일보》는 난징·상하이·한커우와 장쑤성江蘇省 등 지방 당부에서 보내온 대일

---

25 「以必死之決心作最後之奮鬪」, 《中央日報》, 1931. 9. 20.
26 "中執會臨時常會",《中央日報》, 1931. 9. 20.
27 "中央電粤請共赴國難",《中央日報》, 1931. 9. 21.
28 "外部二次嚴重抗議", 《中央日報》, 1931. 9. 21 ; '對日暴橫', 《中央日報》, 1931. 9. 21.
29 「精誠團結共赴國難!」, 《中央日報》, 1931. 9. 22.
30 "施肇基向國聯提出", 《中央日報》, 1931. 9. 22.

항전 전보를 소개하였다. 그 내용은 공통적으로 전 국민이 일치단결하여 국난을 극복하자는 것이었고, 상하이시 당부는 조속히 실지失地를 회복하고 군대를 파견하여 항구를 보호하자는 적극적인 방안까지 내놓았다.[31] 그 다음날도 난징시 국민당원들이 비장하고 열렬한 당원대회를 개최하여 반일 분위기를 한층 고조시켰다. 이 집회에서 장제스·다이지타오 등은 전 국민의 정성 단결로 항일과 구재救災에 나설 것을 호소하였고, 당원들도 당 중앙의 적극적인 대일 작전 준비를 요청하였다.[32]

전국 각지에서 반일 열기가 뜨거운 가운데 국민당 지방 당부들은 "절개를 지키다 죽을지언정 구차한 삶은 살지 않겠다. …… 국민정부를 옹호하여 국난을 이겨내자"라고 주장하였다.[33] 광둥성廣東省 당부는 당 중앙에 "평화 통일, 공산당 척결, 일본 반대"를 당면 과제로 제시하였고, 후베이성湖北省 당부는 "무력을 집중하여 항일을 준비하자"라고 주장하는 등 당 중심의 항전 여론을 모아갔다.[34] 이때부터 《중앙일보》는 국민당의 각종 기념식을 취재, 보도하면서 "(중화)민국과 본당은 동일한 생명으로, 당원은 마땅히 당을 구할 단결된 정신으로 나라를 구해야 한다."라고 하여 당과 국가를 일체화시키며 당원들의 단결과 항일 의지를 북돋웠다.[35] 이처럼 만주사변 직후 《중앙일보》는 지방 당부의 항일 여론을 전하는 형식으로 국민당 중앙이 대일 항전을 주도하도록 여론 몰이를 해나갔다. 이것은 국민당 중앙의 입장을 반영한 것으로, 항전 시기 당과 직영 언론을 하나로 묶어 국

31 "日兵强占東省 全國奮起共赴國難", 《中央日報》, 1931. 9. 21.

32 "悲壯熱烈之京市黨員大會 反日空氣異常緊張", 《中央日報》, 1931. 9. 23.

33 "全國各地反日益熱", 《中央日報》, 1931. 10. 2.

34 "和平統一剿共反日", 《中央日報》, 1931. 10. 4.

35 "國難中本黨與黨員", 《中央日報》, 1931. 10. 6.

민 여론을 생산, 유도하는 전형이었다.

만주사변을 맞아 가장 격렬하게 반일 정서를 드러낸 집단은 교육계로 《중앙일보》에 상세히 보도되었다. 사변이 발생한 후 난징의 각급 학교는 곧바로 항일 운동에 나섰는데 중앙대학, 금릉金陵대학, 문화학원, 삼민중학, 종영중학, 경관고등학교 등의 학생 및 교직원들이 집회를 열고 일본에 분개하면서 "내쟁을 중단하고 일치하여 외부의 적을 몰아내자"라고 주장하였다.[36] 그 다음날 난징시내 학생들은 중등 이상 학교에 반일 구국단을 조직하기로 결의하였고, 시교육국도 〈반일선전방안〉을 서둘러 제정하였다.[37] 중앙대학·금릉대학·문화학원 등을 비롯한 난징시교육계는 학생군사훈련을 실시하여 무장 구국을 준비하며 국제연맹의 공정한 처리를 호소하는 글을 연일 발표하였다.[38] 또한 난징시내 각 학교의 항일구국회가 주축이 되어 전국학계대표대회를 개최하고 "일치단결하여 국난을 이겨내자"라는 성명서를 발표하였다. 여기에는 학생뿐만 아니라 중앙대·금릉대 등의 교직원까지 참여하였고, 독일·영국 등 해외에서 유학 중인 중국 학생들이 의연금義捐金을 보내왔다.[39] 10월로 접어들면서 중앙대에 의용군인 십인단十人團이 사십여 개 조직되고, 여학생 삼십여 명은 별도의 구호단을 편성하였다.[40] 학생들의 항일 운동은 학생의용군을 중심으로 전개되었으며 교육 당국의 철저한 관리 아래 진행되었다.[41] 이후 《중

---

36 "日寇東省群情憤慨", 《中央日報》, 1931. 9. 22.

37 "京市學生一致抗日", 《中央日報》, 1931. 9. 23.

38 "首都教界熱烈反日", 《中央日報》, 1931. 9. 24.

39 《中央日報》, 1931. 9. 26 ; "首都各界抗日救國會 一致團結共紓國難", 《中央日報》, 1931. 9. 27.

40 "中大義勇軍什人團", 《中央日報》, 1931. 10. 1.

41 「本市學生義勇軍總檢閱」, 《中央日報》, 1931. 11. 9.

앙일보》에 각급 학교의 항일회 조직 및 반일 운동이 지속적으로 소개되었는데 "반드시 당 중앙의 규정을 준수하고, 학업에 방해되지 않도록 고려하는 것이 교육의 기본"이라고 강조하며 '질서 있는 항전'을 선전하였다.[42]

언론계도 만주사변 이후 곧바로 반일 운동에 참여하였다. 이들은 9월 20일 대일외교후원회를 조직하여 국민당 난징시당부와 토론회를 개최하고 일본의 침략으로 참혹하게 희생당한 동북 지역민들을 애도하였다.[43] 그 다음날 수도신문계 대일외교후원회는 "민중을 환기시켜 함께 국난을 이겨내자"라는 통신 전문을 발표하고, 국제연맹에 "정의를 주장하며 세계 평화가 보장되기 바란다."라는 전보를 보냈다.[44] 이후로도 일본군의 침략 행위가 계속되자 난징 언론계는 일본외교후원회에 다시 중지를 요청하였다. 10월 1일자 《중앙일보》 보도는 "정부 당국이 공산당 토벌과 재난구제로 바쁜 틈새에 일본은 대규모 군대를 파병하여 우리 영토를 점령했다."라고 하면서 "일본이 신의를 포기하고 국제 권고를 따르지 않으며 저지른 폭행이 날로 심해지고 있다."라고 맹비난하였다. 아울러 중국은 영토를 안전하게 보존할 수 있도록 계획을 세워 정당 방위할 것이라고 밝혔다.[45] 이러한 언론계의 초기 대응은 국민당의 대일노선을 충실히 따른 것으로 국민의 일치단결과 외교적 해결 등 비폭력 방식에 초점을 맞추고 있는데 국민당 중앙선전부가 수시로 언론계 인사를 초청하여 정부의 방침을 알리고 협조를 요청한 데 따른 결과였다.[46]

---

42 "學生救國運動 須遵守中央之規定", 《中央日報》, 1931. 10. 9 ; 「青年之救國責任」, 《中央日報》, 1931. 11. 29.

43 "爲東北各地被日軍慘殺的同胞誌哀", 《中央日報》, 1931. 9. 21.

44 "首都新聞界對日外交後援 通電喚起民衆共赴國難", 《中央日報》, 1931. 9. 22.

45 "首都新聞界對日外交後援會昨電請", 《中央日報》, 1931. 10. 1.

난징의 시민들도 각종 직능 단체를 중심으로 반일 여론을 조성하며 조직적으로 대응하였다. 9월 23일 육십만 명의 난징시민을 대표한 농민·공인·상인·부녀자들이 공설운동장에 모여 일치단결하여 죽음으로써 반일에 나설 것을 맹세하는 반일 구국대회를 개최하였다.[47] 9월 22일자 《중앙일보》는 난징시정부의 장충다오張忠道가 낭독한 "일본군의 침략으로 동북 각지의 동포들이 잔혹하게 살해당한 것은 중국 역사상 큰 치욕"이라고 비분강개한 치사를 장문임에도 불구하고 전재하였다.[48] 같은 날 부간에는 왕핑링王平陵의 「일본이 먼저 세계 평화를 깨뜨렸다」, 딩런걸丁人傑의 「우리나라 국경의 개황」, 시카고대학 동아시아 역사 교수 맥네어H. E, Macnair의 「만주 -삼각형의 각축」 등 세 편의 글이 게재되었는데 만주사변으로 관심이 고조된 국제적 책임 논란, 중국 영토의 현황, 만주 상황 등에 관한 내용이었다.[49] 그뿐 아니라 난징시의 상회商會·농회農會·청년구국단 등 수많은 단체들이 직능별로 반일회反日會를 결성하고 항일을 선언한 후 직접 행동에 나섰다. 이들은 전 국민이 일치단결하여 대일 선생에 나설 것을 외치며 "싸우다 죽어서 귀신이 될지언정 망국노가 되지 않겠다."라고 결연한 의지를 표시하였다.[50]

9월 23일자 《중앙일보》는 네 바닥에 걸쳐 만주사변의 관련 기사와 사론을 게재하였다. 사론에서는 만주사변이 "우리나라의 커다란 치욕인데 어떻게 쉽게 넘어가겠는가", "정의를 위해 목숨을 바칠 때가 바로 지금이다. 백골이 성을 이루고 중하의 귀신이 되도 좋다"며

46 "中宣部昨 招待新聞界", 《中央日報》, 1931. 10. 2.
47 "今晨九時在公共體育場市擧行市民抗日救國大會", 《中央日報》, 1931. 9. 23.
48 《中央日報》, 1931. 9. 22.
49 「中央日報副刊 第225號」, 《中央日報》, 1931. 9. 22.
50 "倭奴凌我 全國對日一致主戰", 《中央日報》, 1931. 9. 23.

서 "충성스럽고 용감하며 분노한 우리 국민이 동포를 위해, 국가를 위해, 민족을 위해 적과 생사를 걸고 마지막 승부를 겨루자! 난폭한 침입자를 쫒아내자! 우리 땅을 돌려주라! 인류의 진리를 지키기 위해, 세계 평화를 보장하기 위해 싸우자!"라고 하며 항일 의지를 북돋웠다. 그리고 장쉐량이 저항하지 않는 것에 대해 강한 불만을 표시하며 "참고 죽음을 기다리는 것보다 차라리 분발해서 생존을 구하자! 이 세상의 어느 누가 적에게 죽임을 당하면서 참을 수 있고, 저항하지 않겠는가?"라고 항전을 촉구하였다.[51]

같은 날 보도 기사는 국민들의 일치단결을 강조한 국민당 중앙의 성명과 국제연맹 이사회에서 일본군 철병 결의안이 통과되고 만주에 조사단을 보내기로 한 소식을 함께 전하였다.[52] 그리고 전국 곳곳에서 국민당 당부와 학생·시민들이 전개한 반일 규탄 집회의 열기를 보도하고, '반일 구국 표어'를 신문지면 중앙에 돌출 게재하였다. 또한 일본의 식민지 지배를 받고 있는 조선과 대만의 참혹한 실상에 관하여 "공공의 이익을 빌미로 재산을 몰수하고, 부녀자를 간음하며, 출가를 허용하지 않고, 언론·출판의 자유가 없다"라고 폭로하였다.[53]

사변 발생 직후, 《중앙일보》의 초기 반응을 보면 구호성 표현으로 민족 감정을 드러낸 글들이 많다. 예컨대 9월 20일자 사론은 "일본 제국주의자의 흉악한 얼굴과 야만적 성격이 이미 드러났고, 우리는

---

51 「誓死反日一致爲政府後盾」, 《中央日報》, 1931. 9. 23.

52 "國聯理事會主張公道", 《中央日報》, 1931. 9. 23.

53 항일표어의 내용은 첫째, 동삼성 점령은 일본 제국주의자의 일관된 정책이다. 둘째, 전 국민이 일치단결하여 일본 제국주의와 최후의 결투를 준비하자. 셋째, 국가흥망은 필부의 책임이다. 넷째, 영원히 일본 제국주의자와 절교하자. 다섯째, 일본 제국주의자는 전 인류의 공적이다. ……" 등 모두 열 가지로 일본을 중국의 적이자 인류의 공적이라면서 중국인의 단결과 항전을 강조하였다. ("朝鮮臺灣亡國慘痛錄", 《中央日報》, 1931. 10. 1).

정의가 무엇인지, 인도가 무엇인지 모르겠다."라고 분노를 감추지 않았다.[54] 9월 23일자 사론은 "국민들이여! 국가는 곧 망할 것이다! 우리 종족이 없어질 것이다! 동포가 죽어서 갈 곳이 없다!"[55]면서 비장감까지 드러냈다. 9월 24일자 사론은 "비록 우리 조국이 침입자에게 침략당했지만 스스로 보호해야 되지 않겠는가? 큰 재난이 임박하다. 지금 해야 될 일은 적을 죽이는 것"이라고 적극적인 응전을 촉구하였다.[56] 이러한 《중앙일보》의 항일 논조는 민영 언론과 비교할 때 그 강도가 더하면 더했지 못하지 않았다.

사변이 발생한 지 일주일이 지나도록 《중앙일보》 지면에는 공동으로 국난을 극복하여 치욕을 씻어내자는 국내외 국민당 당부들의 성명서들이 계속 게재되었다.[57] 그리고 학생들의 항일 운동이 급속히 확산되자 교육부는 서둘러 지도에 나섰다.[58] 위유런于右任 원장은 9월 28일 연설에서 "전 국민이 모두 정성으로 단결하여 국가의 정당한 자위에 나서야 하며, 고난 중에도 인내심을 가지고 국난을 벗어나야 한다."라고 하여 즉각적인 저항은 경계하였다.[59] 국민당 중집위는 전국 학생들에게 "중앙의 통일된 지휘 아래 함께 국난을 극복하고 군인의 수양을 기르기 위해 노력해야 한다."면서 질서 있는 항전 준비를 강조하였다.[60] 장제스도 즉각적인 대일 항전을 요구한 학생청원단을 직접 만나 "우선 학업에 충실하라."는 요지로 훈화하였다.[61] 9월 30

---

54 「以必死之決心作最後之奮鬪」, 《中央日報》, 1931. 9. 20.

55 「誓死反日一致爲政府後盾」, 《中央日報》, 1931. 9. 23.

56 「民族性之試驗」, 《中央日報》, 1931. 9. 24.

57 "對日暴行 全國軍民一致奮起", 《中央日報》, 1931. 9. 25 ; "全國將領通電抗日", 《中央日報》, 1931. 9. 26.

58 "教育部指導學生救國運動", 《中央日報》, 1931. 9. 25.

59 "國難中政府與國民", 《中央日報》, 1931. 9. 29.

60 "中央告誡全國學生", 《中央日報》, 1931. 9. 29.

일자 《중앙일보》는 "부저항과 자살"이란 장문의 칼럼을 게재하고 즉각 항전은 자살 행위라면서 부저항 노선을 공론화하였다.[62] 또한 이 신문은 전국 각지의 항일 열기를 보도하면서 "절개를 지키다 죽을지언정 구차하게 삶을 꾀하지 않겠다."는 항전 의지와 함께 "당 중앙을 옹호하여 국난을 극복하자"라는 취지의 '질서 있는 저항'을 집중적으로 거론하였다.[63]

10월 이후로도 《중앙일보》는 연일 난징시를 비롯하여 전국 곳곳에서 벌어진 항일 구국 캠페인과 해외 화교들의 항일 여론을 전하였다.[64] 이와 별도로 '전재專載'란에서는 일본군의 만주 침략 과정을 연재하여 중국민의 반일 정서를 지속시켰다.[65] 또한 매일 신문의 마지막 지면에는 '항일 구국'이란 독자 투고란을 두고 만주사변에 맞선 각계의 각오와 의견을 실었다. 여기에 게재된 글들은 대부분 국민정부의 대일 정책을 지지하거나 격렬한 어조로 반일을 주장하지만 즉각 저항보다 당 중심의 일치단결과 철저한 항전 준비에 초점이 맞추어졌다.[66]

만주사변 직후 《중앙일보》의 초기 대응은 전 국민의 일치단결을 호소하며 국민당 중심의 질서 있는 항전 준비로 요약된다. 그러나 국민들의 반일 감정이 격화되고 즉시 항전을 요구하는 여론이 커지자 이를 억제하는 태도를 취하였다. 따라서 이 신문은 국민당의 선안내

---

61 "蔣主席昨對滬學生請願團訓話", 《中央日報》, 1931. 9. 30 ; "大夏學生昨赴中央黨部請願", 《中央日報》, 1931. 10. 1.

62 陳茹玄, 「抗日救國」, 《中央日報》, 1931. 9. 30.

63 "全國各地反日益烈熱", 《中央日報》, 1931. 10. 1.

64 "全國民衆通電討日", 《中央日報》, 1931. 10. 3.

65 "專載 暴日出兵 强占東北之經過", 《中央日報》, 10. 3.

66 胡明菊, 「抗日救國 : 救亡之道」, 《中央日報》, 1931. 10. 2 ; 一樵, 「抗日救國 : 抗日救國辦法二種」, 《中央日報》, 1931. 10. 3.

후양외 정책에 충실하여 즉각적인 무력 대응보다 질서 있는 장기 항전을 주장하며 국민당의 훈정 체제 유지에 더 치중한 것으로 볼 수 있다.

### 2) 국제연맹의 간섭 촉구

만주사변 초기부터 《중앙일보》는 군사적 대응보다 외교적 경제적 방법을 이용하여 일본군의 침략을 무산시키려 했다. 9월 24일자 신문은 동북 지역에서 일본군이 저지른 만행을 낱낱이 보도하면서 그 잔혹성을 비난하였다. 아울러 외교부가 국제연맹에 항의서를 제출하여, "국제공법과 국제조약을 무시하고 동아시아의 평화를 파괴한 책임이 전적으로 일본에게 있다"면서 조속한 철군과 점령지의 완전 반환을 주장했다고 전하였다. 또한 외교부가 장차 일본과 직접 교섭할 것이란 추측에 대해 부인하면서 국제연맹의 공정한 처리를 기대하며 일본이 국제적 간섭을 회피하기 위해 퍼뜨린 유언비어라고 밝혔다.[67] 그 다음날 《중앙일보》의 사론은 국가적 위기 상황에 맞서 두 가지 임무를 제시하였다. 첫째는 외교 방침의 확정이요, 둘째는 국내의 일치단결이었다. 전자는 국제연맹에 중재를 요청하여 일본군을 동북 지역에서 철수시킴으로써 사변 이전의 상태로 복구하는 것으로, 그 실현 가능성에 대해서 "세계에 공리公理가 있다면, 국제 사회에 정의가 있다면, 지독한 일본 제국주의는 최종적으로 전 세계인의 눈과 귀를 가릴 수 없을 것"이라고 믿었다.[68] 이러한 시국 인식을 바탕으로 《중앙일보》는 국제연맹에 정의를 옹호할 책임이 있다면서 일본군의 조

67 "日軍獸性盡量發揮東三省同胞無噍類矣", 《中央日報》, 1931. 9. 24.

68 「如何赴此嚴重之國難」, 《中央日報》, 1931. 9. 25.

속한 철군을 성사시키도록 촉구하는 기사를 반복 보도하였다.[69]

그런 만큼 《중앙일보》는 중일 문제에 관한 서구 열강의 반응과 국제 동향에 매우 민감하였다. 예컨대 9월 25일자 신문은 "국제간 시비가 점차 분명해진다."란 기사에서 미국이 만주 사건의 모든 책임이 일본에 있음을 확인했다는 것과 중국이 국제연맹의 결의를 받아들였고, 미국 정부도 찬성했다는 소식을 전하였다.[70] 그 다음날 신문도 미국과 국제연맹의 태도가 일치되었다는 소식과 함께 국제연맹이 개최한 토론회에서 영국·소련 등 세계 여론은 하나같이 일본의 침략 행위를 규탄하고 있으며 인류의 공분을 사고 있다고 보도하였다.[71]

한편 9월 25일 국제연맹회의에서 일본 대표 요시자와 겐키치芳澤謙吉가 일본군의 즉각 철수 및 만주 조사단 파견을 지지한다는 성명서를 발표하였다. 그러나 중국 외교 당국은 일본의 저의를 의심하며 현재 유일한 방침은 동삼성의 주권을 완전히 회복하고 일본군에 의해 입은 생명 및 재산에 대한 손실을 완전히 배상받는 것이라면서 세계 각국이 일본에 속지 않도록 경고하였다.[72] 또한 국제 사회에서 일본이 "중국은 현대 국가 조직이 없고 인민들이 배척한다."라고 주장하는 것에 대해 《중앙일보》는 "교활한 일본의 계획적인 허위 선전으로 전 세계를 혼란스럽게 한다. 이런 간계를 국제연맹이 효율적으로 정지시키지 못한다면 일본에 의해 세계 평화는 파괴될 것"이라고 지적

---

69 이와 관련된 《중앙일보》의 사론은 「國聯如何制裁日人暴行」 1931. 10. 16 ; 「日人强占東省一月矣國聯究將如何對暴日」 1931. 10. 18 ; 「國聯可容日狡詐乎」 1931. 10. 21 ; 「國聯應嚴厲執行撤兵決議」, 1931. 10. 25 ; 「國聯應应堅持撤兵協議」 1931. 11. 28 ; 「國聯與中國應銷日本在華特權」 1931. 11. 22 등이 있다.

70 "國際間是非漸明美國責日滿事負全責", 《中央日報》, 1931. 9. 25.

71 "暴日蹂躪東省國事美與國國聯態度一致", 《中央日報》, 1931. 9. 27.

72 "國聯限日本卽日撤兵", 《中央日報》, 1931. 9. 28.

하였다.[73]

사변 초기 《중앙일보》의 지면에는 국제 여론이 일본의 침략 행위를 비난하고 있다는 사실과 국제연맹이 일본군의 신속한 철수를 독촉한다는 기사가 연속 게재되었다. 그러나 국제연맹의 권고에도 불구하고 일본군의 침략 행위는 계속되었다. 이 때문에 국제연맹에 관한 《중앙일보》의 기사는 적극적 호소와 깊은 우려, 실망 등이 병존하였다.[74] 9월 27일자 신문 기사는 "일본이 만주 전체를 영구히 점령하기로 마음먹었기 때문에 국제연맹의 조정을 거절하면서 직접 교섭을 견지한다."는 비판과 함께 중국 정부는 직접 교섭을 단호히 거부한다면서 "국제연맹은 과연 정의를 집행할 수 있는가"라고 국제연맹의 해결 의지에 회의적 시각을 감추지 않았다.[75]

국제연맹의 폐회를 앞둔 9월 29일, 브리앙M. Briand 의장이 최대한 노력을 다했으나 해결하지 못한 아쉬움을 표시하였고, 영국 대표는 중일 양국의 직접 교섭을 촉구하였으며, 일본 대표도 철수 시기를 보증할 수 없다고 엄포를 놓았다. 이런 상황에 대해 《중앙일보》는 "일본의 폭행을 처리할 방법이 없다면 국제연맹의 위신은 어디에 있는가?"라고 비판하면서 강도 높은 제재를 주장하였다.[76] 10월 1일 국제연맹이 휴회에 들어가자 중국 대표 스자오지施肇基는 일본군의 즉각 철수를 주장하면서 책임 및 배상에 관해 명확히 결정해 줄 것을 거듭 요청하였다.[77]

만주사변이 발생한 후 국제연맹은 수차례에 걸쳐 일본군의 철수를

---

73 「國聯勿誓爲死日人所欺騙」, 《中央日報》, 1931. 10. 15.

74 「誓死反日一致爲政府後盾」, 《中央日報》, 1931. 9. 23.

75 "日本決定永佔南北滿", 《中央日報》, 1931. 9. 27.

76 "國聯威信安在 對日本暴行竟無辦法", 《中央日報》, 1931. 9. 30.

77 "國聯休會兩星期", 《中央日報》, 1931. 10. 2.

촉구했지만 여러 가지 핑계를 대며 이행하지 않았다.[78] 이에 대해 《중앙일보》는 "일본군이 계속 폭행을 일삼으며 사실상 국제연맹을 무시하는 것으로 볼 때, 우리와 적대 관계에 그치는 것이 아니다. 그럼에도 불구하고 국제연맹이 자신의 힘을 발휘하지 않고, 엄격히 제재하지 않는다면, 국제 공리와 정의를 유지할 수 있는 역량이 없어질 것"이라고 주장하며 국제연맹의 위상 문제와 연계시켜 제재를 촉구하였다.[79]

시간이 흐를수록 만주에서 일본군은 철수하지 않고 오히려 각 기관을 감시하며 점령 지역을 확대하여 치안 상황이 갈수록 악화되고 있었다. 국제연맹은 일본군의 철병을 회의적으로 보고 중립국에 의한 실황 보고를 요청하였다.[80] 일본의 철군 여부를 논의하기 위해 국제연맹은 전문가들을 선양에 보내 조사하였다.[81] 이에 맞서 일본이 대규모 군함을 동원하여 장강 유역에서 무력시위를 벌이자 스자오지는 국제연맹에 즉각 항의하였다.[82] 국제연맹은 10월 14일 회의를 다시 개회하여 일본군이 기한 내 철수하지 않은 문제를 토론하기로 결정하였다. 그러나 일본군의 진저우錦州 폭격으로 수많은 중국인 사상자가 발생하는 등 일본의 침략 행위가 오히려 심해지자 국제연맹은 하루 앞당겨 13일 개회를 결정했고, 중일 양국에 대해 그 전까지 정전 의무를 준수하도록 요청하였다.[83]

10월 13일 국제연맹이 개회되자 스자오지가 일본의 폭행을 통렬

---

78 "日本斯國聯 未遵議撤軍", 《中央日報》, 1931. 10. 3.

79 「日人蔑視國聯之誓鉄證」, 《中央日報》, 1931. 10. 17.

80 "國聯懷疑日本撤兵 請中立國報告實況", 《中央日報》, 1931. 10. 4.

81 "日本是否依議撤軍 國聯派專員赴瀋調查", 《中央日報》, 1931. 10. 6.

82 "施肇基照會國聯 抗議日本擴大軍事", 《中央日報》, 1931. 10. 7.

83 《中央日報》, 1931. 10. 8~10. 13.

히 비판하며 직접 교섭을 완강히 거부하였다. 일본은 중국의 경제 단교를 반박하면서 철병을 거절하였다. 또한 주 프랑스 미국 대사가 옵서버 자격으로 국제연맹에 출석하자 일본은 반대 성명을 내고 퇴출을 주장하였다.[84] 이 시기에 《중앙일보》는 "국제연맹은 어떻게 일본의 폭행을 제재할 것인가?", "국제연맹은 앞으로 포악한 일본을 어떻게 할 것인가?" 등의 사론을 연이어 게재하고 사변이 발생한 지 한 달이 지나도록 국제연맹의 결의에 따른 성과가 나오지 않는 것을 비판하였다.[85]

10월 20일 국제연맹 이사회는 의장에게 모든 권한을 위임한 후 무기 휴회에 들어갔다. 의장이 행정원에 제출한 〈중일문제해결결의안〉은 11월 16일까지 일본군을 완전히 철수시킬 것과 중일 양국의 항구적인 분쟁 조정 기관을 조직할 것 등이었다. 일본은 3주 이내 만주에서 군대를 완전히 철수해야만 되었고, 그들이 제출한 대안은 전체 회의에서 부결되었다.[86] 이 결의안이 통과된 후 《중앙일보》는 곧바로 내부 단결과 평화 통일을 내세우며 차분하게 대일 논소를 유지하였다. 신문보도 내용도 항전 준비나 만주 지역에 관한 것은 축소되고 사회·경제·문화 등의 일상 소식을 많이 다뤘다.

그러나 일본은 국제연맹의 결의안까지 위반하면서 침략 행위를 계속 확대하였고 여기에 맞서 마잔산馬占山군이 독자적으로 일본군에 저항하였다.[87] 이 소식이 전해지면서 중국 내 항일 여론이 다시 거세어

---

84 《中央日報》, 1931. 10. 14~10. 18.

85 「國聯如何制裁日本暴行?」, 《中央日報》, 1931. 10. 16 ; 「日人强占東省已一月矣 國聯究將如何對暴日?」, 《中央日報》, 1931. 10. 18.

86 "國聯行政院大會 通過中日問題決議案", 《中央日報》, 1931. 10. 26.

87 "日軍增援猛撲 馬占山誓死盡守土責", 《中央日報》, 1931. 11. 8 ; "馬占山軍繼續自衛中 國聯對日將執必要之行動", 《中央日報》, 1931. 11. 9 ; "馬占山部苦戰自衛",

졌는데 무엇보다 일본이 획책하고 있던 만주 분리 계획에 대한 우려가 컸다. 《중앙일보》 역시 국제적 간섭에도 불구하고 철군 문제가 해결될 기미를 보이지 않고, 국제연맹의 미온적 대처에 실망감이 커지면서 비판 기사가 많아졌다.[88] 이 신문은 "그동안 국제연맹에 희망을 건 국민들이 이제는 깨달아야 한다. 세상에 외부의 힘을 의존해서 나라를 발전시킨 예가 없으며, 국가의 멸망을 막을 수도 없다. 이미 재난이 발생했으니 외부의 협박과 무력 앞에 스스로 나서야 한다."라고 하여 독자생존의 의지를 피력하였다. 국제연맹의 역할을 기대하고 즉각 저항을 주장하지 않았던 《중앙일보》는 더 이상 조정 기능을 발휘하지 못한다고 판단한 것이다.

이 신문은 일본에 대한 직접 비판을 강화하여 "일군이 동북에 침입하여 저지른 잔인한 행동과 교활한 수단은 이미 드러났다. …… 관찰에 의하면 일본은 위협적 방법과 회유책 등 지독한 계획으로 욕망을 무제한 만족시킬 것"이라고 비판하였다.[89] 또한 일본군이 무력에 의해 동북을 점령한 사실은 국제적으로 확인된 것이라면서, "그 교활한 얼굴을 드러내지 않으려고 각종 방법을 이용해서 국제적 시선을 피했으나 이제는 완전히 드러나 감출 수 없다고 주장하였다.[90] 더욱이 이 신문은 "일본 민족은 속 좁고, 궁리를 잘하고, 음험하고, 악랄하고, 수단이 비열하고, 행동이 잔인하다."면서 민족성까지 문제 삼았다.[91]

---

《中央日報》, 1931. 11. 10.

88 「國聯能負荷其使命否乎」(1931. 10. 19) ; 「國聯忘却撤兵協議耶」(1931. 11. 23) ; 「國聯之最終試驗」(1932. 3. 5) ; 「國聯調査團毋爲日方片面宣傳所蒙蔽」(1932. 3. 8)

89 「如何攻破日本之毒計」, 《中央日報》, 1931. 10. 2.

90 「日政府之狂囈」, 《中央日報》, 1931. 10. 29.

91 「日軍暴行與日本民族性」, 《中央日報》, 1932. 2. 19.

만주사변을 맞아 《중앙일보》는 당과 정부를 대표하여 일본의 침략 행위를 준엄하게 비판하고, 시의적절한 대응 방안을 제시함으로써 스스로 관영 언론의 위상을 유지할 필요가 있었다. 이에 《중앙일보》의 초기 대응은 중국인의 일치단결과 항일 의지를 강조하며 국제연맹의 간섭을 촉구하는 것으로, 먼저 국내를 안정시키고 국제적 지지와 동정을 얻는 데 초점을 맞추었다. 그러나 국제연맹의 역할과 권능은 기대를 벗어났고, 《중앙일보》의 논조는 일본의 침략 행위를 비판하면서도 자국민들의 적극적인 항일 운동을 억제시키는 이중 태도를 취할 수밖에 없었다. 국민당의 부저항 노선이 엄존한 상황에서 《중앙일보》의 대일 보도는 제한적일 수밖에 없었다.

국민당은 일본의 만주 침략에 맞서 언론 보도의 중요성을 직시하였고, 항일 여론을 통해 국제적 관심을 불러일으키는 것이 중국 외교에 도움이 되며 일본 침략을 저지할 수 있는 효과적인 수단이라고 판단하였다.[92] 따라서 만주사변 이후 국민당은 《중앙일보》를 통해 일본의 만행을 폭로하고, 당 중심의 일치단결을 역설하며, 세계인의 이목을 만주에 집중시켜 국제적 간섭을 끌어내는 데 언론과 외교 역량을 총 동원했지만 본래의 목적을 달성하지 못하였다.

92 「對外宣傳與經濟斷交」, 《中央日報》, 1931. 9. 30.

## 4. 《중앙일보》의 대일 방책

### 1) 경제 단교

1932년 1월 상하이사변이 폭발하여 중일 간 무력 충돌이 발생하기 전까지 국민정부의 대일 태도는 외교 수단을 동원한 부저항 노선으로, 국민들의 즉각 항전 요구와 뚜렷한 차이가 있었다. 《중앙일보》의 논조는 국제연맹에 호소하는 외교 방식뿐만 아니라 항일 문제에 대해 민중의 결의를 모아 정면 대응하는 것이 필요하다고 주장하였다. 그 구체적 방식은 '대일 경제 단교'와 '국민의 정신력 강화'처럼 비폭력적 반군사적 수단에 의해 일제에 맞서는 것이었다.

《중앙일보》지면에서 가장 중요한 대일 방책으로 삼았던 경제 단교는 중국 내 일본 상품을 배척하고 일본과의 모든 경제 관계를 단절하는 것으로, 국민의 일치된 행동과 정부의 일관된 정책이 함께할 때 효과가 있으며 일본을 몰아낼 수 있는 가장 유력한 비폭력 수단이 되었다.[93] 이 때문에 9월 22일 저장성浙江省 국민당집행위원회 제100차 회의에서 〈대일 경제절교방안〉을 철저히 이행할 것과 〈항저우시杭州市학생반일 구국선전조직장정〉 등이 통과된 사실을 즉각 보도하여 대일 경제 단교를 부각시켰다.[94] 9월 26일자 신문에는 수도 난징의 각계 대표 담화회에서 〈반일선전구제방침〉이 채택되었는데 일본 상품 판매자를 조사하여 반혁명죄로 다스릴 만큼 강력한 경제 단교가 추진될 것임을 알렸다.[95]

---

93 같은 글, 《中央日報》, 1931. 9. 30.

94 "浙省徹底履行 對日經濟絶交", 《中央日報》, 1931. 9. 24.

일본 상품 배척 운동은 만주사변 직전에 발생한 만보산사건과 한국의 화교 배척 사태를 계기로 이미 시작된 상태였다. 그 후 일본의 대중국 무역이 크게 감소되어 8월을 기준으로 전년도와 비교할 때 절반으로 줄었으며, 앞으로 그 피해가 더 커질 것으로 예상되었다.[96] 9월 30일자 사론은 당면한 두 가지 절박한 업무로 대외 선전을 확대하여 국제적 동정을 얻는 것과 대일 경제 단교를 실시하는 것이라고 주장하였다. 경제 단교의 구체적 목표에 대해서는 "중국 내 일본의 경제 세력을 완전히 제거하고, 일본의 모든 실력을 차단하는 것"으로, 이것만이 민족의 독립을 달성할 수 있고, 국가가 치욕으로부터 벗어나 민중을 해방시킬 수 있는 유일한 방법이라고 주장하였다.[97]

또한《중앙일보》부간副刊의 시사만평에 게재된「문명인의 동물성」이란 글에서는 정부와 국민의 관계를 언급하면서 국민들이 마땅히 짊어져야 될 중대한 책임으로 대일 경제 단교의 실행을 역설하였다. 이와 함께 싸울 수 있는데 싸우지 않고 망하는 것, 싸울 수 없는데 싸워서 망하는 것, 싸울 준비를 하지 않고 싸워서 망하는 것, 전쟁 위협에 타협하여 싸우지 않고 망하는 것은 모두 정부의 책임이라면서 철저한 전쟁 준비를 최우선 과제로 강조하였다.[98] 이렇게 볼 때《중앙일보》의 대일 전략은 모든 국민을 각성시켜 일치단결하고, 국내 정치를 정돈하며, 대일 경제 단교와 군사력 강화에 힘쓰는 것이었다.

10월 들어서 경제 단교가 더욱 적극적으로 진행되었다. 수도 각계

95 "首都各界談話會 擬定反日宣傳具體方針",《中央日報》, 1931. 9. 26.

96 "抵制仇貨中 日對華貿易大感",《中央日報》, 1931. 9. 28.

97「對外宣傳與經濟斷交」,《中央日報》, 1931. 9. 30.

98「時事漫評 : 文明人的獸性」,《中央日報》, 1931. 10. 2.

항일 구국회 총회는 정기적으로 난징 시내의 각 상점에 있는 일본 상품을 모두 점검, 배척할 것을 결정하고 곧바로 시행하였다. 반일 분위기가 고조되는 가운데 일본의 대중국 잡화 수출이 급격히 축소되었다. 그 배경에는 중국 잡화공업의 발전도 있지만 중국에 있던 일본인 공장들이 문을 닫았기 때문이다.[99] 수도 각계 항일 구국회는 10월 3일부터 일본 상품 총 등기제를 시행하여 등기일로부터 일본 상품의 매매 혹은 유통을 금지시켰으며 대일 경제 단교의 범위도 확정짓고 각 성시마다 항일 구국회를 조직하여 실행에 옮기도록 전달하였다.[100] 이후 대일 경제 단교는 전국적으로 광범위하게 이루어져 일본 상품 배척 운동이 갈수록 뜨거워졌다.[101]

이 운동에 큰 기대를 걸었던 《중앙일보》는 경제 단교를 통해 경제 전쟁을 하게 되면 그 효과가 무력 전쟁과 같아서 적에게 승리할 수 있다고 자신하였다.[102] 그 이유로 일본의 중국 침략 배경이 단순히 일본 부르주아지와 군벌 이익의 발동이라기보다 세계 경제의 위기로 일본 경제가 심각한 충격을 입어 해외시장이 절실히 필요했고, 무력으로 중국을 침략하기 전부터 일본의 중국 경제 침략이 상당한 규모로 이루어졌다는 것이다. 따라서 일본 상품 배척을 핵심 방안으로 삼은 경제 단교는 일본 경제에 큰 충격을 가하여 일본의 예기를 꺾을 수 있고. 일본인들에게 "중국인은 결코 치욕을 허용하지 않는다."라

---

99 "全市日貨總檢查", 《中央日報》, 1931. 10. 1 ; "反日高潮中 日對華雜貨輸出將瀕絶境", 《中央日報》, 1931. 10. 2.

100 "抵抗暴日各地紛組義勇軍", 《中央日報》, 1931. 10. 4. 중앙일보는 난징시의 일본 상품 등기결과를 가치로 따져보면 약 800만 위안 내외로 전국 동포의 총동원과 일본 상품저지운동이 대성공을 거둔 것으로 보도하였다. ("全同胞總動員抵制仇貨大成功", 《中央日報》, 1931. 10. 4).

101 '對日經濟絶交', 《中央日報》, 1931. 10. 7.

102 「如何攻破日本之毒计」, 《中央日報》, 1931. 10. 2.

는 사실을 깨우쳐 줄 수 있다고 보았다.[103] 그러면서 이 신문은 "항일 구국이란, 무력으로 전쟁을 꼭 해야만 하는 것이 아니다. 국민 경제 전쟁이야말로 가장 날카로운 무기이며, 이런 무기를 가지고 일본 제국주의를 깨뜨리기가 어렵지 않다"라고 하면서 경제 단교의 효과를 강조하였다.[104]

이를 뒷받침하기 위해 《중앙일보》는 영국 식민지 인도에서 진행된 간디의 불복종 운동을 소개하며 경제 단교의 성공 사례로 제시하였다. 간디가 직접 면포綿布를 짜는 방식으로 인도인을 환기시켜 영국 제품을 배척함으로써 영국의 수출 산업이 부진에 빠졌고, 정치적으로 영국과 대화할 수 있는 기회를 얻게 되었다면서 이런 효과는 최첨단 무기보다 훨씬 강한 것이라고 주장하였다. 그래서 이 신문은 "연설도 하지 않고, 글도 쓰지 않고, 침묵만 실천"하는 부저항 방식인 경제 단교를 선호하였다. 사실상 이것은 집단적인 항일시위로 국민정부를 압박하던 학생·지식인들의 '즉각 항전'론에 대한 반대나 다름없었다. 이후 《중앙일보》는 구호를 외칠 필요가 없고, 줄을 서서 청원하지 않아도 되며, 연설할 필요가 없다면서 오직 인내심을 키우고, 동지들의 단결만이 중요하다고 주장하였다.[105]

비폭력적 항일 구국 운동으로 시작된 일본 상품 배척 운동은 실제로 상당한 효과를 거두고 있었다. 대일 경제 단교 후 중국에서 운항 중이던 일본 윤선輪船은 대부분 정지되었고,[106] 특히 상하이의 일본 윤선 손실액이 매월 수십만 위안으로 가장 많았다.[107] 장강 유역의

103 「對外宣傳與經濟斷交」, 《中央日報》, 1931. 9. 30.

104 「日人已感排貨痛苦矣」, 《中央日報》, 1931. 10. 12.

105 「經濟斷交之借鑒 請觀甘地領導下之抵貨運動」, 《中央日報》, 1931. 10. 3.

106 "全國民衆對日經濟絶交後 在華日輪多已先後停航", 《中央日報》, 1931. 10. 2.

107 "滬日輪 每月損失恒數十萬", 《中央日報》, 1931. 10. 23.

일본 윤선도 모두 폐업했는데 모회사인 일청공사가 업무를 중지하면서 중국인 노동자 이천여 명을 해고시켰다. 이처럼 중국인의 손실도 있었지만 일본인들이 느끼는 경제 단교의 고통은 훨씬 컸다.[108] 그뿐 아니라 일본은 중국을 경공업 제품의 거대한 덤핑시장으로 삼았는데 일본 상품 배척 운동이 일어나자 판매량이 대폭 감소하였고, 어쩔 수 없이 대체 시장을 찾게 되면서 서구 열강들과 경제 관계가 악화되었다.

그러나 《중앙일보》의 주장처럼 경제 단교의 효력이 군사 전쟁과 똑같고, 민족 독립의 유일한 방법이라고 볼 수 없다. 특정 국가의 상업 무역을 방해하는 행위가 일본의 침략 명분을 제공하는 빌미가 될 수 있기 때문이다. 국민정부는 일본 상품 배척 운동을 공식적인 대일 정책으로 삼지 않았고, 일본의 압력이 점차 거세지자 이 운동을 억제하기도 했다. 그러므로 경제 단교는 1930년대 들어서 중국 사회에 팽배한 배일排日, 주전主戰 여론을 다른 방향으로 유도함으로써 국민당의 부저항 노선에 대한 비판을 완화시키려는 현실적 고려로 볼 수 있다.

본래 목적이 어찌 됐든 대일 경제 단교는 중국민의 호응 속에 큰 성과를 거두었고, 장기간 지속되었다. 11월 들어서 《중앙일보》의 논조는 감정적 항일 언론 대신 경제 단교에 관한 보도 기사와 사론이 자주 등장하였다. 11월 8일자 「자유의 언론」이란 고정 칼럼에 게재된 천다바이陳大白의 글은 "온 국민이 하나 되어 일본과 경제를 단교하자"란 제목으로 일본 상품 배척 운동의 성과를 상세히 알리면서 앞으로도 계속되어야 한다고 주장하였다.[109] 사변 초기 《중앙일보》는 전

108 「自由的言論 ; 再論日人所感排貨苦痛」, 《中央日報》, 1931. 10. 25.
109 「自由的言論 : 一致對日經濟絶交」, 《中央日報》, 1931. 11. 8.

국민의 일치단결과 질서 있는 항전 준비를 강조하며, 국제연맹의 간섭에 의해 철군 문제를 해결하려 했다. 그러나 국제연맹에 걸었던 기대가 실망으로 바뀌면서 경제 단교와 장기 항전으로 언론의 초점이 모아진 것이다.

### 2) 정신 무장

이 무렵 《중앙일보》의 대일 방책은 경제 단교 이외에 국민들의 정신 역량 강화도 중시하였다. 이 신문에 따르면 "국민들이 평소 자기 자신을 보호할 능력이 없고, 국난을 맞이하여 어떻게 해야 할지도 모른다. 전 국민이 공황 상태에 빠져 가슴 속 비분만 가득한 채 실망하니 곤란한 환경에 아무런 도움이 안 된다"면서 중국 고유의 정신력 강화를 주장하였다.[110]

9월 24일자 신문에 보도된 국민당 중앙집행위원회의 〈의용군교육강령〉에 따르면 고급중학 이상의 학교에 일률적으로 청년의용군을 조직하고, 초·중 이하의 학교에 어린이의용군을 조직하여 군사 훈련을 실시하도록 규정했는데 행동 원칙은 다음과 같다.

> 첫째, 자기를 희생하여 민국을 사랑하고 지키며, 영원히 충성스럽고 용감한 국민이 된다.
> 둘째, 명령에 복종하고 기율을 엄수한다.
> 셋째, 자치 습관을 기르고 단체생활을 실행한다.
> 넷째, 수시로 다른 사람을 도와주며 공중을 위해 활동한다.
> 다섯째, 일본 상품을 영구히 사용하지 않는다.

110 「抗日步日驟亟應全國一致」, 《中央日報》, 1931. 9. 26.

이것은 쑨원이 제시한 충·효·인·애·신·의·화평 등의 고유 도덕을 강령으로 삼아 학생들의 사상과 인격을 훈련시키는 것으로 정신 무장을 가장 중시하였다. 이를 실행하기 위해 전국의 각 학교에서는 아침마다 조회를 거행하고 큰 목소리로 애국심을 고양하는 열 가지 구호를 제창하였다.[111] 또한 교육부는 학생 구국 운동을 적극 지도, 관리하였다. 국립 각 대학 및 각 성시 교육청과 교육국에 전보를 보내 "지금은 침착하게 대응하는 것이 필수이며, 모든 역량을 하나로 집중해야 한다."면서 각급 학교의 구국 운동을 효율적으로 증진시키기 위해 지켜야 될 규정을 제시하였다. 그 내용은 학생들이 각종 집회에 참여할 때 교직원이 책임지고 인솔하며, 군사 훈련을 강화하고, 체육 과정을 주의하며, 학생은 학업에 충실해야 한다는 것이다. 그러므로 학생들의 수업 거부를 허용하지 않았고, 학생들의 모든 행동은 당 중앙 및 정부의 법규에 따르도록 했다.[112]

또한 이 신문은 "확고한 의지로 민족정신을 발휘하여 민족의 능력과 도덕을 회복시키는 것이 앞으로 우리 민족이 생존할 수 있는 유일한 길"이라고 주장하며 모든 중국인이 강인한 민족정신과 함께 삼민주의로 무장할 것을 역설하였다.[113] 여기서 말한 민족정신이란 일종의 민족 의식으로, 지리·역사·혈통·종교·언어·문화 등을 기초로 민족 형성 과정에서 만들어진 공동 심리였다. 그리고 프랑스의 나폴레

---

111 구호내용은 "하나, 영원히 충성스럽고 용감한 국민이 된다. 둘, 중국의 국치를 씻을 것을 맹세한다. 셋, 중국의 영토를 회복한다. 넷, 중국민족을 진흥시킨다."는 것과 삼민주의와 중화민국을 각각 만세 삼창하였다. ("全國各校一律組織義勇軍", 《中央日報》, 1931. 9. 25).

112 "教育部指導學生救國運動", 《中央日報》, 1931. 9. 25 ; "全國各學校 一律組學生義勇軍", 《中央日報》, 1931. 9. 26.

113 「國難中之國慶」, 《中央日報》, 1931. 10. 10.

옹전쟁과 1차 세계대전 이후 독일의 사례를 열거하면서 "우리 4억 동포들이 과거 실패를 교훈으로 삼아 와신상담臥薪嘗膽, 불요불굴不撓不屈의 민족정신으로 국난에 맞서 복수할 것"을 호소하였다.[114]

《중앙일보》는 중국의 민족정신이야말로 적과 싸우는 데 가장 필요하며, 민족정신의 결정체인 삼민주의가 승리를 쟁취할 수 있는 비법이라고 보았다. 그런데 일본의 이데올로기는 호전好戰주의와 군국주의로, 천황제 아래 원로들이 지배하고 있는데 내각의 힘은 약하고, 군벌이 독단적이며, 그 위에 다시 재벌이 있어 일반 국민은 숨쉬기조차 어렵다면서 중국과 일본의 차이가 천당과 지옥 같다고 주장하였다. 또한 일본은 국부 원천이 제한되어 있고 제도도 불량하며, 정부가 무력 침략을 일삼기 때문에 전국적인 불경기는 필연적이라고 예상하였다. 따라서 중국의 삼민주의가 정신 무장의 핵심이자 비폭력에 의한 장기 항전의 원천으로 반드시 호전주의를 이길 것이라고 장담하였다.[115]

국난 시기 《중앙일보》가 민족정신의 계승, 발선을 상조한 것은 반일 정서로 격앙된 사회 분위기를 질서 있는 항전 준비와 장기 저항으로 전환시키려는 의도였다.[116] 그런데 《중앙일보》가 언급한 민족정신이란 삼민주의의 숭배로 지나치게 모호하고 현실과 유리되었다. 중국의 삼민주의가 일본의 호전주의와 군국주의를 이긴다는 주장도

114 「不屈不撓之民族精神」, 《中央日報》, 1931. 10. 1.

115 「以主義戰勝暴日」, 《中央日報》, 1931. 12. 7.

116 蕭功秦는 "민족주의의 감정과 이념은 정치 공동체의 응집력과 공식을 유지한 극히 희귀한 '천연'적 정치자원이다." 외적이 침입했을 때, "이 나라의 정치지도자가 본국과 본민족의 영광스러운 역사, 문화, 용기와 지혜를 호소해야만 그는 민중의 민족감정을 유도하여 국민들이 이 정권의 합법성을 인정받을 수 있다." 라고 했다. (蕭功秦, 『与情致浪漫主义告别』, 湖北教育出版社, 2001, 219쪽).

관념적으로, 사실에 기초한 것이 아니었다. 따라서 이 신문에서 언급된 "이데올로기의 승리"란 주장만으로 국민을 설득하기 어렵고 민심을 결집시키는 데도 한계가 있었다. 요컨대 《중앙일보》에서 강조한 대일 경제 단교와 정신 역량의 강화는 자력 대응이자 애국주의의 발로임에도 불구하고 실질적 성과를 기대하기보다 항일 여론을 질서 있게 분출시키려는 수단이었다.

### 3) 장기 저항

11월 초 《중앙일보》는 만주 문제가 철군 기한까지 정한 국제연맹의 결의로 일단락되면서 일상적인 보도편집체제로 돌아왔다. 물론 동북 지역의 일본군 동향이나 국내외의 반응, 국제연맹의 움직임 등은 계속 주시했지만 일반 뉴스도 많았다. 만주사변 직전까지 심각한 현안이던 수재민 구제와 공산당의 척결, 당내 정치적 통일 등과 관련된 기사 비중이 다시 높아졌다. 국민당 중앙은 일본의 만주 침략에도 불구하고 당내 단결과 공산 세력의 제거를 우선 과제로 중시하였다. 장제스는 11월 2일 국민당 기념식에서 "당 중앙은 내외의 공격 중 개인의 희생을 통해서라도 반드시 단결을 추구하고, 당장黨章을 준수하며, 약법約法을 옹호하여 평화 통일을 관철시킬 책임이 있다."라고 주장하였다.[117]

만주사변 이래 《중앙일보》의 언론 보도 중 가장 오랫동안 집중적으로 제기한 대응 논리는 '장기 저항'으로 학생, 지식인들이 청원 및 시위를 통해 주장한 '즉시 항전'과 반대된 것이었다. 이 신문은 "즉각

117 "黨內團結的先決問題", 《中央日報》, 1931. 11. 5.

적인 항일이 실제 효과는 없고 일시적 흥분만 초래한다. 적이 이 약점을 가지고 계속 침략하면 비판할 수도 없다"면서 "과거의 실패에 대해 지금 이 시각부터 계획적 조직적으로 준비해야 하고, 시간이 지나면 이 치욕을 되돌릴 수 있고 성공을 기대해도 좋다."라고 하면서 빠른 효과보다 장기 저항을 주장하였다.

그 방법에 대해서는 "전국의 상하가 결심하여 …… 모두 하나의 작업을 시작하는데 중앙부터 민국 20년에서 민국 30년까지 국난을 맞아 실제로 할 수 있는 각종 계획 아래 이행 방법을 찾고, 각 단위별로 계획하여 효과를 보는 것"이라고 했다.[118] 그리고 "민기民氣가 있고 실력도 있으니 십년 교훈으로 우리 민족은 지극히 어려운 국운에서 자강을 구할 수 있다"면서 십년 이상의 장기 저항을 염두에 두고 중국 국민의 인내를 요구하였다.[119] 이 무렵 교육부는 각급 학교에 매주 몇 시간의 과외 강연을 실시하도록 명령했는데 그 내용이 '일본제국주의 중국 침략사'에 관한 것으로, 장기 저항에 따른 항전 의지를 유지시키는 데 필요한 조치였다.[120]

《중앙일보》는 "지금 적을 죽이지 못하면 언젠가 죽일 것이고, 최단 시간에 죽일 것이다. 지금 바로 칼을 들 수 없지만 여러 가지 준비로 칼을 들 수 있고, 죽일 수 있을 것이다."라고 하여 철저한 항전 준비를 강조하였다. 또한 적을 죽이려는 소망과 당장 적을 죽이지 못하는 현실 사이에 모순이 발생하여 어쩔 수 없이 적을 죽일 수 없다면 저항이라도 해야 한다면서 "적에게 죽임을 당할지언정 적이 마음대로 할 수 없게 해야 한다."라고 끈질긴 저항을 주장하였다.[121]

---

118 「響應確定國難時期之建議」, 《中央日報》, 1931. 9. 29.
119 「對外宣傳與經濟絶交」, 《中央日報》, 1931. 9. 30.
120 「日本侵略中國史」, 《中央日報》, 1931. 11. 7.

그런데 국민당의 장기 저항이란 '즉시 저항하는 것'도 아니고 '영원히 저항하지 않는 것'도 아닌 일본의 침입에 맞서 중국이 양보할 수 없을 때의 유일한 대응책이었다. 1932년 1월 상하이사변이 발발하여 19로군과 일본의 해군육전대海軍陸戰隊 사이에 격렬한 전투가 벌여졌을 때, 장제스는 전국의 장사將士들에게 보낸 서신에서 "전쟁이 일단 시작되었으면 항전에 나서야 한다."라고 밝혀 즉시 저항을 기정사실로 받아들였다. 《중앙일보》도 "다른 방식으로 전쟁을 해결할 수 있을 때는 최대한 평화를 구축해야 한다. 그러나 평화를 찾아볼 수 없는 현재는 당연히 자신을 보호하기 위해 저항하고, 희생하고, 최후의 생존을 찾아야 한다."라고 즉시 항전을 주장하였다.[122] 다음 날, 《중앙일보》 사론은 "우리가 저항하고 희생하며 폭력과 투쟁해야만 우리 영토를 완전히 유지할 수 있고 국가의 최고 인격을 보호할 수 있다. 그 이외의 다른 길은 없다."면서 전쟁의 당위성을 강조하였다.[123] 그렇지만 즉각적이며 직접적인 무력 저항이 국민당의 본래 전략이 아니었으므로 송후淞滬정전 협정 이후 《중앙일보》 지면에는 장기 저항의 목소리가 다시 불거졌다.

이 신문은 장기 저항의 필요성에 대해 상세히 설명했는데 일본과 중국에 네 가지의 영향을 미친다고 보았다. 첫째, 일본은 단기전에 유리하고 중국은 장기전에 유리한데 국제 환경이 중국에 더 유리한 것으로 판단하였다. 둘째, 중국의 통일을 강화하고 적을 분산시키는 효과가 있다고 보았다. 곧 시간이 흐를수록 중국은 강해지고 일본은 내부 모순이 심화될 것이란 판단이었다. 셋째, 중국은 오랫동안 버틸

---

121 「民族性之試驗」, 《中央日報》, 1931. 9. 24.

122 「讀蔣先生告全國將士書」, 《中央日報》, 1932. 1. 31.

123 「由抵抗犧牲達到伸張公理正義」, 《中央日報》, 1932. 2. 1.

수 있는 풍부한 자원을 보유하고 있지만 일본은 그럴만한 자원이 없다는 것이다. 넷째, 중국은 단일 국가인 반면 일본은 제국주의 국가로, 그들에게 자원을 빼앗기고 있는 피식민지의 마음이 떠날 수밖에 없다는 것이다.[124] 아울러 이 신문은 중국의 장기 저항이 국제 사회에도 다음과 같은 영향을 미칠 것으로 보았다.

> 첫째, 도덕적인 면에서 평화조약을 실질적으로 보장하여 인류의 도덕 표준을 유지하고 일본의 노골적인 침략을 폭로한다.
> 둘째, 경제적으로 일본이 중국에서 무력을 사용함으로써 유럽과 미국의 이익을 파괴하였고, 이 때문에 양자 관계가 점차 긴장되면서 결국 구미 열강이 중국을 도와 원흉을 처벌할 것이다.
> 셋째, 군사적으로 일차 대전 이후 전 세계는 평화를 지향하고 있는데 중일전쟁의 기간이 길어질수록 나라마다 감정의 골도 깊어지고 세계 평화를 파괴한 일본의 죄는 더욱 뚜렷해진다. 즉 중국의 장기 저항은 적의 악행을 보여주고, 전 세계의 군축 여론을 촉진시킬 것이다.
> 넷째, 항일 과정에서 중국이 상당한 역량을 보여줌으로써 국제적 지위를 향상시키는 계기가 될 것이다.[125]

《중앙일보》가 주장한 장기 저항론은 국내외의 여건 변화에 주목한 것으로 상당한 타당성을 가지고 있었다. 무엇보다 1930년대 초 중국 내부는 군사 현대화와 정치 통합의 초기 단계로, 실질적 국가 경쟁력 강화와 전쟁 동원 능력의 향상에 많은 준비와 시간이 필요하였다. 그렇지만 만수사변 시기 《중앙일보》가 내세운 장기 저항론은 부저항 노선에 대한 비판 여론을 벗어나려는 방편이자 소극적 대응으로 비

124 「長期抵抗對于敵我兩方之影響」, 《中央日報》, 1932. 3. 2.
125 「長期抵抗對于國際關係之影響」, 《中央日報》, 1932. 3. 6.

취졌다.

만주사변이 발발한 지 십여 일 후, 《중앙일보》는 일본의 침략에 저항하기 위한 네 가지 방안을 제시했는데 일치단결이 핵심 내용이었다. 그 방식은 첫째, 정성으로 단결을 촉진하고, 최대한 단결을 추구하여 전 국민의 의지와 역량을 하나로 집중시키는 것이다. 둘째, 조직을 엄밀히 하여 모든 국민이 의무를 이행하고 모든 단체가 역량을 갖추도록 하는 것이다. 셋째, 전국의 항일 운동을 정부의 통일적 지휘 감독 아래 진행하는 것이다. 넷째, 항일 운동을 중간에 포기하지 않고 끝까지 지속하는 것으로 성심성의껏 단결하여 반드시 목적을 달성한다는 것이었다.[126] 이러한 전략이 실현되려면, 정부와 군의 역할이 무엇보다 중요했고 이를 뒷받침할 사회적 경제적 정치적 역량의 통합이 구체적으로 이루어져야 했다. 그러나 이 신문에서 제시된 통합 방식은 정부의 역할과 대응이 결여된 채 "당 중앙과 국민의 일치단결"이란 구호만 반복될 뿐이었다.

《중앙일보》에서 언급한 일치단결의 실제 대상은 두 부류로 첫째, 즉시 항일을 요구한 민중들이었다. 만주사변 후 국민들은 국민정부에 대해 "외교가 약하다. 일본과 절교해야 한다. 국제연맹에서 탈퇴해야 한다. 다른 방법이 없으면 신속히 전쟁을 선포해야 한다." 등 여러 주장을 폈다. 이에 대해 《중앙일보》는 나름대로 설득력이 있어 보이지만 실제로는 국제상황을 고려하지 않고, 절교 이후를 전혀 생각하지 않은 것이라면서 오히려 국난 시기에 가장 위험한 태도라고 비판하였다. 따라서 이 신문은 "국난 시기의 주장은 일치할수록 좋고 역량은 단결할수록 좋다"면서 "수많은 역량을 하나의 공통된 주장으

126 「抗戰御侮之正當途徑」, 《中央日報》, 1931. 9. 29.

로 단결할 것"을 강조하였다.[127] 그리고 "남녀노소와 빈부에 상관없이 모두 통일된 지휘 아래 공동으로 분투해야 한다."면서 당 중앙의 항전 주도와 장기 항전 의지를 명확히 밝혔다.[128]

또 하나의 통합대상은 당내의 다양한 정치 세력이었다. 《중앙일보》에 따르면 국민정부 수립 이후 능력을 발휘할 수 있는 여지가 충분히 있었지만 너무 많은 것을 어디서부터 어떻게 시작해야 될지 확실하지 않아 국난을 맞게 된 것으로 보았다. 그렇게 된 가장 큰 원인은 당내에서 "행동과 목적이 상반되어 정부 역량이 분산될 수밖에 없고 국가권력도 집중할 수 없게 되었다."라고 지적하였다. 이렇게 분열된 정치 역량으로는 "본당이 국가의 지위를 이용하기 힘들고, 당치 원칙의 법적 통치 근간이 흔들려 국가가 공산당을 토벌하는 것과 외침을 막아내는 것이 더욱 어려워진다."라고 주장하였다.[129] 그리고 당내 반대 세력의 존재와 계속된 혼란으로 일본이 국제 사회에서 "중국은 현대 국가가 아니다", "중국의 조직은 완벽하지 않다." "중국은 무질서하고 내전이 계속되어 무성부 상태에 빠졌다."라고 공격할 수 있는 핑곗거리를 제공하고 있는 것으로 보았다. 따라서 이 신문은 중국인을 모욕에서 벗어나게 하기 위한 방책으로 "모든 일의 출발점이 통일과 단결에 있으며, 그 전제 조건은 내부 투쟁을 없애는 것"이라고 주장하였다.[130] 그런데 내부 투쟁을 제거하려면 두 가지를 병행해야 하는데, "한편으로 정파간 분쟁을 중지하여 단결시키고, 다른 한편으로 국민과 정부의 투쟁을 없애 완전히 일치시켜야 한다."면서 이

127 「全國一致共赴國難」, 《中央日報》, 1932. 2. 17.
128 「長期奮鬪已開始矣」, 《中央日報》, 1932. 2. 21.
129 「團結與救亡」, 《中央日報》, 1931. 10. 24.
130 「中國內爭之總結束」, 《中央日報》, 1932. 2. 28.

렇게 되어야만 진정한 일치 항일의 목적을 달성할 수 있다고 판단하였다.[131]

만주사변 이후 《중앙일보》가 꾸준히 제기한 장기 저항론은 앞에서 살펴본 일치단결론과 함께 대일 방책의 핵심으로 사실상 하나로 결합되어 있다. 이 논리는 국민당 중앙이 적대적 정치 세력과 대응할 때 사용한 잠재적 주장일 뿐만 아니라 국난 시기 사회 통합과 당내 정치 통일을 위해 내세운 명분으로 이용되었다.

## 5. 맺음말

북벌에 성공한 국민당은 훈정訓政을 실현하기 위해 본래 좌파 성향이던 《중앙일보》를 재정비하여 중앙당보로서 기능을 강화하였다. 이 신문은 1931년 초까지 직영 언론의 한계를 벗어나지 못했지만 그해 9월 18일 일제의 만주 침략을 계기로 새로운 전기를 맞이하였다. 당보로서 대일 방침을 선전, 확산시켰고, 항일 전략을 생산, 전파하는 데 주도적이었다. 이 과정에서 《중앙일보》는 양적, 질적으로 빠르게 성장하여 중일전쟁 시기 관영 언론의 중심으로 자리 잡았다.

만주사변이 발생하자 《중앙일보》는 군사 대응보다 외교·경제적 방법을 이용하여 일본군의 침략을 무산시키려 했다. 전 국민의 일치단결과 외교 방침의 확정을 시급한 대책으로 제시하고, 국내 정치 세력의 단결을 호소하면서 국제연맹의 간섭에 의해 일본군을 철수시키

131 「從此次國難所得來之義教訓」, 《中央日報》, 1932. 4. 23.

는데 언론 역량을 집중한 것이다. 그러나 국제연맹의 역할이나 권능은 기대 밖이었고, 이에 대한 실망감이 신문 기사와 사론을 통해 가감 없이 표출되었다. 외교 수단에 의한 해결이 요원해지면서 《중앙일보》는 대일 경제 단교와 정신력 강화, 장기 저항 등에 국민 여론을 모았다. 《중앙일보》는 '선안내후양외'와 같이 당장 민심을 잃은 정책을 처음부터 홍보하지 않았다. 일제의 침략을 신랄히 비판하면서 국민의 일치단결을 도모하고, 당 중심의 질서 있는 항전 준비를 주장하며 국제연맹의 외교 간섭 등 비폭력 수단에 의한 대책을 강구하였다. 당시 중국 사회에 만연된 대일주전對日主戰 여론을 약화시키면서 간접적으로 국민정부의 대내외 정책을 지원해 주는 방식을 취한 것이다.

《중앙일보》의 항일 관련 기사나 사설은 민족 감정을 자극하는 언사들이 많아 민영 언론에 못지않은 반일 정서를 드러냈다. 그러면서도 학생·청년들의 구국 운동을 억제하며 국민당의 지도, 관리를 강조한 '질서 있는 항전 준비'를 주장하는 이중적 태도를 취하였다. 이것은 국민정부의 시국 대책을 바탕으로 항일 여론에 호응하려는 관영 언론의 현실적 한계였다. 그렇지만 국민당은 대일 전략에 있어서 언론 보도의 중요성을 직시하였다. 국내외의 반일, 항전 여론을 최대한 고조시켜 세계인의 이목을 집중시킴으로써 중국 외교에 도움이 되고 일본의 침략을 막아낼 수 있다고 판단한 것이다. 이 때문에 질서 있는 항전 여론의 조성과 확산은 《중앙일보》의 몫이었지만 그 내용이나 실체에 있어 '즉시 항전'이란 일반 여론과 동떨어진 것이 사실이었다.

《중앙일보》는 외교 수단뿐만 아니라 중국인들이 직접 항일에 참여할 수 있는 경제 단교와 정신력 강화를 중요한 항전 수단으로 제기하였다. 중국에서 생산, 유통되거나 수입된 일본 상품을 배척하는 국민운동은 이미 수개월 전부터 시작되었다. 1931년 7월의 만보산사건과 한국 화교배척사건에 뒤이어 발생한 만주사변은 중국인들의 반일 감정을 극도로 악화시켰다. 군사력에 의한 즉각 대응을 요구하는 여론이 비등해지면서 《중앙일보》에 대일 경제 단교의 기사가 반복 게재되었다. 이런 기사들은 항일 구국에 있어서 무력 대응만이 전부가 아니며 국민 경제 전쟁이야 말로 가장 효과적인 무기라고 주장하며, 이를 통해 항전에 승리할 수 있다고 자신하였다. 실제로 경제 단교의 가시적 성과들이 나타났는데 운송업과 경공업 분야에서 일본 경제의 타격이 컸다.

관영 언론은 경제 단교 이외에 국민들의 정신 역량 강화를 중시하였다. 중국 고유의 민족정신이야말로 일본과 싸우는 데 가장 필요하며 승리의 관건이라고 판단하였다. 이것은 경제 단교와 마찬가지로 중국인의 애국심을 배경 삼아 자력 이행이 가능한 항전방식으로, 팽배한 반국민당 여론을 완화시키고 즉시 항일을 주장하던 민영 언론에 맞설 수 있는 대응책이기도 했다. 관영 언론을 대표한 《중앙일보》는 장기전을 국가 전략으로 내걸었고, 일치단결과 항전 준비, 경제 단교와 정신 무장 등을 일체화시켜 집요하게 선전하였다. 하지만 이를 뒷받침할만한 국민정부의 정치적 군사적 외교적 역량과 실질적 노력은 부족했고, 대일 경제 단교만이 성과를 보이면서 국민들의 항전 열기를 분출시키는 돌파구가 되었다.*

---

* 이 글은 「만주사변시기 중국 관영언론의 인식과 대응 -《중앙일보》를 중심으로」, 『軍史』 제104호, 국방부 군사편찬연구소, 2017. 9. 169~210쪽을 수정 보완한 것이다.

# Ⅲ. 만주사변 시기 중국 민영 언론의 시국 대응 : 《신보》·《대공보》

## 1. 머리말

1930년대 초반 《대공보大公報》나 《신보申報》처럼 규모가 큰 중국의 민영 일간지들은 관영 언론과 경쟁하면서 외형상 빠르게 성장하였다. 논조도 국민당의 언론 방침 내에서 나름대로 독자성을 유지하였다. 이 시기에 국민당은 《중앙일보中央日報》를 비롯한 다양한 언론 매체를 직접 운영했으며,[1] 민영 상업지도 수량·규모·설비·경영면에서 발전하여 상하이上海의 《신보》나 톈진天津의 《대공보》는 오래전부터 기업화되어 있었다. 이밖에 국민당 내 다른 정파와 공산당, 각종 단체와 개인들이 발행하는 잡지나 소보小報, 외국인이 발행하는 신문 등이 폭넓게 존재하였다.[2] 그러나 1930년대 중반 이후 국민당의 통제가 본

---

1 국민정부의 직영 신문은 《중앙일보》을 비롯하여 《민국일보》·《화북일보》·《중신일보》 등으로 국민당의 인적·물적 지원을 받아 발행되었으며 상하이를 제외한 전국의 대부분 지역에서 민영 언론을 압도하였다. (方汉奇, 『中国新闻事业通史』 第二卷, 中国人民大学出版社, 1996, 358~359쪽). 1934년까지 장쑤 225, 저장 79, 후난 57 종의 신문들 가운데 대부분이 국민당의 당보이었다. (复旦大学新闻系 新闻史教研室编, 『简明中国新闻史』, 福建人民出版社, 1986, 246쪽).

2 中国第二历史档案馆 编, 『中华民国史档案资料滙编』 第五辑 第1编, 文化(1), 江苏

격화되면서 상업적 발전이나 자유로운 취재·보도 활동이 제한받았고, 모든 신문·잡지는 국민당의 일당 통치를 옹호하거나 비정치적 오락성에 치중함으로써 유지가 가능하였다. 그 결과 중국 내부의 정치·군사 문제에 관해서는 식민지 한국의 언론 상황과 별다른 차이가 없을 정도로 통제가 심하였다.[3]

훈정 시기 국민당의 언론관리정책은 민영 언론과 심각한 대립을 야기하였다.[4] 대일 항전 과정에서 충돌은 더욱 불가피하여 양자간 긴장, 갈등, 대립 관계가 형성되었고, 그 가운데 《신보》·《신문보》·《대공보》 등 규모가 큰 상업 일간지도 정부의 언론 규제를 벗어날 수 없었다.

난징南京국민정부 시기 민영 언론은 정치 성향에 따라 국가 권력과 협조, 긴장 관계를 형성하였다. 애당초 상업성을 중시한 민영 언론은 자본 이익을 우선시하면서도 정치·경제의 현안에 따라 인식 차이를 드러냈다. 이와 관련하여 기존 연구는 언론 자유 투쟁을 주도한 『생활』 주간이나, 지식인들의 정치 비평을 주로 다룬 『독립평론』 등의 시사 잡지를 분석하였다.[5] 일간 신문은 발행 부수나 영업 수지, 영향

---

古籍出版社, 1994, 91쪽.

3 국민정부의 언론관리 제도와 실태에 관해서는 李在鈴, 「南京國民政府(1927~1937)의 言論管理實態와 言論界의 對應」, 『東洋史學硏究』 第68輯, 1999. 10 ; ________, 「南京國民政府(1927~1937)의 言論法規와 管理制度」, 『中國現代史硏究』 第4輯, 1997. 12. 참조.

4 蔡铭泽, 「论三十年代初期中国的与论环境」, 『中国人民大学学报』 1994年 第3期, 92쪽.

5 저우타오펀(鄒韜奮)이 발행한 『생활』주간은 장제스와 국민당 정부에 대해 비판적 성향이 강하였는데 특정 정파나 사상을 대변하지는 않았지만 진보적 민영 언론을 대표하였다. (石島紀之, 「抗日民族統一戰線と知識人(全篇) -'滿洲事變'時期の鄒韜奮と『生活』週刊をめぐって」, 『歷史評論』 256, 1971. 11 ; ________, 「抗日民族統一戰線と知識人(後篇) -'上海事變'時期の鄒韜奮と『生活』週刊をめぐって」, 『歷史評論』 259, 1972. 2). 반면 『獨立評論』은 親國民黨 성향의 북방지식인들이

력 등에서 압도적이었던 《신보》와 《대공보》에 관심이 집중되었다.[6] 연구 내용은 신문의 창간부터 폐간까지의 역사를 발행 주체, 경영 상황, 언론 성향 등을 위주로 주요 인물과 사건에 맞추어 정리하였다. 특히 《대공보》는 속간을 주도한 우딩창吳鼎昌·후정즈胡政之·장즈롼張季鸞의 관련 자료와 출신 기자들의 회고록을 토대로 주요 사건별 관련 기사 및 논설을 정리, 분석하였다.[7] 또한 항전 이전 중국 자본주의가 확대된 시기, 현대화에 끼친 《대공보》의 작용을 분석하여 그 시대 언론의 전형성을 밝힌 연구가 있다.[8] 《신보》 연구는 상대적으로 적은 편인데[9] 상하이 지역의 자본가, 언론계, 국민당의 삼자 관계에 초점을 맞추어 협력과 갈등, 규제와 대립의 상관성을 밝히고, 신문의 정

---

주로 글을 썼지만 事案에 따라 비판과 대안을 제시함으로써 중립적 성향을 보여준다. (伊藤信之, 「中國知識人と雜誌『獨立評論』(1931~1937)」, 『成蹊大學法學政治學硏究』 10, 1992 ; 차웅환, 「日本의 熱河侵略과 『獨立評論』(1932~1933)」, 『中國現代史硏究』 第3輯, 1997. 6).

6 《신보》는 1926년에 인쇄 부수가 14만 부에 이르러 《신문보》 (1929년에 15만 부)와 함께 전국적으로 발행부수가 많은 신문 중 하나였다. (许焕隆, 『中国现代新闻史简编』, 河南人民出版社, 1988. 335쪽). 1920년대 톈진에서는 3대 보물 중 하나로 《대공보》를 들고 있는데 당시 발행 부수가 5만 부로 북방 지역에서 최고였고 1930년대에는 십여만 부에 이르렀다. (贾晓慧, 『《大公报》新论 -20世纪30年代《大公报》与中国现代化』, 天津人民出版社, 2002. 2쪽). 이 무렵 《동아일보》의 중국 특파원으로 활동한 신언준도 《대공보》를 권위지로 평가하고 있다. (「국민정부외교의 성적」, 《동아일보》, 1929. 8. 15 ; 민두기 엮음, 『신언준 현대 중국 관계 논설선』 문학과 지성사, 2000. 255쪽).

7 《대공보》 연구로는 陳紀瀅, 『胡政之與大公報』 香港 : 掌故月刊出版, 1974 ; 周雨, 『大公报史(1902~1949)』, 江苏古籍出版社, 1993 ; 方蒙, 『《大公报》与现代中国』, 重庆出版社, 1993 ; 吴廷俊, 『新记《大公报》史稿』, 武汉出版社, 1994 ; 王芝琛·刘自立 编, 『1949年以前的大公报』, 山东画报出版社, 2002 등이 있다.

8 賈曉慧, 앞의 책, 16~18쪽.

9 1934년 11월 발행자인 쓰량차이가 국민당의 정보기관에 의해 암살당한 이후 독자성을 잃고 영향력도 많이 떨어졌기 때문이다. (宋军, 『申报的兴衰』, 上海社会科学院出版社, 1996, 179쪽).

치적 주장을 통해 상하이 자본가들의 정치 활동을 검토하였다.[10] 이런 연구들은 20세기 전반 중국의 현실을 누층적으로 파악하면서 국민정부의 언론 통제를 부각시키거나 언론인의 계급 성격에 따라 서로 다른 시국 인식을 개별 통시적으로 해석하였다.

항전 시기 국민당과 민영 언론의 관계를 이해하기 위해서는 연구 대상을 복합, 병렬시켜 단층 분석한 후 구조적으로 파악하는 방법이 유효하다. 이 글에서는 만주사변 이후 국민정부의 대응 논리인 안내양외安內攘外론을 중심으로, 민영 언론의 시국 인식을 살펴본다. 구체적으로 《신보》·《대공보》의 초기 반응과 장제스蔣介石가 제시한 안내양외의 순서 및 방법을 검토하고, 안내의 실천 과정으로 초공剿共전과 내정 개혁에 관한 두 신문의 시각 차이를 분석한다. 아울러 두 신문이 공유한 국가상과 현실 인식을 통해 국민정부의 대내외 정책에 관한 민영 언론의 호응 여부를 파악하고 주요 시국 현안을 종속, 대립의 일방적 시각이 아닌 중립적 견해로 규명한다.

## 2. 만주사변 초기의 반응

《신보》는 1872년 4월 30일 창간되어 1949년 5월 27일까지 78년 동안 발행된 중국의 대표적 상업 일간지이다. 영국 상인 Ernest

10 Terry narramore, The Nationalists and The Daily Press: The Case of Shenbao, 1927~1934, Fizgerald, John eds, *The Nationalists and Chinese Society 1923~1937 : A Chinese Symposium*. Parkville : University of Melbourne, 1989, p.108.

Major, C. WoodWard, W.B. Pryce, John Wachillop 등에 의해 창간된 《신보》는 1912년에 장저江浙의 대자본가 장젠張謇을 비롯한 쓰량차이史量才·잉지중應季中·자오주준趙竹君·천렁陳冷 등 다섯 사람이 12만 원에 인수하였다. 1915년 겨울 씨유푸席裕福와의 재산권 분쟁을 쓰량차이가 혼자서 해결함으로써 경영권을 독차지하였다.[11] 이후 《신보》의 영향력은 전국적으로 크게 성장했고, 1920년대 중반에 발행부수가 십오만 부로 늘어나 규모에서 가장 큰 신문의 하나로 자리잡았다.[12] 본래 시국 문제에 무관심했던 《신보》는 국민정부 수립 이후로도 '국외자'의 태도를 취하였다.[13] 1931년 1월 쓰량차이가 《신보》의 경영 체제를 크게 바꾸면서 개혁 성향을 띠기 시작하였다.[14] 만주사변 이후 《신보》는 줄곧 비판 성향을 유지했는데 1934년 11월 13일 쓰량차이가 정보 기관원에 의해 피살당하고, 그의 아들인 쓰영경史咏賡에 의해 계속 발행되었지만 이전과 달리 소극적 논조로 일관

11 1915년 씨유푸가 《신보》의 명칭과 상표에 관한 추가 배상을 요구하였는데, 재판 결과 《신보》측이 패소하여 쓰량차이가 씨유푸에게 은화 24.5만 량을 배상함으로써 마무리 되었다. (许焕隆, 앞의 책, 335~336쪽).

12 Terry narramore, 앞의 책, p.107. 이런 성장을 배경으로 쓰량차이는 1927년에 《시사신보》를 매입하였고, 1929년에는 미국인 John C Ferguson이 소유하고 있던 《신문보》의 주식 65%를 인수하여 상하이의 양대 신문을 모두 장악한 최대의 신문기업인이 되었다. (陸詒, 「我所接觸的史量才」, 『新闻研究资料』 第16辑, 1982, 178~179쪽).

13 「局外人之眼光」, 《申報》, 1927. 4. 13.

14 方汉奇, 앞의 책, 425쪽. 그 내용은 총관리처를 두어 자신이 직접 총경리 겸 총무부 주임을 맡고, 황옌페이(黃炎培)는 설계부 주임, 거궁전(戈公振)은 부주임, 타오싱즈(陶行知)는 총관리처 고문으로 초빙하였다. 특히 진보적 교육가인 타오싱즈는 국민정부의 체포령이 떨어져 일본으로 피신하였다가 1929년 상하이로 돌아와 쓰량차이와 함께 '과학가정운동(科學下家運動)'을 전개하고 있었다. 이 때문에 그의 임명은 공개되지 않았고 1932년 1월부터 「자유담(自由談)」이란 칼럼란을 통하여 모두 104편의 글을 필명으로 발표하였는데 백화소설 형식을 빌려 국민당 정부의 각종 정책을 신랄히 비판하였다. (宋军, 앞의 책, 140쪽).

하였다.[15]

《대공보》는 1926년에 복간하면서,[16] "신문업을 천직으로 삼고 반드시 국민의 공공이익을 옹호한다. 국민을 위해 수시로 정확하고 실용적인 지식을 제공함으로써 국가에 이롭게 한다. 강권에 아첨하지 않으며 또한 군중에 아부하지 않는다."라고 하여 언론의 공익성, 객관성, 정치적 경제적 독립성을 중시한 '사불주의四不主義'를 언론 방침으로 내세웠다.[17] 또한 《대공보》는 상공인의 이익을 대변하면서 상업성을 경영 방침의 최우선으로 삼았다.[18] 편집 기술면에서는 당시 신문들 가운데 가장 체계적이었으며 지식인들이 주요 독자층이었다.[19] 국민정부 수립 직후 《대공보》의 논조는 장제스에 대해 비판적이었고 마르크스주의와 공산 혁명을 반대하면서 서구 부르주아민주 국가를

---

15 宋军, 앞의 책, 176~181쪽. 참조. 기존 연구는 1930년대 초반 《신보》의 성격에 관하여 상하이 자본가 가운데 진보적 정치 파벌의 관점을 반영하였으며 막강한 정치 세력으로 힘을 갖게 되었고 자유민주정권의 기초를 세운 것으로 평가한다. 또한 쓰량차이에 대해서는 지식인들과의 집단적 결합에 주목하여 정치 및 사회 변혁을 추진한 대리인으로 보았다. (Terry narramore, 앞의 책, p.108).

16 1926년 속간될 당시의 발행 부수는 이천 부도 못 미쳤으나 1927년 5월 육천 부에 이르렀고 광고 수입도 매월 삼백여 원에서 천여 원으로 늘어났으며 1936년에는 총자산이 오십만 원에 달하였다. 1936년 4월에는 상하이판 《대공보》가 창간되었는데 중일전쟁이 본격화되면서 1937년 8월 4일 톈진판은 정간되고 그해 12월 12일에 상하이판까지 정간되었다. (王文彬, 「上海《大公報》工作瑣記」, 『新闻研究资料』 第17辑, 1983, 192쪽).

17 사불주의(四不主義)란 부당(不黨)·불매(不賣)·불사(不私)·불맹(不盲)을 말하는데, 부당은 정치적 중립, 불매는 경제적 자립, 불사는 신문의 공용화, 불맹은 사려 깊고 신중한 언론을 의미하였다. (「本社同人之志趣」, 《大公報》, 1926. 9. 1 ; 周雨, 앞의 책, 30~31쪽).

18 「本報啓事」, 《大公報》, 1926. 9. 1.

19 린위탕(林語堂)은 《대공보》에 대해 "교육 정도가 높은 독자들에게 많은 호응을 얻을 수 있게끔 편집되었다"고 평가하였다. (Lin, Yu-T'ang, *A History of the Press and Public Opinion in China*, Chicago : The University of Chicago Press, 1936. p.131).

지향하였다.[20] 장제스에 대한 논조가 바뀐 것은 북벌에 성공한 이후로,[21] 외형상 정치·군사 문제와 관련해서는 중립을 표방했지만 국민정부가 사실상 전국을 통치하면서 장제스를 지지하는 경향이 뚜렷하였다.[22]

북벌이 끝난 뒤, 국민정부는 중앙 정부로서의 명실상부한 위상 제고가 필요하였다. 그 선결 작업은 과거의 군벌 군대를 축소시켜 분열 요인을 근원적으로 제거하는 것이었다. 동시에 정치적으로는 군정을 끝내고 훈정을 실시하여 헌정에 대비하는 것이 또 다른 과제였다.[23] 이즈음 《신보》와 《대공보》는 불완전하지만 통일 대업을 완수한 국민정부에 대해서 큰 기대를 가졌다. 이제 남은 과제는 국내의 정치·재정 통일과 대외적으로 불평등조약을 폐지하여 완전한 독립 국가를 건설하는 것으로, 곧 강한 중국이 절실하다고 보았다.[24] 따라서 《대공보》는 북벌 완료 이후 장제스의 개인 독재를 우려하면서 군대 감

---

20 「歲首之辭」, 《大公報》, 1928. 1. 1.

21 북벌군이 핑진(平津)을 점령한 후 《대공보》는 장제스에 대해서 '실제로 우리의 마음을 사로잡는 자'(「論蔣介石辭軍職事」, 《大公報》, 1928. 6. 11) '혁명영웅' 등으로 칭송하였다. (「歡迎與期望」, 《大公報》, 1928. 7. 3).

22 《대공보》에 관한 평가는 문혁 이전에 '관료·자본가를 대변한 전형'으로 보았고, 1980년대 이후로는 독자의 대부분이 상공계층이며 정책 결정자들에게 영향을 주었고, 객관적이며 공정한 보도 자세와 비평으로 지식인들의 호응을 얻어 중국 신문사에 새로운 장을 열었다고 본다. (方汉奇, 앞의 책, 459쪽). 또한 국민당 정부에 대해 '나무라는 체 하면서 실제로는 도와주었다'는 시각이 있고, 해외학계의 평가는 '중국에서 가장 영향력이 있는 독립무당파 신문'으로 보는 것이 일반적이다. (賈曉慧, 앞의 책, 15쪽).

23 「軍隊不再內戰之宣言」, 《申報》, 1928. 6. 13 ; 「國民戰爭成功後之精神」, 《大公報》, 1928. 6. 12.

24 《大公報》의 「中國前途」·「五中全會」(1928. 8. 1), 「顧全大局」(1928. 8. 4), 「統一意志」(1928. 8. 5), 《申報》의 「打倒貪官污吏土豪劣紳」(1928. 8. 9), 「五次大會閉幕之後」(1928. 8. 16) 등 기사 참조.,

축, 관료 사회의 정돈, 민생 안정, 민권 보장 등을 촉구하였다. 특히 탐관오리와 토호열신의 타도, 인재 등용의 공정성, 가렴잡세의 폐지 등을 통하여 깨끗하고 유능한 정부의 실현을 열망하였다.[25] 요컨대 두 신문은 장제스의 공적과 주도권을 인정하면서도 새로운 군사독재를 경계하고 민중과 소부르주아지를 주축으로 하는 중앙 정부를 고대하였다.[26]

1931년 9월 18일 발생한 만주사변은 반장反蔣 세력 및 공산당과 싸우고 있던 국민정부에 큰 타격을 주었다. 《대공보》는 만주사변 직전에 발생한 지난濟南사건, 만보산사건, 대수해, 나카무라中村사건 등을 보도하면서 이미 일본의 침략 가능성을 여러 차례 경고하였다.[27] 실제로 만주사변이 터지자 《대공보》는 일본의 침략 행위와 국민당의 준비 부족을 함께 비판하고 신중한 대처를 주문하였다.[28] 사변 발생 후 3일 만에 장즈롼·후정즈는 편집회의를 소집하고 중일 문제는 하루아침에 일어난 것이 아니므로 쌍방의 역량을 고려해야 한다면서 "부끄러움을 알려주어 싸우도록 한다明耻教戰"라는 언론 방침을 세웠다.[29] 이것은 과거 일본의 중국 침략사와 대일 전쟁에 필요한 구체적 준비 상황을 밝히는 것으로 《대공보》 지면에 "60년래 중국과 일본"이란 제목으로 오랫동안 연재되었다.[30] 또한 즉각적인 대일결전對日決

---

25 《大公報》의 「京津善後之亟務 -國民政府應明令嚴禁招兵」(1928. 6. 21), 「五次會之政與黨」(1928. 8. 5), 「打倒貪官汚吏土豪劣紳」(1928. 8. 9), 「嗚呼苛捐雜稅」(1929. 12. 17), 「刷新政治之第一亟務」(1930. 3. 31), 「時局善後之三大難題」(1930. 11. 8), 「論造成廉潔有能之政府」(1930. 11. 14). 참조.

26 「新生命」, 《申報》, 1928. 6. 27 ; 「國民會議問題」, 《大公報》, 1928. 6. 23.

27 《大公報》의 「東北對外關係之前途」(1931. 7. 1), 「萬寶山事件之嚴重化」(1931. 7. 5), 「空前水災中之外交危機」(1931. 9. 4), 「中村事件」(1931. 9. 10). 참조.

28 「望軍政各方大覺悟」, 《大公報》, 1931. 10. 6.

29 「明耻教戰」, 《大公報》, 1931. 10. 7.

戰에 반대하고 "참고 견디며 장기간에 걸쳐 준비한 후 지구전으로 적을 쳐부수자"라는 '항일 준비론'을 주장하였다.[31]

항일 준비론의 내용을 살펴보면 첫째, 정치 개방으로 국민 역량을 통합할 것. 둘째, 정치·외교 강령을 확정할 것. 셋째, 정부와 국민의 자중지란에 주의할 것 등 모두 내부 결속을 다지는 데 치중하였다. 먼저 '정치 개방'이란 일당전정一黨專政을 포기하고 헌정憲政을 실시하여 국민의 정치 참여를 확대시킴으로써 여론과 인재를 집중하자는 것으로, 그 실질적 조치가 정치적 결사 및 언론의 자유를 허용하는 것이었다. '정치·외교 강령의 확정'은 본래 쑨원의 유교遺敎가 있었지만 실제 내용이 없던 까닭에 전국의 의견을 모아서 근본 문제를 토론한다는 것이다.[32]

여기에 응답하듯 국민정부는 국난회의를 소집했는데 편협한 인원 구성과 내용상 한계 때문에 오히려 비판 여론이 많았다. 회의 대표로 국민대표가 아닌 정부에서 지명 선출한 명사·학자·정치가·실업가·은행가 등으로 조직되었기 때문이다. 회의 목적도 반국민당, 반정부 성향의 인물들을 초청하여 의견을 청취하려는 것으로 언론 자유를 보장했지만 사전에 의제 범위를 확정하여 당이나 정부와 관련된 문제는 아예 다루지 않았다. 더욱이 이 회의는 입법기관도 아니고 법률상 아무런 지위도 없어 결의 내용이 정부의 참고 자료로 제공될 뿐이었다. 언론계는 외교 정책상 타협을 모색하던 장제스가 자신의 책임을 전가하고, 재정 곤란을 타개하기 위한 공채 반행과 기타 인민의

30 이 글은 왕이성(王藝生)이 썼는데 1932년 1월 11일부터 2년 반 동안 계속 연재되었고, 나중에 단행본으로 출간되었다. (王芝琛, 「大公报史略」, 王芝琛·刘自立, 앞의 책, 18쪽).

31 「轉禍爲福在共同努力」, 《大公報》, 1931. 11. 26.

32 「論政治大計」, 《大公報》, 1932. 1. 15.

부담을 늘이기 위해 회의를 소집한 것으로 관측하였다.[33] 《대공보》는 처음에 국난회의를 긍정적으로 보았지만,[34] 우한武漢대학 교장 왕스제王世杰 등이 시기의 절박함을 이유로 회의 소집을 취소하도록 요청하자 아래와 같은 이유로 즉시 찬동하고 나섰다.

> 국난이 날로 급박해지면서 정부 권력은 마땅히 집중되어야 하고, 국가가 내일의 대난大難에 대한 근본계획을 개정하려면 권력의 수요가 집중되어야 한다. 그러므로 유명무실한 기관을 추가로 설립하여 견제하고, 그 수요에 맞도록 계획을 개정하는 것은 불필요하다. 말하자면 악법이 무법보다는 낫다.[35]

여기에 《대공보》의 시국 인식이 잘 드러나 있다. 국난 타개를 위해서는 민권 우선의 정치보다 국민당의 일당전정이 효율적이라고 본 것이다. 이후 《대공보》는 신속한 양외보다 강력한 중앙 정부의 통치 아래 충분한 사전준비와 외교 활동에 비중을 두었다.[36] 이처럼 《대공보》는 국난회의를 새로운 정치 지도자들의 시험 무대로 보고 지지했지만,[37] 국난 타개를 위해서는 민권보다 일당전정이 효율적이라는 인식 변화에 따라 회의 소집 자체를 반대하였다.[38] 요컨대 무질서한

---

33 「이번의 국난회의와 국민당 정치 장래: 각성하는 대중의 신목표는 어떠한가? 기로에 서서 고민하는 蔣介石씨」, 《東亞日報》, 1932. 4. 19 ; 민두기, 앞의 책, 454쪽.

34 그 이유는 인적 구성에서 구세대의 군·정 인물은 극소수에 불과하고, 젊은 학자, 정치투사 등이 다수 포함된 것을 높이 평가하면서 새로운 정치 지도자들의 시험 무대로 보았기 때문이다. (「國難會議」, 《大公報》, 1932. 1. 24).

35 「贊成取銷召集國難會議」, 《大公報》, 1932. 2. 7.

36 「中國失疆土國聯失存在」, 《大公報》, 1931. 11. 19 ; 「施肇其與馬占山」, 《大公報》, 1931. 11. 25.

37 「國難會議」, 《大公報》, 1932. 1. 24.

민주 정부 보다는 국민당의 일당전정이 효율적이며 이런 점에서 안내양외 정책을 지지하였고 정치 활동의 개방이나 언론 자유도 안내 정책의 방편으로 인식하였다.[39] 또한 북벌 이후 국민당의 통치가 총체적으로 실패했지만 과거의 정권이나 집권자보다 장점이 많다면서 앞으로 대응도 기존 방침의 실행에 힘쓰면서 중앙 정부의 역량을 강화하고, 지방 정부의 정치 개혁 및 자치 실현 등 훈정의 단점을 보완하는 것이 타당하다는 주장을 폈다.[40] 이것은 장제스의 주도하에 국민정부를 중심으로 국난을 타개하겠다는 강한 의지 표시였다.

그 후 《대공보》는 1932년 중반 이후 파시즘과 관련하여 장제스의 개인 독재에 대해 비난 여론이 일어나자 일당 전제 정치나 개인 독재도 시기와 상황에 따라 필요한 체제라는 주장을 폈다. 즉 정치 효율성의 제고 측면에서 당치를 지지한 것이다. 다만 전정과 독재는 책임을 전제로 한다면서 국난을 맞아 장제스에 대한 정치적 지지 의사를 밝히고 국민당이 일당 지배 체제를 강화하면서 당의 주의·정책·계획 등을 확립하는 것이 최상책이라고 주장하였다.[41] 따라서 《대공보》는 민족적 국가적 위기 상황에서 강한 정부와 지도력을 요구하였고, 장제스만이 여기에 부응할 수 있다고 본 것이다.

한편 《신보》의 초기 반응과 대응책은 《대공보》와 달랐다. 만주사변이 발생하기 전인 8월부터 《신보》지면에 일본의 동북 지방 침략 가능성을 언급하고 있다. 그 요지는 일본이 전통적으로 중국의 대륙

38 「贊成取銷召集國難會議」《大公報》, 1932. 2. 7.

39 「安內爲攘外之本」, 《大公報》, 1932. 3. 20 ; 「論開放黨禁」, 《大公報》, 1932. 3. 24 ; 「再論開放黨禁」, 《大公報》, 1932. 3. 30.

40 「中國政治之前途」, 《大公報》, 1932. 4. 24.

41 「論政治大計」, 《大公報》, 1932. 1. 15 ; 「贊成取銷召集國難會議」, 《大公報》, 1932. 2. 7.

을 차지하려는 정책을 가졌는데 먼저 동북 3성을 빼앗은 후 화북으로 진입할 것이라면서 일본의 침략을 저지하는 것이 급선무란 주장이었다. 마침내 일본 침략군이 동북 지역으로 들어오자 《신보》는 마잔산馬占山 군대의 용감한 저항을 대대적으로 보도하는 한편 장제스의 부저항 정책을 폭로하고, "현재 정부의 당면 과제는 첫째, 어떻게 남의 나라로부터 모욕을 막아낼 것인가, 둘째, 어떻게 국내의 평화를 이룰 것인가"라고 하여 '적극 대응론'을 폈다.[42]

《신보》는 사건 진상을 빠르고 적극적으로 보도하면서 먼저 내전 중지를 촉구하고 공동 항일의 중요성을 언급하였다.[43] 또한 항일 구국을 위해서는 민권 제고, 청렴한 정부 건설, 민중 무장, 실업 계획의 실행, 교육개혁, 재해 지역의 부흥 등이 필요하다면서 "최근 당권이 민권을 초월하여 민권을 진압하고 차츰 당권과 민권의 다툼이 형성되고 있다"라고 하여 국민당의 일당독재를 비판하고 나섰다.[44] 그리고 만주 문제를 국제연맹에 맡기려는 것은 타협적인 양보 정책이라고 비판하면서 민중들의 항일 활동을 적극 지지, 보도하였다. 이처럼 《신보》는 만주사변 이후 국민당의 부저항 정책과 항일 운동 탄압에 반대하면서 정치적으로 비판 성향을 띠었고 민권 상황에 특별한 관심을 가졌다.

당시 《신보》는 심각한 재정난을 해결하기 위하여 국민정부가 공무원을 이분의 일로 줄이고, 봉급도 등급에 따라 줄이는 긴축 정책을 펴자 미봉책이라며 비판하였다. 재정 파탄의 가장 큰 원인은 군비가

---

42 〈中央發表 告全國同胞書〉, 《申報》, 1931. 9. 23 ; 〈蔣主席 接見請願學生〉, 《申報》, 1931. 9. 30.

43 「一致對外究待何時」, 《申報》, 1931. 10. 5.

44 「抗日救國六大主張」, 《申報》, 1931. 10. 10.

예산의 80% 이상을 차지한 것과 정부가 청렴하지 않기 때문으로, 재정을 정리하려면 먼저 군비를 축소하고, 깨끗한 정부를 건설해야 한다는 취지였다.[45] 외침을 당한 상황에서도 《신보》가 군비 축소와 청렴한 정부 건설을 통한 재정난 타개를 주장한 것은 혼란스러운 정치적 재정적 난맥상을 역설적으로 보여준다.

1931년 11월 29일 국민당 좌파 지도자인 덩옌다鄧演達의 암살 사건이 발생하자, 여기에 항의하는 쑹칭링宋慶齡의 성명이 쓰량차이의 주도로 《민국일보》를 제외한 상하이의 모든 일간지마다 12월 20일자에 게재되었다. 성명서에서 "중국 국민당은 이미 혁명 집단의 지위를 잃었고, 오늘에 이르러 그 엄연한 사실을 숨길 수 없다. 나라와 당을 망하게 하는 자는 당 밖에 있는 것이 아니라 당 내의 지도자이다"라고 하여 장제스를 노골적으로 비판하였는데 훗날 언론 탄압의 빌미가 되었다.[46] 《신보》는 1926년 이래로 빛나는 혁명 역사를 가진 국민당이 북벌 이후 기회주의적인 구군벌과 관료·정치가들을 받아들임으로써 국민정부의 성격을 변질시켰나고 보았나.[47] 그래서 《신보》는 다음과 같이 중국 인민의 정치적 각성을 촉구하고 나섰다.

> 오늘날 우리나라는 '민주 국가'라 칭하고, '민주정치' '민주정부'라 부른다. 그러나 실제 사실을 살펴보면 대다수 인민들의 사상이나 두뇌가 여

---

45 「節縮政策與廉潔政治」, 《申報》, 1932. 1. 24. 《신보》는 소련의 정치지도자와 정부 관리들의 청빈한 생활을 예로 들면서 이들을 타산지석(他山之石)으로 삼아 국민정부 관료들의 부정부패를 비판하기도 했다. (「蘇聯的官吏生活」, 《申報》, 1932. 5. 22).

46 「宋慶齡之宣言」, 《申報》, 1932. 12. 20. 이 사건은 쓰량차이가 국민당 특무기관에 의해 피살당하는 한 원인이 되었다. (袁義勤, 「答《申報》史編寫組」, 『新闻研究资料』 第5辑, 1980. 참조).

47 「目前我國政治上之危機」, 《申報》, 1932. 3. 23.

전히 '알지 못하는 사이 황제에게 순종하는 도리'의 관념에 지배받고 있다. 정치에 대하여 자신과 전혀 관련이 없는 것으로 본다. 듣지도 않고 묻지도 않는다. 매년 기근에 허덕이고 병란을 맞으며 떠돌이 생활을 하면서도 그 원인이 무엇인지 알지 못한다. 이것을 '하늘의 뜻'이나 '운명'의 필연으로 받아들이는 것은 대다수의 문화 수준이 낮은 공인·농민들임은 물론이다. 일반 지식인들 역시 '자리에 있지 않으면 정치를 도모하지 않는다'는 관념에 빠져 있다. …… 시국이 위험한 때 국민들은 정치적으로 자각하여 자신들이 앞으로 짊어질 책임을 져야 한다. 또한 그 신성한 위력을 운용하여 군벌 정치와 관료 정치를 억제하고 진정한 민주 정치와 민주 정부를 건설해야 한다. 이것이 중국이 광명한 앞날을 쟁취할 수 있는 길이다.[48]

이렇듯 《신보》는 만주사변 직후 정국 상황에 관해서 비판적이었으며 즉시 항일과 민권을 주장하여 국민정부의 시국 대응책에 어긋났다.

1932년 1월, 일본군이 《신보》의 발행지인 상하이를 공격하였다. 《신보》는 "상하이에서의 전쟁은 상하이만의 전쟁이 아닌 전 민족의 생사가 걸린 전쟁"이라면서[49] 항일 여론을 고취시켜 나갔다. 특히 장광나이蔣光鼐·차이팅카이蔡廷鍇 등이 정부의 부저항 훈령을 거부하고 19로군路軍 및 상하이 의용군을 통솔하여 일본군과 싸우고 있는 사실에 큰 의의를 두었다. 이후 《신보》는 19로군의 지원 활동에 적극 참여하였고 전쟁의 소용돌이 속에서 상하이의 금융시장과 민심을 안정시키는 언론 활동에 힘썼다.[50] 《신보》의 논조는 항일 무장의 당위성

48 「國民爲何不問政治」, 《申報》, 1932. 3. 24.

49 「敬告國民」, 《申報》, 1932. 1. 31.

50 「愛護金融」, 《申報》, 1932. 2. 7. 이 시기의 쓰량차이는 단순히 신문 사업가에 그치지 않고 항일 구국의 사회 활동가로서 적극 참여하였다. 그는 쑹칭링(宋慶

을 강조하면서 적극적이고 신속한 대일 항전을 촉구하였다.[51] 만주국 수립에 즈음해서는 제대로 된 정부의 대일 방침이나 자구책 없이 국제연맹에 의존하거나 외부의 도움을 기대하는 것에 대해 신랄히 비판하였다.[52]

상하이사변 이후 《대공보》의 논설은 19로군의 항전을 적극 지지하였다.[53] 왜냐하면 이것만이 세계의 동정 여론을 불러일으켜 외교적으로 난국을 타개하는데 필요한 수단이라고 보았기 때문이다.[54] 또한 전략·전술상 대일 전쟁은 단기전보다 지구전이 유리한 것으로 보고 장기전을 주장하였다.[55] 《대공보》는 국민당의 정국 대응을 논평하면서 만약 상하이정전협정이 체결되어 동북 3성을 잃고서도 무력회복의 준비를 하지 않는다면, 이후 정치상 모든 문제는 "항일어모抗日禦侮"의 이름 아래에 논할 수 없게 된다고 보았다.[56] 그리하여 상하이정전협정이 체결된 후 집권 세력의 무능과 부도덕을 비판하면서 궁극적으로는 국민정부의 분발을 촉구하였다.[57] 이런 상황에서 전국상회연합회·상하이상회연합회 등이 전국 규모의 내선폐시대동맹을

齡)·타이싱즈(陶行知) 등 진보인사는 물론 위차칭(虞洽卿)·왕샤오라이(汪曉籟)·두웨성(杜月笙) 등 금융·실업계 인사들과 사회 저명 인사들이 망라된 상하이시민지방유지회를 조직하고 회장에 피선되었다. 이 단체는 19로군의 군사 작전을 지원하면서 일본군의 침략에 따른 무정부 상태와 사회 혼란을 방지하여 상하이 경제활동을 유지시키는 데 주력하였다. (Terry narramore, 앞의 책, p.116).

51 「追悼滬戰殉國將士」, 《申報》, 1932. 5. 28.

52 「對日交涉方針之質疑」, 《申報》, 1932. 6. 27.

53 「轟毁上海之極端的暴行」,《大公報》, 1932. 1. 31 ; 「全國同胞只唯一條路」, 《大公報》, 1932. 2. 2.

54 「上海戰事之重要性」, 《大公報》, 1932. 2. 9.

55 「興亡岐路生死關頭」, 《大公報》, 1932. 2. 20.

56 「論保障政治自由之亟務」, 《大公報》, 1932. 4. 30.

57 「愿國民淸夜自問」, 《大公報》, 1932. 5. 7.

조직하고, 안내양외를 주장하여 톈진·베이핑·난징·우한 등지에 큰 영향을 미쳤고,[58] 민중들의 대대적인 호응을 얻었다.

북벌이 끝난 후 《신보》와 《대공보》가 지향한 국가상은 학식과 전문 기술을 갖춘 지식인들에 의해 운용되는 깨끗하고 강한 중앙집권식 통일 정부였다. 두 신문은 쑨원 이래 국민 혁명을 주도한 역사적 '명분'과 대체할 만한 세력이 없는 '현실'을 근거로 국민당의 혁명 책임과 의무를 역설하며 기대하였다. 그러나 일본의 만주 침략은 중국에 새로운 위기를 가져왔고, 그 대응책을 둘러싼 정부와 민영 언론 사이의 긴장 관계를 형성한 것이다.

## 3. 안내양외론

### 1) 순서와 방법

만주사변에 대응하여 장제스는 이른바 '선안내후양외' 정책을 내세워 초공전에 주력한 반면 일본군에 대해서는 저항하지 않고 직접 교섭도 하지 않으며 가능한 정면 충돌을 피하였다.[59] 이에 대한 언론

58 〈廢止內戰運動第一聲〉, 《大公報》, 1932. 5. 26 ; 「廢止內戰!!!」, 《大公報》, 1932. 5. 26 ; 「廢止內戰大同盟成立」, 《大公報》, 1932. 8. 27.

59 장제스는 만주의 만보산사건 이후 「국민에게 고하는 글」을 발표하고 "양외는 먼저 안내를 하여야 가능하며, 썩은 것을 제거하여야 해독을 막을 수 있다"고 하여 이른바 선안내후양외정책을 처음으로 표방하였다. (『蔣總統言論彙編』 第21卷, 臺北 : 正中書局, 1957, 14쪽).

반응은 각양각색으로, 정부 정책을 옹호하여 안내를 강조한 부류와 양외에 치중하여 즉시 항일을 주장하는 두 부류로 나눌 수 있다. 관영 언론은 당연히 전자에 속하였고 민영 일간지 중《대공보》가 대표적으로 정부 정책을 지지하며 협조 관계를 유지하였다.[60] 후자를 대표한 민영 신문으로는《신보》를 들 수 있는데 만주사변부터 항일 여론을 주도한 쓰량차이가 암살당할 때까지 계속되었다. 안내양외정책을 둘러싼《신보》와《대공보》의 논란은 1930년대 초반 민영 언론의 시국관을 이해할 수 있는 좋은 단서이다.

우선 안내양외의 선후 문제와 관련하여 두 신문은 뚜렷한 시각차를 드러냈다.《신보》는 만주사변 이후 여전히 초공전에 군사력과 경제력을 집중하고 있던 장제스에게 대일 전쟁의 신속한 결단을 촉구하였다. 그 이유로 당면한 가장 큰 우환은 외적의 모욕과 내부의 근심인데 모두 시급히 해결해야 될 문제로 구국에 있어서 안내와 양외는 두 가지 길이 아니라는 것이다.[61] 여기서 양외는 항일을, 안내는 인민 생활의 안정을 의미했는데 일의 완급과 경중을 따져볼 때 항일이 인민 생활의 안정보다 더 급한 것으로 보았다.[62] 그래서《신보》는 "안내를 하려면 반드시 양외를 먼저 해야 한다"라고 단언하였다.[63]

현실적으로도 국민정부가 기대했던 국제연맹을 통한 외교적 해결이 어려워진 상황에서 투쟁 중에 국민을 훈련시켜야 한다고 주장하였다.[64] 그리하여 "현재 우리나라는 모든 평화적 방법을 적용할 수

60 이러한 논조에 불만을 품은 학생들의 소요로《대공보》는 발행에 지장을 받는 상황까지 발생하였다. (「今日何日」,《大公報》, 1931. 11. 16).

61《申報》의 「抵抗與爭鬪」(1933. 1. 11), 「最後決心如何」(1933. 1. 13). 참조.

62 「今日之兩大問題」,《申報》, 1933. 1. 23.

63 「攘外與安內孰先?」,《申報》, 1933. 1. 20.

64 「一致禦侮」,《申報》, 1933. 1. 25.

없다. 또한 다른 사람들의 원조를 호소하는 것도 전혀 불가능하다. 유일한 길은 우리 자신의 피와 무기로써 적을 몰아내겠다는 굳은 결의뿐이다. 우방의 동정을 불러일으키는 것은 우리 자신이 분발함으로써 가능하다"[65]라고 하여 중국인 스스로의 굳은 항일 의지와 실천만이 국제 여론의 호응을 얻을 수 있다고 판단하였다. 이런 관점에서 《신보》는 1932년 2월 15일부터 상하이시민지방유지회와 함께 구국모금운동을 전개하여 국내외의 큰 호응을 얻었는데 연말까지 모금 총액이 95만 1천 4백 88위안에 이르렀다.[66]

그 후 일본군의 침략이 열하 지방까지 확산되면서 《신보》는 "장 위원장에 대한 전국 인민의 희망은 신속히 북상하여 화북 국면을 수습해 주는 것이다. … 우리는 장 위원장이 현재 적이 우리나라를 깊숙이 침입한 위기를 인식하고 결연히 일어나기를 바란다. 우리의 전국 인민들은 일치 분기하여 나라를 위해 목숨을 바칠 것이다"[67]라고 하여 장제스에 대한 기대감과 더불어 항일을 적극 촉구하였다. 그러나 장제스는 선안내 정책을 고수하였고, 이 때문에 《신보》는 "우리나라의 현재 국난은 갈수록 급박한데 … 장 위원장은 이미 선안내후양외의 방책을 명백히 밝혔다. 일반 장령들이 용기 있게 싸울 수 있는데, 장 위원장은 먼저 안내의 공작에 힘써 최단기간 내에 공비를 숙청하도록 독려 한다"라고 하여 즉시 항일에 대한 아쉬움을 감추지 않았다. 더욱이 《신보》는 "우리가 당국에 바라는 것은 군사적 안내 이외에 국민 생계의 안정과 정치의 개명이라는 아주 시급한 문제를 해결해야 한다는 것이다"[68]라고 하여 초공전만이 안내의 전부가 아님

65 「最後一刻」, 《申報》, 1933. 1. 31.

66 "上海市民地方維持會辦理救國捐會計結束報告", 《申報》, 1932. 12. 31.

67 「勗蔣軍委員長」, 《申報》, 1933. 3. 10.

을 지적하였다.

이런 관점에서 《신보》는 "오늘날 우리나라 경제의 병상을 말하자면 농촌 경제의 급속한 붕괴, 인민의 구매력 저하, 금융의 도시집중, 공상업의 쇠락 등이다. …… 총체적으로 우리나라 경제는 이미 파산 지경에 이르렀다"[69]면서 중국의 경제 상황을 크게 우려하였다. 그리고 농촌경제의 파산 원인을 흔히들 계속된 수재와 외국쌀의 대량 유입 등에서 찾고 있지만,[70] 모든 병폐의 본질적 원인은 정치적 불안정과 사회동요 때문이라고 주장하였다.[71] 이러한 문제점을 해결하기 위해 우선 정부로부터 인민 대중에 이르기까지 과거의 잘못을 혁신하고 당면한 화근을 깊이 인식해야 하며 민족의 투쟁 역량을 집결시켜 일본의 침략을 저지해야 한다고 주장하였다.[72]

《신보》는 대외적 위기 상황을 극복할 수 있는 지름길로 민권 보장에 의한 국력 집중을 제시하였다. 구체적으로는 내정을 정돈하고 헌정을 준비하는 것이었다. 내정 정돈을 위해서는 집회·결사·언론·출판·거주·신앙의 자유가 절실하였고, 행정 기구의 정비도 필요한 것으로 보았다. 헌정 준비는 지방자치의 시행, 국민대회의 속개, 헌법 조항의 기초 등을 시급한 문제로 지적하였다.[73] 북벌을 성공한 후 곧장 당치黨治가 시행되어 어떤 다른 의견도 의논할 수 없게 되었는데 《신보》는 이제부터라도 민중을 정치에 참여시켜 모든 국가 역량을 집중시키고 국난을 감당할 수 있게 해야 한다고 본 것이다.[74] 이렇듯

---

68 「安內攘外」, 《申報》, 1933. 4. 13.

69 「我國經濟當前之病象」, 《申報》, 1933. 4. 19.

70 「農村衰頹之因果」, 《申報》, 1933. 4. 16.

71 「吾人對於農村復興之希望」, 《申報》, 1933. 5. 6.

72 「非常緊急時期」, 《申報》, 1933. 5. 15.

73 「集中國力挽救危亡」, 《申報》, 1932. 12. 22.

《신보》는 항일과 더불어 국력 집중의 선행 조건으로서 민권 보장을 매우 중시하였다.

한편 국민당의 대내외 정책에 호의적이던 《대공보》는 타협적인 대일 방침을 긍정적으로 받아들였다. 상하이사변 직후 행정원장 왕징웨이汪精衛가 '일면저항一面抵抗, 일면교섭一面交涉'을 발표하였는데 《대공보》는 원칙적으로 이견이 없다면서 왕징웨이의 해석을 빌려 "이른바 교섭이란 국제연맹 및 미국 등과의 외교를 중시하는 것이지 대일 교섭을 재개한다는 것은 아니다"[75]라고 하여 거센 항일 여론을 피해 나갔다. 또한 일본군의 상하이 침공을 비판하면서도 "무릇 상하이전투가 발발한 이래로 전국이 직업, 계급, 남녀 구분 없이 열성적으로 정부를 옹호하고, 국토를 지키려는 자위군을 옹호한 것은 중국의 근세 이래, 민의가 이처럼 열렬히 일치된 적은 없었다. 이제 국민당 당국은 과거에 얽매이지 말고, 집권당으로서 그 책무를 다해야 한다."[76] 라고 하여 즉각적인 군사 대응보다는 위기를 이용하여 내정을 공고히 한 후 양외에 나설 것을 제안하였다.

《대공보》는 안내를 양외의 근본으로 인식하였다. 그 방법은 초공만이 아니라 국내 여론을 적극 수용하여 정치적 안정을 도모하는 것으로 언론·결사의 자유나 일 년 이내의 헌법 제정 등을 촉구하였다.[77] 《대공보》는 북벌 이후 국민당의 통치를 총체적 실패로 규정했지만 과거의 정권이나 집권자보다 장점이 많다고 보았다. 그러므로 외교·내정에 관한 지나친 토론보다는 기존 방침인 안내양외를 충실

---

74 「開放政權與解除國難」, 《申報》, 1933. 6. 28.

75 「軍事與外交」, 《大公報》, 1932. 2. 16.

76 「警告國民黨負責者」, 《大公報》, 1932. 3. 5.

77 「安內爲攘外之本」, 《大公報》, 1932. 3. 20.

히 실행에 옮기고, 민권 보장으로 훈정의 단점을 보완하면서 중앙 정부의 역량을 강화하는 것과 지방 정부의 개혁 및 자치의 실시를 더 중요한 현안으로 여겼다.[78] 이처럼 《대공보》는 강력한 중앙집권식 통일 정부를 지향하면서 헌정은 찬성하지만 무질서한 민주주의를 배제하였고, 안내가 당면한 시국 대책이며 그 전제로서 정치적 자유를 허용해야 한다는 주장이었다. 그러므로 안내를 위해 각 정당의 존재를 허용하고, 정치상 자유로운 활동을 허용하지만 공산당은 불법 단체이므로 이 범주에 포함시키지 않았다.[79]

만주사변 이후 《신보》·《대공보》는 안내양외의 순서와 방법 곧, '어느 것이 시급하며 어떤 방법이 효과적인가'라는 문제를 둘러싸고 의견이 분분하였다. 정책의 시의성時宜性과 관련된 순서에 있어서 《대공보》는 양외를 해결하기 위해 국내의 안정과 통일이 시급하다는 선안내론을 주장하였다. 반면 《신보》는 양외 곧, 항일만이 국가 존망을 다투는 문제이고 내부의 혼란을 모두 잠재울 수 있는 근본 대책이라며 선양외론을 강조하였다. 안내양외의 방법은 초공전을 안내의 핵심으로 삼았던 장제스와 달리 두 신문은 내정 개혁, 민권 보장, 농촌 부흥 등을 중시하였다. 특히 《신보》는 내정 개혁이나 민권 보장을 양외의 전제 조건으로 강조한 반면 《대공보》는 초공을 대신할 수단으로 판단하였다. 그러므로 통일 이후 깨끗하고 강력한 중앙 정부를 기대했던 《대공보》·《신보》는 안내양외의 순서와 방법에 있어서 서로 다른 인식을 가져 각각 국민정부와 협조, 긴장 관계를 유지한 것이다.

78 「中國政治之前途」, 《大公報》, 1932. 4. 24.

79 「論開放黨禁」, 《大公報》, 1932. 3. 24.

### 2) 초공전과 내정 개혁

장제스는 반장운동을 펴던 펑위샹馮玉祥과 옌시산閻錫山의 군대를 패배시키고 사실상 전국 통일을 이루었다. 그 사이에 공산당 세력이 급속히 성장하여 잠재적 위협 요소로 떠올라 그 배경과 향후 대응책에 관하여 언론의 관심이 고조되었다.[80] 1931년 6월 국민당 3기 5중전회에서는 〈중화민국 훈정시기약법〉이 공포되고 공산당 섬멸을 최우선 과제로 삼았다.

애당초 《신보》는 국민당의 초공전剿共戰에 반대하였다.[81] 공산당을 막는 방법은 국내 정치를 깨끗하게 하는 것으로, 그렇지 않으면 오히려 공산주의의 유행을 막을 수 없다고 주장했다.[82] 이 때문에 《신보》는 당면 과제로 초공이 아닌 민생 안정을 제시하였는데

> 오늘날 사람들이 국시國是를 논하면서 문득 '항일'과 '초적剿赤'이 국난을 타파하는 유일한 방법이라고 주장한다. 최근 장중정蔣中正은 또다시 초공전에 전념하고 있다. 이런 까닭에 우리들은 적비赤匪를 대다수 인민 대중의 생계를 궁핍하게 만드는 유일한 원인으로 인식하고 있다. 인민의 생계가 갈수록 궁핍하게 된 것은 소수 특수계급의 손에 의해 조성된 것으로 오늘날 민생 안정 없이는 적비의 확대를 막을 수 없다

라고 단언하였다. 또한 농촌 경제가 파산지경에 이른 원인은 제국주의의 착취와 탐관오리·토호열신의 압박, 계속된 자연재해에 있으며 현재 가장 큰 근심거리는 공산 세력의 준동이 아니라 질편하게 널려

---

80 「讀中宣部告全國書」, 《大公報》, 1931. 8. 27.

81 「再論國內非戰運動」, 《申報》, 1932. 5. 27.

82 「再釋對蘇復交」, 《申報》, 1932. 6. 4.

있는 불평이라고 지적하였다.[83]

그리고 불평 현상을 소멸시키기 위해서는 위기를 제거해야 하는데 정치 개혁과 민생 안정이 근본적인 초공 방법이라고 보았다. 당시 공산당은 후난湖南·후베이湖北·장시江西·푸젠福建·쓰촨四川에 이르기까지 그 세력을 확대하였고, 국민정부는 네 번째 초공전을 감행하며 장제스가 직접 군대를 지휘하였다. 이에 관하여 중국의 각 신문들이 논평을 냈는데 대체로 공산 세력의 발생 원인을 정치의 불량과 생계의 궁핍에서 찾았다. 《신보》는 공산당을 완전히 근절시키기 위해 지금 절대 필요한 것은 정치 개혁, 농촌 개조, 민생 안정, 군대 정돈이라면서 궁극적으로 공산 세력의 발생이 모두 암울한 정치 때문이라고 믿었다.[84] 또한 가렴잡세苛斂雜稅의 문제점도 지적하였는데 명의상 정부가 폐지령을 내렸지만 실제로는 오히려 증가된 사례를 구체적으로 들고 있다. 예컨대 중앙 정부의 통치력이 미치지 않는 곳에서는 세금 부담이 더욱 무거워 쓰촨성의 경우 전부田賦를 이미 1941년분까지 징수하였고, 각종 기부금과 세금의 항목이 수십 종에 이르렀다. 그뿐 아니라 장시에서는 가렴잡세가 16~7종에 이르고, 후난에서는 교묘한 명목으로 '양민세[良民捐]'을 받고 '양민증良民證' 등을 발급하여 비적匪賊과 구분하고 있었다. 이처럼 《신보》의 관련 기사는 지방군대의 착취와 토호열신들의 가렴주구苛斂誅求에 의해 인민들을 비적으로 만들고 있는 정치적 암흑 상황을 지적하면서 '어떻게 인민들이 떠돌지 않겠는가?'라고 묻고 있다. 그 해결책으로써 《신보》는 "정치가 깨끗하지 못하고, 민생이 불안정한 채 무력에 의한 공산당 토벌전을 전개하는 것은 성과를 기대할 수 없다"면서 '어떻게 정치를 깨끗하게 할 것

83 「社會之眞危機」, 《申報》, 1932. 6. 11.

84 「'剿匪'與'造匪'」, 《申報》, 1932. 6. 30.

인가', '어떻게 민생을 안정시킬 것인가' 이것이 바로 당면 과제라고 주장하였다.[85] 결국 인민들이 공산당의 정치적 주장에 현혹되는 것은 정치적 압박과 생계의 곤란 때문으로, 청렴한 정치와 민생 안정이 진정한 초공 대책이란 판단이었다.

상하이사변 이후 《신보》는 장제스의 초공전에 반대하는 여론을 적극 펼쳤다. 논지의 핵심은 정치적으로 공산비적을 만들고 정부는 그들을 섬멸하는 악순환이 계속되고 있다는 것으로, 가장 시급한 과제는 탐관오리를 철저히 숙청한 것이라 주장하였다. 또한 국가 예산의 80% 이상이 이백만 명의 군대에 쓰여 지는 상황에서 교육 경비는 매년 부족하여 교육이 무너지고 학교 분규가 끊이지 않는 현실을 비판하면서 군사 독재로 인한 부작용을 비판하였다.[86] 이와 같은 《신보》의 시국 비판은 국민정부를 자극하였고, 결국 1932년 7월 16일 우송 금지라는 행정 징계가 내려졌다.[87]

초공전에 관한 비판적 인식은 《대공보》의 지면에서도 쉽게 찾을 수 있다. 《대공보》는 장제스의 청당과 토벌 작전에도 불구하고 공산당이 여전히 존재한 이유를 국민당의 실정失政 때문이라고 보았다.[88] 따라서 공산당을 제거하는 전제 조건으로 국민정부와 국민이 함께

85 「再論'剿匪'與'造匪'」, 《申報》, 1932. 7. 2 ; 「三論'剿匪'與'造匪'」, 《申報》, 1932. 7. 4.

86 「中山大學學潮評議」, 《申報》, 1932. 7. 3. 교육계 분규에 관해서는 이재령, 「南京國民政府期 教育界 紛糾의 背景과 樣相」, 『東洋學』 第28輯, 1998, 303~325쪽. 참조.

87 《신보》는 정부의 세 가지 요구 조건 중 '시평의 필자 전면 교체'와 '타오싱즈·황엔페이(黃炎培)·천빈후(陳彬龢)의 파면'이란 두 가지를 수용하고 35일 만에 징계에서 해제되었다. 당시 《신보》는 외부도시의 판매 부수가 약 8~9만 부로 징계 기간 동안에 경제적 손실이 매우 컸다. 징계에서 풀려난 이후 《신보》는 눈에 띠게 국민정부에 대한 비판을 자제하였다. (Terry narramore, 앞의 글, p.121).

88 「清黨之回顧」, 《大公報》, 1930. 4. 12.

힘써야 될 세 가지를 제시하였다. 첫째, 훈정약법의 충실한 이행 곧 법치의 실행과 합법적 세금징수, 탐관오리의 척결, 민권 보장. 둘째, 군기 엄정. 셋째, 청렴한 정부의 구현과 지식인의 경제적 빈곤 해결 등으로 이것만이 공산당의 선동을 근절시킬 수 있는 방법이라고 주장하였다. 구체적으로는 지방을 건설하고 관치와 민치를 병행하며 거주민 중심의 향촌 자치를 실시하고 떠돌아 다니는 인민의 정착을 지원하며 농촌 경제를 부흥시키는 것이었다.[89] 덧붙여 중국인들 사이에 만연된 아편의 근절과 사치 향락의 금지도 중요한 문제로 지적하였다.[90] 여기서 《대공보》의 기본적인 초공 대책이 '인민의 위무慰撫' 임을 알 수 있다.

《대공보》는 부정적 시국 인식에도 불구하고 국민정부의 역할에 큰 기대를 걸었다.[91] 국난 상황에서 '국민당 책임론'을 내세워 일당전정에 대한 지지 입장을 밝혔고, 이론적으로 이를 뒤 받침하기 위하여 유럽의 파시스트를 기획 보도하였다.[92] 그 요지는 "국가의 첫 번째 임무가 자기의 존재 및 발전을 유지 옹호하는 것"이라면서 중국을 보존, 발전시키는 것이 곧 국민정부의 중대한 책임이라며 일당전정이나 개인 독재도 시기와 상황에 따라서 필요한 체제라는 주장이었다.

---

89 「剿匪善後須有有根本辦法」, 《大公報》, 1932. 6. 5 ; 「最近之改革政治聲」, 《大公報》, 1932. 6. 30.

90 「讀中全會告全國同胞書」, 《大公報》, 1931. 6. 16.

91 「今後之剿匪問題」, 《大公報》, 1932. 7. 1 ; 〈鄂劃五匪區便利淸鄕〉, 《大公報》, 1932. 7. 2.

92 藝生, 「何謂'法西斯蒂'?」, 《大公報》, 1932. 7. 25. 얼마 후 《대공보》는 파시즘에 관한 량우칭(楊玉淸)의 글을 8회에 걸쳐 연재하였다. 주요 내용은 파시즘운동의 유래, 파시즘운동의 사회적 기초, 파시즘운동의 이론적 근거, 파시즘운동의 주관적 요소, 파시즘운동의 공과와 시비, 파시즘운동과 중국 등이었다. (「法西斯運動之政治學的攻察」, 《大公報》, 1932. 11. 15~21, 26~27).

다만 전정과 독재는 책임을 전제로 하며 국민정부는 여기에 유의해야 한다고 했다. 그러므로 《대공보》는 국난 상황에서 국민당의 일당 전정과 장제스의 개인 독재에 대해 정당성을 부여하며 확고한 대응을 촉구하였다.[93] 더욱이 훈정 시기에 당치를 제대로 시행하기 위해서는 국민당의 주의·정책·계획 및 당기黨紀를 확립하고 정부 조직의 효율성을 높여야 한다고 주장하였다.[94] 반면 초공전이나 훈정을 개인 혹은 일당 독재의 시각으로 보는 여론에 대해서는 국내 분열을 조장한다는 이유로 적극 저지하였다.[95]

1932년 6월 네 번째 초공전에 나선 장제스는 전략상 이른바 '삼분三分 군사 칠분七分 정치' 정책을 폈다.[96] 이것은 정치와 군사작전을 병행하되 정치에 중점을 둔 것으로 탐관오리의 척결이 핵심이었다. 《대공보》는 이에 적극 호응하여 탐관오리의 징벌은 중국의 정치를 개량하기 위한 최소한의 요구로 새로운 국가 건설의 필수 조건이라고 주장하였다.[97] 특히 지방보다는 중앙 정부, 하위직 관리나 문관보다는 소수의 고위직 관리와 무관의 청렴결백을 요구하였다.[98] 초공

---

93 「國府之重大責任」, 《大公報》, 1932. 7. 25.

94 「兩大問題如何解決」, 《大公報》, 1932. 8. 29.

95 「爲國家自重爲民族自愛!!!」, 《大公報》, 1932. 9. 23. 이 시기에 《大公報》는 내전 폐지운동도 국내 분열행위로 인식하였다. (「外患內憂之重大危機」, 《大公報》, 1932. 8. 31).

96 '칠분(七分) 정치, 삼분(三分) 군사'의 책략은 공산당 토벌이 끝난 성(省)에서 더욱 엄격히 집행되었다. (「今後之軍事與政治」, 《大公報》, 1934. 11. 30).

97 여기에는 중국의 자본주의화에 따른 당·군·관료의 부패를 우려한 예비 조치의 성격도 있었다. (「嚴懲貪污!」, 《大公報》, 1932. 10. 19).

98 「論澄清行政」, 《大公報》, 1932. 11. 27. 이후로도 《대공보》는 중국의 구망도존(救亡圖存)이 초비(剿匪)에 달여 있다고 보았는데 "공산비적을 토벌하여 국민을 안심시키는 것이 사실상 구망도존의 선결 과제이다. 이것이 이루어지지 않으면 어떤 정치나 건설도 전부 행방을 모른다고 말할 수 있다"라고 했다. (「望軍人努力剿匪」, 《大公報》, 1934. 2. 20).

전과 내정 개혁을 통한 안내 정책이 시행되는 동안 일본의 중국 침략은 계속되었다. 괴뢰 정권인 만주국을 수립한 일본은 1933년 1월 1일 산하이관山海關을 침공하여 이른바 러허熱河 침략을 감행하였다. 산하이관은 중국의 관외關外와 관내關內를 구분 짓는 상징적인 곳으로 중국인들에게 국가 존망의 갈림길과 같은 의미였다. 이곳이 무너져 중국의 심장부인 베이핑·톈진이 일본의 공격에 전면 노출되었다는 사실이 당시 중국 지식인들과 언론을 구국 문제의 해결이란 논제로 이끌어 들였다.[99]

《대공보》가 제시한 화북 침공에 따른 국민정부의 대응 방안은 온건하고 타협적이었다. 예컨대 현재 시국의 책임은 우리 자신에게 있으며, 일본 군벌에 반대하되 일본 인민은 적대시하지 않으며, 중국민족의 자위 결심만이 세계 정의의 원조를 반드시 얻을 수 있다는 것이다. 그리고 모든 군민이 단독 행위를 삼가하고, 규율을 준수하며, 질서를 유지하여 정부의 통일된 외교상·군사상 조치를 기다려야 한다는 것이다.[100] 이 시기에 "안내를 하려면 반드시 양외를 먼저 해야 한다" "항일이 인민 생활의 안정보다 더욱 급한 것"이라고 역설했던 《신보》[101]와는 사뭇 다른 논리를 펴고 있음을 알 수 있다.

《대공보》는 전쟁을 하게 되면 반드시 승리를 거두어야 하며 그것을 위해서는 철저한 준비와 정부 당국의 책임 있는 노력이 필요하다고 보았다.[102] 그래서 먼저 국민들에게 굳센 항일 의지를 독려하였

99 차웅환, 앞의 글, 90쪽.

100 「政府示最後決心之時至矣」, 《大公報》, 1933. 1. 6.

101 「攘外與安內孰先?」, 《申報》, 1933. 1. 20.

102 「政府對於軍事上之責任」, 《大公報》, 1933. 2. 18. 이밖에도 「武力禦外法律治內」, 《大公報》, 1933. 2. 3 ; 「中國之對外態度」, 《大公報》, 1933. 2. 5 ; 「中日問題之根本討論」, 《大公報》, 1933. 2. 15. 참조.

고,[103] 동시에 정부 당국의 책임과 노력을 촉구하면서 양자가 결합되었을 때 비로소 승리를 얻을 수 있다고 했다. 그 때문에 "예로부터 정치를 하는 사람이 백성을 얻으면 흥하고, 백성을 잃으면 망하였다. 군대의 작전은 민중과 합작해야 한다."면서 민중의 지지를 토대로 하는 항일 전쟁을 주장하였다.[104]

이 무렵 언론의 관심이 집중된 또 다른 문제는 민권보장동맹과 라우유성劉煜生사건이다.[105] 이와 관련하여 《대공보》는 "대내적으로 법치의 실행은 정치가 깨끗하게 보이고, 민심을 단결시키는 것으로, 이렇게 된 이후에야 어모禦侮의 무력 사용이 가능하다.……민권 보장동맹은 현재 국사와 관련된 운동으로써 전국의 동감을 불러일으키고 있다. 동맹이 호소하고 있는 것은 형법 이외의 긴급치죄법과 같은 단행법을 폐지하여, 모든 범죄는 법원의 정당한 심판을 받도록 하자는 것이다. 우리는 이 점에 대하여 완전히 찬동한다."라고 하여 민권보장동맹이 주장하는 법치의 실현을 안내 정책의 관점에서 이해하였다. 또한 인권 탄압의 대표적 사례였던 라우유성사건과 관련해서는 법치 실행을 강조하면서 약법約法상 민권 보장 규정 준수, 군인의 불법 행위 단속, 관리의 지도 감독 강화 등을 주장하였다.[106] 인권 문제에 관한 《대공보》의 인식은 안내의 한 방법으로 초공전보다 내정 개혁을 중시한 면이 강하며 국민의 정치적 비판을 무마하려는 뜻도 있

103 「國民應有堅强的自身力」, 《大公報》, 1933. 2. 26.

104 「軍隊與民衆」, 《大公報》, 1933. 3. 22.

105 전장(鎭江) 《강성일보(江聲日報)》 사장 겸 발행인이던 라우유성이 장쑤성 공안국에 체포, 불법 구금되었다가 총살형에 처해진 것으로 언론 및 인권 탄압의 대표적 사건이다. (이재령, 「1930年代 中國 知識人의 民權問題에 관한 認識과 對應 -言論·結社의 自由를 중심으로」, 『史學志』 第31輯, 1998, 743~754쪽. 참조).

106 「武力禦外法律治內」, 《大公報》, 1933. 2. 3.

었다.

《대공보》는 국민당의 정권 개방과 일치 항일을 촉구하면서 지난 오 년 간의 훈정 곧 이당치국以黨治國이 실패한 것으로 보았다. 그 이유는 국민당 내부의 분열이 심화되어 당치가 이루어지지 않았다는 것이다.[107] 일당 전정은 말뿐이고 사실상 일인 독재 체제로, 실질적 정권 개방을 위해서는 당의 제도를 개선하여 정권을 효율적으로 운용할 것과 국민당의 내분을 인정하고 공개 처리할 것 등을 주장하였다.[108] 또한 무장 폭동을 수단으로 삼는 공산주의자들만 제외하고 다른 정당의 정치 활동을 허용하여 결사의 자유를 보장하도록 제안하였고 이것이 곧 적화 폭동을 막는 근본 대책이라고 인식하였다.[109] 따라서 현재 중국에 요구되는 것은 '정돈된 결심', 말하자면 "굴복할 것인가, 굴복하지 않을 것인가"의 문제로 "전국이 결코 굴복하지 않은 결심으로 정돈되는 것"을 강조하였다.[110] 《대공보》는 국난에 직면한 국민당 정부가 진실로 노력해야 할 것은 국민을 고무, 격려하여 질서 있게 일치 합작하는 것으로, 이것이 곧 항일의 도화신이 될 것으로 믿었다.

이와 관련하여 《대공보》는 지식인·자본가들의 무책임한 발언이 오히려 여론을 혼란스럽게 만드는 것으로 판단하였다. 그 대책으로는 정부가 포괄적인 대일 방침을 확정하고 자기희생에 따른 군사적 저항을 계속하면서 연안 대도시의 사치 낭비 풍조를 근절시키며 부패하고 흉악한 세력들을 신속히 도태시키거나 변화의 기회를 주는

107 「目前最亟之務」, 《大公報》, 1933. 4. 9.

108 「開放政權的進一步希望」, 《大公報》, 1933. 3. 26.

109 「如何結束共亂?」, 《大公報》, 1933. 4. 2 ; 「一致合作爲對外前提」, 《大公報》, 1933. 4. 16.

110 「一致合作爲對外前提」, 《大公報》, 1933. 4. 16.

것이 시급하다고 했다.[111] 또한 정치의 최고 사명은 최대 다수의 이익 추구라는 관점에서 농촌 부흥책을 촉구하였다. 구체적으로는 농촌을 부흥시키려면 명분과 실리가 충실해야 하는데 가장 절실한 것은 토지에 부과된 부세를 정리하고 가세잡연을 없애며 급하지 않은 일은 천천히 실시하여 국민들이 쉴 수 있도록 하고, 그런 이후에야 원기가 다시 회복되어 농업이 진흥된다는 것이다. 이를 위해서는 농촌의 행정 조직과 조세 제도를 개혁하고, 국가 재정을 효율적으로 분배하며 무엇보다도 정부의 신용이 중요하다고 보았다.[112]

《신보》와 《대공보》는 항일의 전제 조건이자 안내의 유효한 방도로서 초공전보다 내정 개혁, 민권 보장, 대일 방침, 농촌 개혁 등에 관심이 많았다. 이런 인식은 상하이를 비롯한 지장浙江 자본가들이 군비 축소 방안을 모색하면서 시작된 것으로 친공산당 성향과는 별개의 문제였다. 즉 이념적 정치적 문제가 아닌 경제적 요인이 크게 작용한 것이다. 이런 점을 반영한 것이 초공전과 내정 개혁에 관한 《신보》·《대공보》의 논조로서 무력 수단보다 정치 개혁이 효과적이란 인식이었고 그것의 실행 주체는 국민정부이었다. 다만 《신보》는 북벌 이후 중앙 정부로서 국민정부의 모습을 통해 앞으로 성공 가능성에 대해 회의적인 반면,[113] 《대공보》는 그동안의 성과를 높이 평가하면서 장제스의 역할에 기대가 컸다.

그러면 《신보》·《대공보》가 안내양외의 순서 및 방법에 있어서 시각차를 드러낸 이유는 무엇일까? 첫째, 신문 운영진의 정치 성향과 장제스의 관계가 반영된 결과였다. 《신보》는 원래 시국 문제에 무관

---

111 「徹底犧牲!」, 《大公報》, 1933. 4. 19.

112 「復興農村與民生疾苦」, 《大公報》, 1933. 9. 22.

113 Terry narramore, 앞의 글, p.121.

심하였으나 황엔페이黃炎培·타오싱즈陶行知 등의 참여 이후 개혁 성향을 띠었고, 반제·반봉건의 당위성을 중시하며 가치 지향적 인식을 보여주었다. 반면 《대공보》는 북벌 완료 이후 장제스와 가까워졌는데 국내외의 열악한 상황을 들어 현실적 접근 방식을 취하였다.

둘째, 신문의 발행 장소와 구독 대상의 차이를 들 수 있다. 《신보》의 발행지인 상하이는 경제 중심지로서 자본가들의 영향력이 강했고, 정치적으로는 진보 성향이 강한 반면 수도인 난징에 가까워 정부의 간섭을 받기 쉬웠다. 또한 판매 지역이 전국적이며 구독 대상도 광범위하여 시국 문제에 민감하게 대응하였다. 한편 《대공보》의 발행지인 톈진은 북방 군벌의 영향력이 강했던 곳으로 관료 자본의 성격을 띠어 정부 당국에 협력적이었다. 판매 및 구독 대상도 대부분 북방 지역의 지식인·학생들로, 이들은 난징의 정치 문제보다 북방의 군사·외교 문제에 관심이 더 많았다. 그러므로 시국 문제에 관한 민영 신문의 인식 차이는 신문 제작진의 정치·경제·사상 배경이 주요한 요소로 작용하지만 신문의 발행지와 영업 특성상 차이, 주요 구독층의 제반 여건과 관심사 등도 중요한 변수가 된다고 하겠다.

## 4. 맺음말

중국 언론계는 1920년대의 경제 성장을 토대로 양적 질적으로 크게 발전하였고 다양한 민영 신문·잡지들이 시국 현안에 대해 각자의 의견을 개진하였다. 북벌이 끝난 후 《신보》·《대공보》가 지향한 국가상은 학식과 전문 기술을 갖춘 지식인들에 의해 운용되는 깨끗하고 강력한 중앙집권식 통일 정부였다. 두 신문은 쑨원孫文 이래 국민 혁명을 주도한 역사적 명분과 대체할 만한 세력이 없는 현실을 근거로 국민당의 혁명 책임을 역설하며 기대감을 가졌다. 그러나 만주사변 이후 대응책을 놓고 두 신문은 시국 인식에 있어 시각차를 드러냈다.

논란 대상은 정책의 시의성에 관한 안내양외의 순서와 정책의 효율성과 관련된 안내의 방법이었다. 안내양외의 선후 문제에서 《신보》는 대일전을 최우선으로 여기어 국민당의 부저항 정책과 타협적인 외교 노선에 반대하고 즉시 항일을 주장하였다. 이를 위해 정부는 항전 의지를 명확히 밝히고, 언론·결사·신앙 등의 민권 보장과 지방자치의 실시 및 구체적인 헌정 준비 등을 통해 국민의 역량을 하나로 모아야 된다고 강조하였다. 그뿐 아니라 《신보》는 자체 언론 활동을 통해 항일 여론을 주도하였고, 상하이에서 전개된 구국 운동과 민권 보장 운동에 적극 참여하였다. 그 결과 국민당과 《신보》의 관계는 악화되었고, 우송 금지 조치에 이어 발행인까지 피살당하였다.

반면 《대공보》는 정부의 선안내 정책을 지지했는데 양외는 장기 지속 과제로 인식하였다. 혼란스러운 국내 정치 상황과 절대 열세인 군사력으로 일본과 맞설 수 없다는 현실적 이유 때문이었다. 그러나 안내의 실현 방법에 있어서는 초공전을 안내의 핵심으로 삼았던 장제스와 달랐다. 《대공보》는 초공전만을 안내로 보지 않고 내정 및 경제 개혁과 헌정 준비 등 일반 여론까지 포함시켰다. 공산당은 반드시 척결되어야 할 안내의 대상이지만 방법상 전쟁만이 능사가 아니라는 시각이었다. 이 때문에 《대공보》는 선안내 정책을 지지하면서도 무리한 초공전에 반대하고, 정치적 경제적 개혁을 통한 국내 안정에 관심을 기울였다.

요컨대 《대공보》는 양외를 위해 국내의 안정과 통일이 우선이라는 선안내론, 《신보》는 항일만이 국가 존망의 근본 대책이라는 선양외론을 주장한 것이다. 또한 안내의 실현 방법은 초공전을 안내의 핵심으로 삼았던 장제스와 달리 두 신문은 내정 개혁, 민권 보장, 농촌 부흥 등을 중시하였다. 《신보》는 이를 양외의 전제 조건으로 인식한 반면 《대공보》는 초공의 유효한 수단으로 판단한 것도 차이가 있다. 결국 내정 개혁을 통한 강한 중국을 공동 목표로 가졌던 《대공보》·《신보》는 안내양외정책으로 국민정부와 협조 혹은 긴장 관계를 형성한 것이다.*

* 이 글은 「1930년대 초반 中國 民營言論의 時局認識 -『申報』·『大公報』의 安內攘外論을 중심으로」, 『中國近現代史硏究』 第18輯, 韓國中國近現代史學會, 2003, 49~76쪽을 수정 보완한 것이다.

# Ⅳ. 만주사변 전후 한국 언론의 중국 인식 : 《동아일보》

## 1. 머리말

일제강점기 한국, 한국인의 중국 인식은 크게 두 가지 방식으로 이루어졌다. 우선 중국에 파견된 특파원들의 언론 활동이나 외신 보도를 인용한 국내 신문 또는 각종 서적들을 통하여 형성되었다. 또 하나는 다양한 경로로 중국에 들어간 한인들이 그곳에서 정착하든지 일시 체류하면서 접촉한 중국, 중국인과의 관계 속에서 체험하고 형성된 이미지이다. 이 시기 대중국관 형성의 실질적 주체는 현지에서 활동하던 한인들로 식민지 관료와 지식인·유학생·언론인·독립운동가·상업 종사자·일반교민 등을 들 수 있다. 그런데 전달자의 정치적 이념적 지향이나 식견, 지적 수준, 문화 체험의 정도에 따라 인식 차이가 컸다. 중국인과의 실제 접촉이나 생활 체험 또는 교육 경험 등의 여부에 따라 인식 차이는 엄연히 존재한 것이다. 이런 점을 고려할 때 국민정부 시기 한국인의 중국 인식은 일정 기간 현지에 머물면서 중국인과 접촉하고 다양한 사건들을 취재한 특파원들에 의해 취합, 정리, 형상화된 시각이 보편적이며 현실성이 있다.

1930년대 식민지 한국의 신문 발행 현황은 대부분 일본인 일간지였고, 한국인 일간지로는 《동아일보》와 《조선일보》가 대표적이다. 형식상 발행인이 한국인이던 《매일신보》는 총독부의 기관지였다. 주요 신문의 발행 부수를 보면 《동아일보》가 1929년 37,802부, 1935년 55,923부, 《조선일보》가 1929년 24,286부, 1935년 43,118부, 《매일신보》가 1929년 23,015부, 1935년 30,937부였다.[1] 1930년대 중반까지 영향력이 가장 컸던 《동아일보》는 1936년 손기정 일장기말소사건으로 10개월간의 무기정간無期停刊에 처해지면서 더 이상 성장하지 못하였다.

그동안 우리 학계에서는 식민지 지배하의 신문·잡지를 통해 타자로서 근대 중국과 중국인을 재검토했는데 기초 자료 수집 및 정리의 성격이 강하였다.[2] 연구 내용은 현지에서 활동한 《동아일보》·《조선일보》·《경향신문》 등의 중국 특파원이 쓴 사설과 기사를 통해 정치·경제·외교·사회 상황이나 변동을 이해하고 있다.[3] 그뿐 아니라 한국인의 시각에서 본 쑨원孫文·장제스蔣介石 등 중국 지도자의 역할과 공과를 평가함으로써 중국의 현실을 파악하였다.[4] 이밖에 한국과 중국

1 박용규, 「일제 말기(1937~1945)의 언론통제정책과 언론구조변동」, 『韓國言論學報』 제48-1호, 한국언론학회, 2001, 203~204쪽.

2 閔斗基, 「近代韓國雜誌(1917~1950)中國現代史關係論說目錄抄」, 『서울大東洋史學科論集』 10, 1986 ; 閔斗基, 「滿鐵刊行 中國關係論說目錄 附朝鮮總督府 中國關係刊行物」, 『東亞文化』 25, 1987 ; 閔斗基, 「李允宰와 現代中國現場報告(1922~23) 五種」, 『서울大東洋史學科論集』 11, 1987 ; 高永根, 「李允宰論述目錄」, 『周時經學報』 第10號, 1992 ; 閔斗基, 「1920年代 安在鴻의 中國革命資料二編」, 『서울大東洋史學科論集』 14, 1990 ; 민두기 엮음, 『신언준 현대 중국 관계 논설선』 문학과지성사, 2000. (약칭 『논설선』)

3 田寅甲, 「1920年代 新聞·雜誌論說을 통해 본 韓國人의 中國認識의 성격 : 5·30運動에 관한 東亞日報의 論說을 중심으로」, 『서울大東洋史學科論集』 11, 1987 ; 金世昊, 「1920年代 韓國言論의 中國國民革命에 대한 反應 : 東亞日報 特派員 朱耀翰의 '新中國訪問記' 取材(1928. 10~1929. 1)를 중심으로」, 『中國學報』 40, 1999.

이 함께 관련된 특정 사건이나 문제들에 대한 한국 언론의 보도 및 논설의 내용 분석으로 상호 인식 및 대응 과정을 규명하였다.[5] 그리고 한국 독립운동과 관련하여 중국 전역에서 펼쳐진 항일 무장 투쟁을 계기로 중국, 중국인과의 연대 및 상호 관계를 밝힌 연구도 있다.[6]

여기서는 난징국민정부 시기 한국 언론에 비친 중국의 시국 상황과 대내외 정책에 대해 검토하는데 《동아일보》의 특파원으로 1929년부터 1935년까지 활동한 신언준申彦俊의 기사를 중심으로 접근한다.[7] 이를 통해 직접 당사자는 이닐지라도 일제의 대륙 침략에 관심을 가질 수밖에 없던 식민지 언론인이 중국의 현실에서 애써 찾고자 했던 것이 무엇인지 파악할 것이다. 그리고 전통적 중화 의식의 토대 위에 유지되던 동아시아 관계가 어떻게 변화되어갔는지 살펴볼 것이다.

## 2. 식민지 시기의 《동아일보》

《동아일보》는 창간 당시 민족 진영의 신문으로 일제가 허가한 이유

4 裵京漢, 「孫文의 '大아시아주의'와 韓國」, 『釜山史學』 第30輯, 1996 ; 閔斗基, 「1920年代 韓國人의 눈에 비친 孫文(1866~1925)과 三民主義」, 『中國初期革命運動의 研究』, 서울大學校出版部, 1997 ; 閔斗基, 「韓國報人申彦俊(1904~1938)的蔣介石觀」(七七事變60周年紀念國際學術討論會, 1997. 7. 4~6. 北京東豊賓館).

5 朴永錫, 「萬寶山事件研究」, 亞細亞文化社, 1978 ; 閔斗基, 「滿洲에서의 萬寶山사건(1931)과 한국 언론의 대응 -상이한 민족주의적 시각」, 『東洋史學研究』 제65집, 1999 ; 백영서, 「대한제국기 한국언론의 중국인식」·「1949년의 중국 : 동시대 한국인의 시각」, 『동아시아의 귀환』, 창작과 비평사, 2000.

6 한상도, 『韓國獨立運動과 中國軍官學校』, 문학과지성사, 1994.

7 신언준의 연보와 언론 내용에 관한 기존 연구로는 민두기, 앞의 책(2000)의 해제로 실린 「신언준(1904~38)과 그의 중국 관계 논설에 대하여」가 있다.

는 여론 동향을 파악하고, 한국인의 불만 배출구를 만드는 데 있었다. 일제강점기를 다른 시기와 비추어 볼 때 상대적으로 언론 활동이 자유로웠지만 언론 통제를 기본 전제로 하여 '독립은 허용하지 않는다.'라고 하는 식민지 근본 정책에는 추호도 변함이 없었다. 1920년대 독립을 주장하거나 시사하는 모든 언론 활동이 검열, 탄압의 대상이 되었을 뿐만 아니라 언론·집회, 기타 출판물에 있어서 '질서와 공안을 해친다.'고 인정된 경우 언제든지 행정 처분에 의해 벌금 또는 발행 정지 처분이 내려졌다.

일제강점기 신문 기사의 게재 금지, 압수 처분 및 신문 발행 정지 또는 정간停刊 사례들을 살펴보면 1928년까지 집중되어 있다. 《동아일보》와 《조선일보》의 압수 사설 건수를 연도별로 보더라도 1928년부터 서서히 감소되기 시작하여 만주사변이 일어났던 1931년을 기준으로, 그 이후에는 거의 없어졌다. 이것은 만주사변 이후 식민 통치 당국의 언론 통제가 더욱 강화되었다는 것을 의미하는 동시에 국내 신문·잡지들이 존립하기 위해 비판과 저항을 포기했다는 점을 시사한다.[8] 1930년대 들어 가속화된 신문의 상품적 성격 강화는 곧 선명한 주의·사상의 표현보다는 독자와 광고주를 확보하고 보다 광범위한 여론의 지지를 요청할 수 있는 확장성 획득이 절실하였다.[9] 이 때문에 《동아일보》도 상업화된 회사조직이나 일제의 사상통제 아래 지식인들이 논전을 벌이고 피식민지의 여론을 대변하는 공론장 역할을 하는 복합적인 성질의 신문이 되었다.[10]

8 박용규, 『일제강점기 언론사연구』, 나남, 2008, 113~115쪽.

9 한종민, 「1930년대 『동아일보』의 인적 구성과 변동」, 『민족문화연구』 제84호, 고려대 민족문화연구원, 2019, 575~576쪽.

10 장신, 「1930년대 언론의 상업화와 조선·동아일보의 선택」, 『역사비평』 70, 2005.

이 시기 총독부에 의해 압수당한 사설의 주요한 대상 중 하나는 '독립'을 직설적으로 표현하거나 '독립운동'을 주장할 수 없는 제약 때문에 외국의 독립운동이나 혁명을 소개함으로써 간접적으로나마 독립 정신을 일깨우고 독립운동을 촉구하는 방법을 택하고 있다는 점이다. 아래의 〈표 1〉에서 알 수 있듯이 《동아일보》의 압수 사설들 가운데 국민정부 시기인 1927년 이후 정치 혁명이나 독립운동과 관련된 외국 사례를 보도, 찬양함으로써 민족의 궐기와 분발을 촉구하는 내용이 많았음을 확인할 수 있다.

〈표 1〉《동아일보》 압수 사설 주제별 분석

| 연도 / 주제 | 20 | 21 | 22 | 23 | 24 | 25 | 26 | 27 | 28 | 29 | 30 | 31 | 32 이후 |
|---|---|---|---|---|---|---|---|---|---|---|---|---|---|
| 1. 식민 통치 정책의 일반 비판 | 2 | 1 | 2 | 2 | 8 | 3 | 1 | 3 | 2 | 3 | 1 |  | 2 |
| 2. 농업·토지 정책 비판 |  | 1 | 1 |  | 1 | 5 | 1 |  | 1 | 1 |  |  | 1 |
| 3. 교육 정책 비판 |  |  |  |  |  | 2 |  | 1 |  |  |  |  |  |
| 4. 언론·집회·결사 자유 주장 | 2 |  | 1 |  | 1 | 1 |  | 1 |  | 1 |  |  |  |
| 5. 일본 정부 정책·문화 비판 | 1 | 1 | 2 |  |  |  |  | 1 | 3 | 1 |  |  |  |
| 6. 일본의 대륙 팽창 정책 비판 |  | 1 |  | 7 |  |  |  |  | 2 |  |  |  |  |
| 7. 외국의 혁명, 독립운동 찬양 |  |  |  |  |  | 3 | 1 | 3 | 1 |  | 2 | 1 |  |
| 8. 민족의 궐기, 분발, 각성, 단합 촉구 |  |  | 2 | 1 | 1 | 1 | 1 | 5 |  | 1 |  | 1 |  |
| 9. 민족 역량 축적 |  |  |  |  |  |  | 2 |  |  |  |  |  |  |
| 10. 자치주의·융화주의 |  | 1 |  | 2 |  |  |  |  |  |  |  |  |  |
| 11. 동포의 재난 구조 |  |  |  |  |  | 1 |  |  |  |  |  |  | 4 |
| 12. 노동·농민운동 찬양 |  |  |  |  | 1 | 1 |  |  |  |  |  |  |  |
| 13. 기타 | 1 |  | 1 | 1 | 1 | 5 | 2 |  | 1 | 2 |  | 1 | 2 |

* 유재천, 「韓國言論鬪爭史」, 高麗大學校 民族文化硏究所, 『韓國現代文化史大系 -文化運動·民族抗爭史(上)』, 高大 民族文化硏究所 出版部, 1981, 37쪽. 재인용.

그러나 만주사변이 발생한 1932년 이후 일제의 대륙 침략 정책이 본격화되면서 식민지 언론 정책 역시 대륙 병참 기지화와 황국신민화의 영향을 받아 강력한 통제로 일관하였다. 이 시기에 《동아일보》·

《조선일보》·《조선중앙일보》 등의 민영 신문은 오로지 존속을 위해 식민 당국의 지침에 적극 부응했고, 중일전쟁 이후로는 일제의 확전 정책에 협력한 까닭에 식민지 민영 신문을 '친일 보국 시대의 언론'이라고 비판받기도 한다.[11] 이 시기 대다수의 민영 신문이 친일 언론으로 변신했음에도 불구하고 일제는 1940년 8월에 '국책에 순응하여'라는 미명 아래 이들 민족지를 모두 폐간시켰다. 이 때문에 중일전쟁시기 《동아일보》의 기사와 사설은 일본 파시즘 체제에 자발적으로 포섭되어 가는 것으로 해석되었다. 그렇지만 강제 폐간은 훗날 굴종의 길을 걷던 동아일보 세력이 민족운동 세력으로서 정치적으로 회생할 수 있는 명분을 만들어 주었다고 보기도 한다.[12]

국민정부 시기에 보도된 《동아일보》의 중국 관련 기사·논설들은 이러한 통제의 그물망을 빠져나온 것들로 사실 보도와 메시지 전달에 한계가 뚜렷하다. 하지만 식민지 치하에서 한국 언론이 민족과 국가 문제를 다룰 수 있는 유일한 방법은 외국 사례를 통한 간접화법뿐이었음을 유의할 필요가 있다.[13] 이런 점을 고려할 때 일제 치하의 열악한 언론 환경 속에서 신문을 통해 간헐적으로 접할 수 있던 중국 관련 기사와 논설은 한국인의 중국관 형성에 큰 영향을 미쳤을 것으로 생각된다. 다만 《동아일보》가 표면적으로 민족지 성격을 띠면서도 원칙적 비타협주의 노선보다 식민지 지배를 현실적으로 인정하면서 일본과 타협을 통해 자치라도 얻어내려는 논조를 취한 사실은 유

11 崔民之·金民珠, 『日帝下民族言論史論』, 일월서각, 1978, 7쪽.

12 윤덕영, 「1930년대 동아일보 계열의 정세인식 변화와 배경」, 『사학연구』 108, 한국사학회, 2012. 참조.

13 1929년부터 1935년까지의 《동아일보》 사설을 분류한 통계에 따르면 국제 문제에 관한 글이 1929년 9~10월(25.5%) 1931(33.8%) 1932(35.4%) 1933(37.6%) 1935(43.6%)로 점차 증가하고 있다. 『논설선』, 178~179쪽.

념할 필요가 있다.[14]

## 3. 북벌 이후의 중국 정세

국민정부 시기에 보도된 《동아일보》의 중국 관련 기사 및 논설은 군벌과 군대의 정리, 당내 파벌 투쟁, 의식 개혁 운동 등의 국내 문제는 물론 불평등조약의 폐지 운동, 열강의 대중국 자본전, 일본과 관련된 만주사변 및 상하이사변 등 대외 문제까지 폭넓게 다루고 있다. 우선 북벌 종료 이후의 시국 방향에 관한 기사를 통해 국민정부 초기 반외세 반군벌의 성격을 파악할 수 있다.

국민정부는 1928년에 사실상 북벌을 마무리 지은 후 군사적 정치적 통일을 실제화하기 위한 조치들로 군정 종결, 군대 정리, 경제 건설, 정치 개혁 등을 거론하였다. 이 가운데 군대 정리는 장래의 국방 계획이나 재정 계획 및 통일과 치안 계획보다도 시급한 과제로 인식되었다.[15] 왜냐하면 북벌 과정에서 기존 군벌은 대부분 해산되었지만 국민혁명군이 비대화되면서 군벌화의 경향을 띠었기 때문이다. 당시 중국 언론은 군벌을 타파하는 것이 곧 민치를 실현하고 통일을 지속시키며 전쟁 위험을 완전히 제거하여 국민의 생명을 구제할 수 있는 필요한 수단이라고 보았다.[16] 이런 측면에서 《대공보》는 북벌

---

14 민두기, 앞의 글(1999), 170~171쪽.

15 「整理軍隊」《申報》, 1928. 6. 8.

16 「論蔣介石辭軍職事」《大公報》, 1928. 6. 11.

전쟁의 승리가 장제스蔣介石·펑위샹馮玉祥·옌시산閻錫山과 그 부하들의 개인적 승리가 아니라 국민의 승리라고 규정짓고, "승리에 따른 모든 권위는 당연히 국민의 대표인 국민정부에 귀속되고, 어떤 개인도 훔칠 수 없다"라고 선언하였다.[17] 그만큼 중국에서는 또 다른 군벌의 등장과 그로 인한 국가 분열의 우려가 컸다.

《동아일보》도 북벌 종료 이후 가장 시급한 문제로 군대 정리와 파벌 해소를 들고, 군벌의 봉건성과 분열성을 비판하였다.[18] 또한 군벌 타도의 기치 아래 북벌이 진행되면서 오히려 혁명 주체인 민중과 멀어지고 군벌의 변형적 연합이 형성된 것을 우려하였다.[19] 즉 중국 혁명은 반드시 소부르주아지와 농공 계급의 단결로만 진행될 것이고, 북벌 이후 등장한 부르주아지와 군벌의 연합 정권은 일시적 평화를 유지하기엔 족할지 모르나 진정한 통일을 실현하기는 불가능하며 분립, 항쟁하게 될 것으로 보았다.[20] 그런데 북벌군이 양쯔강으로 진출한 후 국민당은 토호열신·정객·매판 계급 등 봉건 세력과 결탁하여 반동적 국면을 전개하였고 이로부터 국민당과 민중의 관계는 끊어진 반면 공산당이 오히려 민중과의 관계를 밀접히 했다고 보았다.[21] 《동아일보》가 북벌 종료 후 기대한 중국 정부는 봉건 군벌이나 정객·관료·매판 계급이 아닌 민중 세력과 소부르주아지에 기반을 둔 형태였

17 「國民戰爭成功後之精神」《大公報》, 1928. 6. 12.

18 이 기사에서 《동아일보》는 장제스와 장쉐량을 여전히 군벌집단으로 인식하고 있다. (「중국의 세력 각 파벌의 一瞥 -사분오열하여 난국을 지배」, 《동아일보》, 1928. 1. 20).

19 「중국 혁명의 본질과 추세」, 《동아일보》, 1929. 6. 17.

20 같은 글, 《동아일보》, 1929. 6. 17. 《대공보》도 새로운 국가의 기본세력에 관하여 이와 유사한 계급의식을 가지고 있었다. (「國民會議問題」, 《大公報》, 1928. 6. 23).

21 앞의 글, 《동아일보》, 1929. 6. 14.

던 것이다.

《동아일보》는 외국 자본 세력의 급격한 유입과 이에 따른 산업혁명으로 말미암아 농촌이 파멸되고 그 결과 증가하는 과잉 인구에 주목하였다. 이들이 결국 군인이나 토비土匪로 변하여 군벌의 생장과 도태의 요소로 작용했기 때문이다.[22] 실제로 국민당의 북벌은 농촌 과잉 인구의 적극적인 지원을 얻었기에 가능했지만, 다른 한편으로 이들이 쉽게 군벌에 편입되는 악순환이 계속되었다. 그러므로 농촌 과잉 인구가 민중과 불가분의 관계이며 중국 사회의 안정과 평화를 담보하는 요소로 판단하였다. 이 문제를 해결하기 위해서는 봉건 군벌을 타파해야 하는데 그 전제로 경제 발전과 더불어 중국을 옥죄는 열강의 자본·무력 등을 제거하는 것이 필수적이라고 인식하였다. 즉 반외세 투쟁만이 중국의 모든 모순을 한꺼번에 해결할 수 있다고 본 것이다.

국민당에 있어서 북벌 완성은 '군벌 타도'란 일단계의 국민 혁명이 실현되었음을 뜻한다. 동시에 국민 혁명의 이단계인 '불평등조약 폐지' 운동의 개시를 의미하였다. 말하자면 반봉건에서 반제국주의로의 전환을 보여준 가장 구체적 시도로, 이에 관한 한국 언론의 관심은 매우 높았다.

《동아일보》는 불평등조약을 그 성질에 따라 네 가지로 분류하였다. 첫째, 중국의 전패 즉 완전히 식민지로 전락하는 것. 둘째, 중국의 내란 즉 내란에 휩싸이는 것. 셋째, 각국의 이권 경쟁의 무대가 되는 것. 넷째, 열강의 협조와 공동 관리 아래 놓이는 것이다.[23] 이에

---

22 《동아일보》는 중국 전역에서 거지와 비슷한 유랑 빈민이 1억 5백만 명 이상으로 전체 인구 4억 3백만 명의 4분의 1을 차지한다고 보았다. (앞의 글, 《동아일보》, 1929. 6. 13).

따르면 중국은 아편전쟁 이후의 난징조약부터 역사적으로 모든 과정을 겪었고 이제 원상 회복의 국면으로 접어들었다. 반면, 한국은 여전히 첫 번째의 완전한 식민지 상황을 벗어나지 못하고 있음을 알 수 있다. 그리고 정도 차이는 있지만 중국 역시 외세의 침략을 받고 있는 상황에서 반외세 투쟁이 시급함을 간접적으로 보여주고 있다.

본래 국민당의 외교 방침은 쑨원孫文 이래로 불평등조약의 취소와 중국 민족의 완전한 해방을 목표로 급진주의 성격이 강하였는데 국민정부에 들어와서 타협주의로 바뀌었다.[24] 1930년대 초 반장反蔣 군벌 전쟁과 초공전剿共戰에 주력하던 장제스는 일본의 만주 침략이 예상되는 가운데,[25] "양외攘外는 먼저 안내安內를 해야 가능하며, 썩은 것을 제거해야 해독을 막을 수 있다"라고 하면서 선안내후양외정책을 폈다.[26] 만주사변 발발 이후 장제스는 무력에 의한 적극 대응보다 외교적 수단을 동원한 신중한 접근으로 맞선 것이다. 이에 대해 《동아일보》는 강경 일변도로 치닫고 있는 일본의 대중국 외교를 고립시키면서 동양에 관심이 높아진 미국의 지원을 얻으려는 의도가 강한 '이이제이以夷制夷'의 책략으로 이해하였다.[27]

또한 외국 사례를 들어 국가 독립에는 장시간의 고통과 노력이 필요하다고 강조하면서 "근대 국가를 만드는 과정에 있는 중국의 장래는 이미 암흑을 벗어나 광명 세계로 들어왔으며, 모든 신흥 약소민족

23 「신흥 중국의 외교적 분투 -불평등 조약 폐지 운동 진전」, 《동아일보》, 1929. 8. 2.

24 같은 글, 《동아일보》, 1929. 8. 24.

25 《大公報》는 「東北對外關係之前途」(1931. 7. 1), 「萬寶山事件之嚴重化」(1931. 7. 5), 「空前水災中之外交危機」(1931. 9. 4), 「中村事件」(1931. 9. 10) 등에서 이미 일본의 침략 가능성을 제기하고 있다.

26 『蔣總統言論彙編』 第21卷, 臺北 : 正中書局, 1957, 14쪽.

27 「국민 정부의 외교 책략」, 《동아일보》, 1929. 8. 24.

에게 여러 가지 암시를 주고, 교훈을 주며, 앞으로도 모든 신흥 민족의 영원한 주의점이 될 것이다"라고 하여 식민지 한국에 있어서 국민정부의 상징적 의미를 보여주고 있다.[28] 그리고 중국 민중에게 대외 문제는 근본적인 생존 문제로, 정부 당국자가 아무리 '대외친선'이나 '열국과의 타협외교'를 외쳐도 여기저기서 배외 운동이 간단없이 폭발되는 것은 우연한 일이 아니고 필연적 현상이라면서 반외세 투쟁이 곧 중국 문제 해결의 본질임을 강조하였다.[29] 이러한 《동아일보》의 인식은 피압박 민족이 가질 수 있는 당연한 관심사로서 중국의 항일 운동에 거는 기대감을 엿볼 수 있다.

이와 같이 《동아일보》의 중국 관련 보도는 북벌 완료 이후 전개된 시국 상황에서 '독립'의 비전과 방법을 찾으려고 애썼다. 그 방법은 먼저 민족의 실력을 기르고 역량을 집중시키며, 목표를 세분화하여 선택적 순차적으로 해결하되 조급히 서두르지 말고, 모든 것에 장시간의 노력이 필요함을 강조한 내용이었다. 여기에는 장제스의 선안내후양외론과 국내에서 주창된 실력양성론의 영향이 짙게 깔려 있는데 일제 치하에서 제한된 사고와 활동의 틀을 벗어나지 못한 식민지 언론인의 한계를 간과할 수 없다.

북벌이 끝난 직후 국민정부는 편견 회의를 열어 군권을 통일하고 재병裁兵을 실행하였다. 편견 실시는 재정 및 군사의 중앙집권을 의미하는 것으로, 기존 군벌들의 반발이 필연적이었다.[30] 더욱이 1929년

28 「신흥 중국의 외교적 분투 -불평등 조약 폐지 운동 진전」, 《동아일보》, 1929. 8. 26.

29 "혁명의 서막은 완료되고 중국에게 이제 약진만", 《동아일보》, 1931. 1. 16.

30 《동아일보》는 편견회의에 대해 "중국이 파멸에서 부흥으로 약진하는 도정에 가장 중요한 의의를 가진 유일한 관문"이라고 높이 평가하였다. (「중국 시국 縱橫談」, 《동아일보》, 1929. 11. 3).

3월 15일 제3차 전국대표대회를 계기로 국민당 우파가 중앙 정권을 장악하였고 국가주의 성격의 이당치국以黨治國에 의한 훈정이 본격화되면서 장제스의 개인 독재가 농후해졌다.[31] 이에 따라 제3당중국 사회민주당, 국가주의 청년당, 공산당 등의 반정부 활동과 펑위샹馮玉祥·후한민胡漢民 등의 반장 활동이 두드러졌다.

《동아일보》는 군사력을 토대로 중앙화·통일화를 지향한 장제스와 국민정부가 시대적 과업에 부응한 것으로 인식하였다.[32] 그 배경에는 "중국 민중들 대다수의 동정과 지지를 받는 정당은 오직 국민당뿐이며 국민당의 본질은 바로 봉건 세력을 적대로 한 민주주의적 혁명 세력 집단"이라는 역사적 '명분'이 자리 잡고 있다.[33] 이런 명분론을 토대로 "장 씨는 철두철미의 애국 남아로 일찍이 손중산孫中山의 수하에서 훈련받고 감화받은 장구한 역사를 가졌으니 만일 그 적이 좌파라면 하야하여 기회를 기다리겠으나 그 적이 군벌이라면 그는 당과 국가를 위하여 최후까지 결사적 분투를 불사할 것이다"라고 하여 쑨원의 혁명 정신을 계승 실천할 지도자로서 장제스의 위상을 부각시켰다.[34]

이와 반대로 반장 세력이 장제스의 우경화와 독재를 두려워하여 군벌·관료와 악수하는 것에 대해서는 참으로 "언어도단적 좌익 소아병의 발작"이라고 논평하였다.[35] 왕징웨이汪精衛·후한민 등이 반장을 이유로 봉건적 형태의 군벌 연합을 도모하는 것은 역사를 퇴행시키

---

31 「蔣主席對時局之重要表示」, 《申報》, 1929. 3. 22 ; 「三全會怎行閉幕式」, 《申報》, 1929. 3. 29.

32 「1929년 중국 정국의 개관」, 《동아일보》, 1930. 1. 7.

33 「반장운동의 해부 -중국의 장래는 어디로」, 《동아일보》, 1929. 9. 24.

34 같은 글, 《동아일보》, 1929. 9. 24.

35 「중국 시국 縱橫談」, 《동아일보》, 1929. 11. 1.

는 행위로 본 것이다. 이러한 인식은 여타 군벌·정객의 봉건성과 분열성을 확연히 드러냄으로써 장제스의 혁명 정통성과 통일지향을 돋보이게 만들었다.

또한《동아일보》는 국민당 내 군사력과 정치 권력을 장악한 장제스의 현실적 우위를 중시하였다. 그래서 "군벌 세력은 결코 천궁보陳公博·왕징웨이 씨 등의 문장이나 연설로 해결될 것도 아니며, 작은 부분의 농공 군중을 영도하는 공산당의 폭동 파업으로 해결될 것도 아니다. 오직 중앙을 대표한 장씨蔣氏의 군사적 실력으로만 해결될 수 있다"라고 하였다. 또한 중국 통일의 최우선 과제는 군사적 통일로서 "중국 혁명의 유일한 장애인 군벌을 소탕하여 군사적으로 전국 통일이 된다면 정치·재정·외교상 통일은 이에 수반될 것이며 중앙 집권책은 큰 성공을 알릴 것이니, 이것만으로도 장씨의 위공偉功은 천추에 혁연赫然할 것이다"라고 하여 실질적 군사력을 쥐고 있는 장제스에 대한 기대감을 감추지 않았다.[36]

중국의 당면 과제와 관련해서는 "오늘날 중국 대중의 유일한 큰 걱정거리는 빈곤과 무지다. 이 빈곤과 무지는 서로 원인과 결과가 되어 중국 민족의 위기를 초래하게 되니, 오직 일선의 희망은 공고한 통일적 중앙 정권의 확립에 있다. 이것이 바로 장(제스) 씨의 단계적 사명의 소재다"라고 하였다. 이 때문에 중국의 시급한 과제인 빈곤과 무지로부터 해방되고 민중 전체의 이익을 위해서는 강력한 통일 정부가 필요하며 독재 정치까지도 용인해야 한다고 주장하였다. 다만 여기서 독재란 개인 독재가 아닌 일당의 민주적 집권을 의미하며 민중적 기반을 토대로 한 것으로, 현대적 의미의 독재 정치라고 했

36 같은 글,《동아일보》, 1929. 11. 1.

다.[37]

그 후, 발생한 장제스와 옌시산閻錫山의 전쟁에서 《동아일보》는 장의 승리를 예상하였다.[38] 그런 근거는 이미 언급했듯이 국민정부가 그동안 각 파벌과 타협, 투쟁, 매수 등 일체 수단을 다하여 '중심 세력의 수립'을 목표로 돌진하여 오늘에 이르렀다는 현실적 우위론이 첫 번째 이유였다.[39] 또 하나는 명분론으로,[40] 제국주의 침략에 반항하여 국권을 회수하고 군벌 할거를 타파하여 국가 통일을 이루는 것이 현재 중국 신흥 세력의 요구라는 것이다.[41] 결국 《동아일보》는 중국의 대내외 상황과 각 세력의 정치적 군사적 역학 관계 및 지향하는 목표와 계급적 성격으로 볼 때 장제스가 주도하는 국민정부만이 반외세·반봉건의 중국 혁명을 수행할 수 있다고 인식한 것이다.

이 때문에 《동아일보》는 국민회의를 앞둔 정국 스케치 기사에서 "'황허문명 시대는 지나가고 양쯔강 문명 시대가 왔다.' 원말元末 난세에 난징에서 궐기하여 중원 천하를 통일한 풍운아 주원장朱元璋의 대

---

37 「중국 혁명의 본질과 추세」, 《동아일보》, 1929. 6. 16.

38 「蔣介石과 염석산의 싸움과 중국의 장래」, 《동아일보》, 1930. 3. 9.

39 「중국 각 정파의 분열 -복잡다단한 그 내용」, 《동아일보》, 1930. 3. 5. 또 다른 현실적 이유로 국민당 좌파가 지식 계급과 학생층의 지지를 얻고 있지만 현재 중국에서 무력한 지식 계급의 힘으로 정권을 장악하기는 곤란하다고 보았다. (같은 글, 『논설선』, 317쪽) 재정 면에서도 좌파 연합이 국민정부에 대항하기 어렵다고 보았다. (「각 파의 합종연횡 대동란 기운의 漸熟 -禍源은 하남 소재 잡색군 30만」, 《동아일보》, 1930. 2. 26).

40 중국에서는 어떤 전쟁이든지 출병 전에 반드시 서로 통전을 발하여 시비곡직의 변론을 하는 것이 상투적이었는데 이것은 일반 여론에 절대적 영향을 주며 또 군사상 승패에도 적지 않은 관계가 있었다. (「蔣介石과 염석산의 싸움과 중국의 장래」, 《동아일보》, 1930. 3. 9 ; 「양 거두의 전(電), 설전(舌戰)」, 《동아일보》, 1930. 2. 26).

41 신흥 세력이란 국민정부의 계급적 기초로서 《동아일보》에 따르면 강절재벌과 진보적 군인 및 신흥 상공계급이었다. (「장제스와 염석산의 싸움과 중국의 장래」, 《동아일보》, 1930. 3. 9).

를 있는 장제스! 기자의 머릿속에는 이런 여러 가지의 역사적 감흥이 파노라마같이 일어난다."라고 묘사할 정도로 장제스를 새로운 시대의 지도자로 부각시켰다.[42] 장제스 개인에 관한 기사에서는 '풍운아'란 수식어를 붙이면서 '현대 중국 인물 중 혜성과 같은 존재'라 했고, 영·미 사람들이 장제스를 '중국의 나폴레옹'이라고 찬양한다면서 기자가 받은 인상은 "강철같이 굳세고 총명하며 기지의 인물"로 생각된다고 전하였다. 그리고 장제스의 사상은 "철두철미하게 삼민주의를 부르짖고 쑨원을 사사했지만 파시스트 사상의 영향을 받아 (독재) 방면으로 기울어졌다"고 평가하였다. 또한 그의 철학은 실천주의로 "빨리하자[快做], 실제로 힘써 행하자[實做], 굳세게 하자[硬做]라는 삼주주의三做主義"라고 소개하였다. 이렇듯 《동아일보》는 장제스에 대해 독재자란 중국 내의 비판에도 불구하고 '통일 중국'을 일구어낸 업적과 앞으로 '강한 중국'을 실현시킬 능력을 높이 평가하였다.[43] 따라서 식민지 언론의 초점은 전통적으로 제기되어온 이상적 가치나 도덕적 명분보다 통일·독립을 위한 실력과 실리를 중시하였음을 알 수 있다.

일반적으로 국민정부 초기에 장제스가 추진한 통일화·중앙화 정책은 근대 국가 건설의 성격이 강하였다. 이와 동시에 배타적 권력 독점이라는 점에서 개인 독재의 측면도 아울러 갖고 있는 것으로 인식된다.[44] 하지만 당시 한국 언론이 주목했던 것은 중국 내부의 분열과 갈등, 반외세 등의 문제를 어떻게 효과적이며 신속히 해결하느냐로, 그 방법과 과정상 정당성은 차후 관심사였다. 그러므로 《동아일보》는 분열과 반식민지의 굴레를 떨쳐버린 '강한 중국' '통일 중국'

42 「국민회의 雜觀」, 《동아일보》, 1931. 5. 18.
43 「현 중국의 거인 군상 -그들의 인상 및 기타」, 《동아일보》, 1934. 11. 13.
44 민두기, 앞의 글(2000), 214쪽.

을 기대하였으며 그것을 실천할 지도자로서 장제스에게 깊은 호감을 가진 것으로 이해된다.

## 4. 만주사변과 중국의 대응

북벌과 반장 전쟁을 치르면서 국내의 분열 상황이 대부분 해소되었고 이후 중국의 관심은 대외 문제로 옮겨졌다. 당시 중국에 진출한 열강 가운데 가장 큰 세력을 가진 나라는 영국과 일본이었다. 특히 일본은 열강의 대중국 무역총액 가운데 30% 이상을 차지하였고,[45] 만몽滿蒙의 이른바 '특수 지위'와 남북 각 요지에 많은 조계를 갖고 있어서 국권 회수 운동의 주요 대상이 되었다. 북벌이 끝나자 국민정부는 일본의 '만몽 특수 지위'를 부인하고 일본의 재만在滿 세력을 몰아내는 데 주력하였다.[46] 그뿐 아니라 장쉐량張學良은 열강 자본의 만주 방면 투자를 재촉하여 제삼 세력으로 일본을 견제하려는 이른바 이이제이 정책을 폈다. 이러한 중일 간의 대립 상황에 대해 《동아일보》는 "만주는 '동양의 발칸'이다. ……'제2차 세계 대전은 만주에서 폭발 된다'는 유행어는 무실의 예언에 그치지 않을 것이다"라고 하여 만주 문제로 인한 새로운 전쟁 가능성을 예고하였다.[47]

---

45 「첨예해진 민국의 대일 외교 -최근의 실정과 장래의 전망」, 《동아일보》, 1930. 12. 31.

46 이와 관련하여 "간도의 조선인은 중국 법률에 복종하고 중국 관리의 통합적 관할에 들어갈 것"이라고 하여 일본의 지위를 인정하지 않았다. (같은 글, 《동아일보》, 1930. 12. 31).

그 후 일 년도 채 안되어 만주사변이 실제로 발발하였다. 국민당 내에서는 장제스의 독재를 배격하고 새로운 정부를 조직하려는 반장운동이 거세게 일어났다. 이와 관련하여 《동아일보》는 장제스의 과급過給한 독재 정책이 당내에서 반장운동을 확대 강화시켰을 뿐 아니라 일반 국민들의 실망과 염오厭惡를 일으키게 했다고 보았다. 예컨대 고압적 수단으로 민중운동을 억압하고, 가혹한 검열제도로 언론에 탄압을 가하며, 이른바 '건설'에 관해서는 문자와 입으로만 '삼민주의'니 '건국대강'을 부르짖을 뿐이고 실제로는 아무런 실적도 나타내지 못했다는 것이다. 더구나 당내 분쟁의 추태와 국민정부의 관료주의는 인민의 당과 국민정부에 대한 신망을 떨어뜨리고, 만주사변에서 드러난 정부의 무능무위無能無爲와 당의 소극주의가 드디어 민중을 반역하게 만들어 반국민당과 반정부의 민중운동이 노골화되었다고 본 것이다.[48] 즉 북벌이 끝난 후 계속된 당내 분열과 독재에 따른 민권 탄압이 반국민당, 반장 분위기를 고조시켰고 만주사변을 계기로 더욱 심화된 것으로 인식하였다.

그런데 학생과 민중들의 요구에 못 이겨 장제스가 하야하고 광둥廣東파에게 정권을 이양한 상황에서 《동아일보》는 "현재의 절박한 국난은 무능력한 정부를 배척하고 강력한 정부를 절대로 요구하므로 신정부의 운명은 장구할 수 없고 반드시 장 씨의 재출마가 있게 될 것이다"라고 예상하였다.[49] 왜냐하면 군사력을 가지고 있는 장제스만이 국난 타개의 유일한 방안으로 보았기 때문이다.

47 앞의 글, 《동아일보》, 1930. 12. 31.

48 「1932년 중국 정세의 전망 -세계 정국과 사회 진화 과정의 축도 착종다단한 내정외세는 변화 예측 곤란」, 《동아일보》, 1932. 1. 1.

49 「汪·蔣·胡 3파와 新南京政府 -과도적 정권 출현의 경유」, 《동아일보》, 1932. 1. 16.

이런 와중에 상하이上海사변이 일어났고,[50] 곧바로 중국 전역에서는 국민당과 국민정부를 비판하는 목소리가 높았다.[51] 장제스는 아무런 법적 효력이 없는 국난회의를 소집하여 반국민당과 반정부 여론을 무마하려고 했다. 이에 《동아일보》는 국난회의 명의로 대일 타협 외교를 실행하고 동시에 공채 발행과 기타 인민의 부담을 늘려 정부의 수입을 만들려는 데 그 목적이 있다고 관측하였다.[52] 당시 중국 신문에 초공전 관련 기사가 많았는데 《동아일보》는 중국 청년당과 공산당의 발전에 깊은 관심을 가졌다.[53] 특히 공산당의 성장은 "중국 문제로만 중대시될 뿐 아니라 실로 세계적으로 주목거리가 되고 있다"면서[54] 새로운 정치 세력의 등장을 예의 주시하였다.

이렇듯 대내외 위기가 심화되는 가운데 장제스는 개인 독재를 강화하는 방식으로 대응하였다. 우선 자신의 직계 군대를 확장시키면서 황푸黃埔군관학교 출신의 심복들로 '중국국민당 남의단藍衣團' 일명 藍衣社을 조직하였다. 이 조직은 학생·청년간 공산당과 국가주의파의 세

50 「上海事變 : 오직 恐怖亂의 上海 -남다른 위험에 쌓인 조선 동포」, 《동아일보》, 1932. 3. 5. 《동아일보》는 상하이사변과 관련하여 조선인들이 남다른 곤란을 당하고 있다면서 그 이유를 "독자의 상상에 맡기거니와"라고 쓰고 있다. 한국인이 일본인으로 오인되어 중국인의 습격을 받을 위협이 컸음을 일컫는 것이다. (「上海전적순례 -어제의 환락경, 지금은 폐허화」, 《동아일보》, 1932. 3. 24).

51 《동아일보》지면에도 '일당전제정치를 타파하자' '적극 항일의 국민정부를 조직하자' '당파를 초월하여 일치 대외하자' 등 중국에서 유행하던 구호들이 게재되었다. (「이번의 국난회의와 국민당 정치 장래 -각성하는 對中의 신목표는 어떠한가? 기로에 서서 고민하는 蔣介石씨」, 《동아일보》, 1932. 4. 19).

52 「이번의 국난회의와 국민당 정치 장래 -각성하는 對中의 신목표는 어떠한가? 기로에 서서 고민하는 蔣介石씨」, 《동아일보》, 1932. 4. 19.

53 「극우의 신흥 정당 '중국 청년당' -국민·공산당과 대립하는 대세력」, 《동아일보》, 1932. 5. 14 ; 「현재 중국의 혼란상 -양 사변 이래 진출 맹렬」, 《동아일보》, 1932. 4. 29, 5. 1.

54 「공산군 맹렬 진출 -복건, 경한, 진포 각 방면에 근거를 두고 현재의 병력 20만으로 중앙군과 대치」, 《동아일보》, 1932. 6. 1.

력 확대를 방어하기 위해 각급 학교 및 지방 군·정·학계의 세포조직이 되었고 철혈단鐵血團·정탐대偵探隊 등의 비밀공작대를 두었다. 《동아일보》는 이처럼 파쇼적 성격이 강한 남의단의 세력 확대가 이루어지면 일대 공포 정치가 출현하게 될 것으로 예상하였다.[55] 그 후 국민당 3중전회를 계기로 장제스의 안내양외정책이 국민정부의 시국 대책으로 확정되었다.[56] 장제스는 "내환외구內患外寇의 근본적 퇴치는 내정수명內政修明에 있다"면서 안내양외정책을 토대로 신헌법을 기초하고 장래 국민대회를 소집, 실시할 것을 선언하였다.[57] 그리고 1934년부터 독재 권력을 강화하는 방편으로 신생활운동과 신문화건설운동을 실시하였다. 《동아일보》는 이러한 의식개혁운동에 비판적이었는데 "반식민지 중국이 경제 공황의 심각화, 사회적 위기의 증진, 계급투쟁의 첨예화, 자본주의 국가들의 공세 등 위기에 직면하자 국민당 정권이 대중에 대한 관념적 통제수단 또는 장제스의 독재정권 강화의 중대 공작"에 나선 것으로 판단하였다.[58]

또한 《동아일보》는 만주사변 이후 장제스의 대일 타협 노선과 초공전을 경제적 관점에서 이해하였다. 이에 따르면 저장浙江 재벌이 장제스와 함께 난징 정권을 수립한 이래로 정치적 안정, 봉건유제의 개량, 열강 자본과 대항하는 국권 회수 등 신흥 민족 부르주아지 혁명

---

55 「蔣介石 독재 정권 수립 준비에 매진 -철혈단고 기타 비밀 단체 조직 내외 난국 타개에 철완 발휘」, 《동아일보》, 1932. 8. 24, 30.

56 「蔣介石주의 승리 -대외 일치, 국난 타파, 대내 통일」, 《동아일보》, 1932. 12. 30.

57 「내정 혁신을 목표로, 민국 신헌법 내용」, 《동아일보》, 1933. 6. 20.

58 「중국 민족 부흥과 2대 對中 운동 -신생활 및 신문화 목표」, 《동아일보》, 1934. 4. 10~11. 이와 반대로 당시 전개되고 있던 대중어문운동은 봉건계급, 신흥자산계급을 뛰어넘은 對中의식의 대두라는 측면에서 긍정적으로 이해하였다. (「중국 문예 부흥의 봉화로서의 對中 어문 운동」, 《동아일보》, 1934. 7. 10).

을 실현해 왔다는 것이다. 그런데 공산당이 급성장하고 만주사변이 발생한 후 저장 재벌은 정치적 안정을 최우선 과제로 삼았고 공산당 토벌에만 관심을 쏟았다는 것이다.[59] 그 결과 장제스의 항일 정책을 가로막고, '항일보다 토공討共'을 앞세우며, 화북정전華北停戰조약·상하이정전조약을 체결하여 대일 굴복을 감행하게 한 자가 바로 재벌이라면서 "저장 재벌은 중국 혁명의 좀 벌레"라고 맹비난하였다.[60]

실제로 중국의 민족 해방 운동이 와해되고 국민 경제가 파열되어 농민·노동자들이 기아선상에서 헤매는 참상에 이르렀지만 재벌만은 더욱 번성하였다. 문제는 저장 재벌과 장제스가 서로의 존립을 위해 관계를 끊기 어렵다는 것이다. 그러므로 《동아일보》는 "재벌이나 국민정부의 고민은 같다. 재정적 파산! 이 위기, 이 국난은 만주사변에 비할 바 아니다"라고 하여 중국의 현안을 경제적 관점에서 찾았다.[61]

그 연장선에서 《동아일보》는 상하이사변도 열강 자본전의 측면으로 이해하였다. 중국이 국난을 당하게 된 원인 중에서 "미증유의 경제 공황으로 지방 세수가 격감되고 중앙 재정이 극도로 곤란하여 군벌군의 군자금 공황이 발생된 것"과 "만주사변 이래 열강의 대중국 정책이 바뀌어 각기 세력권 획득에 혈안이 된 것"을 주된 요인으로 지적하였다.[62] 당시 열강의 대중국 자본진출은 급격히 변하고 있었다. 그동안 가장 우세했던 일본이 급락한 반면 영국의 부활과 미국의 눈부신 약진 현상이 뚜렷하였다.[63] 이런 까닭에 중국에서 열강 간의

59 「절강 재벌과 국민 정부의 불화 -중국 정국의 최근 裡面觀」, 《동아일보》, 1933. 11. 12.

60 같은 글, 《동아일보》, 1933. 11. 12.

61 앞의 글, 《동아일보》, 1933. 11. 14.

62 「內寇外患 並臻하여 전 중국의 대난맥 -혼란상태의 지방과 원인 5조」, 《동아일보》, 1932. 10. 21.

외교 및 전쟁은 결국 경제 문제의 집중적 표현이라는 생각이었다. 그리고 미·영·일의 대중국 자본전 방식이 각각 다른데 미국은 무역 중심이므로 문화·종교 사업에 많은 투자를 하고, 대중국 외교도 호의와 친선을 기초로 한 평화정책을 취했다. 하지만 일본은 중공업 원료의 취득과 차관의 확보가 최우선 과제라고 보았다.[64] 따라서 《동아일보》는 국민정부의 대내외 정책에 관하여 정치적 군사적 국내 통일을 바탕으로 경제 관계를 매개 삼아 중국에 덜 침략적인 미·영·러의 상호관계를 이용하여 침략 일변도로 나아가는 일본을 견제하려는 것으로 파악하였다. 또한 "내우외환의 협공 중에서 온갖 고난을 축파하고 약진 또 약진한 갱생의 분투 노력은 근세 중국 역사상 가장 광영스러운 일편이 될 뿐 아니라 수난기에 처한 민족들의 귀감이 되고 교훈이 될 것이다"라고 국민정부의 경제 성과를 높게 평가하였다.[65] 하지만 "국민정부의 현재 대일 정책은 직접 교섭이다. 그러나 그 교섭은 피동이고 자동적은 아니다"라고 하면서 "구미 대 일본 두 세력의 쟁탈전에 낀 가련한 열국의 공동의 반식민지 중국은 어느 쪽을 택할 것인가 결정하지 못한 상황에서 확인적 노선을 취하지 못하고 있다"[66]라고 하여 무기력한 외교 역량을 지적하였다.

---

63 「중국 시장 중심으로 자본 전선 대이상 -일본은 급락, 미는 급진, 영은 부활, 미묘한 3국 관계의 이면」, 《동아일보》, 1933. 3. 24 ; 對中策 갱신에 焦慮하는 영제국 -간섭은 금물, 방임정책도 불가 주목되는 신정책 건의」, 《동아일보》, 1933. 11. 16 ; 「중국을 싸고도는 열강 자본전의 전망」, 《동아일보》, 1934. 8. 24).

64 「중국을 싸고도는 열강 자본전의 전망」, 《동아일보》, 1934. 8. 30.

65 「극동 시국의 현상과 장래 -면목을 일신한 중국의 내외 정세안으론 국내 통일, 밖으론 열국과 협조」, 《동아일보》, 1935. 1. 1 ; 「'국력 부흥' 표방한 중국의 3대 운동 -노동 복무, 경제 건설, 문화 통제」, 《동아일보》, 1935. 4. 18. 당시 내우(內憂)는 중국 공산당으로 1934년 10월 20일 소비에트 정부의 서부 루이진(瑞金)이 함락된 이후 장시(江西) 근거지를 버리고 장정(長征) 중이었다.

66 「중국의 외교 정책: 종래의 저항주의는 포기?」, 《동아일보》, 1932. 3. 2.

## 5. 맺음말

일제강점기 식민지 한국 언론에 드러난 중국 인식은 과거와 사뭇 달랐다. 봉건 전제 시대 중국에 대해 가졌던 대국으로서 막연한 동경이나, 전통적 중화사상과 조공 체제의 틀에 얽매인 정치적 경제적 문화적 왜소감에서 벗어나 반식민지 상황에 놓인 동병상련의 이웃 나라일 뿐이었다. 이 때문에 열강의 중국 침략에 공분하고 반외세 투쟁과 국민 혁명 운동, 혁명 지도자 등에 깊은 관심을 가졌다. 무엇보다 당면 과제인 한국 독립을 위한 지원 세력과 방법을 모색하던 상황에서 아편전쟁 이후 반복되는 중국의 반외세·반봉건 투쟁은 가장 가까이서 보고 배울 수 있는 롤 모델이었다.

식민지 한국에서 발행된 《동아일보》의 지면에 비추어진 1930년대 전반의 중국은 북벌 직후의 중국 상황을 압축적으로 잘 보여준다. 우선 국민정부가 비록 일본의 침략을 받고 있지만 1911년 신해혁명 이후 일관된 반외세·반봉건의 혁명 과업을 어느 정도 달성한 것으로 보았다. 특히 대내 문제의 암적 존재인 봉건 군벌과 공산당을 거의 토멸하고 국민정부의 통제 아래 전국 통일의 기초가 확립된 것을 높이 평가하였다. 그런데 공산당 근거지의 토벌 성공으로 장제스의 권위가 확대되고 국민정부도 한층 안정되었지만 앞으로 이들과 대립할 세력으로 공산당의 성장에 주목하였다. 경제적으로는 전국의 철도·도로·항공·전신 등 교통 건설이 비약적 발전을 보이고 있는 것을 들어 희망적으로 보았다. 문화면에서는 봉건적 내용을 강압적으로 실시하는 신생활운동에 대해 획일화된 독재 정치의 전형적 지배 방식이라고 비판하였다.

대외 정책은 큰 틀에서 보면 선안내후양외를 고수하고 있다. 중국의 실력을 키워서 자립 자존을 도모하려는 것으로, 국력 건설의 원칙 아래 대내적으로는 전국 역량의 통일, 집중을 근본 방침으로 삼고 대외적으로는 평화 외교를 지향하였다. 그러기에 《동아일보》는 중국의 시국 대응과 관련하여 국민정부 요인들이 공허한 항일론을 일소하고 실력 준비를 서두른 것으로 판단하였다. 같은 이유로 화북에서 중국이 일본과 정전 협정을 체결한 후 무사주의로 대일 관계를 안정시키고 영·미와 경제·기술 협력을 구하여 국력 건설에 매진하고 있는 것으로 평가하였다. 아울러 중국이 결국 저항주의를 포기하고 대일 직접 교섭에 나설 것으로 보았는데 열강들의 군사적 경제적 압박 아래 약소국이기에 감내해야 하는 외교상 선택의 한계를 지적하였다.

일제강점기 《동아일보》를 비롯한 식민지 한국의 언론은 일제 탄압을 피해 외국 사례를 소개하는 형식으로 국가의 독립과 번영을 모색, 고취하였다. 그 구체적 모델로서 국민정부는 북벌에 이어 훈정으로 국내 통일을 이루고, 불평등조약의 폐지 운동으로 반외세 투쟁의 일면을 보여주었다. 이러한 중국의 모습은 식민지 한국에 있어서 독립 번영의 실천적 모델 또는 반면교사로 인식되기에 충분하였다. 따라서 1930년대 전반 식민지 한국은 국민정부의 반외세·반봉건 활동을 간접 경험하면서 그 공과를 교훈 삼아 독립 전략과 한중 공동 항전을 모색하였다.*

* 이 글은 「南京國民政府시기 韓國言論의 中國認識 -『東亞日報』(1929~1935) 기사를 중심으로」, 『中國學論叢』 第15輯, 韓國中國文化學會, 2003, 285~307쪽을 수정 보완하였다.

# 제2부

# 중일전쟁 시기(1937~1945년) 한중 언론의 인식과 대응

Ⅰ. 중일전쟁 초기 한중 언론의 정세 파악과 시국 대응 : 《동아일보》·《중앙일보》

Ⅱ. 중일전쟁 시기 국공 양당의 한국관 : 《중앙일보》·《신화일보》·《해방일보》

Ⅲ. 중일전쟁 시기 『한국청년』의 시국 인식과 대응

Ⅳ. 중일전쟁 시기 『광복』의 정세 분석과 대일 전략

# Ⅰ. 중일전쟁 초기 한중 언론의 정세 파악과 시국 대응 : 《동아일보》·《중앙일보》

## 1. 머리말

1910년 대한제국을 식민지로 만든 일제는 1931년 9월 만주滿洲사변과 1932년 1월 상하이上海사변 이후 침략의 발길을 중국 전역으로 차츰 확대시켰다. 마침내 1937년 7월 7일 루거우차오蘆溝橋사건에 의한 7·7사변七七事變을 빌미로 일본의 침략 전선은 중국 전역으로 확산되었고, 줄곧 '선안내후양외先安內後攘外' 정책을 고수하던 난징南京국민정부는 결사 항전의 자세로 대응하였다. 중일전쟁이 전면전 양상을 띠면서 중국과 일본은 모두 전시 체제로 전환하였다. 단기전의 '속전속결'로 간단히 중국이 항복하리라 믿었던 일본의 예상은 무너지고 장기전으로 돌입하게 된 것이다. 이때부터 일제는 '전시 경제체제'와 '국가 총동원령'을 통해 조선·대만·만주 등의 식민지에 대한 착취와 통제를 노골화하여 인적 물적 재정적 피해가 극에 달하였다. 일제 침략이 정점에 이른 때 식민지 한국의 언론이 중일전쟁을 어떻게 인식했고, 어떤 반응을 보였는지 파악하는 것은 해방 전후 한반도를 둘러싼 질서 재편 과정을 이해하는 데 매우 유효하다. 특히 전후 한중 관계의 변화 여부와 그 방향성을 가늠하고 냉전 체제의 형성 과정을 추적하는 데 필수 요소이다.

중일전쟁이 예상과 다르게 장기화되면서 일제는 내선일체內鮮一體와 국민 총동원의 구호 아래 유언비어의 단속을 이유로 언론 통제를 강화하고 국내 민영 일간지를 강제 폐간시켰다.[1] 이런 이유로 일제강점기 언론 연구는 대부분 1920년대의 《동아일보》와 《조선일보》를 주축으로 민족지와 친일지 성향에 대한 평가가 주류를 이루었다.[2] 일제는 1937년 중일전쟁이 발발하면서 전시 국가 총동원 체제 구축의 일환으로써 언론 통제를 더욱 강화하였고, 《동아일보》·《조선일보》의 논조가 변질되었는데 이에 관한 본격적인 검토는 미흡한 실정이다.[3] 기존 성과들은 일제의 황민화 정책에 대한 연구를 기반으로 1937년 이후부터 폐간까지의 《동아일보》와 《조선일보》기사 분석을 통해 두 신문 논조의 특성과 배경을 밝히고 이에 대한 역사적 평가를 시도하였다.[4]

---

1 《동아일보》는 1940년 8월 11일자 사고(社告)를 통해 "본보는 총독부 당국의 신문지 통제 방침에 순응하여 본호로써 최종호를 삼고 폐간하게 되었으며"라고 알리여 6819호로 강제 폐간되었다. (《동아일보》, 1940. 8. 11).

2 정진석, 『일제하 한국언론투쟁사』, 정음사, 1979 ; _______, 『한국언론사연구』, 일조각, 1983 ; 최민지·김민주, 『일제하 민족언론사론』, 일월서각, 1978 ; 김규환, 『일제의 대한 언론선전정책』, 이우출판사, 1978.

3 일제 말기, 신문·잡지의 연구가 제대로 이루어지지 않은 것은 일차적으로 언론사 연구의 전반적 부진 때문이지만 그나마 몇 안 되는 기존 연구들이 일제 말기를 본격적으로 다루지 않은 것은 곧바로 맞닥뜨리게 되는 '친일의 상흔'을 다루지 않으려고 했기 때문이다. (김민환·박용규·김문종, 『일제강점기 언론사연구』, 나남, 2008, 82쪽).

4 이런 연구는 신문 논조를 중심으로 친일의 논리와 과정에 대한 검증을 통해 '저항'과 '협력'에 대한 결정이 단순히 강제성에 의해서만 이루어진 것이 아니라 '유인된 자발성'과 '권력욕'이 작용한 것으로 본다. (박용규, 「일제의 지배정책에 대

중일전쟁 동안 가해자이자 피해자일 수밖에 없었던 한인들이 이 전쟁을 어떻게 인식하고, 대응했는지를 직접 보여준 연구는 찾아보기 힘들다. 유력한 접근 방법 중 하나가 동시대 식민지 한국의 신문에 게재된 기사와 논설을 심층 분석하고, 실제 현장인 중국 언론과 비교 검토하는 것이다. 이때에 국민당의 《중앙일보中央日報》와 공산당의 《해방일보解放日報》·《신화일보新華日報》가 중앙당보의 기능을 했는데 애당초 정치적 색깔이 뚜렷하여 논란의 여지가 없었다. 민영지로는 오랜 역사와 많은 부수로 영향력이 큰 《신보申報》가 있지만 훈정訓政시기 국민당의 영향력이 절대적인 만큼 국민정부의 입장을 대변하였다.[5] 동시대 중국 신문들은 취재, 보도, 배포 등의 제반 언론 활동을 국민당의 엄격한 통제 아래 수행했기 때문에 개별 신문마다 기사 내용에 별다른 차이가 없었다. 다만 특정 사안의 보도 횟수와 신문 지면의 편집 방향, 사론 및 분석 기사 등을 통해 개별 언론의 성격을 파악할 수 있다.

이 글에서는 식민지 한국의 민영 언론을 대표하며 민족지를 표방한 《동아일보》와 국민정부의 입장을 대변한 《중앙일보》를 서로 비교함으로써 한중 주류 언론에 드러난 중일전쟁 초기의 반응과 대응 전략, 전황 분석, 시국 추이 등을 추적한다.[6] 이 시기에 《동아일보》는

---

한 신문들의 논조 변화 -일제말기(1937~1940)를 중심으로」, 『한국언론정보학보』, 28호, 2005).

5 상하이에서 발행된 《신보》는 1926년에 발행 부수가 14만 부에 이르는 중국 최대 규모의 민영 일간지로, 1934년 사주인 쓰량차이가 반장 성향의 민권보장동맹에서 활동하던 중 국민당에 의해 암살당하였다. 이후 《신보》는 친국민당 성격을 띠었으며, 중일전쟁 동안에 한커우, 홍콩, 상하이 등지로 옮겨 다니며 정간과 복간을 반복하였다. 1945년 말 국민당의 판궁잔과 천순우(陳訓愈)가 6개월간 관리한 후 1946년부터 정부 소유로 바뀌었고, 1949년 5월 27일 《신보》는 지령 제25599호를 마지막으로 종간되었다. (宋军, 『申报的兴衰』, 上海社会科学院出版社, 1996, 230~237쪽).

식민 당국의 통제를 받았지만 상세한 전황 보도로, 중일전쟁에 대한 한인韓人들의 관심을 유발시켰고 시국 변화의 가능성을 암묵적으로 시사하였다. 《중앙일보》도 국민정부의 전황과 대일 전략을 충실히 전달함으로써 중국인의 애국심을 북돋웠고, 항일 열기를 고양시켜 장기전 수행에 기여하였다. 따라서 일제 침략과 식민지 압제에 맞선 한중 언론이 현실을 어떻게 이해하고 대응하며, 미래를 전망했는지 파악함으로써 한중 관계의 지향점을 밝힐 수 있다.

## 2. 7·7사변과 초기 반응

1937년 7월 7일 밤, 일본은 중국의 현지 주둔군에게 아무런 통지도 하지 않고 루거우차오蘆溝橋 부근에서 군사 훈련을 실시하였다. 그런데 일본 사병 한 명이 실종되었다는 이유로 완핑현성宛平縣城으로 들어가 수색하겠다고 요구하였다. 중국군은 한밤중에 주민들이 불안해할 것이므로 이를 거절했지만 일본군이 성을 포위하였다. 사태가 심각하게 되자 쌍방은 교섭을 벌였는데 이튿날 새벽에 일본군이 갑자기 포격을 가하였다. 이 때 루거우차오 부근에 주둔 중이던 중국 제

6 《동아일보》는 《조선일보》와 함께 민영 언론을 대표했고, 아울러 민족지를 표방함으로써 식민지 조선 언론의 성격을 이해하는 데 적합한 대상으로 이해된다. 중국에서는 《신보》·《대공보》 등 역사가 오래되고 구독률이 높은 민영지도 있었지만 전체 논조는 관영 언론의 범주를 벗어나지 못했다. 그러므로 《중앙일보》와 《동아일보》를 비교 분석함으로써 한중 언론의 시국관을 파악하는 것이 효율적이라고 판단된다.

29로군路軍 예하의 펑즈안馮治安 부대가 맞서 싸워 적지 않은 희생자가 났다. 이를 루거우차오사변, 또는 7·7사변이라 하는데 중일 간의 국지전이 전면전으로 바뀌는 계기였고, 아시아·태평양전쟁의 출발점이 되었다.[7]

이 시기 중국 언론은 만주사변 이래 끊이지 않는 일본의 도발을 깊이 우려했고, 그 연장선에서 7·7사변을 이해하였다. 중국의 대표적 관영 언론인 《중앙일보》도 루거우차오사건 직후 사건의 전모를 신속히 알렸다. 첫 보도는 7월 9일자 3면에 실린 "베이핑北平 교외에서 연습 중이던 일본군이 어제 새벽 갑자기 우리 군에 포격을 가했다"라는 기사로, "루거우차오에서 일본군이 완핑현성을 포위하자 우리 군은 정당방위로 저항하고, 외교부는 일본대사관에 항의를 제출하였다."라고 차분한 논조로 사실을 전하였다.[8] 이어서 일본군의 도발 행위가 전체적으로 미리 꾸며진 것이고,[9] 모든 국민이 극도로 우려한 가운데 쑹저위안宋哲元의 29로군을 위로하는 전보가 답지하고 있으며, 일제히 성원하고 있다고 알렸다.[10]

그로부터 두 달 동안 《중앙일보》는 매일같이 전쟁에 관한 소식을 빠뜨리지 않고 전했는데 사건의 진상을 왜곡하며 계속 군대를 증파하고 있는 일본의 음모를 폭로하였다. 처음에는 주로 삼면의 뉴스란을 이용하여 일본군의 불법 행동, 약속 불이행, 중국의 피해 상황 및 외교 협상 노력, 유럽 국가와 미국의 동향 등에 관하여 상세히 보도

---

7 일반적으로 루거우차오사건을 제2차 중일전쟁의 시작으로 이해한다. (신승하, 『중국현대사』, 대명출판사, 1992, 362쪽).

8 "平郊演習日軍 昨晨突然砲擊我軍", 《中央日報》, 1937. 7. 9.

9 "日軍挑釁 全係豫謀", 《中央日報》, 1937. 7. 11.

10 "粵當局注意 蘆溝橋事件", 《中央日報》, 1937. 7. 10 ; "蘆事發生後 擧國極關切", 《中央日報》, 1937. 7. 11.

하고 논평하였다.[11] 또한 교육 문화계 소식란을 통해 베이핑을 필두로 급속히 확산된 항일 운동과 애국 활동을 전하였다. 만주사변 이후 줄곧 "외부를 막으려면 반드시 내부를 먼저 안정시켜야 한다."라는 정책을 적극 홍보하던 《중앙일보》의 논조에 변화의 조짐을 보인 것이다.

베이핑·톈진天津의 대학 교수들은 사변이 터지자 곧바로 "민족의 위기가 최후의 정점에 도달하여 중앙 정부가 전력을 다해 저항할 것을 간곡히 요청하였다."[12] 베이핑의 각급 학교 학생들도 "전국이 하나 되어 적과 싸우자"라고 전보를 보냈는데 "우리는 6년 동안 치욕을 참아왔고, 현재 또다시 한 치의 땅도 잃을 수 없다. 우리는 정부의 견강한 후원 세력을 만들어야 한다."면서 제2의 만주사변을 경계하고, '일치항일一致抗日'을 주장하였다.[13] 그뿐 아니라 국민정부의 21개 기관을 중심으로 집행위원회가 만들어져 일제히 저항 운동을 일으키고 각 단체별로 모금 및 헌혈 운동을 실시하였으며,[14] 해외 교민들에게 애국을 호소하는 선전 활동과 모금 운동을 전개하였다.[15]

1937년 7월 12일에 게재된 《중앙일보》의 첫 사평社評은 네 가지 모순점을 들어 일본군의 신축조약 위반 사실을 지적하고 "한마디로 이번 루거우차오사건은 일군이 계획한 것임에 틀림없다. 이 모든 책임은 일본이 완전히 져야 한다."라고 하면서 일본에 정식으로 항의하

11 "日方繼續徵調大軍 毫無表示撤兵誠意", 《中央日報》, 1937. 7. 13 ; "歐美關切北方局勢 德國現守中立態度", 《中央日報》, 1937. 7. 15.

12 "京市新聞", 《中央日報》, 1937. 7. 13 ; "平津各大學教授 請抗敵圖存", 《中央日報》, 1937. 7. 16.

13 "暑期留京各校學生 昨通電全國一致抗敵", 《中央日報》, 1937. 7. 16.

14 「京市新聞: 首都昨日成立 各界抗敵後援會」, 《中央日報》, 1937. 7. 16.

15 "京市各界今日商討 援助抗敵守土將士", 《中央日報》, 1937. 7. 15 ; "首都各僑務團體 今日成立抗敵後援會", 《中央日報》, 1937. 7. 19.

였다.[16] 또한 7·7사변이 결코 우연이 아닌 치밀한 전략에 따른 것이라면서 "중국 민족은 평화를 좋아하지만 국가가 생사의 절박한 고비에 처하면 모든 것을 희생하더라도 강토를 지켜내야 한다."라고 결의를 다졌다.[17] 그리고 사변이 발생한 지 한 달이 지난 후 다음과 같이 사건의 전말을 보도하였다.[18]

> 7월 8일 새벽, 일군이 루거우차오에서 완핑성 폭격을 연습했고 10일 일군은 계속 완핑성을 공격했다. 14일 일군이 대량 입관入關하고 가와구치川口사단이 전부 톈진에 도착했으며 15~17일, 일군이 계속 입관하고 적극적으로 군사를 배치하여 베이핑을 크게 포위하는 형세를 초래하였다. 18일~20일, 일군이 계속 증가하여 루거우차오를 공격하고 26일 일군이 낭방廊坊 및 베이핑의 광안먼廣安門을 공격하였다. 같은 날, 카츠키香月 일본 주둔군 사령이 쑹저위안에게 최후의 통첩을 통보했고, 29일 핑진平津에서 철수할 것을 규정하였다. 29일부터 이번 달 1일까지 일군이 집중적으로 베이핑 교외 및 톈진을 포격했다.

이 기사는 루거우차오사건 발생 이후 일본군이 확전으로 일관하고 있음을 잘 보여준다. 만주사변 이후 줄곧 "선안내후양외" 방침을 고수하며 일본과 정면충돌을 피하고 있던 국민정부가 이번 사건의 전모를 곧바로 국민들에게 알리고 있다. 《중앙일보》는 일본군의 침략 행위와 약속 불이행이 거듭되자 표면적으로 외교 협상에 의한 평화적 해결을 촉구하면서도 전 국민의 항일 의지를 북돋우며 전민 항전까지 염두에 두었던 것이다.

---

16 「社評 : 論蘆溝橋事件」, 《中央日報》, 1937. 7. 12.

17 「社評 : 和戰至最後關頭」, 《中央日報》, 1937. 7. 17.

18 「簡短的回顧」, 《中央日報》, 1937. 8. 10.

루거우차오사건에 관한 《동아일보》의 첫 소식은 7월 9일자 일면 머리기사로 보도되었다.[19] 같은 날짜의 석간에서도 "베이핑 부근에서 일·중간 충돌이 발생했는데 야간 연습 중 중국 측의 발포로 시작되었고, 오늘 새벽에 또 다시 사격으로 사태가 악화되어 일·중 양군이 격전 중"이라는 내용을 일면에 전재하였다.[20] 사건 배후에 관해서도 언급했는데 어느 조종자가 계획적으로 행동한 것으로 추정하고, 교통 두절로 인심이 흉흉한 베이핑 시가지의 사진을 게재하였다.[21]

《동아일보》는 같은 지면에 중국의 반응을 함께 실었는데 야간연습 중 일본군이 돌연 중국군에 대해 불법 공격을 가하여 중국군도 부득이 이에 응전했다는 사실과 아직 상세한 것을 모르는 까닭에 38사장師長 장즈중張自忠과 29군장 쑹저위안에 대해 상세히 보고하도록 명령하고 사건의 확대방지 조치를 취했다고 전하였다.[22] 이 기사는 "중국 측 항의"란 제목으로 일본의 입장과 다른 중국 당국이 밝힌 견해와 사건 진상을 함께 게재한 것이다. 또한 사건 발생 후, 지차冀察군경 당국이 당일 밤부터 임시 계엄령을 내려 베이핑의 각 성문이 8일 오후 2시부터 일제히 폐쇄되고 성 내외의 교통도 모두 차단되었으며, 요소마다 다수의 공안대가 증치되어 치안 유지에 나선 것으로 전하였다.[23]

《동아일보》는 루거우차오사건과 관련하여 중국 측이 여러 가지 역선전을 하고 있지만 일본 당국의 대체적 견해는 일본 측 행동이 전혀

---

19 "日中兩軍尙今對峙中 交涉不調로 戰鬪再開? 蘆溝橋衝突事件의 其後", 《동아일보》, 1937. 7. 9.

20 "北平附近에서 日中衝突", 《동아일보》, 1937. 7. 9.

21 "日中兩軍尙今對峙中 交涉不調로 戰鬪再開?" 《동아일보》, 1937. 7. 9.

22 "中國側抗議", 《동아일보》, 1937. 7. 9.

23 "北平各城門一齊閉鎖 臨時戒嚴令을 布告?" 《동아일보》, 1937. 7. 9.

자위의 범위를 벗어나지 않았다는 것이며, 해당 지역은 〈북청사변의정서北清事變議定書〉 부속 중일 교섭 공문 중에 명시된 대로 외국군이 실탄 사격을 할 때 단순히 통고만 할 뿐 연습 및 기타 조치를 자유롭게 실시할 수 있다면서 루거우차오 북측지구는 주민이 희소하여 지리상 군사 연습의 최적지이고 이번에도 반드시 예고했을 것이라고 강변하였다.[24] 이렇듯 《동아일보》의 첫 반응은 중국군의 우발적 총격으로 중일 간 충돌이 발생했으며 자위권 차원에서 공격에 나섰다는 원론적 내용이었다. 사건의 발단과 관련해서는 처음부터 중국 음모론을 제기했고 중국의 강경 대응을 비판하면서 외교 교섭에 의한 해결을 희망한다는 일본측 입장을 대변하였다.

사건 발생 이틀째, 국민정부의 왕정팅王正廷 외교부장이 급거 비행기로 귀임했고, 상하이의 각 단체들이 장제스에게 '대일 개전'을 요구하는 등 항일 여론이 확산되었다. 특히 베이핑의 대학생과 중학생들이 루거우차오사건을 계기로 항일 운동을 재연할 조짐이 나타났다. 옌징燕京 대학생 약 오백여 명이 베이핑 각 대학학생구국연합회의 지도 아래 8일 오후, 학교에 모여 학생대회를 열고 "즉시 대일 선전, 굴욕적 타협 반대, 즉시 인민 전선 결성"을 결의하며 항일의 기세를 드높였다. 이런 베이핑 학생들의 조직적인 항일 운동은 《동아일보》 지면을 통해 좌익 세력의 동향으로 기사화되었고 점차 전국의 각 대학에 파급될 것으로 예상하였다.[25] 《동아일보》는 일본의 입장을 충실히 전달하고 있지만 중국 정부와 학생·지식인들의 격한 반응을 그대로 보도함으로써 항일 열기가 확산되고 있음을 한국 내에서도 알 수 있었다.

---

24 "條約上自衛行動, 日本關係當局見解" 《동아일보》, 1937. 7. 10.

25 같은 글, 《동아일보》, 1937. 7. 10.

이때 일본 정부는 임시 각의를 열고 처리 방침을 논의했는데, 발생 원인이 중국에 있지만 일본은 사건의 불확대와 평화적 해결을 원하며, 그것이 뜻대로 되지 않으면 큰 충돌을 피할 수 없을 것이라고 겁박하였다.[26] 일본 육군 수뇌부와 외교 담당자도 사건의 근본 원인을 국민정부의 항일 정책 및 북중국의 중앙화 공작에서 찾고 오히려 시정을 요구하였다.[27] 무엇보다 중국 신문의 선동적인 배일排日 보도가 국민감정을 격발시켜 대일 여론이 악화되었다면서 앞으로 항일 테러와 같은 것이 재발되지 않도록 충분히 단속해 줄 것을 요구하였다.[28] 일본 정부와 군부는 루거우차오사건의 본질을 왜곡한 채 국민정부의 통일 정책과 항일 여론을 주원인으로 거론하며 모든 책임을 중국 정부에 떠넘겨 자신들의 광전廣田 3원칙을 관철시키려 한 것이다.

한편 《중앙일보》는 사건 초기부터 항일 여론을 주도했는데 사평·소식·통신 등의 다양한 형식을 이용하여 일본군의 폭행을 폭로하고, 중국인의 애국주의를 선양함으로써 민중의 항전 의지를 불러일으켰다. 특히 일본군의 만행에 대해 집중 보도했는데

> 적군의 폭행은 일일이 다 셀 수 없다. 모든 도시에 있는 부녀자가 폭군에게 윤간 당해서 죽거나 혹은 강간을 당해 자살한 자가 약 육백여 명이다. …… 젊은 남자들은 모두 한 곳에 모여 땅을 파서 보堡를 만든 후 대부분 옷을 벗겨 융딩허永定河로 투입 당했다. 모든 농작물을 부수어 평지로

26 "日中兩軍 各其撤退 戰雲解消?", 《동아일보》, 1937. 7. 10.

27 "事件의 根本的解決 期待키 困難", 《동아일보》, 1937. 7. 11.

28 이에 맞선 왕 외교부장은 외국 기자의 전보 등을 인용하고 "일본군의 야간연습은 온당치 않다"면서 "이번에 쌍방의 냉정한 태도로 사건의 선후처리에 나서기를 바란다."라고 밝혔다. ("日中兩代表意見不一 日高參事官의 要求를 王部長은 正式拒否!" 《동아일보》, 1937. 7. 11).

만든 까닭에 추수는 절망적이고, 기타 잔인무도한 폭행이 너무 많아서 일일이 진술할 수 없다.

라고 전하였다.[29] 또한 "도시의 동북 양문은 모두 적에게 폭격을 당했고 우리 수비군 하주궈何柱國 부대의 육칠백 명이 전부 순직했으며, 성내 거주민 삼천여 명이 모두 학살당했다."라고 일본군의 만행과 중국의 피해를 적나라하게 폭로하였다.[30]

이후로도 《중앙일보》는 일제의 만행과 파괴 행위를 숫자로 증명하였다.[31] 관련 통계 자료에 따르면 1939년 말, 전쟁 이전 108개의 전과 이상의 학교 중 94개교가 파괴되었고, 중등학교도 1,450개교가 감소되었으며, 초등학교 및 소학은 약 102,686개교가 감소되었다.[32] 특히 핑진平津·징후京滬의 교육기구는 어느 한 곳도 재난을 피하지 못했는데 개전 초기에 난카이南開대학·후난湖南대학·저장浙江대학 등이 연이어 파괴되어 평지로 변하였고, 칭화清華대학과 베이징北京대학은 일본군 주둔지로 바뀌었다. 이 때문에 《중앙일보》의 사론 「적의 범죄행위 조사」는 "우리 민중의 경제생활을 파괴할 뿐만 아니라 우리 민중의 문화생활도 박해하였다. 문화면의 죄행은 다른 죄행보다 더욱 잔혹하다"라고 비판하면서[33] 이것은 "황인종이 문명을 파괴하기 시작한 것"이라고 규탄하였다.[34] 일제가 교육문화기관을 집중적으로 파괴한 목적은 중국인을 우롱한 것이고, 애국정신을 분쇄하려는 것

---

29 "良鄉人民慘遭蹂躪", 《中央日報》, 1937. 9. 17.
30 "朔縣淪陷 全城被屠! 守軍何部亦悉數殉難", 《中央日報》, 1937. 10. 4.
31 「敵寇罪行的調査」, 《中央日報》, 1944. 4. 25.
32 吳家榮, 『中華民國教育政策發展史』, 臺北 : 五南圖書出版公司, 1990. 347쪽.
33 「敵寇罪行的調査」, 《中央日報》, 1944. 4. 25.
34 「平津浩劫中之國民」, 《中央日報》, 1937. 8. 1.

으로 판단한 《중앙일보》는 언론 보도를 통해 수많은 학생들을 교육시키며 다음과 같이 항일을 호소하였다.[35]

> 전선에서 참혹하게 살육되었다! 도시에서 뼈가 끊어지고 목이 베었다! 일어나라! 대학생, 중학생들이여 그리고 모든 지식인들아! 구국 대업은 그대들이 하는 것이다! 우리 모두가 잃어버린 땅을 수복하는 것이다! 우리가 국치를 설욕하는 것이다!

이처럼 국민정부는 전화戰禍로 교육문화기관이 대부분 파괴되었지만 신문 지면을 매개로 삼아 학생들에게 항일 교육을 시켰다. 특히 《중앙일보》가 가장 격렬하게 사람들을 격분시켜 학교에 다니지 못한 대학생과 중학생들을 항일의 길로 이끌었다.[36]

## 3. 한중 언론의 정세 분석과 전황 보도

### 1) 중일의 전략과 언론 대응

《동아일보》는 조선총독부의 언론 지침에 따라 전쟁 기사를 보도했지만 중국의 대응도 비교적 상세히 전하였다. 사변 직후 국민정부는 대학생들에게 원대 복귀 명령을 내리고 언론 통제를 강화하는 훈령

---

35 方正, 「起來大中學生!」, 《中央日報》, 1937. 11. 23.

36 张曦文, 「《中央日报》抗日宣传手段及作用研究(1937~1945)」, 天津师范大学研究生学位论文, 2012, 19쪽.

을 내렸다.[37] 루산廬山에서는 장제스蔣介石와 왕징웨이汪精衛의 주재로 각계 유력자 삼백 명이 참석한 가운데 국책 담화회가 열렸는데 옌시산閻錫山의 태도가 특히 강경하였다.[38] 이 회의에서 항일 의견이 압도적이었는데 만일 외적이 침입하여 국토를 침략하게 되면 단연코 일어나 싸울 결의가 되어 있다고 선언하였다.[39] 국민정부의 대일 방침은 중대 시국을 맞아 모든 국민이 일치하여 국난에 맞서 싸울 것을 결의한 것이다.

이때《동아일보》는 중국군 당국이 일본군과의 충돌을 각오하고 각 부대의 대량 이동을 개시하고 있다면서 국민정부와 국민당의 수뇌회의에서 장제스·왕징웨이 두 지도자에게 대일 문제를 일임한 것으로 볼 때 최후의 분기점에 도달했다고 판단하였다.[40] 7·7사변 직후 국민정부의 대응은 과거 만주사변 때와 다르게 처음부터 항전 의지를 밝혔고 정치인·군인·지식인을 비롯한 관민 일치의 항일 여론을 형성한 것이다.

장제스는 7월 19일 루산회의에서「국민에게 고함」이란 비장한 성명을 발표하고 국민정부 중앙군에 응전 명령을 내렸다. 여기에 국민정부의 외교 방향이 들어나 있는데 "루거우차오사건이 끝날 수 있는지의 여부가 마지막 고비이다. 평화로운 해결이란 우리의 입장에 충실할 수 있기를 바란다."라고 하였다.[41] 장제스는 "평화를 원하지만

---

37 "北中事態日復日惡化!"《동아일보》, 1937. 7. 17.

38 "廬山談話會의 結果 國論統一에 意見一致 일시, 공기는 비상긴장……",《동아일보》, 1937. 7. 18.

39 "廬山談話會에서 蔣氏決意를 披瀝",《동아일보》, 1937. 7. 19.

40 "北中時局最惡의 境遇에 進一步",《동아일보》, 1937. 7. 20.

41 "盧事能否結束是最後關頭境界 希望和平解決固守我方立場",《中央日報》, 1937. 7. 20.

일시적 안일은 탐하지 않는다. 전쟁을 준비하지만 싸움은 걸지 않을 것이다. 만약 전쟁이 시작되면 모든 지역은 남북을 구분하지 않고, 나이에 상관없으며, 모든 사람들이 모두 땅을 지키고 전쟁에 나설 의무가 있으며, 모든 것을 희생할 결심을 가지고 있어야 하다."라고 단호한 결의를 밝혔다.[42] 이 성명은 중일전쟁 폭발 직후, 장제스가 처음 국민정부 최고 지도자 신분으로 공개 입장을 밝힌 것이다.[43]

이때 《중앙일보》는 전 국민 모두가 함께 항전에 나설 것을 촉구하면서 아래와 같이 최후 고비의 시점을 제시하였다.

> 중화 민족의 본성은 평화를 좋아하고 민의를 대표한 국민정부의 외교 정책은 이 취지에 따라 노력하는 것이다. …… 수년 간 정부가 억울하지만 고통을 참은 것도 바로 이 때문이었다. 그러나 이런 고통을 참는 데 한계가 있고, 만약 이 한계인 국가 인격과 민족 생존을 넘어서면 우리는 더 이상 참을 필요가 없다. 이른바 "마지막 고비"는 이런 제한의 최저선이고 인내가 이미 최저선에 도달하여 우리가 희생할 수밖에 없고 끝까지 희생할 것이며, 생명을 바칠 결심 속에 우리는 최후의 승리를 추구할 것이다.

또한 "앞으로 다시는 항전하지 않고 동4성을 떼어놓을 수 없으며, 탕구塘沽협정을 체결할 수도 없고, 우리는 적과 곧바로 이판사판으로 …… 전국의 응전 이외의 다른 방법은 생각하지 않는다.…… 그 밖의 다른 길은 없다."라고 선언하였다. 그리고 만약 중국이 어쩔 수 없이

---

42 "蔣在廬山談話會席上 闡明政府外交立場", 《中央日報》, 1937. 7. 20 ; 吳景平, 「蒋介石与初期国民党的对日和战态度-以名人日记为中心的比较研究」, 『抗日战争研究』 2010-2, 33쪽.

43 이 글의 초안을 작성한 청창보(程滄波)는 《중앙일보》 사장으로 현장에 직접 머물러서 당시 장제스 및 국민정부의 입장과 대일 태도를 가장 잘 이해하는 사람이었다. (吳景平, 위의 글, 134쪽).

전쟁을 시작하게 되면 갈 곳은 두 곳뿐으로 "하나는 완전히 승리하는 것이고, 다른 하나는 멸망하는 것"이라고 밝혔다. 아울러 평화적 해결에 실패하여 "전쟁이 일어나게 되면 양국의 전국적인 대규모 전쟁이고, 생사 존망의 전쟁이므로, 그 의미를 전 국민들이 인식해야 하고, 전 세계도 인식해야 한다."라고 하면서 항전 의지를 북돋웠다. 이 글에서는 루거우차오사건의 성격에 대해 과거 일본의 침략 행위와 달리 주권을 침범한 것이고, 조약의 존엄을 무시한 것이라면서 "상대방의 태도가 우리의 최후 행동을 결정한다. 외교 혹은 전쟁을 결정하는 것은 상대방에게 있다."라고 하면서 일본의 현명한 선택을 촉구하였다.[44]

《중앙일보》의 7월 21일자 사평 「중국의 입장」은 국민정부의 외교 정책과 향후 대응 방안을 다음과 같이 밝혔다.[45]

> 국민정부의 외교 정책은 "대내적으로 자존을 추구하고 대외적으로 공동 생존을 추구하는 것"이다. 이는 십년 이래 조금도 변함없고 최근 2년 동안의 대일 외교에서 특히 이 취지에 따라 실행하였다. 중화 민족은 평화를 극히 좋아하고 오로지 아시아 각국과 공동 발전하기를 바라며 절대로 쟁탈하거나 점거하는 사건을 보고 싶지 않다. …… 평화는 스스로 제한을 가지고 있다. 제한이 왜 있는가? 즉 국가의 주권과 영토 행정은 반드시 완전해야 하는 것이다. 만약 외국 군대가 끊임없이 도발하고 우리 영토에서 자유롭게 출입하고 심지어 본국 군대가 오히려 자신의 국가 영토에 자유롭게 주둔할 수 없으면 우리는 국가의 존엄, 민족의 인격을 위해 응전하는 것이 유일한 방법이다. …… 루거우차오사변의 발전은 중국의 국가 전체와 관련된 문제이고, 이 문제를 해결할 수 있을지 여부가 바로 최후

44 「社評 : 鮮明的態度」, 《中央日報》, 1937. 7. 19.

45 「社評 : 中國的立場」, 《中央日報》, 1937. 7. 21.

의 고비가 될 것이다.

여기서 국민정부는 사태를 확대하고 싶지 않고 이번 사건을 평화롭게 해결할 수 있기를 소망했다. 구체적 방안으로 쌍방이 확정 날짜를 약속하여 동시에 군사 이동을 정지시키고, 이미 파견된 무장 군대는 제자리로 철수할 것을 제안하였다. 즉 7·7사변의 평화적 해결 방법은 외교 수단으로 협상하여 사변이 발생하기 전으로 돌아가자는 것이었다.

이와 관련하여 《동아일보》는 세 차례나 연거푸 호외를 발행하고 예상 밖의 국민당 항전 의지를 크게 보도하였다. 첫 번째 호외에서 "중국은 주권을 절대로 희생할 수 없다. 주권 보전을 위해서는 일전도 불사한다. 전쟁이 개시되면 정지할 줄 모른다는 것을 알지 않으면 안 된다."라고 하는 강경 태도를 전하였다.[46] 두 번째와 세 번째 호외도 중일전쟁의 긴박성을 알리는 데 초점이 맞추어졌다. 루거우차오 사건 이후 국민정부 지도부가 협의하여 최초로 밝힌 공식 태도는 전쟁 불확대와 국가 총동원의 병행으로, 즉자적 대응은 아니었지만 항전 의지를 강하게 드러낸 것으로 일본의 예상을 완전히 벗어났다.

이 시기 조선총독부가 가장 먼저 취한 조치는 국내의 정치적 동요나 사회 혼란을 우려하면서 유언비어의 유포 및 경제 문란과 무질서 행위 등에 대해 단속을 강화한 것이었다. 그리고 사변 이후 안녕 질서를 확보하기 위한 조치라면서 거동이 의심스런 사람 삼십여 명을 인치引致하여 거리의 불량배를 일소하였다.[47] 또한 일찍부터 치안 유

46 "自衛權遂發動 주둔군의 결의공고…", 《동아일보》, 1937. 7. 20. 호외.

47 경성부내 본정서에서 관내를 일제 검색하여 윤정원, 최천응 등의 전과자와 좀도적 등 약 30여 명을 인치하였다. ("本町署, 一齊檢索", 《동아일보》, 1937. 7. 19).

지 및 유언비어 단속에 주력하여 지역별로 연합 방호단 훈련을 실시하였다. 이런 조치들은 갑작스레 취해진 것으로 중일전쟁에 대한 총독부의 민감한 반응과 긴장감을 엿볼 수 있다.[48] 위와 같은 소식을 반복적으로 전한《동아일보》의 보도 내용은 총독부의 언론지침과 통제에 따른 것이었다.[49] 하지만 각종 기사와 논설을 통해 중일전쟁의 초기 상황 및 전망에 대한 호기심을 촉발시켰으며 결과적으로 한인들의 항전 의지를 고양시켰다.

총독부는 유언비어 단속에 특히 치중했는데 "북중사변에 대하여 일없는 사람들이 쓸데없는 유언비어를 퍼뜨려 안정된 민간에 동요를 일으킬 염려가 있다"면서 엄중한 단속과 위반자 엄벌에 나섰다.[50] 일제는 7·7사변 이후 자국에 저항하는 세력은 중국의 사억 민중 대표가 아니라 군벌의 위장 정권이라면서 한국 내에 거류하는 중국인의 보호 조치를 취하였다. 그리고 이를 위반하는 자에게는 엄한 처벌을 내렸는데 정부와 국민을 분리시키려는 음모였다.[51]

이후 한국에서는 유언비어 단속이 집중적으로 이루어졌고, 관련 기사가《동아일보》지면 중 가장 많이 등장하였다.[52] 총독부는 유언

---

48 "釜山聯合防護團員 非常召集코 訓練",《동아일보》, 1937. 7. 24.

49 "非常時局과 日常生活",《동아일보》, 1937. 7. 22.

50 "流言蜚語를 兼二浦署嚴重團束",《동아일보》, 1937. 7. 22.

51 "流言蜚語嚴重取締 춘천경찰에서",《동아일보》, 1937. 7. 24.

52 "舒川流言蜚語團束",《동아일보》, 1937. 7. 25. 대표적 사례로《동아일보》는 "평양예금회수 소동"을 크게 보도하였다. 중일전쟁 이후 각종 유언비어가 난무하면서 민심이 불안정한 상태인데 과도한 공포증으로 당장 자기 재산에 불의의 손실을 당할 것처럼 생각한다는 것이다. 실제 평양 화류가에서 "저금과 예금은 전부 군사비로 징발된다"라는 소문이 유포되자 앞다투어 우편국, 금융조합, 은행으로 몰려들어 저금 또는 예금회수 소동이 발생하였다. 이에 대해《동아일보》는 우유부단의 경거망동이라며 비상시국일지라도 질서 있고 훈련된 그리고 절도 있는 생활이 필요하다고 주장하였다. (「社說 流言蜚語의 社會的影響」,《동아일보》, 1937. 7. 27).

비어와 물가 교란뿐만 아니라 향락을 부추기는 풍기문란 행위까지 금지하였다. 예컨대 "첨단을 걷고 있는 장안의 일류 모던 뽀이와 모던 걸"의 이동 무용단을 단속했는데 북중사변 후 퇴폐풍조가 현저해졌다는 이유였다.[53] 그러나 중일전쟁은 일본군부의 치밀한 계획에 의해 준비, 진행되었고 조선총독부의 대응도 마찬가지였다. 7·7사변을 계기로 한국에서는 중일 간 충돌 상황 및 전개 양상에 대해 관심이 고조될 수밖에 없었고, 총독부는 이를 계기로 국내외 독립 투쟁의 불길이 되살아날까 우려하며 강경 대응에 나선 것이다.

중국의 신문은 항일 여론을 조성하는 한편, 자신들의 승전보를 주로 보도하였다. 전체 전쟁 기간 중 국민정부 군대는 총 4만여 차례 작전을 폈으며, 그 중 대규모 전투 22번, 주요 전투 1,170번에 2백3십7만여 명의 일본군이 살상 당하였다.[54] 대일 전면전에서 국민정부 군대가 거둔 성과는 상당한 것으로 《중앙일보》가 이에 대해 아낌없이 선전하고 주요 전투마다 사론·소식·통신 등의 지면을 통해 전쟁 상황을 적극 보도하였다.

그 가운데 1937년 8월의 쑹후회전淞滬會戰은 중국군에게 가장 힘들고 장렬한 싸움이었다.[55] 국민당의 22개 군, 50여 개 사, 총병력 칠십여 만 명이 일본군 삼십여 만 명과 격렬하게 결전을 벌였다. 국민당 군대의 2/3의 이에 해당된 하급 사관이 사상당했고, 여단급 사관도 절반 이상 손실을 입었으며, 바오산寶山을 지키던 한 영營의 사병들

53 "享樂의 尖端을 걷는 移動딴스團에 鐵槌", 《동아일보》, 1937. 7. 27.

54 万里霜, 「如何评价国民党在抗日战争中的历史作用」, 『广西大学学报(哲学社会科学版)』, 1995-3, 32쪽.

55 "閘北守軍被迫應戰", 《中央日報》, 1937. 8. 14 ; "日方續向上海增兵 兩軍昨日激戰竟日", 《中央日報》, 1937. 8. 15 ; "敵援軍昨日開到 上海大戰將爆發", 《中央日報》, 1937. 8. 16.

이 전부 장렬히 희생 당하였다. 이런 사실을 보도한 《중앙일보》는 상하이 특별 송신으로, "바오산성을 지키던 군인들 모두 순국"이란 제목으로, 바오산현을 지킨 장사들이 "위로 대장부터 아래로 사병까지 모두 희생 당했고 도시와 같이 멸망하였다. …… 쑹후항전 역사상 중요한 한 페이지를 장식했다."라고 전하였다.[56]

국민당군이 전면전 이후 처음으로 큰 승리를 거둔 1938년 3월의 타이얼좡台兒莊 전투는 이만여 명의 적을 섬멸하고, 칠천 명의 적을 사살했으며, 일만 삼천 명의 부상병을 발생시켜 연전연패의 악몽에서 벗어났다.[57] 《중앙일보》는 승리한 전투를 대대적으로 선전하며 전국 곳곳의 전선에서 용감히 적과 싸우는 사병들을 격려하였다. 그 후 1939년 5월의 수자오隨棗전투,[58] 11·12월의 구이난桂南전투,[59] 1940년 5·6월의 자오이棗宜전투,[60] 1941년 1월의 위안豫南전투,[61] 3월의

56 "寶山縣我軍 始終堅守未退", 《中央日報》, 1937. 9. 7 ; "寶山縣守軍 全部殉國", 《中央日報》, 1937. 9. 10.

57 张宪文 主编, 『中国抗日战争史(1931~1945)』, 南京大学出版社, 2001. 437~452쪽 ; 胡德坤, 『中日战争史(1931~1945)』(修订本) 武汉大学出版社, 2005. 178~180쪽 ; 军事科学院 军事历史研究部, 『中国抗日战争史』 中, 解放军出版社, 2005. 164~167쪽.

58 "鬧北我軍攻勢益猛 克復棗陽進擊隨縣", 《中央日報(重慶各報聯合版)》, 1939. 5. 21 ; "鬧北我軍乘勝追擊", 《中央日報(重慶各報聯合版)》, 1939. 5. 22 ; "鄂境我軍進展神速, 隋縣及大畈鎮均收復 敵自認犯鄂豫邊失敗", 《中央日報(重慶各報聯合版)》, 1939. 5. 24.

59 "敵犯桂邊陷我重圍 粵漢南段三路激戰", 《中央日報》, 1939. 11. 24 ; "犯桂之敵圖窺南甯", 《中央日報》, 1939. 11. 25 ; "南甯城郊混戰中", 《中央日報》, 1939. 11. 26 ; "南甯大火南門激戰", 《中央日報》, 1939. 11. 27 ; "桂南敵軍受創回竄 晉南大捷殲敵二千", 《中央日報》, 1937. 12. 8 ; "桂粵邊境敵已崩解", 《中央日報》, 1937. 12. 9 ; "粵北源潭附近激戰 豫東我軍進迫開封", 《中央日報》, 1937. 12. 10 ; "廣州敵軍呈桂動搖勢", 《中央日報》, 1937. 12. 22.

60 "我空軍炸安陸敵陣 棗陽附近敵續南潰", 《中央日報》, 1940. 5. 29 ; "棗陽方面敵再增援", 《中央日報》, 1940. 5. 31 ; "棗陽以南敵遭重創", 《中央日報》, 1940. 6. 1 ; "棗陽附近殘寇肅清 粵中敵增援遭痛擊", 《中央日報》, 1940. 6. 2 ; "襄西漸入決戰

상가오上高전투[62], 5·6월의 중티아오산中條山전투[63] 및 9·10월의 두 번째 창사長沙전투[64] 등을 연이어 심층 보도하였다.

루거우차오사변 이후 《동아일보》는 총독부의 보도 지침과 언론 통제에 따라 일본 측의 군사 전략과 선전 방침을 충실히 따랐다. 그런 가운데 외교 교섭에 의한 평화적 해결과 전면 항전을 동시 진행한 국민정부의 대응을 전하면서 이전과 다른 양상을 보인 데 당혹스러워하였다. 이런 점은 중국에 조속한 현안 타결을 요구하면서 확전으로 치달은 일본의 전략이나 조선 내의 유언비어, 풍기 문란, 시장 교란 등을 우려하며 치안 유지와 전시 대책을 신속히 마련한 총독부의 태도에 잘 나타나 있다.

《중앙일보》는 사변 초기에 전면적인 대일 항전을 불사하면서도 먼저 원상 회복에 의한 평화적 해결 방안을 제시한 국민정부의 대응책을 전하였다. 또한 일제의 만행과 파괴 행위를 적나라하게 보도하며 국민정부와 중국 민중의 일치 항전과 항일 구국 운동을 촉구하였다. 무엇보다 타이얼좡전투 이후 《중앙일보》는 국민정부군의 승전보를

---

諧段", 《中央日報》, 1940. 6. 14 ; "我軍昨晨奮回義昌, 反撲之敵正迎擊中", 《中央日報》, 1940. 6. 18.

61 "晉東豫北我軍殲敵", 《中央日報》, 1941. 1. 7 ; "東戰場攻勢將展開 豫北晉南均傳捷報", 《中央日報》, 1941. 1. 18 ; "豫東豫南我軍續捷", 《中央日報》, 1941. 1. 20 ; "豫南鄂北蠢動之敵 被我圍殲攻勢粉碎", 《中央日報》, 1941. 2. 1 ; "豫南相持洪河南北 浙西我軍分路進擊", 《中央日報》, 1941. 2. 2 ; "豫南我軍乘勝追擊 浙西連捷迫攻長興", 《中央日報》, 1941. 2. 3 ; "豫南戰局我獲全勝 沙市方面敵遭痛擊", 《中央日報》, 1941. 2. 12.

62 張憲文 主編, 위의 책, 851~862쪽.

63 "鄂北鄂中迭摧寇餤 中條山我繞擊敵後", 《中央日報》, 1941. 5. 14 ; "中條山我殲敵數萬 軍方斥敵虛妄宣傳", 《中央日報》, 1941. 5. 20 ; "浙粵攻克餘姚博羅 中條山敵已陷包圍", 《中央日報》, 1941. 5. 25 ; "中條山敵崩潰在卽 福州西北全綫大捷", 《中央日報》, 1941. 5. 26 ; "晉南豫北分路出擊", 《中央日報》, 1941. 5. 30.

64 胡德坤, 위의 책, 313~314쪽.

통해 중국 국민에게 강한 승리의 확신을 심어주는 데 주력하였다.

### 2) 국제 정세의 추이

7·7사변 이후 《동아일보》는 중국 내에서 활동 중이던 한국 독립운동 세력의 근황을 예의주시하며 다음과 같이 전하고 있다.

> 모처 정보에 의하면 중국 각지에 흩어져 있던 불령조선인의 두목 김구, 김원봉, 이청천, 안공근 등은 금번 북중사변이 발생되자 뤄양洛陽에서 회합하여 모종의 불온한 계획을 획책하고 각지에 산재한 조선인 비행사 이십여 명을 낙양으로 모이게 하여 장제스와 연락하고 그 군대와 합류하여 참가하기로 하였다는 보도가 있다는데 관계 당국에서는 이 불령조선인의 중국 내의 행동에 대해서는 벌써부터 항의한 일이 있었거니와 또 이런 일이 있다면 앞으로 그 취체를 엄중 항의하리라 한다.[65]

이 기사처럼 7·7사변 이후 중국에서 대일 감정이 악화되고 전면전이 거의 확실시되는 가운데 임정과 조선의용대가 적극 대응하여 국민정부와 긴밀한 관계를 유지하며 무장 투쟁에 나서고 있었다.

《동아일보》는 7·7사변에 관한 서구 열강의 태도도 자주 보도했는데 대부분 총독부를 통해 외부로부터 수집된 정보를 종합한 것이었다. 이에 따르면 전쟁 초기 서구의 반응은 "현재 소련이 악의 있는 언동을 행하고 있는 것 이외에 영·독·이 각국은 이번 사변이 발생하게 된 중국 측을 비판적으로 인식하고 일본에 대해서는 호의적 태도를 가지고 있는 듯하다. 반면 프랑스와 소련은 대외 관계상 반듯이 일본에 대해 호의적 태도를 표시하지 않고 있으나 구체적 행동은 하

65 "金九, 金元鳳等 洛陽에 會合", 《동아일보》, 1937. 7. 20.

고 있지 않다."라고 보도하였다.[66] 이 때 중국의 29로군이 거세게 저항했을 뿐만 아니라 현지 군 당국의 태도도 강경하여 베이핑의 외국인들을 철수시키도록 국민정부 외교부에 통달하였다.

특별히 《동아일보》는 미국의 동향을 예의주시했는데 미국 대통령이 중국 문제에 대해 중대한 관심을 표시하고 비공식 담화 형식으로 성명을 발표하여 북중국 정세를 청취하는 데 주력한 것으로 보도하였다.[67] 또한 미국 국무장관 헐이 북중 사태의 불확대 성명을 발표하고 중일 단독 교섭에 의한 사건 해결을 기대한다면서 9개국 조약국에 각서 제출을 요구하자는 견해까지 밝힌 것으로 보도하였다.[68]

루거우차오사변 이후 《중앙일보》도 국제적 지원과 동정을 얻기 위해 노력하여 "착한 사람과 친하고 사이좋게 지낸 이웃은 중국의 수천 년된 옛 교훈이며, 평화를 애호한 것은 특히 중국 민족의 한결같은 심리"라고 밝혔다.[69] 《중앙일보》는 개전 초기부터 국민정부가 취한 외교 방침을 통해 "대내적으로 자존을 구하고 대외적으로 공존을 구하는" 우호적인 대외 관계와 태도를 적극 홍보하였다. 아울러 다른 나라들의 호감을 얻기 원했고, 더 나아가 중국의 항일 전쟁에 대해 지원해주기를 바랬다. 따라서 대외 문제와 관련하여 "현재 우리나라를 지원하는 각 우방들이 더 많이 지원해 주도록 노력하고 아직까지 지원하지 않는 각 우방은 우리도 그들의 지원을 얻을 수 있는 방법을 찾을 것"이라며 매우 적극적인 외교 노력을 주장하였다.[70]

《중앙일보》에 따르면 전쟁 초기, 중국과 일정한 관계에 있던 영·

66 "北中事變과 各國", 《동아일보》, 1937. 7. 15.
67 "不穩計劃을 劃策中", 《동아일보》, 1937. 7. 17.
68 "헐長官聲明發表 북중사태 불확대 희망…", 《동아일보》, 1937. 7. 18.
69 「社評 : 和戰至最後關頭」, 《中央日報》, 1937. 7. 17.
70 「社論 : 加强外交活動」, 《中央日報》, 1938. 11. 10.

미·프는 자국의 이익을 고려해서 일본에 대해 각종 제재를 취하지 않았고, 오히려 유화책을 채택해 일본을 진정시키고 자신들은 유럽 전선에 집중하려 했다. 하지만 이들 국가는 사실상 중국의 계속 항전을 바랬는데 자신들이 가지고 있던 중국과 태평양 지역의 권익을 유지하기 위한 목적이었다.[71] 이 때문에 장제스는 외교 현안을 언급하면서 "열강과 일본의 모순을 충분히 이용하라", "국제 상황이 변하지 않은 것은 두렵지 않고 우리가 지속적으로 항전할 의지가 없을까 두렵다"라고 주장할 만큼 국제 정세를 중시했고, 낙관적으로 보았다.[72]

전쟁 초기 영·프·미 등은 일본이 일으킨 침략 전쟁에 대해 직접 개입하지 않고 안무按撫 정책으로 대응하였다. 이 때문에 《중앙일보》는 한쪽으로 국제간의 정의를 주지시키며 침략국에 대한 제재를 다음과 같이 호소하였다.

> 영국과 미국은 현재 세계의 극심한 변화 속에 동아시아를 소홀히 하면 안 된다. …… 영국과 미국 등의 나라가 현재 동아시아에 대해 가진 시각은 최소한 세계에 주는 일종의 표면적 이미지로, 자신의 이익을 지키고 있는 점에 제한되어 있다. 양국이 평화를 유지하려면 이런 관계로는 동아시아의 세계 평화를 지킬 수 없고 그 인식도 투명하지 않다. …… 만약 일본 군벌을 제재하지 않고 중국 항전에 실제적으로 신속한 지원을 하지 않으면 평화도 지킬 수 없고 법률로도 세계를 통제할 수 없을 것이다. 이 요의要義는 영·미 양국 당국이 더 알았으면 좋겠고, 더 이행하기를 원한다.

71 1937년 10월 12일 중국 주미 대사 왕정팅(王正廷)과 후스 박사가 백악관에 가서 미 대통령 루스벨트를 면담할 때 전쟁에 큰 관심을 보였고, 중국 군대가 "겨울을 지나갈 수 있을지" 물어봤다. 또한 11월 10일 영국 외상이 중국 주영 대사 궈타이시(郭泰斯)에게 중국의 전면 항전에 감탄을 표시했으며, 11월 12일 일본이 9국공약회의의 참가를 거절하자 미국 대표는 중국 대표 구웨이쥔에게 "중국이 항전을 계속적으로 유지하기를 바란다."라고 말했다.

72 張其昀, 『國民黨黨史概要』 第三冊, 臺灣中央文物供應社, 1143쪽.

이처럼 국민정부는 '동아시아의 평화 구축'이란 당위성을 내세우며, 이를 획득하기 위한 현실적 방법과 책임론을 제기하며 영·미 양국의 신속한 중일전쟁 간여를 촉구하였다.[73]

당시 국민정부의 외교 방침은 이른바 '괴로움을 참으며 변화를 기다린다[苦撐待變]'로, 중일전쟁이 점차 가열되던 1938년 후반 주미대사로 발탁된 후스胡適에 의해 처음 제기되었다. 그가 대사로 취임한 후 장제스에게 미국과 소련 모두 중국과 일본이 화해하는 것을 바라지 않음으로 소련은 중국에 대해 무기를 제공하고, 미국은 경제 원조를 해주는 것이라면서 국제 환경이 중국에 유리하도록 바뀔 때까지 기다릴 수밖에 없다고 주장하였다.[74] 그해 12월 4일 후스는 뉴욕에서 "북미 독립 전쟁과 중국 항일 전쟁"이란 연설을 하고 자신의 대일 전략을 밝혀 국민정부의 외교 정책으로 자리 잡았다.[75]

이때부터 《중앙일보》는 중립을 취한 서방 국가들이 중국에서 입은 이익 손실에 관하여 집중 보도하였다. 예컨대 일본군이 미국 영사관을 폭격하여 미국인이 사망한 소식 등, 일본의 폭행으로 야기된 피해는 중국뿐만 아니라 세계 인류 문명에 대한 선전 포고라면서 중립국의 관심을 불러 일으켜 일본과 싸우도록 자극하였다. 그러나 실제 효과는 미미했고, 《중앙일보》가 일본의 침략으로 태평양 지역에서 입

---

73 「英美共鳴與遠東」, 《中央日報》, 1938. 1. 11.

74 『民國百人傳』 第一冊, 178쪽 ; 唐培吉 主编, 『抗战时期的对外关系』, 北京 : 燕山出版社, 1997, 195쪽. 재인용.

75 후스는 1938년 유럽 및 미국을 여행하면서 당시 각 국가의 상황을 고찰하고 7월 30일 푸스녠(傅斯年)에게 쓴 편지에 처음으로 "국사가 이 지경에 왔으니 힘들게 버티고 변화를 기다릴 수밖에 다른 방법은 없다"라고 언급하였다. (唐培吉 主編, 위의 책, 194쪽).

은 중립국의 이익 손실을 대대적으로 보도하였다. 일제가 하이난海南섬을 점령하자, 《중앙일보》는 영·프·미 삼국의 극동 이익은 물론 영토까지 위협한 것이라면서 곧 일본이 태평양을 독차지하려 할 것이라고 주장하였다. 특히 일본군이 하이난섬을 포위, 점령한 것은 미국에 대한 도전으로 곧, 미국의 반응을 테스트하려는 것이라고 판단한 것이다. 그러므로 태평양 지역과 관련이 깊은 열강들이 빨리 행동을 취해 폭행을 일삼는 일본의 야심을 공격해야 한다면서 미국의 신속한 참전을 거듭 촉구하였다.[76] 이틀 후, 《중앙일보》는 다시 사론社論을 발표하고 "유럽과 아시아를 정복하려는 일본의 날카로운 기세는 반드시 태평양에 있는 최대 해군 주적을 직접 피하지 않을 것이다."라고 주장하였다.[77] 이것은 곧 미국에 대한 직접 도발을 의미하는 것이고, 미국과 태평양의 패권을 쟁탈하려는 것이며, 일본이 태평양전쟁을 발동하려면 괌과 호놀룰루를 먼저 공격할 것이라고 내다보았다.

장제스는 1939년 8월 25일 담화에서 "국제 상항이 순식간에 천변만화千變萬化하고 우리가 기회를 붙잡을 수밖에 없다"라고 하면서 항전 승리의 희망을 국제 상황의 변화에 맡겼다.[78] 아울러 《중앙일보》는 국제 정세의 변화를 기대하는 반복 선전을 통해 중립국들의 중일전쟁에 대한 간섭을 도모하였다. 드디어 미·영 등은 태평양에 있는 자신들의 이익을 일본이 위협한 것으로 인식하게 되었고, 태평양에 임시적인 수요를 위해 주둔 준비를 할 수밖에 없게 되었다. 그 후 일제가 태평양의 진주만을 공격하여 미국은 곧바로 태평양전쟁에 참전

76 「太平洋上的九一八」, 《中央日報》, 1939. 2. 12.
77 「太平洋戰禍的征兆」, 《中央日報》, 1939. 2. 14.
78 張其昀, 위의 책, 1143쪽.

하게 되었고, 정치·군사·경제·외교적으로 중국을 지원하여 항일 연합이 실현되었다.

## 4. 전시 체제와 언론 동향

7월 25일 상하이의 일본 육전대 수병이 중국인에게 피랍되면서 중일 간 무력 충돌의 위험이 한층 고조되었다.[79] 루거우차오사건 이후 일본의 사건 불확대와 현지 협상 방침에 따라 치안 유지와 유언비어 차단에만 치중하던 조선총독부는 7월말 준전시 체제를 전시 체제로 전환하였다. 기존의 '조선 내 치안 확보 삼원칙'의 철저한 실행을 강조하면서 지방관민의 분기를 촉진하여 전 조선에 전시 체제를 구축하도록 정책을 바꾼 것이다.[80]

전시 체제로 전환한 조선총독부는 북중사변으로 피난한 동포의 구제비로 25만 원을 지출하는 조치를 취하였다.[81] 이와 동시에 북중사변으로 입영하게 된 군인 가족 중 생활이 곤란하게 된 자에게 생활원조를 해주도록 결정하였다.[82] 중일전쟁이 점차 전면전으로 치닫는 상황에서 《동아일보》는 이렇게 된 이유를 말로만의 위장 평화가 아닌 실질적인 평화와 모순 현안을 해결하기 위한 것이라며 다음과 같이 논평하였다.[83]

79 "北中事變, 上海까지 飛火!" 《동아일보》, 1937. 7. 26.

80 "今日부터 戰時體制!", 《동아일보》, 1937. 7. 29.

81 "東亞短評", 《동아일보》, 1937. 7. 31.

82 "入營軍人家族生活難을 補助", 《동아일보》, 1937. 7. 31.

이번 북지北支사변에 있어서 일본의 태도는 파병 당시의 정부 성명과 마찬가지로 일지日支 양국 간 연래의 정신적 교전交戰, 시의猜疑, 갈등, 대립을 일거에 해결하여 동양평화의 신기초를 확립하려는 염원이다. 이 전쟁으로 시기를 계획하여 일지간의 모든 현안이 일거에 해결된다면 양국의 과거는 청산될 수 있고, 국교 조정도 가능할지니, 불행 중 다행이다.

이때 《동아일보》는 중국을 '지나支那'라 칭하였고, 북중사변은 '북지사변'으로 기사화했는데 모두 중국을 무시한 일본 정부의 의도에 따른 조치였다.[84]

중일전쟁이 전면전, 장기전으로 전환되면서 《동아일보》는 중국의 대응 전략을 심도 있게 분석하였다. 우선 국민정부가 구두로는 철저한 대일 항전을 제창하면서도 실제로는 스스로 최정예라고 자랑하는 중앙군과 일본군의 직접 충돌을 회피하고 군벌이나 공산당 등의 잡군으로 대응하려는 태도를 보이고 있다는 것이다. 이 시기에 북상한 중국군의 배치 현황을 살펴보면 대일 전선의 제일선은 잡군 또는 방계군을 내세우고 장제스 직계의 중앙군은 롱하이선隴海線 연안의 제이선에 머물고 있었다. 이런 현상은 장제스가 중일전쟁을 이용해 잡군과 방계군을 일소시키려는 의도로 파악되었고, 산동의 한푸추韓復渠와 산시山西의 옌시산閻錫山 등은 국민정부의 의도를 꿰뚫고 가벼이 대일전에 참가하는 것을 주저하고 있는 상태라고 보았다. 또한 장제스가 공군의 위력을 호언하면서도 지금까지 전선에 비행기를 사용하지 않는 것도 국민정부의 작전 의도가 반드시 적극적인 것이 아니고 도리어 국내 정책에

83 "橫說竪說", 《동아일보》, 1937. 7. 31.

84 일본 정부와 조선총독부는 루거우차오사변(7·7사변)을 '북중사변(北中事變)', '북지사변(北支事變)', '일지사변(日支事變)' 등으로 불렀다가 이때부터 '지나사변(支那事變)'으로 통일하기로 일본 각의에서 결정되었다, (《동아일보》, 1937. 9. 3).

중일전쟁을 이용하여 장제스가 국내 통일의 야망을 달성하려는 것으로 판단하였다.[85]

중일전쟁이 장기화되면서 관내의 인구 이동이 급증했는데 특히 한국 내 거류 중국인들이 속속 귀국하였다. 8월 들어서 부산 주재 중국 영사관원을 비롯한 81명이 철수하고 부산 영사만 홀로 남아 경성 총영사와 협의하여 거류민 철수 대책을 세웠다.[86] 1931년 7월에 발생한 만보산사건과 그 이후의 한국 화교배척사건이 한국 거류 중국인들에게 큰 상처를 남겼던 만큼 중일전쟁은 더 심각하게 인식되었다. 또한 중일전쟁 이래 만주 일대에 거주한 한인들의 생활 곤란이 심각했는데 특히 식량난이 극심하였다.[87]

《동아일보》는 국제 동향과 관련하여 소련이 경거망동하면 독일은 묵시하지 않고, 프랑스는 경계하며, 미국 여론은 냉정할 것으로 판단하였다.[88] 따라서 중일전쟁은 현지 당사자 간의 협상으로 쉽게 해결될 수 있을 것으로 예측했지만 실제로는 그렇지 못했다. 전쟁이 길어질수록 자원과 경제력이 빈약한 일본은 식민지 착취에 의존할 수밖에 없었다. 가장 먼저 한국·대만에서 사변특별세의 징수가 8월 12일부터 실시되었고,[89] 일본 수상과 대장상은 증세 불가피론을 공공연히 제기하였다.[90] 일본 귀족원이 중일전쟁의 예산을 별도로 책정했지만[91] 그것으로는 턱없이 부족하여 전시 공채의 발행을 통해 부족

85 "蔣, 北支事變利用 國內統一劃策?", 《동아일보》, 1937. 8. 6.
86 "釜山支, 領館員撤退 一行八十一名이 上海丸으로", 《동아일보》, 1937. 8. 13.
87 "식량을 급송 북중주민을 위하여", 《동아일보》, 1937. 8. 21.
88 "北支事變과 列國態度", 《동아일보》, 1937. 8. 27.
89 "事變特別稅 12일부터 실시", 《동아일보》, 1937. 8. 11.
90 "支那事變持續되면 增稅斷行不可避", 《동아일보》, 1937. 9. 14.
91 "事變豫算成立", 《동아일보》, 1937. 9. 9.

한 전쟁 경비를 충당하려고 했다. 그러나 조선 우편국에서 발행한 전시공채 3억 원이 좋은 성적을 거두지 못하자,[92] 각종 언론 매체와 시국 강연을 통해 적극적으로 선전에 나서면서 전시 공채의 판매 성적이 호전되었다.[93] 당시 일본 육군과 해군이 각각 별도의 예산을 집행하였기 때문에 그만큼 효율성이 떨어졌다.[94]

국민당의 입과 혀의 역할을 해온 《중앙일보》는 전쟁이 전면전, 총력전 양상으로 바뀌면서 우선 국공합작 소식을 적극 알렸다. 1937년 9월 22일 국민당이 〈중국 공산당중앙위 공포 국공합작선언〉를 발표하였다. 그 다음날 장제스가 루산담화를 통해 전국에 공산당의 합법 지위를 공개적으로 인정하고 국공 양당의 합작을 공식 선포하였다. 9월 23일자 《중앙일보》는 머리기사로 큰 제목의 '중국 공산당이 어제 소식을 발표했다'란 기사를 게재하고 내용 중에 중국 공산당 중앙위원회가 발표한 선언 및 투쟁 목표를 전하면서 "중화 민족의 독립적 자유 해방을 쟁취하고 …… 중국 공산당 중앙위원회는 민족 해방사업에 자신의 진심을 받칠 필요가 있다."라고 보도하였다. 공산당에 대해서는 "광명정대하고 공평무사하며 일이 성사되기 위해 희생하는 기개가 이미 전국 동포에게 언론과 행동을 통해 명백히 드러났으며, 이미 동포들의 칭찬을 얻었다."라고 긍정적인 평가를 내렸다.[95] 이후 《중앙일보》는 많은 지면을 할애하여 핑싱관平型關전투와 같이 팔로군의 전과, 전술, 민중과의 관계 등을 신속히 보도하였다.[96] 비록 《중앙

92 "事變國債 明日부터 發賣", 《동아일보》, 1937. 11. 16.

93 "事變國債好成績", 《동아일보》, 1937. 11. 18.

94 "事變戰費豫算 陸海當局, 別個로 提出", 《동아일보》, 1937. 11. 22.

95 "中國共產黨昨發表消息", 《中央日報》, 1937. 9. 23.

96 "平型關我軍大勝利 毙敵三千俘獲亦衆", 《中央日報》, 1937. 9. 25 ; "由平型關說到寧武關", 《中央日報》, 1937. 10. 1 ; "圖犯平型關受創後 敵大擧進犯雁門關", 《中央

일보》는 중국 공산당과 휘하 군대가 항일 전쟁에서 맡은 중요한 역할을 대대적으로 선전하지 않았지만 국공합작의 성과를 알리는 데 부족하지는 않았다.

이 시기 《중앙일보》는 종군 기자들의 생생한 현장 보도를 통해 순국한 군인들의 희생 과정을 전함으로써 나라를 위해 희생한 충성스럽고 용감한 장병들을 찬양하고, 중국 민중들에게 일치항일을 격려하며 애국심을 일으키는 논조를 유지하였다.[97] 또한 국내의 항전 소식뿐만 아니라 마오수칭毛樹清·라오수런樂恕人 등의 종군 기자를 직접 유럽 전선에 파견해서 국제전의 생생한 상황을 전하였다. 그밖에도 일제의 악행을 보도함으로써 해외 화교의 물질적 지원을 이끌어냈고, 중립적 태도를 취하지만 서로 이해 관계가 충돌한 서구 국가를 선동하여 참전을 유도하였다.[98] 1937년 10월 2일 《중앙일보》는 「해외교포의 정신」을 발표하여 해외 화교의 애국, 애당을 호소하며 항전의 결연한 각오를 밝혔다. 이와 같은 《중앙일보》의 홍보로 국민정부가 발행한 오억 위안의 구국국채 중 절반을 화교가 구매하였다.[99] 그뿐 아니라 해외 교포들이 국가의 경제 역량을 증강시키기 위해 급수물자를 보내왔고, 심지어 비행기까지 기증하는 자도 있었으며, 많은 교포들이 귀국해서 직접 항전에 참여함으로써 국민정부의 인력과

---

日報》, 1937. 10. 3 ; "第八路軍收復朔縣", 《中央日報》, 1937. 10. 5 ; "晋北伐軍捷音迭奏 平型關收復猛攻代縣", 《中央日報》, 1937. 10. 16 ; "今日的朱彭", 《中央日報》, 1937. 10. 16.

97 「社評: 張烈的榮光」, 《中央日報》, 1937. 10. 30 ; 「社評: 民族人格之表現 -弗寶山城中六百義士」, 《中央日報》, 1937. 9. 11.

98 종전을 앞두고 《중앙일보》는 사설을 통해 중국이 2차 세계대전 중 태평양전쟁에서 이룬 중요한 공헌을 설명하고 적합한 국제 지위 및 대우를 요구하였다. (张曦文, 위의 글, 25~26쪽).

99 體仁, 「海外僑胞的救國精神」, 《中央日報》, 1937. 10. 2.

물자 부족 사태를 완화시켰다.

중일전쟁이 해를 넘기면서 《동아일보》는 전쟁 원인과 진행 과정을 평가하고 서구 열강의 태도 변화에 주목하였다. 애당초 일지사변은 7월 7일 루거우차오사건으로 시작되었고 8월 9일 다산大山사건에 의해 전면 충돌로 변했지만 그 연원은 실로 심각하여 조만간 폭발할 것이 폭발한 데 불과한 것으로 보았다. 중국의 전면적 대일전 태도는 7월 19일 루산회의에서 공표된 장제스의 성명으로 나타났고, 8월 14일 상하이에서 중국 비행기의 공중 폭격을 빌미로 일본은 8월 15일 단호한 조치를 취하지 않을 수 없게 되었다면서 전쟁 불가피론을 꺼냈다.[100] 그리고 중일전쟁에서의 승리를 기원하는 격려의 글을 연속 게재하였다.[101]

1938년 11월 3일 일본 정부가 〈동아신질서선언〉을 발표했는데 '제3차 고노에近衛선언'이라고 하며 "일본·만주·중국 삼국이 합작하여서 동아시아의 새로운 질서를 건설하는 것"을 목표로 삼았다.[102] 이것은 대중국 정책의 방향 전환을 공개 표명한 것으로, 중국 내에 새로운 친일 괴뢰 정권을 양성, 강화시켜서 국민정부를 몰락시키려는 전략이었다. 11월 30일 일본 어전회의에서 〈일중 신관계 조정을 위한 지침〉이 통과되었는데 "일본·만주·중국 삼국이 동아시아 신질서를 건설하려는 이상 아래 우호적 이웃으로 서로 결합하고 동아 평화의 중심을 형성할 것을 공동 목표로 한다."라고 제안하였다. 이에 따라 호혜를 기초로 한 일본·만주·중국의 일반 합작 원칙을 제정하였

100 "支那事變의 全貌", 《동아일보》, 1938. 1. 1.

101 "山田忠次(遞信局長), 資源開發 經濟提携目標로 各種施設을 充備 上", 《동아일보》, 1938. 1. 8.

102 日外務省 編, 『日本外交年表和主要文書』 下卷(1840~1945), 1969年 再版本, 『文書』, 401쪽 ; 唐培吉 主編, 위의 책, 196쪽. 재인용.

다. 특히 "선린 우호, 공동 방공, 경제 합작"의 원칙을 제정해야 한다면서 이러한 3원칙에 관한 상세한 규정 사항을 작성하였다.[103]

일본 어전회의의 방침에 따라 12월 6일 일본 육군성 참모본부가 〈소화昭和13년 가을 이후 대중국 처리 방법〉을 제정했으며 중국 관내에서 친일 정권의 육성을 위한 움직임이 노골화되었다. 중국 경제는 임시 응급 정책을 채택하고 군대의 급수 물자와 치안 등을 총동원하고 보충하는 전시 총동원이 진행되었다. 일본 군벌은 국민정부에 대해 정치 투항의 권고를 위주로 하고, 군사 공격은 보조로 사용하는 방침으로 바꿨다.[104]

이런 상황 변화 속에서 《동아일보》는 국민정신 총동원을 반복 선전하면서,[105] 공개적으로 "일상생활의 부자유를 인내하고 전선 장병을 상상하라"면서 전 국민의 와신상담의 결심이 필요하다고 선전하였다.[106] 중일전쟁이 3년 차에 접어들면서 전시 물자의 부족이 더욱 악화되었다. 이 때문에 한국에서는 대부분의 물자가 식민 당국의 통제 아래 배급제로 관리되었다.[107]

중일전쟁의 발발 후 8개월 만에 일본은 북중국 전역을 점령하고 다시 5개월 만에 국민정부의 수도인 난징 공략에 성공하였다. 계속하여 일본은 쉬저우徐州·우한武漢·광둥廣東·난닝南寧·이창宜昌의 공략을 감행하여 사백여 주가 완전히 일제의 지배 아래 귀속되었다. 1938년

103 日外務省 編, 위의 책, 405쪽 ; 唐培吉 主編, 위의 책, 198쪽. 재인용.

104 唐培吉 主編, 위의 책, 199쪽.

105 "國民精神總動員으로 時局을 再認識", 《동아일보》, 1938. 4. 27 ; "軍需工業動員事項만의 國家總動員法實施", 《동아일보》, 1938. 5. 5.

106 《동아일보》, 1938. 7. 3.

107 "新物動計劃要綱", 《동아일보》, 1939. 5. 12 ; "石油聯盟이 供給體로 朝鮮內石油配給統制", 《동아일보》, 1940. 3. 1.

11월 13일 장제스는 담화를 발표하여 "항전은 이미 전국 통일을 초래했고, 국민이 단결하면 어떠한 강적도 충분히 무섭지 않을 것이다" "중국 항전의 미래는 갈수록 광명해진다"라고 하여 지속적인 항일 태도를 천명한 것으로 일제의 고노에 선언에 맞섰다.[108]

그런데 새로운 동아시아 건설을 목표로 내세운 고노에의 세 번째 선언에 왕징웨이가 호응하여 장제스를 제쳐 두고 일본과 화해를 구하는 방향으로 나아갔다. 11월 30일 일본 어전회의에서 〈일중관계의 조정방침〉이 통과되었고, 12월 18일 왕징웨이가 쿤밍昆明에 도착한 후 12월 22일 고노에 수상이 제4차 선언을 발표하였다. 여기서 일본은 "중국과 같이 우려를 느꼈고, 탁견인사와 합작하고" 새롭게 탄생한 중국과 관계를 조정해서 "일본·만주·중국 삼국은 서로 선린 우호하고 공동 방공과 경제 합작을 실행할 것을 같이 계획한다."라고 공언하였다. 이것이 고노에 삼원칙으로, 왕징웨이는 12월 29일자 홍콩 《화남일보華南日報》에 이를 평화 원칙으로 받아들인다는 취지의 글을 발표하였다. 이어서 자신을 국민정부의 수반으로 한 친일 괴뢰 정부가 성립되었다.[109]

그러나 《동아일보》는 이것만으로 사변의 앞날을 낙관하는 것은 절대 금물이라고 판단하였다. 그 이유는 "항일의 미몽에서 깨어나지 못한 장제스 정권이 아직도 집요하게 준동을 계속하고 있다"는 것이고, 그뿐 아니라 동아시아의 전체 형세와 이를 둘러싼 국제 동향을 통찰하면 의연히 타개할 난관이 오히려 앞에 가로 놓여 있음을 알 수 있다는 것이다. 따라서 "현재의 실정을 다시 성찰해 보면 자못 눈앞의

108 唐培吉 主編, 위의 책, 204쪽.

109 汪僞宣傳部 編, 『和平反共建國文獻』 第1輯, 『中國之部』, 1쪽 ; 唐培吉 主編, 위의 책, 207쪽. 재인용.

안일만 도모하는 것을 불허하는 바가 있으니, 집요한 장제스 정권이 의연히 장기 항전을 지속하고 있고, 또 영국·소련·프랑스 등이 그와 형영形影을 같이하고 있는 사실이다. 아직도 장정권을 괴멸시키기에는 앞으로 남은 날이 있고, 제삼국의 간여를 철저히 배제하는 것이 남은 과제"라고 전망하면서 매우 신중한 반응을 보였다.[110]

시간이 흐를수록 중일전쟁의 외연이 극동의 범위를 완전히 초월한 것은 말할 필요가 없었다. 7·7사변에 의한 중일전쟁은 동아시아를 무대로 한 열강의 각축장으로 확대되었다. 《동아일보》의 판단에 따르면 일제에 대한 영·프의 압력은 최근 점차 퇴색되고 있지만 그 대변자요 대행자인 미국의 태도가 더욱더 노골화되고 있었다. 또한 소련은 표면적으로 불개입의 태도를 취하고 있으나 항일을 공공연히 밝히며 장제스 정권을 지원하였다. 요컨대 일제의 대소對蘇전력 소모와 대중對中 장기전에 의한 피폐는 그들이 목표로 삼았던 '극동의 자주원칙 실현' 즉 '동아신질서 건설의 전도'가 쉽지 않다는 것을 명백히 보여주었다. 1940년대로 접어들면서 일제는 전 국민의 각오를 다지며 관민 일체의 건국을 더욱 강조했고,[111] 중일전쟁의 수행을 방해하려는 제삼국의 간여를 단호히 배격하였다.[112] 그 결과 식민지 한국은 병영 체제로 바뀌었었으며 그 과정에서 《동아일보》·《조선일보》 등의 민영 일간지가 모두 폐간되었다.

110 "支那事變二周年", 《동아일보》, 1939. 7. 7.

111 "支那事變第三周年", 《동아일보》, 1940. 7. 7.

112 "事變遂行을 妨害하는 第三國斷乎排擊", 《동아일보》, 1940. 7. 8.

## 5. 맺음말

중일전쟁의 서막이 되었던 루거우차오사건과 관련해서《동아일보》는 처음부터 중국의 음모론을 제기했고 발생 직후 중국의 강경 대응을 비판하면서 외교 교섭에 의해 조속한 사건 해결을 희망한다는 일본의 입장을 대변하였다. 전반적으로《동아일보》의 초기 반응은 일본의 입장을 충실히 전달하고 있지만 국민정부의 항전 의지와 중국인들의 항일 운동도 여과 없이 보도함으로써 이전과 달리 중국 내 항일 열기가 확산되고 있음을 시사하고 있다.

국민정부를 대변한《중앙일보》는 루거우차오사건에 대해 본래부터 예정된 계획이며, 그 책임도 전적으로 일본에 있다면서 중국은 자위를 위해 어쩔 수 없이 응전한 것이라고 주장하였다. 그리고 만약 국가 존망의 절박한 고비에 처하게 되면 어떤 희생을 치르더라도 반드시 강토를 지켜내야 한다는 결의를 밝혔다. 이 시기에《중앙일보》가 항일 여론을 주도했는데 사평·소식·통신 등의 다양한 지면과 형식을 활용하여 일본군의 만행을 폭로하고, 애국심을 고취시키는 등 중국 국민들이 항전에 헌신하도록 독려하였다.

애당초 루거우차오사건을 확전으로 몰아간 일제는 국민정부의 강경책과 민중들의 반일 감정을 빌미로 삼아 전면전이 불가피하다며 거국적인 지원과 국민운동에 나섰다. 일본의 전황을 상세히 밝힌《동아일보》는 이 사건이 일본의 동아시아 지배 전략의 시발점이고, 전면전으로 확대될 것임을 보여주고 있다.《동아일보》의 보도 내용은 식민 당국의 지침과 통제에 따른 것이지만 각종 기사와 논설 등을 통해 국민정부의 항전 의지와 초기 대치 상황 및 전망 등에 대한 관심을 고조시켜 항일 여론을 확산시키는 결과를 낳았다.

만주사변 이래 국지적으로 확산된 중일 간의 갈등이 루거우차오사건을 전환점으로 전면전 양상을 띠게 되었다. 당연히 식민지 한국에서는 전쟁 상황과 승패에 대해 관심이 고조될 수밖에 없었다. 조선총독부는 이를 계기로 국내외 한국 독립운동의 불씨가 되살아날까 우려하며 적극 대응에 나섰다. 이는 사변 발생 십여 일 만에 총독부가 대민 선전책을 강구하고 거국일치의 전시 지원 체제를 준비하는 데서 확인된다. 《동아일보》는 중국 내의 대일 감정이 악화되고 장기전이 확실하게 될 때, 임정과 조선의용대 등의 독립운동 조직이 뭉쳐 국민정부와 긴밀한 관계를 유지하며 항일 무장 투쟁에 나선 것에 주목하였다.

《중앙일보》는 서구 열강의 동향을 주시하였다. 당시 국민정부의 외교 방침은 대내적 고난에도 불구하고 대외적 여건이 바뀔 때까지 기다리겠다는 것으로, 장기전에 의해 국내외의 형세 변화를 유도하겠다는 전략이었다. 이에 따라 《중앙일보》는 일본의 계속된 침략으로 유럽과 미국이 중국을 포함한 동아시아 지역에서 당하고 있는 손실을 연이어 보도하였다. 국제 정세의 변화를 촉발시키는 여론전을 통해 중립 국가들의 전쟁 개입을 내심 기대한 것이다. 그 결과 미·영 등이 자국의 이익을 지키기 위해 아시아·태평양 지역에 군사 간섭을 준비하게 되었다.

《동아일보》는 조선총독부의 〈시국에 관한 지도방침〉을 토대로 처음부터 '내선일체'를 실현하기 위한 각종 정책을 이행에 옮겼다. 그리고 재정 불안과 생필품 부족 현상이 일상화되면서, 총독부에 더욱 강력한 전시 물가 대책을 주문하였다. 이것은 민중 생활의 안정을 빌미로 국가 경제 전반에 대한 통제를 강화하려는 의도였다. 일본은 개전과 동시에 만주사변처럼 단기간 내에 중국의 타협을 이끌어낼 수 있다고 생각하였다. 그러나 예상과 다른 국민정부의 즉자적 무력 대응과 장기적 전면 항전 의지에 당혹해 하면서 더 이상의 확전과 제삼국의 개입을 차단하려는 전략을 모색했지만 결과는 전혀 달랐다.

《동아일보》는 일본의 표면적 부분적 승리에 도취하지 않고, 앞으로 예상되는 장기전, 전면전을 위한 전략과 재정 경제 대책을 위주로 논하였다. 그러나 갈수록 거세어진 확전의 소용돌이 속에서 일본이 해결할 수 있는 군사·경제·재정의 전쟁 수행 역량은 한계가 뚜렷하였다. 식민지 당국은 언론 매체와 시국 강연회를 통해 국방 헌금, 승전 기원, 전시 체제 등을 연일 강조하였고, 그 만큼 전쟁의 어두운 그림자가 깊어졌다. 중국의 장기 항전에 일제는 확전과 장기 건설로 맞섰고, 전쟁 발발 일 년여 만에 식민지 한국은 대륙 침략의 희생물로 전락되었으며 총체적인 착취와 핍박에 시달려야 했다.

1940년대 들어서 전쟁이 중국 대륙의 범위를 초월하여 아시아·태평양으로 확대되었다. 《동아일보》는 중국에서 일본의 전력 소모와 장기전에 의한 피폐로 동아신질서 건설이 쉽지 않다고 판단하였다. 하지만 일제는 본국과 식민지 국민의 각오를 다지며 관민 일체를 강조하고, 제삼국의 간여를 배격하면서 전시 병영 체제를 구축하였다. 그 과정에서 대부분의 식민지 언론 활동이 원천 봉쇄되었고, 《동아일보》와 《조선일보》도 폐간되었다.*

---

* 이 글은 「중일전쟁시기 한중 언론의 정세파악과 시국대응 -『東亞日報』·『中央日報』를 중심으로」, 『中國近現代史研究』 第84輯, 韓國中國近現代史學會, 2019, 103~132쪽을 수정 보완한 것이다.

# Ⅱ. 중일전쟁 시기 국공 양당의 한국관 : 《중앙일보》·《신화일보》·《해방일보》

## 1. 머리말

일제강점기 한국 독립운동을 위한 중국의 다양한 지원과 협력은 큰 힘이 되었다. 그렇지만 독립운동 세력에 대한 이중적 대응이나 임정 승인의 보류, 광복군 예속화 등은 중국 국민정부의 진정성을 의심하게 만들었다. 이 때문에 표면적으로 관계가 아주 긴밀했던 것처럼 보이는 중일전쟁 시기 중국의 대한對韓 인식을 재검토할 필요가 있다. 국민정부나 공산당이 한국을 장차 해방될 독립 국가로 인정하여 우호·협력의 호혜 관계를 구상했는지, 아니면 과거의 중화 질서에 기초한 사대자소事大字小 관계로의 회귀를 모색했는지 확인하는 것이다. 이를 위해 중일전쟁으로 제2차 국공합작을 이룬 중국 지도자들의 한국관과 식민지 상황 및 한국 독립운동에 대한 보편적 인식이 선행되어야 한다.

이 시기 한중간 상호 인식과 교류에 관한 이해는 전쟁 당사자인 중일의 시국 상황, 한국 독립운동 세력의 주체적 조건, 국제 정세의 외부 조건 등을 고려하면서 임정 위주의 독립운동에 초점이 맞추어져 왔다.[1] 상대적으로 조선의용대를 비롯한 항일 무장 투쟁이나 동북 항일연군 등 좌익 독립운동과 중국의 관계는 제대로 다루지 못하였다.[2] 또한 임정과 국민정부 사이에 진행된 외교 및 항일 활동을 분석했지만 국가 간 공식 관계가 아닌 사적 후원 관계로, 독립운동의 후원과 임정 승인을 위한 노력이 대부분이었다.[3]

이 시기의 양자 관계는 한국보다 중국을 둘러싼 대내외 여건에 좌우되는 중국 우위의 일방적 관계였다. 중국 공산당과 한국 독립운동의 관계도 마찬가지로, "조선 혁명은 중국의 주변 혁명으로 중국 혁명이 승리하면 곧바로 조선 혁명도 승리한다."는 '동아시아연대'의 시각이 압도적이었다. 더구나 만주에 거류한 한인들은 중국 내 소수민족일 뿐 '일국일당一國一黨' 원칙과 중국 혁명 노선에 따라야 한다는 논리가 지배하였다.[4] 중국 공산당은 국제 반일 통일 전선의 일환으로

---

1 여기서는 중국의 재중 한인 인식에 나타나는 양면성 곧 일제 침략의 구실을 제공했다는 부정적 측면과 항일 연대 투쟁이라는 긍정적 요소를 함께 지적하고 있다.(秋憲樹, 「大韓民國臨時政府와 中國과의 關係」, 『한국사론』 10, 과천 : 국사편찬위원회, 1987, 10쪽 ; ――――, 「중국국민당 정부와 한국 독립운동」, 『한민족독립운동사』 6, 과천 : 국사편찬위원회, 1989. 참조) 또한 한중 수교 이후 중국 공산당 관련 사료 및 신문·잡지의 열람이 가능해지면서 1940년대 전후의 한국 독립운동을 둘러싼 국공 양당의 정치적 모색과 외교 역할 및 대한 인식에 관하여 본격적인 논의가 이루어졌다.(장세윤, 「1940년대 전반기 중국국민당 정권의 한국 독립 문제 인식과 대응」, 『한국근현대사연구논총』(오세창화갑기념), 대구 : 간행위, 1995 ; ――――, 「항일 전쟁기 중국 공산당의 한국 독립 문제 인식과 대응」, 『한국 독립운동사연구』 9집, 충남 천안 : 한국 독립운동사연구소, 1995).

2 秋憲樹, 위의 글, 『한국사론』 10, 10쪽.

3 호춘혜 저·신승하 역, 『중국 안의 한국 독립운동』, 서울 : 단국대출판부, 1978 ; 오경평, 「抗戰時期의 韓國臨時政府의 承認에 대해 中國 國民政府가 가졌던 態度에 대하여」, 『東方學志』 92, 서울 : 연세대국학연구원, 1996 ; 崔鳳春, 「대한민국임시정부와 중화민국정부의 관계」, 『한국 민족독립운동사연구』 16, 서울 : 한국 민족독립운동사연구회, 1997 ; 石源華, 「중국 공산당과 대한민국임시정부의 관계」, 『한국 민족독립운동사연구』 16, 서울 : 한국 민족독립운동사연구회, 1997.

4 김창순, 「중국 공산당과 좌파 한국 독립운동」, 『한민족독립운동사』 6, 과천 : 국

한국 독립운동을 이해하였고, 동아시아 피압박 민족의 반일·반파시스트 투쟁의 연대를 강조했지만 자신들 위주의 선도적 위상은 포기하지 않았으며 중국 내 한인들에게 충실한 분신이 되어줄 것을 노골적으로 요구하였다.[5]

중일전쟁 이후 중국의 대한 인식을 이해하고 그 의도를 파악하려면 국공 양당의 기관지를 면밀히 분석할 필요가 있다. 이 시기 한중관계는 중국 내의 정치·군사·경제 상황과 대일 관계 및 국제 정세의 변화, 임정과 기타 독립운동 세력이 안고 있는 여러 문제점들이 복합적으로 연루되어 있기 때문에 어느 일면만 가지고 판단을 내리기는 더욱 어렵다. 특히 7·7사변 이후 일본과의 전면전으로 국공 양당은 다시 협력을 통한 국난 극복의 길에 나섰다. 이 과정에서 임정과 국공 양당의 관계가 긴밀해졌지만 현안에 따라 각기 다른 인식과 대응을 보여주었다.

국공 양당 기관지에는 식민지 한국의 착취 상황과 임정·조선민족혁명당·조선의용대 등 한국 독립운동 세력의 중국 내 활동 상황 및 한중 연대를 다룬 기사나 논평들이 쏟아졌다. 그러므로 7·7사변 이후 국공 양당의 기관지들이 일제의 한국 지배와 자국 침략에 관해 어떤 인식을 가졌고, 어떻게 대응하였는지 살펴봄으로써 20세기 전반 한국과 동아시아에 대한 중국의 시각을 파악할 수 있다.

이 무렵 국민당 중앙의 기관지는 《중앙일보中央日報》로 난징南京·충칭重慶·선양瀋陽 등지의 열두 곳에서 발행되었고,[6] 그런 만큼 국민당은

---

사편찬위원회, 1989, 120쪽.

5 韓相禱, 「화북조선독립동맹과 중국 공산당」, 『역사학보』 174, 서울 : 한국역사학회, 2002, 134~135쪽.

6 내용면에서 중앙일보는 반공을 전면에 내걸었고 모든 분야에 걸쳐 당치를 강조하였으며 각종 제도와 경제적 우위를 바탕으로 여론을 주도하였다. 《중앙일보》

물론 일반 중국인들의 한국관을 형성하는 데 큰 영향을 미쳤다.[7] 공산당 중앙은 두 종류의 기관지를 발행하였는데 옌안延安소비에트 지역의 《해방일보解放日報》와 국민당 통치구에서 공개적으로 발행된 《신화일보新華日報》가 있었다. 후자는 1938년 1월부터 국민당 통치 지역에서 발행되어 공산당의 정책 방향과 시국 대응을 국민들에게 직접 공개적으로 알렸다.[8] 전자는 1941년 5월 옌안에서 창간되었는데 항일혁명 근거지 투쟁, 독소獨蘇전쟁, 정풍整風운동 등 국내외 문제들과 당내 혁명 운동에 대한 당 중앙의 견해를 밝히는 역할을 하였다.[9] 《신화일보》와 《해방일보》는 한국 독립운동에도 깊은 관심을 가졌는데 활동 지역과 선전 대상이 달라 현안마다 논점이 달랐다. 전쟁 중 국공 양당 기관지는 대중의 선전과 교화란 이중 목적을 달성하기 위해 시국 현안의 분석과 대응에 적극적이었다. 그런 가운데 국공 양당은 한국 문제에 대해 견해를 드러냈고, 이를 비교 분석함으로써 전후 한중 관계의 깊이와 무게, 방향 등을 가늠할 수 있다.

---

는 발행 부수나 광고에 있어서 다른 민영 신문을 압도하며 매우 빠르게 성장하였다. (方汉奇 主编, 『中国新闻事业通史』 第二卷, 中国人民大学出版社, 1996, 354~356쪽).

7 《중앙일보》에 관한 상세한 내용은 본서 제1부 제2장 '관영 언론의 현황' 참조.

8 왕밍(王明)·보구(博古)·우위장(吳玉章) 등 중국 공산당 장강국(長江局) 인사들에 의해 관리된 《신화일보》는 1938년 8월 충칭·광저우·시안 등지에 분관을 설치하여 전국 규모의 당보로 자리 잡았다. (刘家林 编著, 『中国新闻通史(下)』, 武汉大学出版社, 1995, 303~306쪽).

9 刘家林 编著, 위의 책, 274~276쪽.

## 2. 항전 전략과 동아시아 연대론

1937년 7월 7일 일본군의 루거우차오蘆溝橋 진공으로 시작된 중일 간의 무력 충돌은 이틀 후 쌍방이 동시 철병撤兵하는 의정서를 체결함으로써 마무리되는 듯하였다. 그러나 국민정부는 루산廬山회의에서 중앙군을 동원하여 대일 항전에 임할 것을 결정하였다. 장제스가 루거우차오 사건을 최후의 전환점으로 인식하여 전면전을 선언한 것이다. 이로부터 제2차 국공합작이 빠르게 진행되어 8월에 홍군紅軍이 국민정부군의 팔로군八路軍으로 편입되었고, 9월 28일 마침내 결실을 맺었다.

중국 언론은 일제 침략의 실상을 알리는 한편 동아시아 각국의 항일 연대 투쟁을 제기하였고 이제까지 일제와 맞서 싸운 한국 독립운동에 각별한 관심을 보였다. 공산당 주간지인 『군중群衆』은 3·1운동을 한국 민족의 영광스러운 역사로 평가하면서 만주사변 이후의 무장 투쟁과 7·7사변 이후 더욱 활발해진 독립운동을 상세히 소개하고 동북항일연군의 제2군과 제7군이 대부분 한국인으로 구성되었음을 상기시켰다.[10] 또한 이들이 일본의 탄압과 회유에 굴하지 않고 중국 항전에 나선 것과 공산당의 지도 아래 서로 존중하고 충고하며 발전하고 있는 사실을 강조하였다. 한중간 갈등 요인이 되었던 동만주의 간도間島 한인 문제와 관련해서는 "중한 민족이 친밀히 연합하여 공동

---

10 許滌新, 「危機百出的敵國內部」, 『群衆』 第1卷 第6期, (1938. 1. 15) 『군중』은 국통구에서 중국 공산당이 발행한 주간지이다. 1937년 12월 11일 한커우에서 창간된 후 이듬해 12월 정간되었다가 같은 해 12월 충칭에서 복간되었다. 1943년 1월 반월간으로 바뀌었는데 1946년 6월 상하이로 옮긴 후 다시 주간지로 1949년 10월까지 발행되었다.

항일에 나섬으로써 간도에 한인 민족 자치구를 세우자"는 협력 방안을 제시하여 항일 투쟁을 위한 연대와 한민족의 독자 생존권을 동시에 성취하고자 했다.[11]

동아시아 연대론은 공산당에 의해 주로 제기되었다. 국민당 통치구의 공산당 기관지였던 《신화일보》는 항전 이후 김구에 관한 논평 기사를 통해 반일 혁명 전쟁에서 한중 양국의 형제가 서로 손잡고 싸우자고 역설하면서 식민지 한국의 상황을 자세히 소개하였다.[12] 또 동아시아의 약소민족과 소련이 연합하여 공동으로 일제를 타도함으로써 진정한 평화를 실현시키자는 국제적 반제 반일 연대를 강조하였다. 이를 위해 한중 양국은 공동의 적인 일제로부터 핍박을 받고 있는 모든 민족과 연합하여 함께 투쟁해야 한다고 역설하였다.

공산당의 항전 전략은 처음부터 모든 피압박 민족과 연합하여 공동 분투하는 것으로 "중국 항전의 결정적 승리와 조선 민족 해방 운동의 성공은 오직 아시아의 피압박 민족인 중한 민족의 단결 분투에 의해 보장된다."라고 하여 한중 양국의 선도적 역할을 주장하였다.[13] 아울러 "중국 항전의 승리가 곧 한국 민족의 해방을 획득하는 데 확실한 보증으로 한국인이 항전 사업에 참가하는 것은 곧 자신들의 민족 해방을 강화하는 것"이라고 주장하였다.[14] 중일전쟁 이후 한중 관계는 항전이란 공통 과제를 앞에 두고 두 민족의 단결 협력을 강화하

---

11 梁松, 「再論東北抗日遊擊運動的經驗和教訓」, 『解放週刊』 第2卷 第36期, (1938. 5. 1) 『해방주간』은 중국 공산당 중앙위원회가 1937년 4월 옌안에서 창간한 기관지로 처음에는 주간지였으나 나중에 반월간으로 바뀌었고, 1941년 8월까지 발행되었다.

12 "詒 : 朝鮮國民黨領袖金九的談話", 《新華日報》, 1938. 2. 5.

13 "兩個民族 一個敵人", 《新華日報》, 1940. 3. 2.

14 "短評, 加强中韓兩民族的團結", 《新華日報》, 1941. 8. 29.

였고, 더 나아가 동아시아 피압박 민족의 반일 연대 투쟁을 도모한 것이다. 이후 《신화일보》는 반파시즘동맹의 범위를 더욱 확대시켜 "중국·미국·영국·네델란드·오스트레일리아·필리핀 및 말레이반도의 모든 민족과 인민, 특히 조선·대만·베트남 등지의 각 민족 및 일본 국내의 인민까지 포함되어야 한다."라고 하면서 한국·대만·베트남의 항일 운동을 원조하고 일본군 내부의 반전 분위기를 고조시켜 적군을 와해시키는 데 주력하였다.[15]

반파쇼 연대 투쟁과 관련하여 공산당의 혁명 근거지에서 발행된 《해방일보》는 보다 적극적인 논조를 폈다. 1941년 11월 마오쩌둥의 주도로 옌안에서 소집된 동아시아 각 민족 반파시즘대회는 일본의 "대동아공영권 건설"을 비판하고 동아시아 각 민족의 대동 단결에 의한 반일 투쟁을 촉구하였다.[16] 구체적으로는 동아시아의 각 민족이 반파쇼 동맹을 결성하고 항일의용대를 조직하여 중국의 화북華北 전선에 직접 참전하며 동방민족학원의 설립 등을 결의하였다.[17] 이런 영향을 받아 조직된 화북조선청년연맹 진차지분회晋察冀分會는 한중 민족의 청년들이 긴밀히 단결하여 공동 작전으로 일본 파쇼를 타도할 것을 선언하였다.[18] 그 후 팔로군과 함께 항일 전쟁에 참전한 조선의용대원의 숫자가 계속 늘어났고 그만큼 희생자도 많이 발생하였다.[19] 공산당 중앙은 그 때마다 국제주의의 우애를 강조하면서 대일 항전만이 중한 민족의 철저한 해방을 가져올 수 있다고 선전하였

---

15 "朝鮮民族革命黨等致電中美英蘇領袖", 《新華日報》, 1941. 12. 25.

16 "東方反法西斯大會上 毛澤東同志號召各民族加强團結", 《解放日報》, 1941. 10. 31

17 "東方反法西斯大會勝利結束 成立東方各民族反法西斯大同盟", 《解放日報》, 1941. 11. 1.

18 "華北朝鮮青聯成立", 《解放日報》, 1941. 12. 21.

19 "敵占區八十一位朝鮮青年集體參加朝鮮義勇軍", 《晋察冀日報》, 1942. 10. 13.

다.[20] 이처럼 공산당이 국내의 항일 민족 통일 전선과 국제적인 반파쇼 통일 전선의 강화에 역점을 두고 일본 국내의 노농병勞農兵까지 포함한 중국·일본·한국·대만 민중의 반파쇼 연대를 추진한 것은 7·7사변 이후 항일 전쟁을 세계적 반파쇼 투쟁의 연장으로 인식했기 때문이다.

공산당의 동아시아 연대론은 중국 민중에게 항일 전쟁의 성격을 명확히 밝히고, 항전에서 적과 동지를 구분하려는 취지였다. 주요 내용은 일본 국내의 농공 대중에 대해 반전 사상을 확대 선전하고 식민지 한국과 대만에서 혁명 단체를 적극 육성하여 최종적으로 중국·일본·한국·대만 민중의 반제 반일 전선을 구축하려는 것이었다. 실행 방법은 일제의 식민 지배를 거부하고 중국으로 도망쳐 온 한국·대만의 혁명가들을 우대 보호하여 일제에 대한 저항 활동을 지원하고 중국군의 정치 교육을 강화하는 것으로, 3·1운동 이래 계속된 한국의 민족 해방 운동을 적극 활용하였다.[21] 예컨대 동북항일연군이나 조선의용대, 조선민족전선연맹 등의 무장 투쟁을 통해 항일 연대의 성과를 극대화시켰고 이를 대민 선전 및 교육 활동의 수단으로 적극 활용하여 중국 주도의 동아시아 반제반일反帝反日 연대를 꾀한 것이다.

한편 국민당의 《중앙일보》는 9·18사변 이후 일제의 압박과 착취로 한국·대만 및 일본 노농 대중의 고통이 심해진 사실과 7·7사변으로 대일 항전이 본격화되었음을 밝히고 있다. 아울러 한국을 비롯한 동아시아의 약소민족이 모든 역량을 동원하여 중국의 항전을 지지하고 있는데 중국 내 한국 혁명가들이 직접 '정의로운 전쟁'에 참가함으로써 조국의 독립을 쟁취하려는 것이라고 보았다.[22] 한인의 중국

20 "中共北方局等籌備追悼殉難朝鮮戰友", 《解放日報》, 1942. 7. 31.

21 石西民, 「與敵國內反敵的人民團結起來」, 『群衆』 第1卷 第10期 (1938. 2. 12).

항전 참여가 자국의 독립 쟁취 수단이자 국제적인 정의 구현의 길이며, 구국 운동으로써 대일 항전과 생존 투쟁으로써 독립운동이 세계 평화라는 인류 공영의 목표와 일치한다는 논리였다. 이 시기에 한중 연대 활동을 이끌던 중한문화협회의 이사장 쑨커孫科는 "항적抗敵의 주요 목적은 침략에 저항하는 것일 뿐만 아니라 본래의 자유·독립을 도모하며 일본을 몰아냄으로써 동아시아의 영구 평화를 세우고 세계 각국과 연합하는 것"이라고 규정하였다.[23] 이와 더불어 중한문화협회의 활동으로 한문강습반이 조직되고, 동방언어학교에 한국어문계가 증설되었으며, 국립대학에 한국 문제 강좌를 개설하는 등 한국 관련 교육이 강화되었다. 또한 한국의 역사·지리·혁명·문화 등에 관한 서적을 발행하여 자료실을 만들었고, 한국에 관한 체계적인 강연회도 실시하여 한국 관련 연구와 학습이 활발하였다.[24]

이때 한국·대만의 독립운동가들도 중국의 전면 항전에 큰 관심을 보였다. 민족혁명당 지도자인 김약산金若山은 7·7사변 일주년을 맞아 "중한 조선민족이 연합하여 일본 제국주의를 타도하자. 일본·조선·대만의 피압박 민중이 연합하여 일본 파쇼 군벌을 몰아내자"라는 주장을 《신화일보》에 발표하였다.[25] 한중 양국의 혁명 운동이 정신적 물질적으로 불가분 관계로, 서로 긴밀히 합작하여 두 가지의 혁명 사

---

22 "朝鮮義勇隊在漢口成立", 《中央日報》, 1937. 11. 15

23 "中韓文協昨宣言成立", 《中央日報》, 1942. 10. 12.

24 "中韓文協推擧孫科爲理事長", 《中央日報》, 1942. 10. 16 ; 石源華, 『中韓文化協會研究』, 世界知識出版社, 2007. 참조.

25 "朝鮮民族革命黨昨擧行反日游行", 《新華日報》, 1938. 7. 7. 약산(若山)은 호, 본명이 김원봉(金元鳳)으로 1919년부터 중국에서 의열단을 조직하여 무장항일 운동을 주도하였고, 황푸군관학교를 졸업한 후 사회주의사상을 바탕으로 조선민족혁명당·조선의용대 등을 이끌었다. 1942년부터는 광복군 부사령관으로 좌우 합작 노선을 취하였다. 광복 후 그는 임정 요인들과 함께 귀국하였지만 월북하여 북한 정권에 참여하였다. (염인호, 『김원봉연구』, 창작과 비평사, 1993. 참조).

업 곧 항전과 독립을 함께 실행해나갈 두 방면군이라고 보았다.[26] 임정의 외교부장 조소앙趙素昂도 한국 민족은 동아시아 평화의 중추 민족으로서 동아시아의 영구 평화를 위해 한국의 완전 독립이 최우선이라는 주장을 폈다.[27]

대만 의용대 주충칭 대표인 뤄지강劉啓光은 중국의 대일 항전이 생존과 독립 문제이자, 동시에 인류 정의와 세계 평화를 유지하는 것으로 파악하여 국제적 의의를 강조하였다. 또한 7·7사변 이후 중국은 스스로 동아시아의 피압박 민족을 지도하여 해방시킬 임무를 지녔다고 주장하였다.[28] 대만 대표의 동아시아 연대론에서는 중국의 주도적 역할을 강조하여 한국의 임정 지도자들과 다른 시각을 보여주고 있다. 한편 공산당의 마이馬義는 "중국 항전의 승리는 의심할 필요도 없이 조선혁명 운동의 성공을 촉진시켜 준다. 마찬가지로 조선혁명 운동의 발전은 곧 중국 항전의 승리를 재촉하여 빨리 이루어지게 한다."라고 하여 중국 항전과 한국 독립의 긴밀한 상관성을 중시하였다.[29] 중한문화협회의 선전부장 량한차오梁寒操는 한국 혁명 운동과 중국 항전의 관계를 도의적으로나 삼민주의의 민족주의 원칙상 동아시아 피압박 민족 해방의 합체이며 지리상 경제상 혁명 성질상 중국의 항전 승리가 결정적이라고 보았다.[30] 여기서 주목할 점은 동아시아 연대론의 지도 이념으로 삼민주의를 내세우고, 중국의 도의적 책

---

26 "金若山講演中國抗戰與朝鮮革命", 《新華日報》, 1940. 9. 29.

27 "韓國臨時政府外交部長趙素昂在記者招待會上的談話", 《中央日報》, 1945. 3. 18.

28 "臺灣義勇隊駐渝代表劉啓光", 《新華日報》, 1940. 10. 9.

29 馬義, 「抗戰三年來朝鮮人民的反日鬪爭」, 《新華日報》, 1940. 7. 6.

30 중한문화협회의 량한차오는 중국이 한국 독립을 도와야 할 세 가지 이유로 중국의 인(仁)을 구현하는 것이요, 세계 평화를 도모하는 길이며, 삼민주의의 이상 가운데 일부분(민족주의)을 실현하는 것이라고 보았다. ("梁寒操談扶助韓國獨立", 《中央日報》, 1943. 12. 20).

임 의식을 강조하며 주도적 역할을 분명히 밝힘으로써 중국의 항전 승리를 최우선 과제로 설정한 것이다.

1930년대 이후 장제스蔣介石는 쑨원孫文의 삼민주의와 유촉을 근거로 국민당 일당 지배의 훈정訓政을 실행에 옮기고 있었다. 이 과정에서 일본의 대륙 침략을 곧장 해결해야 될 긴급 사안으로 보지 않고 국제 정세에 편승하는 소극적 방식을 취하였다. 이 때문에 국민당이 제기한 동아시아 약소민족의 연대와 협력은 정치적 명분이 앞선 구호성 선전에 불과하였다.

마오쩌둥毛澤東은 항전 전략에 대하여 아래와 같이 주장하였다.[31]

> 중국의 승리는 주로 자기 역량의 확대 강화에 의존한다. 동시에 적의 곤란과 국제적 원조도 반드시 배합되어야 한다. 적을 어렵게 만드는 것은 우리의 집요하고 장기적인 전쟁을 통하여 그들의 힘을 점점 소모시키는 것이다. 또한 외교 활동으로 적이 고립되도록 만드는 것이다. 그밖에 일본 민중 및 조선·대만 민족과 함께 반침략 연대 정책을 세우는 것이 필수불가결한 부분이다. 일본의 침략 전쟁이 길어지면 길어질수록 이러한 통일 전선은 더욱 기초를 견고히 세우게 된다.

요컨대 마오毛의 대일 전략은 자기 역량의 강화, 지구전에 의한 대적對敵 타격, 반침략 통일 전선의 구축에 의한 일제의 국제적 고립이었다. 특히 공산당은 일본 민중을 파쇼 정권과 분리시켜 연대 대상으로 삼음으로써 민족 해방과 계급 해방을 같은 비중으로 이해하고 있다. 이렇듯 중일전쟁 이후 공산당은 일본 제국주의자들을 제외한 노농병의 반전 운동, 한국·대만의 독립 투쟁, 중국의 전면 항전을 결합

31 「社論 : 建立被壓迫民族反侵略統一戰線」, 《新華日報》, 1939. 3. 1.

시킨 반제 반일의 동아시아 연대를 추진함으로써 자국의 민족 해방에만 초점을 맞춘 국부적 투쟁이 아닌 국제주의에 입각한 피압박 소수민족의 통일 전선을 강구하였고, 궁극적으로는 소련과의 연대를 모색하였다.

일제강점기의 한중 관계는 중국을 에워싼 대내외 여건에 따라 상황이 바뀐 중국 우위의 관계였다. 이런 현상은 공산당과의 관계에서도 마찬가지로, 조선 혁명을 중국의 주변 지대 혁명으로 이미 규정지었기 때문에 중국 혁명이 승리하면 조선 혁명도 자연히 승리한다는 시각이 압도적이었다. 더구나 만주 지역의 한인 사회는 중국 내의 소수민족사회로, 코민테른의 일국 일당 원칙과 중국 혁명 노선에 따라야 하는 한계가 있었다.[32] 그러므로 공산당은 한국 독립운동을 국제 반일 통일 전선의 틀 안에서 이해하고 동아시아 피압박 민족의 반일·반파쇼 연대 투쟁을 강조하였다. 하지만 중국 중심의 위상은 결코 포기하지 않았으며 중국 내 한인들에게 충실한 분신이 되어주길 바라고 있다.[33]

이와 같이 중일전쟁 초기부터 국공 양당은 하나같이 전면 항전의 당위성과 동아시아 피압박 민족간 반일 연대의 필요성을 제기함으로써 동아시아 민족의 공동 투쟁에 큰 비중을 두었다. 다만 국민당은 삼민주의와 국민정부를 중심으로 동아시아 피압박 민족의 대일 항전 역량을 하나로 결집시키는 데 초점을 맞추었다. 반면 공산당은 중국·일본·한국·대만의 국제적 반파쇼 연대를 통한 민중혁명을 중시한 데

32 김창순, 「중국 공산당과 좌파 한국 독립운동」, 『한민족독립운동사』 6, 국사편찬위원회, 1989, 120쪽.

33 韓相禱, 「화북조선독립동맹과 중국 공산당」, 『역사학보』 174, 2002, 134~35쪽.

서 인식 차이를 보이고 있다. 국공 양당이 항일 구국이란 공동 목표를 위해 제기한 동아시아 연대론은 외형상 피압박 민족의 해방을 목표로 했지만 실제로는 중국 혁명의 최종 승리를 위한 전략이자 대외 정책이었던 셈이다.

## 3. 식민지 한국의 이해

### 1) 기념일 기사로 본 한국관

일제 침략기 국공 양당의 기관지에 보도된 한국 관련의 각종 기념일 기사는 3·1운동, 8·29국치일國恥日, 6·10만세운동 등으로 행사 소식 및 특집 보도와 희생자의 추도 기사 등을 들 수 있다. 전면전 이후 피압박 민족의 항일 공동 투쟁이 본격적으로 제기되면서 한국의 3·1운동이 중국 언론에 크게 부각되었다. 일제의 혹독한 탄압과 식민 지배에도 굴하지 않고 국내외에서 지속적으로 전개되고 있던 한국 독립운동에 관심이 집중된 것이다.

《중앙일보》는 1931년 3월 2일자 지면에 처음으로 한국 독립 선언 기념식에 대하여 보도하였다.[34] 1933년 3월에는 사설을 통해 한국 독립운동의 의의에 관하여 다루고 신해혁명의 교훈을 바탕으로 운동 내부의 단결을 강조하였다.[35] 이듬해에는 삼일절 행사 보도와 함께

34 "旅京韓僑擧行韓國獨立宣言紀念", 《中央日報》, 1931. 3. 2.

35 「社論 : 韓國獨立運動的新意義」, 《中央日報》, 1933. 3. 2.

김구·조소앙 등 임정 지도자들의 연설 내용까지 소개했는데,[36] 이후 《중앙일보》 지면에서는 3·1운동 관련 기사를 한동안 찾아볼 수 없다.

중일전쟁 발발 이후 3·1운동에 관한 국공 양당의 보도는 이전과 비교해 양적 질적으로 크게 달랐다. 공산당신문이 더 적극적이었는데 1938년 《신화일보》에 삼일절 기사가 처음 등장한 후 매년 늘어나는 추세로 1943년 삼일절에는 《신화일보》, 11건, 《해방일보》, 11건, 《중앙일보》 3건 등 관련 기사가 홍수를 이루었다.[37] 이처럼 국공 양당이 3·1운동에 깊은 관심을 가지게 된 것은 전면전에서 동아시아의 반일 연대 투쟁을 중시했고, 그 표본으로써 상징성이 컸기 때문이다.

국공 양당의 기관지에 나타난 3·1운동의 인식과 평가는 시기마다 다르고 양당의 시각 차이도 컸다. 시기별로 살펴보면 《신화일보》는 1938년 삼일절 19주년 기념일을 맞아 장문의 논평 기사를 게재하였다. 운동 배경에 관하여 국내적으로는 일본의 헌병경찰제와 경제적 약탈, 노예교육 등 극단적이고 폭압적인 식민 정책을 주원인으로 파악하였다. 국제적으로는 미국 윌슨 대통령의 민족자결주의의 영향을 받았고, 패망 후 국내외에서 계속된 항일 투쟁이 국내 민중의 반일 정서를 자극시킨 것으로 이해하였다. 운동 의의에 관해서는 식민 지배 세력에게 큰 타격을 주었을 뿐만 아니라 한국 민족의 독립 자존 정신과 능력을 충분히 발휘하였고, 중국이 나아갈 민족 해방 투쟁의 앞길을 명확히 제시한 점을 높이 평가하였다.[38] 이처럼 《신화일보》는

---

36 '韓國三一節二十五周年紀念金九·趙素昂發表演說', 《中央日報》, 1934. 3. 2.

37 3·1운동과 관련된 국공 양당 기관지의 보도 건수는 1939년 《신화일보》 4건, 1940년 《신화일보》 4건, 1941년 《신화일보》 4건, 《중앙일보》 2건, 1942년 《신화일보》 8건, 《중앙일보》 2건, 1944년 《신화일보》 3건, 《해방일보》 2건, 《중앙일보》 2건, 1945년 《신화일보》 3건, 《해방일보》, 1건, 《중앙일보》, 1건으로 국민당에 비하여 공산당의 태도가 매우 적극적이었다. (刘金质 外篇, 『中朝中韩关系文件资料滙编(1919~1949)』 上·中·下, 北京 : 中国社会科学出版社, 1999. 참조).

3·1운동에 관한 심층 보도로 한인의 독립 의지에 깊은 감명을 표시하고, 민족 해방 운동의 좋은 본보기로 삼았다.

1939년 삼일절 20주년 행사 소식을 보도한 《신화일보》는 피압박 민족의 반침략 통일 전선 형성을 촉구하는 사설에서 3·1운동의 현재 의의를 강조하고 반파쇼민족 해방 전쟁으로 중국 항전을 통해 동아시아 피압박 민족의 연합과 소련 연대를 주장하였다.[39] 구체적으로는 중일 양국의 사병과 한국·대만 민족이 반침략 통일 전선을 결성하여 공동 투쟁에 나설 것을 호소하고, 중국 내 피압박 민족의 교민들과 긴밀히 연계된 중국 항전의 국제적 의의를 알렸다. 해외 화교들에게도 다양한 방식으로 약소민족간 반침략 전선 형성의 필요성을 알리며 국제반침략대회를 제안하였다.[40] 운동 배경에 관해서는 이전과 달리 대중 운동의 성격을 강조하여 신해혁명과 소련 사회주의혁명의 승리, 일차 세계대전 후 아시아·아프리카 약소민족의 독립운동 발흥 등이 한국 민중을 자극하여 3·1운동이 발발한 것으로 설명하였다. 그리고 1923년에 시작된 사회주의운동과 1925년의 진국노동총동맹 성립, 1929년의 광주학생운동, 1930년의 원산대파업 및 신간회 조직 등도 대중 운동과 민족 통일 전선의 맥락에서 이해하였고, 7·7사변 이후 동북항일연군·조선혁명군·조선의용대 등이 대일 항전에 참여한 사실을 좋은 예로 들었다.[41] 중국 공산당은 3·1운동과 관련된 보도를 통해 중국 항전의 당위성과 국제적 의의를 적극 선전하였다. 또한 피압박 민족의 반침략 반일 통일 전선 구축을 강조하면서

---

38 "朝鮮三一獨立運動", 《新華日報》, 1938. 3. 1.

39 "韓獨立宣言廿週年紀念", 《新華日報》, 1939. 2. 28.

40 「社論 : 建立被壓迫民族反侵略統一戰線」, 《新華日報》, 1939. 3. 1.

41 「于鳴: 朝鮮人民的英勇鬪爭」, 《新華日報》, 1939. 3. 1.

3·1운동을 대표적 사례로 내세웠다. 중국의 대일 항전과 식민지 한국·대만의 민족 해방 운동, 일본 민중의 반전 운동을 동아시아 반파쇼 운동이라는 하나의 틀 속에 포함시킨 것이다.

1940년의 삼일절 보도는 더욱 광범위하여 전국 곳곳에서 열린 소규모 기념 행사까지 소개하였다.[42] 보도 내용도 전문가의 논설을 통해 운동 배경과 실패 원인, 의의와 과제 등을 세부적으로 분석하였다. 여기서는 3·1운동의 실패 원인으로 네 가지를 들고 있다. 첫째, 혁명적 계급 정당의 부재이다. 한국의 계급 구성상 경제적 낙후로 농민이 전체 인구의 대부분을 차지하고, 귀족 지주들은 일제의 비호 아래 우세한 지위를 확보하고 있었으며, 자산 계급은 정치 경제상 역량이 빈약하였고, 가장 중요한 무산 계급의 수가 너무 적어 스스로 정당을 만들어 혁명 전략을 지도할 수 없었다는 것이다. 다시 말하자면 프롤레타리아트의 수적 열세와 이들을 이끌어갈 진보정당 곧 공산당의 부재 때문에 실패한 것으로 본 것이다. 둘째, 혁명 사상의 빈곤이다. 3·1운동을 지도한 지도부가 봉건성과 종교성을 띤 조직으로 충군 애국 정신에만 호소했다는 것이다. 셋째, 국제 연대의 부족으로 대외 혁명 역량을 이용할 줄 몰랐다는 것이다. 넷째, 객관적 역량의 부족으로 운동 조직에 비하여 일본의 역량이 너무 컸다는 것이다.[43] 이렇듯 중국 공산당은 3·1운동에 있어서 항일 민족 통일 전선의 선도적 상징성과 함께 실패 원인을 집중 조명함으로써 공산 혁명의 당위성과 필연성을 강조하였다.

---

42 "旅川韓國革命團體明日紀念獨立運動", 《新華日報》, 1940. 2. 29 ; "旅川韓國各團體敬告中國同胞書", 《新華日報》, 1940. 3. 1.

43 임정의 외교부장 조소앙도 3·1운동이 실패하게 된 원인 중 하나로 내부 단결 부족과 진보 정당의 지도력 부재를 들고 있다. ("與渝韓國人士明紀念三一節", 《新華日報》, 1941. 2. 28).

《신화일보》는 3·1운동을 계기로 한국의 근대혁명 운동에 새로운 변화가 일어난 것으로 보았는데 대표적으로 진보적 대중 조직의 등장을 들었다. 그 이유는 3·1운동 이후 전국 규모의 조직이 탄생되어 직업별 또는 학생 조직을 지도하면서 사회주의운동이 시작되었고, 정치 투쟁과 경제 투쟁을 지속하게 되었다는 것이다. 그리고 중국 전선에서 용맹스런 전사로 싸운 조선의용대와 한국청년전지공작대는 "국제주의 정신을 표현하고, 중화 민족의 항일 전선에서 친애하는 전우이자 충실한 동맹자"라고 평가하여 3·1운동을 민족 해방 운동과 공산주의 운동의 관점에서 이해하였다.[44] 한국의 3·1운동이 중국 공산당에 의해 항일 연대 투쟁의 주요한 선전 도구로 이용되었을 뿐만 아니라 공산 혁명 운동의 필연성을 보여주는 사례가 된 셈이다.

1941년 삼일절을 맞아 《중앙일보》와 《신화일보》가 다 같이 임정의 기념행사와 「중국동포에게 드리는 글」을 소개하였다. 여기서는 중국 정부와 민중의 지원으로 조선의용대, 한국광복군 등이 항전에 참가하여 많은 공적을 세우고 있음을 강조하여 연대 투쟁의 성과를 부각시켰다.[45] 《중앙일보》는 《신화일보》처럼 임정의 발표문을 전재全載하거나 적극적인 논평을 통해 우호적이며 긍정적인 인식을 보여주기보다 행사 관련 소식을 단순히 전달하는 수준으로 3·1운동에 관한 국공 양당의 온도 차이를 드러냈다.[46]

일본의 진주만 기습 공격으로 시작된 태평양전쟁은 미국의 참전을 불러와 중일전쟁의 양상까지 바뀌었다. 아시아 전선이 세계대전의

44 文暉, 「紀念朝鮮'三一'革命運動二十一週年」, 《新華日報》, 1940. 3. 1.

45 "韓國'三一'節二十二週年紀念大會敬告中國同胞書", 《新華日報》, 1941. 3. 1.

46 "韓臨時政府發表告中國同胞書", 《中央日報》, 1941. 3. 1 ; "韓旅渝團體擧行'三一'革命紀念", 《中央日報》, 1941. 3. 2 ; "旅渝韓僑各團體昨紀念'三一'革命節", 《新華日報》, 1941. 3. 2.

일부로 주목을 받게 되었고, 중국의 국제 지위와 역할도 크게 달라졌다. 이런 변화 속에 중국은 승리를 낙관하며 동아시아의 전후 질서를 모색하였고 한국·대만 등 일본 식민지의 처리 문제를 구상하였다. 중국 내 한국 독립운동 세력은 유리한 상황 전개에 발맞추어 단군의 후손임을 내세워 민족 정통성을 강조하며 내부 단결을 도모하였다. 또한 무장 역량의 강화 및 임정 조직의 확대를 통해 대내외 정세 변화에 능동적으로 대응하였다.[47] 이때부터 한국 독립의 유일한 해결 방법은 임정의 역량을 키워 태평양전쟁에 직접 참전함으로써 국제 위상을 높이고 세력 균형을 도모하는 것이라며 임정 승인 문제가 본격 거론되었다.

태평양전쟁 직후 중국 언론은 한국 독립운동에 더욱 관심을 보였는데 3·1운동 이전은 분산 고립적이며 소수 지사들의 활동이었던 것에 비해 이후의 형식은 광범위한 공농 대중 및 청년 학생의 반일 반봉건 투쟁이 일어나 조직적이며 대중 지향적 특징을 보인 것으로 평가하였다. 그리고 민족주의 운동과 사회주의 운동을 통해 자연발생적인 종파주의의 혁명 단체들이 도태되거나 취소되고 현대적 혁명 정당이 조직된 것을 중시하였다. 정치 사상면에서는 3·1운동 이후 혁명 이론 투쟁이 전개되어 막연한 충군애국주의나 반일복국反日復國 사상과 부정확한 정치 견해를 청산했다고 보았다.[48] 3·1운동을 계기로 한국 독립운동이 대중 지향적 조직 운동으로 전환되었으며 그 성과물로 사회주의 운동이 확산된 것으로 판단한 것이다.[49]

---

47 趙素昂, 「韓國獨立運動與臨時政府」, 《新華日報》, 1942. 3. 1.

48 鐵山, 「'三一'運動與韓國獨立運動的新發展」, 《新華日報》, 1942. 3. 1.

49 "美境韓人紀念'三一'革命 中國大使胡適將出席", 《中央日報》, 1942. 2. 24 ; "朝鮮'三一'運動留渝韓人今擧行紀念會", 《新華日報》, 1942. 3. 1.

《신화일보》는 한국을 '형제 민족'이라 부르고 3·1운동이 한국 민족민주혁명의 시작이며 중국의 5·4운동과 호응한다면서 신해혁명의 경험을 토대로 볼 때 국외 한국 민중의 단결이 최우선 과제라고 충고하였다.[50] 이처럼 태평양전쟁으로 인한 국제 정세의 변화는 중국의 한국 문제 인식을 적극적이며 긍정적으로 바꾸어 놓았고 한국 독립운동과 중국 항전을 일치시켜 공세적 태도를 취하였다. 또한 중국 인사들의 삼일절 기념식 연설 내용에서도 강한 우호감과 연대 의지를 엿볼 수 있다. 예컨대 마자오준馬超俊·후앙샤오구黃少谷·샤오위린邵毓麟·왕판성王芃生 등은 한국을 "입술과 이가 서로 의지하는 것처럼 조선은 형제"라고 칭하며 국부國父의 겸양 정신을 배우는 데 노력하여 단결을 더욱 긴밀히 할 것을 주장하고 한국에 대한 무장 지원을 강력히 희망하였다.[51]

《중앙일보》는 1942년 삼일절을 맞아 이전보다 한국 문제에 더 많은 관심을 가지고 구체적으로 보도했지만 공산당 기관지에 비해 소극적이며 간략한 사실 보도로 그쳤다.[52] 반면 《신화일보》와 《해방일보》 등 공산당 중앙의 기관지는 물론 지역당보까지도 삼일절 관련 기사를 게재하였다.[53] 공산당 언론은 3·1운동과 관련된 기념식의 사전예고, 행사 당일의 스케치, 주요 기념 연설, 사설과 기획기사, 각종

50 「社論 : 朝鮮'三一'革命運動二十三週年」, 「新華日報』 1942. 2. 28.

51 "新華日報特寫 : 在更生的太極旗下 -韓國'三一'獨立運動二十三周年紀念大會記", 《新華日報》, 1942. 3. 1.

52 "朝鮮自由會議 擁護在華流亡政府及二十六國共同宣言", 《中央日報》, 1942. 3. 2 ; "旅渝韓人紀念'三一'節", 《中央日報》, 1942. 3. 2.

53 張志民, 「朝鮮三一革命運動」, 《晋察冀日報》, 1942. 3. 4. 이 기사에서 필자는 화북조선청년연합회 진찰기변구지회 소속으로 3·1운동의 역사적 교훈에 관하여 강고한 무산계급정당의 지도 부재, 민족적 대중 기초와 조직 및 동원 부재, 민족적 무장 투쟁 부재, 종교 단체와 각계 인사를 망라한 임시 지도기관의 부재, 유리한 국제 환경의 부재 등을 지적하였다.

논평 등을 통해 운동 배경과 전개 과정, 역사적 평가 및 현재 의의까지 폭넓게 다루면서 국제적 반파쇼 연대를 강조하였다.

1943년의 삼일절 관련 보도는 양적으로 크게 늘었고, 공산당 언론이 여전히 적극적이었다. 기념식에서는 장지張繼·사오리쯔邵力子·구웨이쥔顧維鈞·주자화朱家驊·저우언라이周恩來·타오싱즈陶行知·왕이성王藝生 등 국공 양당의 주요 인사들이 대거 참석하여 더욱 밀착된 한중 관계를 엿볼 수 있다. 여기서 주미 중국 대사 구웨이쥔은 "한국은 역사가 매우 오래된 나라로서 중국의 형제 나라이며 입술과 치아가 서로 의지하는 것처럼 밀접한 관계"라고 하면서 항일 공동 투쟁이 인류의 자유를 구하는 길이라고 천명하였다.[54] 이밖에 다른 기사도 3·1운동의 의의와 과제를 설명하며 대부분 한중의 민족통일전선 형성과 공동 투쟁을 촉구하는 내용을 담고 있다.[55]

《중앙일보》와 《신화일보》는 한중 연대 투쟁의 본보기로 조선민족혁명당과 한국광복군의 항전 활동을 자주 보도하였다. 내용면에서 공산당 언론은 조선민족혁명당의 강령과 정책을 전재하고 각종 활동을 상세히 소개한 데 비하여 국민당 언론은 광복군의 활동에 초점을 맞추고 있다.[56] 특히 《신화일보》는 과거와 달리 한국 독립운동 세력의 단결을 통한 민족 해방 운동의 밝은 미래를 담고 있다. 임정 의정원이 제34차 회의에서 각당각파의 대동단결을 결의하자 이를 계기로 공산당은 "앞으로 한국 임시정부가 혁명의 기초임을 확신하며 필연적으로 확대될 것이다. 동시에 각 민주 국가들이 대한민국을 승인

54 "旅渝韓人招待中外各界熱烈紀念'三一'革命節", 《新華日報》, 1943. 3. 2.

55 朱德, 「團結復國」, 《解放日報》, 1943. 3. 1.

56 "朝鮮民族革命黨實行改造并發布綱領,政策", 《新華日報》, 1943. 2. 26 ; "朝鮮民族革命黨改組竣事并發表工作方針", 《中央日報》, 1943. 2. 26.

할 가능성이 날로 커지고 있다."라고 하여 임정의 역할에 대한 기대감을 표시하였다. 앞으로 과제에 있어서도 한국 민족 해방 운동의 발전이 궁극적으로 국내 혁명 운동의 상황에 따라 좌우될 것으로 보고 한국 내에서의 활동을 적극 주문하였다.[57] 한국 문제에 관한 공산당의 초점이 국내 혁명 운동의 활성화에 맞추어지고 태평양전쟁 이후 주요 관심 사항은 전후 처리를 대비하는 양상으로 바뀐 것이다.

이 시기에 옌안의 《해방일보》도 삼일절 관련 기사를 많이 게재하였다. 그 가운데 한국 혁명의 과제로 "시대의 조류에 적응하여 마르크스주의 혁명 운동과 볼세비키 혁명 조직으로 견고한 당을 조성하며 국내의 각계각층과 단결하여 반일 민족 통일 전선을 결성할 것"을 제안하였다.[58] 공산당 근거지에서 발행된 언론은 한국 독립운동의 방향에 대해 국내 공산당 조직의 결성과 적극적인 민족 해방 투쟁을 주문하고 있다.

이듬해인 1944년의 삼일절 관련 보도는 과거와 비교할 때 《중앙일보》가 주도적이고 적극적인 반면 공산당의 언론 활동은 약화되었다. 《중앙일보》는 삼일절 기념 사설을 통해 "1944년은 일본 패망의 결정적 시기이다. 우리의 3대 동맹국이 공동으로 조선의 자유 독립을 보증하였음으로 공허한 이상이 아닌 장래 도래할 사실"이라면서 1943년 12월에 발표된 카이로선언이 곧 '한국 독립의 보증서'라는 논지를 폈다. 또한 청일전쟁으로 조선은 이미 일본의 수중에 들어갔고, 조선이 망하자 중국의 동북 지역을 일본이 호시탐탐 노리게 되었으며 이후 중국의 국민 혁명 운동과 한국 민족 혁명 운동은 서로 병

57 「社論 : 韓國民族的團結與鬪爭方向」, 《新華日報》, 1943. 3. 1.

58 吳玉章, 「二面鏡子 -爲紀念韓國獨立運動二十四周年而作」, 《解放日報》, 1943. 3. 1.

행, 교감하면서 카이로회담에서 동맹국의 공동 승인을 획득하게 된 것으로 이해하였다.[59] 그러므로 한국의 자유 독립은 한국 민족 혁명의 목적이자 중국 국민 혁명의 과정으로 '조선반도는 일본이 아시아 대륙을 침략하는 데 발판'이라고 했다. 이러한 일제의 도발 발판을 하루빨리 제거하지 않으면 아시아 대륙의 안전을 위협하게 될 것이므로 "옛 토지를 회복하고 중화를 지키자"는 것이 중국 정부의 목표라고 단언하였다. 국민당은 한국의 자유 독립을 국민 혁명의 완성을 위한 필수 요소로 인식했지만 어디까지나 고갱이가 아닌 매개체, 보호막에 한정지었다.

1944년의 삼일절 기념 보도는 전후 처리 구상을 포함하여 향후 과제를 다루었다. 그 내용은 임정 주도 아래 한국 독립운동 세력이 단결하고 중국과 절실히 합작하여 동아시아 평화의 기초를 마련하자는 것이었다. 아울러 연합국에 대규모 무기 공급을 요청했는데 대일 전쟁에서 항일 유격대가 연합군과 공동 작전을 펴기 위한 사전 준비였다.[60] 이처럼 1943년 12월의 카이로회담 이후 국민정부와 장제스의 국제적 위상이 크게 높아지면서 전쟁 승리의 자신감도 커졌고, 전후 동아시아 문제 해결에 있어서 주요 역할을 모색하게 되었다.

반면 공산당 기관지의 삼일절 보도는 과거에 비해 간략하였는데 국내외적으로 국민당이 시국 향방을 압도했기 때문으로 보인다. 우선 카이로회담 이후 유리한 국제 정세를 고려하여 한국 독립의 낙관적 상황을 기대하고 지속적인 단결 분투를 강조하였는데 주로 조선독립동맹과 조선의용군의 활약상을 소개하였다. 전후 한국 문제 처리와 관련해서는 외국의 신탁 통치를 반대하고 미국을 비롯한 세계

59 「社論 : 朝鮮獨立的保證書」, 《中央日報》, 1944. 3. 1.

60 "韓國革命記念日旅渝韓僑今開紀念會", 《中央日報》, 1944. 3. 1.

민주 국가의 임정 승인을 강력히 호소하였다.[61]

일본이 패망한 1945년의 삼일절 관련 보도는 이전처럼 운동의 역사적 배경과 현재적 의미를 분석하거나 한중 양국의 연대와 항일 투쟁의 의지를 불태우기보다는 한국 독립운동 세력의 단결과 통일에 큰 비중을 두었다. 삼일절 당일에는 2월 28일 임정 국무회의에서 의결된 대독對獨선전 포고를 알리는 것으로 기념 보도를 대신하였다.[62] 그러나 공산당은 삼일절의 논평 기사를 통하여 비무장과 비조직적 운동이 실패 원인이라면서 앞으로 2, 3년 내에 조선 혁명 역량이 강화될 것으로 예상하였다.[63] 종전을 앞둔 1945년 국공 양당 기관지의 삼일절 관련 보도는 전후 한국 독립 문제 처리와 그 이후의 정치적 주도권까지 고려하였음을 알 수 있다.

삼일절 이외의 주요 기념의식 관련 보도 가운데 비중이 컸던 것은 임정이나 조선민족혁명당·조선의용대 등 중국 내 한국 독립운동 단체의 창립 기념일을 전후로 게재되는 기사들이었다. 이 가운데 대일 항전에 참전하여 희생당한 조선의용대의 추도식이 자주 보도되었다. 항일 투쟁의 귀감으로써 한국의 순국 열사에 대한 추도 의식은 공산당이 매우 적극적이었다. 해당 지역의 당·정·군 및 민중 단체들이 공동으로 장례식을 주도하고 다른 지역에서도 성대한 추도 대회를 거행하였다. 일반적으로 공산당 중앙의 주요 간부들과 반파쇼 연대를 지지하는 중국·일본·한국·대만의 단체들이 참석하여 동아시아 반파

61 "今日韓國革命紀念 韓人要求盟國援助", 《新華日報》, 1944. 3. 1 ; "短評 : 勖韓國人士", 《新華日報》, 1944. 3. 1 ; 「社論 : 朝鮮民族的戰士和我們幷肩作戰-紀念三一朝鮮獨立運動二十五周年」, 《晋察冀日報》, 1944. 3. 1.

62 "韓臨時政府對德宣傳", 《新華日報》, 1945. 3. 1 ; "韓臨時政府對德正式宣戰", 《中央日報》, 1945. 3. 1.

63 "朝鮮獨立同盟留延同志紀念'三一'獨立運動", 《解放日報》, 1945. 3. 3.

쇼 연대 투쟁의 의지를 다지는 계기로 삼았다.[64] 추도식에 관한 기사는 중국의 민족 해방 전쟁을 도운 숭고한 국제주의 정신과 조국 독립을 위한 영웅적 애국 정신을 기리는 내용으로 공산당 언론은 전자에 더 큰 비중을 두었다.[65] 또한 한국 혁명가들이 보여준 불굴의 투쟁 정신을 중국인의 본보기로 삼아 학습시키고, 교육 교재로 활용하여 군민 선전 교육 기관을 통해 광범위하게 홍보하였다.[66]

지진루유변구冀晉魯豫邊區 당국은 한국 민족의 영웅적 투쟁을 각급 학교의 교과서에 포함시키도록 지시하였고, 일본군 점령지의 한인 보호 조례도 공포하였다.[67] 일본군 점령지의 접경 지역에는 한인 초대소를 설립하여 이곳을 통해 변구로 이주해 오는 한인들을 환영하며, 그들의 생활 곤란과 생산의 편리를 해결해 주었다.[68] 이처럼 공산당의 대한 정책은 반파쇼 연대를 명분으로 실제 전투와 각종 기념식 및 추도 의식을 통해 항일 연대를 구체적으로 이행하였고, 일본군 점령 지역에 거주하는 한인을 적극 포섭하는 정책을 폈다. 반면《중앙일보》의 한국 관련 기념 의식 기사는 대부분 의례적이고 형식적인 내용으로 큰 반향을 일으키지 못하였다. 더욱이 카이로회담 이후 국민정부는 전쟁 승리를 확신하듯이 대한 관계와 외교 무대에서 후견인과 같은 태도를 취하고 있다.

---

64 "渝中外人士昨悼韓國烈士",《新華日報》, 1942. 2. 28.

65 朱德, 「爲自由而死生命永存」,《解放日報》, 1942. 9. 20 ; 葉劍英, 「悼朝鮮義勇軍陳亡同志」,《解放日報》, 1942. 9. 20.

66 "中韓戰友幷肩殺敵 朝鮮志士捐軀華北",《新華日報》, 1942. 8. 29.

67 「晋察冀邊區優待朝鮮人民辦法」,《晋察冀日報》, 1943. 4. 30.

68 馮儀, 「馳聘華北戰場的朝鮮民族兒女 -記韓光復軍第三區隊的戰績」,《新華日報》, 1943. 1. 10.

### 2) 식민지 현실의 인식

중일전쟁 시기 국공 양당 기관지들은 식민지 한국 상황을 자주 구체적으로 언급하였다.[69] 그 이전까지는 주로 가렴 잡세와 물질적 착취 및 통화 팽창, 물가 폭등 등의 경제 상황을 다루었고, 점차 동화 정책에 의한 정신적 황폐화와 열등의식 및 의타성의 주입 등 민족 말살 정책과 노동력 착취를 심각하게 인식하였다. 일제는 1937년 이후 친일 어용 단체를 조직하고, 일선동조론日鮮同祖論에 따른 '내선일체內鮮一體', '일시동인一視同仁'의 식민 정책을 실시함으로써 대륙 병참 기지화와 지원병 제도에 따른 한인들의 저항을 막으려 했다. 또한 국민정신총동원연맹과 애국반을 조직하여 국방 헌금 및 의무 저축을 실시하고 노동보국대勞動報國隊·성한연맹聖汗聯盟·초지전사대鍬之戰士隊 등을 조직하여 2, 3개월 동안의 군사훈련 후 동북 지역의 각종 군수공장에 투입시켰다. 그뿐 아니라 전국학생정신연맹은 중학교 이상의 학생들에게 황국신민화교육을 실시하였으며, 사상구국연맹은 한국 민중의 혁명 사상 및 혁명 활동을 방지하고 황국에 대한 충성스런 노예 사상을 선전하였으며, 사상범 보호 관찰소를 두어 한국 혁명가들을 철저히 감시하였다.[70]

이런 상황에서 《해방일보》를 비롯한 공산당 언론에 보도된 한국의

---

69 郁文, 「戰時朝鮮人民的生活 -一個朝鮮士兵的 談片」, 《解放日報》, 1941. 7. 23 ; 김지훈, 앞의 글. 참조.

70 金學武, 「侵略期中日寇在朝鮮的政策」, 《新華日報》, 1940. 1. 24. 이 때문에 당시 장제스의 개인 고문이던 오웬 래티모어(Lattimore, Owen)도 일제의 식민 지배 정책은 먼저 한국인의 정신을 분쇄시키고 문화와 역사의 전통을 소멸시킴으로써 한국인의 독립 자주 정신을 상실시키는 데 있다고 보았다. ("蔣委員長私人顧問拉鐵摩爾關于朝鮮問題的講演", 《中央日報》, 1942. 5. 30 ; "拉鐵摩爾講韓國問題", 《新華日報》, 1942. 5. 30).

식민지 상황과 항일 투쟁의 역사는 중국인들의 관심을 끌기에 충분하였다.[71] 과거 한국은 중국과 종속 관계이었지만 1894년 청일전쟁과 1904년의 러일전쟁으로 일본의 보호국이 되었고, 그 후 안중근·이재명 의거를 비롯하여 1919년 3·1운동과 사회주의 및 민족주의운동이 발전하였으며, 6·10만세운동, 광주학생운동 등 항일 독립운동이 줄기차게 계속 된 점을 강조하였다. 만주사변 이후 한국 혁명 운동이 강화되면서 수많은 항일 단체들이 조직되었다. 7·7사변 이후에는 국내외의 민족통일전선을 결성하여 직간접적으로 중국 항전에 참가한 사실을 부각시켰다. 아울러 중국 항전은 동아시아의 각 민족이 일치단결하여 뒷받침하고 전 세계 반파쇼 운동이 성원하는 국제연대의 성격을 띠고 있으며, 그 안에 포함된 한국 민족의 독립 투쟁은 머지않아 최후의 승리를 거둘 것이라는 '동아시아 연대론'을 주장하였다.[72] 한중간 전제 군주시대의 조공책봉 체제에 의한 '사대자소' 관계가 일제 침략 이후 항전과 독립을 위한 '협력·연대' 관계로 바뀐 것이다.

1940년대 들어서 중국 언론은 일제의 식민지 수탈 및 동화정책에 관하여 집중 보도했는데 특히 대규모 징병제가 주된 비판 대상이었다.[73] 《중앙일보》 보도에 따르면 중일전쟁 이후 일본은 대륙전선의 확대로 병력이 크게 부족하자 우선 대만에서 신병 42만 명을 확보했는데 그 과정에서 반발이 심하였다. 한국에서는 1938년에 특별 지원병제가 선포된 이후 총 70만 명을 모집할 예정이었으나 1년차 3천 명, 2년차 1만 2천 명, 3년차 8만 4천 명, 4년차 14만 4천 명, 5년

71 "敵改組朝鮮總督府", 《解放日報》, 1941. 11. 20 ; "朝鮮總督府人事之變動", 《解放日報》, 1941. 11. 20.

72 李林, 「朝鮮民族解放史話」, 《解放日報》, 1941. 11. 16.

73 "敵在鮮境徵兵二十五萬", 《解放日報》, 1941. 12. 17.

차 25만 명에 그쳐 지원병제가 실패로 끝났다.[74]

1942년 5월 8일 일본 각료회의는 1944년부터 한국에서 징병제를 실시하기로 결정하였다. 17세부터 25세까지의 한국 청년들을 강제 징집하여 경성 등 대도시에서 단기간 군사 훈련을 실시한 후 중국과 동남아 전선으로 파병하려는 계획을 세웠다. 전쟁이 막바지에 이르면서 일제의 황국신민화정책은 더욱 기승을 부렸다. 1943년 말부터 일본 헌병경찰의 총칼아래 한국의 전문학교 이상 학생 삼천여 명이 조선특별지원병으로 징병되어 경성에서 일주일간 황국신민화 훈련을 받은 후 중국과 동남아 전선으로 떠났다.[75] 1944년 9월에는 한국학생특별지원병제도가 시행되어 전문학교 이상 학생들을 침략 전쟁의 제물로 삼았다.

이에 대해 조선민족혁명당을 이끌던 김약산은 선두에 서서 비판 여론을 조성하며 반대 투쟁을 호소하였다.[76] 그는 징병제가 민족의 생존과 관련된 엄중한 문제로 전국 각지에서 대규모 반전 시위와 폭동을 조직하여 저항할 것을 주장하였다.[77] 김약산의 징병제 반대 기자 회견은 국공 양당 언론에 모두 보도되었는데 《중앙일보》는 공산당 언론과 다른 시각을 보여주었다. 이 신문은 한국의 대규모 징병제 실시에 따른 영향을 분석하면서, 중국 내의 한국 혁명당원들이 일제에 의해 징집된 한인 병사들을 흡수하여 자신들의 혁명 역량을 강화시켜야 한다고 주장하였다. 이와 유사한 예로 중국의 신해혁명이 성공할 수 있었던 주요 요인 중 하나는 청에 의해 편성된 신군 내에

74 "敵兵源蔣涸竭朝鮮實施徵兵", 《中央日報》, 1942. 6. 16.

75 "朝鮮青年學生不愿做日寇炮灰", 《新華日報》, 1944. 12. 1.

76 "金若山明日招待新聞界報告朝鮮情勢", 《新華日報》, 1942. 5. 17 ; "朝鮮準備實行征兵", 《解放日報》, 1942. 5. 18 ; "金若山招待我報界", 《新華日報》, 1942. 5. 19.

77 "朝鮮民族革命黨號召韓民抗拒征兵", 《新華日報》, 1942. 5. 19.

혁명당원들이 잠입, 활동하면서 적에게 타격을 주었기 때문이라고 했다. 마찬가지로 일본이 한국에서 징병제를 실시하게 되면 한국 민중이 무기를 지급받게 되는데 이것은 곧 한국의 민족 해방에 가장 좋은 기회가 될 것임에 틀림없다는 것이다. 그러므로 약산은 일제의 징병제를 오히려 한국독립군의 무장력을 강화시킬 수 있는 좋은 기회로 파악하였다.[78]

1943년 7월부터 10월 사이에 한국 청년들이 본격적으로 징병당하자 중국 신문들은 한국 장정들에게 "일본이 당신들에게 지급한 총을 가지고 우리의 공동 적인 일본을 타도하자"라고 호소함으로써 강제 징용된 병사들을 한국 독립운동의 무장 역량으로 전환시키려고 노력하였다.[79] 실제로 중국에 주둔한 일본군 소속의 한인 출신 군인들이 줄지어 광복군에 투항하여 무장 독립 활동에 동참하였다.[80] 1945년에는 일본군 점령지 한인들의 이탈이 더욱 빈번해져 청년은 물론 부녀자와 아동들까지 충칭重慶으로 들어왔다. 이들 가운데 일제의 강제 징집을 피해 중국으로 탈출한 청년 숫자가 가장 많았고,[81] 일본군 진영을 탈출한 후 곧바로 광복군에 참여한 숫자도 적지 않았다.[82] 이렇게 빈번한 한인 탈출은 일제의 가혹한 수탈과 착취, 강제 징용에 저항하는 것이며, 동시에 중국 내의 한국 독립운동 세력을 강화시켰다.

---

78 "金若山報告敵在韓徵兵", 《中央日報》, 1942. 5. 19.

79 "韓國獨立自由問題 -中韓文協廣播座談會紀", 《中央日報》, 1943. 12. 22.

80 "韓人四名在豫魯山投誠 參加韓光復軍", 《中央日報》, 1944. 4. 1.

81 "韓國青年逃出敵營來渝", 《中央日報》, 1945. 2. 4 ; "大批韓國青年逃出敵營來渝", 《中央日報》, 1945. 7. 4.

82 "中韓文協昨日盛會歡迎脫險韓國青年", 《中央日報》, 1945. 2. 6 ; "韓國青年三十多人從敵營逃出來渝", 《新華日報》, 1945. 2. 6.

임정과 광복군의 활동 및 국내 독립운동에 관한 기사는 상대적으로 《중앙일보》에 많이 보도되었다. 이를 통해 비록 신속성은 뒤떨어졌지만 한국 내의 혹독한 식민 통치 상황과 항일 운동이 널리 알려져 중국 내 한국 독립운동에 영향을 주었다. 또한 중국인들의 항일 의식을 고취시켜 대일 행동에 적극 나서게 하는 등 교육 효과를 기대하였다.[83]

1942년 12월 태평양전쟁이 발발한 후 한국 내의 항일 투쟁이 격화되었는데 국공 양당 언론이 적극 보도하였다. 주요 내용은 대규모 항일 운동에 의한 일제의 군수 시설 및 생산 시설의 파괴와 방화에 관한 것이나,[84] 징병제 실시와 엄격한 식량 통제에 대한 민중·학생들의 저항 운동이 주목받았다. 이에 대해 《중앙일보》는 "전 세계의 정의와 평화를 사랑하는 민주 국가들이 일본의 붕괴를 재촉하고 있으며 한국 민중들이 여기에 호응하는 상황"이라고 보도하였다.[85]

그뿐 아니라 의주·원산·부산·광저우·함흥 등 대도시 민중들을 중심으로 진행된 독립운동이 삼십여 차례나 발생하였고, 이와 관련된

83 "朝鮮革命黨活躍", 《中央日報》, 1939. 3. 16.

84 1942년 2월 북한 지역에서 발생한 대규모 항일 운동으로 한인 2,185명, 일본인 400명, 군경 680명 사망. 한인 부상자 및 체포자가 18,500명에 이르렀다. 또한 시베리아 부근의 웅기항 군수 시설을 파괴, 방화하였고, 신의주 지역의 창고, 제지공장 등도 방화하였다. 전체의 피해 규모는 비행기 22대, 비행장 2곳, 일본인 가옥 수백 채, 해군 탄약 창고 2곳, 철도 탄약 운반차 8대, 유조선 2척, 기차 92량, 유조선 및 소형 선박 67척 등이 파괴되었다. ("朝鮮大暴動油庫飛機均遭破壞", 《中央日報》, 1942. 6. 23 ; "韓人奮起反抗暴日", 《解放日報》, 1942. 6. 24) 같은 해 3월 29일에도 한인노동자들이 규이첩특도(奎爾帖特島)의 비행장을 폭파하여 비행기 69대를 파손하고 사상자 342명 이상, 피살자 2백여 명을 발생시켰으며 한국노동자도 4백여 명이 사망하였다. ("打擊敵人後方 韓人從火焚毁日機場", 《新華日報》, 1942. 7. 19 ; "短評 : 韓人工人壯擧", 《新華日報》, 1942. 7. 19 ; "韓人工人英勇反日", 《新華日報》, 1942. 7. 19).

85 「社論 : 韓國的抗日運動」, 《中央日報》, 1942. 6. 24.

일반인과 학생의 구금자 수가 십만 명에 이른 것으로 보도되었다.[86]

이 시기에 중국 언론은 일제의 대동아공영권을 비판하는 기사를 자주 게재하였다. 주된 논거로 한국의 식민지 상황을 예시하였는데 전 국토의 2/3 이상을 일본인이 소유하고 있으며, 한인 유랑민의 대부분이 일본인에 의탁하고 있지만 일본 사회에서 철저히 배척당하고 있다는 것이다. 아울러 20~40만 명의 한국인이 징집되어 동아시아 각 전선에서 일본군에 혹사당하고 있는 현실을 적시하였다.[87]

이밖에 《중앙일보》는 미주 한인 단체들의 중국 항전에 대한 정신적 물질적 지원 및 독립 활동을 소개하면서 동아시아 민족 중 한국인이 미국 문명을 가장 잘 수용한다고 전하였다.[88] 또한 조선의용대 성립 2주년을 기념하여 필리핀 교포부녀위로회가 후원금을 모금 지원한 사실과 재미 교포들의 조선의용대 후원회 조직 및 모금 활동을 보도하였다.[89] 태평양전쟁 발발 이후 《중앙일보》 지면에는 미주 지역의 한국 독립운동에 관한 소식이 자주 게재되었다. 일례로 미주한인연합위원회가 자유한인대회를 거행하여 앞으로 임정의 행동 지침에 따를 것임을 선언하였고, 이를 계기로 한국의 모든 혁명 역량이 임정 지도하에 집중되어 분투 노력함으로써 독립을 앞당길 것이란 전망을 내놓았다. 또 미국 내 한인들 중 광복군 지원병이 미군에 입대하여

86 "朝鮮反日的火花", 《新華日報》, 1944. 3. 23 ; 한시준, 「1940년대 전반기 독립운동의 특성」, 『한국 독립운동사연구』 8, 1994. 참조.

87 "旅美韓僑揭發倭寇陰謀", 《中央日報》, 1942. 8. 5.

88 "旅美韓僑續捐巨款救濟我國難民", 《中央日報》, 1939. 11. 4. 당시 미국 대륙에 약 2,500명의 한인이 주로 채소류를 판매하며 뉴욕 지역에 모여 살았고, 유학생은 250명으로 캘리포니아·프린스턴·하버드·예일 대학에 재학 중이었다. 하와이교민의 직업은 세탁소, 봉제, 이발, 여관잡역, 파인애플 제조업 등에 종사하였다. ("中韓人民同盟代表談朝在美韓僑", 《中央日報》, 1939. 11. 14).

89 "華僑韓僑滙款接濟朝鮮義勇隊", 《中央日報》, 1940. 10. 22.

직접 대일 작전에 나설 계획과 그 부대 명칭을 재중 광복군 미국지대로 할 것이란 소식도 전하였다.[90] 그 후 중국·필리핀의 교민들도 미군 지원병으로 무장하여 국제 부대를 편성하고 캘리포니아 방위군에 참가하여 훈련받은 후 중국과 서남태평양 전선에 배치되었다.[91]

카이로선언이 발표된 이후 연합군의 승리 가능성이 높아지면서 한국 독립운동을 지원하려는 모금 운동이 해외에서 더욱 활발히 전개되었다. 《신화일보》에 따르면 재미 한인 교포들은 연합으로 1944년에 십만 달러의 군자금을 모금하기로 결정하고 미국 본토의 교민이 30%, 하와이 교민이 17%를 부담하였다. 군자금은 목표액이 채워지는 대로 임정에 송금되어 한국 독립군에게 지급될 예정이었다.[92]

이렇듯 국공 양당 언론은 한국의 식민지 상황과 항일 투쟁에 대한 지속적이며 상세한 보도를 통해 일제의 인적, 경제적 착취와 동화정책에 의한 민족 말살 기도를 파헤치며 대동아공영권의 허구성을 폭로하였다. 그리고 중국뿐만 아니라 미주 지역 한인들의 각종 모금 활동과 지원병 입대 등 다양한 지원을 통한 해외 독립운동도 자세히 소개하였다. 이것은 태평양전쟁 이후 강화된 일본의 대동아공영권

---

90 "韓人在美籌組志愿兵", 《中央日報》, 1942. 3. 11. 같은 날 신화일보에도 동일한 기사가 "在美韓僑擧行大會 組織志愿兵參加美軍抗日"란 제목으로 보도되었다.

91 이와 같은 미주 지역의 광복군 지원병 조직에 캘리포니아 교민들이 가장 먼저 호응하였다. 이들은 주로 한국독립당 재미한인연합회 회원으로 주미외교위원장 이승만과 함께 주미한인지원병의 모집을 추진하였다. 한 달 후 미국 내의 한인 청년들이 정식으로 의용대를 조직하고 중국 및 기타 연합군에 입대하여 로스앤젤레스와 호놀룰루에서 반일 전쟁을 수행하였다. ("美境韓僑組旅美志愿軍", 《中央日報》, 1942. 3. 30 ; "旅美韓僑青年組獨立軍參加盟國作戰", 《新華日報》, 1942. 4. 10 ; "僑美韓籍青年組織義勇隊", 《解放日報》, 1942. 4. 11 ; "中菲韓三國僑美志愿兵成立國際隊韓光復軍義勇隊改編完竣", 《中央日報》, 1942. 6. 12).

92 "旅美韓僑籌募軍事金接濟韓光復軍", 《新華日報》, 1944. 8. 18 ; 방선주, 『재미한인의 독립운동』, 한림대 아시아문화연구소, 1989. 참조.

선전에 따른 중국의 유효한 대응이었으며, 국내외에 한국 독립운동을 적극 알려서 중국의 대일 항전 역량을 극대화하려는 취지였다.

### 3) 중국 내 한인 독립운동의 인식

항전 시기 중국 내의 한국 독립운동 관련 기사는 조선의용대에 관한 보도가 압도적으로 많았다.[93] 본래 조선의용대는 조선민족혁명당 총서기 김약산과 국민정부 군사위원회 정치부가 합작으로 조직한 항일 무장 단체로 핑진平津·쑤이위안綏遠·화중華中·화남華南 등지에서 정보 수집 및 파괴, 암살 활동에 종사하였다.[94] 특히 《신화일보》와 《해방일보》 등 공산당 기관지들이 조선의용대의 활동을 자주 보도했는데 조직 구성이나 항일 선전 및 무장 활동 위주로 소개하였다.[95] 기사 내용은 대일 항전에서 가장 용감하고 모범적인 모습을 보여준 한국 독립운동가들의 자유 독립을 위한 투쟁 정신이 중국 민중의 존경을 받을 뿐만 아니라 학습 가치가 있다면서 한중 양국의 공동 작전을 피압박 민족 연합의 표본으로 삼았다.[96] 이러한 시각은 《중앙일보》도

---

93 韓志成, 「二年來的教訓與今後的工作」, 《新華日報》, 1940. 10. 9 ; 조선의용군의 독립운동 및 중국 공산당과의 관계에 대해서는 염인호, 『조선의용군의 독립운동』, 나남출판, 2001. 참조.

94 梁昭全, 『关内地区朝鲜人反日独立运动资料滙编』 下, 辽宁民族出版社, 1987. 908쪽. 조선의용대는 군사위원회 정치부에 예속 되었는데 1940년 당시 314명의 대원이 있었고, 그들 상당수가 황포군관학교 및 기타 중국군관학교 출신들이었다.(徐万民, 『中韩关系史』, 中国社会科学出版社, 1999. 279쪽).

95 北鷗, 「在火線上的朝鮮義勇隊」, 《新華日報》, 1939. 3. 13 ; "朝鮮義勇隊活躍各戰線", 《新華日報》, 1940. 2. 8 ; "朝鮮義勇隊深入敵後宣傳", 《新華日報》, 1940. 3. 2 ; "朝鮮義勇隊總隊部遷", 《新華日報》, 1940. 4. 8 ; 唐鐵克, 「活躍在鄂北前線的朝鮮義勇隊」, 《新華日報》, 1940. 5. 20.

96 慧琳, 「來華朝鮮的朝鮮志士」, 《新華日報》, 1940. 2. 25.

마찬가지로 조선의용대가 간베이贛北·후베이湖北 및 화북 전지戰地에서 대적對敵선전, 군대 정훈, 무장 유격 등의 활동을 통해 한중 항일 연대 투쟁을 실천한 점이 높게 평가되었다.[97]

1940년 10월 조선의용대의 성립 2주년을 맞아 많은 기사들이 쏟아졌는데 그동안 중국 항전에서 거둔 성과들을 공통적으로 인정하였다.[98] 특히 대만의용대의 주충칭駐重慶 대표는 대일 항전이 본래 생존과 독립의 문제이지만 동시에 인류 정의와 세계 평화를 유지하는 것이라면서 중국 항전의 국제적 의의를 강조하였다. 그리고 7·7사변 이후 중국은 동아시아 피압박 민족을 이끌어 해방을 쟁취해야 할 임무를 지닌 것으로 보았다. 그런 까닭에 중국의 지원으로 조선의용대가 조직된 후 한국 내의 혁명 열기가 고양되고 각 당파 및 해외 한교韓僑의 단결이 강화된 것은 한국 독립을 쟁취하는 데 매우 중요한 의의가 있는 것으로 판단하였다.[99]

그렇지만 조선의용대의 성격과 관련하여 국공 양당 언론은 서로 다른 인식을 하고 있었다. 《신화일보》에 게재된 루숭如松의 글은 조선의용대에 대한 두 가지 잘못된 인식을 지적하였다. 첫째는 조선의용대를 단순히 국제부대의 하나로 보고 중국 정부의 민중 단체에 속한 것으로 본다는 것이다. 둘째는 조선의용대를 한국 유일의 혁명단체로 보고 있다는 것이다. 왜냐하면 조선의용대가 조직 편제상 국민정부 군사위원회 정치부 소속으로 한국 정부에 속해 있지 않고, 그 때

97 "朝鮮義勇隊越華北參加抗戰", 《中央日報》, 1940. 10. 4.

98 "朝鮮義勇隊兩週年紀念", 《新華日報》, 1940. 10. 8 ; 韓志成, 「二年來的教訓與今後的工作」, 《新華日報》, 1940. 10. 9 ; "在華日本人民反戰同盟祝朝鮮義勇隊成立二週年", 《新華日報》, 1940. 10. 9 ; "朝鮮義勇隊昨紀念兩週年 金若山闡明義勇隊任務電蔣委員長及我全國將士致敬", 《新華日報》, 1940. 10. 10.

99 "臺灣義勇隊駐渝代表劉啓光", 《新華日報》, 1940. 10. 9.

문에 한국인의 독립 정신을 대표할 수 없다는 것이다. 다만 조선의용대는 비무장의 선전 단체로 본질상 한중 양국의 항일 공동 투쟁을 촉진시키는 데 의의가 크다고 보았다.[100]

한편 《중앙일보》에 보도된 리쥔李君의 글은 중국 항전에 가장 먼저 참여한 유력한 한국 독립운동 세력으로 조선의용대의 위상을 높이 평가하였다. 그리고 중국 항전이 중화 민족의 구국 전쟁이자 동아시아 피압박 민족의 해방 전쟁이기 때문에 조선의용대의 참전이 갖는 한중 연대 투쟁의 선구적 의미를 강조하였다. 따라서 조선의용대를 독립성과 자주성이 없는 비무장의 선전 단체로 파악한 루송如松의 인식은 대단히 잘못된 것이라고 비판하였다.[101] 이렇듯 국공 양당의 상이한 인식은 조선의용대의 결성과 활동 과정에서 나타난 국민당의 영향력과 간섭에 기인한다. 이때까지 국민정부 군사위원회는 조선의용대의 영웅적 업적을 높이 평가하였고, 특히 장제스·펑위샹馮玉祥·리쭝런李宗仁·장즈중張治中 등이 앞장서서 공적을 추켜세웠다. 그러나 조선의용대와 조선민족혁명당은 오랫동안 임정과 대립적 관계를 유지하여 결과적으로 항일 역량을 약화시켰다는 비판도 함께 제기되었다. 더욱이 조선의용대의 일부 대원들이 옌안과 화베이 지역의 공산당 휘하로 들어감으로써 반공을 최우선 정책으로 삼았던 국민당과 장제스로부터 거리가 멀어졌다.[102] 반면 공산당은 이런 변화에 적극 대응하여 항일 무장 투쟁에 참여하고 있던 조선의용대원들을 옹호하며 항일 민족 통일 전선의 유효한 선전 수단으로 활용하였다.

---

100 如松, 「論朝鮮義勇隊在朝鮮革命運動中的地位 -糾正兩種錯誤的認識」, 《新華日報》, 1940. 10. 9.

101 李君, 「朝鮮義勇隊越華北參加抗戰」, 《中央日報》, 1940. 10. 9.

102 徐萬民, 위의 책, 281쪽.

태평양전쟁 이후 중국 내의 한국 독립운동 세력은 국제 정세의 변화와 장제스를 비롯한 국민당 인사들의 요구에 부응하여 임정을 중심으로 단결, 통합에 나섰다. 조선민족혁명당의 김약산도 태평양전쟁이 발발한 직후 곧바로 임정에 합류할 의사를 표시하고, 김구의 지도 아래 모든 역량을 집중시켜 공동으로 자유 독립 투쟁에 나설 것임을 선언하였다.[103] 그 후 국민정부의 지시로 조선의용대는 광복군 제1지대로 정식 개편되어 총사령 이청천, 부사령 김약산이 지휘를 맡았고 광복군 총사령부의 본부는 충칭에 두었다.[104] 이런 변화에 《해방일보》도 빠르게 대응하여 조선민족해방투쟁동맹의 시국 선언문을 게재하고 태평양전쟁 이후 급변하는 국제 정세에 부응하기 위해 조선 혁명 세력의 연합이 절실함을 역설하면서 그 중심에 임정이 있다고 밝혔다.[105] 다만 공산당 언론은 이전과 비교하여 조선의용대, 화북조선청년연맹, 화북조선독립동맹 등 좌파 계열의 한국 독립 무장 조직에 깊은 관심을 보였다.[106] 주요 내용은 일본의 내선일체 및 동아민족 해방 전쟁 곧, 대동아공영권 건설의 허구성을 폭로하거나 민족 병탄 정책인 창씨개명과 일본어의 국어화 등을 분쇄하자는 항일 기사와 한중 양국의 항일 공동 전선 결성과 국제 반파쇼 통일 전선의 강화를 주장하는 것들이었다.[107]

---

103 "韓臨時政府昨擧行二十三周年紀念", 《新華日報》, 1942. 4. 12.

104 "韓國義勇隊編入光復軍", 《中央日報》, 1942. 5. 21 ; 한시준, 『광복군연구』, 일조각, 1993, 참조.

105 "朝鮮民族解放鬪爭同盟對時局宣言", 《解放日報》, 1942. 6. 17.

106 "華北朝鮮青聯山東分會擧行成立典禮", 《晋察冀日報》, 1942. 5. 21 ; "華北朝鮮獨立同盟成立", 《解放日報》, 1942. 8. 29 ; "中韓人民携手作戰 華北朝鮮獨立同盟號召韓胞", 《解放日報》, 1942. 9. 10 ; 蔡野火, 「朝鮮義勇軍華北第二隊奉命出征 朝盟希望黨政民指導和幇助」, 《晋察冀日報》, 1942. 9. 19 ; "華北朝鮮獨立同盟延安支部開會", 《解放日報》, 1943. 5. 7.

이 시기 조선의용군의 항일 투쟁 활동이 크게 보도되었는데 화북지대 제2대는 춘계 정치공세 때 일부 대원들이 돌격대까지 조직하여 선전전을 전개하였다.[108] 이런 기사를 통해 한중 연대에 의한 항일 무장 투쟁의 의의와 위상을 제고함으로써 반파쇼 민족 해방 투쟁을 위한 연대를 강화하고자 했다.[109] 또한 조선의용군 화북지대 제2대가 공산당 언론을 통해 장제스의 공산당 탄압에 대한 우려를 표시하고 내전 중지, 내정 정리, 단결 강화 등을 요구하였다.[110] 공산당은 중일전쟁 시기 국민당과의 갈등이 재연되자 이미 확보된 좌익 계열의 한국 독립운동 세력을 이용하여 자신들에게 유리한 여론을 조성한 것이다.

그런데 화북조선독립동맹 창립대회에서 펑더화이彭德懷는 한국 혁명가들에게 팔로군으로 입대하여 혁명 무장을 조직, 지도하는 경험과 기술을 배우도록 조언하였다.[111] 앞으로는 보다 구체적으로 반파쇼 민족통일 전선을 견지하고, 국내외의 인민을 광범위하게 움직여

107 "華北朝鮮獨立同盟指示所屬對敵展開政治攻勢", 《解放日報》, 1942. 9. 3 ; 倉夷, 「朝鮮義勇軍華北支隊第二隊李益星隊長訪問記」, 《晋察冀日報》, 1942. 9. 3 ; "朝盟邊區分會擧行朝鮮國　紀念會幷追悼朝盟林平同志", 《晋察冀日報》, 1942. 9. 5 ; "朝鮮獨立同盟晋察冀分會歡迎朝鮮義勇軍北 上", 《解放日報》, 1942. 9. 6 ; 張帆, 「朝鮮獨立同盟邊區分會召開第二次盟員大會」, 《晋察冀日報》, 1942. 9. 8 ; "華北朝鮮獨立同盟晋察冀分會全體盟員大會宣言", 《晋察冀日報》, 1942. 9. 9.

108 "朝鮮義勇軍深入五臺敵占區對敵進行宣傳戰", 《解放日報》, 1943. 6. 1 ; 張志民, 「夜襲中霍鎮」, 《晋察冀日報》, 1943. 6. 10.

109 "朝鮮義勇軍華北支隊慶祝成立四周年紀念", 《解放日報》, 1942. 10. 22 ; "朝鮮義勇軍華北支隊紀念成立四周年", 《晋察冀日報》, 1942. 10. 27.

110 "華北朝鮮獨立同盟晋察冀分會 朝鮮義勇軍華北支隊第二隊 致國民黨當局制止內戰電", 《晋察冀日報》, 1943. 7. 20.

111 펑더화이는 중일전쟁 시기 팔로군 부총사령으로, 중국 공산당중앙 군사위원회 위원 겸 전방군분회 부주임으로 활동하며 화베이항일근거지를 건립하였다. (李盛平, 위의 책. 참조).

반파시스트 투쟁에 직접 참가시킴으로써 민족의식을 제고하고 일본을 몰아내야 한다는 이유였다.[112] 이것은 한중연합에 의한 항일 전선 구축과 함께 공산당식 정치 노선 학습을 통한 친공산당 세력의 양성과 전후 친공산당 성향의 정권 수립이라는 장기 목표를 염두에 둔 것이었다.[113]

태평양전쟁 이후 점차 한국 독립운동 세력이 임정을 중심으로 통합되면서 중국 언론에 광복군과 중한문화협회의 기사가 자주 등장하였다. 기사 내용은 대부분 광복군의 활약상이나 임정에 대한 국민정부의 인적 물적 지원을 소개하는 것으로, 그동안 비공개로 진행된 원조 방식을 벗어나 공개 지원이 이루어졌다.[114] 특히 중화문화협회는 한문강습반을 조직하고, 동방언어학교에 한국어문계를 증설하였으며, 국립대학에 한국 문제 강좌를 개설하였다. 또한 한국의 역사·지리·혁명·문화 등에 관한 서적을 발행하였고, 한국 자료실을 별도로 운영하며 한국 문제에 관한 강연회도 실시하는 등 한국 관련 연구와 학습이 활발해졌다.[115]

카이로회담 이후 임정 승인 문제로 논란이 많은 가운데 중한문화협회가 전후 한국 독립에 관한 좌담회를 열고 영국·미국이 계획하는 '국제 기구에 의한 한국 공동 관리' 방안에 대해 심각한 우려를 표시하였다. 이와 관련된 기사가 《중앙일보》와 《신화일보》에 같은 날 보도되었는데 내용면에서 후자가 훨씬 상세하고 적극적으로, "동맹국

112 "華北朝鮮獨立同盟第二次代表大會宣言", 《晋察冀日報》, 1942. 8. 25.

113 韓相禱, 「화북조선독립동맹과 중국 공산당」, 『역사학보』 174, 2002, 127쪽.

114 "中韓文協卽將正式成立", 《新華日報》, 1942. 10. 3 ; "平津道上韓光復軍活躍", 《新華日報》, 1942. 10. 3 ; "韓光復軍活躍冀魯豫邊幷在浙東奮勇殺敵", 《新華日報》, 1942. 10. 6 ; "中韓文協定十一日正式成立", 《新華日報》, 1942. 10. 9.

115 "中韓文協推擧孫科爲理事長", 《中央日報》, 1942. 10. 16.

들은 평화를 위한 전쟁의 기본 정신에 의거하여 전후 세계 평화와 각 민족의 일률적 평등을 기본 원칙으로 한국을 완전한 독립 자유의 국가로 만들어야 한다."라고 주장하였다.[116] 이 무렵 광복군의 조직 활동이 본격화되었는데,[117] 국민정부의 지원 및 활동 상황과 한인 청년들의 광복군 지원을 요청하는 글들이 중국 언론에 자주 보도되었다. 이와 관련하여 《중앙일보》의 보도 내용이 매우 상세하고 적극적인 반면 《신화일보》는 간략히 발췌한 내용을 단순히 전달하는 수준에 그쳤다.[118]

중국의 광복군 지원은 국민당 군사위원회에서 주관하였다. 1943년부터 피복비를 지원하는 것 이외에 병사들의 처우를 개선하기 위해 6월부터 일률적으로 생활 보조비와 식량 및 부식비를 중국군과

116 "中韓文協昨日擧行韓國獨立問題座談會", 《新華日報》, 1943. 5. 10 ; "中韓文協開會座談韓國獨立問題", 《中央日報》, 1943. 5. 10.

117 광복군은 국민정부의 도움을 받아 대한민국 임시정부가 조직한 국군으로 처음에는 국민정부의 지휘 감독 아래 있었지만 몇 차례의 논의를 거쳐 1944년 후반 이후 임정 소속으로 자리 잡았고 규모는 약 600명에 이르렀다. (徐万民, 위의 책, 281~288쪽).

118 광복군 관련 기사는 1942년 7월부터 12월 사이에 집중적으로 보도되었다. "韓國光復軍電賀中國抗敵五周年", 《新華日報》, 1942. 7. 7 ; "韓光復軍致電盟邦領袖表明對英印問題態度", 《中央日報》, 1942. 8. 14 ; "韓光復軍第二支隊已在西安成立", 《新華日報》, 1942. 9. 15 ; "韓國光復軍紀念創立兩周年", 《新華日報》, 1942. 9. 17 ; "跨過鴨綠江 光復河山 -韓國光復軍總司令李青天談話", 《新華日報》, 1942. 9. 17 ; 金若山, 「團結復國 -爲韓國光復軍二周年紀念而作」 《新華日報》, 1942. 9. 17 ; "韓光復軍活躍冀魯豫邊幷在浙東奮勇殺敵", 《新華日報》, 1942. 10. 6 ; "韓光復軍致賀感謝我援助", 《新華日報》, 1942. 10. 10 ; "韓光復軍改編爲三支隊", 《新華日報》, 1942. 11. 23 ; "韓光復軍改編就緒", 《中央日報》, 1942. 11. 23 ; "韓光復軍二支隊改編事竣", 《新華日報》, 1942. 11. 25 ; "韓光復軍二支隊整訓中", 《中央日報》, 1942. 11. 25 ; "韓光復軍新餉悉與國軍一律", 《新華日報》, 1942. 12. 2 ; "韓光復軍按國軍同等待遇", 《新華日報》, 1942. 12. 3 ; "金若山播講吁請韓青年投效光復軍", 《新華日報》, 1942. 12. 4 ; "韓國光復軍與韓國革命 -韓國光復軍副司令金若山的廣播演說", 《中央日報》, 1942. 12. 4.

똑같이 대우하였다. 이에 대해 공산당 언론도 광복군이 경제적 곤란을 겪고 있는 상황에서 한중 우의를 돈독히 할 수 있는 상호 부조의 조치라며 환영하였다.[119] 또한 충칭에서 한국 독립운동가들의 생계 곤란을 도와주기 위한 모금 운동이 전개되자 《신화일보》가 적극 지원하였다.[120] 반면 《중앙일보》의 조선의용군 관련 기사는 《신화일보》에 비하여 적었고 보도 내용도 매우 소략한 것이었다.[121] 이 무렵 광복군의 위상에 큰 변화가 있었다. 통상적으로 국민정부 군사위원회의 지휘를 받던 체제에서 대일 작전 기간을 제외하고는 완전히 임정의 국군으로 자리 잡게 된 것이다.[122] 또한 국민정부 군사위원회가 전국 각지에 수용되어 있는 한인 출신 일본군 포로를 전원 석방시켜 광복군에 편입시킴으로써 무장 역량을 증강시켰다.[123]

중일전쟁 시기 임정의 광복군과 조선민족혁명당의 조선의용대에 관한 《신화일보》와 《중앙일보》의 보도 태도가 뚜렷한 차이를 보이고 있다. 특히 태평양전쟁 이후 한국 독립운동 조직을 둘러싼 공산당 기관지들의 보도 성격에 서로 차이가 있다. 《신화일보》는 광복군 활동과 관련된 기사와 임정 중심의 항일 연대 투쟁에 비중을 둔 반면 《해방일보》는 화북조선독립동맹의 기사를 위주로 계급성과 혁명성을 중

---

119 "扶植韓光復軍 我軍委會准增服裝費", 《新華日報》, 1943. 7. 20 ; "韓國光復軍官兵待遇提高", 《新華日報》, 1943. 7. 22.

120 "渝發起組織基督教韓人福利促進會", 《新華日報》, 1944. 8. 18.

121 "鄂南朝鮮義勇軍襲敵", 《中央日報》, 1939. 6. 13. 예컨대 1943년 2월 26일자 《중앙일보》와 《신화일보》에 모두 조선 민족 혁명당의 강령, 정책 등이 게재되었는데 《신화일보》는 주요 내용을 전재한 반면 《중앙일보》는 발췌 보도하였다. ("朝鮮民族革命黨改組竣事幷發表工作方針", 《中央日報》, 1943. 2. 26).

122 "韓國光復軍改隷臨時政府戰時受我軍委會指揮", 《中央日報》, 1944. 8. 28.

123 "軍委會決定釋放韓籍俘虜 拔交韓光復軍爲正式隊員", 《中央日報》, 1945. 5. 16 ; "韓光復軍總部人員略有調動 南泉集中營韓籍俘虜昨解放", 《中央日報》, 1945. 5. 16.

시하였다. 그동안 조선의용대의 항일 활동을 적극 보도했던 《신화일보》는 광복군으로 통합 개편되자 보도 횟수를 크게 줄였고, 내용도 사실만 간략히 전하는 정도로 바뀌었다. 한편 《중앙일보》는 국민정부와 임정의 상호 관련 사항이나 광복군의 활동 소식에 관하여 심층 보도하였다. 기사 내용면에서 보편적 특징은 국공 양당 모두 중국 내 한국 독립운동에 관한 적극적인 보도를 통해 항일 연대와 공동 투쟁을 강조하고 우호·협력 의지를 공공연히 표현하고 있다. 그러나 한중 연대의 실질적 내용은 국공 양당의 정치적 군사적 대결 구도와 맞물려 중국 혁명의 향배에 따라 결정될 수밖에 없었다.

## 4. 국공 양당의 대한 인식

### 1) 국공 양당 지도자들의 한국관

1940년대 들어서 중국의 주요 지도자들은 국공 양당 구분 없이 한국 독립운동에 관하여 다양한 의견을 피력하였다. 공통된 내용은 유구한 역사를 지닌 한중 관계를 바탕으로 항일 공동 투쟁을 강조하고 한국 독립운동 세력의 단결과 통일을 촉구하면서 다른 피압박 민족과의 연합을 통한 적극적인 항전 참여를 유도하였다. 그러나 마자오준馬超俊[124]·장시만張西曼[125]처럼 공개적으로 삼민주의를 동아시아 피

124 마자오준은 광둥성 출신으로 일찍이 국민당에 참여하였고, 1938년 국민당 중앙

압박 민족 해방 운동의 지도 이념으로 삼아 실천할 것을 주장하는 인사도 있었다.[126]

먼저 공산당 지도자들은 한국 독립운동을 교훈 삼아 중국 혁명의 방법과 내용을 다듬었다. 펑더화이는 조선 혁명의 실패 원인 중 주관적 요인으로 심각한 당파 투쟁과 좌경 노선을 들고, 이 때문에 조선 인민의 유일한 적이 일본이란 점을 망각한 것과 반지주·반민족 자본 세력에 대한 투쟁이 기계적으로 진행되어 효과적인 설득 교육에 실패한 점을 꼽았다. 객관적 요인은 일본의 민족 이간질과 분열 공작을 들었다.[127] 이에 펑더화이는 혁명 운동 내부의 분열과 모호한 혁명 목표 및 통일 전선의 실패를 문제점으로 지적하고 공산당의 단결과 연대를 핵심 사안으로 인식하였다.

팔로군 총사령 주더朱德는 한국 독립운동 중 3·1운동을 민족 해방 투쟁에서 가장 찬란하게 빛나는 한 페이지라고 극찬하였다.[128] 그는 3·1운동의 혁명 전통이 한국 민족에게 줄곧 계승되어 아직까지 반전 투쟁과 지원병 제도 반대 투쟁 및 각종 항일 사건이 국내에서 끊이지 않고 있는 것으로 보았다. 또한 그는 만주사변 이후 수많은 한국 지사들이 동북항일의용군에 참가하였고, 7·7사변 이후로도 중국의 해방을 위해 목숨까지 바친 것에 대해 감사를 표시하였다. 그러나 한인

---

의 사회부와 조직부 부부장을 거쳐 나중에 농공부 부장을 역임하였다. (李盛平, 『中国近现代人名大辞典』, 北京 : 中国国际广播出版社, 1989. 참조).

125 장시만은 후난성 출신으로 1919년 리다자오(李大釗)와 함께 사회주의연구회를 조직하였고, 1922년 이후 국민당의 교육계에 투신하였으며, 중일전쟁 기간에는 연소항일을 주장하며 중화전국문예계항적협회 이사로 활동하였다. (李盛平, 같은 책. 참조).

126 "紀念'三一'節", 《新華日報》, 1939. 3. 2.

127 "華北朝鮮青年聯合會在晋東南成立 彭副司令場講演", 《晋察冀日報》, 1941. 1. 28.

128 朱德, 「建立東方各民族的反法西斯統一戰線」, 《新華日報》, 1942. 1. 1.

들의 혁명 역량이 아직 제대로 발동하지 못한 이유는 혁명가들의 내부 파벌로 인한 분열 때문이라면서 이를 극복하기 위해 노력해야 한다고 했다. 모든 한인 혁명가들은 광범위한 항일 민족 통일 전선을 건립할 책임이 있으며, 당파와 종교를 불문하고 모두 일치단결하여 한인들을 교육시키는 활동에 나서야 한다는 주장을 폈다. 그는 진정으로 한인의 이익을 위해 투쟁하고 광대한 한인들과 골육상관의 연계를 맺은 당파만이 한민족의 옹호를 받을 수 있고 마침내 영도자가 될 수 있다고 보았다.[129] 요컨대 주더는 한국 독립운동 내부의 공고한 단결과 민중 연대를 혁명 성공의 필수 요건으로 꼽은 것이다.

저우언라이도 한국 독립운동과 관련하여 조직의 단결을 각별히 강조했는데 중한문화협회에 참여하여 다음과 같이 언급하였다.

> 학창 시절과 황푸군관학교 및 혁명군대에 있을 때 한국 동지들과 함께 지내며 그들의 용감한 희생 정신을 직접 목격하였다. 그들은 중화 민족의 해방을 위해 중국의 대지 위에 피를 흘렸다. 항전 이후 조선의용대(현재 광복군에 소속됨)는 여러 전투와 일본 작전에서 피와 땀을 흘렸고 북방평원에서도 수많은 젊은이들이 희생당하였다. 그러나 조선혁명문제나 복국(復國)문제를 말할 때면 그들은 늘 논쟁을 벌였는데 대부분의 목표는 한국의 복국과 독립이었고, 단지 차이라면 방법이 같지 않다는 것이다.[130]

중일전쟁 이후 한국 독립운동에 대한 중국의 관심이 고조되던 시기에 공산당 지도자들은 하나같이 독립운동 내부의 단결을 혁명 성공의 첫 번째 조건으로 삼았으며, 가까운 장래에 한국의 자유와 독립이 실현되기를 희망하였다.

---

129 朱德, 「團結復國」, 《解放日報》, 1943. 3. 1.

130 "中韓文協招待韓國議員", 《新華日報》, 1942. 11. 11.

국민당의 주요 지도자들도 한국 독립 문제에 깊은 관심을 가졌는데 한중간 전통적 유대 관계와 현실 상황을 토대로 다양한 인식을 보여주었다. 한국에 대해 우호적이던 입법원장 쑨커는 "일본의 침략이 조선으로부터 시작되었고, 조선에서 끝난다."고 하여 대일 투쟁에서 한국 독립의 비중을 특별히 강조하였다.[131] 그는 현 단계에서 중국이 한국에 협조하는 방법은 임정 승인이라고 믿었다. 왜냐하면 23년간 활동한 임정에 대해 원만한 대일 관계의 장애가 될까봐 그동안 공개적으로 협조할 수 없었지만 이제는 그럴 이유가 없어졌다고 본 것이다. 더구나 버마 파병이 증명하듯이 중국은 한국의 복국을 원조할 수 있는 역량을 이미 갖추고 있다고 보았다. 그러므로 동아시아대륙에서 일본을 몰아내려면 먼저 한국과 베트남이 반드시 독립을 획득해야 한다는 주장을 폈다.[132]

쑨커는 국내외 시국 상황을 고려하여 한인들이 모두 임정을 인정하고 있으며, 중국이 앞장서서 임정을 승인한다면 머지않은 장래 우방들도 곧 그렇게 할 것으로 판단하였다. 한중은 역사적으로 관계가 밀접했을 뿐만 아니라 최근 수십 년 동안 임정은 전적으로 중국에 의존하고 있어 두 나라의 우호 관계가 다른 나라와 같지 않다고 보았기 때문이다. 그러므로 지금 한국의 독립을 지원하면 마치 중국 항전을 도우는 것과 같다는 것으로, 전후 동아시아의 평화유지는 오직 한중 합작에 달려 있으며, 독립 문제는 한국인들만의 이해 관계로 볼 것이 아니라는 인식이었다.[133]

---

131 "孫院長談朝鮮獨立問題 趙素昂氏講三均主義", 《新華日報》, 1942. 2. 23.

132 "孫科·趙素昂就韓國獨立問題發表演說", 《中央日報》, 1942. 3. 23.

133 쑨커의 미국 발언 내용은 십여 일 후 《신화일보》에 보도되었다. ("旅美韓人電謝孫院長", 《新華日報》, 1942. 4. 4).

그 후 쑨커는 "우리나라 항적抗敵의 주요 목적은 일제 침략에 저항할 뿐만 아니라 본래의 자유 독립을 도모하고 일본을 몰아냄으로써 동아시아의 영구 평화를 세워 세계 각국과 연합하는 것"이라고 규정하였다. 그리고 한중 양 민족의 연계와 단결을 촉진시켜 독립·자유·평등의 세계 정의를 위해 싸우자는 주장을 폈다.[134] 이것은 중국 항전을 반일 구국이란 자국 중심의 틀에서 벗어나 동아시아와 세계의 자유 평화의 회복이란 거시 목표에 접목시킴으로써 항전 의미를 국제적으로 확대시킨 것이다. 그러므로 한국 독립은 중국 항전의 승리와 분리될 수 없는 사안으로 인식되었고 표현상 상호 연대를 내세우지만 실제는 중국 주도의 항전 대오에 종속된 것으로 보았다.

당시 국민정부의 최고 지도자인 장제스는 광복군과 관련하여 아래와 같이 언급하였다.

> 우리는 평화를 애호하고 공리를 중시하며 반드시 정의를 신장함으로써 생명을 구할 것이다. 본 위원장은 원래 약한 자를 도와주고 강한 자를 억누르는 소망을 가지고 있다. 더욱이 없어진 것을 일으키고 끊어진 것을 이어주는 공, 곧 망한 나라를 일으켜 세우는 것은 어떤 곤란이 있더라도 더욱 굳게 공동 분투할 것이다.[135]

간략하면서도 의례적인 언급이지만 한국에 대한 장제스의 인식에 깔려 있는 전통적 대의명분과 우월 의식을 확인할 수 있다.

1942년 10월 10일 중한문화협회의 창립을 계기로 그동안 군사·정치·경제 위주로 전개된 한중 연대가 문화·교육 분야까지 확산되었

134 "中韓文協昨宣言成立", 《中央日報》, 1942. 10. 12.

135 "蔣委員長嘉勉韓光復軍", 《新華日報》, 1942. 9. 27.

다.[136] 중한문화협회의 창립은 국공 양당 언론이 모두 비중 있게 다루었는데 창립 기념 행사에 입법원장 쑨커孫科, 비서장 우톄청吳鐵城, 부총장 바이충시白崇禧, 안순安舜 대리를 비롯하여 왕충후이王寵惠, 펑위샹馮玉祥, 조우루鄒魯 대리 등 국민정부 인사들이 대거 참석하였다. 이들은 하나같이 동아시아 민족 중 한국이 가장 먼저 중국과 공동으로 항일 전쟁을 수행함으로써 일본 패망 이후 첫 번째 독립국이 될 것이라고 호언하고 한중 연대를 강조하였다.[137]

장제스는 대독한 기념 축사에서 한중일 삼국의 역사적 현실적 관계를 다음과 같이 밝히고 있다.

> 옛 조선은 건국과 동시에 중국문화의 세례를 받았고, 한당대漢唐代 경사經史·문학·과학·공예·전장典章·제도는 물론 불교·학문까지 간접적으로 물려준 관계로 삼천년 이상의 역사에서 두 나라 사이는 입술과 이가 서로 의지하는 것과 같으며 손발처럼 하나 된 우의를 가지고 있다.

반면 일본에 대해서는 만주사변으로 "중한의 공적이 되었을 뿐만 아니라 은혜를 원수로 갚는 동아 문명의 배은망덕한 자"라고 비판하였다.[138] 이런 상황에서 중국은 항전을 통해 세계 정의를 신장시키고 있으며 한국의 지사·의인들이 복국운동을 위해 노력하고 있다면서

---

136 중한문화협회는 1942년 10월 충칭에서 결성된 단체로 청두·상하이·난징·칭다오·베이징·다롄(大連)·창춘 등 전국 곳곳에 분회를 두고 한중 양국의 인적 교류를 통해 상호 우의를 증진시키는 활동을 폈다. (徐万民, 위의 책, 291~293쪽 ; 한시준, 「중한문화협회의 성립과 활동」, 『한국 독립운동사연구』 35권 35호, 2010. 참조).

137 "中韓文協昨成立 蔣委員長頒詞嘉勉", 《新華日報》, 1942. 10. 12 ; "短評 : 祝中韓文化協會成立", 《新華日報》, 1942. 10. 12.

138 "中韓文協昨宣言成立", 《中央日報》, 1942. 10. 12

한중간 항일 공동 투쟁의 의미를 높이 평가하였다. 또한 그는 한중 양국이 독립과 자유를 회복하려면 먼저 전통문명의 발양에 노력해야 하고 그 후에 국민의 자존과 자유를 진작시킬 수 있다고 보았다.[139] 이런 관점에서 동아시아의 왕도 문화는 세계 반침략 전쟁의 최종 목표이며, 중국이 간성인데 민족의 자유와 인류 평등을 완성하고, 문화의 단련으로 혁명을 완수하는 것이 중국의 위대한 역사적 사명이라는 주장이었다. 여기서 장제스에게 뿌리내린 유교 사상에 근거한 문화적 우월 의식과 역사적 소명 의식 및 중국 중심주의를 새삼 확인할 수 있다.

한편 중한문화협회 창립 일주년을 맞이하여 게재된 《중앙일보》와 《신화일보》의 기사를 통해 한중 양국 지도자들의 상호 인식을 엿볼 수 있다. 쑨커는 신해혁명을 거쳐 중화민국이 세워졌듯이 이번 전쟁의 승리 후 아시아에 '대한민국'이나 '일본민국'처럼 민주 국가들이 만들어져야 하는데 먼저 일본 천황을 비롯한 제국주의자를 타도하지 않으면 중국과 한국에 계속 위협이 될 것이라고 보았다. 따라서 그는 "일본 천황을 분쇄하는 것이 우리의 희망이요 동시에 한인의 희망이다. 그렇지 않으면 이번 전쟁이 끝난 후 다시 전쟁이 폭발할 것이다. 우리는 항구적인 계획을 세워야 하는데 일본 천황을 타도해야만 한국의 자유 독립을 보장할 수 있다."라고 하여 천황제 폐지와 일왕 폐위를 전후 처리의 핵심 사안으로 삼았다.[140]

---

139 "蔣委員長訓詞, 《新華日報》, 1942. 10. 12.

140 이 기사도 같은 날 《중앙일보》와 《신화일보》에 함께 보도되었지만 《중앙일보》가 훨씬 상세하다. ("中韓文協擧行成立一週年盛大茶會 孫科理事長等先后致詞", 《中央日報》, 1943. 10. 12 ; "中韓文協擧行茶會紀念成立一周年", 《新華日報》, 1943. 10. 12). 오늘날 일본에서 극우 세력이 평화헌법의 개정을 주장하고 우익 정치인들이 야스쿠니신사 참배를 강행하는 등 신국가주의 경향이 팽배해지고 있는 때 천황제가 구심점 역할을 하고 있다는 점에서 의미심장한 경고였다.

전후 처리 과정에서 일본의 재무장과 세력화 가능성에 관한 우려는 중국 지도자들의 공통된 인식이었다. 사오리쯔[141]는 중한문화협회 강연을 통해 한국 독립과 세계 평화의 관계를 강조하면서 "이번 대전이 끝난 후 불행히도 침략자들이 다시 일어선다면 국방이 비교적 약한 나라는 다시 침략당할 위험에 처할 것"이라면서 전후 일본의 재무장을 우려하고 중국의 적극적 대응과 주도적 역할을 천명하였다.[142]

다이촨셴戴傳賢[143]은 한중 양국의 역사적 문화적 연대를 중시했는데 한중일 삼국의 상호 관계를 역사적으로 분석하고 그 중심에 있는 중국의 시대적 책임 의식을 강하게 드러내고 있다.

> 중한 양국은 아시아의 국가 중 문화적 역사적으로 관계가 아주 깊고 오래되었으며 일본의 건국보다 천여 년 앞선다. 일본 문명의 기초는 한국으로부터 유래되었지만 차츰 강도가 약해져 오래가지 못하였고 오히려 일본이 한국을 뒤덮었다. 그러므로 오늘날 한국 광복은 한국의 희망이며 중국에게도 공동 책임이 있다. 한국이 독립을 유지해야만 곧 세계 평화가 유지, 옹호될 수 있다.[144]

그는 카이로회담 이후에도 "조선은 중국에 있어서 가장 오랜 우방

---

141 사오리쯔는 청말 거인 출신으로 동맹회에 가입하였고 《신주일보(神州日報)》·《민립보(民立報)》·《민국일보》 등 언론계에서 주로 활동하였으며 중일전쟁 시기에는 국민외교학회 회장, 주소련 대사, 국민참정회 비서장, 국민당 중앙 감찰위원 등 비중 있는 정치인이었다. (李盛平, 같은 책, 참조)

142 "韓國獨立和世界和平 -사오리쯔昨天在中韓文協講演", 《新華日報》, 1943. 12. 13.

143 다이촨셴의 자는 지다오(季陶)로 신해혁명 이후 쑨원의 비서로 활동하였고, 국민정부 수립 이후 국민정부 위원, 고시원 원장 등을 역임한 국민당의 원로정치인이다. (李盛平, 같은 책, 참조).

144 "中韓文協擧行成立一週年盛大茶會 孫科理事長等先后致詞", 《中央日報》, 1943. 10. 12.

으로 문화 관계의 깊이가 어떤 민족이나 국가와도 비교되지 않는다. 나는 조선의 국기에 그려진 태극太極과 건곤감리乾坤坎離의 사상을 보면 숙연해진다. 삼가 임시정부의 모든 동지들이 자강불식自强不息의 정신으로 마음과 행동을 다하면 그 빛이 사방을 비출 것"이라고 하여 오랜 역사 문화의 연관성을 토대로 한국의 광복과 양국의 미래를 긍정적으로 바라보았다.[145]

펑위샹[146]은 국내외 정세의 객관적 상황을 토대로 한중 관계를 이해하였는데 《중앙일보》에 보도된 그의 발언 내용에 따르면

> 한국은 반드시 독립되고 자유를 회복할 것이다. 일 년 동안 이탈리아가 붕괴되고 독일이 점점 후퇴하여 소련국경까지 물러났다. 일본도 날마다 폭격으로 비행기나 잠수정에 큰 타격을 입어 우리의 승리가 하루하루 다가오고 있다. 국부國父의 유교遺教는 약소민족을 돕도록 제시하고 있으며, 이 때문에 한국을 돕는 것이 우리의 직책이오, 한국 독립이 희망임을 깨닫고 있다.……가장 중요한 것은 한국 스스로 서로 도우며 정성으로 단결해야 한다.

라고 하여 국제 정세의 변화에 따른 일본 패망을 예상하고 쑨원의 유촉을 실행하기 위해 한국을 돕는 것이 중국의 책무라고 밝히면서 한국인의 단결을 촉구하였다.[147]

펑위샹의 발언은 같은 날 《신화일보》에도 똑같이 보도되었는데 《중앙일보》에 보이지 않는 "한국은 여러 면에서 볼 때 마치 어린 아

---

145 "中央黨部吳祕書長 宴請韓臨時政府首長", 《中央日報》, 1944. 7. 18.

146 대표적 군벌출신인 펑위샹은 중일전쟁 시기에 국민정부 제6전구 사령장관으로 활동하고 있었다. (李盛平, 같은 책. 참조).

147 "中韓文協擧行成立一週年盛大茶會 孫科理事長等先后致詞", 《中央日報》, 1943. 10. 12.

우와도 같아 우리가 도와주어야 한다. 다만 가장 중요한 것은 한국 스스로 단결해야 하는 것"이라는 내용이 포함되어 있다.[148] 이것은 항전 시기에 중국 지도자들이 가졌던 '형제의 나라兄弟之國'의 시각을 그대로 드러낸 것으로 표현상 우호·연대가 강조되지만 보호자 혹은 후견인으로서의 입장을 견지하고 있음을 알 수 있다.

이러한 인식은 일반적 현상으로 중한문화협회의 선전부장 량한차오梁寒操는 한국 독립을 도와야 할 세 가지 이유를 다음과 제시하였다.

> 첫째, 중국의 인仁은 유럽의 문예부흥 이후 제창된 자유·평등·박애와 같은 것으로 한국 독립은 곧 인류의 진리를 실현하는 것이다. 둘째, 세계의 안전을 위해서는 일본 내의 악한 세력을 반드시 소멸시키고 가장 먼저 한국을 독립시켜야 한다. 셋째, 삼민주의의 입장에서 한국 독립을 도우는 것이 삼민주의의 이상 중 하나이다.[149]

그는 한국 독립을 인류의 보편적 진리의 실현이며 세계 평화의 초석이고 삼민주의의 구체적 실천이라는 관점에서 바라보며 보호자의 위치에서 대응하였다. 특히 카이로회담 이후 국민정부 지도자들 사이에 한국 독립과 자유 문제에 관한 논의가 활발하였다. 예컨대 판궁잔潘公展[150]은

> 자유 독립의 중국이 있을 때만 독립 자유의 조선이 있다. 동시에 조선이 독립 자유를 가질 때 중국도 비로소 독립 자유를 가지게 된다. 과거

148 "中韓文協擧行茶會紀念成立一周年", 《新華日報》, 1943. 10. 12.

149 "梁寒操談扶助韓國獨立", 《中央日報》, 1943. 12. 20.

150 판궁잔은 《신보(晨報)》·《신보(申報)》 사장, 국민당 중앙선전부 부부장, 상해시문화운동위원회 주임위원을 역임했으며 주로 국민정부의 언론계에서 활동하였다. (李盛平, 같은 책. 참조).

중국은 조선이 망하게 되면 연이어 일본의 침략을 받았다. 오늘날 조선은 중국의 혁명 항전이 발전하고 있기 때문에 독립을 보장받았다고 말해도 거짓이 아니다.

여기서는 한중 관계를 순망치한의 상호 의존 관계로 인식하면서도 중국 혁명의 중심적 위치를 명확히 드러내고 있다. 또한 타오시성陶希聖은 "상고사에서 중한은 동일 민족의 두 갈래로 같은 문화에서 분류되었으며, 근세사에서는 중한 양국의 혁명이 갑오전쟁으로부터 동시에 시작되었다"고 지적하여 역사적 동일성을 중시하였다. 그는 한국 독립이 단순히 중국 동부 연안의 해방을 얻는 데 그치지 않고 서태평양의 안전과 세계 인류의 자유를 태평양까지 확산시킬 것이라면서 국제적 의의를 부각시켰다.[151]

당시 국민당 중앙의 비서장으로 장제스와 임정 사이에 가교 역할을 맡았던 우톄청吳鐵城은 한국 독립운동과 중국 혁명을 일치시켜 중국 혁명 운동의 성공이 필연적으로 한국 독립운동의 성공을 촉진시킨다면서 "적당한 시기에 조선의 자유 독립을 선포한다."는 카이로 선언을 가능한 최단 기간에 완전히 실현하는 것이 희망이라고 밝혔다.[152] 그런데 꿍더보龔德柏[153]는 동아시아의 관계를 청일전쟁 이전 상태로 환원시켜 전통적인 한중 우호 관계의 회복을 강조함으로써 봉건적 중화체제의 복원을 염두에 두었다. 사상적으로도 그는 한국 독립을 삼민주의의 실천 과정으로 이해하였다.[154]

---

151 "韓國獨立自由問題 -中韓文協廣播座談會紀", 《中央日報》, 1943. 12. 22.

152 "中央黨部吳祕書長 宴請韓臨時政府首長", 《中央日報》, 1944. 7. 18.

153 꿍더보는 주로 언론계에 종사하여 9·18사변 직후 《救國晩報》와 《救國日報》를 창간하였고, 중일전쟁 시기에는 국제문제연구소 주임 비서로 활동하였다. (李盛平, 같은 책. 참조).

154 "旅蓉韓僑幻影馮玉祥等籌組中韓文協分會", 《中央日報》, 1944. 1. 21.

이렇듯 대일 항전을 매개로 한중 우호와 항일 연대를 피력했던 중국 지도자들의 언설에 내재된 우월감과 시대적 소명 의식은 전후 한국 문제의 대응 과정에서 마치 후견인과 같은 언행으로 나타났다. 그런 까닭에 중일전쟁 이후 한중 관계는 항일 연대 투쟁을 표방한 '순치상의脣齒相依'로 대변되고 있지만 실제로는 역사적 우월의식에 뿌리를 둔 중국의 대국주의와 자국 중심주의 경향이 짙었다. 다만 중국은 전후 처리 과정에서 외교적 경제적 군사적 역량이 부족한 까닭에 의도한 역할을 하지 못하였다.

### 2) 임정 승인과 전후 구상

중일전쟁 이후 임정은 국제적 승인을 당면 과제로 삼고 다양한 노력을 전개하였다. 1941년 3월 임정은 미국 대통령에게 한국 임시정부의 승인과 외교 관계의 개시, 중국과 한국의 항일 수요에 필요한 원조 강화, 군수품과 기술자의 지원, 평화회의 및 국제기구에 한국 대표의 참가 허용 등을 요청하였다.[155] 아울러 미·영·중·소의 정부가 먼저 이러한 조건에 솔선수범하여 흔쾌히 수용해 줄 것을 희망하였다.[156] 또한 임정 의정원 원장 김기원金起元은 중국의 조속한 임정 승인을 요청하며 독립운동 내부의 분열이 1941년 10월 15일 의정원 정기회의를 계기로 일단락되어 임정이 유력한 정부로 재정비되었음

155 김희곤, 『대한민국임시정부 연구』, 서울 : 지식산업사, 2004 ; 任桂淳, 「대한민국 임시정부에 대한 중국 정부의 지원」, 『한국사학』 8, 성남 : 한국정신문화연구, 1987 ; 홍순옥, 「대한민국 임시정부의 대중국외교(1940~45)시론 -광복군과 임시정부인식문제를 중심으로」, 『한국 독립운동과 열강관계』, 과천 : 국사편찬위원회, 1989.

156 "爲朝鮮亡國卅一週年敬告中國同胞書", 《新華日報》, 1941. 8. 29.

을 선언하였다.[157] 동시에 중국 언론계가 우방국 정부를 독촉하여 조속히 임정을 승인하도록 도와줄 것을 요청하였다.[158] 그러나 태평양전쟁 발발 전까지 국민정부는 임정 승인에 대해 구성원의 자질과 능력 부족 등을 이유로 부정적이었다. 다만 한국 독립운동에서 차지하는 김구의 명망과 오랫동안 지속되어온 유대 관계를 고려하여 1941년 말부터 임정에 대해서만 재정 지원을 계속하였다.

1942년 4월 임정 수립 23주년 기념일을 계기로 임정 승인 문제가 언론의 관심사로 떠올랐다.[159] 그해 11월에는 중국을 방문한 영국 대표단을 임정 인사들이 직접 만나 신속한 승인을 요청하였다.[160] 또한 중한문화협회 이사장 쑨커는 태평양전쟁 일주년을 맞아 "우리가 태평양의 영구 평화를 건설하려면 반드시 적을 제거한 후 곧바로 한국의 독립을 회복시켜야 하고, 동맹국은 조속히 한국 임시정부를 승인해야 하며, 한국 인사들은 계속하여 일본을 소멸시키는 데 분투해야 한다."라고 하여 한국 독립과 임정 승인을 전후 처리의 최우선 순위로 꼽았다.[161] 그리고 1942년 12월 국민당은 '다른 나라보다 먼저 승인한다.'라는 기본 원칙만 확정지었다. 이후 국민정부 외교부장 쑹쯔원宋子文은 런던 기자회견에서 "일본이 패망하면 곧바로 동북과 대만을 중국에 회수하고 조선은 독립국이 될 것이다. 중국 인민은 최근 영·미가 중국에서의 특권을 포기한 것으로 인식하고 있다"라고 선언함으로써 전후 동아시아의 새로운 질서와 관련하여 중국의 주도적

157 "韓國議長招待新聞界", 《新華日報》, 1941. 10. 3.

158 "韓人召開議政院議會 要求各友邦承認", 《中央日報》, 1941. 10. 3.

159 "韓國臨時政府定今日 宣布約憲幷作聲明", 《新華日報》, 1942. 4. 10.

160 "韓國臨時政府向英訪華團送備忘錄說明韓人意見", 《新華日報》, 1942. 11. 27.

161 "中韓文協電賀太平洋協會", 《中央日報》, 1942. 12. 9 ; "孫科吁請盟國承認韓國臨時政府", 《新華日報》, 1942. 12. 9.

위치를 확인하고 한국과 동북·대만을 분리 처리할 것임을 명확히 밝혔다.[162]

태평양전쟁 이후 미국은 중국을 대일 항전의 주요 동맹 세력으로 간주하였고, 전후 국제 질서의 재편 구상에서 대소對蘇 견제 역할의 가능성을 주목하였다. 미국 루스벨트 대통령은 중국을 세계 4대 강국의 하나로 부상시키기 위하여 1943년 9월 모스크바 외무장관 회담의 공동 성명국에 참여시켰다. 같은 해 12월 카이로회담은 미국의 전후 구상과 맞물려 중국의 국제 지위를 한껏 높인 무대였다.

1943년 11월 29일자 《중앙일보》는 카이로회담의 개최 사실을 보도하였다.[163] 회담 결과는 1943년 12월 5일자 《중앙일보》지면에 중·미·영의 삼국 지도자들이 전후 한국의 독립을 보장하였다는 중앙통신사의 기사로 처음 알려졌다. 보도 내용은 "카이로회담에 장주석이 직접 참가하여 위대한 성공을 거두었다. 중·미·영 삼국 지도자들의 성명은 전후 한국의 자유 독립을 보증하였으며 이번 대전이 끝난 후 미·영의 아시아 정책을 처음 구체적으로 표현하였다."라고 하면서 전후 동아시아의 질서 재편에 관한 중국의 관심을 드러냈다. 《중앙일보》는 앞으로 임정이 한국 내의 혁명 운동에 주의를 기울려야 하며 장래 일본 본토의 진공 작전에도 동맹국과 함께 참여해야 하고, 동맹국들은 조속히 한국 임시정부를 승인함으로써 지도 역량을 증강시켜 주어야 하다고 주장하였다.[164] 이렇듯 국민정부는 전후 세계 질서의 재편 과정에서 한국의 조속한 독립과 임정의 주도권 장악에 유의하고 있음을 공개적으로 표명하였다.

---

162 "宋子文談東北臺灣必須收復 朝鮮應成爲獨立國", 《中央日報》, 1943. 8. 6.
163 "旅渝韓人歡迎開羅會議聲明", 《中央日報》, 1943. 11. 29.
164 "中韓文協祕書長司徒德談朝鮮獨立", 《中央日報》, 1943. 12. 5.

카이로회담에서 장제스는 한국 독립을 확고히 지지하고 후견인 겸 대변자의 역할을 자임하였다. 미국의 지원으로 국제 외교무대에 처음 등장한 장제스는 전후 한국 독립을 보장받는 데 주력하였다. 반면 루스벨트는 한국 독립을 인정하되 절차상 상당 기간의 신탁 통치를 받아야 한다고 생각하였다. 영국의 처칠은 기존의 자국 식민지를 고려하여 한국의 조기독립 결의에 반대하였다.[165] 문제는 루스벨트의 후원에 의존하고 있던 장제스의 외교 역량에 한계가 있었다는 것이다. 결국 전후 한국 문제에 관하여 국제적으로 '독립'은 보장하되 '적당한 시기'란 단서가 붙게 되었다.

이후 중국은 카이로회담으로 형성된 유리한 국제 정세를 이용하여 한국 독립운동의 역량을 연합국과 서로 배합시키는 데 주력하였다. 《중앙일보》는 카이로회담 이후 첫 해인 1944년을 일본 패망의 결정적 시기로 보고 중·미·소 삼대 동맹국이 한국의 자유 독립을 공동 보증하고 있음으로 공허한 이상이 아닌 곧 도래할 사실로 받아들였다. 다만 한국 민중의 독립 자유를 위해 투쟁은 계속되어야 하는데 항일을 한국 독립의 수단이자 중국 혁명의 관건으로 보았기 때문이다.[166]

카이로회담을 계기로 머지않은 장래 한국 독립이 기정 사실화 되면서 임정을 중심으로 한국 독립운동 세력이 급속히 결집되었다. 임정 의정원은 1944년 4월 20일 제36차 임시회의를 소집하고 임시헌법을 개정하여 정부주석 및 국무위원의 지위와 권한을 강화시켰고 정부 내에 부주석 일인을 늘렸다. 그리고 각 당파의 단결에 무엇보다도 주의하였는데 한국독립당·조선민족혁명당·조선민족해방동맹 등이 임정과 김구를 공개적으로 옹호하였다.[167] 이 회의에서는 민주집

165 구대열, 『한국국제 관계사연구』 1, 서울 : 역사비평사, 1995, 109쪽.
166 「社論: 朝鮮獨立的保證書」, 《中央日報》, 1944. 3. 1.

중제의 원칙 확립과 각 당파의 단결이 특별히 요구되었다.[168] 당시 국공 양당은 모두 임정의 대표성을 인정했지만 민족통일전선 정부의 수립과 민주집중제의 채택에 더 큰 의의를 두어 상당한 시각 차이를 드러냈다.[169] 요컨대 국민당은 임정 및 김구 중심의 단결과 지도력 회복에 주의한 반면 공산당은 민주집중제의 운영원칙과 항일 민족 통일 전선의 결성에 더 큰 비중을 두었다.

임정 개조에 대해 중한문화협회에 참여한 국민정부 인사들도 매우 긍정적이었다. 쑨커는 임정의 개편 이후 모든 당파들이 총결집함으로써 지도 역량이 강화되어 한국 독립을 앞당길 것으로 보았다. 또한 현재 전 세계의 민주 국가들이 공동으로 대일 작전을 전개하는 목적 중 하나가 한국의 자유 독립인데 연합국들이 신속히 임정을 승인함으로써 대일 전투 역량을 증강시킬 수 있다고 주장하였다.[170] 국민정부 참의원 비서장인 사오리쯔는 중국이나 연합국 및 한국에 관심이 있는 일반 인사들이 모두 한국 정치 단체의 단결을 희망하고 있다면서 그것만이 확실한 승리를 보장한다고 강조하였다.[171]

임정 의정원의 확대 개편을 맞아 중국 측 인사들은 한국 독립운동 세력의 단결을 무엇보다도 중시하였다. 쑨커는 임정의 항일 투쟁 역량을 깊이 신뢰하면서 연합국의 승인을 촉구하고 나섰다. 왕펑성王芃生은 한국 독립운동을 중국 혁명 과정에 빗대어 이해함으로써 근대

---

167 "韓國臨時議會閉幕 金九連任主席", 《中央日報》, 1944. 4. 26.

168 "短評 : 民主團結的光輝在東方開放", 《新華日報》, 1944. 4. 26.

169 "韓國各革命黨擁護第三十六屆議會宣言", 《新華日報》, 1944. 4. 28 ; "大韓民國臨時議政院 第三十六次臨時議會宣言", 《新華日報》, 1944. 4. 28 ; 「社論 : 韓國的民主團結」, 《新華日報》, 1944. 4. 28 ; "大韓民國臨時議政院 第三十六次臨時議會宣言", 《中央日報》, 1944. 4. 28.

170 "中韓文協擧行茶會歡迎韓國臨時政府成立", 《新華日報》, 1944. 5. 29.

171 "中韓文協招待韓國臨時政府首長", 《中央日報》, 1944. 5. 29.

이후 한중 관계의 연속성에 주목하였다. 일반적으로 카이로선언 이후 《중앙일보》에 게재된 한국 관련 기사의 특징은 매우 상세하고 적극적이며 낙관적인 견해가 주류를 이루었다.

1945년 들어서 《중앙일보》의 지면에는 한국 독립운동 지도자들의 임정 승인 요청에 관한 기사가 더욱 자주 실렸다. 임정은 샌프란시스코회의에 참석하여 식민지 조국의 상황을 알릴 8인의 대표단을 구성하고 이승만을 대표로 내세웠다.[172] 그들은 각 방면에서 한국의 대일장기 투쟁을 알리고 연합국의 일원으로서 합법적 지위를 얻기 위해 노력했지만 끝내 미국이 거부하여 개인 자격으로 활동하였다.[173] 한편 중한인민동맹회 대표 한길수는 미 국무부의 보증을 얻기 위해 카이로선언 중 한국의 최후 독립 문제에 대한 입장을 결정해 주도록 요청했지만 성과가 없었다.[174] 다만 미 국무부는 전후 한국 문제 처리와 관련하여 미·영·소 3국이 포츠담회담에서 태평양전쟁 종결 후 한국을 소련의 세력 범위 안에 포함시킨다고 결정한 사실을 부인하였다.[175] 국공 양당 기관지들은 이 논란에 대해 전면 부인하는 기사를 게재하였고,[176] 특히 공산당 언론이 강경 입장을 취하였다.[177]

《중앙일보》는 전후 국민정부의 동아시아 구상과 관련하여 카이로

---

172 "美拒絶承認韓臨時政府出席舊金山會議代表團", 《中央日報》, 1945. 4. 19 ; "韓國代表非正式參加舊金山大會", 《新華日報》, 1945. 4. 27.

173 "韓國正式請求出席聯合國會議", 《中央日報》, 1945. 5. 13 ; "韓臨時政府要求出席舊金山會議 美國務院要他們先從內部團結做起", 《新華日報》, 1945. 5. 14.

174 "韓臨時政府參加舊金山會議絶望", 《中央日報》, 1945. 5. 22.

175 "美正式否認將韓戰時地位置于蘇聯勢力範圍", 《中央日報》, 1945. 5. 23.

176 "韓朝臨時政府發言人就戰後 韓國地位之鮮謠傳發表談話", 《中央日報》, 1945. 5. 28 ; 「時評 : 爲什麽造這個謠言」, 《新華日報》, 1945. 5. 28 ; "朝鮮獨立問題 雅爾塔會議的決定和開羅會議無冲突", 《新華日報》, 1945. 5. 28.

177 "格魯發表演說 說明美國對韓國政策", 《新華日報》, 1945. 6. 10 ; "格魯稱美將實現韓國獨立 對重慶韓國臨時政府不予承認", 《解放日報》, 1945. 6. 11.

선언의 실현을 기본 원칙으로 삼았다. 이에 따르면 일본이 청일전쟁 이래 오십 년 동안 점령한 중국 영토를 되돌려 받는데 타이완·펑후도·동북 세 곳이 대상 지역이었다. 아울러 한국에서는 일본을 몰아내어 독립 자유를 회복시키며, 제1차 세계대전 이후 위임 통치를 이유로 일본이 점유한 섬들을 원상 회복시키려고 했다. 더 나아가 일본의 대륙 정책을 완전히 분쇄하여 부활을 방지하는 것이 중·미·소 삼국의 공동 이익이라면서 만약 일본의 대륙 정책이 계속되거나 부활된다면 삼국 모두에 큰 위협이 될 것이라고 경고하였다.[178]

일본은 미소를 분열시키고 중국을 고립시켜 자신들의 대륙 정책을 계속 유지하려고 시도하였다. 따라서 《중앙일보》는 중·미·소의 공동 전선을 결성하여 일본이 또 다시 한국을 넘보지 못하도록 방어하고 동북을 중시해야 한다는 주장을 폈다. 그리고 "카이로선언을 실현하는 것이 국가의 영토·주권·행정을 완전 무결하게 도모하는 것이며 동시에 조선의 독립을 도와주는 것"이라면서 미·영·소의 공동 전선 구축을 외교의 핵심 방향으로 삼았다.

중국 공산당은 임정 개조와 관련하여 그동안 중국 항전에 한인들이 다수 참가하였고 현재도 중국 동북 및 피점령지에서 일본과 피비린내 나는 작전을 전개하고 있다면서 동맹국과 중국이 법률적으로 최소한 현재의 임정을 승인해 주는 것이 장래 한국과 동맹국, 중국이 서로 연합할 수 있는 조건이 된다고 주장하였다.[179] 카이로선언 이후 공산당 언론도 한국 문제에 대해 깊은 관심을 표명하였다. 《신화일보》는 한국인의 철저한 반일 투쟁만이 독립을 보장한다면서 향후 일본 파쇼의 최후 근거지인 한국에서 대중 투쟁이 절실히 필요하다고

---

178 「社論 : 實現開羅會議宣言」, 《中央日報》, 1945. 6. 13.

179 "中韓文協學行茶會歡迎韓國臨時政府成立", 《新華日報》, 1944. 5. 29.

보았다. 또한 조선시대 이순신의 철갑선을 예로 들면서 유구한 한국 문화가 일본보다 결코 뒤지지 않으며 세계 민주 국가의 일원이 될 수 있다고 격려하였다.[180] 더욱이 동아시아 각 민족 가운데 중국과의 관계가 가장 오래된 나라는 한국이 으뜸으로, 두 민족이 왕래한 것은 삼천 년의 역사를 가지고 있다면서 오랜 유대 관계를 강조하였다. 그러면서 한국의 혁명 전사들에게 내부 단결을 도모하고, 국내와 적 후방의 조직 및 투쟁을 강화하며, 국제적 반파쇼 연대에 협력, 공조할 것을 역설하였다.[181] 공산당은 연합국의 한국 독립 보장 방안에 환영의 뜻을 표시하고 궁극적인 독립은 한국인 스스로의 투쟁에 의해 이루어진다면서 국민당과 마찬가지로 국내의 항일 투쟁을 적극 주문하였다. 그리고 한국은 수천 년 전부터 유대 관계를 맺어온 형제의 나라로서 일제 침략 이후 항일 공동 투쟁을 통해 우호 관계가 더욱 굳건해졌으며 앞으로 단결과 연대를 희망하였다.

공산당은 태평양전쟁 이후 한중 항일 연대의 필요성을 강조하면서 한국 독립운동 세력의 단결에 각별히 주의하고 있다. 혁명 투쟁 방향은 그동안 대일 항전에 치중했던 것으로부터 벗어나 국내 혁명 활동을 중시함으로써 해방 이후의 정부 구성과 정치 주도권을 염두에 두었다. 국제 관계에서는 피압박 민족의 반파쇼 연대를 옹호하고 추진하였지만 전후 국제 기구의 공동 관리는 적극 반대하였다. 공산당에 따르면

> 우리들의 협력 공조를 '국제공동관리'로 해석해서는 안된다. 조선 인민의 행정 경험이 부족하다는 망상은 핑계일 뿐이다. 조선이 '국제공동관리'

180 社論 : 掀起韓國內部的反日運動,《新華日報》, 1943. 12. 21.
181 趙循, 「對朝鮮革命志士的期望」,《新華日報》, 1943. 8. 29.

의 식민지로 바뀐다면 폭력으로 폭력을 제압하는 방법에 불과하다. 당장 반파쇼 단결을 쟁취하는 데 가장 나쁜 장애가 되고 장래 전쟁의 잠복 요소를 조성하게 될 것이다.

라고 하여 전후 신탁 통치 방안을 반파쇼 연대의 장애물로 인식하였다. 그러므로 전후 처리는 대서양헌장에 따라 각 민족 혹은 각국의 인민이 자유를 회복하고 그들의 정부를 자유롭게 조직할 수 있도록 해야 한다고 주장하였다.[182] 이렇게 볼 때 전후 한국 문제 처리에 관한 신탁 통치 방안은 종전 직전까지 공산당의 고유 구상은 아니었다. 공산당의 대한 인식은 오랜 역사적 유대와 현실적 필요에 의해 우호적으로 표현되지만 실제 대응에서는 소련의 영향력이나 국제 정세의 변화에 민감하였다. 따라서 공산당의 한국관은 주체적 역량과 판단에 근거하기보다는 주위 여건에 따른 전술적 측면이 강하여 유동적이었다.

종전을 앞두고 《중앙일보》의 기사는 임정과 동맹국의 합작을 더욱 긴밀히 하여 임정 자신의 전투 역량으로 대일 작전과 통일 방안에 공헌할 것을 여러 차례 강조하였다.[183] 또한 소련이 대일 선전 포고를 하자 곧바로 한국을 중국전구에 편입시키고 중국과 월남을 하나로 합치는 미국의 계획을 보도함으로써 소련의 팽창을 경계하였다.[184] 반면 《신화일보》는 연합군의 한국 해안 및 대한해협의 봉쇄와 소련의 만주 진출 등 전승 소식을 크게 보도하였다. 특히 소련군이 헤이룽강黑龍江을 넘어 두 성을 점령한 것과 소련 전투기가 만주 각

182 趙循, 「對朝鮮革命志士的期望」, 《新華日報》, 1943. 8. 29.
183 "韓國獨立黨召開第四屆代表大會", 《中央日報》, 1945. 7. 17.
184 "朝鮮已劃入中國戰區", 《中央日報》, 1945. 8. 10.

지역의 철도 요충지를 폭격하고 있다는 보도를 통해 소련의 승전보에 초점을 맞추었다.[185] 그러나 《중앙일보》는 소련군의 나진 등대 공격에 일본군이 격렬히 저항한 것과 청진 등대의 점령을 시도하던 소련 어뢰정 여섯 척이 일본군에 의해 격침된 사실을 8월 15일자 신문에서 보도할 만큼 소련군의 동향에 민감하였다.[186]

또한 공산당 기관지는 종전 후 일본군 내 한적韓籍 병사들이 조선독립동맹 등 좌익계열 독립운동 조직에 투항할 것을 권유하는 선전활동을 강화하였다.[187] 공산당군의 주더 총사령은 8월 11일 옌안의 조선혁명가들에게 조선혁명군정학교를 잠시 쉬고, 전체 인민을 조선의용대로 편제시켜 즉시 동북으로 진공할 것을 명령하였다. 이에 조선독립동맹 주석 김백연金白淵은 임무 완수를 위해 소련군의 조선 진입 작전에 참여하여 일본 파쇼를 타도하고 조선 인민을 해방시킬 것을 선언하였다.[188] 이처럼 중국 공산당은 종전 후를 대비하여 동북과 한국에 대한 영향력을 확대시키기 위한 방안을 신속하고도 구체적으로 진행시켰다. 그리고 8월 15일 일본이 항복한 날, 조선독립동맹과 조선의용군은 귀국길에 올랐으나 압록강에서 소련군에 의해 저지되었다.

---

185 "朝鮮群山與對馬海峽被炸", 《新華日報》, 1945. 8. 8 ; "蘇軍沿遼闊戰線進攻朝鮮", 《新華日報》, 1945. 8. 11 ; "蘇軍攻占韓國羅津雄基", 《新華日報》, 1945. 8. 13 ; "太行朝鮮獨立同盟軍政學校派出大批幹部領導華北朝鮮地下軍", 《解放日報》, 1945. 8. 14 ; "蘇軍深入朝鮮北部", 《新華日報》, 1945. 8. 14 ; "朝鮮革命軍政學校學員整裝待發", 《解放日報》, 1945. 8. 15 ; "蘇軍登陸朝鮮兩港", 《新華日報》, 1945. 8. 15.

186 "蘇軍攻占羅津與雄基", 《中央日報》, 1945. 8. 14 ; "羅津蘇軍激戰未已", 《中央日報》, 1945. 8. 15.

187 "朝鮮獨立同盟總盟號召鮮籍士兵僑民投降", 《解放日報》, 1945. 8. 12.

188 "朝鮮革命軍政學校學員整裝待發", 《解放日報》, 1945. 8. 15.

## 5. 맺음말

7·7사변을 계기로 중일전쟁이 전면전으로 확대되면서 국민정부는 사적 수준에서 소극적이며 비공개적 협력만을 유지해오던 한국 관계를 대폭 강화시켰다. 특히 미국이 태평양전쟁에 참전하면서 한중 관계는 새로운 국면을 맞이하였다. 최후 승리를 낙관한 국민정부는 전후 세계 질서의 재편 과정에서 중국의 역할과 위상 강화를 모색하게 되었다. 그것은 곧 동아시아의 새로운 질서 구축과 관련하여 한국 독립이 핵심 사항이었다. 이 때문에 중국은 한국 독립운동의 향방과 전후 처리에 깊은 관심을 가지게 되었고 국공 양당 기관지에 그대로 반영되어 한국 관련 보도가 끊이지 않았다.

전쟁 초기부터 국공 양당은 전면 항전을 외치며 동아시아 피압박 민족의 반일 연대를 제기함으로써 항일 공동 투쟁에 큰 비중을 두었다. 다만 국민당은 동아시아 피압박 민족의 항전 역량을 결집시키고 전후 처리를 주도하는 데 초점을 맞춘 반면 공산당은 중국·일본·한국·대만의 국제적 반파쇼 연대를 통한 민중 해방과 혁명 투쟁을 함께 강조하고 있다. 1930년대 이후 국민정부가 이당치국以黨治國의 훈정을 실시하면서 일본의 침략에 즉시 저항하지 않고 국제 정세에 따라 대응하는 소극적 방식을 취하였다. 이 때문에 국민당이 제기한 대일 항전을 위한 동아시아 약소민족의 연대와 협력은 현실적 실효성보다 대의 명분에 치우친 형식적 관계 유지였다.

이 시기에 중국 공산당은 일본 민중을 파쇼 정권과 분리시켜 연대의 대상으로 삼았고, 민족 해방과 계급 해방을 함께 추구하였다. 곧 반전 운동을 매개로 동아시아 피압박 민족과 일본 민중의 연대를 도모한 것이다. 이 과정에서 한국 혁명가들은 일본군과 일본 민중을 상대로 반전·반침략 연대 투쟁을 선전하고 이끌어내는 데 중요한 역할을 수행하였다. 따라서 공산당은 임정을 중심으로 1930년대 초반까지 전개된 의열 투쟁에 대해서는 별다른 관심을 보이지 않았고 오히려 민중 조직에 의한 지속적인 대중 투쟁을 중시하였다. 공산당은 일본에서 제국주의자를 제외한 노농병의 반전 운동과 한국·대만의 독립 투쟁, 중국의 전면 항전을 결합시킨 반제 반일 연대를 주요한 항전 전략으로 삼았다. 이것은 자국의 민족 해방에 초점을 맞춘 국내 투쟁이 아닌 국제주의에 입각한 피압박 소수민족의 통일 전선을 강구한 것이며 궁극적으로는 소련과 연대를 모색한 것이었다. 이 과정에서 공산당은 동아시아 피압박 민족 연대의 지도적 위치를 확보하고 지속시켰다. 그러므로 국공 양당이 외형적으로 항일이란 목표를 내세워 동아시아 피압박 민족과의 연대를 주장하지만 중국 혁명에서의 최종 승리를 위한 대외 전략일 뿐 주변 민족의 해방과 정치적 독립이 우선된 본질적 공동 연대는 아니었다.

중국 언론의 한국관을 이해하는 데 여러 방법이 있지만 한국과 관련된 특정 사안 중 주기적이며 장기적으로 논평 및 보도가 이루어진 각종 기념의식의 기사를 분석하는 것이 유효하다. 국공 양당의 기관지에 보도된 한국 관련 기사는 3·1운동, 8·29국치일, 6·10만세운동 등의 기념일과 항일 희생자의 추도식 등이 있다. 이 가운데 3·1운동에 관한 중국 언론의 관심이 뜨거웠는데 중일전쟁 이후 항일 민족 통일 전선을 모색하면서 크게 부각되었고, 공산당 언론의 관심이 두드러졌다. 공산당이 3·1운동에 깊은 관심을 갖게 된 것은 중국 항전과 더불어 동아시아의 반일 연대 투쟁이 중시되고, 그 표본으로써 상징성 때문이었다.

국공 양당의 기관지에 실린 3·1운동의 인식과 평가는 시기마다 달랐고 당파마다 시각 차이가 컸다. 《신화일보》는 처음에 삼일절을 중국 민족 해방 운동의 본보기이자 항일 연대 투쟁의 주요 사례로 보도하였다. 1940년대 들어서 《신화일보》와 《해방일보》는 민족 해방 투쟁의 선도적 상징성보다 3·1운동의 실패 원인과 현재 의의에 초점을 맞추어 공산 혁명의 당위성과 필연성을 보여주는 근거로 활용하였다. 공산당 언론은 각종 기념일마다 임정·조선의용대·조선민족전선연맹 등이 발표한 성명서를 보도하거나 사설 또는 특집 기사의 형식으로 한국 독립운동에 관한 견해를 표명하였다. 여기서는 한인들의 분투 정신을 중국인의 본보기로 삼아 학습시키고, 교육 교재로 활용하였다. 공산당은 반파쇼 민중 연대란 혁명 전략을 기초로 실제 전투와 각종 기념식 및 추도식 등을 통해 한인과 항일 연대 투쟁을 구체화하고 일본군 점령지의 한인을 적극 포섭하는 정책을 폈다.

《중앙일보》의 한국 관련 기념 의식 보도는 사건 경과나 관련 인사들의 담화를 간략히 소개하는 정도에 그쳤다. 그러나 카이로회담 이후, 한국 독립이 국제적 관심사로 부각되면서 삼일절에 대해 심층 보도하고, 전후 처리와 관련된 임정 승인과 독립운동 세력의 단결 및 국내 활동의 중요성을 집중 거론하였다. 《중앙일보》에 게재된 한국 관련 기사는 매우 상세하고 적극적이며 낙관적인 전망이 주류를 이루었다. 이런 분위기 때문에 한국 독립운동 세력은 머지않아 종전될 것으로 기대하면서 임정 중심으로 재결집하였고, 이들의 분열상을 심각하게 지적해 온 국공 양당은 크게 환영하였다. 그러나 국민당이 임정 중심의 단결과 지도력 회복에 주의한 반면 공산당은 민주집중제의 운영 원칙과 항일 민족 통일 전선의 결성에 큰 비중을 둠으로써 전후 정국 주도권을 둘러싼 시각 차이를 보여주었다. 공산당 언론의 대한 인식은 역사적 지리적 연대감과 항일이란 현실적 요구로 우호적이었지만 종전을 앞둔 실제 대응에서는 소련의 영향력이나 국제 정세의 변화로부터 자유롭지 못하였다. 그러므로 공산당의 한국관은 자율적 판단보다 외부 요인에 좌우되었으며 이중성을 띠었다.

국민정부는 미국과 전후 한국 문제 처리 방안을 교섭하면서 임정 승인을 강력히 희망하였다. 오랫동안 유대 관계를 맺어온 임정을 새로운 정부의 주체로 만드는 것이 자국 이익에 부합될 것으로 판단한 것이다. 그러나 미국 정부는 애초부터 임정을 승인할 계획이 없었고, 중국 정부가 승인하는 것도 찬성하지 않았으며, 종전까지 태도를 바꾸지 않았다. 미국의 부정적 태도를 확인한 국민정부는 임정 승인을 머뭇거렸다. 태평양전쟁 이후 한국 문제가 미·영·소와 반드시 협의를 거치거나 고려해야 될 국제적 현안으로 바뀐 것이다. 이런 국내외 여건의 변화 속에 중국은 미국의 전쟁 수행 전략이나 외교 정책을 수용함으로써 전후 처리 과정에서 자기 위상을 확보하려고 했다.

애당초 임정과 국민정부가 국교 수립을 통한 정식 외교 관계는 아니었지만 내용면에서 공식 성격을 띠었다. 따라서 국민정부의 임정 승인은 전후 한중간 정상 교류를 담보할 수 있는 시금석이었다. 그렇지만 항전 시기 한국 독립운동의 지원 및 임정 승인 여부를 둘러싼 국공 양당의 실제 정책과 언론을 통해 표출된 선린 우호 의식은 상당한 차이가 있었다.*

---

* 이 글은 「抗戰時期(1937~1945) 國共兩黨의 韓國觀 -『中央日報』·『新華日報』를 중심으로」, 『中國學報』 第56輯, 韓國中國學會, 2007, 343~368쪽과 Chinese Mass Media's Perception of Korea During the Second Sino-Japanese War(1937-1945), *Journal of Northeast Asian History*, Vol 5-2, (2008.12) Northeast Asian History Foundation, pp.121~168을 수정 보완한 것이다.

# Ⅲ. 중일전쟁 시기 『한국청년』의 시국 인식과 대응

## 1. 머리말

1940년대로 접어들면서 일본의 침략은 중국 대륙에 머물지 않고 북진과 남진을 저울질하던 중 인도차이나반도와 태평양 전역으로 확대되었다. 이 시기 식민지 한국이 중일전쟁을 어떻게 인식하였고, 어떤 대응책을 모색하며 실행에 옮겼는지 파악하는 것은 2차 세계대전 이후 한중 관계 및 동아시아 국제 관계를 이해하는 데 의미 있는 작업이다.

일본의 팽창 전략이 절정에 이른 때 식민지 한국인들이 당면한 현실을 어떻게 인식하고, 대응했는지 파악하려면 동시대의 언론·출판물을 검토하는 것이 효과적이다. 1920년대 비교적 활발하던 한국 내의 언론 활동이 1931년의 만주사변을 기점으로 다시 탄압 국면으로 전환되었고, 1937년 중일전쟁과 동시에 전시 체제가 구축되면서 친일만이 강요되었으며, 1940년대는 그마저도 모두 폐간되었다. 이런 상황에서 국내외 한인들이 중일전쟁의 전개 양상과 국제 정세 및 주변 상황에 관해 파악할 수 있는 유일한 정보 창구는 해외에서 한인들

에 의해 발행된 신문·잡지였다.[1]

그 대표적 언론 매체의 하나로 한국청년전지공작대(약칭 전지공작대)의 『한국청년』을 들 수 있다. 이 잡지는 처음부터 중국에서 발행되었기 때문에 일본의 핍박으로부터 자유로웠고, 현지의 독립운동을 사실 그대로 전할 수 있는 이점이 있었다. 반면 중국 내 언론 활동이 국민정부의 지원과 배려로 가능했기 때문에 완전히 독립된 논조를 유지하는 데 한계가 있고, 항일 선전 내용도 다소 과장된 면이 있다. 그럼에도 불구하고 이런 잡지를 분석함으로써 중일전쟁 시기 한국인의 정세 인식과 대응 양상을 심층적으로 이해할 수 있다. 이와 관련하여 중국 내의 한국 독립운동 조직인 대한민국 임시정부·한국 광복군·전지공작대 등의 선전 활동을 간략히 소개한 연구가 있다. 여기서는 독립운동 단체의 조직, 선전 활동, 인적 구성 등에 초점을 맞추고 한중 연대 및 무장 투쟁의 성과와 의의를 찾는 데 목적을 두었다.[2] 또한 조성환·황학수 등 광복군 출신 지도자에 대한 인물 연구를 통해 언론 활동이 일부 다루어졌지만 개인 업적을 부각시키는 데 집중하여 여론 동향이나 대응 양상을 이해하는 데 어려움이 있다.[3]

이 글에서는 『한국청년』에 실린 전황 소개 및 시국 전망, 해외 기사, 현안 보도, 논설, 시 등을 면밀히 분석함으로써 일제 말기 한국

---

1 「중국관내 독립운동과 신문잡지」, 『한국독립운동사연구』 12, 독립기념관 한국독립운동사연구소, 1998. 5. 일제강점기 한국의 언론 상황은 본서 서언 '일제침략기 한중 언론의 환경,' 44~52쪽. 참조.

2 김광재, 『광복군』, 독립기념관 한국 독립운동사연구소, 2007 ; 韓詩俊, 『韓國光復軍硏究』 一潮閣, 1997 ; 박환, 「中日戰爭以後 中國地域 韓人 無政府主義系列의 向背 -韓國青年戰地工作隊를 중심으로」, 『한국 민족운동사연구』 16, 1997 ; 배경한, 「1941년의 '꿈' -광복군의 국제 정세 인식」, 『중국근현대사연구』 제59집, 중국근현대사학회, 2013.

3 김희곤, 『조성환 -독립군을 기르고 광복군을 조직한 군사전문가』, 역사공간, 2013 ; 한시준, 『황학수 -대한제국군에서 광복군까지』, 역사공간, 2006.

언론의 정세 분석과 시국 대응, 전후 모색 등을 파악한다. 이를 통해 일제 패망의 배경과 원인을 밝히며, 중일전쟁 시기 미·중 양국의 역할과 관계 변화, 한국 독립운동의 위상과 진로, 한반도를 둘러싼 미·소·중·일의 역학 관계 등을 검토함으로써 전후 세계 질서의 재편 과정에서 분출된 문제들이 어떻게 내재, 심화되었는지 규명할 것이다.

## 2. 『한국청년』의 발행

일제강점기 한국인들은 안중근 의사의 이토 히로부미伊藤博文 참살로부터 제1차 세계대전 종료 직후의 3·1운동, 만주 및 연해주 지역의 항일 무장 투쟁, 만주사변 이후 이봉창·윤봉길 의사의 의열 투쟁 등 독립을 되찾기 위해 국내외를 가리지 않고 줄기차게 싸웠다. 그 끝자락에 위치한 중일전쟁과 태평양전쟁은 임정을 비롯한 한국 독립운동 세력에게 새로운 변화와 역할을 요구했고, 동시에 조국 독립의 결정적 기회를 제공하였다.

전면전, 장기전 양상을 띤 중일전쟁에서 중국관내(이하 관내) 한국 독립운동 세력은 흩어진 무장 역량을 하나로 모아 항일 전선에 직접 참가할 필요성이 절박해졌다. 여기에 부응하기 위해 1938년 10월 10일 후베이湖北성 우한武漢에서 조선의용대가 성립되었고, 같은 해 말 광둥廣東성 루저우柳州에 머물고 있던 임정 산하 청년들을 위주로 하여 한국광복진선청년공작대가 조직되었다. 1939년 10월 충칭重慶에서는 전지공작대가 창설되었으며, 이듬해 9월 임정 직할의 군사조직인 광복군이 차례로 성립되었다.

관내 한인 무장 조직은 곳곳에서 중국군과 함께 합동 작전을 전개하였다. 이들의 주요 업무는 대일 정보 수집, 일본군부의 음모 폭로, 강제 징용된 한인 청년들의 귀순 독려 등 적 후방의 항일 선전 공작이었다. 이런 역할을 감당하고 성과를 극대화시키기 위해서 한인 무장 조직은 중국뿐만 아니라 국제 사회에 자신들의 존재를 알리는 것이 시급하였다. 또한 자체 조직의 군사 역량을 유지, 확대시키기 위해서는 새로운 인적 자원을 지속적으로 확보하는 것이 필요하였다. 이들의 선전 및 초모招募 활동에 가장 효과적인 수단이 기관지 발간으로, 조선의용대가 1939년 1월 21일 『조선의용대통신』을 순간旬刊으로 발행하고, 본부 및 지대에서도 별도의 기관지를 발행하였다.[4] 전지공작대는 1940년 7월 시안西安으로 옮겨와 초모 공작을 비롯한 교육·공연 활동을 전개하면서 기관지 『한국청년』을 발행하였다.[5] 충칭에서 성립된 광복군도 1941년부터 총사령부의 소재지를 전선에서 가까운 시안으로 옮겼고, 그곳에서 기관지 『광복』을 발간하였다.[6]

---

4 『조선의용대통신』은 구이린(桂林)에서 1940년 2월까지 본부 기관지로 발행되었고, 1940년 3월부터 1942년 3월까지는 『조선의용대』로 제호를 바꾸었다. 각 지대 및 분대는 『전강(戰崗)』·『화중통신(華中通訊)』·『내외소식(內外消息)』·『강남통신(江南通訊)』 등의 이름으로 별개 기관지를 발행하였다. (한시준, 「중국관내 독립운동과 신문잡지」, 『한국독립운동사연구』 12, 독립기념관 한국독립운동사연구소, 1998, 23쪽).

5 전지공작대는 1940년 9월 광복군이 성립되자, 이듬해 1월 광복군 제5지대로 편입되었고, 『한국청년』도 제3호부터 광복군 제5지대의 기관지로 간행되었다. 이 잡지는 1941년 9월 제4호를 끝으로 더 이상 발간되지 않았다. (국사편찬위원회, 『대한민국임시정부자료집 15』 (약칭 『임정자료』), 광복군 VI, 교학사, 2006, 「해제」 참조).

6 『광복』은 제1기(1941. 2. 1)부터 제2권 제1기(1942. 1. 20)까지 총 7차례 발행되었다. 제1권 제1기만 중국어본과 한국어본 두 종류로 발간되고, 나머지는 모두 중국어본뿐이며, 제1권 5·6기는 합본으로 2006년 국사편찬위원회 대한민국

1939년 10월 28일 충칭에서 결성된 전지공작대는 나월환羅月煥·김동수金東洙·이하유李何有·박기성朴基成·이재현李在賢 등이 주요 지휘부로 참여하였다.[7] 이들은 일본이나 중국에서 무정부주의 활동을 전개한 경험이 있었고, 중국군관학교에서 군사훈련을 받기도 하였다. 이들 외에 김구의 아들 김인金仁과 조시제趙時濟 등이 참여한 것으로 보아 민족주의 세력까지 포함된 조직이었고, 결성 과정에서 임시정부 주석인 김구의 승인까지 받았던 것으로 알려져 있다. 전지공작대의 주요 활동은 적 후방의 교란과 초모 활동이었고, 이를 위한 교육과 문화 활동의 비중이 높았다. 1940년 7월 창간된 『한국청년』은 중국어로 간행되어 주요 독자층을 중국인으로 삼았고, 이들에게 항일 활동을

---

임시정부자료집 편찬위원회에 의해 영인되었다. 『임정자료』, 광복군 V, 「해제」 참조. 이 때 광복군 3지대도 부양에서 『先鋒』을 별도로 발행하였다. (한시준, 위의 글, 1998, 23쪽).

7 나월환(1912.10.14~1942.3.1)은 전라남도 나주군 왕곡면 송죽리 출생으로 한국청년전지공작대장과 광복군 5지대장으로 활동하였다. 그는 1924년 3월 인천공립보통학교를 졸업하고 일본으로 건너가 도쿄 성성(成城)중학 마친 후 청산(青山)학원에 입학하였다. 이때 박열 등을 면회하고 여러 아나키스트들과 교류하면서 사상을 연구하였다. 1931년 9월 중국 상하이로 망명하여 한국 혁명당에 가입하고 안재환 등과 함께 철혈단을 조직하여 독립 활동을 위한 훈련에 진력하였다. 1936년 7월 중국 중앙육군군관학교를 제8기로 졸업하고 그해 9월부터 난징의 중국헌병학교 및 군관학교에서 교수직을 역임하면서 임시정부 활동에도 참여하였다. 1937년 11월 난징에서 친형 나일환(羅日煥)을 만나다가 일본 영사관 경찰들에게 체포되어 형은 본국으로 압송되었고 그는 칭다오에서 압송 도중 탈출하여 충칭으로 돌아갔다. 1938년 임시정부의 방침에 따라 이하유·박기성 등과 함께 한국청년전지공작대를 조직, 대장에 취임하고 시안을 거쳐 타이항산(太行山)에서 동지 모집과 항일전선 정보 수집, 유격전 등을 전개하였다. 1940년 겨울 광복군으로 편입되어 이듬해 제5지대장에 임명되었고 총사령부를 호위하며 초모와 훈련에 주력하였다. 1942년 3월 허난, 허베이, 만주 등지에 대원을 파견하며 활동하던 중 박동운 등 부하들에 의해 암살되었다. 1963년 건국훈장 국민장이 추서되었다. (朝鮮無政府主義運動史編纂委員會, 『韓國아나키즘運動史』, 형설출판사, 1978 ; 국가보훈처, 『獨立有功者功勳錄』 제5권, 1988 ; 독립운동사편찬위원회, 『獨立運動史』 6권, 고려서림, 1983 ; 『日本アナキズム運動人物事典』, 株はる出版, 2004. 참조).

소개하는 데 주력했다.[8] 잡지의 편집 책임자는 정확히 파악되지 않지만 당시 선전조장이던 이해평, 광복군 제5지대 정훈조장 이하유 등이 맡았을 것으로 추정된다.[9] 다만 제4기의 마지막 장 판권 면에 "본간은 이미 중앙선전부와 내정부에 등록을 신청하여 심의 중에 있다. 산시성 도서잡지심사처 심사증 처심자處審字제53호"라는 내용이 실려 있는 것으로 보아, 적어도 제4기는 국민정부의 검열을 받았던 것으로 이해된다.[10]

『한국청년』에 수록된 글들을 보면, 한중 연대를 강조하는 내용과 전지공작대 및 한청반의 임무나 활동에 관한 기사가 대부분이다. 국

8 이 글에서 『한국청년』과 관련된 전반적인 내용은 『임정자료 15』에 실린 최기영의 해제를 참조하였다. 『임정자료』 15, iii~ix쪽. 현재 남아 있는 『한국청년』은 각호 30~40여 쪽의 분량으로 제1호(1940. 7), 제2호(1940. 9), 제3호(1941. 6), 제4호(1941. 9)이고 2006년 국사편찬위원회 대한민국임시정부자료집 편찬위원회에 의해 영인되었다.

9 이하유(1909.9.16.~1950.3.28)는 경기도 인천 출신으로 본명 이종봉(李鍾鳳), 필명 유하(有何)·하(何)이며, 흑우연맹과 한국청년전지공작대에서 활약하였고, 회관(晦觀) 이을규(李乙圭), 우관(又觀) 이정규(李丁圭)의 조카이다. 1930년 10월 서울 중동중학 재학 중 광주학생의거의 주동자로 검거되어 서대문형무소에 투옥되어 1년간 옥고를 치렀다. 1932년 도쿄로 건너가 일본대학교 사회과에 재학하며 흑우연맹에 가입해 활동하였다. 유학중 예술단사건으로 일본 경시청의 수배를 받아 1936년 중국으로 망명하였다. 중일전쟁이 발발하자, 나월환·박기성 등 아나키스트들과 함께 1938년 충칭에서 전지공작대를 조직하여 정치조장을 맡아 실전에 참가하였다. 충칭 임시정부의 회유책으로 내부 갈등이 벌어졌고, 광복군 제5지대 정훈조장으로 활동하던 중 나월환 암살사건이 발생하여 김동수·이해평 등 간부와 대원 20여 명이 함께 중국군 사법부에 체포되어 군법에 회부되었다. 그러나 일부 임정 요인과 중국 아나키스트들의 간언으로 1년 만에 석방되었다. 해방 후 조선학전관과 신채호학사에서 일하다가 1948년 귀국하여 3월 24일 설형회를 창립하였다. 1950년 5·30선거 때 마포에서 무소속으로 입후보하였으나, 3월 28일 급성 맹장으로 사망하였다. 1990년 건국훈장 애족장을 수여받았다. (李海平, 『故何有(李鍾鳳)同志回想記』, 1976 ; 『韓國아나키즘運動史』, 1978 ; 『日本アナキズム運動人物事典』, 株はる出版, 2004 ; 이문창, 『해방공간의 아나키스트』, 이학사, 2008. 참조).

10 『한국청년』 제1권 제4기, 33쪽 ; 『임정자료』, 148쪽.

제 정세와 전시 일본의 근황을 알리는 글도 적지 않으며, 식민지 상황이나 동북 지방의 독립 투쟁도 종종 게재되었고, 항일을 다룬 시와 산문이 여러 편 수록되어 있다. 잡지의 주요 필자는 전지공작대 대원뿐만 아니라 이들과 관련된 중국 인사도 참여했고, 각종 현안에 관한 중국·한국·일본의 신문 기사를 번역 게재하였다. 전체 기사 내용은 중국인을 주요 독자층으로 삼았던 만큼 항일 의지의 고취와 한중 연대를 강조한 것이 가장 많았다.[11]

전지공작대장 나월환은 중국 항전의 성패가 한국 민족 내지 동양 각 약소민족의 해방, 독립과 지대한 상관 관계에 있다면서 "현재 우리의 국권 회복 운동과 항일 전쟁의 공작은 별도로 떼어 놓고 생각할 수 없는 문제"라고 상기시켰다. 그는 전쟁 기간 동안 중국 각지에 산재해 있는 혁명 역량, 곧 한인 무장 세력을 결집시켜 적극적으로 중국 항전을 도울 수 있게 노력해야 한다고 밝혔다. 구체적으로 그는 전지공작대의 두 가지 임무-역사적 임무와 특수임무-를 다음과 같이 다섯 가지로 제시하였다.

> 첫째, 중국 내 한국 혁명 역량을 결집하여 중국 항전에 협조하는 것. 둘째, 정치적 수단을 통해 적위군敵僞軍을 와해시키는 것. 셋째, 뛰어난 일본어 능력을 활용하여 적정을 정탐하고 적정을 폭로하여 적들의 음모를 분쇄하는 것. 넷째, 적후에 깊이 침투하여 한교를 끌어들이고 전투과정을 통해 한국 혁명군의 기초를 건립하는 것. 다섯째, 문화적 역량으로 광범위

11 잡지 편집부가 독자들에게 요청한 원고는 "첫째, 중한의 혁명 역사 및 혁명 지사들의 전기와 그와 관련된 문장. 둘째, 국제정치와 경제에 관한 저술. 셋째, 혁명 이론과 기술에 대한 연구 토론문. 넷째, 적정에 관한 기술. 다섯째, 문예작품 및 시가·극본"으로 군사 교육이나 작전 등 군사적인 문제를 다룬 글보다는 한중 연대와 관련된 역사 인물, 가극 등 항일 문예 활동을 소개하는 데 더 큰 비중을 둔 것이 특징이었다.

한 혁명 운동을 발동하여 한국의 부흥을 촉진시키는 것……[12]

이렇게 볼 때 전지공작대의 역할은 중일전쟁을 계기로 삼아 흩어진 한인 무장 역량을 결집시키고, 중국과 공동 항전에 나서는데 군사뿐만 아니라 정치·언어·문화 역량을 총동원하여 한국 독립을 도모하겠다는 취지였다.

『한국청년』의 편집 방향은 '한중 연대'를 최우선 과제이자 핵심 전략으로 삼았다. 이 잡지의 발간사는 일본을 한중 민족의 공동 적으로 규정하면서 세계의 모든 피압박 민족과 연합하여 공동으로 해방을 도모하고, 더 나아가 전 세계의 각 민족이 일률적으로 평등함으로써 세계 대동을 실현하자는 쑨원 유훈을 언급하며 한중 연대의 중요성을 부각시켰다. 그리고 "일제의 타도 없이는 중한 양대 민족의 해방이 무망할 뿐 아니라 동아 내지 세계의 진정한 평화도 기대할 수 없다"면서 중국 항전의 승리가 곧, 한국 독립의 시작이므로 아무리 작은 역량일지라도 중국 항전의 최후 승리에 보탬이 되기를 바란다면서 공동 항전을 일관되게 강조하였다.[13]

또한 장조영張兆榮은 "한중 양 민족의 당면한 적은 오직 하나 일본 제국주의이고, 역사적 사명도 오직 하나 독립·자유의 국가를 건립하는 것이며, 투쟁 전략도 오직 하나 유일한 적을 타도하는 것"이라고 주장하였다. 그는 한중 두 나라가 완전히 이해 관계를 같이한 운명 공동체라 할 수 있고, 오직 적을 타도해야만 중국 항전에서 승리를 얻을 수 있으며, 한국 독립도 비로소 실현될 수 있다고 믿었다. 이 때문에 중국은 한국과 힘을 합쳐 항전을 진행할 필요가 있으며, 한국

12 羅月煥, 「우리의 임무」, 『한국청년』 제1기, 8~9쪽.
13 「발간사」, 『한국청년』 제1기, 3쪽.

도 중국 항전에 참가하여 공동의 적을 쳐부숴야 독립을 쟁취할 수 있다고 주장하였다.[14] 이처럼 1940년으로 접어들면서『한국청년』지면을 통해 한중 연대와 공동 항전을 강조하는 글들이 다양한 형식으로 게재되었다.

## 3.『한국청년』의 논조

### 1) 한인 무장 세력의 통합

1930년대 관내 한국 독립운동 세력의 분열이 심각했는데 급변하는 세계 정세 속에서 스스로 시대 변화에 따르기 위해 노력해야 한다는 요구가 강하였다. 무엇보다 중국이 최후 승리를 거두기 전 식민지 한국은 국권 회복의 기초를 확실히 닦아야 했고, 그래야만 일본 붕괴 후 독립·자유를 맞이할 수 있다는 판단이었다.[15] 따라서 관내 한국 독립운동 세력의 단결과 통합은 눈앞의 중일전쟁에서 승리를 거두기 위한 선결 조건일 뿐만 아니라 일본 패망 이후 독립 국가 건설을 위해서도 반드시 해결해야 될 현안이었다.

전면 항전 이후 관내 한국 독립운동 세력은 국민정부의 지원과 협조로 공개 활동이 가능했고, 무장 역량도 점차 강화되었다. 관내 한인들은 중국 항전이 일본을 견제하여 동아시아의 피압박 약소민족에

14 張兆榮,「中韓이 힘을 합쳐 倭寇를 誅滅하자」,『한국청년』 제2기, 61쪽.
15 安東山,「일치단결하여 국권을 회복하자」,『한국청년』 제4기, 168~169쪽.

게 광명의 앞날을 보장해 줄 것으로 기대하였다.[16] 『한국청년』도 중국 항전이야말로 조국 광복을 이룰 수 있는 천재일우의 기회로 인식했고, 이를 실현시키기 위한 한국 독립운동 세력의 단결과 통합을 강조하며 중국의 전폭적 지원을 기대하였다.

그런데 나월환은 국권 회복이란 단지 정치에만 의존해서 완수되는 것이 아니라, 반드시 군사력이 뒷받침되어야 한다면서 혁명 정당과 혁명 무력의 결합을 필수요건으로 꼽았다. 혁명 정당이 존재해야만 비로소 의지를 통일시키고 역량을 집중시킬 수 있으며, 혁명 무력을 배양하고 영도할 수 있다는 것이다. 또한 무장 투쟁 조직을 갖춤으로써 혁명당은 시종 엄밀한 당기黨紀와 군기軍紀를 유지할 수 있으며, 이를 통해 전체 역량을 결합시키고 하나의 목표를 향해 매진할 수 있다는 것이다. 그런 예로 중국이 1931년 9월의 만주사변과 뒤이은 러허熱河침공, 상하이사변 등 일제의 계속된 군사 침략으로 국토를 상실하고 불평등조약까지 체결해야 했지만 곧바로 저항할 수 없었던 것은 무장 역량이 충실하지 못했기 때문인 반면, 1937년 7·7사변 이후 즉각 항전에 나설 수 있게 된 것은 오로지 국민당이 무력 혁명의 기초를 공고히 한 결과라고 판단하였다.[17]

나월환은 한국 독립도 혁명당원을 주축으로 무장 세력까지 조직해야만 어떤 어려움도 이겨내고 왜적을 타도하여 혁명적 요구에 부응할 수 있다면서 혁명 군대의 건설이 최우선이라고 판단하였다. 그는 지금 혁명 군대를 건립하지 못하면 장차 국권 회복이 몇 백 배 더 어려워지므로 중일전쟁의 호재를 맞아 한국 독립운동 세력이 하나로 단결하여 건군 운동에 전력을 다해야 한다고 역설하였다.[18]

---

16 羅月煥, 「건군과 건국」, 『한국청년』 제4기, 170쪽.

17 羅月煥, 위의 글, 171~172쪽.

1937년 7월 7일 루거우차오사건을 계기로 중일전쟁의 양상이 전면전으로 바뀌었고, 그동안 개별 분산적으로 활동하던 관내 한국 독립운동의 적 후방 선전 교란 및 초모 공작이 주목받았다. 전지공작대를 이끈 나월환은 이런 조직을 "한국무장대오 초창기 하나의 추형雛型"이라면서 "현재 문제는 이런 유형의 무장 단체들을 통일시켜 한국 민족 항전의 총체적 역량으로 결집시키는 것"이라고 주장하였다. 더욱이 여기에 중국 정부의 정치 군사상 원조가 잘 이루어진다면 소중한 '추형 조직'들이 한국 민족의 강력한 항일 무장 대오로 확대될 수 있다고 보았다.[19] 따라서 그는 현재 한인 무장 세력의 가장 긴급한 임무는 최단 기간 내에 각 당파들이 공동 참여한 통일된 합작 기관을 건립하는 것이라고 판단하였다. 이를 위해 그는 각 당파의 모든 구성원들이 최대한 각오를 다져야 하며, 각 당파가 서로 호의적인 의견 교환의 기회를 가져야 하지만 단순히 이것만으로 완전한 합작이 어렵고 실제 투쟁을 강화시킬 필요가 있다고 역설하였다. 그런 이유로는 항일 투쟁 중 각 당파의 모든 구성원들이 공동 합작의 필요성을 실감하게 되고 그 이후 서로 양보하고 도우며 통일된 합작 기관을 건립할 수 있다고 본 것이다.[20]

『한국청년』은 장기화된 전시 상황에서 한인 무장 세력의 공동 항전 참여와 독립 국가 건설의 가능성이 높아지고 있는 시기에 내부 분열과 대립으로 좋은 기회를 놓칠까 염려하였다. 그런데 어디까지나 한중 연대의 중심축은 관내 한인 청년들로, 이들의 무장 조직을

---

18 羅月煥, 같은 글, 172~173쪽.

19 羅月煥, 「어떻게 한국 무장대오를 건립할 것인가」, 『한국청년』 제2기, 52쪽.

20 景海, 「'8·29'를 기념하며 눈앞의 우리 임무를 생각한다」, 『한국청년』 제2기, 72쪽.

먼저 성립시킨 뒤 대일 항전에 직접 참가하는 것이 순서였다. 이들 가운데 상당수는 이미 군사·정치 훈련을 받았거나 혹은 풍부한 작전 경험을 가지고 있기 때문에 모두 우수한 군정 간부의 자격을 갖추고 있었다. 다만 흩어진 한인 무장 세력을 집중시키기 위해서는 먼저 각 당파의 합작이 필수 조건이었다.[21] 얼마 뒤 1940년 9월 17일 충칭에서 광복군 총사령부가 성립되자 『한국청년』은 "통일적 무력 조직의 출현은 한국광복운동의 완성 과정에서 가장 영광된 한 페이지를 장식한 쾌거"라고 크게 환영하였다. 시안에서 독자적으로 활동하고 있던 전지공작대가 1941년 1월 1일 광복군 제5지대로 편입되었고 기관지 『한국청년』은 한중 연대에 의한 공동 항전 강화, 광복군 중심의 무장 역량 집중, 조국 광복을 위한 희생과 고난 극복 등을 향후 선전 방향으로 제시하였다.[22]

한인 무장 역량이 통합된 뒤 『한국청년』의 논조는 한중 연대와 공동 항전에 초점이 모아졌다. 지대장 나월환은 "현재 중국이 진행하고 있는 전면적 항전은 한국 혁명 운동을 확대시켜 한국광복의 전도에 무한한 희망을 안겨주고 있다"면서 중국 항전의 승리가 하루라도 빨라지면 한국의 독립과 자유 쟁취도 그만큼 앞당겨질 것으로 믿었다.[23] 그는 만주사변과 7·7사변으로 이어진 일본의 중국 침략이 한중 관계의 긴밀성을 잘 보여준다면서 한국이 안전치 못하면 중국도 불안할 수밖에 없다고 주장하였다. 그러므로 중국 항전의 최종 목표는 단순히 대일 전쟁에서 승리가 아니라 정치·경제 혁명의 성공을 거두는 것으로, 중국의 독립·자유를 위해 노력할 뿐만 아니라 쑨원

21 景海, 위의 글, 73쪽.

22 社評, 「광복군의 성립을 축하하며」, 『한국청년』 제3기, 111~112쪽.

23 羅月煥, 「일치 협동하여 혁명을 완성하자」, 『한국청년』 제3기, 113쪽.

의 유업을 완수하기 위해 힘을 모아야 한다고 했다. 그리고 중국이 대일 항전에서 승리하게 되면 한국은 영원히 독립을 이룰 수 있으며, 아시아의 모든 피압박 민족도 덩달아 노예의 속박에서 벗어나 독립·자유의 생활을 회복할 수 있게 됨으로 공동 항전이 필수 조건이라고 보았다. 이런 이유로 나월환은 한인 청년들에게 조국의 독립·자유를 위해, 노예와 같은 생활에 허덕이는 동포들을 구하기 위해, 주저 없이 중국 혁명 전선에 동참할 것을 호소하였다.[24] 당시 중국에서는 대일전의 승리가 곧 한국·대만 등의 독립을 보장한다는 '동아시아 연대론'이 집중 제기되었는데 나월환의 견해도 그런 범주에 속한다고 볼 수 있다.

### 2) 한중 연대론

중일전쟁이 장기화되면서 관내 한국 독립운동은 과거보다 적극적인 활동과 역할이 요구되었다. 그동안 진행해 온 불연속적 무장 항전이나 적 후방의 교란 작전도 중요하지만 1930년대 초반의 의열 투쟁처럼 중국인들에게 뚜렷한 존재감을 보여줄 필요가 있었다. 『한국청년』은 "동방의 은자인 한국 민족은 게으르고 나태한 민족"이란 중국인들의 잘못된 인식을 조목조목 비판하면서 한국 민족의 진정한 문화는 희생을 두려워하지 않는 영용함에 있으며 한국 역사에서 나라와 민족을 위해 의롭게 자신을 희생한 열사가 셀 수 없이 많다고 했다. 그 예로 하얼빈哈爾濱역에서 이토 히로부미를 저격한 안중근 의사나, 상하이上海에서 일본 주둔군사령관 시라카와白川을 폭살시킨 윤

24 羅月煥, 위의 글, 114쪽.

봉길 의사 등의 의열 투쟁이야말로 한국이 결코 멸망하지 않을 것임을 보여주는 증거이고 이런 정신이야말로 민족정신의 발로이며 진정한 문화라고 밝혔다.

그리고 "암살은 약자의 가장 좋은 무기이다. 강권에 저항할 수 있는 가장 유효한 방식이다."라는 바쿠닌의 말을 인용하며 지금이야말로 적 후방에 있는 한민족이 암살의 특장을 발휘할 때라면서 "삼천만 민족이 벌이는 대암살과 대폭동은 일제를 망국의 길로 이끌 최선의 방책"이라고 주장하였다.[25] 이 시기의 한국 독립운동은 의열 투쟁을 주요 항전 방법으로 다시 거론할 만큼 절박한 상황이었다. 그러나 『한국청년』의 핵심 전략은 여전히 '한중 연대에 의한 공동 항전'으로 중국인 필자들에 의해 집중 제기되었다.

먼저 량준시안梁尊賢이 한중 연대의 역사적 사실들을 토대로 공동 항전의 필요성을 역설하였다.[26] 그에 따르면 동아시아의 피압박 민족이 하나같이 중국의 최후 승리를 갈망하고 있는데 이런 동정의 힘은 맹목적으로 나온 것이 아니고 중화 민족이 요구한 것도 아닌, 지난 수천 년간 중국이 동아시아의 각국과 공존 공영의 관계를 맺어온 역사의 자연적인 산물이라고 했다. 그리고 동아시아의 피압박 민족 가운데 가장 조직적이고 역량을 갖춘 민족은 한국으로 문화·군사·정치 등 다방면에 걸쳐 중국과 연대가 필요하다고 주장하였다. 왜냐하면 과거 문화적으로 중국이 동아시아의 용광로였다면 한국은 이 용광로를 통해 만들어진 문화 상품을 널리 전파하는 역할을 훌륭하게 수행했다는 것이다. 그리고 한중 두 나라가 문화의 창조자와 전파자의 역할을 분담, 수행함으로써 현재 동아시아 각 민족 국가의 문화적

25 서방, 「대한민족정신의 일면」, 『한국청년』 제3기, 115~116쪽.

26 梁尊賢, 「중한 연합항전의 역사관」, 『한국청년』 제3기, 129~136쪽.

발전이 가능해졌다는 것이다. 또한 군사적 정치적으로도 한중 두 나라는 이와 입술처럼 밀접한 관련을 맺어 왔다면서 삼국, 조선, 한말의 관계가 이를 입증한다고 설명하였다.[27] 이런 시각은 봉건 전제 시대 중국의 역대 왕조와 주변 왕조 사이에 맺어진 조공 책봉 체제를 긍정적으로 재해석하여 그 성격이 일방적 강압적이지 않고 상호 우호의 협력 관계로서 동시대에도 유효하다고 본 것이다.

현실적으로 그는 당면한 동아시아 정세에서 한국이 중국·일본·러시아 삼국 관계의 중심에 위치해 있어서 만약 어느 한 나라의 손에 들어가게 되면 나머지 두 나라는 반드시 위협에 처할 수밖에 없는 형국이라고 보았다. 그러므로 한국이 군사적 정치적으로 독립하여 한반도에 존속하게 되면 중국·일본·러시아 삼국의 완충 역할을 하게 될 것이며 세 나라 간의 세력 균형을 맞추어 동아시아 지역에서 전쟁 위험을 현저히 줄일 수 있다고 판단하였다.[28] 이것은 한국의 지정학적 역사적 위상을 근거로 향후 군사적 정치적 균형자 역할이 가능하다고 본 것이다. 또한 "중한 양국이 왜 합작해야 하는가?"라는 이유에 대해 중국인 필자 천궈지陳國治는 아래의 세 가지로 설명하였다.[29]

> 첫째, 지리적으로 한국은 일본과 중국을 연결하는 교량으로, 한국의 멸망은 중국에 있어서 '순망치한脣亡齒寒'과 다름없기 때문이다.
>
> 둘째, 문화적으로 중국은 아시아의 문명고국文明故國으로 창조자라면 한국은 전파자, 일본은 흡수자로서 일본에 전파된 중국 문화는 모두 조선을 거쳐서 전파된 것이다.
>
> 셋째, 정치적으로 쑨원의 삼민주의 중 "중국 민족은 스스로 해방을 추

---

27 梁尊賢, 위의 글, 130~134쪽.

28 梁尊賢, 같은 글, 134~136쪽.

29 陳國治, 「중한문제의 검토」, 『한국청년』 제4기, 205~214쪽.

구하고, 국내 각 민족의 일률적 평등을 실현하며, 모든 피압박 민족의 해방을 쟁취한다."라는 민족주의 원칙을 실천하는 첩경이다.

이처럼 중국인들은 한국의 위상에 대해 교량과 같은 지정학적 조건 및 완충지로서의 국제적 역학관계, 중국 문화의 전파자란 역사적 역할, 쑨원 유훈의 실천이란 혁명적 과제 등을 근거로 항일 전선에서 공동 투쟁을 중시하였다. 그런데 원원시우文文修는 한중 연대에 의한 공동 항쟁을 실현하기 위해 구체적이고 진일보된 합작이 필요하다고 보았다. 그 방안은 다음 세 가지로,[30]

첫째, 한중 두 나라의 고유 문화를 더욱 활발하게 교류하여 상호 이해와 합작을 증진시켜야 한다.

둘째, 중국은 전력을 다해 한국의 혁명 운동을 지원하여 일본 제국주의자들을 타도하고 최후 승리를 앞당기도록 해야 한다.

셋째, 중국은 각지에 흩어져 있는 한국 청년들을 조직하고 훈련시켜 이들의 무장 조직 건립을 도와야 한다는 것으로 요약된다.

여기에 덧붙여 그는 공동 항전을 위한 중국의 역할과 임무를 구체적으로 제시하고, 앞으로 한중 연대가 과거처럼 개별 분산적이거나 구호로 그치는 것이 아닌 문화 교류, 군사 협력, 한인 무장의 조직화 등을 실질적으로 이행해야 한다고 지적하였다. 그는 한국의 국권 회복 운동과 중국의 민족 해방 전쟁을 별개의 사건이 아닌 하나로 보고 중국 항전은 반드시 한인의 원조를 얻어야만 최후의 승리를 앞당길

30 文文修, 「中韓 합작을 강화하여 일본군벌에 타격을 가하자」, 『한국청년』 제2기, 57쪽. 원원시우(文文修, 1910~1978)는 후난성(湖南省) 예릉(醴陵) 출신으로, 1930년 5월 난징 중앙군교를 졸업한 후 항전 기간 중앙군교 제2분교 전술반 주임으로 활약하였다. https://baike.baidu.com/item. 2018.3.16.

수 있으며, 한국의 독립·자유도 반드시 중국의 동정과 원조를 얻어야만 비로소 보장받을 수 있다는 논리를 폈다.

한편 천궈지는 중일전쟁에서 한인들이 맡아야 될 역할을 상세히 제시하였다. 예컨대 중국의 항일 전쟁에 참가하는 것, 적군에 끌려온 한인 병사들의 귀순 공작을 전개하는 것, 적진에 잠입하여 적정을 염탐하는 것, 중국 혁명의 경험을 연구하고 전국적인 혁명 운동을 발동하는 것, 중국의 삼민주의를 옹호하고 한국의 혁명 무력을 건립하는 것, 적국의 요인을 암살하여 공포 상황을 조성하는 것 등이었다. 이와 동시에 중국인들이 노력할 부분도 함께 언급했는데 한국 동지들의 항전 참가를 열렬히 환영하는 것, 중한 합작을 널리 선전하는 것, 혁명 경험을 전수하고 혁명 경비를 원조하는 것, 관내 한인 청년들을 훈련시키고 광복군을 도우는 것, 반공 준비를 충실히 하고 적에 대한 타격을 강화하는 것, 중국 내 한인 노인과 어린이를 구제하는 것 등이었다.[31] 이 글에서는 한중 양 민족의 오랜 지리적 문화적 역사적 관계 및 현재와 미래의 공존 공영을 위해 반드시 합작이 필요하고 이를 위한 양자의 임무까지 구체적으로 제시하고 있다. 따라서 중일전쟁 시기 중국 정부는 물론 일반 국민들까지 한인들을 공적公敵인 일제에 맞서 함께 싸우는 대상으로 인식했고 실질적 연대를 도모했음을 알 수 있다.

### 3) 항일 선전과 화북 공작

중일전쟁 시기 전지공작대의 주된 임무는 적 후방의 선전 활동과

---

31 陳國治, 「중한문제의 검토」, 205~214쪽.

초모 공작으로, 문화예술 공연과 잡지 간행을 통해 진행되었다. 우선 『한국청년』은 압수된 일본군의 편지를 공개하는 형식으로 중국 침략에 동원된 일본군 사병들이 전쟁에 얼마나 염증을 느끼고 있으며, 얼마나 고향과 집을 생각하고 있는지, 일본 군부가 잔혹한 수단으로 중국 동포의 생명과 재산을 유린하고 있는지를 폭로, 고발함으로써 일본군 내의 반전反戰·염전厭戰의식을 극대화시켜 내부 분열을 유도하였다.[32]

무장 단체의 기관지로서 『한국청년』에 게재된 글들의 성격은 대체로 단호했지만 문학적 감성과 열정을 일으키는 표현과 장르도 많았다. 특히 이 잡지를 통해 널리 알려진 '한국의 한 용사'와 '아리랑' 등의 항일 가극이 대표적 사례이다. 전자는 일본군 번역병으로 활동한 박동운朴東雲이 중국 유격대원과 함께 탈출한 수기를 바탕으로 제작된 연극이고, '아리랑'은 삼천만 한국인의 마음을 담은 가극으로 시안에서 큰 반향을 일으켰다. 가극 공연은 '국경의 밤', '한국의 한 용사', '아리랑' 3부작으로 이루어졌는데 전지공작대원 중 일부가 유격전에 참가하기 위해 타이항산太行山으로 먼저 떠난 뒤 나월환·하우 등 남아 있던 대원들이 연기자로 직접 참여했다. 공연이 끝난 뒤 시안 지역에서 발행되고 있던 《서북문화일보》·《공상일보》·《서경일보》 등의 지면에 '아리랑'을 보고 난 소감들이 연일 보도되어 중국인들의 큰 관심을 끌었다.[33]

현지 언론의 감상평은 상세하고 우호적이었는데 중국 항전에 대한 한국인들의 지지와 열정을 살펴 볼 수 있고, 한국의 전통적인 풍속, 습관과 일본 지배 하의 고단한 상황을 잘 보여주는 내용이라고 평가

---

32 何譯, 「압수되었던 6통의 편지」, 『한국청년』 제1기, 16쪽.

33 『한국청년』 제1기, 39~48쪽. 이밖에 「北行者」(『한국청년』 제2기).

하였다.[34] 또한 가극 '아리랑'은 이전에 볼 수 없었던 매우 신선한 형식을 취하고 있으며, 동방적인 색채가 강하게 담겨있다면서 "이번 공연의 효과를 놓고 볼 때 '아리랑'의 형식이 현재 중국 민족에게 가장 알맞은 것이라고는 할 수 없지만 많은 사람들이 중국 가극계도 이런 형식을 채용할 필요가 있다는 느낌을 받았을 것"이라고 논평하였다.[35]

중국 언론들은 전지공작대의 위문 공연에 대해 항일이란 시사적인 극 내용뿐 아니라 신선한 가무극의 표현 형식까지 거론하면서 중국 가극계에 영향을 줄 것으로 예상하였다. 그리고 이번 공연이 대다수 관중들로부터 "상당히 잘 되었다"거나 혹은 "좋다"는 평을 받았지만 입장료가 너무 비싸서 극을 보고 싶어도 보지 못한 시민들이 적지 않았다는 것을 아쉬운 점으로 지적할 만큼 큰 관심을 표명하였다.[36] 이처럼 전지공작대의 가극 공연은 예술 형식을 이용한 대일 항전의 탁월한 선전 수단이었고, 한중 연대의 모범적 사례로서 시안의 신문들과 『한국청년』을 통해 그 효과가 광범위하게 확산되었다.

중일전쟁 과정에서 한인 무장 세력이 실제로 전투에 참여할 수 있는 기회는 많지 않았다. 이 때문에 『한국청년』은 "우리의 특기인 일어와 일문을 살려 일본군 포로들을 설득하거나, 한글과 한국어를 이용하여 적 점령구역 내의 한교들을 동원할 수 있는 문화 공작을 펼쳤으면 한다."라고 매우 구체적인 선무宣撫공작 방안을 제시하였다. 일본군 내부에 반전 의식을 가진 세력을 확대시키고, 한인 무장 조직의

34 誠, 「'아리랑'을 감상하고 난 소감 -『西北文化日報』에서 轉載」, 『한국청년』 제1기, 44쪽.

35 松江, 「'아리랑' -『工商日報』·『西京日報』에서 轉載」, 『한국청년』 제1기, 46~47쪽.

36 雁, 「'아리랑'을 보고난 소감 -『西京日報』에서 轉載」, 『한국청년』 제1기, 48쪽.

능력을 증강시켜 중국 항전에 협조하는 것이 현실적 목표였던 것이다.[37] 그러므로 『한국청년』의 항일 기사는 군사 전략이나 작전을 분석하고 전시 상황을 소개하기보다 다양한 문학·예술 장르를 통해 중국인의 항일 의식을 고취시키고 일본군의 분열을 조장하는 데 초점이 맞추어졌다.[38]

전지공작대는 피압박 민족 청년들의 무장 단체로서 중국의 항전 공작에 직접 참가하는 한편, 민족 해방 운동의 선봉대로서의 역할과 임무를 함께 완수해야 했다. 따라서 중국 항전에 참여하는 한인 무장 세력의 질적 양적 발전을 적극 추진하고 확대해야 하는데 첫 단계 공작은 일본 점령 구역 내의 한인 거류민을 조직하여 적의 음모를 분쇄하고 군사 행동에 타격을 가하는 것이었다.

중일전쟁이 한창이던 1930년대 말 중일전쟁의 전선을 따라 이동하던 무리 속에는 한인 청년들이 다수 섞여 있었다. 화북華北일대에만 이십여 만 명 정도로 한국 독립운동 세력에게는 매우 중요한 거점이었다. 물론 이들 중 낭인과 한간 및 아편 밀매자와 같이 불량분자가 적지 않은 것도 사실이지만 생계를 위해서 혹은 일본의 앞잡이로 이용되거나 위협에 의해 어쩔 수 없이 여기까지 오게 된 사람들이 대다수였다.[39] 이 때문에 전지공작대와 광복군은 애당초 충칭에서 성립

37 淡, 「생장중인 어린 싹」, 『한국청년』 제1기, 26쪽.

38 예컨대 「압록강」, 「지금이야말로 조국부흥의 때」 등 다수의 애국시가 『한국청년』에 수록되어 중국 내 한인 청년들의 항전 의지를 고무시켰다. 『한국청년』 제1기, 28~30쪽.

39 당시 중국 내 한인 거류민 규모는 베이핑·톈진 일대 십만 명 이상, 칭다오와 지난에 각기 일만 명, 스자좡(石家莊) 삼만 명, 타이위안(太原) 칠천 명, 린펀(臨汾)과 윈청(運城) 각각 사천여 명, 산시 남부의 장치(長治) 칠천 명, 신샹(新鄉) 팔천 명 등 화북 지역에만 대략 삼십만 명의 한인이 거주하고 있었다. 이 가운데 대다수는 청년·노동자·농민들로 즈자좡에 팔천여 명의 철도 노동자와 이천여 명의 청년 지식인들이 거주하고 있었다. 일제는 향후 칠십만 명의 한인을 화북에 이주시

되었으나 곧장 시안으로 옮겨와 선전 및 초모 활동에 주력하였다. 이들은 주둔지나 최전선에서 대일 선전 공작을 통해 한중 연대에 의한 공동 항전을 모색했고, 급변하는 전시 상황 및 중국 항전과 한국 독립의 전망 등을 전하면서 중국인은 물론 한인 거류민들의 참여를 촉구하였다.

이러한 선무 공작은 중일전쟁에서 한인 무장 세력의 역할이 얼마나 중요한가를 확인할 수 있는 요소로, 화북 지역은 일본이 전시공업을 유지하며 전쟁을 확대시키기 위해 반드시 지켜야 할 명맥이자, 적의 목구멍을 직접 겨냥하고 있는 전략적 보루였다. 지리적으로 볼 때도 화북은 동북 및 한국과 직접 연결된 요충지로 관내 한인 무장 세력이 고국으로 진격하기 위해서는 반드시 거쳐야 될 통로였다.

화북 침략 후 일제는 한인들을 강박하여, 점령구역 내의 각종 시설에 배치하고 침략 정책과 군사 행동의 선봉으로 삼았다. 그러므로 화북에서 수많은 한인들이 활동하게 되어 한국 독립운동 세력이 파고 들어가 발전할 수 있는 유리한 조건이 형성되었다. 당시 화북에서 활동하던 한인들은 대부분 교통 요충지인 주요 도시에 거주했고, 동북 혹은 국내의 한인들과 긴밀한 관계를 맺고 있었으므로 이를 기반으로 한인 무장 세력이 중국 각지의 한인들과 연결하는 데 상당히 편리하였다.

그런데 이들을 혁명 세력화하려면 몇 가지 전제 조건이 필요하였다. 우선, 한인 무장 세력이 중국 정부와 긴밀한 정치적 연계를 맺어 물질과 기술면에서 실질적 도움을 얻어야 했다. 아울러 이들은 한국

킬 계획을 갖고 있으며, 아울러 삼천 명의 한인 병사를 훈련시켜 가능한 금년 내로 화북 전선에 파견할 계획이었다. (凡, 「화베이 공작의 추진(1) -조국의 민중을 쟁취하여 적의 침략에 타격을 가하자」, 『한국청년』 제2기, 84쪽).

민족 내부에 확실한 대중적 기초를 다져야만 비로소 정치적 영향력과 조직 역량을 발전시킬 수 있으며 혁명 역량과 투쟁 역량도 발전시킬 수 있었다. 그리고 이들의 행동이 일정한 전략과 노선에 맞추어 계획적으로 진행되어야 했다.[40]

『한국청년』은 화북 공작을 통해 한인 무장 세력이 얻을 수 있는 이점이 상당히 클 것으로 판단했다. 무엇보다 일제의 잔혹한 압박에 시달리고 있는 한인들을 거대한 혁명 역량으로 성장시켜 화북 지역의 한인 무장 조직을 구축할 수 있고, 이를 통해 관내 한국 독립운동의 신속한 발전을 기대할 수 있다고 보았다. 그리고 이런 결과는 중국 항전까지 직접 영향을 미칠 것으로 예상되었다.

1940년 초 관내 한국 독립운동이 새로운 형세로 접어들었다고 판단한 『한국청년』은 민족 해방 투쟁이 과거처럼 국내로 국한되어서는 안 된다고 판단하였다. 전면전에 맞추어 한중 양 민족이 동북과 화북 및 기타 광대한 일본의 점령구역에서 서로 긴밀히 연계를 맺고 공동 투쟁해야 한다는 것이다. 그런 시급한 임무가 화북 공작이었고, 이를 순조롭게 진행하려면 중국 당국의 지도와 원조가 반드시 필요하다면서 공동 항전의 역할을 강조하였다. 한중 연대의 전략적 실행은 군사적 무력 대응뿐만 아니라 적 후방의 선무 공작에서도 요구되었으며 이에 대한 국민정부의 물질적 재정적 지원이 절실하였다.

---

40 凡, 「화베이 공작의 추진 (1) -조국의 민중을 쟁취하여 적의 침략에 타격을 가하자」, 『한국청년』 제2기, 83쪽.

## 4. 국제 정세의 인식

### 1) 일본의 전황

1939년 9월 독일이 폴란드를 침입하고, 영국·프랑스가 폴란드를 도와 독일에 선전 포고함으로써 제2차 세계대전이 시작되었다. 이듬해 4월이 되자 독일은 덴마크와 노르웨이에 이어 프랑스까지 점령하는 대승리를 거두었다. 일본은 중국 전선에서 장기전의 여파로 국내의 군수 생산이 따라가지 못한 데다가 식량 위기까지 겹쳐 물자 부족이 날로 심각해졌다.[41] 생필품의 구매권 제도는 일본의 전시 경제가 붕괴되고 있음을 극명하게 보여주는 실례로 『한국청년』 지면에서 그 실상이 폭로되었다.[42]

이 시기부터 『한국청년』은 낙관적으로 보았다. 비록 외형적으로 중국영토가 일본에 함락되었지만 사실상 단지 몇 곳의 전략 거점을 지키는 데 급급할 뿐 모든 점령 구역을 통제할 능력이 없다는 것이다. 또한 최근 반년 사이에 일제는 후난湖南 북부, 광둥廣東 북부, 광시

41 1939년 2월부터 철제품회수운동이 시작되고, 백미 대신 7분도 쌀을 상식(常食)하도록 지시가 내려졌다. 특히 국내의 쌀 부족 현상이 심각해져 제사용 떡은 모두 진흙으로 만든 대용품을 사용하고, 쌀 배급량을 이전의 절반으로 줄여 나머지는 잡곡으로 대신하였으며, 술 주조량도 이전의 절반으로 줄여야 했다. 이후 모든 미곡은 국가 기구에서 관리하며 쌀 구매권을 직접 발급해야 할 만큼 식량난이 심각했다. (歐陽軍 譯, 「1940년 일본 경제의 前途 -日本『讀書新聞』社論, 1940년 1월 4일자 게재」, 『한국청년』 제1기, 13쪽). 무엇보다 '진흙 떡'으로 조상에게 제사를 지내게 한 조치는 귀신 숭배 전통을 중시한 일본 고유의 정신을 상실하게 하는 것으로 거센 반발을 불러 일으켰다. (『大阪每日新聞』 1939. 12. 28. 「일본 정부는 '진흙 떡'으로 祖宗에 제사를 지내게 하다」 ; 『한국청년』 제1기, 33쪽).

42 歐陽軍 譯, 「日本의 購買券 제도 실시」, 『한국청년』 제2기, 85~88쪽.

廣西 남부, 산시山西 남부 등지에서 여러 차례 중국군으로부터 치명적인 타격을 당하여 군사적으로 만회할 수 없는 곤경에 처해있다고 판단하였다.[43] 그뿐 아니라 일본 국내에서는 경제 공황과 화폐 가치의 폭락에 의해 통화 팽창, 세금 증가, 자원 고갈, 노동력 감소, 생활비 급증 등으로 반전 분위기가 확산되었고, 사회 불안도 갈수록 높아지고 있었다. 여기에 외교적 실패까지 겹쳐 국제적 지위가 더욱 고립되었으며 식민지에서의 반항도 거세어져 일본은 총체적 붕괴의 길로 접어 든 것으로 보았다.[44]

중국의 항전이 장기화될수록 일본은 엄청난 인력·재력·물력을 소모해야 했고, 사회적 공황 상태로 이어져 국민 생활은 갈수록 고통 속에 빠져들었다. 반면 중국은 갈수록 군사력이 증강되는 가운데 정치 기구가 개선되고, 경제적 기초가 공고해지며 국제 원조도 늘어나 모든 상황으로 볼 때 중국의 승리가 얼마 남지 않은 것으로 예상되었다.[45] 이런 『한국청년』의 정세 판단은 중국 정부의 주장에 기초한 것이지만 한국 독립운동가들의 시각도 크게 다르지 않았다.

일제는 군사 전략, 외교 정책, 국내 정치, 경제 역량 등의 복합적인 문제로 중일전쟁을 마무리하지 못한 상황에서 다시 남진을 기도하고 있기 때문에 패망이 멀지 않았다고 예측되었다. 『한국청년』은 7·7사변 이후 중국의 장기 항전이 군사상 두 가지의 큰 변화를 가져온 것으로 보았다. 하나는 지구전의 우월성을 충분히 표현한 것이고,

---

43 중국군은 1939년 후방 지역의 농업이 풍작을 가두고 경제적으로 안정되자 겨울부터 쑤이시(綏西) 작전, 웨베이(粵北) 작전 등의 대규모 공세에 나섰다. (張憲文 主編, 『中國抗日戰爭史(1931~1945)』, 南京大學出版社, 2001, 643~660쪽).

44 張路 筆記, 「蔣堅忍선생의 훈사 -전시공작간부훈련단 제4단 한국청년특별훈련반 학생들을 위한 훈시」, 『韓國青年』 제1기, 5쪽.

45 張路 筆記, 위의 글, 6쪽.

또 하나는 최신 전술 연구와 발전에 큰 성과를 거두었다는 것이다. 중국의 전면 항전은 지구전을 통해 속전을 저지하고, 내선을 외선으로 전환시켜 일본이 장악한 각개의 점과 선을 포위하거나 절단하며, 수비에서 공격으로 전환한 것이었다. 이런 전술은 정규전, 운동전, 유격전이 적절히 조화를 이룰 때 가능하며 정부의 힘만으로 불가능하고 전 민중들이 나서야하는 데 최후 승리를 위해 동아시아 피압박민족의 연대 투쟁이 절실한 이유도 여기에 있었다.[46]

경제적으로 일본은 매일 최소 2천만 엔 이상의 전비를 사용하여 43개월간 전쟁에 258억 엔의 엄청난 비용을 지출했는데 이렇게 방대한 전쟁 비용이 결과적으로 중국의 최후 승리를 담보한다고 보았다. 정신면에서도 중국이 적을 제압했는데 항전 후 일본에서는 전쟁으로 인한 많은 자살자가 나온 반면 중국인들은 자위를 위한 불가피한 전쟁으로 인식하고 있다는 것이다. 또한 시간적으로 중국의 장기항전이 유리하게 작용할 뿐만 아니라 공간적으로도 이미 중국이 일본을 능가했다고 보았다. 왜냐하면 일제가 548개 현縣을 점령했지만 완전히 장악한 곳은 58개 현에 불과하며, 한 점 한 선만을 통제하는 방식으로는 광대한 중국을 완전히 점령할 수 없다는 것이다. 무엇보다 중국은 전쟁 명분에 있어서 일본을 제압하고 있는데 자국의 생존과 세계 평화 및 정의를 위해 부득이 자위전쟁을 진행하고 있지만 일제의 침략 전쟁은 곳곳에서 각국의 이익과 충돌할 수밖에 없다는 것이다.[47] 『한국청년』은 이런 복합적 요소에 근거하여 중일전쟁에서 중국이 최종 승리를 거둘 것으로 확신하였고, 앞으로의 대일 전략은

46 金典戎, 「항전개시 4년래 군사상의 새로운 변화 -청년회에서 행한 金典戎선생의 공개강연사」, 『한국청년』 제3기, 123~125쪽.

47 金典戎, 위의 글, 128쪽.

지구전을 통해 전선을 확대시키는 것이라고 판단하였다.

### 2) 미소의 대응

장기전의 수렁에 빠진 일본의 위기 상황을 직시한 『한국청년』은 국제 관계의 변동에 유의하였다. 독일의 소련 침공 이후 영국이 잠시 숨 돌릴 기회를 갖게 되었고, 그만큼 미국의 전쟁 개입을 지연시켰으며, 아시아에서는 일제의 남진 정책에 큰 타격을 주었다. 만약 독소 전쟁에서 독일이 승리를 거둔다면 일본은 소련을 향해 북진을 감행하지 않을 수 없는 처지였다. 그러나 일본에 절실히 필요한 것은 고무·석유 등 전쟁자원으로, 대부분 인도차이나 지역에서 생산되었기 때문에 북진으로는 해결할 수 없었다. 일본군이 북진을 감행한다면 남진보다 훨씬 강한 소련의 저항에 부딪히게 될 것이며, 결국 한 발은 중국 전장이라는 수렁에, 다른 한 발은 시베리아 전장이라는 수렁에 빠지게 되고, 장기간의 소모전을 견디다 못한 일본 민중들의 거센 저항에 직면하게 될 것으로 예상하였다.[48]

당시 일제는 소련과 미국의 움직임에 매우 예민했는데 특히 미국의 참전을 우려하며 적극 대비하였다. 일본 해군이 예상한 미국의 진공 노선은 세 가지로 알래스카로부터 알류산군도의 북방항로, 하와이로부터 마닐라까지의 중앙항로, 하와이로부터 싱가포르까지의 남방항로였다. 또한 어느 방향이든지 전쟁의 승패는 전적으로 어떻게 최후의 총력전을 전개하느냐에 달려 있다고 판단하였다.[49]

---

48 劉一宇, 「소련과 독일의 전쟁을 논함」, 『한국청년』 제4기, 176쪽.

49 大宅田耿, 韓尙 譯, 「미국 대일작전의 세 가지 진공노선」, 『한국청년』 제4기, 184쪽.

하지만 일본의 근본 문제는 장기전을 수행할 수 있는 인적 물적 경제적 자원을 스스로 해결할 수 없다는 사실이었다. 이 때문에 일본 군부는 북진이든 남진이든 침략 지역을 넓혀 외부로부터 전쟁 수행 물자를 확보해야 했고, 소련·영국·미국 등 기존 이익을 가진 국가와 충돌이 불가피하여 전쟁의 수렁에서 벗어날 방법이 없었다. 대외적으로도 중국은 국제적 동정을 얻고 도움을 충분히 받고 있지만 일본은 세계 어느 나라로부터도 동정을 얻지 못하고 있었다.[50] 이런 이유들 때문에 중국의 최후 승리가 멀지 않았다고 확신하면서 중앙의 항전 방침에 위배되거나 국가 통일을 파괴하는 자, 국책을 위배하는 자는 모두 한간이요 중화 민족의 죄인이라면서 장제스 중심의 단일대오를 강조하고, 국민당의 일당 지배를 한층 강화하였다.

일제의 총체적 위기 상황과 맞물려 『한국청년』은 미국의 참전 여부에 깊은 관심을 보였다. 일제가 중국 침략을 감행한 이후 대륙 정책과 남진 정책은 전쟁의 향방을 결정짓는 핵심 요소였다. 그런데 두 정책 모두 미국이 주장하는 문호 개방 및 기회균등주의와 양립할 수 없는 것으로, 미국과 일본의 대립을 피할 수 없었다. 두 나라가 직접 충돌을 피하려면 어느 한쪽이 양보하거나 정책을 바꾸어야 하는데 그럴 가능성은 전혀 보이지 않았다. 역사적으로 일본은 1853년 미국의 페리 제독이 이끄는 사절단에 의해 강제로 문호가 개방된 이후 서양 문화를 수용하면서 신속히 유신을 단행하여 단기간 동아시아의 강자로 부상하였다. 미국은 1898년 스페인과의 전쟁에서 승리한 후 필리핀을 식민지로 획득하고 태평양 지역에 근거지를 확보하였다. 1899년 미국은 서방 6개국과 함께 문호 개방을 선언하고 중국에서

50 金典戎, 위의 글, 128쪽.

열강의 세력 범위를 확정하는 데 제동을 걸고자 했으며 이때부터 일본과의 충돌이 시작되었다.[51]

중일전쟁이 폭발한 지 3개월 뒤 미국 대통령 루스벨트는 시카고의 한 연설에서 국제 정의를 주장하며 침략 국가에 대해 격리 정책을 취할 것이라고 선언하여 일본에 한 차례 타격을 주었다. 1938년 국무장관 헐은 동아시아의 경제 발전에 미국도 수수방관하지 않을 것임을 선언하였고, 일본 수상 고노에가 '동아신질서'를 내세우자 정면으로 반박하면서 미국 정부는 9국 공약을 옹호하고 동아신질서를 부인한다는 입장을 재확인하였다. 유럽 전쟁의 발발 이후 주일 미국 대사는 외무성을 통해 일본 정부에 구체적인 경고 메시지를 전달했는데 미일 관계의 악화와 대일 봉쇄안의 미국 의회 통과 가능성을 언급하면서 스스로 절제할 것을 요구하였다.[52] 이런 움직임은 미국의 대일 정책이 기존의 외교 교섭에서 벗어나 실력 행사를 통한 위협 수준까지 이르렀음을 보여준다.

유럽 정세의 변화에 따라 아시아·태평양 지역의 긴장 분위기도 고조되었다. 루스벨트 대통령은 미일항해통상조약을 폐지하여 일본에 의외의 타격을 가하였고, 이어서 대서양 함대를 진주만에 집결시켜 대규모 군사 연습을 실시하는 등 무력시위로 위협했다. 1939년 1월 미 의회는 국방비의 지출을 대폭 강화한 다음 회계연도 예산안을 제출했으며, 미 하원 해군위원회가 괌에 방위시설 건설을 적극 주장하는 등 일본의 팽창 전략에 대해 경고를 보냈다. 유럽 전선에서 네덜란드와 프랑스가 독일에 굴복한 후 일본의 기세는 더욱 높아져 곧 네덜란드령 인도네시아와 월남을 침공할 태세였다. 이때에 루스벨트

---

51 徐, 「미국과 왜구는 전쟁을 벌일 것인가?」, 『한국청년』, 제2기, 88~89쪽.
52 徐, 위의 글, 88~89쪽.

대통령의 무력을 기반으로 한 평화 유지 정책이 들뜬 일본의 확전 분위기를 억제시켰다. 『한국청년』은 미국의 대응 조치로 중일전쟁을 신속히 마감한 후 유럽전쟁의 틈을 타서 남진 정책을 감행하려던 일본의 전략이 곤란에 처한 것으로 판단하였다. 이런 와중에 일본이 끝내 남진을 감행한다면 화약을 지고 불길 속으로 뛰어드는 것과 마찬가지의 자살 행위라고 보았다.[53]

중일전쟁이 장기화 될수록 『한국청년』은 일본의 남진 혹은 북진의 가능성에 주목하였다. 일본이 독일의 요구를 수용하여 남진과 북진 중 하나를 선택한다면 현재 상황으로 볼 때 북진의 가능성이 더 높다고 보았다. 가장 큰 이유로 일본의 통치 계급이 반공·반소의 주장에만 단결하고 각 정파의 의견과 역량도 결집되기 때문이었다. 또한 일본인들은 공통적으로 독일에 호감을 가진 반면, 소련이라면 1904년 러일전쟁과 1918년 러시아혁명의 기억을 떠올리며 부정적이었다. 군사력에서도 일본은 대소전쟁에 필요한 역량을 보유하고 있어 지금이 적기라고 판단하였다. 하지만 중일전쟁의 수렁에 빠져 헤어나지 못하고 있는 상황에서 또 다시 시베리아란 수렁에 빠진다면 일제의 붕괴가 가속화 될 것으로 판단하였다.[54] 결국 중일전쟁의 장기화가 일제의 대륙 정책을 파탄시켰고, 새로운 돌파구로 남진을 추진할 수밖에 없는 상황으로 내몰리고 있다는 것이다.

『한국청년』은 앞으로 예상된 미일전쟁의 전망에 관하여 지리 형세면에서 일본이 유리하지만 전쟁 승패가 그것만으로 결정되는 것이 아니고 강력한 군사력이 뒷받침되어야 한다고 보았다. 그런 점에서 일제의 군사력과 전쟁 수행 능력은 중국과의 장기전으로 이미 소진

53 徐, 위의 글, 93~95쪽.

54 金姬劉, 「일본의 기회주의 하 1918년의 역사 반복」, 『한국청년』 제4기, 189쪽.

될 대로 소진되어 겨우 명맥만 유지하고 있다면서, 이미 대미 관계의 주도권을 상실한 것으로 판단하였다. 그 이유로 일제는 새로운 전쟁을 수행하는 데 필요한 군사력과 군수물자 및 공업원료 등이 절대 부족할 뿐만 아니라 대외 관계나 미래의 국가 위상도 모두 불리하다는 진단이었다.[55] 아울러 중일전쟁이 세계대전의 일부로 포함되면서 일본과 대적하는 데 가장 믿을 수 있는 우군은 미국이란 인식이 팽배하였다.

1940년대 초 『한국청년』은 일본의 인력·물력·재력이 이미 소진된 것으로 보았다. 따라서 미국이 이 기회를 잘 이용한다면 유리한 국제 지위를 확보할 수 있고, 일본을 제압하는 데 큰 어려움이 없을 것으로 예상하였다. 또한 미국과 일본의 개전이 늦어지면 늦어질수록 미국의 승산이 커지게 된다고 보았다. 시간이 흐를수록 미국의 국방 계획은 점차 완성되고, 소련의 극동 방면 방위력도 증강되어 대일 압박을 더하게 될 것이며, 중국의 항전이 길어질수록 일본의 국력은 그만큼 소진될 것이기 때문이었다.

## 5. 맺음말

중일전쟁은 임정을 비롯한 중국 내 한국 독립운동 세력에게 새로운 변화와 역할을 요구하였다. 무엇보다 전면전, 장기전 양상을 띠면서 한인 무장 역량을 하나로 모아 대일 전쟁에 직접 참가할 필요성이

---

55 徐, 위의 글, 95~99쪽.

절박해졌다. 여기에 부응하듯 1938년 말부터 조선의용대를 시작으로 한국광복진선청년공작대, 전지공작대, 광복군 등이 차례로 성립되었다. 이들은 중국군과 함께 협동작전을 전개하는 것이 목적이었지만 보편적으로 대일 정보 수집 및 포로 심문, 항일 선전, 초모 활동 등에 치중하였다.

중국 내 한인 무장 단체는 항일 투쟁과 함께 자신들의 조직을 유지, 확대시키기 위해 지속적인 선전 및 초모가 필수적이었고, 주로 신문·잡지를 통해 이루어졌다. 더욱이 중일전쟁 시기 식민 당국의 언론 탄압이 정점에 달하여 해외에서만 정상적인 활동이 가능하였다. 그러므로 국내외 한인들이 전쟁 상황과 세계 정세 등에 관하여 소식을 얻을 수 있는 유일한 창구는 해외에서 발행된 한국 신문·잡지뿐이었다. 그 가운데 전지공작대의 『한국청년』이 대표적으로, 일제의 핍박으로부터 자유로워 한국 독립운동을 생생하게 전달할 수 있었다.

『한국청년』의 성격과 논조를 살펴보면 우선 중국인을 주요 독자층으로 삼아 적 후방의 교란, 초모 및 대일 선전 활동에 주력하였다. 지면에 게재된 글들은 한중 연대를 강조하거나 전지공작대의 항일임무 및 활동에 관련한 기사가 대부분이었다. 국제 정세나 일본의 전황을 소개한 글이 적지 않았으며, 식민지 내부 상황이나 동북 지방의 독립 투쟁도 종종 게재되었고, 항일 문학작품이 여러 편 수록되었다. 주요 필진은 대부분 전지공작대 대원과 중국 지인들이었고 시국 현안에 관한 중국·한국·일본의 신문 기사도 번역되었으며, 항일 의지를 고취시키고 한중 연대를 강조한 내용이 많았다.

『한국청년』은 창간 이후 줄곧 한인 무장 세력의 통합을 기초로 한중 연대에 의한 공동 항전을 도모하는 데 주력하였다. 우선 관내 한인들의 단결과 이를 기초로 한 혁명 정당 및 혁명 무력의 결합에 초점을 맞추었다. 광복군이 성립되자 전지공작대는 광복군 제5지대로 편입되었고 『한국청년』의 논조도 한중 연대에 의한 공동 항전 강화, 광복군 중심의 무장 역량 집중, 조국 광복을 위한 희생과 고난 극복 등을 주장하였다. 이러한 대일 선전 전략은 기존의 불연속적 무장 항전이나 적 후방의 교란 작전도 중요하지만 자신들의 존재감을 적극적으로 보여줄 필요가 있었기 때문이다. 이런 상황에서 『한국청년』의 필자들은 앞다투어 한중 연대의 역사적 배경과 공동 항전의 중요성을 피력하였다.

그 내용은 문화적으로 한중 두 나라가 '창조자'와 '전파자'의 역할을 분담, 수행해 왔다는 사실과 군사적 정치적으로 두 나라의 관계가 '이'와 '입술'처럼 밀접하다는 점을 반복 강조하였다. 이런 시각은 과거 중화주의에 의한 책봉 조공 체제를 기반으로 삼았던 봉건적 동아시아 질서를 재해석한 것으로, 전통적 사대관계가 여전히 유효하다고 본 것이다. 또한 지정학적으로 한국이 중국·일본·러시아 삼국의 완충 역할을 해온 것처럼 앞으로도 세 나라 간의 세력 균형을 맞추면 동아시아 지역에서 전쟁 위험을 줄일 수 있다고 주장하였다. 『한국청년』은 역사적으로 오랜 기간 축적되어 온 한반도의 문화적 정치적 위상을 근거로 동아시아의 균형자 역할에 주목한 것이다.

『한국청년』을 비롯한 중국 내 한국 언론은 한중 연대를 실행하기 위해 양국의 노력이 절실하다고 보았다. 그것은 두 나라 간 고유 문화를 활발히 교류하여 상호 이해와 합작을 증진시키고, 그 가운데 중국은 한국 독립운동을 지원하며 곳곳에 흩어진 한인 청년들을 조직, 훈련시켜 무장 조직을 건립해야 한다는 것이다. 그리고 이전처럼 개별적 분산적 연대나 일회성 구호가 아닌 문화 교류, 군사 협력, 한인 무장의 세력화 등이 실질적이며 지속적으로 이루어져야 한다는 인식이었다. 이를 위해 양측의 역할을 밝혔는데 한인들의 주요 임무는 항일 전쟁에 직접 참가하는 것과 적의 귀순 공작, 적정 염탐, 항일 선전 및 암살 등 주로 일본군 내부를 교란시키는 공작이었다. 중국의 역할은 혁명 경험을 전수시켜 주고, 재정을 원조하며, 광복군에 대한 훈련 및 지원 등 물질적 협력을 제공하는 것이었다. 이 시기 중국 내 한국 언론이 밝힌 한중 연대의 핵심은 전통적 선린 우호를 토대로 항일전에서 승리를 거두기 위한 실질적 역할 분담이었고 공동 항전에 의한 현재와 미래의 공존을 모색한 것이었다.

한중 연대의 전략적 실행은 군사 대응뿐만 아니라 적 후방에서의 선무 공작이 필요했고, 이 과정에서 중국 정부의 물질 및 재정 지원이 절실하였다. 전지공작대는 적 후방의 선전 및 초모 공작을 위해 문화 활동이나 예술 공연에 직접 나섰다. 그렇게 무대에 오른 아리랑 공연은 가극 형식을 이용한 탁월한 대일 선전으로 현지 언론에 의해 한중 연대의 보범 사례로 호평을 받았다. 현실적으로 관내 한인 부장 세력은 대일전투에 직접 참여할 수 있는 기회가 많지 않았다. 그 때문에 대일 전선의 주력군이 아닌 적 후방에서 다양한 언론·문화 활동을 통해 중국인의 항일 의식을 고취시키고, 일본군의 분열을 조장하는 데 초점이 맞추어졌다. 이런 활동이 펼쳐진 주요 무대는 화북지방으로, 이십여 만 명 이상의 한인들이 거주하고 있는 지리적 경제적 군사적 요충지였다. 무엇보다 화북은 동북 및 한국과 지접 연결된 통로로서 적의 목구멍을 노리고 있는 전략적 보루였다.

『한국청년』은 일본의 경제 상황과 전쟁 전략을 주시하면서 특히 중국의 대응 전략과 일본의 남진 정책에 대해 집중 보도하였다. 중일 전쟁이 과거 전쟁과 다른 점은 전면전 장기전으로, 그 만큼 일본의 군수 물자와 전시 자원의 고갈이 빠르게 진행되어 쌀을 비롯한 대부분의 생필품이 배급 경제로 유지되었다. 이와 더불어 방대한 군비 지출에 따른 재정 위기가 닥쳐왔으며 인력 부족도 심각한 수준이었다. 따라서 일본 국민의 원성과 반전 감정이 점차 고조되었고 전시 경제의 붕괴는 한국 독립운동에 절호의 기회로 인식되었다.

『한국청년』의 전황 분석에 따르면 전쟁이 거듭될수록 중국의 역량은 강화된 반면 일본은 점차 쇠약해지고, 국제 사회의 대중국 원조까지 더해져 일본의 상황을 더욱 어렵게 만들 것으로 판단하였다. 실제로 영국이 대일 항쟁에 나섰고, 미국의 영·중 원조 정책이 촉진되었으며, 일·소 관계가 악화되는 등 장기전으로 인한 일본의 대내외 조건이 최악의 상태로 빠져 들고 있었다. 유럽전쟁 이후 일본의 대서방 무역은 거의 정지 상태였고, 미국의 대일 금수 조치는 치명적인 위협으로 다가왔다. 결국 일본 군부는 중일전쟁에서 실추된 명예를 만회하고 국민들의 시선을 돌리기 위해 남양 진공에 모든 것을 걸었다. 하지만 『한국청년』은 일제의 남진 전략이 소련·영국·미국 등 기존 이익 국가와 충돌이 불가피하여 전쟁의 수렁에서 벗어날 방법이 없다고 판단하였다. 그러므로 중국의 장기 항전과 미국 참전이 최후 승패를 좌우하는 요인이라고 보았으며 한국 독립운동은 이 기회를 놓치지 말아야 한다면서 적극 대응을 주장하였다. 얼마 후 중일전쟁은 아시아·태평양전쟁으로 확대되고, 한중 연대에 의한 공동 항전도 본격화되었다.*

---

* 이 글은 「중일전쟁시기 『韓國青年』(1940~1941)의 정세인식과 대응」, 『한국독립운동사연구』 제62집, 독립기념관 한국독립운동사연구소, 2018, 171~205쪽을 수정 보완한 것이다.

# Ⅳ. 중일전쟁 시기 『광복』의 정세 분석과 대일 전략

## 1. 머리말

중일전쟁이 예상과 다르게 장기화되면서 일제는 '내선일체內鮮一體'와 '전시국민총동원'의 구호 아래 유언비어의 단속을 이유로 언론 통제를 강화하고 조선·동아 등의 민영 일간지까지 모두 폐간시켰다. 그런 이유로 중일전쟁 시기 직간접적으로 일제 침략의 당사자이자 피해자일 수밖에 없었던 한인韓人들이 동 시대를 어떻게 인식하고 대응했는가를 살펴보려면 중국관내약칭 관내 한국 독립운동 세력에 의해 발행된 신문·잡지에 실린 기사, 논평, 해외 번역물, 문학작품 등을 다면적으로 분석하여 전쟁에 따른 각국의 상황 인식과 대응 전략, 전후 모색 등을 파악하는 것이 유효하다.

『광복』은 관내 한국 독립운동 조직이 발행한 대표적 잡지로 앞에서 살펴본 『한국청년』과 마찬가지로 1940년 이후 중일전쟁과 아시아·태평양전쟁에 관하여 식민지 한국, 한국인들의 시각을 확인할 수 있는 유일한 언론 매체이다. 여기에 실린 각종 보도 기사 및 논설을 검토함으로써 일제 말기 한국 언론의 정세 분석과 시국 대응, 전후 처리방향 등을 종합적으로 가늠할 수 있다.[1] 이 글에서는 대한민국 임시정부(약칭 임정)의 직할 부대인 한국광복군에 의해 발행된 『광복』을 통해 다음 몇 가지를 확인할 것이다. 첫째, 임정의 대일 핵심 전략인 '한중 연대에 의한 공동 항전'의 역사적 배경과 현실적 요구를 밝혀낸다. 둘째, 광복군의 군사작전, 외교 전략, 전후 구상 등을 파악한다. 셋째, 일본의 전시 경제, 대외 여건, 침략 정책, 남진南進·북진北進 전략 등을 살펴보고 여기에 맞선 중국과 미국의 대응을 통해 아시아·태평양전쟁으로의 확전 과정을 추적한다. 이로써 임정 중심의 대일 항전과 중국의 반응을 확인하고 1940년대 초반 중·미 관계 및 역할 모색과 국제적 역학 관계 등을 파악함으로써 전후 동아시아 지역 질서에 변화를 가져온 단초를 찾을 수 있을 것이다.

1 임정 직속의 한국광복군 기관지인 『광복』에 관해서는 기사 개요와 성격, 상황 인식, 한국 독립운동의 역량 조건, 독립 전쟁의 추진 전략 등을 개괄적으로 정리한 성과가 있다. 초기 연구는 기사 내용을 주제별로 정리하고 정밀 분석함으로써 1940년대 초 독립운동진선상 임정-한국독립당-한국광복군에서 주창되던 독립운동론의 요체에 접근하려는 시도를 하고 있다. (金榮範, 「韓國光復軍 刊行《光復》의 獨立運動論」, 『한국 독립운동사연구』 1, 독립기념관 한국 독립운동사연구소, 1987. 8). 또한 『광복』을 통해 1941년 전후, 한국 독립운동 세력이 중일전쟁의 전개 상황 및 국제 정세를 어떻게 이해하고, 이것이 이후의 한국 독립 문제와 관련하여 어떤 의미를 가지고 있는지를 검토하여, 중일전쟁 시기 국제 상황을 규명함으로써 전후 최대의 국제적 현안 중 하나로 등장하게 된 한국 문제의 연원과 경과를 파악한 성과가 있다. (배경한, 「1941년의 '꿈' -한국광복군의 국제 정세 인식」, 『중국근현대사연구』 59집, 2013).

## 2. 『광복』의 발행과 성격

1940년 9월 임정은 청사를 치장綦江에서 충칭重慶으로 이전한 후 독자적으로 광복군 창설을 준비하였다. "대한민국 임시정부 주석 겸 한국광복군창설위원회 위원장 김구"의 명의로 발표된 「한국광복군선언문」은 독자적이고 자주권을 가진 광복군을 창설하는 데 그 성격과 위상이 연합군임을 밝히고, 중국과 합작하여 공동의 적인 일제를 타도하기 위해 연합군의 일원으로 항전에 나선다고 밝혔다. 1940년 9월 17일 마침내 임정은 충칭에서 총사령부 성립식을 거행하고 광복군 창설을 내외에 널리 알렸다.[2] 광복군 총사령부가 성립되면서 한인 무장 세력은 군사 역량을 집중시킬 수 있게 되었고 통일된 지휘 아래 대일전쟁에 직접 참가하여 독립을 촉진시킬 수 있을 것으로 기대하였다.[3]

광복군 총사령부가 시안西安으로 옮긴지 3개월 만인 1941년 2월 선전을 위해 기관지로 『광복』을 발간하였다. 이 잡지의 발간 주체는 한국광복군 총사령부 정훈처 선전국으로, 정훈처장 조경한趙擎韓, 一靑安勳과 선전국장 김광金光, 본명 高永喜이 각각 편집 및 주필을 맡았고, 그 아래 조시제趙時濟 등 5~6명의 실무자가 도왔다. 『광복』은 모두 일곱 차례 간행된 것으로 확인되는데 1941년 2월 1일 1권 1기를 시작으로 8월까지 매달 출판되었고, 이듬해 1월 20일 2권 1기로 끝났다.[4]

---

2 김광재, 위의 책, 55~57쪽.

3 丁履進, 「한국독립과 倭寇의 남진」, 『광복』 제1권 제2기 (1941. 3. 20), 108쪽.

4 1권 1기의 중국어본과 한국어본, 2기부터 4기, 5·6기 합본, 2권 1기이다. (『광복』지의 각책 목차 및 내용에 관한 선행 연구로는 金榮範, 위의 글 ; 김희곤, 「해제」, 국사편찬위원회, 『대한민국임시정부자료집』 14 한국광복군 V』, 교학사,

1권 1기의 한국어본을 제외하고는 모두 중국어로 간행되었으며, 잡지의 필진은 일곱 책의 기명 기사에 모두 40명의 필자가 나온다. 이들을 집필 횟수에 따라 구분해보면 1회 22명, 2회 11명과 3회 김구·민영구·이복원, 4회 이청천·이응·박은식, 5회 황학수·김학규·이복영, 6회 사평, 7회 안훈(혹은 일청, 조경한), 11회 김광 등으로 정훈처 선전국장 김광과 정훈처장 조경한이 핵심 인물이었음을 알 수 있다.[5]

잡지의 주요 내용은 현 정세의 분석과 전망, 독립운동의 진로 및 대응 전략 모색이 대부분이었다. 『광복』지의 각 책 말미에 실린 독자 투고를 요망하는 투고 간칙에 따르면 첫째, 한중 합작에 관한 것. 둘째, 한국 광복 운동에 관한 분석과 논평. 셋째, 일본의 군사·외교·정치·경제 등 각종 문제에 관한 연토. 넷째, 국제 정치·경제·외교의 분석과 논술. 다섯째, 항전 상황에 관한 소식 및 분석. 여섯 째, 국제 문제와 국내외 시사 등 투고 희망 기사 내용의 세목을 구체적으로 밝히고 있다.[6] 『광복』의 전체 구성과 내용은 아래의 〈표 1〉 주제별 편수를 통해 가늠할 수 있다.[7]

〈표 1〉『광복』의 주제별 편수

| 분류 | 주제 | 편수 |
|---|---|---|
| 정세 분석 및 전망 | 유럽 전황 | 8 |
| | 일제 동향과 정책 추이 | 22 |
| | 중국 항전, 동아-태평양 정세 | 4 |
| | 우방 동태 및 상호협력 상황 | 10 |

2006. 참조).

5 김희곤, 위의 글, 18쪽.

6 金榮範, 위의 글, 287쪽.

7 연재 기사는 연재 횟수에 관계없이 통틀어 한 편으로 계산했음. 金榮範, 위의 글, 287쪽.

| 분류 | 주제 | 편수 |
|---|---|---|
| 독립운동의 진로와 전략 | 항일 운동사, 전쟁사, 전기 | 4 |
| | 정세인식과 일반적 독립운동론 | 10 |
| | 광복군(창설과 그 활동) | 9 |
| | 한국독립당(성격과 지위) | 5 |
| | 중한 합작 및 우방에 대한 요구 | 7 |
| | 건국 구상 | 2 |
| | 군사, 전술 | 8 |
| 기타 | 정치사상 | 3 |
| | 문예 및 수상(隨想) | 5 |
| | 창간사 및 헌사 | 3 |
| 합계 | | 100 |

요컨대 『광복』지는 임정의 직할 부대인 광복군의 임무와 사업 소개, 한국 독립운동의 역량 및 성과 분석, 독립운동 이론과 대일 전략·전술 연구, 중국군의 항전 승리 소개, 한중 합작의 중요성 부각, 일제의 동향 및 필패 논리의 선전 등을 목적으로 발행되었다. 국민정부의 협력과 승인 아래 대일전의 주체가 된 광복군은 승패의 첫 번째 조건으로 한중 민족의 반제 항일 의식을 내걸고, 이를 부단히 환기시키기 위해 『광복』을 발간한 것이다.

이 잡지는 매번 수만 부씩 찍어서 중국군뿐만 아니라 광복군을 통해 적 후방의 중국인과 한인들까지 광범위하게 볼 수 있었다. 주요 임무로는 중국 민중들에 대한 선전 활동을 첫 번째로 삼았고, 대일 전략 면에서 한중 공동 전선의 결성을 주장하며, 한중 합작 문제를 투고 요망 기사의 첫머리로 제시한 점 등을 보면 『광복』의 주요 독자층이 중국 내의 한인보다 중국인과 국민당 지노부를 고려한 것으로 이해된다.[8]

『광복』은 창간사를 통해 1931년 선양瀋陽 근처에서 발생한 만주사

8 金榮範, 위의 글, 287쪽.

변이 바로 중일전쟁의 서막이었으며, 1937년 루거우차오蘆溝橋에서 폭발한 7·7사변은 세계대전의 정식 개막을 알리는 사건이었다고 밝힘으로써 중일전쟁을 2차 세계대전의 출발점으로 규정하였다.[9] 그리고 본지의 주요 임무로 아래의 다섯 가지를 제시하였다.[10]

> 첫째, 친애하는 중국 민중에게 한국 혁명의 내용과 이론을 충실하게 소개한다.
>
> 둘째, 한국 민중에게 중국의 영용한 항전 소식과 중국의 필승 조건을 충실하게 소개한다.
>
> 셋째, 세계를 향해 일본 제국주의의 폭행과 음모 및 필패의 까닭을 폭로한다.
>
> 넷째, 중한 두 민족의 연합 항일을 조장하여 해방의 쟁취를 주장한다.
>
> 다섯째, 중한 민중의 항일 정서를 환기시킨다.

이외에 광복군은 한국독립당과 임정의 영도 아래 중국 항전에 참여하는 데 조국 광복뿐만 아니라 동아시아와 세계 평화를 지키는 데 앞장서는 국제적 성격을 띤 무장 조직이라고 스스로 밝혔다. 여기에는 한국의 불행이 중국의 불행이자 동아시아의 불행이요 세계의 불행이란 인식이 깔려 있는데[11] 중국인들도 역사적 문화적 현실적 이유를 들어 동의하였다.[12] 이처럼 『광복』지는 창간 이후 한인 무장 세력의 통합을 기초로 한중 연대에 의한 공동 항전은 물론 조국 광복이

---

9 「창간사」, 『광복』 제1권 제1기 (1941. 2. 1), 3쪽.

10 위의 글, 5쪽.

11 李青天, 「한국광복군의 과거와 장래」, 『광복』 제1권 제1기 (1941. 2. 1), 7쪽.

12 郭紫峻, 「한국독립당과 함께 용기를 북돋고 노력하기를 바람」, 『광복』 제1권 제1기 (1941. 2. 1), 10쪽 ; 王德溥, 「중한양대 민족이여 손을 잡아라!」, 『광복』 제1권 제1기 (1941. 2. 1), 11쪽.

란 포괄적 목표를 지향하였다.

광복군은 대일 항전에서 최소의 희생으로 큰 승리를 얻기 위한 전술로, 한중 연대에 의해 적 후방을 어지럽혀 일본군의 역량을 약화시키는 것이 중요하다고 판단하였다. 장기전으로 곤경에 처한 일본이 피폐한 기색을 보이고 있는 때, 최후 결전을 위한 가장 중요한 고비에 이르렀다는 것이다. 이런 급박한 상황에 결성된 광복군은 중국의 대일 항전과 한국의 독립운동에 있어서 모두 중대한 의미를 가졌으며 한중 연합관계를 강화시킬 결정체라고 자부하였다.

광복군성립대회를 주관한 김구는 개회사에서 "(한국과 중국) 두 민족의 생사 존망은 운명 공동체의 성격이 짙다"면서 현재 중국 항전은 한국의 독립과 매우 밀접한 관계가 있고, 광복군의 혁명 역량은 중국 항전에 새로운 힘을 더해 줄 것이라면서 한중 연대에 의한 공동 항전이 필연적이라고 주장하였다.[13] 그런 만큼 『광복』은 중국의 항전 승리 후 한국의 국권 회복까지 성공해야만 평화를 보장받을 수 있고, 만일 그렇지 못하면 동아시아의 안녕과 평화는 확보될 수 없다고 했다.[14] 김구는 처음부터 한중 연대가 중국 항전의 승리와 한국 독립의 기본 조건으로, 두 가지 목표는 결코 분리될 수 없는 동일체란 인식이 강했던 것으로 보인다.

광복군 총사령 이청천은 임정 직속의 광복군이야말로 한국의 유일한 국군이며, 임정은 삼천만 한민족이 공유한 정부이므로 광복군 역시 삼천만 국민이 공유한 군사력이라고 주장하였다. 따라서 그는 한국의 남녀 모두에게 부여된 역사적 임무와 독립 쟁취의 사명을 완수

13 「대회주례 金九선생의 개회사」, 『광복』 제1권 제1기 (1941. 2. 1), 18~19쪽.

14 「삼가 중화민국 동포에게 고하는 글」, 『광복』 제1권 제2기 (1941. 3. 20), 103쪽.

하기 위해 누구든지 광복군에 참가하는 것이 권리이자 의무라면서 적극적인 동참을 호소하였다.[15]

광복군 특별당부 집행위원장 황학수는 광복군 성립에 즈음하여 임정 직속의 국군이란 사실을 강조하면서 당파와 계급의 구별 없이 한국인이라면 누구나 참여할 권리와 의무가 있다고 역설하였다. 그는 광복군의 주요 업무로 중국 내외의 모든 한인 무장 세력을 규합하여, 새로운 편제로 정돈, 확충한 뒤 통일된 지휘 아래 대일 항전에 참가하는 것이라고 하였다. 그 다음은 적 후방에 깊숙이 침투하여 전체 인민을 무장, 동원시키고 한중 연대에 의한 연합 전선을 통해 최후의 승리를 쟁취하는 것이었다. 이 때문에 광복군의 무장 역량은 항일전의 최종 승리를 얻는데 빠질 수 없는 핵심 요소이자 한국 독립의 성패와 직결된 문제라고 보았다.[16] 여기서 광복군이란 존재는 당면한 중일전쟁을 승리로 이끌 수 있는 필수 요건이자 국민당이 주장해 온 동아시아 연대의 실행 과정으로 파악되고 있다.

황학수는 역사적으로 한중 연대가 큰 위력을 발휘했는데 신라 때 왜구를 격퇴한 것과 조선 시대에 임진왜란을 함께 막아낸 것 다음으로, 광복군에 의한 한중 연대를 세 번째 대일 전쟁으로 정의하였다. 그는 문화적으로도 한국이 사천여 년의 찬란하고 유구한 역사를 가

15 李青天, 「중국 적점령지역에 僑居하고 있는 동지와 동포에게 고하는 글」, 『광복』 제1권 제4기 (1941. 6. 20), 258~259쪽.

16 黃學秀, 「한국광복군의 성립과 중국의 항전」, 『광복』 제1권 제1기 (1941. 2. 1), 14쪽. 黃學秀(1879~1953)는 1898년 대한제국 무관학교를 졸업하고 육군 참위에 임관되었다. 1907년 8월 군대가 일제에 의해 강제로 해산 당하자 육영 사업에 전념하던 중 3·1운동 이후 중국 상하이로 망명하였다. 초기 임정에 참여했고, 1920년대 만주 지방의 서로군정서와 신민부에서 활동하다가 1941년 광복군이 성립된 후 광복군 특별당부 집행위원장으로 활약하였다. 그 뒤 임정 국무위원과 생계부장으로 활동하다가 광복을 맞아 귀국하였다. (한국정신문화연구원, 『한국민족문화대백과사전』. 참조).

지고 있어 일본의 역사보다 일천여 년이나 앞서며, 항상 일본에 새롭고 선진적인 문화를 보급하는 데 이바지했다면서 자긍심을 드러냈다. 이런 이유로 그는 한국의 민족 의식이 결코 일본에 의해 소멸될 수 없고, 한국 고유의 문화는 다른 민족에 의해 말살될 수 있는 것이 아니라고 역설하였다. 또한 그는 안중근·김익상·강우규·송학선·안명근·이봉창·윤봉길의 의거와 3·1운동 등 지난 삼십여 년 동안 일본의 폭정 아래에서 지속된 민족 해방 투쟁을 열거하며 자신의 주장을 뒷받침하였다.[17] 황학수는 역사적 문화적 현실적 배경 아래 한국 독립운동 세력이 만주사변 이후 중국군과 함께 연합 작전을 전개해왔으며 마침내 광복군의 결성으로 전면 항전을 위한 단일 대오가 구축된 것으로 판단한 것이다.

광복군 총사령부 참모 김학규는 한중 연대에 기초한 대일 항전을 성공적으로 이끌기 위해 광복군 내부의 선결 과제로 아래의 네 가지를 들었다.[18]

> 첫째, 모두가 성심성의로 일치단결하고 의지와 역량을 집중하여 국가 독립지상, 민족 해방지상의 원칙 아래 전국 인민이 계층과 당파에 구분 없이, 정성을 다해 모든 인력과 물력을 광복군에 집중시켜야 한다.
>
> 둘째, 광복군의 조직을 강화하는 것으로, 통일된 지휘 명령 아래 조직적이고 계획적인 투쟁을 전개해야 한다.

---

17 黃學秀, 위의 글, 12~13쪽.

18 金學奎, 「한국광복군의 당면 공작」, 『광복』 제1권 제1기 (1941. 2. 1), 15~17쪽. 金學奎(1900~1967)는 만주의 신흥무관학교와 문화고급중학교를 졸업하고 동명중학교에서 교편을 잡았다. 1931년 조선혁명당에 가입하여 무장 투쟁에 참여하다가 1935년 김원봉 등과 결별하고 한국광복진선을 조직하여 임정 외곽에서 활동하였다. 1940년 광복군이 편성되자 총사령부 참모로 취임하였으며 광복된 뒤에는 주상해판사처처장으로 교포의 생명과 재산을 보호하며 안전 귀환을 도모하였다. (한국정신문화연구원, 『한국민족문화대백과사전』. 참조).

셋째, 선전과 훈련을 강화하는 것으로 군·정·민 각종 간부의 훈련으로부터 광대한 군중과 각종 군중 단체까지 훈련이 필요하고, 모든 곤란을 극복하고 우리의 모든 상황을 제대로 알리기 위해 노력함으로써 전 세계 모든 사람들로부터 국제적 동정과 원조를 얻어내야 한다.

넷째, 유격전을 강화하고 주력전을 준비하는 것으로, 유격전의 효과는 적의 전력을 소모시키고 적을 피폐하게 만드는 것인데 적을 완전히 소멸시키고 승부를 가름하는 최후의 결전은 대규모의 주력 전투 방식을 채용할 때만이 가능하다.

이렇게 볼 때 광복군의 활동 방향은 유격전을 증강하면서 다른 한편으로는 인력과 물력을 충실히 갖추어 주력 전쟁에 대비하는 것이었다. 즉 기존의 한인 무장 세력들이 사용해 온 개별적 분산적 단기적 유격 전술로부터 광복군의 모든 역량을 하나로 집중시켜 정면 승부를 거는 정규전을 도모하였다. 지구전 양상이 중국에 유리하다고 판단한 광복군은 관내 한인 무장 세력을 통합시키는 것이 무엇보다 중요했고, 1940년 1월 한국청년전지공작대가 한국광복군 제5지대로 편입되었다.[19]

19 「한국청년전지공작대, 한국광복군 제5지대로 편입되다」, 『광복』 제1권 제1기 (1941. 2. 1), 59쪽.

## 3. 일본의 동향과 전략 분석

### 1) 일본의 전시 경제 상황

과거 일본이 벌였던 청일전쟁이나 러일전쟁은 기껏 일 년 혹은 일 년 반 정도에 승패가 결정되는 단기전으로, 이때까지는 경제 역량의 중요성이 부각되지 않았다. 그러나 7·7사변 이후 전장이 확대되고 장기화되면서 일본은 군수 원료의 고갈이란 근본 문제에 봉착하게 되었다. 주요 자원의 결핍과 외국에 대한 지나친 의존은 일본 경제의 커다란 약점으로, 장기전에서는 더욱 치명적일 수밖에 없었고, 전면전에 취약한 일본 경제는 몰락의 길로 접어들지 않을 수 없었다.[20]

일본 상공성은 생필품의 수급 불안정에 따른 사회불안을 방지하기 위해 전표제를 도입하고, 면직물·설탕·성냥 등의 구매권 제도와 사치품 허가제를 전면 실시하였다. 배급 경제는 정부 규제와 국민 협심에 기초한 것으로, 전시 통제 경제가 한계에 이르렀음을 여실히 보여준다. 특히 일본 국내에서는 경조사에 필요한 양식조차 배급되지 않았고 손님 대접도 할 수 없을 만큼 식량난이 심각하였다. 대부분의 생활 물자들이 부족하여 정부가 공급과 소비를 통제하지 않는 품목이 없을 정도로 민중 생활은 고통스러웠으며 그만큼 원성과 반전 감정이 고조되었다.[21]

---

20 일본의 대표적 전시산업인 중공업은 루거우차오사건으로 급속히 발전하여 1939년 3월 최고조에 이르렀고 이후 점차 위축되었다. (笑鵬, 「지난 3년 일본 전시 경제의 개관」, 『광복』 제1권 제1기 (1941. 2. 1), 49~50쪽).

21 金光, 「왜국 인민의 어려운 생활상」, 『광복』, 제1권 제4기 (1941. 6. 20), 307~309쪽).

또 다른 문제는 방대한 군비 지출에 따른 재정 위기였다. 만주사변 이전까지 일본의 재정은 비교적 순조롭게 운용되었으나 7·7사변 이후 군비 지출이 국가 총지출의 71%까지 급증하였고, 장기 전쟁으로 재정 지출이 급팽창하였다.[22] 일본은 막대한 전비를 마련하기 위해 공채 발행 이외에 조세를 늘릴 수밖에 없었다. 그러나 과중한 조세 부담, 방대한 군비 지출, 자원 결핍, 물가 등귀로 국민 생활이 갈수록 빈궁해져 증세도 한계에 이르렀고, 국채 발행과 외국 차관만이 유일한 출구가 되었다. 중일전쟁 동안 일상화된 각종 모금 운동과 국민 저축 운동 형태의 과도한 착취, 악성 통화의 팽창, 실질 임금의 감소 등은 일본 경제를 고갈 상태로 내몰았다. 여기에 무역수지 적자의 확대, 외화 밀반출의 증가, 신용 하락, 외환 보유액의 감소와 같은 악재까지 겹치면서 일본의 재정은 붕괴의 길로 치달았다.[23]

일본 국내의 생산 인력 부족도 심각한 문제였다. 7·7사변 이후 일백만 명 이상이 희생되었고 이백만 명에 가까운 병사들이 전장에 배치되어 있었다. 장기전으로 병력이 부족하자 일본은 18세부터 45세까지의 농민과 노동자들을 전쟁터로 내몰았다. 그 대신에 노약자나 아녀자 혹은 어린이를 동원하여 생산 활동에 투입시켰다. 그 결과 만성적인 노동력의 부족, 기능의 비숙련으로 농공업의 생산력이 크게 감소되었고, 물자 결핍 현상까지 나타났다. 더욱이 미국으로부터 제공받던 항공유와 폐철이 수입되지 않아 큰 타격을 입었다.[24] 『광

---

22 일본 정부의 발표에 따르면 7·7사변 이후 지출한 군사비의 누계가 223억 엔이고 일반 회계의 군사비까지 포함하면 실제 군사비 지출액은 3백억 엔 이상이었다. 이를 청일전쟁의 비용(9개월, 약 2억 엔)과 비교해보면 약 110여 배에 이르며, 러일전쟁의 비용(21개월, 약 20억 엔)과 비교해도 11배에 달하는 것으로 경제적 붕괴의 일보 직전 상황이었다. (笑鵬, 위의 글, 45~46쪽).

23 笑鵬, 위의 글, 51~59쪽.

복』에 번역 소개된 미국 경제 잡지 아시아특집호의 「현재 일본재정 개황」은 "현대의 전쟁, 특히 장기전은 인력·재력·물력의 총 결투"라면서 승패를 결정짓는 조건은 이것들이 얼마만큼 풍부하고 얼마나 잘 운용되는가에 달려 있는데 일본은 실패할 것으로 예상하였다.[25]

이렇듯 중일전쟁 이후 일본 경제는 심각한 인력난에 직면했고, 과다한 군비 지출로 공채와 지폐를 발행하며 재정 적자를 메워갔다. 애당초 경제 자원이 결핍된 일본은 장기전으로 물자 부족에 허덕였고, 이로 인해 국민 생활이 갈수록 고통스러워져 반전 감정이 고조되었다. 하지만 『광복』은 일본의 상황이 중국전쟁에서 승리를 거두기에 부족하지만 식민지를 통제할 힘은 여전히 남아 있다고 판단하였다.[26] 그러므로 한국 독립운동의 앞날을 낙관할 수 없다면서 일본의 전쟁 전략을 예의주시하였다.

이 때 일본 군부는 교착 상태에 빠진 중일전쟁을 마무리하기 위해서 남진이 절대적으로 필요하다고 보았다. 이 계획은 남양[27]을 점령하여 중국을 향한 미국과 영국의 보급선을 차단하고 중국의 항복을 이끌어낸다는 전략이었다. 또한 남양 점령을 통해 풍부한 자원을 확보함으로써 이미 바닥을 보이고 있는 경제를 살리겠다는 계산이었다. 이에 대해 『광복』의 발행을 주관하던 조경한은 동아시아전쟁을

24 閔泳玖, 「일본해군은 어디로 진공할 것인가」, 『광복』 제1권 제5·6기 (1941. 8. 20), 402쪽.

25 楊少碧 譯, 「현재 일본재정 개황」, 『광복』 제1권 제4기 (1941. 6. 20), 292~304쪽.

26 丁履進, 「한국독립과 倭寇의 남진」, 『광복』 제1권 제2기 (1941. 3. 20), 110쪽.

27 남양이란 태평양의 적도를 경계로 하여 그 남북에 걸쳐 있는 지역을 통틀어 이르는 말로, 인도차이나반도·말레이반도 및 여타 대소군도와 필리핀군도, 대양주 전부를 포함한 지역이다. 일본 남진의 목적은 바로 이 지역의 자원과 시장을 탈취하는 데 있었다. (劉鳳五, 「일본과 남양」, 『광복』 제1권 제4기 (1941. 6. 20), 309쪽).

위한 소련의 준비가 철저한 상황에서 일본이 남양으로 진공하려면 자신들의 힘만으로는 불가능하고 유럽 전선에서 독일과 이탈리아의 상황이 호전되어야만 가능할 것으로 예상하였다.[28]

1941년 후반 독일과 이탈리아는 자신들의 전쟁에 일본을 끌어들이기 위해 많은 노력을 경주하였다. 삼국동맹은 정치·경제·군사적으로 서로 원조하여 유럽과 극동 방면의 반항 세력에 공동 대응하기로 하였다. 만약 중국이 장기간 저항하지 않았다면 일본은 이미 오래전 유럽전쟁에 참가했을 것이다. 하지만 중일전쟁에서 헤어 나오지 못한 일본은 유럽전쟁에 참여하고 싶어도 그럴 수 없는 처지가 되고 말았다.[29]

본래 일제가 구사했던 '싸우지 않고 승리를 거두려는 정책'이나 '속전속결' 전략 등은 중국의 장기 항전으로 모두 무산되고 궁지에 처하게 되었다. 이에 일본은 왕징웨이汪精衛·량훙즈梁鴻志 등을 내세워 남과 북에 각각 괴뢰 정부를 세우고 '중국으로 중국을 제압한다[以華制華]'는 전략을 폈지만 별다른 성과를 거두지 못하였다. 점령지 내의 일본은 정치와 경제 수단을 이용하여 중국의 전쟁 자원을 착취함으로써 자신의 허약함을 메우는 '전쟁으로 전쟁을 키운다[以戰養戰]'는 전략을 폈지만 이것마저 실패로 끝났다.[30] 그뿐 아니라 일본 내부의 당

---

28 一靑, 「日寇는 지금 남양진공을 감행할 것인가!」, 『광복』 제1권 제1기 (1941. 2. 1), 33쪽. 일청(一靑)은 조경한(趙擎韓, 1900~1993)의 아호이고 안훈(安勳)은 이명(異名)이다. 3·1운동 이후 만주로 망명하여 독립단, 배달청년회, 한국독립당 등에서 활동하였고, 낙양군관학교의 교관을 역임하였다. 신한독립당·조선혁명당 등을 창당하였으며 한국광복군 총사령부의 주계장 및 총무처장 서리를 맡았다.

29 閔泳玖, 「일본해군은 어디로 진공할 것인가」, 『광복』 제1권 제5·6기 (1941. 8. 20), 399~400쪽.

30 李靑天, 「중국 적점령지역에 僑居하고 있는 동지와 동포에게 고하는 글」, 『광복』 제1권 제4기 (1941. 6. 20), 257쪽.

파 간 마찰과 충돌이 빈번해지면서 정치적 경제적 위기가 고조되었다.[31] 이렇듯 중국의 장기 항전으로 전쟁의 수렁에 빠진 일본은 이러지도 저러지도 못한 상황에서 전쟁을 하루속히 마무리해야만 했다. 이를 해결하기 위해 일본은 먼저 남양으로 진공하여 미·영의 대중국 원조를 차단하고, 소련과는 타협을 통해 대중국 원조를 끊으려고 했다.[32]

그러나 『광복』에 따르면 전쟁이 거듭될수록 중국의 역량은 강화된 반면 일본의 역량은 점점 쇠약해졌고, 중국에 대한 국제 사회의 원조가 일본의 상황을 더욱 어렵게 만들어가고 있었다. 대일 항전이 시작되면서 오히려 중국의 정국이 안정되고 각 당파가 모두 중앙 곧, 국민정부를 옹호하고 있으며, 모두들 최고 지도자에 대해 깊은 믿음을 가지고 있다는 것이다. 특히 전면 항전 이후 중국은 외교적으로 많은 도움을 받고 있는데 이는 대일 전략이 성공한 결과로, 장기 항전 때문에 가능한 것으로 보았다.[33] 이러한 광복군의 시국 인식은 국민정부의 판단에 따른 것이지만 어느 정도 현실을 반영한 견해이었다.

### 2) 일본의 남진 정책

현대 전쟁은 국가의 경제 역량에 의해 승패가 좌우되는데 일본의 전시 경제는 〈국가동원법〉까지 시행했지만 국민 경제와 전시 생산의 균형이 무너져 파탄에 이르렀다.[34] 더구나 유럽전쟁 이후 서방 각국

31 金光, 「近衛內閣의 위기」, 『광복』 제1권 제1기 (1941. 2. 1), 39~40쪽.
32 李雄, 「일·소관계의 전망」, 『광복』 제1권 제1기 (1941. 2. 1), 37쪽.
33 金典戎, 같은 글, 123쪽.

과 일본의 무역은 거의 정지된 상태였고, 미국의 대일 금수 조치는 치명적인 위협으로 다가왔다. 결국 일본 군부는 남양 침략으로 전쟁 자원을 자급하려는 이른바 '동아자급권'으로 방향을 전환하여 인도차이나반도와 인도·호주까지도 약탈의 범주로 삼았고, 이를 '일본의 양육선'이라고 선전하였다.[35]

애당초 일본은 자원 부족 국가로, 중공업·방직공업·화학공업 등 주요 공업 원료를 대부분 외국에서 수입하고 있는 실정이었다. 그런데 남양은 아시아에서 가장 풍부한 자원을 갖춘 지역으로 미개발의 처녀지와 다름없었다. 일본 군부는 유럽과 아시아가 전쟁의 소용돌이에 휘말려 있는 지금이야말로 남양을 탈취할 수 있는 절호의 기회라고 생각했고, 남양 자원의 확보야말로 자신들의 생명을 연장시킬 수 있는 명줄로 인식하였다.[36] 따라서 유럽전쟁 직후부터 일본은 무력으로 남양을 탈취하려는 움직임을 보이기 시작했다.

이 무렵 유럽전쟁에서 프랑스의 항복으로 독일과 이탈리아의 기세가 드높았다. 영국은 독일과 힘겨운 싸움을 하느라 동아시아에 눈 돌릴 여력이 없었다. 이 틈을 노린 일본이 영국의 아시아 지역 이익에 눈독을 들여 남양의 풍부한 자원을 독점하려고 했다. 그 첫 단계로 독일·이탈리아와 군사동맹을 맺고 다른 한편으로 월남을 탈취하여 남진의 발판을 마련한 것이다. 이어서 일본은 독일과 이탈리아의 위세를 빌려 신속히 중국전쟁을 마감하고자 영·미를 협박하려 했지만 계획과 달리 삼국동맹이 일본에 가져다 준 실익은 없었고, 오히려 중

---

34 笑鵬, 「지난 3년 일본 전시 경제의 개관」, 『광복』 제1권 제1기 (1941. 2. 1), 45~46쪽.

35 夢盧, 「남태평양을 쟁탈하려는 日寇의 경제적 기도」, 『광복』 제2권 제1기 (1942. 1. 20), 518~520쪽.

36 劉鳳五, 「일본과 남양」, 『광복』 제1권 제4기 (1941. 6. 20), 310쪽.

국에 유리한 국면이 전개되었다.

독·이·일의 삼국동맹이 체결되자 영·미는 아시아의 기존 이익을 지키기 위해 일본을 견제할 필요성을 절감하였다. 그 유효한 방안으로 영국과 미국은 중국의 저항력을 충실하게 만들려 했고, 이를 위해 대중국 원조에 나서지 않을 수 없었다. 반면 일본은 삼국동맹의 체결로 유럽전쟁이 계속되는 동안 독·이에 대한 협조 의무를 벗어날 수 없는 처지였다. 요컨대 일본은 언제라도 국제전쟁의 소용돌이에 휘말릴 가능성이 상존한 것으로, 이런 상황에서 일본의 남진 정책은 적극성을 띠지 않을 수 없었다.[37]

일본의 남진론은 메이지유신 때부터 북진론과 함께 거론되어온 침략 정책으로 7·7사변 이후 점차 중심 이동 현상이 나타나 1940년 들어서 실현 단계에 이르렀다. 그 이유는 첫째, 경제적으로 전쟁을 수행하는 데 필요한 자원이 절대 부족했기 때문이었다. 동시에 일본 국내의 구매력이 매우 약하였고, 식민지 또한 넓지 않아 제조된 상품의 외국 수출이 꼭 필요하였다. 곧 일본은 경제면에 있어서 원료 공급지의 획득과 상품 소비 시장의 탈취가 자국 운명을 좌우하였다. 이전까지 일본의 대외 무역은 전적으로 미국에 의존하고 있었는데 일본이 남진하면서 미국과의 관계가 급속히 악화되었다. 둘째, 군사적으로 중일전쟁을 신속히 마무리하기 위해서는 반드시 중국에 대한 국제 원조를 차단해야 한다는 것이 일본의 판단이었다. 셋째, 정치적으로 일본 군부가 중일전쟁에서 별다른 성과를 거두지 못하자 일본 국민들의 원성이 들끓었고 온건파의 불만까지 심해지면서 혁명 운동의 기운이 싹트고 있었다.[38] 이처럼 일본의 남진 정책은 경제적 원인

---

37 丁履進, 「한국독립과 倭寇의 남진」, 『광복』 제1권 제2기 (1941. 3. 20), 110쪽.
38 馬忠良, 「일본의 남진 정책에 대한 단견」, 『광복』 제1권 제3기 (1941. 5. 20),

이 일차적이고, 군사적 정치적 원인은 부수적인 것으로, 중일전쟁에서 실추된 명예를 만회하고 일본 국민의 시선을 돌리기 위한 위험한 도박이었다.

이에 대해 이청천은 일본이 국제 관계의 모순을 이용하려는 것으로 아직까지 중국 전장의 수렁에서 빠져 나오지 못한 채 다른 한 발마저 태평양에 담근다는 것은 더욱 곤란한 일이 될 것으로 보았다. 그는 정말로 일본의 남진이 감행된다면 필히 미·영 두 나라와 정면충돌하게 될 것이고, 소·중의 측후 공격에도 직면하게 될 것이며, 결국 여러 나라로부터 협공을 받아 붕괴될 것으로 예상하였다.[39] 당시 한국 독립운동 세력은 중국의 장기 항전으로 일본의 군사력을 소진시키고, 다른 한편으로 일본이 남진하여 하루속히 국제전쟁의 소용돌이에 휩싸이기를 희망하였다. 실제로 광복군은 중일전쟁의 장기화, 유럽 전선의 확대, 미·영 연합참전 등으로 궁지에 몰린 일제가 자구책으로 추진한 남진 정책을 조국 광복의 결정적 기회로 판단하고 적극 대응하였다.[40]

장제스는 "왜구의 침화侵華와 남진은 별개의 사건이 아니라 동일한 사건의 연장"이라면서 "일본의 남진 시기는 아직 미정 상태이고, 남진의 방향도 여전히 미지수로 몇 가지 상황이 출현한 뒤에 실행될 것"이라고 예상하였다.[41] 그런 상황은 첫째, 독일이 영국에 대공세를 발동하여 영국의 패배가 가시화 되었을 경우. 둘째, 미국이 유럽전쟁

---

213~214쪽.

39 李青天, 「중국 적점령지역에 僑居하고 있는 동지와 동포에게 고하는 글」, 『광복』 제1권 제4기 (1941. 6. 20), 257~258쪽.

40 이청천은 이 시기에 중국 정부의 지원과 협력으로 광복군이 관내에 성립된 것은 역사적인 사건이라고 평가하였다. (李青天, 위의 글, 257쪽).

41 丁履進, 「한국독립과 倭寇의 남진」, 『광복』 제1권 제2기 (1941. 3. 20), 111쪽.

에 참가하여 아시아에 눈을 돌릴 여력이 없거나 혹은 미국이 유럽전쟁에 참가하지 않더라도 왜구에 대한 작전 의사가 없음이 확인되었을 경우. 셋째, 소련의 양해를 얻거나 혹은 상호불가침조약이 체결되었을 경우. 넷째, 중국의 항전 능력이 눈에 띠게 약화되거나 소진된 현상이 나타났을 경우였다. 그러나 여태까지 정황으로 보아 이상의 조건들이 조만간 실현되기는 어려워 보인다는 것이 『광복』의 결론이었다.[42] 일본이 일단 영·미와 전쟁을 벌이게 되면 저들의 대외 무역은 완전히 중단되어 자원 결핍에 더 시달리게 될 것이고, 이것은 일본의 남진에 치명상이 아닐 수 없기 때문에 신중할 수밖에 없다고 본 것이다.

일본의 남진 시기와 관련하여 마충량馬忠良은 소련과 양해가 성립된 이후나, 영국에 대한 독일의 공격과 보조를 맞춰 이루어질 것으로 예상하였다. 미국의 해군 확충 계획이 완성되지 않고 영국이 유럽전쟁에 몰두하고 있는 시점에 일본은 남양을 침공할 것이고, 미국과의 전쟁으로 이어질 것으로 본 것이다. 결국 일본의 남진 정책은 미국의 이익과 충돌할 수밖에 없고, 전쟁은 필연적이며 자원이 빈약한 일본의 패배로 끝날 수밖에 없다는 판단이었다.[43]

중국에서 볼 때 남양은 지리적으로 자국의 남쪽을 막아주는 병풍과 같고, 경제적으로는 화교들의 생명과 같은 곳으로 수수방관할 수 없는 처지였다. 따라서 일본의 남진은 중국에 대한 국제 원조의 길목을 차단하고, 영국군의 작전 능력을 분산시키는 중국 침략의 수단이자 동시에 독일을 돕는 것이었다. 따라서 정이진丁履進은 한꺼번에 두

42 丁履進, 위의 글, 111~112쪽.

43 馬忠良, 「일본의 남진 정책에 대한 단견」, 『광복』 제1권 제3기 (1941. 5. 20), 214~218쪽.

가지 목적을 이루기 위해 일본은 객관적 조건이 모두 성숙되었다고 판단되면 태국과 월남을 근거지로 삼아 서쪽의 버마와 인도 및 기타 영국의 속지까지 공격할 것으로 예상하였다.[44]

하지만 유봉오劉鳳五는 일본의 남양 침략이 의도대로 이루어지지 않을 것으로 보았다. 그 이유로 남진 정책이 노골화된다면 미국이 용인하지 않을 것으로 보았기 때문이다. 미국은 중요한 공업 원료 중 일부를 남양으로부터 공급받고 있어 태평양에서 벌어질 일본과 미국의 경제 투쟁은 대규모의 해상 쟁탈전으로 비화될 가능성이 높다는 것이다. 또한 영국이 표면적으로 동아시아 문제에 깊이 간여할 여유가 없어 보이지만 남양 식민지는 영국의 경제적 전략적 목구멍에 해당하는 곳으로, 남양의 운명은 영국 본토 및 인도의 운명과 직접 관련이 있다는 것이다. 이런 이유로 일본이 자원의 보고인 네델란드령 인도네시아를 장악하는 것을 그냥 보고만 있지 않을 것이고 아시아에서 영·미 양국의 연합 작전이 가능하다고 판단하였다.

유봉오는 중국의 장기 항전이 일본의 남진을 저지할 수 있는 효과적인 무기 중 하나라고 주장하였다. 중국과의 장기전으로 인력과 자원을 과도하게 소모한 일본은 남진에 필요한 인력이나 군수 물자를 중국 점령지에서 획득하기가 쉽지 않고, 식민지 한국에서도 동원할 수 없는 형편이었다. 일본이 대규모 남침을 감행하려면 결국 중국에서 작전 중인 병력을 이동시켜야 하고 이는 중국에 반격의 기회를 주게 될 것이란 논리였다.[45] 이처럼 중일전쟁의 끝이 보이지 않는 상황에서 일본이 다급히 남양 일대의 풍부한 자원을 탈취하고자 무력을 사용하게 된다면 영·미와 전쟁을 벌여야 하는데 일본의 패전은

44 丁履進, 위의 글, 112쪽.

45 劉鳳五, 「일본과 남양」, 『광복』 제1권 제4기 (1941. 6. 20), 313~314쪽.

자명하다는 것이다.[46] 따라서 그는 일본의 남진이 곧 패망의 길로 들어서는 것이며, 중국의 장기 항전과 미국의 참전이 전쟁의 승패를 좌우하는 결정적 요인이라고 인식하였다. 이런 이유에서 그는 중국의 대일 항전이야말로 한국 독립운동이 놓치지 말아야 할 첫 번째 기회라고 판단하였다.

정이진도 일제의 남진이야말로 한국에게 천재일우의 귀중한 기회로 한국 독립운동 지도부의 책임 있는 대응과 실행을 촉구하였다. 아울러 그는 광복군이 적극 준비해야 될 여섯 가지 임무를 제시하였다.[47]

> 첫째, 각지의 한인을 적절히 조직하여 엄격하게 훈련시키고 주의를 주입시켜야 한다.
>
> 둘째, 국내 민중을 환기시키며 왜구를 위해 복무하고 있는 한인을 우리 편으로 끌어들여 한편으로는 중국 항전에 동참시키고 다른 한편으로는 국내 폭동을 준비한다.
>
> 셋째, 각국에 흩어져 있는 한인을 통해 세계 각국에 왜구 통치의 잔폭함을 널리 알린다. 아울러 우리 한민족이 왜구의 통치에서 벗어나고자 함을 알리고 민족 자결의 권리를 요구토록 한다.
>
> 넷째, 소련의 동정과 지지를 얻을 수 있도록 적극적으로 노력하며 현실적인 원조를 청한다.
>
> 다섯째, 중국 동북 각지의 의용군과 연합하여 때와 시간을 가리지 않고 공작에 동참한다. 또한 중국 군대와 호응하여 가짜 만주국[僞滿洲國]을 무너트릴 준비를 진행한다.
>
> 여섯째, 왜구가 남진을 실행하는 틈을 이용하여 한국 독립을 선포하고 대일작전에 참가한다.

---

46 劉鳳五, 위의 글, 313~314쪽.

47 丁履進, 위의 글, 113쪽.

이 가운데 앞의 세 가지는 이미 실행 중이고 나머지는 앞으로 추진해야 될 과제로서 최후의 전면전을 치르기 위한 준비라고 볼 수 있다. 그런데 일본의 남진이 한국 독립운동의 성공 가능성을 한층 높여주지만 실행되지 않는다면 중국 항전에 적극 참여해야만 희망이 있다는 점을 새삼 지적하였다.

## 4. 태평양전쟁의 발발과 진로 구상

### 1) 미소의 대응

중일전쟁이 장기화되면서 유럽 전선, 특히 미국의 참전 여부가 가장 중요한 변수로 떠올랐다. 미국의 움직임이 국제 정세의 변화에 결정적 영향을 미치기 때문에 세계의 이목이 집중될 수밖에 없었다.[48] 1941년 중반 『광복』은 미국의 대외 정책이 참전 쪽으로 기울고 있다면서 시기 문제만 남았다고 보았다. 일본의 삼국동맹이 미일 관계를 악화시킨 계기로 작용하고, 남진 정책은 돌이킬 수 없는 상황을 야기할 것으로 예상하였다. 또한 아시아에서 미·영 해군이 협력하고 미국의 우세한 공군력까지 더한다면 짧은 시간 내에 일본을 사지死地로 몰아넣을 수 있을 것으로 판단하였다. 이처럼 미국이 중국의 항전을 돕는 것은 무형 중 일본에 유린당한 피압박 민족의 독립과 부흥

48 「유럽전쟁의 발전과 미국의 대영원조정책 강화」, 『광복』 제1권 제4기 (1941. 6. 20), 242~243쪽.

기회를 제공할 것으로 기대하였다.[49] 결국 미국의 참전이 중국 항전의 승리를 보장할 뿐만 아니라 아시아 피압박 민족의 독립, 자유까지 가져올 것으로 확신한 것이다.

이 무렵 중일전쟁의 대내외 환경이 크게 변하였다. 삼국동맹과 일왕위약日汪僞約이 체결된 뒤 버마 공로의 개방, 중국에 대한 영·미의 대규모 원조, 소련의 대중국 정책 고수와 적극 원조, 영·미의 아시아 방위 강화, 미국산 고철의 대일 수출 금지 등 일본의 전쟁 수행 능력을 현저히 악화시킬 변수들이 속출하였다.[50] 이 가운데 중국의 영토 완정 유지는 미소 양국이 종래 공개 성명을 통해 지지한 원칙이었다. 미국은 중국의 주권과 영토 완정을 유지해야만 기회균등과 문호 개방의 목적이 달성됨으로 어느 한 나라가 권익을 독점하는 데 반대하였다. 소련은 군사적으로 주변국 중 어느 한 나라에 근거지를 허용하는 것을 원치 않았고, 이념적으로 중국의 독립을 희망하였다. 이처럼 동아시아에서 미소의 입장과 태도가 점차 일치된 것도 중국 승리와 한국 독립에 호재로 받아들여졌다.[51]

한편 일본은 아시아에서 차지한 지위와 비중이 높았던 소련의 동향에 주의하였다. 독소 불가침조약이 체결된 후 소련은 아시아에 전

---

49 「미국과 태평양」, 『광복』 제1권 제4기 (1941. 6. 20), 246~247쪽. 『광복』은 일본의 남진 정책과 미·영의 대응 전략에 주목했는데 미국의 알래스카 무장과 연해 방어 및 태평양 방어선, 영국령의 싱가포르 군항 등에 관하여 상세히 소개하였다. (黃學秀, 「미국의 연해방어와 태평양 방어선」, 『광복』 제1권 제4기 (1941. 6. 20), 314~319쪽 ; 閔泳玖, 「싱가폴군항의 해부」, 『광복』 제1권 제4기 (1941. 6. 20), 319~324쪽 ; 王衡, 「알래스카 무장의 진상」, 『광복』 제1권 제5·6기 (1941. 8. 20), 411~414쪽).

50 衛明, 「중국항전의 새로운 단계와 우리의 당면과제」, 『광복』 제1권 제1기 (1941. 2. 1), 43~44쪽.

51 衛明, 「미국과 소련이 협조할 수 있을까?」, 『광복』 제1권 제2기 (1941. 3. 20), 133쪽.

면 공세를 취했고, 중일전쟁을 조속히 마무리하려던 일본에는 커다란 장애로 인식되었다. 일본은 양국 관계의 개선을 위한 전제 조건으로 소련에 대해 먼저 일본의 모든 권익을 승인할 것과 중국에서 완전히 손 뗄 것을 요구하였다.[52] 또한 일본에서는 먼저 미국의 중재로 중일전쟁을 종결시킨 다음, 소련 침공에 대비하자는 의견이 대두되었다. 미국도 삼국동맹에 대한 준비가 부족한 조건에서 대일 관계를 악화시키지 않는 것이 유리하다는 판단이었다. 이런 가운데 미일의 민간인 간 비밀 회담이 뉴욕에서 진행되었다.

이때 마침 독일과 이탈리아를 방문하고 있던 일본외상 마쓰오까 요스께가 4월 13일 모스크바에서 일소중립조약에 조인하였다. 두 나라는 영토 보전과 불가침 원칙을 존중할 것과 한 쪽이 제3국의 공격 대상이 되었을 때 서로 중립을 지킬 것을 5년 기한으로 약속하였다. 독일의 침략 위기 앞에 일본의 공격을 피하려던 소련과 독소전쟁이 임박한 상황에서 남양 침략을 위해 북방의 일시적 안전을 도모하려던 일본의 희망이 일치된 결과였다.[53] 이 조약에 덧붙여 양국은 사실상 식민지였던 외몽고와 만주국의 특수한 지위를 승인한다는 성명서도 발표하였다.

일소중립조약이 체결되자 『광복』은 곧바로 소련에 대해 유감을 표시하면서 앞으로 닥칠 파장을 예상하였다. 우선 이 조약으로 일본외교가 더욱 고립될 것이지만 남진과 중일전쟁에는 도움이 될 것으로 예측하였다. 다만 이 조약만으로는 일본과 소련의 직접 충돌을 막을 수 없고, 미·영을 협박하려던 의도도 달성하지 못하며, 소련의 중

---

52 竹尼貳, 知本 譯, 「일본인이 보는 일소관계」, 『광복』 제1권 제2기 (1941. 3. 20), 138~140쪽.

53 姜東鎭, 『日本近代史』, 한길사, 1985. 417쪽,

국 원조도 저지할 수 없을 것이라면서 일본이 얻게 될 실익은 하나도 없다고 예상하였다. 소련에 대해서는 이번 조약으로 1924년 5월 체결된 중소협정을 위반했고, 만주국의 존재를 승인한 것이 중국의 권익을 침범한 행위이며, 1937년 8월 체결된 중소상호불가침조약의 규정을 파기한 것이라고 비판하였다.[54]

현실적으로 일소중립조약은 중국과 영·미 관계에 가장 큰 영향을 미쳤다. 그동안 시간만 끌어오던 평준기금협정이 1941년 4월 25일 서명되어 영·미는 중국에 재차 재정 원조를 제공하였고, 이후 중국은 외환 보유액을 크게 늘려 물가를 안정시킬 수 있게 되었다. 『광복』은 일소중립조약의 반발 효과가 경제적 범위에만 머물지 않고 국제 정치 및 영·미의 아시아 외교 정책과 깊은 관계가 있다면서 민주와 자유를 지키려는 결심이 표출될 것으로 예상하였다.[55] 일소중립조약의 반작용으로 국민정부가 오랫동안 희망해 온 영·미와의 외교적 경제적 연대가 실현될 것으로 보고 크게 고무된 것이다.

미소는 루스벨트 대통령 시기에 국교를 회복하면서 우호 관계가 형성되었다. 그러나 1940년 12월 소련과 핀란드 간 전쟁이 폭발하자 루스벨트 대통령이 소련을 침략국으로 규정하고 도의적 금수 조치를 단행하였다. 이듬해 4월 일소중립조약이 체결된 후, 루스벨트는 소련에 대해 신의 없는 국가라며 강력한 불만을 표시하여 양국 관계가 더욱 악화되었다. 그러나 독소전쟁이 발발하자 미국은 나치에 대한 저항이란 공동 목표를 위해 소련과 다시 우호 협력 관계를 증진시키기 시작하였다. 영국의 처칠 수상도 "소련의 위기가 곧 영국

54 「일소중립조약」, 『광복』 제1권 제3기 (1941. 5. 20), 156~157쪽.
55 「중영, 중미 평준기금 협정서명」, 『광복』 제1권 제3기 (1941. 5. 20), 157~158쪽.

의 위기이고, 영국의 위기 또한 미국의 위기"라고 밝혔다. 독소전쟁을 계기로 중·영·미·소가 반삼국동맹의 공동 전선에서 완전히 이해를 같이하게 된 것이다. 특히 미국은 스스로 민주주의국가의 군수 공장을 자임하며 무기 생산량을 늘였고, 반침략 국가에 대한 원조도 강화하였다.[56]

『광복』은 그동안 반침략 국가들이 서로 앞뒤를 재느라 좋은 기회를 그냥 보내 유형무형으로 침략국의 기세만 높여주는 결과를 초래했다고 혹평하였다. 그런 예로 1940년 영·프 연합군이 독일에 대항할 때, 영국이 좀 더 적극적으로 프랑스를 원조했더라면 프랑스가 항복하는 일은 없었을지도 모른다는 것이다. 또한 서유럽전쟁이 한창 달아올랐을 때 영국은 소련의 원조를 바랬으나 소련은 방관하였고 이제는 다시 소련이 영국의 도움을 바란다는 것이다. 아시아에서도 일본이 월남을 침공하고 남진까지 계획하게 된 것은 반침략 국가들의 지나친 관용 때문이며, 특히 미국의 더딘 행동이 일본의 과감한 침략 행동을 획책한 것으로 판단하였다. 따라서 중·영·미·소 네 나라가 독·이·일의 침략 세력을 제거하기 위해 서로 협력하고 공동 노력하는 것은 자신의 생존뿐만 아니라 세계 평화를 위해 더 이상 늦출 수 없는 시대적 소명이라고 역설하였다.[57] 이처럼 『광복』은 중·영·미·소의 반침략 연대에 거는 기대가 컸는데 시기를 놓치지 말고 하루빨리 침략자들에게 치명적 타격을 가해야 한다는 것과 그 구심점인 미국의 조속한 참전을 촉구하였다.

---

56 「미국 대소원조의 신추세」, 『광복』 제1권 제5·6기 (1941. 8. 20), 337쪽.
57 같은 글, 338쪽.

### 2) 태평양전쟁의 발발과 전망

1941년 6월 22일 히틀러의 대소 선전 포고로 독소전쟁이 발발하자 『광복』은 세 가지의 배경으로 이해하였다. 첫째, 독일이 대규모 전쟁을 수행하고 장래 제3제국의 명맥을 유지하기 위해 소련 남부의 자원을 독점할 필요가 있다는 것이다. 둘째, 독일이 영국을 직접 공략할 수 없고, 영국도 반공의 힘을 갖추지 못한 상황에서 먼저 소련을 격파한 뒤, 다시 전력을 다해 중동과 영국으로 진격하기 위한 음모라는 것이다. 셋째, 히틀러는 장래 유럽 전역을 장악하기 위해 우선 영·미와의 외교적 긴장 관계를 완화시킬 필요성을 느끼고 있다는 것이다. 그런데 독소전쟁은 대규모 전쟁이 될 것이고 지구전이 될 것이기 때문에 독일은 속전속결을 원하겠지만 결코 쉽지 않을 것으로 예상하였다. 따라서 전쟁 초기 독일이 우위를 점하더라도 곧 교착 상태에 빠지게 될 것으로 보았다.[58] 이렇듯 『광복』은 독소전쟁의 전개 양상이 중일전쟁과 유사할 것으로 전망하면서 세계적 반침략 동맹의 결성이 가장 유효한 대응책이란 주장을 일관되게 폈다. 당시 루스벨트 대통령의 개인 특사인 홉킨스가 런던과 소련을 오가며 조율하고 영·미가 공동으로 일본 자금을 동결하는 등 반침략 전선이 구체화되었는데 중국을 동아시아 반침략 전선의 핵심으로 인식하였다.[59]

독소전쟁이 발발한 직후인 7월 2일 일본의 어전회의는 즉시 소련과의 전쟁을 피하고, 독일이 유리해지면 무력으로 소련을 치는 동시에 인도차이나로 진공할 것과 경우에 따라서 영·미와 전쟁할 용의가 있다고 결정하였다. 일본 군부는 '관동군 특별연습'이란 명칭으로 비

58 「독소전쟁」, 『광복』 제1권 제5·6기 (1941. 8. 20), 339~340쪽.
59 같은 글, 340쪽.

밀리에 대소 전쟁 준비를 하는 한편, 동남아의 작전 기지를 확보하기 위해 프랑스 정부에 협정을 강요하였다. 이에 미국은 7월 25일 자국 내 일본 자금을 동결시키고, 8월 1일 석유 수출을 금지시켰으며, 8월 14일에는 루스벨트와 처칠이 대서양 군함에서 파시즘에 반대한 민주주의 방위 전쟁에 함께 나설 것을 선언하였다.[60]

이때에 고노에 내각은 "일본 자신의 이익을 출발점으로 하여 자주독립적인 외교를 추진할 것이며, 결코 조약 의무의 속박에 얽매이지 않을 것"이라고 밝혔다. 독소전쟁에 맞서 일본은 삼국동맹이나 일소중립조약에 구속받지 않겠다는 의미였다. 일본이 자국의 이익을 생각한다면 마땅히 독소전쟁에 참전하여 북진이든 남진이든 자신의 야심을 채우고, 독·이의 기세를 살려주었을 것이다. 그러나 일본은 중일전쟁이란 수렁에 깊이 빠져 있어 북진·남진, 양쪽 모두 자신이 없었다. 더욱이 독소전쟁의 전망이 불투명하고 미·영의 태도도 불분명한 상황에서 일본은 섣불리 나서지 않고 정세 변화를 관망하며 기회를 엿보겠다는 의도였다.[61] 그러나 고노에 내각이 갑자기 경질되면서, 남진과 북진정책이 동시에 작동하였다. 일본 해군은 자원의 보고인 남양을 자국의 생명선으로 간주하여 오래전부터 동아공영권의 범위에 포함시켰으며, 이제는 노골적으로 점령하려 했다. 또한 일본 군부가 눈엣가시로 인식하던 블라디보스토크와 시베리아는 군사요충지로 동아공영권에 포함시켜 점령하려 했다. 그렇지만 현실적인 역량 부족으로 일본은 남진과 북진을 함께 진행할 수 없었다.[62]

---

60 강동진, 위의 책, 418쪽.

61 「일본은 어디로 갈 것인가?」, 『광복』 제1권 제5·6기 (1941. 8. 20), 341~342쪽.

62 같은 글, 342쪽.

『광복』은 만약 소련이 독일에 굴복하게 된다면 영·미는 독소전쟁 이전보다 훨씬 어려운 상황에 처하게 될 것이고, 일본마저 소련을 공격한다면 영·미는 자신의 이익을 지키기 위해 결코 좌시하지 않을 것으로 추측하였다. 중국 역시 이를 기회로 삼아 공격에 나서게 되면 한국 독립운동은 새로운 전기를 맞게 될 것으로 보았다. 따라서 일본이 남진이든 북진이든 어떤 모험을 감행한다면 반드시 반침략 국가의 포위 공격을 받아 총체적인 붕괴에 빠질 것으로 확신하였다.[63]

유럽 전선이 확대되고 있던 시기에 광복군은 중일전쟁을 세계대전의 구도와 연계시켜 이해하였다. 『광복』에 따르면 만주사변 이후 일·독·이는 모두 세계 평화를 저해하는 죄악의 근원이며, 무한한 탐욕을 가진 침략국으로 지목하였다. 그런데 독소전쟁이 발발한 지 한 달이 지나도록 일본은 북진과 남진 중 어느 쪽도 감행하지 못하고, 애매 모호한 태도를 취하고 있었다. 그 이유에 대해 『광복』은 장기간의 중일전쟁에서 일본의 인력·물력·재력이 거의 다 소모되었기 때문이라고 보았다. 길수록 일본 국내의 공황 상태가 신각해지고 있는 상황에서 더 이상 북진을 감행할 힘이 없다는 것이다. 만일 일본이 독·이 전선에 참가하는 북진을 실행한다면 동아시아에서 단독으로 중·미·영·소 네 나라와 맞서야 하고, 남진을 한다면 중·영·미는 물론이고 네덜란드와 전쟁을 벌이게 되므로 곧 자살 정책이라는 것이다. 그럼에도 불구하고 일본은 교착 상태에 빠진 중일전쟁을 조속히 끝내기 위해서 북진이나 남진을 감행하지 않을 수 없고, 그 순간 총체적 붕괴의 길로 접어들 것이며, 한인들에게는 자주 독립을 쟁취할 수 있는 천재일우의 기회가 올 것으로 판단하였다.[64]

63 같은 글, 343쪽.

64 金光, 「세계대세의 변화와 한국 혁명의 재인식」, 『광복』 제1권 제5·6기 (1941.

이 무렵 김구는 전황이 갈수록 중국에 유리하게 진행될 것으로 판단하고 적극적인 대응책을 모색하였다. 그는 일본의 내부 모순이 심화되어 민중들의 반군벌·반재벌의 혁명 사상이 격렬해지고, 외교적 고립까지 더해져 몰락의 길로 접어들었다고 보았다. 특히 일본의 전쟁 확대는 과다한 군사비 지출을 가져와 무한정의 공채 남발, 악성 통화의 팽창, 물가 등귀, 인민 생활의 위협이란 재정 파탄의 악순환을 가져왔다는 것이다. 외교적으로도 일본이 독·이와 삼국동맹을 체결하여 민주 국가의 압박을 자초했고, 경제 제재로 이어졌다는 것이다. 반면 중국은 자신들의 이익을 지키려는 민주 국가들에 의해 적극적인 원조가 이루어지고 있다는 것이다. 또한 국민정부가 임정 직속 부대의 편성을 허락한 사실을 강조하면서 항일 투쟁은 한중 연합 전선으로 진행되어야 하고, 그 중심에 한국독립당과 광복군이 있음을 강조하였다.[65]

김구는 2차 세계대전을 계기로 구세계에서 신세계로 진입하는 데 전쟁의 확대와 장기전에 따른 열강의 쇠퇴, 식민지 통치 역량의 약화로 결국 피압박 민족의 민족 혁명에 의한 민족 자결의 공평한 세계가 세워질 것으로 내다봤다. 이런 때에 전민 혁명이 필요하며, 한중 양 민족이 연합하여 새로운 아시아를 건립해야 한다고 주장하였다. 따라서 그는 전략적으로 한중 양 민족이 연합하여 한국의 독립을 추진한다면 일본의 붕괴를 가속화시킬 수 있고, 그래야만 동아시아 정세가 안정될 수 있다고 믿었다.[66]

---

8. 20), 355~356쪽.

65 金九, 李復榮 譯, 「중국항전 5년을 맞아 국내외 동지동포에게 고하는 글」, 『광복』 제1권 제3기 (1941. 5. 20), 162~164쪽.

66 金九, 「2차대전시 마땅히 갖추어야 할 인식과 노력」, 『광복』 제1권 제4기 (1941. 6. 20), 249~254쪽.

미국이 유럽 전선에 참전할 것을 공식화한 가운데 중일전쟁의 장기화로 궁지에 몰린 일본은 미국의 석유 금수 조치를 대미전쟁의 구실로 삼아 남진 정책을 본격화하였다. 1941년 9월 6일 일본 어전회의에서 '제국국책수행요령'이 결정되었는데 "10월 하순까지 전쟁 준비를 완료할 것, 이와 병행하여 미국과의 외교 교섭을 추진할 것, 10월 상순이 되어도 대미 교섭의 전망이 보이지 않으면 곧 미국·영국·네덜란드에 대해 개전할 것"등을 결정하였다. 실제로 10월 상순까지 대미 교섭에 진전이 없자 일본의 육·해·군은 즉시 대미 개전을 주장하였다. 고노에는 개전 결의를 뒤로 미룬 채 대미 교섭에 희망을 걸었으나 실패하고 10월 10일 내각 총사직을 단행함으로써 책임을 회피하였다. 이때 일본 육해군의 최고 사령관인 일왕은 이미 전쟁 준비와 작전 계획을 승인하는 방향으로 기울어져 있었다.[67]

유럽전쟁에서 히틀러의 소련 침공이 실패로 끝나고, 이탈리아의 나약한 실체가 적나라하게 드러났다. 아시아에서는 일본이 침략 전쟁을 끝내려 해도 마무리할 수 없는 상황에 처하여 그 돌파구로 남진 혹은 북진을 저울질하고 있었다. 일본이 북진하게 되면 극동에 배치된 소련의 육십만 대군과 맞서야 했지만 남진은 상대적으로 신중한 미국과 노쇠한 영국이 동아시아전쟁에 개입하지 않을 것이란 기대가 있었다. 이 때문에 일본은 오래전부터 남양의 자원에 눈독을 들여왔으며, 해군도 아직 상당한 실력을 보유하고 있었다. 이런 이유로 일본 군부는 남양 침공을 결정하고 프랑스의 비시정부를 강박하여 월남 내의 프랑스 근거지를 사용할 수 있는 권리를 빼앗아 남양 침공의 거점을 확보하였다. 또한 일본은 태국을 위협하여 버마공로를 차단

67 강동진, 위의 책, 419~421쪽.

하거나 싱가포르를 침공할 수 있는 기반을 마련하였다.

1941년 12월 8일 일본군이 하와이 진주만을 기습 공격했고, 미·영과 남미, 남양의 대일 선전 포고로 태평양전쟁이 발발하였다.[68] 일본은 이 전쟁을 '대동아전쟁'이라 부르며 '자존 자위를 위한' 전쟁이라고 선전했지만 12월 11일 독일과 이탈리아까지 미국에 선전 포고하여 유럽 전선과 중국 전선이 하나로 연결된 세계대전이 되었다.[69]

태평양전쟁이 발발하자 『광복』의 필자들은 대부분 반침략 진영의 승리를 확신하면서 전선 상황보다 전후 세계 질서의 형성에 더 큰 관심을 보였다. 황복黃復은 "아무리 훌륭한 무기가 있어도 때를 기다리는 것만 못하다"는 옛말을 인용하여 중국 항전이 5년째 지속되고 전쟁의 불길이 세계로 확산된 지금이야말로 한국 독립의 기회라고 보았다.[70] 그는 (일본) 침략 전선의 최종적 붕괴가 정해진 운명이라면서 전후 세계 질서의 재정립이 불가피하다고 보았다. 다만 그는 1차 세계대전 후 파리강화회의의 잘못을 2차 세계대전의 교훈으로 삼아야 한다고 강조하였다. 핵심 내용은 민족 자결의 원칙에 근거하여 오랫동안 압박받아왔던 약소민족에게 공평하고 합리적인 해결책을 제시하여 생존과 자유의 권리를 완전히 회복하고 영구히 보전할 수 있도록 해야 한다는 것이었다. 그리고 한국 독립운동의 역량에서 최대 정당인 한국독립당과 임정 및 광복군이 중심 세력이 되어야 한다고 주장하였다.[71] 이렇듯 『광복』은 태평양전쟁이 발발하자 일본의 패전을 예견하면서 불현듯 닥쳐올 피압박 민족의 해방과 자유를 완

68 黃復, 「제2차 세계대전과 한국광복운동」, 『광복』 제2권 제1기 (1942. 1. 20), 479~482쪽.

69 강동진, 위의 책, 419~421쪽.

70 黃復, 위의 글, 478쪽.

71 黃復, 위의 글, 483~484쪽.

성시킬 방도와 새로운 국가 건설의 주도권 장악 등 전후 구상에 치중하였다.

조경한은 1941년 6월 22일 독일의 소련 침공과 같은 해 12월 8일 일본의 영·미 기습 공격을 계기로 국제 정세에서 침략자와 반침략자의 경계가 분명해졌다고 판단하였다. 그리고 전선마다 반침략 진영이 각자 임무를 배분하고, 이를 실행하기 위해 적극 협력하는 데 이것이야 말로 침략자를 제재할 수 있는 가장 효과적인 방법이자 오래전부터 갈망해 온 결과라면서 환영하였다.[72] 태평양전쟁을 계기로 중·영·미·소의 연합이 확고해지고 광복군도 반침략 진영의 일원으로 대일 전쟁에 참전하게 된 사실을 강조한 것이다. 또 1941년 8월 14일 발표된 루스벨트·처칠의 대서양선언에 주목했는데 제3항과 제8항을 들어 과거의 민족자결주의보다 훨씬 구체적으로 피압박 민족의 독립·자유를 지원하고 있는 것으로 보고 한국 독립운동에 결정적 힘이 될 것으로 기대하였다.[73] 실제로 국민정부는 중국 내 광복군의 조직과 무장 활동을 허용하여 공동 작전까지 나서게 되었으며, 임정은 반침략 전선의 참가를 발표하고 대일 선전 포고를 하였다.

조경한은 효율적인 독립운동을 위해 심리적 경제적 문화적 역량을 강화시키고 군사 활동에 주의해야 한다면서 세부 방안을 다음과 같이 밝혔다.

---

72 安勳, 「우리의 노력과 우방에 바라는 희망」, 『광복』 제2권 제1기 (1942. 1. 20), 484쪽.

73 그 내용은 “제3항 영·미 양국의 힘을 합쳐 각 민족의 자유를 존중하고 각 민족 스스로 정부 형식을 정할 권리를 존중한다. 이런 권리를 박탈당한 민족이 있다면 영·미 양국은 그 민족이 주권과 자주 정부를 회복할 수 있도록 돕는다. …… 제8항 지구상의 모든 나라는 무력을 포기하여야 한다. 특히 침략국의 군비를 먼저 해체시켜야 한다.” (安勳, 위의 글, 484~485쪽).

첫째, 동북 지역에 산재해 있는 한인 무장 세력을 재규합하여 통일적 지휘 아래 둔다.

둘째, 각 지역의 한인 군관들을 소집하여 피점령구에 유랑하고 있는 무수한 한인 청년들을 징모, 편제, 훈련시킨다.

셋째, 특무 공작 인원을 중국 동북 지역 및 국내에 파견하여 선전과 조직 활동에 종사시키며 이를 통해 민족 대폭동을 촉진하고 적정 정찰과 적 후방의 주요 군사 시설 파괴 공작에 나선다.

넷째, 이미 조직 편제와 훈련을 마친 부대를 전선에 파견하여 우방 군대와 연합 작전을 펼치고 적 점령구에서 유격전을 전개하여 동북 지역과의 연결로를 확보하고 그곳에 주재한 한인 무장 세력과 긴밀한 연락을 취한다.[74]

여기서 알 수 있듯이 태평양전쟁 이후 광복군의 활동 범위는 기존의 선전, 초모, 정보 수집 등의 적 후방 활동을 뛰어넘어 임정의 지휘 아래 중국군과 연합하여 유격전·정규전을 병행함으로써 국내 진격을 최종 목표로 삼고 있었다.[75]

김광金光은 현대 전쟁이란 인력·재력·물력의 총체적 대결이라면서 전쟁 승패는 그것의 대소와 운용에 달려 있다고 보았다. 태평양전쟁 이후 장제스는 "오늘날 반침략 국가의 이해와 성패는 완전히 하나가 되었다. 전 세계 인력과 물력의 90%를 집중하여 침략자와 맞서 싸우자"라고 하면서 피침략자와 침략자의 역량을 9:1로 계산하고 민주 국가들이 역량을 하나로 모으는 데 성공한다면 반드시 승리할 것이라고 주장하였다. 아울러 그는 1차, 2차 세계대전이 인류에게 안겨준 교훈은 "아시아·아프리카의 피압박 민족에게 가해진 불평등 현상

74 安勳, 같은 글, 490~491쪽.

75 安勳, 같은 글, 494쪽.

을 타파하는 것"이라면서 전쟁의 근본 원인을 제거하여 항구적인 세계 평화를 실현, 유지하려면 민족 간의 불평등을 철저히 해소시켜야 한다고 보았다. 그리고 현대 국가와 민족 간의 정치적 경제적 불평등 제도를 개혁하려면 반드시 민족 자결을 선결 조건으로 삼아야 한다고 주장하였다.[76]

그가 제시한 민족 자결의 실현 방법은 두 가지로 "첫째, 강권 통치하의 피압박 민족으로 하여금 혁명을 일으키도록 견인하고, 다른 한편으로는 민주 국가 통치하의 소수민족(영국 식민지)을 전쟁에 참전시키는 것. 둘째, 전 세계 피압박 민족이 연합 기구를 조직하여 통일적 지휘 아래 민족 자결을 공동으로 실현하는 것"이었다. 그리고 영·미·소·중 가운데 여러 조건에서 앞선 중국이 민족 자결을 앞세워 약소민족에게 동원을 호소하면 반드시 전 세계 피압박 민족의 환영과 호응을 얻게 될 것이라고 믿었다.[77] 여기서 제시된 피압박 민족의 민족 자결과 세계 평화의 구현 방법은 외형상 피상적이고 이상적이지만 식민지 지배로부터 벗어나려는 피압박 민족의 처지에서 취할 수 있는 현실적 방법이었다. 그런데 약소민족과 피압박 민족 및 민주 국가

76 金光, 「전후 세계개조와 중국의 영도책임」, 『광복』 제2권 제1기 (1942. 1. 20), 507~509쪽.

77 약소민족의 해방을 위한 추진 방법과 절차는 삼 단계로, 제1단계는 동아시아에서부터 민족 자결의 원칙을 실천에 옮겨 한국과 월남의 민족 혁명을 북돋우는 것이다. 그 핵심 절차로 중국이 먼저 임정을 승인하고 한 걸음 더 나아가 영·미·소 3국에 임정 승인을 요청하는 것이다. 제2단계는 중국이 영·미·소 3국과 더불어 전후 민족 자결을 철저히 실행할 것을 공동 선언하고 전 세계 피압박 민족이 함께 일치단결하여 강권에 저항하고 세계에서 폭력을 일소할 것을 호소하는 것이다. 제3단계는 1·2단계의 실현을 거쳐 중국이 영·미·소 삼국의 양해 혹은 협조를 얻어 전 세계 피압박 민족 대회를 소집하고 전 세계 피압박 민족 연맹을 조직하는 것이다. 이 조직의 최우선 임무는 세계대전에 참가하여 강권 통치를 무너뜨리고 세계 민족 문제를 해결할 방안을 마련하는 것이었다. (金光, 위의 글, 509~513쪽).

를 연결시켜 세계 평화를 구현시킬 주역으로 중국의 역할을 강조하고 있듯이 한국 독립운동 세력의 기대는 매우 컸다. 태평양전쟁 이후 『광복』의 주요 관심사는 한인 무장 역량을 어떻게 키우고, 누구와 함께, 어떤 방법으로 싸워서 이길 것인가의 군사 전략으로부터 항전 시기 임정의 국제적 위상 확보와 누구의 주도로, 어떤 나라를 어떻게 세울 것인가의 전후 독립 국가 건설 문제로 옮겨갔다.

### 3) 임정 승인과 일당 정치의 모색

태평양전쟁이 본격화된 1942년으로 접어들면서 광복군의 정세분석은 오히려 자신감으로 넘쳐났다. 그해 처음 발행된 『광복』은 '원단헌사元旦獻辭'를 통해 앞으로 전개될 상황에 대한 긴장감과 기대감을 다음과 같이 드러냈다.[78]

> 오늘은 대한민국 24년을 맞는 새해 첫날입니다. 동시에 오늘은 태평양대전을 일으킨 인류의 공적 왜구가 총체적인 붕괴의 길로 접어든 날이기도 합니다. 우리는 가장 유쾌하면서도 긴장된 마음으로 새로운 한 해를 맞이해야 할 것입니다.

이 글에서는 "최단 기간 내에 광복군이 교전 단체의 자격을 얻지 못하면 장래 전쟁이 끝난 뒤 열릴 세계 평화 회의에서 우리 한국은 그 자리에 참여하여 발언할 자격을 얻지 못할 것이고, 그렇게 되면 국권 회복도 논할 수 없게 된다."라고 우려하였다. 그리고 『광복』은 새해의 긴급한 과제로 광복군의 교전 단체 승인을 꼽았다. 『광복』은

78 編者, 「元旦獻辭」, 『광복』 제2권 제1기 (1942. 1. 20), 448쪽.

일본의 진주만 기습 공격으로 미국까지 참전하게 된 상황 변화를 매우 낙관적으로 인식하면서 한인 무장 역량의 강화를 위해 광복군 중심의 단결과 국제적 위상 확보에 주력하였다.

『광복』에 따르면 태평양전쟁 초기, 미국이 일본의 기습 공격으로 전세에서 불리했으나 인력·물력 등 전쟁 자원이 훨씬 풍부하고, 군사 공업 기술의 정교함이나 생산력도 앞서기 때문에 승리할 것으로 예상하였다. 아울러 일본의 패망은 곧 한국 광복을 의미하는데 완전히 독립된 한국을 건설하는 길만이 일제의 침략 야욕을 영원히 근절시킬 수 있는 방법이라고 주장하였다. 그런 이유로 지리 형세상 한국은 일제의 심장부로 뻗어 있고, 일본 공군의 가장 중요한 거점인 까닭에 완전히 독립된 한국의 존재는 각국을 대신하여 일제의 활동을 감시하는 경찰 역할을 훌륭하게 수행할 수 있다고 보았다. 따라서 반침략 전선에 동참한 국가들, 특히 국민정부가 신속하게 다음 세 가지 사항을 지켜 줄 것을 요청하였다. 그것은 "첫째, 한국 임시정부를 승인할 것. 둘째, 한국광복군을 교전 단체로 승인할 것. 셋째, 손중산孫中山 선생의 삼민주의 및 루스벨트·처칠 선언에 입각하여 폭도(일본) 패망 후 한국의 독립을 보장할 것"이었다.[79] 이처럼 반침략 전선의 승리를 눈앞에 둔 시점에서 『광복』은 전후 한국 문제 처리와 관련하여 주도권 확보가 무엇보다 중요한 것으로 인식하였고, 이를 위해 우선 중국의 협력에 의한 임정과 광복군의 국제적 위상 확보를 강조하였다.

1941년은 중국 내 한국 독립운동의 역량이 크게 제고된 시기였다. 그해 9월 17일 광복군 총사령부가 성립되었고, 일 년 동안의 토

79 「태평양대전과 한국광복」, 『광복』 제2권 제1기 (1942. 1. 20), 451쪽.

론과 협상 끝에 11월 15일 장제스가 관내 광복군의 모든 대일작전을 허용하였다. 이에 근거하여 국민당 중앙군사위원회는 광복군의 합법적 지위를 정식 승인했고, 각 성·시 및 각 군·구의 군·정·당 지휘관들에게 광복군을 지원하여 대일 작전에 보조를 맞출 수 있도록 지시하였다. 이로써 광복군은 중국이란 우방의 정식 승인과 지원을 획득하게 되었다. 임정은 별도 선언을 통해 관내의 모든 광복군에게 항전 기간 동안 중국군 통수의 관할과 지휘에 따라 전시 법규를 준수하고, 군령을 엄수하며, 기율을 엄격히 할 것과 연합군의 일원으로서 국제적 반침략 전선에 호응하여 나치를 제거하고 왜적을 박멸하는 데 앞장설 것을 천명하였다.[80]

무엇보다 김구는 미국의 참전에 대해 큰 의미를 부여하였다. 그는 3·1운동이 일차 혁명이었다면 현 시기는 이차 혁명으로 영·미가 대일 선전 포고 후 중국과 함께 아시아·태평양에서 포악한 적에게 타격을 가하고 있다면서 미국의 참전을 반겼다. 또한 그는 1차 세계대전 이후 파리강화회의의 실패를 경험 삼아 일본의 패망 후 소집될 평화회의에서 한국 문제가 거론될 것임으로 미리 준비해야 한다고 주장하였다. 그는 동아시아 문제와 가장 관련이 깊은 나라가 중국이고, 그 다음이 소련이므로 두 나라는 분명히 가장 유력한 발언 자격을 얻게 될 것으로 보았다. 여기서 유의해야 될 문제는 한국의 독립 절차와 방법으로, 적의 궤멸이 곧 한국 독립으로 이어지는 것이 아니라 반드시 스스로 쟁취해야 한다는 점을 강조한 것이다. 그는 스스로 노력하지 않으면 객관적인 환경이 변할 수 없다면서 유리한 조건 속에서 한국의 독립·자유를 쟁취할 수 있는 방안을 모색해야 한다고

80 「한국임시정부선언」, 『광복』 제2권 제1기 (1942. 1. 20), 452~453쪽.

주장하였다. 그것은 곧 한국인들이 독립·자주의 민족정신을 고양시키고 통일·단결하는 것으로, 여기에 한국 독립의 성패가 달려 있다고 인식하였다.[81]

이청천 광복군 총사령도 태평양전쟁의 발발로 진정한 의미의 2차 세계대전이 개시되었다면서 미국의 참전에 크게 고무되었다. 그는 현 정세로 보면 일본이 태평양에서 우위를 점하고 있지만 세계 대전의 앞날에 결정적 영향을 미치는 것이 아니라고 보았다. 왜냐하면 현대 전쟁은 인력과 물력의 총력적으로, 두 방면에서 우세를 보이는 쪽이 최후 승리를 거둘 수 있다는 것이다. 그런데 일본은 어느 것 하나도 민주 국가보다 우위를 차지한 부분이 없다면서 총체적 붕괴의 길로 접어들었다고 보았다. 그리고 현재 광복군의 사명은 항일 전쟁에 참가하여 중국군과 함께 공적인 일본을 섬멸하는 것이며, 이로써 조국의 독립·자유를 쟁취하고, 동아시아 세계에 항구적 평화를 수립하는 것이라고 주장하였다. 따라서 그는 중국 항전이 세계 전쟁의 가장 중요한 부분으로 자리 잡았고, 한국 민족의 독립도 세계 민족 문제의 하나가 되었다고 인식하였다.[82]

이청천은 김구와 마찬가지로 현 단계에서 임정과 광복군이 완수해야 될 가장 절박한 임무는 국제 지위의 획득으로, 곧 우방의 승인을 받는 것이 급선무라고 판단하였다. 임정이 국제적 승인과 지위를 획득하게 되면 광복군의 혁명 역량이 크게 증대될 것이므로 한국 독립의 성패와 직결된 문제라는 것이다. 그런데 임정이 국제 지위를 획득

81 金九, 「원단을 맞아 해내외 동포에게 고하는 글」, 『광복』 제2권 제1기 (1942. 1. 20), 453~458쪽.

82 李靑天, 「현단계 우리의 임무를 논함」, 『광복』 제2권 제1기 (1942. 1. 20), 459~460쪽.

하지 못하면 과거 파리강화회의의 실패를 되풀이하게 될 것이라고 우려하면서 현재 한인들에게 절실히 요구되는 것은 정당·정치·군사의 통일로, 한국독립당, 임정, 광복군이 각각 그 중심에 서 있다고 강조하였다.[83]

한편 황학수黃學秀는 광복군 성립 이후 새로운 과제로 삼균三均제도를 선전하여 민족 의식을 환기시키고, 혁명 역량을 강화하며, 무장투쟁 및 선전 공작을 확대하여 전면적 혈전을 전개하는 것이라고 주장하였다. 이를 위해서 그는 국제적으로 평등 호조의 긴밀한 관계를 형성하고 중국과 긴밀한 관계를 유지하여 항일 동맹군을 편성해야 한다고 보았다.[84] 조경한도 연합 작전을 위한 군사 전략이나 인류의 평등 호조라는 정의의 관점에서 반침략 진영의 우방이 임정을 조속히 승인해주어야 한다고 주장하였다. 이를 위해 중국이 다른 어떤 나라보다 앞장서서 임정을 정식 승인해줄 것을 거듭 요청하였다. 그리고 수개월 전 국민정부가 임정을 승인하려는 움직임을 보였을 때 일부 한인들이 연기를 요구했던 사실을 지적하면서 공산주의 세력의 책략을 비판하였다.[85]

이웅李雄도 이 시기에 한중 관계의 발전과 임정 승인 문제를 본격적으로 거론하였다. 그는 과거 한국의 멸망이 동아시아의 지역 질서를 문란하게 만든 화근이었기 때문에 한국 문제가 곧 세계 문제라는 인식을 가지고 있었다. 또한 한중 두 나라는 모두 찬란한 고대 문명을 간직한 동방예의지국으로 평화를 사랑하는 민족이기에 과거 동아

83 李青天, 위의 글, 462~464쪽.
84 黃學秀, 「광복군 성립후 1년간의 회고와 전망」, 『광복』 제2권 제1기 (1942. 1. 20), 465~471쪽.
85 安勳, 위의 글, 494쪽.

시아의 평화는 전적으로 한중 양 민족의 노력에 의해 유지된 반면, 일본은 침략을 일삼는 나라라고 평가하였다.[86] 그는 일본의 중국 침략이 한국을 거점으로 진행되었다면서 중국의 안전을 회복하려면 동아시아의 진정한 평화가 수립되어야 하고, 이를 위해 한국 독립이 우선되어야 한다는 논리를 폈다. 그리고 중국은 한국 독립을 앞당기기 위해 먼저 임정을 승인해야 한다고 촉구하였다.

그는 국제 정세의 변화로 태평양전쟁이 폭발한 후 세계 문제의 중심이 동아시아로 옮겨와 전쟁의 성패와 평화를 좌우한다고 보았다. 그런데 미·영·소 각국이 동아시아 문제에 비상한 관심을 보이고 있으므로,[87] 이 기회에 국민정부가 먼저 임정을 승인하고 한 걸음 더 나아가 영·미·소로 하여금 임정을 승인케 만드는 것이 가장 시의적절한 조치라고 판단하였다. 군사적으로도 한국 독립이 대일 전쟁에서 승리할 수 있는 중요한 관건이라고 보았는데 원래 자원이 부족한 일본은 전시 자원의 대부분을 식민지에 의존하고 있어 독립 전쟁이 폭발하게 되면 엄청난 타격을 입을 수밖에 없다는 것이다. 따라서 중국과 영·미·소가 임정을 승인하여 한국인들의 혁명 정서를 고양시킨다면, 윌슨 대통령의 민족자결주의보다 더 큰 성과를 가져올 것으로 예상하였다. 이 때문에 그는 국민정부가 먼저 임정을 승인한 후 미·영·소에 임정 승인을 요청해야 한다고 역설하였다.

---

86 李雄, 「중한관계와 삼민주의에 근거하여 중국의 한국임시정부 승인 문제를 논함」, 『광복』 세2권 제1기 (1942. 1. 20), 472쪽.

87 존 루이스 개디스는 미국의 루스벨트에게 네 가지의 거대한 전시 우선 목표가 있었는데 그 첫째가 동맹국-주로 영국과 소련과 (잘되지 않았지만) 중화민국-을 지원하는 일이었다고 본다. 미국이 홀로 독일과 일본을 상대로 싸울 수는 없어 승전을 위해서는 별다른 방도가 없었다는 것이다. (존 루이스 개디스 지음, 정철·강규형 옮김, 『냉전의 역사 -거래, 스파이, 거짓말, 그리고 진실』, 에코리브르, 2010. 34쪽).

이웅은 중국의 삼민주의나 항전건국강령의 원칙을 따르기 위해서라도 조속히 임정을 승인해야 한다고 판단하였다. 쑨원의 민족주의에 따르면 "중화 민족이 세계 조류의 전면에 서서 약소민족들로 하여금 폭력에 항거하고 민족 자결을 실현할 것"을 호소하고 있다. 항전건국강령은 전시 외교 방침을 규정한 것으로, 제1항은 "독립 자주의 정신에 입각하여 우리를 동정하는 세계의 모든 국가 민족과 연합하여 세계의 평화와 정의를 위해 공동 분투한다." 제3항은 "일제 침략에 반대하는 모든 세력과 연합하여 이를 저지하고 동아시아의 항구적인 평화를 수립, 보장한다."는 내용이었다. 바로 이런 이념과 원칙에 따라 임정을 승인하는 것이 반일 세력의 성장을 도울 뿐만 아니라 일본의 중국 침략을 저지하는 방책이라고 보았다.[88] 그러므로 중국이 먼저 임정을 승인하고 영·미·소 등이 뒤따르는 것은 동아시아의 평화와 인류 정의를 위해 마땅한 조치이자 일본을 궤멸시킬 수 있는 가장 확실한 방안이라는 견해였다.

그런데 중국의 일부 여론이 임정의 형식과 실제 위상을 들어 대표성에 의문을 제기하였다. 첫째, 형식면에서 임정이 전체 한국인을 대표한다고 볼 수 없다는 것이다. 이에 대해 『광복』은 지금의 한국의정원은 1919년 임정 성립 당시 국내에서 선출된 대표와 이후 정부에 의해 인선된 대표들로 구성된 것으로, 식민 지배를 받고 있는 약소민족이 주권과 영토를 회복하기 전까지 피할 수 없는 운명적 결함이라면서 제도적 정당성을 인정해야 한다고 주장하였다. 아울러 현재 임정은 한국인의 의지와 이익을 완전히 대표하는 실질적 기관임을 강조하였다.

88 李雄, 위의 글, 472~475쪽.

둘째, 한국 독립운동 세력의 내부 분열로 좌경분자들이 임정과 한국독립당을 반대하고 있다는 것이다. 『광복』은 이런 반대 세력의 존재를 인정하면서도 한국에만 존재하는 현상이 아닌 대다수 국가와 민족이 안고 있는 보편적 현상이라고 해명하였다. 그리고 이들을 구제할 방법은 따로 없고 정부의 실력을 키우는 길뿐이라면서 임정이 각국의 승인을 받아 지위가 확고해지면 자연스럽게 해결될 것으로 보았다.[89] 이처럼 『광복』은 연합국의 승리를 예견하면서 향후 임정이 독립 국가 건설의 주도권을 확보하기 위해 중·영·미·소의 승인을 줄곧 요구했지만 끝내 실현되지 않았다.

한편 국내 정치와 관련하여 『광복』은 일당 통치를 옹호하였다. 1940년대 들어서 세계 전쟁의 양상이 더욱 뚜렷해지자 『광복』은 동아시아에서 약소민족의 공적인 일제가 유럽전쟁에 휘말려들 수밖에 없는 처지에 이르렀고, 약소민족은 오히려 광명과 자유의 새 시대를 맞게 될 것으로 보았다. 따라서 비상시기의 모든 한국인은 한국독립당의 깃발 아래 일치단결하여 일당 정치를 시행함으로써 의지와 역량을 집중시켜야 한다고 주장하였다.[90] 『광복』은 세계 정치의 추세가 분권에서 집권으로, 합의에서 독재로, 법치에서 인치로 바뀌고 있다면서 각 나라마다 일당 독재를 선호한 이유로 긴급 사태에 대한 적절한 조치, 업무 효율성의 제고 등을 들었다.[91] 특히 『광복』은 다당제의 최후 보루라고 할 수 있는 미국에서도 의회가 계속하여 루스벨트 대통령에게 각종 특권을 부여함으로써 사실상 일당 정치의 색

---

89 李雄, 같은 글, 476~477쪽.

90 四平, 「다당정치와 일당 정치」, 『광복』 제1권 제5·6기 (1941. 8. 20), 370~371쪽.

91 四平, 위의 글, 364~365쪽.

채가 강화된 것으로 인식하였다.[92] 이와 더불어 행정의 효율성을 높이기 위해 '전적으로 책임지는 정부', '상세한 계획을 갖춘 정부', '정교한 기술을 가진 정부', '경험이 풍부한 정부', '신속한 결정을 내릴 수 있는 정부' 등 다섯 가지가 필요하다고 보았다. 그런데 다당제는 정당간의 상호 견제로 역량의 분산, 상쇄, 견제의 폐해가 크다면서 일당제 정치만 못하다고 주장하였다.[93]

그렇다고 『광복』이 무한정 일당 정치를 지지한 것은 아니었다. 비상 시기에 일당 정치의 지도자는 난국을 타개하기 위한 독재가 필요하고, 그것이 종료되면 일당 정치의 필연성도 사라지게 된다고 보았다. 중국에서 국민당이 일당독재를 시행하여 정권을 잡고 있는 목적도 영원히 정권을 독점하려는 것이 아니라 삼민주의를 실현시킨 후, 민권주의에 근거해 일당 전정의 특권을 포기할 것으로 예상하였다.[94] 『광복』은 전후 정치 형태와 관련하여 소련의 볼세비키나 중국의 국민당처럼 일당독재로 역량을 집중시켜 효율성을 강화하는 긴급 조치가 필요하다는 시각이었다. 김구는 중국 항전을 국민당이 이끌고 있듯이 한국의 독립운동은 한국독립당이 주도하고 있는데 한국독립당의 이념과 정책이 삼민주의와 완전히 부합된다면서 전후 정치도 한국독립당이 주도해야 한다고 판단하였다.[95] 이후 『광복』은 다당제의 폐해를 지적하며 일당독재의 필요성을 지속적으로 제기하였다.[96]

---

92 兪海濤, 「루스벨트와 그 주변인물」, 『광복』 제1권 제5·6기 (1941. 8. 20), 415~416쪽.

93 四平, 위의 글, 366~368쪽.

94 四平, 같은 글, 369쪽.

95 金九, 「2차대전시 마땅히 갖추어야 할 인식과 노력」, 『광복』 제1권 제4기 (1941. 6. 20), 249~254쪽.

96 金光, 「세계 대세의 변화와 한국 혁명의 재인식」, 『광복』 제1권 제5·6기 (1941. 8. 20), 362~363쪽.

## 5. 맺음말

중일전쟁 시기 중국 내 한인 무장 단체는 본격적인 항일 투쟁과 함께 자기 조직을 유지, 확대시키기 위해 선전 및 초모 활동이 필수적이었고, 주로 언론 활동을 통해 이루어졌다. 임정 직할 부대인 광복군은 총사령부를 시안으로 옮긴 후 1941년 2월 선전과 홍보를 위해 기관지 『광복』을 발행하였다. 이 잡지는 광복군의 임무와 사업, 한국 독립운동의 성과, 독립운동의 이론 및 전략·전술, 중국의 대일 항전과 한중 합작, 일제의 동향 및 전망 등을 생생히 전달하였다. 『광복』은 창간 이후 한인 무장 세력의 통합과 한중 연대에 중점을 두면서 적 후방의 선전, 초모 활동뿐만 아니라 전후 구상까지 상세히 다루었다.

전체 논조는 중국 내 한인들의 단결과 이를 기초로 한 혁명 정당 및 혁명 무력의 결합에 초점을 맞추었고 한중 연대의 역사적 배경과 공동 항전의 필요성을 역설하였다. 특히 중국인 필자들은 오랫동안 문화적으로 한중 두 나라가 창조자와 전파자의 역할을 분담해 온 사실과 군사적 정치적으로 이와 입술처럼 밀접한 관계였음을 강조하였다. 이런 시각은 전통적 중화주의에 의한 조공 책봉 체제를 재해석한 것으로, 봉건적 사대 관계가 여전히 유효하다고 본 것이다. 또한 지리적으로 한국이 중국·일본·러시아의 완충 역할을 했던 것처럼 전후 세력 균형을 맞추면 동아시아에서 전쟁 위험을 현저히 줄일 수 있다고 판단하였다. 중일전쟁이 변곡점에 이른 때 『광복』은 역사상 한국의 문화적 역할과 지정학적 위상을 근거로 동아시아의 균형자 역할을 부각시켰다.

대일 전략과 관련하여 『광복』은 적 후방을 어지럽히고 일본의 전쟁 역량을 약화시키는 것이 시급하다고 판단하였다. 그리고 장기전으로 피폐해진 일본과 최후의 결전을 치를 날이 멀지 않았는데 앞으로 광복군의 역할은 항전과 한국 독립에 모두 중대한 의미를 가진다고 보았다. 왜냐하면 중국의 항전 승리 후 한국의 국권 회복까지 성공해야만 동아시아의 진정한 평화를 보장받을 수 있다고 본 것이다. 『광복』은 중국 항전과 한국 독립을 결코 분리시킬 수 없는 동일한 목표로 인식하였고, 이를 성취하기 위한 기본 조건이 한중 연대였으며, 구체적 성과가 광복군이었다. 여기에는 광복군이 한국 유일의 국군이며, 임정은 삼천만 민족이 공유한 정부로서 모든 한민족이 공유한 군사력이란 자부심이 깔려 있다.

본래 광복군의 거시적 임무는 중국 내 한인 무장 세력을 규합, 통일된 지휘로 항전에 참가하는 것이고, 적 후방에서 민중을 무장, 동원시켜 한중 연대에 의한 연합 전선을 전개함으로써 최후 승리를 쟁취하는 것이었다. 이 때문에 광복군의 활동은 중일전쟁을 승리로 이끌 주요 요소이자 국민당이 줄곧 주장해온 동아시아 연대론의 실현 과정이었다. 광복군의 당면 과제는 한중 연대에 기초한 대일 항전을 성공시키기 위해 성심성의껏 단결하고, 조직 및 선전과 훈련을 강화하며, 유격전을 증강시키는 한편 인력과 물력을 충실히 하여 주력 전쟁에 준비하는 것이었다.

『광복』은 일본의 전시 경제 상황과 확전 전략을 주시하면서 특히 중국의 대응 전략과 일본의 남진 정책을 분석하였다. 중일전쟁이 과거의 전쟁과 다른 점은 전면전, 장기전으로, 그 만큼 일본의 군수 물자와 전시 자원의 고갈이 빠르게 진행되었으며 쌀을 비롯한 대부분의 생필품이 배급 경제로 이루어졌다. 이와 더불어 방대한 군비 지출에 따른 재정 위기가 닥쳐왔고, 인력 부족이 이미 심각한 수준에 달하였다. 이 때문에 일본 국민의 원성과 반전 감정이 점차 고조되는 등 전시 경제의 붕괴는 한국 독립에 절호의 기회로 인식되었다.

『광복』의 전황 분석에 따르면 전쟁이 길어질수록 중국의 역량은 강화된 반면 일본의 역량은 쇠약해지고, 국제 사회의 대중국 원조가 증가하지만 일본은 더욱 곤란해질 것으로 예상하였다. 실제로 1940년 들어서 영국이 대일 항쟁에 나섰고, 미국은 영국과 중국의 원조를 강화했으며, 일·소 관계까지 악화되는 등 일본의 대내외 상황이 갈수록 불리해졌다. 무엇보다 유럽전쟁의 영향이 컸는데 서방과 일본의 무역이 거의 정지 상태였고, 미국의 금수 조치는 일본의 전시 경제에 치명적 위협이었다.

『광복』은 중국의 장기 항전과 미국의 참전이 전쟁 승패를 좌우하는 결정적 요인으로 보고 한국 독립운동의 기회로 삼아야 한다고 주장하였다. 애당초 일본의 한계는 선년전, 장기진을 수행할 수 있는 인적 물적 자원의 부족으로, 북진이든 남진이든 침략 지역을 넓혀 외부로부터 전쟁 물자를 확보해야만 했다. 하지만 북방의 소련과 남방의 영국·미국 등 기존 이익 국가와 충돌이 불가피하여 전쟁의 수렁에서 벗어날 방법이 없었다. 독소불가침조약이 체결된 이후 소련은 아시아에 전면 공세를 취했고, 중일전쟁을 조속히 마무리하려는 일본에 장애로 인식되었다. 이를 타개하기 위해 일본은 소련과 중립 조약을 조인했는데 오히려 반작용으로 중국 정부가 바라던 영·미와 외교적 경제적 연대가 실현되었다. 루스벨트와 처칠이 파시즘에 반대한 민주주의 방위 전쟁에 함께 나설 것을 선언하고, 국민정부는 중국 내 광복군의 활동을 허용하여 공동 작전에 나선 것이다.

이제 『광복』의 관심사는 한인 무장 역량을 어떻게 키우고, 누구와 연대하며, 어떻게 싸울 것인가의 군사 전략으로부터 임정의 위상 제고와 전후 정치·외교 구상으로 옮겨갔다. 구체적 방안은 광복군의 교전 단체 승인을 최우선 과제로 삼고 모든 선전 역량을 집중하는 것이었다. 김구는 스스로 독립을 쟁취해야만 전후 처리 과정에서 자기 위상을 확보할 수 있다면서 공세적 역할을 강조하였다. 다른 『광복』의 필진들도 현 단계에서 임정과 광복군이 완수해야 될 절박한 임무로 국제 지위의 획득을 들었다. 또한 역사적으로 한국의 멸망이 곧 동아시아의 지역 질서를 문란하게 만든 화근이었기 때문에 한국 문제가 곧 세계 문제라는 인식을 가지고 있었다.

태평양전쟁 발발 이후 『광복』은 본격적으로 중국의 임정 승인을 여론화하였다. 반파시즘 국가들이 동아시아 문제에 비상한 관심을 보일 때 중국 정부가 먼저 임정을 승인하고 영·미·소로 하여금 뒤따르게 하는 것이 가장 시의적절한 조치라는 판단이었다. 여기에 덧붙어 중국의 삼민주의나 항전건국강령을 실천하기 위해서라도 조속히 임정을 승인해야 한다면서, 이것은 동아시아의 평화와 인류 정의를 위한 마땅한 조치이자 일본을 궤멸시킬 수 있는 가장 확실한 방안이라고 주장하였다.

전후 정치 체제와 관련해서 『광복』은 소련의 볼세비키나 중국의 국민당처럼 일당 정치를 옹호하였다. 그 이유는 비상 시기에 모든 역량을 집중시켜 효율성을 강화하는 긴급 조치가 필요하다는 논리였다. 김구는 장래 한국 정치의 주체로 항전 기간 동안 독립운동을 이끌고, 삼민주의와 완전히 부합된 이념과 정책을 가진 한국독립당만이 가능하다고 확신하였다. 이런 견해는 『광복』의 다른 필자들도 마찬가지로, 해방 이후 안정된 독립 국가 건설을 위해 일당 정치가 반드시 필요하고 비상 시기가 끝나면 자연히 사라지게 될 것이라고 예상하였다.*

---

* 이 글은 「중일전쟁시기 한국광복군의 정세분석과 항일전략 -기관지 『光復』을 중심으로」, 『군사사연구총서』 제7집, 국방부 군사편찬연구소, 2018, 1~48쪽을 수정 보완한 것이다.

# 제3부

# 냉전 형성기(1945~1948년) 중국 언론의 한국 인식

Ⅰ. 냉전 형성기 국민당 언론의 한국 인식

Ⅱ. 미소 군정 시기 《신화일보》의 한국 인식

Ⅲ. 미소 군정 시기 《인민일보》의 남북한 인식

Ⅳ. 2차 세계대전 이후 한국 독립에 관한 중국의 인식

# Ⅰ. 냉전 형성기 국민당 언론의 한국 인식

## 1. 머리말

20세기 중반 이후 한반도는 미소 강대국에 의해 강요된 분단과 냉전의 멍에를 짊어진 채로 오늘에 이르고 있다. 일제의 식민지로부터 해방된 이후, 남북한에 각각 들어선 미소 군정美蘇軍政은 분단 한국의 성격을 규정짓는 들머리였다. 제2차 세계대전의 종료와 더불어 외형상 제국주의-식민지 시대는 끝났고, 뒤이어 등장한 냉전 체제도 1990년대를 전후로 소련과 동유럽의 공산 국가들이 해체되면서 사실상 와해되었다. 그럼에도 불구하고 한국에서는 여전히 식민지 잔재와 친일 역사의 청산을 둘러싼 논란이 뜨겁다. 세계적으로 이미 끝장난 냉전의 상흔이 한국에서는 그대로 남아 맹위를 떨치고 정치적 보혁 갈등에 편승하여 다시 심화되고 있는 실정이다.

전후 한국의 자화상이자 이웃한 중국의 현실이기도 한 분단 시대에 관한 중국의 인식은 어떠했으며, 20세기 중반 이후 중국에 있어서 한국은 무엇일까? 중국은 청일전쟁으로 대조선 관계에서 전통적 조공·책봉에 의한 우월적 위계 질서를 상실하고 일본의 대륙 침략에 노출되었다. 일제 침략기 한중 양국은 식민지와 반식민지 상태에서 항일 독립 투쟁을 통한 우호 협력의 연대 관계를 유지하였다. 이 기간 동안 중국은 한국 독립운동에 크게 기여했을 뿐만 아니라 카이로 회담에서 한국 독립을 국제적으로 처음 약속받았다. 그러나 종전 이후 중국은 국공 내전을 치르며 한국 문제 처리에 개입할 여력이 없었다. 다만 중국 언론은 역사적 연계성과 지리적 인접성, 도의적 책임론을 거론하며 어떻게든 한국 독립에 간여하려고 시도하였다. 이 시기 중국의 대한 인식은 냉전 이후의 한중 관계를 이해하는 데 밑거름이 되며, 여전히 양국의 대외 관계와 상호 인식에 영향을 미치고 있다. 20세기 중반 이후 한중 관계의 올바른 인식은 냉전 형성에 관한 중국의 이해로부터 시작되어야 할 것이다.[1]

한반도의 미소 군정 삼 년은 새로운 독립 국가를 수립하기 위한 국내외의 여론 수렴과 정통성을 확보해 나가는 과정이었다. 세부적으로 남한에서는 민주적 절차에 의한 총선거가 실시되었고, 그렇게 구성된 제헌의회에서 새로운 국가 건설을 위한 법과 제도가 만들어졌다. 이 과정에서 정권의 주도권을 둘러싼 국내 정파 간 세력 다툼이 치열하였으며 남북한 단독 정부 수립으로 분단 체제가 굳어졌다. 지금까지 미소 군정 시기 한중 관계의 연구는 종전 이후 임정과 독립군, 그리고 재중 한인들의 귀환 및 잔류 세력의 처리에 집중되었다.[2]

---

1 일반적으로 한반도에서의 미소 대립에 영향을 미친 냉전이 출현한 시기는 유럽에서 냉전을 공식 선언한 트루먼 독트린이 선포된 1947년 3월 12일보다 앞선 1946년 초부터 출현한 것으로 파악하고 있다. (이완범, 『한국해방 3년사』, 서울 : 태학사, 2007, 163쪽) 이 글에서 '냉전 체제 형성기'는 종전 후 미소 양국이 한반도를 분할 점령하고 자국의 영향력 아래 별개의 정부를 조직함으로써 분단이 고착화된 시기(1945. 8~1948. 9)를 의미한다.

2 해방 정국의 한중 관계사 연구로는 염인호, 「해방 후 한국독립당의 중국 관내 지방에서의 광복군 확군운동」, 『역사문제연구』 1, 서울 : 역사문제연구소, 1996 ;

일부 남북한 정권 수립을 둘러싼 국내 정파의 갈등과 인접 국가들의 대응을 통해 동아시아 질서 재편 과정을 분석한 성과들이 있다.[3]

이 시기 논쟁의 초점은 전후 한국 독립에 관한 국제적 합의 이행 과정, 미소의 남북한 분할 점령과 군정 실시, 신탁 통치를 둘러싼 좌우 대립, 미소공동위원회(약칭 미소공위)와 유엔 한국임시위원단의 활동, 남북한의 정부 수립 등으로, 이에 관한 중국의 현실 인식을 포괄적으로 살펴볼 필요가 있다. 무엇보다 자신들이 배제된 채 진행된 미소 군정을 바라보는 중국의 시각을 통해 냉전 형성기 한국 문제에 관한 인식을 확인할 필요가 있다. 왜냐하면 한반도에서 시작된 미소 군정은 전후 동아시아 냉전 체제의 서막이자 현재까지 한중 관계를 규제하는 기본 구조이기 때문이다.

일반적으로 한국의 냉전 체제 곧 남북 분단의 배경을 민족 내부의 원인과 외세에 의한 원인으로 나누어 설명하고 있다. 외세의 영향력을 절대적으로 상정한 외인外因론은 남북 분단이 미소 간의 권력 이데올로기 대립에서 초래된 것이라고 주장한다. 이에 반하여 내인內因론은 미국과 소련이라는 외세의 영향력이 당시 상황을 전면적으로 규정할 수 있을 만큼 절대적인 것은 아니었고, 오히려 국내 정치 세력의 좌우 대립 때문에 한반도가 분단되었다고 본다. 또한 복합론적 인식이 제기되었는데 내인과 외인 어느 한쪽을 배타적으로 강조할 것이 아니라, 두 가지를 유기적으로 결합시켜 보자는 시각이다.[4] 이러

———, 「해방후 한국독립당의 중국동북지방 진출과 재중한국독립당의 정책(45. 8~47. 2)」, 『역사교육』 60, 서울 : 역사교육연구회, 1996 ; 정병준, 「1945~48년 대한민국임시정부의 중국내 조직과 활동」, 『사학연구』 55·56 합집(신재홍정년논문집), 과천 : 한국사학회, 1998 등이 있다.

3 고려대학교 민족문화연구원 한국사 연구소·동북아역사재단, 『1948년 남북한 건국과 동북아 열강들의 인식』 (건국60주년기념 학술회의 발표자료), 2008. 5. 16.

한 남북 분단의 배경에 관한 검토는 미군정과 불가분 관계에 있으며 우리만의 문제가 아닌 동시대 중국의 현실과 직결된 요인으로써 전후 동아시아 전체를 이해하는 하나의 관건이다.[5]

여기서는 전후 남북 분단과 군정에 관한 중화민국 언론의 인식을 살펴봄으로써 냉전 형성기 한중 관계를 체계적으로 이해하려는 것이다. 무엇보다 미군정 시기 남한의 좌우 분열과 건국 방법을 둘러싼 관련 기사를 통해 동시대 중국인들이 동아시아의 냉전 요인을 어디서 찾고 있으며 어떻게 대응했는지 살펴볼 것이다. 이를 위해 동시대 대표적 민영 상업지인 《대공보大公報》[6]·《신보申報》[7]와 국민당 중앙당보였던 《중앙일보中央日報》에 실린 한국 관련 보도를 비교 검토하여 분단 과정 및 시국 정세에 관한 인식을 파악하려는 것이다.[8] 특히 종전 직후 국민당의 영향력이 절대적이었던 만큼 《중앙일보》의 시각은 중화민국의 입장을 대변했다고 볼 수 있다. 또 《신보》와 더불어 오랜 역사와 많은 부수로 영향력이 컸던 《대공보》를 비교 분석함으로써 이 시기의 보편적 한국관에 접근할 수 있다.[9]

---

4 이완범, 위의 책, 15~16쪽.

5 이완범, 같은 책, 18쪽.

6 일본의 패망 이후 《대공보》는 1945년 11월 1일 상하이(上海)에서 복간되었고, 한달 뒤 본래 근거지인 톈진(天津)에서 신문이 재발행되어 1949년 1월 15일까지 계속되었다. (周雨, 『大公报史』, 江苏古籍出版社, 1993, 54~60쪽).

7 상하이에서 발행된 《신보》는 중일전쟁 기간 동안 친국민당 성격을 띠었으며, 한커우(漢口)·홍콩·상하이 등지로 옮겨 다니며 정간과 복간을 반복하였다. 1945년 말 국민당의 판궁잔(潘公展)과 첸쉰유(陳訓愈)가 6개월간 관리한 후 1946년부터 정부 소유로 바뀌었고, 1949년 5월 27일 《신보》는 지령 제25599호를 마지막으로 종간되었다. (宋军, 『申报的兴衰』, 上海社会科学院出版社, 1996. 230~237쪽).

8 《중앙일보》는 국민당 중앙기관지로서 1945년 9월 10일 난징에서 공식 복간되었고, 국민당 중앙선전부의 관리와 지도를 받았던 《신보》와 《신문보》는 1945년 11월 전후로 복간되었다. (方汉奇, 『中国新闻事业通史』 第二卷, 中国人民大学出版社, 1996, 987~988쪽).

## 2. 미소 군정과 중국의 대응

### 1) 남북 분단과 모스크바 삼상회의

1945년 9월 11일자 중국의 《신보》는 한국에서의 미군 주둔을 다음과 같이 보도하고 있다.

> 조선남부의 일본군 투항의식이 오늘 오후 조선총독부의 화려궁에서 거행되었다. ……궁전 깃대에서 일본국기가 내려지자 조선인민들은 목청껏 만세를 불렀다. …… 이후 미군은 거리에서 시가행진을 했다. 조선인민들은 거리 양쪽에 모여 서서 미군들을 환영했다. 이들의 손에는 중국·미국·영국·소련·조선 국기를 들고 흔들고 또 흔들었다.[10]

36년 동안 식민 통치를 해온 조선총독부 건물에 일장기를 대신하여 성조기가 휘날리고, 일본으로부터 승리를 거둔 연합국 4개국의 국기가 서울 거리를 뒤덮은 채 식민지로부터 해방을 축하하며 미군정은 시작되었다.

제2차 세계대전이 끝난 후 동유럽은 소련의 치밀한 팽창 전략에 의해 공산 국가들로 속속 채워졌다. 아시아에서는 일본의 패망이 점차 확실하게 되자 유럽에서의 전철을 밟지 않으려는 미국의 적극 개

9 당시 중국 신문은 기사의 취재와 보도, 신문 배포 등의 제반 언론 활동이 국민당의 엄격한 통제를 받았기 때문에 신문마다 기사 내용에 별 차이가 없었다. 그러나 특정사안의 보도 횟수와 신문지면의 편집 방향, 사론 및 분석 기사 등을 통해 개별 언론의 성격을 파악할 수 있다. (方汉奇 等著, 『大公报百年史』, 中国人民大学出版社, 2004, 298~306쪽).

10 "朝鮮華麗宮中日軍簽降書", 《申報》, 1945. 9. 11.

입으로 소련과의 갈등이 불가피해졌다. 1945년 7월 25일 포츠담회담에서 북위 38도선을 분계선으로 한반도 분할이 획정되었다. 원래 삼팔선은 일본군의 무장 해제를 위한 편의적 군사분계선이었으나 미국 태평양 방면 육군 총사령부 맥아더 사령관의 일반 명령 제1호에 근거하여 미소 양군이 남북한을 분할 점령함으로써 동아시아 냉전의 서막을 알렸다.[11]

해방과 동시에 한반도가 미국과 소련에 의해 분할 점령되고 군정이 실시되는 동안 중국의 내부 상황은 급변하였다. 일본과의 전쟁은 승리로 끝났지만 국민당과 공산당의 주도권 다툼이 본격화되었고 종전 이후 극심한 인플레이션으로 중국의 사회 경제는 혼란스러웠다. 이 시기에 《신보》·《대공보》 등 중국의 주요 민영 신문들이 복간되었으며, 역사적으로 오랫동안 종번 관계를 맺어왔고 항일 투쟁을 통해 우호 협력을 유지해 온 한반도의 장래에 대해 예의 주시하였다.

종전 후 중국 정부는 한국에서 미소의 지리적 분할 지배를 반대하고 연합국 네 나라, 곧 미·영·중·소의 공동협의를 거친 자유·독립·통일 국가의 건설을 주장하였다. 전쟁 기간 연이은 카이로회담, 얄타회담, 포츠담회의에서 합의된 전후 처리 방안을 구체화시키기 위한 회의가 1945년 12월 16일부터 26일까지 모스크바에서 열렸다. 이 회의에는 미·영·소 세 나라의 외무장관이 참여하였고, 중국은 미국의 대외 정책을 지지하는 태도를 취하였다.

모스크바 삼상회의약칭 삼상회의는 미소의 타협에 의해 신탁 통치를 결정하였고, 중국 정부는 "신탁 기간을 확실히 정하면 한국의 완전한 독립에 이로울 것"이라면서 지지 의사를 표명하였다.[12] 아울러 중국

11 한정일, 「분단과 민군정」, 이수인 엮음, 『한국현대정치사 1 -미군점령시대의 정치사』, 실천문학사, 1989, 26~27쪽.

의 동북 지역에 대한 주권 보장과 평화 통일을 강조하면서 한국의 5년간 신탁 기간 동안에 미소 두 나라가 독점적으로 지배하는 데 반대하였다.[13] 종전 직후 중국은 군사·경제 등 대외 역량이 크게 부족한 상황에서 자국의 이익을 지키며 한국 문제에 간여할 수 있는 방법이란 탁치국託治國의 일원이 되는 것이었다. 그러므로 한국 독립 과정에 연합국과 함께 참여하는 신탁 관리 방안이 실현되면 어느 정도 영향력을 발휘할 수 있을 것으로 기대하였다. 이 때문에 중국 정부는 전후 한국 문제 처리에 있어서 자국까지 포함된 4개국 신탁 통치 방안을 찬성하면서 미소 양국의 분할 지배에 반대하는 이중 태도를 취하였다.

남한에 진주한 미군은 분할 점령 상태를 타개하기 위하여 중앙집권적 신탁 통치를 실시하되 유엔이 주도하는 방안을 조악하게나마 결정해 놓고 삼상회의에 임하였다.[14] 반면 소련은 미국의 대한 정책인 다자간 국제 신탁 통치를 자국의 영향력을 보장받으려는 의도로 판단하였고, 중국 정부의 한국 문제 개입에 대해서도 부정적이었다. 소련은 독자적인 대한 정책을 제시하지 못한 채 신탁 통치 아래서 자국의 입지를 상실하지 않겠다는 의지만 갖고 있었던 것이다.[15] 이 회의는 논란 끝에 미·영·중·소 4개국이 5년간 제한적 신탁 통치를 실시하는 것으로 마무리되었다. 중국 정부는 시종일관 한국의 자유·독립을 희망해 왔다면서, 오히려 "신탁 통치 기간을 확실히 정하면 한국의 완전한 독립에 도움이 될 것"이라며 지지 의사를 표시하였

---

12 "我國政府發言人談三强會議托管韓國實有助于獨立", 《申報》, 1945. 12. 30.

13 「韓人反對托治制度」, 《申報》, 1945. 12. 30.

14 이완범, 앞의 책, 49쪽.

15 정병준, 「동서냉전 체제와 한국전쟁 -한국 분단체제·동북아 질서의 재편을 중심으로」, 역사학회 엮음, 『전쟁과 동북아의 국제질서』, 일조각, 2007, 479쪽.

다.[16] 또 중국과 직접 관련된 동북 지역에 대한 주권 보장과 중국의 평화 통일을 강조하면서 5년의 신탁 통치 기간 동안 미소 군정이 지속되는 것을 반대하였다.[17] 중국은 한국 독립에 있어서 자국까지 포함된 4개국 신탁 통치 방안을 찬성하면서도 미소의 독점적 분할 지배를 반대하는 이중적 태도를 취한 것이다.

연합국 4개국의 신탁 통치에 관한 삼상회의의 결정 사항이 한국 언론에 왜곡되어 알려지면서 남한에서 반탁 운동이 거세게 일어났다.[18] 당시 남한 사회는 공산주의자로 대표되는 좌익과 반공산주의자로 대표되는 우익, 그리고 연립내각을 모색한 중간파로 나뉘어져 있었다. 이들이 반탁 운동을 계기로 하나로 뭉쳤는데 가장 신속하고 적극적으로 반대 입장을 표명한 정치 세력은 임정이었다. 이에 대해 미군정의 최고 책임자 하지 중장은 신탁 통치를 즉시 실행하려는 것이 아니라고 해명했다. 하지만 '5년간 감독'이란 곧, 한국이 2차 세계대전의 승전국인 미소의 전리품으로 전락했음을 뜻한 것으로 이해되었다. 이와 관련하여 《신보》는 일부의 오해에서 비롯된 것으로, "모스크바 결의를 의심하지 말아야 한다."라고 비판적으로 보도하였다.[19]

전후 중국은 군사·외교 및 재정·경제의 역량이 크게 부족한 상황에서 자국의 근본 이익을 지키며 한국 문제에 대해 영향력을 확보할

---

16 "我國政府發言人談三强會議托管韓國實有助于獨立", 《申報》, 1945. 12. 30.

17 "韓人反對托治制度", 《申報》, 1945. 12. 30.

18 1945년 12월 27일자 『동아일보』는 미국 AP통신으로부터 전해 받은 기사를 실었다. 그 내용은 한국에서 일정 기간 동안 신탁 통치가 실시될 수도 있으며, 미국은 한국의 독립을 원했지만 소련이 한국에서의 신탁 통치를 고집했다면서 모스크바 회담의 결과 내용을 왜곡 보도하였다. (《동아일보》, 1945. 12. 27).

19 "韓國人群情憤激反對托管制度", 《申報》, 1945. 12. 31.

수 있는 최선책이란 탁치국의 일원이 되는 것이었다. 다시 말하자면 중국이 독자적으로 한국 문제를 처리할 수 없는 상황에서 4개국의 신탁 통치가 자국의 영향력을 발휘할 수 있는 최선책이고, 그 토대 위에 친중국 성향의 한국 정부를 수립하는 것이 궁극적 목표였다. 이 때문에 중국 신문들은 한국의 신탁 통치 방안을 둘러싼 삼상회의의 진행 상황을 상세히 보도하였다.

갈수록 한국인들의 반탁 운동이 확산되는 가운데 미소 양국은 외형상 신탁 통치를 추진했지만 내부적으로 자신들의 점령 지역에서 영향력을 극대화시키는 데 몰두하였다.[20] 특히 미국은 전후 동유럽에서의 실수를 반복하지 않으려고 한반도의 공산화 움직임에 단호히 대응하였다. 예컨대 한국에서 대의제 임시정부가 들어설 때까지 미군을 남한에 계속 주둔시키고,[21] 자치정부가 수립되더라도 별도의 고문단을 조직하여 계속 협조할 계획이라고 밝혔다.[22]

이즈음 중국 언론은 반탁 운동을 중심으로 전개된 남한 정치 세력들의 분파 활동과 시국 동향에 주의를 기울였다. 무엇보다 신탁 통치의 수용 여부를 둘러싸고 벌어진 좌우 갈등에 대해 상세히 보도하였다.[23] 반탁 운동을 주도한 이승만과 김구는 정치 노선과 활동 방향이 서로 달랐다. 이승만은 유엔과 미국에 대한 직접 외교 활동을 통해 한반도의 공산화 가능성을 경고하면서 민주 절차에 의한 독립을 선결 과제로 내세웠다.[24] 우익 세력들은 중국·미국의 도움으로 유엔총회에서 한국 독립을 호소하였는데 이승만이 중국의 유엔 수석 대표

20 "美擬單獨進行建朝鮮政府", 《申報》, 1946. 7. 7.
21 "韓共攫取政權美國表示反對", 《申報》, 1946. 9. 1.
22 "韓國自治政府明年三月成立", 《申報》, 1946. 9. 24.
23 "韓慶祝獨立紀念 左右派發生衝突", 《申報》, 1947. 3. 3.
24 "李承晩在美爲韓獨立呼吁", 《申報》, 1947. 3. 6.

인 구웨이쥔顧維鈞으로 하여금 한국 문제를 거론해주도록 장제스蔣介石에게 협조 편지를 보냈다.[25] 그뿐 아니라 이승만 본인이 직접 미국으로 건너가 "만약 한국인이 스스로 정부를 조직하지 못하면 공산당에게 유린당할 수밖에 없다"면서 반공을 명분으로 조속한 독립 허용을 촉구하였다.[26] 이승만의 도미 활동은 겉으로 반공을 위해 남한의 자체 무장과 군사 훈련에 필요한 미국의 지원을 얻어내려는 데 있었지만 실제로는 자신을 중심으로 남한 단독 정부를 수립하는 데 목적이 있었다.

이때 임정 인사들은 자주적이며 완전한 독립을 주장하였는데 자신들이 통일 독립 정부를 수립할 수 있도록 연합국의 지원을 희망하였다.[27] 중국에 머물고 있던 임정 대표단은 미·영·중·소·프 다섯 나라에 "임정의 승인, 미소 점령군의 조기 철수, 신탁 통치안의 폐지, 4개국의 기술 및 건설 지원" 등을 요청하는 비망록을 보냈다.[28] 이처럼 남한 정국의 향방은 임정의 '자주적 통일 정부'와 이승만의 '조기 단독 정부' 수립으로 크게 나뉘어졌다. 독립 방안을 둘러싼 남한 정파의 갈등에 대해 국민당 언론은 한국의 내부 문제라기보다 미소의 세력 대결에 의한 국제 문제로 인식하였다.[29]

대미 활동을 마친 이승만이 귀국길에 중국으로 건너가 장제스를 비롯한 여러 지도자들과 접촉하였다. 그는 "남한 내 임시정부의 수립, 소련군의 철수 협의, 남북한의 통일 정부 수립"이란 자신의 독립 방안을 미국 정부가 지지했다고 밝혔다. 아울러 자신의 중국 방문이

---

25 "南韓代表致蔣主席在聯大主持正義", 《申報》, 1946. 11. 4.
26 "李承晩主張韓南獨實行武裝", 《申報》, 1947. 2. 26.
27 閔石麟, 「聲援李承晩博士赴美呼吁韓國獨立」, 《中央日報》, 1947. 1. 3.
28 「韓向五强致備忘錄 呼吁擁護獨立權利」, 《大公報》, 1947. 3. 7.
29 「美將發表對韓政策聲明」, 《中央日報》, 1947. 3. 23.

한중 양국의 상호 이해와 친선 강화를 위한 것으로, 독립운동 과정에서 중국이 제공해 준 여러 가지 지원과 편의 및 임정과의 협력에 깊이 감사하였다. 많은 중국인들의 지지를 받고 있던 김구와의 관계에 대해서도 긴밀히 협력하고 있다고 누차 강조하면서, 공산당과 대치 중인 중국 내부의 상황을 동정하고 반공 연대의 가능성을 적극 피력하였다.[30] 이에 대해 장제스는 "중한 양국은 형제처럼 지내는 인접국이기 때문에 상호 협력해야만 한다."면서 한국의 독립 정부 수립에 적극 협조할 것을 약속하였다.[31]

《중앙일보》는 "중한 양국이 영토를 서로 맞댄 형제의 나라로 지난날 중국의 국민 혁명과 조선의 독립운동은 불가분의 관계였으며, 서로 유사한 점이 많아 중국 운명과도 직결되어 있다"면서 중국이 한국의 미래에 깊은 관심을 가지는 이유로 지리적 인접성과 현실적 영향력을 들었다.[32] 미소 군정에 대해 비판적이던 《신보》는 한반도의 분할 점령이 한국 민족의 자주 정신에 위배될 뿐만 아니라, 한국을 분열시켜 통일 독립을 무기한 연장시키고 미소 관계를 더욱 살아놓을 것으로 보았다. 더욱이 남북한의 대결 구도가 중국 동북 지역은 물론 동아시아의 평화까지도 저해할 것으로 예견하였다.[33] 특히 《신보》는 한중간의 밀접한 지리적 조건 때문에 북한 공산화의 영향이 곧바로 동북 지역까지 미칠 것으로 우려하였다. 이런 이유로 다른 국민당 계열의 신문들도 남한 지역의 미군정뿐만 아니라 북한 지역의 군비 증상과 공산당의 조직 활동, 경제 상황 등을 상세히 보도하며 남북한의

30 「韓國必須獲得獨立-歡迎李承晩博士來華(社論)」, 《申報》, 1947. 4. 10.
31 "李承晩晉謁主席代表韓人民致敬", 《申報》, 1947. 4. 14.
32 馮覃燕, 「祝韓國前途光明 -迎李承晩先生」, 《中央日報》, 1947. 4. 12.
33 「韓國必須獲得獨立 -歡迎李承晩博士來華(社論)」, 《申報》, 1947. 4. 10.

정세 변화에 촉각을 곤두세웠다.[34]

이승만의 중국 방문에 발맞추어 《신보》는 역사적으로 긴밀한 양국 관계를 소개하고, 카이로회담에서의 중국 역할을 부각시켰다. 그 연장선에서 한국 독립의 당위성을 강조했는데 미소 군정이 민족자주정신에 위배될 뿐만 아니라, 통일 독립을 무기한 연장시키며, 미소 관계를 악화시켰다고 비판하였다. 더욱이 남북한의 대결 구도는 중국 동북 지역에 큰 위협일 뿐만 아니라 극동의 평화에도 저해된다고 보았다. 그러므로 미소 주도의 분할 지배는 한국과 동아시아에 안정과 평화를 가져다주지 못하며, 오히려 이 지역의 분열과 위기를 심화시킬 뿐이라는 인식이었다. 반면 중국의 입장에 대해서는 약소민족의 독립과 자유를 원조하는 것이 천직으로, 현재 한국의 처지에 동정을 표시하고 미소 주도의 군정 통치에 반대하였다.[35] 《신보》는 전통적 한중 관계를 근거로 "중국 인민은 삼한三韓의 인민들과 손발처럼 밀접한 관계"이고, 중국과 한국은 "이와 입술의 관계"이기 때문에 한국의 통일 독립이 하루빨리 실현되기를 희망한다면서 전후 처리를 주도한 미국의 대한 정책이 지나치게 소극적이며 방임적이라고 비판하였다.[36] 그 이유는 남한에서 좌우 분열이 격화되고, 북한이 조기에 공산화 된 것은 전적으로 미국의 책임이 크다고 본 것이다.

《대공보》도 미군정의 대한 정책을 부정적으로 보았는데 식민지 경제 구조를 해체시키지 못한 결과, 남한의 경제 부흥에 실패하였고, 정치적 재건 역시 중요한 과제였지만 실제 효과를 거두지 못한 것으

---

34 "組織韓國政府麥師表示贊助", 《申報》, 1947. 4. 14 ; 陸鏗, 「韓國人感戴蔣主席」, 《中央日報》, 1947. 3. 17.

35 「韓國必須獲得獨立-歡迎李承晩博士來華(社論)」, 《申報》, 1947. 4. 10.

36 「朝鮮國勢顯露陽光(社論)」, 《申報》, 1947. 4. 15.

로 파악하였다. 주된 근거로 미군정이 우익 세력에게만 식민지 시기의 정치적 경제적 특권을 허용한 반면 진보적 민중 조직과 운동을 철저히 탄압함으로써 남한 주민들의 거센 저항을 초래했다는 것이다.[37] 이처럼 중국 언론은 미군정의 소극적 혹은 편향적 점령 정책으로 남한 내 정치적 경제적 갈등이 더 심화된 것으로 보았다. 더욱이 한반도의 분할 점령 이후 동북 지역에서 소련군의 영향이 급속히 증대되자 미소 군정에 대한 비판적 태도를 감추지 않았다.

본래 미국의 대한 정책은 한반도 남부를 동아시아의 방소防蘇 기지로 묶어두려는 것이 최초 동기였다. 또 다른 목표는 한국에서 식민지 유산을 뿌리 뽑고 자유 민주 정부를 수립하는 데 있었다. 그러나 한국인들에게 비춰진 미군정의 정책은 전자만 강하게 부각되었을 뿐 후자를 인식시키는 데 실패하였다. 미국은 남한의 군정을 통해 아시아인들에게 민주주의와 평화의 새로운 세계 질서를 이끌 수 있는 자격이 있음을 보여줄 수 있는 좋은 기회였지만 점차 사라지고 있었다. 《대공보》는 남한에서 미국의 민주적 위신을 재확립하려면 점령 정책을 대대적으로 수정해야 한다고 주장하였다.[38] 국민당 언론은 대부분 미소 양국의 독점적 한국 지배와 일방적인 군정 통치에 대해 매우 비판적이었다. 아울러 미소에 의탁한 한국의 정치 세력이 신탁 통치의 허용 여부로 극심한 분열상을 보인 것에 대해서도 깊이 우려하였다. 이러한 비판적 대한 인식은 국공 내전의 소용돌이에 휩싸인 중국 내부의 상황을 반영한 것으로 남북한의 대결양상이 격화될수록 자신들에게도 나쁜 영향을 미칠 것으로 보았기 때문이다.

1947년 초 미국의 트루먼 대통령은 기존의 공산주의에 대한 중립

37 「美國在朝鮮的成績」, 《大公報》, 1947. 3. 10.
38 위의 글, 《大公報》, 1947. 3. 10.

태도를 포기하고 적극적인 반공 노선으로 전환하였다.[39] 이로부터 한반도는 방소防蘇를 위한 미국의 전략적 요충지로 재인식되어 미소 대립의 전초 기지로 부각되었다. 마셜 미국 국무장관은 소련 외무장관에게 "분할 지역에서 경제·정치·문화의 발전을 촉진하고 최후 목적은 흥융한 통일 조선을 성립하는 것"이라며 미군정의 정책 방향을 명확히 밝히었다.[40] 이를 위해 그는 가능한 빨리 미소공위를 회복하려 했고, 전제 조건으로 한국인들이 자유롭게 의견을 발표할 수 있도록 언론 자유가 보장되어야 한다고 주장하였다.[41]

한반도의 위기가 차츰 고조되는 가운데 중국 언론은 미국의 도의상 책임을 거론하였다. 이미 살펴보았듯이 한국인들을 만족시키지 못한 미국과 소련의 세력 대결이 한국을 냉전의 첫 희생자로 만들었다는 것이다. 이런 상황에 대해 《대공보》는 한국만의 불행이 아닌 인류 전체의 불행이며, 이를 해결하려면 미소가 먼저 철수 방법을 협의해야 하고, 4개국의 전면 협상에 의해 완전한 통일 독립 정부를 수립해야 한다고 주장하였다.[42] 《중앙일보》도 미소 분할 정책을 비난하면서 카이로선언을 이행하지 않은 것이 최대 오류이고 앞으로 해결 방안은 연합국 4개국의 전면 협상과 한국 내부의 단결뿐이라고 강조하였다.[43] 국민당 언론은 카이로회담에서 한국 독립을 처음 약속했던

---

39 미소 냉전은 1947년 초 트루먼 독트린의 발표로 시작되었지만 실제 냉전의 개시는 트루먼 대통령이 취임한 1945년 4월 중순으로 보는 것이 보편적 견해이다. (이우진, 「미국의 대한반도정책(19451~1948)」, 한국정신문화연구원 현대사연구소 편, 『한국현대사의 재인식 Ⅰ -해방 정국과 미소 군정』, 오름, 1998, 42쪽).

40 "對韓國問題我國將有表示", 《中央日報》, 1947. 4. 15.

41 "敦促美蘇恢復談判 馬歇爾致函蘇外長", 《中央日報》, 1947. 4. 12.

42 「韓國獨立問題的前瞻」, 《大公報》, 1947. 4. 19.

43 秉直, 「解決朝鮮問題的關鍵」, 《中央日報》, 1947. 5. 16.

미·영·중 3국이 도의적 책임을 함께 지고 있지만 중국은 역사적 지리적 관계 때문에 한국의 운명을 결코 좌시할 수 없다면서 더 적극적으로 '4개국 협상에 의한 한국 독립'을 주장하였다. 1947년 4월 16일 중화민국의 왕스제王世杰 외교부장이 미국의 마셜 국무장관에게 한국 독립에 관한 중화민국 정부의 기본입장을 전달하였다.[44] 중국의 제안은 열강들이 한국 독립의 권리를 존중하여 신속히 군대를 철수시키고 내정 간섭을 하지 않으면 내란을 피할 수 있고, 완전한 평화 방안이 확보될 수 있다는 내용이었다.

### 2) 미소공위 활동과 좌우 대립

종전 직후 한국 독립과 관련하여 삼상회의에서 합의된 내용을 실현하기 위한 제1차 미소공위가 1946년 3월에 소집되었다. 이 무렵 미국은 내부적으로 신탁 통치 방안을 폐기한 상태로, 외형상 남한에서의 격렬한 반탁 운동을 그 빌미로 삼았다. 말하자면 미소공위가 활동을 시작하기 전부터 미국은 이미 실패를 예견한 것이다. 무엇보다 미소공위의 협의 대상이 될 한국의 정당과 사회단체들을 어느 범위까지 포함하느냐에 대해 미소의 의견차가 너무 컸다.[45]

미소공위의 참여 문제로 남한 정치 지도자들 사이에서 갈등이 불거졌는데 《신보》는 이런 상황을 상세히 보도하였다. 우파를 대표한 이승만은 미소공위의 구성 자체를 반대하지 않았지만 신탁 통치 제도를 반대한다는 이유로 불참을 선언하였다. 이에 대해 하지 중장이

44 「韓國獨立問題的前瞻」, 《大公報》, 1947. 4. 19.

45 김영명, 「남한의 정치적 동태와 미군정」, 한국정신문화연구원 현대사연구소 편, 『한국현대사의 재인식 I』, 오름, 1998, 88~89쪽.

"이승만은 국정을 제대로 이해하고 있는 것 같다"라고 평가함으로써 형식상 미소공위에 참여할 뿐 남한 단독 정부 수립을 모색하고 있던 미국의 의도를 감추지 않았다.[46] 단정에 가장 적극적이었던 이승만은 정부 수립 방안과 관련하여 "한국은 오직 하나의 출로밖에 없다. 한국은 100% 민주 정부를 건립해야 한다. 그렇지 않을 때 나치와 같은 공산당정권이 건립될 것"이라고 주장하였다. 그는 일부의 공산당이라도 참가한 혼합 정부는 결코 성공할 수 없다면서 미군정의 유화 정책을 비난하고 철저한 반공 노선을 강조하였다.[47]

일차 미소공위의 실패 후 미군정은 남한에서 좌우 합작 운동을 지원하였다. 1946년 5월부터 활동을 시작한 좌우합작위원회와 기타 정치 단체의 대표들인 김규식·여운형·안재홍·홍명희 등은 미소공위의 참가에 긍정적이었다.[48] 그러나 임정 세력을 주축으로 조직된 한국독립당은 미소공위의 참가 여부로 내부 분열이 심각하였다. 임정 원로파의 대표격인 김구는 미소공위에 참여하지 않겠다는 의향을 이미 발표했고, 혁신파와 민주파가 참가를 주장하자 두 파의 책임자인 안재홍 등 35명을 제명시켰다.[49] 이 때문에 김구는 미군정의 거센 비판을 받았다.[50] 미군정이 좌우 합작 운동을 지원한 숨은 의도는 모스크바 합의에 대한 극단적인 반대 세력과 조선공산당처럼 명확한 사회주의자를 동시에 제거하려는 것이었다. 따라서 좌우 합작 운동을 후원하던 미군정은 조선공산당의 탄압을 강화했고, 반탁 운동에 대한 핍박도 한층 거세게 몰아쳤다.[51]

---

46 "李承晩否認與美有祕密協定", 《申報》, 1947. 5. 26.

47 "美對韓共黨姑息政策 李承晩深表不滿", 《申報》, 1947. 6. 17.

48 "南韓黨表示愿與美方協商", 《申報》, 1947. 6. 21.

49 "韓國獨立黨分裂 革新派安在鴻等被開除", 《申報》, 1947. 6. 22.

50 "美高級當局不滿金九言行", 《申報》, 1947. 6. 24.

중국에서 독립운동을 주도했던 김구는 국민당 정부와 각별한 관계를 유지하고 있었다. 종전 이후로도 중국의 언론과 주요 지도자들은 그에 대해 높은 관심과 지지 의사를 밝혔다. 심지어 이승만이 방중하자 장제스 내외를 비롯한 중국의 많은 지도자들이 노골적으로 김구와의 협력을 촉구할 정도였다.[52] 그러나 남한을 실질적으로 지배하고 있던 미군정이 임정의 실체를 전혀 인정하지 않았고, 해방 이후 임정 인사들의 귀국도 개인 자격으로 허용하였을 뿐이었다. 점령군의 성격을 띤 미군은 남한에서 어떤 종류의 임시정부도 허용하지 않겠다는 입장을 고수하였다. 그럼에도 김구가 전국적인 반탁 운동을 통해 임정의 권능을 주장하며 정치 활동을 재개하려하자 미군정이 강력히 대응하였다.[53]

우여곡절 끝에 열린 2차 미소공위는 남한의 주요 정당 대표들로 안재홍·여운형·장덕수·박헌영 등이 참석했고, 이승만과 김구는 불참하였다.[54] 이후 미소 군정은 남북한의 반탁 운동을 대대적으로 탄압하였는데 북한에서는 소련군에 의해 반탁 시위사들이 실해되거나 부상당하였다.[55] 남한의 13도 대표들은 연명으로 미군정에 협력할 것을 보증한다고 선언하였다. 그들이 신탁 통치를 반대한 주된 이유로 독립 원칙에 어긋난다는 점을 들었지만 신탁 통치가 실시되면 공산당의 확대를 막지 못할 것이란 우려가 더욱 컸다.[56] 남한의 우파 세

---

51 이시카와 쇼지·히라이 가즈오미 엮음, 최덕수 옮김, 『끝나지 않은 20세기 -동아시아역사 1894~』, 서울 : 역시비평사, 2008, 114쪽.

52 장제스 총통의 부인 송미령까지 이승만에게 김구의 안부를 물으면 공동 협력을 당부하였다. ("李承晩晉謁主席代表韓人民致敬", 《申報》, 1947. 4. 14).

53 "金九籌組韓國臨時政府 勒琪發表聲明認爲不合", 《申報》, 1947. 5. 13.

54 "南韓會議昨揭幕四百政黨社團參加協商", 《申報》, 1947. 6. 26.

55 "韓北反託管示威多人被逮捕", 《申報》, 1947. 7. 23.

56 "朝鮮十三省人民表示愿與美眞誠合作", 《申報》, 1947. 7. 19.

력은 미국에 대해 자신들의 반탁 운동이 반미가 아닌 반공을 위한 활동임을 강조함으로써 친미 반공 노선을 명확히 들어냈다. 그뿐 아니라 친일 세력까지 반공 이데올로기와 친미 노선을 무기로 삼아 미군정 체제 아래에서 자신들의 정치적 입지를 재생, 유지, 확대시켜나갔다.

남한에서 신탁 통치의 찬반 여부로 좌우 대립이 격렬해지면서 폭력 사태가 빈번하였다.[57] 급기야 해방 정국에서 주요한 역할을 맡았던 여운형이 피살당하였다.[58] 건국의 주도권을 둘러싸고 벌어진 남한 정치 세력의 대립이 반탁 운동을 거치며 좌우파의 대결로 극명하게 표출된 것이다. 남한에서 반탁 운동을 주도한 사람은 임정 세력을 이끈 김구로, '신탁 통치 반대'라는 국민감정을 이용하여 대규모 시위를 조직하고 자신의 입지를 최대한 고양시켰다. 반면 이승만은 한국민주당과 더불어 반탁 노선에 동조하였으나 미군정에 대한 직접 저항은 기피하였다. 그는 반탁 운동 때문에 미국과 마찰하는 것은 득이 없다고 보았다. 애당초 그는 미소 합의에 의한 남북 통일이나 좌우 연합의 가능성이 없다고 보고 자신을 정점으로 한 단독 정부의 수립을 추진하였다.[59]

김구의 반탁 운동은 결국 실패로 끝났다. 미군이 장악하고 있던 남한 지역의 정치 구도에서 민족적 열정과 통일 독립의 명분 이외에 이를 실현할 수 있는 수단을 갖지 못한 김구의 정치 노선은 아무런 성과도 거두지 못하였다. 오히려 반탁 운동은 좌우 대립만 심화시키고 우파의 단정 수립에 이용당하는 결과를 가져왔다.[60] 그런데 《신

57 "韓政黨領袖被狙擊殞命", 《申報》, 1947. 7. 20.

58 "霍奇對呂運亨之死表示痛心", 《申報》, 1947. 7. 24.

59 김영명, 앞의 글, 85~86쪽.

보》는 반탁 운동으로 인한 남한의 좌우 대립보다 미소의 분할 지배에 의한 남북한의 폐해가 더 심각한 것으로 인식하였다. 이러한 시각은 트루먼 대통령의 특사 자격으로 아시아 문제를 파악하기 위해 중국과 한국을 차례로 방문한 워드마이어와 중국 주재 한국 임시 정부 대표단 단장 박찬익의 면담 기사에 잘 드러나 있다.

《신보》의 보도에 따르면 북한 지역은 "소련군의 지원을 받은 공산당에 의해 투쟁과 파괴, 무력이 횡행하여 끝없는 공포와 재난을 초래하고 있다"면서 중국 공산당의 활동과 일맥상통한 것으로 보았다. 반면 남한에서는 공개적인 당파 활동이 가능하지만 다년간 독립운동에 헌신한 혁명단체와 개인들이 마땅히 받아야 할 대우를 받지 못하고, 오히려 미군정 치하에 고개를 쳐들고 다니는 것은 매판 계급뿐이라고 비판하였다. 그들은 영어 몇 마디 안다고 미군의 뜻에 따라 동포들을 억압하고 있어, 백성들이 과거와 마찬가지로 고난을 겪고 있다고 주장하였다. 말하자면 한국의 해방은 "한 주인[일본]이 바뀌어 다른 주인[미국]이 들어선 것이나 다름없는 상황"으로, 진정한 해방이 아니란 인식이 강하였다.[61] 그동안 중국에서 독립운동을 이끈 임정 세력과 김구의 위상은 철저히 부인하면서 친일 세력의 득세를 수수방관하고 있는 미군정의 점령 정책을 꼬집은 것이다. 또한 모스크바 삼상회의에서 합의된 신탁 관리 방안이란 아무런 역사적 근거가 없이 그저 자신들의 세력 균형을 위한 것으로, 한국만 희생되었다고 비판하였다. 남북한을 나눈 38선이 두 사상과 제도의 분계선일 뿐만 아니라 무력 충돌이 일어날 수밖에 없는 모순의 최전선이라고 본 것이다. 이 때문에 한반도의 냉전 구도는 한국의 운명일 뿐만 아니라,

60 같은 글, 84쪽.

61 "魏德邁東來途中訪韓國臨時政府駐華代表團長朴純", 《申報》, 1947. 7. 23.

중국과 세계의 평화와도 연관되어 있다고 주장하였다.[62]

모스크바 삼상회의의 부산물인 미소공위는 시작부터 협의 대상이 될 한국의 정당 사회 단체를 어떤 기준으로 선정하느냐의 문제로 견해차가 너무 컸다.[63] 《중앙일보》는 "지금 세계는 두 종류의 사상으로 쪼개어져 의견이 엇갈리는데 조선에서 가장 분명하게 표현되고 있다"면서 한국의 이념 대립을 국제 문제로 인식하였다.[64] 《대공보》는 한국인에 대해서 "약소국가가 독립을 원한다면 먼저 자강의 방법을 강구해야 한다. 강권 정치에 의지하면 결국 소용돌이에 휩싸여 벗어날 방법이 없다"면서 미소에 의탁한 한국 정치 세력의 분열을 지적하고, 건국의 진통 중 최대 난관은 정치적 단결이라는 점을 새삼 강조하였다.[65] 이렇듯 국민당 언론은 한국의 정치적 갈등이 미소의 이념 대립에 따른 결과이지만 여기에 부화뇌동한 국내 정치 세력도 함께 비판함으로써 소련의 지원으로 내전을 확대시키고 있는 중국 공산당에 대한 여론 공격을 강화하였다.

남한 내의 좌우 갈등이 심각해지는 가운데 동북 지역의 위기도 고조되어 소련군의 지원을 받은 북한과 중국 공산당의 연계가 현실화되었다.[66] 국민정부는 국공 내전과 남북 분단으로 표면화된 동아시아의 이념 대립이 사실상 소련과 연계된 국제 문제로, 그 해결의 열쇠는 한반도에 조속히 통일 정부를 수립하는 것이라고 판단하였다.[67]

---

62 앞의 글, 《申報》, 1947. 7. 23.

63 김영명, 「남한의 정치적 동태와 미군정」, 한국정신문화연구원 현대사연구소 편, 『한국현대사의 재인식 Ⅰ』, 오름, 1998, 88~89쪽.

64 "韓局極待澄清 蘇組編北韓軍近二十萬人", 《中央日報》, 1947. 7. 30.

65 「韓國獨立問題的前瞻」, 《大公報》, 1947. 4. 19.

66 "蘇聯配備韓軍協助共匪叛亂", 《中央日報》, 1947. 7. 26 ; "韓軍六萬入東北", 《大公報》, 1947. 7. 26.

67 王璧岑, 「水豊電權與中韓關係」, 《中央日報》, 1947. 5. 19.

미소의 세력 팽창에 의한 남북한의 대립 구도가 심화되는 가운데 중국은 역사적 지리적 문화적 연계성을 배경으로 한국 문제에 대한 적극적인 의사표시를 하며 '사대자소事大字小'의 중화 의식을 공공연히 드러낸 것이다.[68] 그 방법은 외교적 후견인으로서 도의적 의무와 국제적 책임을 내세우며 중국을 포함한 4개국의 전면 협상을 주장한 것이었다.[69]

애당초 어려움이 예견된 미소공위의 좌절로 국민당 언론은 미소 군정을 실패한 것으로 판단하였다. 또한 남북 분단이 고착화되면서 분열의 일차 책임이 4개국 연합국에 있지만 최종 책임은 미국과 소련에 있다면서 이제라도 미소 양국이 한국 문제 해결에 성의를 보이려면 중·영과 함께 4개국 회담을 적극 고려할 때라고 주장하였다.[70] 국민당 언론은 전후 처리에 있어서 주권 국가의 자주독립 방식이 아닌 오랜 역사적 연고와 외교상 도의적 책임 및 지리적 인접성을 이유로 자국까지 포함된 4개국 협상론을 제기함으로써 자국의 이익을 담보하려고 했다. 이것은 한국 독립을 미소의 독점 지배 아래 두지 않고 연합국의 다자간 협상에 맡김으로써 가능한 중국의 영향력을 유지해보려는 중화주의의 현실적 변용이었다.

---

68 예컨대 전후 한국의 운명은 미소 점령군에 의해 좌우된다면서도 전통적 책봉 관계를 부각시켰고, 앞으로 쑨원의 삼민주의에 입각하여 해방과 자유를 쟁취하려는 민족을 동정하고 협조한다는 명분으로 한국 독립에 적극 개입하려 했다. (紀云, 「美蘇分治下的朝鮮」, 《中央日報》, 1947. 5. 30).

69 "王世杰部長在參政會談韓國問題", 《中央日報》, 1947. 5. 23.

70 「潘世憲 : 漢城會議展望」, 《申報》, 1947. 8. 22.

## 3. 한국 문제의 유엔 처리

### 1) 4개국 협상안과 동시 철수론

국공 내전이 악화되는 가운데 《신보》를 비롯한 중국 언론의 한국 관련 기사는 점차 세력을 확대하고 있던 공산당 문제에 집중되었다. 대부분 미국발 기사를 인용 보도하였는데 동아시아에서 냉전을 기정사실로 받아들이는 경향이 강하였다. 예컨대 미국 공화당 쉘부르 의원은 "소련이 무력, 유혹, 유배 등의 수단을 이용하여 조선을 공산화시키고 있기 때문에 미소 점령지의 분계선은 세계에서 가장 위험한 문제가 발생할 지역 중의 하나"라고 주장하였다.[71] 특히 미국 기자들의 아시아 르포에서는 남한 지역에서 벌어지고 있는 공산 세력의 불법 폭력을 부각시켰다. 그들은 "분열되어 있는 세계의 두 사상 체계가 조선에서 투쟁하고 있는데 그 첨예한 대립을 어느 나라와도 비길 수 없다"면서, 한국 분단을 전후 냉전 체제의 첫 희생물로 파악하였다.[72]

처음부터 미국 언론은 전후 동아시아 지역에서 확산되고 있는 공산 세력에 대해 깊은 우려를 표시했고, 《신보》 등은 이를 확대 재생산시켜 냉전 구도를 부추기는 데 일조하였다. 특히 미국 언론은 소련군의 영향력 아래에 있던 북한 지역의 무장화가 그 이전 발칸반도에서 소련이 취한 조치와 비슷한 것으로 판단하였다. 더욱이 동북 지역의 군사 작전을 통해 북한군이 중국 공산당으로부터 훈련 방식을 전

71 "韓國組臨時政府 美軍司令霍奇表反對", 《申報》, 1947. 3. 6.

72 "南韓共黨醞釀革命 漢城人心極度不安", 《申報》, 1947. 7. 31.

수받고 있다는 사실에 주목하였다.[73]

시카고 신문의 소련 특파원 헐츠는 만일 미국이 남한에서 철수하고, 동시에 소련도 북한에서 철수하게 되면, 북한 공산당이 압도적 군사력을 바탕으로 한반도 전체를 접수하게 될 것이라고 예상하였다. 시카고 논단의 심슨 기자는 소련의 아시아 지배 전략을 보도하면서 북한은 이미 철저히 공산화되었고, 장차 동북 지역까지 합병시켜 시베리아·쿠릴열도·치시마千島 및 외몽고를 하나로 묶은 후, 네이멍구內蒙古와 신장新疆이 중국으로부터 이탈하면 이들 지역까지도 여기에 포함시킬 것으로 내다보았다. 그러므로 미국이 남한을 지키지 않으면 즉시 공산화될 것이고, 일본도 소련에 합병되어 결국 중국을 포위하게 될 것이라고 주장하였다.[74] 이처럼 중국 언론을 통해 투영된 미국 언론의 한국관에서 확인할 수 있듯이 미국은 처음부터 미소공위의 실패를 예상하고 통일 독립 국가의 수립보다 남한 지역의 안정적 항구적 지배력 확보에 더 치중하였다.

《신보》는 미소 주둔군의 한반도 분할 점령을 유럽의 미·영·프·소 4개국이 독일에 주둔한 것과 같은 방식으로 인식하였고, 전후 유럽에서 시작된 미소 주도의 세력 대결이 극동에서 그대로 재현되고 있는 것으로 판단하였다. 또한 남한 단독 정부 수립이 본격적으로 검토되고 있는 가운데 한국에서 냉전 구도를 재촉시킨 요인으로 남북한 정치 세력들의 좌우 대립을 들고 있다. 그렇지만 남북 분단의 일차 책임이 미국과 소련에 있다고 보았는데 일본의 식민 통치를 사십여 년 동안이나 받아온 한국은 전후 처리 준비 회담에서 4개국으로부터 이미 독립을 보장받아 패전국 독일과는 근본적으로 다름에도 불구하

---

73 "韓共野心益形露骨", 《申報》, 1947. 8. 22.

74 "蘇聯統治亞洲計劃(美記者之報道)", 《申報》, 1947. 8. 23.

고 분할 점령한 것부터 잘못되었다는 것이다. 이 때문에 《신보》는 미소 양국이 서로 난국 타개의 성의가 있다면 중·영과 함께 한국 문제를 해결하기 위한 4자회담을 고려해 볼 필요가 있다고 제안하였다.[75] 아무런 성과 없이 공전만 거듭하고 있는 미소공위를 대신하여 카이로회담의 기본 원칙으로 되돌아가 4개국이 공동 협의하는 것이 효율적이란 주장이었다. 이것은 한국 문제를 미소의 독점지배로부터 4개국의 다자간 협상으로 전환함으로써 중국의 영향력을 어느 정도 확보할 수 있고 내전에도 유리할 것으로 판단한 결과였다.

한국 문제의 해결을 위한 미소공위의 활동이 실패로 끝난 후, 이를 계기로 중화민국이 주장한 4개국 협상론이 다시 부각되었다.[76] 미국 정부가 중·영·소에 대해 워싱턴에서 한국의 통일 정부 수립 방안에 관하여 논의할 것을 제의했고, 중국 정부는 즉각 찬성을 표시하였다.[77] 미 국무부 부장관 로버트가 소련의 외교부장 몰로토프에게 보낸 건의서에 따르면 한국의 임시정부 수립을 위해 미소의 점령 지역에서 가능한 빨리 선거를 실시하여 대표성을 갖는 임시의회를 구성하고, 임시의원 수는 인구비례에 의해 선출하며, 4개국 대표와 협의를 거쳐 정치·경제의 기초를 세우자는 방안이었다. 이렇게 수립된 임시정부가 4개국 연합국과 함께 한국에 주둔 중인 미소 군대를 일률적으로 철수시키는 시기를 확정하도록 계획하였다.[78]

4개국 협상안에 대해 중국 언론들은 대부분 지지하였다. 미소 군정에 비판적이던 《대공보》는 한국 문제에서 이념 대결을 큰 걸림돌

75 "潘世憲: 漢城會議展望", 《申報》, 1947. 8. 22.
76 "蘇對四强朝鮮會議事尙未答復", 《中央日報》, 1947. 9. 6.
77 "四强會商韓政局 我政府同意參加", 《申報》, 1947. 8. 31.
78 "樹立韓蘇臨時政府美聯提出具體意見", 《申報》, 1947. 8. 31.

로 보았고, 한국 독립에 관한 국제 합의가 가장 빠르고 정확한 방법이라고 주장하였다. 연합국 4개국이 한국 독립을 보증하여 5년간 신탁 통치를 거친 후 선거를 통해 의회를 구성하고 임시 통일 정부를 수립하는 방식이었다. 구체적으로 미소가 이념 대결을 포기하고 한국 문제의 해결을 위해 4개국 공동의 '조선의 영구 중립'을 보증하는 것으로 소련의 동의가 무엇보다 중요하였다.[79] 실제로 소련이 4개국 회의를 곧장 거절함으로써 수포로 돌아갔고,[80] 한국 문제의 담판이 교착 상태에 빠지자 미국은 유엔 간섭을 요구하기에 이르렀다.[81]

공산당과 내전 중이던 국민 정부는 미국의 경제·군사 지원이 절대적으로 필요하였다. 미국 역시 전후 질서 재편에서 소련의 팽창을 막으려면 한반도의 공산화를 저지해야 했고, 이를 위해 중국과의 연대가 필수적이었다. 동아시아의 냉전 구도가 굳어지면서 미국과 중국의 협력이 절실하게 되었고, 한국 독립 문제가 선결 과제로 떠오른 것이다. 미국은 유엔에 별도의 위원회를 조직한 후 한국 정세를 조사하고 남한만이라도 선거를 실시한 후 그 결과를 통일 정부의 조직 방법과 기초로 삼자고 제의하였다. 또한 유엔과 한국 임시정부가 협의하여 미소 군대의 철수시기를 결정하도록 했다. 이에 미소공위의 소련 대표단이 즉각 반대하고 나섰는데 "미국은 이것저것 트집이 많고 조선 정당들과 협상하여 임시정부를 조직하는 문제에 소련의 건의를 거절하였다"면서 사실상 미국이 한국 문제를 난항에 빠뜨렸다고 비난하였다.[82]

---

79 「四强眞誠要合作一論朝鮮問題」, 《大公報》, 1947. 9. 2.

80 「解決韓國問題僵局 美國務院正在硏究」, 《中央日報》, 1947. 9. 12.

81 "美將要求聯合國干涉韓國僵局", 《中央日報》, 1947. 9. 17.

82 "美國將朝鮮問題正式提交聯大會", 《申報》, 1947. 9. 19.

연합국의 일원이었던 중국은 유엔 대표 구웨이쥔을 통해 한국 문제의 유엔 처리에 즉각 동의하였고,[83] 영국도 원칙상 찬성하였다. 구웨이쥔은 한국 독립의 기본 원칙으로 중국이 참여한 카이로회담의 합의사항을 내세우며 후견 역할과 도의적 책임을 강조하였다. 그는 유엔 방안에 다자간 신탁 관리 계획을 포함시키려 했지만 이를 관철시키려면 중국이 직접 제안하는 것이 타당하다는 미국의 거부로 실패하였다.[84] 이로써 신탁 통치에 의한 한국 독립의 참여를 줄곧 염두에 둔 중국의 전후 한반도 정책이 최종적으로 폐기되었다.

그런데 미국이 제기한 한국 문제의 유엔 이관에 맞서 소련은 미소 점령군을 이듬해 봄까지 한반도에서 철수시키자는 '동시 철군론'을 내놓았다.[85] 이에 대해 이승만이 곧바로 반대하였고 오히려, "미국은 남한에 소수 군대를 남겨두어 치안을 유지하는데 협조하고, 주권 독립에 방해가 되지 않는 범위 내에서 군사력을 계속 유지해야 한다." 면서 미군의 '계속 주둔'을 주장하였다.[86] 한반도의 군사력 동향에 가장 예민했던 중국은 외교부장 왕스제의 성명을 통해 미소 주둔군의 철수는 유엔과 모스크바협정에 참여한 4개국이 공동 결정할 문제라면서, 소련의 제안에 원칙적으로 찬성하였다.

동시 철군과 관련하여 유엔 중국 대표 구웨이쥔이 밝힌 전제 조건은 임시 민주 정부의 수립, 법과 질서의 수호, 내전의 위험 요소 제거 등이었다. 또한 중국은 유엔에서 규정한 어떤 조건이라도 동의할 준

83 "我代表團闡述贊成美國建議理由 但保留對韓獨立主張", 《申報》, 1947. 9. 23.

84 "美對朝鮮問題新建議 中英表示原則贊同", 《申報》, 1947. 10. 13.

85 "聯大通過美國提案朝鮮問題列入議程", 《大公報》, 1947. 9. 25 ; "對撤退蘇美駐軍韓人反響不一", 《中央日報》, 1947. 9. 28 ; "促成韓政治獨立應由聯合國監視", 《申報》, 1947. 9. 29.

86 "李承晩要求蘇聯軍立卽無條件撤軍 但主張美軍應留置南韓", 《申報》, 1947. 10. 1.

비가 되어 있으나 우선 4개국의 의견을 청취해야 한다는 점을 강조하였다.[87] 공산 세력에게 내몰리고 있던 국민정부는 한반도의 군사력 균형을 깨뜨릴 소련의 동시 철군을 바로 받아들이기 어려웠다. 이미 공산화된 북한 지역은 물론 좌우 대립으로 혼란스러운 남한에서도 미군 철수란 곧 힘의 공백을 의미했다. 종전 후 동북 지역을 장악한 중국 공산당이 소련군의 지원을 받고 있는 상황에서 중국 정부는 북한의 군사력 동향에 민감할 수밖에 없었던 것이다. 이 때문에 중국 정부는 소련군의 동시 철수를 의심하였고, 한국 독립이 완료된 이후 미군 철수가 가능할 것으로 보았다.

그 후 중국은 한반도에서 미소 군대의 철수 시기와 방법, 사전 조치 등을 모스크바협정의 4개국과 협의하여 결정할 것을 여러 차례 강조하고 있다.[88] 예컨대 구웨이쥔은 "조선 점령군의 철수 관련 조치나 방법에 관하여 중국의 발언권이 있다"면서 사전에 충분한 정보제공을 요구하였다.[89] 그런 근거는 지리적으로 인접한 한국에서 일어나게 될 사건은 중국의 동북 지역에 직접 영향을 미칠 것으로 보았기 때문이다. 《신보》도 역사적으로 오랫동안 지속된 연대와 지리적 인접성을 배경으로 한중 양국을 '순망치한'의 관계로 이해하였다.

한반도의 냉전 체제를 현실로 받아들인 《신보》는 공산당의 확산을 저지하기 위한 기사를 쏟아냈다. 예컨대 미국의 Collier's 주간 발행인 W.L. Chenery가 쓴 「조선의 교착 상태」란 기사를 전재하고, 이를 통해 동아시아에서 미국의 역할을 다음과 같이 제시하고 있다.

---

87 "顧維鈞在聯大政會演說朝鮮應早獲獨立", 《申報》, 1947. 10. 30.

88 "韓國問題我贊同美·蘇同時撤兵", 《申報》, 1947. 11. 2.

89 "我聲名對韓境駐軍措施應有發言權", 《申報》, 1947. 11. 6.

우리(미국)가 할 일은 공산주의가 세계 각지로 확산되는 것을 저지하는 일이다. 만일 우리가 조선에서 철수하더라도 소련의 새로운 야심을 실현하지 못하게 할 방법이 있다면 하루라도 빨리 조선에서 철수할 것이다. …… 우리는 극동과 태평양지구에서 어떤 방어능력을 건립할 수 있는가? 이 문제는 우리의 장래와 조선에서 우리가 얼마동안 주둔할 것인가의 문제에 결정적으로 작용하게 될 것이다.

라고 하여 전후 미국의 역할은 공산주의를 저지하는 것으로, 동아시아에서 미소 양국의 냉전적 대결 의식을 그대로 드러냈다.[90] 이 때문에 남한에서의 미군 철수 여부는 통일 독립 국가 수립을 위한 정치적 고려보다 냉전 체제 아래서 미국의 군사적 우위 여부에 따라 결정될 문제였다. 특히 미소 주도의 이데올로기 대결 양상이 한국 분단 과정에서 극명하게 드러난 것이다. 그러므로 중국은 전후 한국 문제 처리에 있어서 카이로회담의 성과물인 4개국 협의에 의한 독립과 미소 군대의 철수를 주장했지만 스스로 실행력이 없는 국제적 합의란 아무런 구속력이 없었다. 냉전의 시발점인 한국 분단 과정에서 중국은 주도적 계획이나 자주적 역량이 아닌 미국의 협력자로서 제한적 역할에 그칠 수밖에 없었던 것이다.

유엔에서 미소의 한국 독립 방안이 대립하는 동안 소련의 '동시 철수론'은 남한 내의 새로운 갈등 요인으로 작용하였다. 문제는 동시 철군의 시기와 방법으로, 남북한 정파들의 견해가 크게 달랐다. 이승만을 비롯한 극우파는 미군 철수에 절대 반대하였고, 중도파나 온건우파는 소련의 동시 철군을 지지하는 입장이었다. 통일론자들은 미소 점령군이 통일의 장애 요인이라는 관점에서 신속한 철수를 주장

90 "朝鮮僵局", 《申報》, 1947. 11. 17.

하였고,[91] 미국과 남한 극우파는 미군 철수 이후 북한군에 의해 한반도가 공산화될 것으로 우려했기 때문에 동시 철군을 반대하였다.

이러한 동시 철군 논란에 대해 《대공보》는 미소 양국이 임시정부를 통해 앞으로 수립될 정식 정부까지 장악하려는 의도라고 보았다. 또한 한국인들이 "독립 자유를 쟁취하려면 스스로 먼저 분쟁을 멈춤으로써 미소의 투쟁 도구가 되지 않도록 하는 것"이 중요하다고 조언하였다. 그러므로 소련의 동시 철군은 실제 결과가 어떠하든지 독립 쟁취를 위해 한국인들이 반대할 이유가 없고, 단지 어떤 방법으로 주둔군을 내보낼 것인가로 고민해야 한다면서, 철군 문제를 논쟁거리로 삼는 것에 대해 비판적이었다.[92]

현실적으로 한반도의 군사 동향에 가장 예민했던 국민정부는 외교부장 왕스제의 성명을 통해 미소 주둔군의 철수는 유엔과 모스크바 협정에 참여한 4개국이 결정할 문제라면서 소련의 제안에 원칙적으로 찬성하였다. 다만 군대 철수 이후 한국에서 무정부 상태나 내전이 발생되어서는 안 된다는 점을 분명히 밝혔다. 그러므로 유엔에서 한국 문제를 포괄적으로 해결하려면 군대 철수의 시기와 조건을 함께 결정하고, 최종적으로는 연합국 4개국과 협의할 것을 주장하였다.[93] 내전에 휩싸인 중국 정부가 한반도의 세력 균형을 깨뜨릴 수 있는 소련의 동시 철군을 곧바로 수용하기 어려웠다. 왜냐하면 이미 소련군에 의해 장악된 북한 지역은 물론 좌우 대립으로 혼란스러운 남한에서 미군 철수란 곧 힘의 공백을 의미했기 때문이다.

---

91 "蘇駐北韓軍隊傳將自動撤離", 《中央日報》, 1947. 10. 7.

92 「中國關心朝鮮問題」, 《大公報》, 1947. 10. 4.

93 "王外長發表聲明韓國應早予獨立", 《申報》, 1947. 10. 21 ; "對解決韓國問題 王外長發表聲明", 《中央日報》, 1947. 10. 21.

전후 동북 지역을 점령한 중국 공산당이 소련군의 지원을 받아 점차 내전을 확대하고 있는 상황에서 북한 지역의 군사 동향은 매우 중요하였다. 소련은 이곳을 점령한 직후 줄곧 무장 세력을 키웠지만 미국은 남한의 군사력 증강에 소홀하였다. 그 결과 남북한의 군사력 차이가 갈수록 커졌고, 중국 정부는 소련의 동시 철군 제안을 의심하면서 한국이 독립된 이후에야 미군 철수가 가능할 것으로 내다보았다. 이 때문에 유엔 중국 대표 구웨이쥔은 기회 있을 때마다 미소 주둔군의 철수조치나 방법에 관한 중국의 발언권을 강조하며 사전 협의를 요구하였다.[94] 그는 미소 군대가 동시 철수할 경우 한반도의 공산화 가능성이 매우 높고, 곧바로 중국의 동북 지역까지 영향을 미칠 것으로 예상하였다.[95] 이런 이유로 중국은 미소 주둔군의 철수 문제와 관련하여 양국의 일방적 조치가 아닌 4개국과의 충분한 협의를 거친 후 결정할 것을 주장하였다.

### 2) 한국 문제의 유엔 처리

중국 정부는 장차 한국에서 발생하게 될 어떤 사건이든지 국경을 접한 동북 지역에 직접 영향을 미칠 것으로 내다보았고, 역사적으로도 우월한 지위를 유지해온 한국에 대해 어떤 식으로든 간여하려는 의지가 강하였다. 이 때문에 중국은 한국 독립에 관하여 카이로회담의 합의사항을 기본 원칙으로 내세웠지만 스스로 실행할 수 있는 힘이 부족한 국제 합의란 아무런 구속력이 없었다. 마찬가지로 미소 군대의 철수 시기, 방법, 사전 조치 등에 관하여 중국은 모스크바협정

94 "我聲名對韓境駐軍措施應有發言權", 《申報》, 1947. 11. 6.

95 "聯大政委會否決蘇聯關于朝鮮問題的建議", 《中央日報》, 1947. 11. 6.

에 참여한 4개국과 협의하여 결정할 것을 주장했지만 공허한 외침에 불과했다.[96] 미국이 제기한 한국 문제의 유엔 이관이란 새로운 상황에서 중국의 역할은 '4개국 신탁 통치'를 대신하여 '유엔한국위원회의 지도 감독에 의한 한국 독립 방안'을 제출하고 참여하는 것이었다.[97]

한국 독립 문제가 마침내 미국의 주도로 유엔정치위원회에서 토의되었다. 유엔 내에 특별위원회를 조직하여 남북한 총선거를 실시하자는 미국안과 미소 주둔군의 동시 철수 및 남북한 대표를 유엔에 출석시켜 직접 의견을 청취하자는 소련안이 함께 상정되었다.[98] 유엔정치위원회는 이틀간 회의를 거쳐 41 대 0 표로 미국의 제안을 통과시켰다.[99] 이어서 중국과 필리핀 및 인도가 수정 제의한 한국 독립 방안을 확정지었다.[100] 그 후 유엔은 한국위원회를 조직하였는데 중국·인도·시리아·오스트레일리아·캐나다·프랑스·필리핀·엘살바도르의 9개국 대표들로 구성되었고, 중국의 후스쩌胡世澤가 전체 대표로 뽑혔다.[101] 유엔 총본부는 유엔한국위원회를 1월 2일 소집히였고, 1월 9일부터 한국에서 활동을 개시하였다.[102] 그러나 유엔 대표단의 한국 활동은 시작부터 벽에 부딪쳤다. 소련군이 노골적으로 유엔 대

---

96 "韓國問題我贊同美蘇同時撤兵", 《申報》, 1947. 11. 2.

97 "聯大政委會通過韓國獨立計劃", 《中央日報》, 1947. 11. 7.

98 "聯大辯論韓國獨立問題", 《中央日報》, 1947. 10. 30 ; "聯大政治委員會通過美關于朝鮮問題的建議", 《中央日報》, 1947. 11. 1.

99 "朝鮮問題聯大政委會通過美修正案 我代表支持美國立場", 《申報》, 1947. 11. 1.

100 「朝鮮獨立案全文」, 《申報》, 1947. 11. 7 ; "聯大對韓國獨立問題通過美建議", 《中央日報》, 1947. 11. 16.

101 "聯大通過朝鮮獨立案成立九國委員團", 《申報》, 1947. 11. 16.

102 "聯合軍朝鮮委會定期在漢城會議, 聯合國朝鮮委員會首次會議將在漢城擧行由胡世澤率領下月出發", 《中央日報》, 1947. 12. 12 ; "聯合國朝鮮委員會離美越韓", 《中央日報》, 1948. 1. 3.

표단의 입북을 거부하였고,[103] 북위 38도선 변경에서는 미소 점령군 사이에 무력 충돌이 빈번히 발생하였다.[104] 남한에서도 총선거를 반대하는 시위가 끊이지 않아 수개월 동안 치안이 혼란스럽고 폭력 사태도 빈번하였다.[105] 이런 이유로 국민당 언론은 한국을 전후 냉전 체제의 대표적 희생양으로 꼽았다.[106]

이때부터 국민당 언론의 관심사는 남북한의 정국을 누가, 혹은 어떤 세력이 주도하고, 어떻게 정부를 수립할 것인가의 문제로 옮겨갔다. 당시 국민당 언론의 집중 조명을 받은 남한의 정치지도자는 극우파를 대표한 이승만과 온건우파를 대표한 김구로, 유엔 대표단은 두 지도자와 면담을 가졌는데 시국 대응에 관한 견해가 너무나 달랐다. 영어가 유창한 이승만은 유엔 대표단의 활동에 적극 협력하면서 남한만이라도 선거를 실시하여 하루빨리 독립 정부를 수립해야 한다고 주장하였다.[107] 이에 대해 김구는 소련 점령지인 북한에도 주민들이 있고, 강대한 우익 세력의 지배 아래 있는 남한에서 경찰의 우경화로 자유로운 선거를 치룰 수 없다면서 유엔 대표단의 활동에 대해 회의적이었다.[108] 온건 우파와 중간파를 비롯한 대다수 남한의 정치 세력들도 단독 정부 수립에 부정적이었다.

1947년 말 미국에 의해 제출된 한국 독립 방안이 유엔에서 통과된 후 미소공위의 활동은 종료되었다. 이로부터 중국의 관심사는 남

103 "聯合國赴韓代表團 昨擧行首次會議", 《中央日報》, 1948. 1. 13 ; "聯合國朝鮮委員會致函蘇方要求准入北韓聯合作", 《中央日報》, 1948. 1. 17.

104 "美蘇占領區軍警時有衝突", 《中央日報》, 1948. 1. 20.

105 "蘇聯拒絶北韓代表團進退維谷, 蘇聯拒絶聯合國朝鮮委員會 代表團進入北韓", 《中央日報》, 1948. 1. 25.

106 "聯合國朝鮮委員會明日擧行會議", 《中央日報》, 1948. 1. 11.

107 "李承晩請聯合國於南韓單獨選擧", 《中央日報》, 1948. 1. 27.

108 "南韓單獨選擧金九表反對", 《申報》, 1948. 1. 28.

북한의 정국을 누가 혹은 어떤 세력이 주도하고 어떤 방식으로 정부 수립을 이루어낼 것인가의 문제였다. 좀 더 구체적으로 말하자면 남한 단독 정부의 수립 가능성이 커진 만큼 미국의 역할과 국내 정치 세력들의 활동에 관심이 집중된 것이다.

우파 세력은 남한에서만 치르게 될 단독 선거를 전국적인 투표로 인정해 줄 것을 유엔에 촉구하면서 남한에서 하루빨리 공화국을 건립하는 것이 통일의 관건이란 주장을 폈다.[109] 여기에 가장 적극적이었던 이승만은 《신보》와의 회견에서 "만일 남한이 무기를 획득할 수 있다면 6주일 내에 오십만 명의 군대를 모집할 수 있으며, 이 무력으로 북한 공산당과 작전할 수 있다. … 우리가 현재 필요한 것은 오직 무기뿐이다. 미국 무기로 남한 군대가 무장할 수 있기를 바라마지 않는다."라고 피력하였다.[110] 그의 주장은 먼저 남한에서 독립 국가를 세운 후 미국의 군사 지원을 받아 무력으로 북한 지역을 통일하자는 것으로, 냉전 체제의 형성 과정에서 친미 반공 노선을 내세워 자신의 정치적 입지를 강화해 나갔다.

중간파는 정당들의 지나친 난립으로 계속된 혼란을 해소하기 위해 미군정의 도움을 받아 좌우 합작 운동을 전개하였다. 여기에 김규식·홍명희·이극로 등 백여 명이 참여하여 민족자주연맹을 조직하였다.[111] 온건 우파를 비롯한 대다수 정치 세력들은 남한만의 정부 수립에 부정적이었다. 한국 임시정부 주중 대표단의 대변인 민석린은 "한국민은 누구나 통일 정부의 출현을 갈망해왔다. 이런 갈망은 서로 의견이 다른 외세가 점령한 현실에서 불가능한 일이다. 소련이 점령

109 "韓人陳述對選舉意見", 《申報》, 1948. 1. 29.

110 "李承晚談話韓人盼能獲得武器以與北韓共黨作戰", 《申報》, 1948. 1. 30.

111 "朝鮮中間派政黨組民族自主聯盟", 《申報》, 1947. 10. 2.

한 북한은 기근에 빠져있고, 미군정은 남한의 친일 우익들만 기용하여 민심 이반을 가져왔다. 한국인은 스스로 문제를 처리할 권리가 있으며, 어떤 외부세력이 계속 간섭하는 것을 바라지 않는다."라고 주장하였다.[112]

유엔한국위원회는 남북한에서 동시 선거를 실시하는 것이 본래 사명이었지만 현실적으로 북한 지역의 활동이 곤란한 상황에서 남한만의 총선거를 먼저 실시하는 방안을 중국·프랑스·필리핀의 지지로 수정 제의하였다.[113] 이 시기에 남한에서도 유엔 대표단의 활동을 반대하는 열차 탈선 사고, 총파업 등이 잇달아 발생하여 사회가 극도로 혼란스러웠지만 유엔 소위원회는 찬성 31, 반대 2, 기권 11표로 남한 총선거안을 통과시켰다.[114] 애당초 중국 정부는 한국 독립이 자국과 동아시아의 안전에 불가분의 관계라면서 유엔 대표단의 활동을 적극 지지하였다.[115] 특히 남한 총선거에 대해서 미국과 중국은 일종의 연대감을 가졌는데 미국은 전후 남한의 점령국이었고, 중국은 인접국으로서 도의적 책임감을 내세웠다.[116] 두 나라는 남한 총선거에 의한 정부 수립을 유엔 결의라는 국제 명분과 남한 인구의 우세라는 국내 조건을 내세워 정당화시켰다.

남한 단독 선거를 결정한 유엔 결의에 대해 남한 지도자들의 반응은 상이하였다. 이승만은 즉각 환영 담화를 발표하고 큰 만족감을 표시한 반면 김구는 남북 통일의 당위성을 주장하며 반대 의사를 표시

112 "我對韓國獨立主張 外部將發表聲名", 《申報》, 1948. 2. 18.

113 "中菲法三國贊同 南韓立卽單獨選擧", 《中央日報》, 1948. 2. 5.

114 "小型大會通過決議案 南韓決進行選擧", 《申報》, 1948. 2. 28.

115 "外部時司長發表談話 違反協定所建政府我不予考慮", 《申報》, 1948. 2. 19.

116 "美要求小型聯大 在南韓進行選擧", 《大公報》, 1948. 2. 25 ; "中美建議小型聯大令赴韓代表團促成總選", 《中央日報》, 1948. 2. 26.

하였다.[117] 남한 지도자들은 각자의 정치적 위상과 지지 세력에 따라 총선거를 바라보는 시각이 달랐다. 하지만 이전의 반탁 운동처럼 좌우파로 확연히 구분되어 서로 대립하기보다 반대 여론이 압도적으로 많았다.

1948년 5월 10일로 예정된 남한의 총선거에 이승만과 김성수의 한국민주당을 제외한 대부분의 정당들이 좌우파 불문하고 모두 반대 입장을 표명하였다. 3월 21일, 22일 이틀간 서울에서 실시된 설문조사에서도 전체 응답자 중 단독 선거를 찬성한 사람은 5%에 불과했고, 남북한 정치 협상에 대해서 71%가 지지하였다. 중국 언론은 이러한 여론 조사를 인용하면서 통일 독립에 대한 한국인들의 뜨거운 열망을 보도하였다.[118]

남한에서 총선거가 준비되고 있는 동안 북한에서는 김일성의 제안으로 전조선정당사회단체대표자연석회의(약칭 연석회의)가 소집되었다. 《신보》는 연석회의에 깊은 관심을 보였는데 무엇보다 남한 정당들의 참가 여부와 남북한 정파의 협력 가능성에 촉각을 곤두세웠다. 《신보》는 반탁 운동과 미소공위의 참여 논란, 그리고 남한 단독 선거까지 계속된 좌우 대립의 배경이 미소의 분할 점령에 있지만 국내 정치 세력들에게도 상당한 책임이 있는 것으로 보았다. 왜냐하면 남한의 정파들이 일치단결하여 5·10선거를 거부한다면 소련도 북한 정권을 수립하지 못할 것으로 판단했기 때문이다. 따라서 연석회의가 미국과 소련의 질곡으로부터 한국이 벗어날 수 있는 좋은 기회로 보고 좌우파의 연대에 큰 기대를 걸었다. 또한 동아시아의 평화 정착을 위해 남북한의 통일은 반드시 자주적이며 평화적으로 진행되어야 한다

117 "金九李承晚反響不一致", 《申報》, 1948. 2. 28.

118 "南韓各政黨反對單獨選擧", 《申報》, 1948. 3. 29.

면서 미소는 한반도에서 주둔군을 철수시키고 옆에서 구경만 하면 된다고 주장하였다.[119]

1948년 4월 19일부터 23일까지 평양에서 열린 연석회의에 남한의 김구와 김규식이 참석하였다. 미군정 당국은 이들의 평양행을 저지하지 않았지만 유엔 한국임시위원단의 대표를 맡고 있던 후스쩌가 연석회의의 성공 가능성에 회의를 표시하며 5월 10일 남한의 총선거는 계획대로 진행될 것이라는 담화를 발표하였다. 그는 남한 정국과 관련하여 이승만과 김성수의 다수파가 남북회의에 참석하지 않은 것을 호의적으로 평가하였다.[120] 그는 한국의 신속한 통일 독립을 기대하지만 공산당의 지배는 원치 않는다면서 반공 노선을 명확히 밝혔고, 결국 투표율이 앞으로 한반도의 정세에 영향을 미칠 것으로 예상하였다.[121]

연석회의에 참석했던 김구와 김규식이 5월 4일 남한으로 귀환했다. 그들은 연석회의에서 통과된 건국 계획을 지지하였는데 우선 미소 점령군을 철수시킨 후 전국적인 선거로 제헌회의를 구성하여 정치 체제를 결정하자는 내용이었다.[122] 이에 대해 미국은 "만일 미군이 철수하면 북한의 공산당군대가 남한을 통제할 것이고, 그렇게 되면 조선은 소련 위성국의 하나로 변하게 될 것"이라면서 반대 의사를 표시하였다. 앞에서 지적했듯이 미소공위의 결렬 이후 미국의 대한 정책은 남북 통일 정부가 아닌 남한 단독 정부의 수립으로 방향을 전환하였고 총선거를 통한 이승만을 비롯한 우익 세력의 집권을 도

119 「韓國南北分合的關頭(社論)」, 《申報》, 1948. 4. 7.
120 "胡世澤在平談南北韓需統一", 《申報》, 1948. 4. 24.
121 "胡世澤分析朝鮮全般局勢", 《申報》, 1948. 5. 3.
122 "金九金奎植擁護北韓決議", 《申報》, 1948. 5. 7.

모하였다.

남한 단독 선거가 현실화되면서 38도선을 경계로 미소 간 긴장이 더욱 고조되었고 남한에서는 선거 방해 활동이 더욱 거세어졌다.[123] 북한에서는 김일성의 주도로 남북한 정당·사회단체 연석회의가 개최되어 남한 총선거를 조직적으로 반대하였다.[124] 국민당 언론은 평양의 연석회의에 깊은 관심을 보였는데 남한 정당들의 참가 여부와 규모 및 남북한 정파의 협력 가능성에 촉각을 곤두세웠다. 이 회의를 계기로 한국이 미소의 분할 통치에서 벗어날 수 있는 마지막 기회라고 보았고, 그렇게 되려면 좌우 연대가 무엇보다 절실했기 때문이다.

《신보》는 남북한의 독자 행보를 보면서 유엔한국위원회의 활동이 실패한 것으로 판단하였고, 단독 선거에 의한 정부 수립 방안도 실효성이 없다고 보았다. 그 대신에 동아시아의 평화 정착을 위해 남북통일은 반드시 필요하고, 그 방법은 자주적이며 평화적으로 진행되어야 한다면서 미소가 동아시아전쟁을 피하려면 마땅히 한반도에서 철수해야 한다고 주장하였다.[125] 《신보》는 자주적 평화적 통일 독립정부의 수립이란 대원칙을 강조하고 절차상 미소 군대의 철수에 더 큰 비중을 두었다. 《중앙일보》는 사실 보도에 치중하였는데 평양의 연석회의에서 발표한 「전국동포서」,[126] '회의 결정 사항' 등을 상세

123 "挖掘壕溝虛置砲位 北韓蘇軍修築防線", 《中央日報》, 1948. 3. 30 ; "南韓選擧登記處 遭暴徒惡意騷擾", 《中央日報》, 1948. 4. 6) 1948년 4월 초 한반도의 최남단 제주도에서 대규모 폭동이 발생하자 미군정은 5·10선거를 저지하기 위한 공산 세력의 불법 폭동으로 규정하였다. ("南韓發生暴動 朝鮮人十七人遇害", 《中央日報》, 1948. 4. 8).

124 "金九金奎植 赴北韓籌開會議", 《申報》, 1948. 4. 10 ; "南北韓聯席會進行中", 《中央日報》, 1948. 4. 24.

125 「韓國南北分合的關頭(社論)」, 《申報》, 1948. 4. 7.

히 보도하였다.[127] 특히 《대공보》가 연석회의에 대해 '조선 통일의 서광'이라면서 큰 기대를 걸었다. 그 이유는 남북한의 46단체 545명의 대표가 참가하여 전국적으로 광범위한 지지를 받았기 때문이다.[128] 유엔의 남한 총선거 실시 결정으로 남북 통일이 비관적인 상황에서 국민당 언론은 연석회의를 새로운 돌파구로 받아들였고, 서로 다른 시각으로 바라보면서도 자주적 통일 독립 정부의 수립 가능성에 큰 기대를 걸었음을 알 수 있다.

## 4. 남한 총선거와 대한민국 정부 수립

남한 총선거는 예정대로 5월 10일 막이 올랐다.[129] 《신보》는 남한 선거를 서양의 민주주의와 공산주의가 막후 전쟁을 벌이고 있는 것으로 인식하였고, 미군의 대한 정책에 대해 신랄히 비판하였다.[130] 북한에서는 소련의 통제 경제 정책이 일정한 성과를 거둔 반면 남한에서 미군정의 자유경제는 오히려 상황을 악화시켰고, 특히 미국의 일본 부흥정책이나 남한에서 친일 세력의 득세가 반미의식을 불러일으켰다고 보았다. 이 때문에 남한에서 폭동이 끊이지 않았는데 남한 총

126 "南北韓聯席會議結束 發表告全國同胞書", 《中央日報》, 1948. 4. 26.

127 그 내용은 외국 군대의 즉각 철수, 내전 불허, 전조선정치회의에서 민주 정부의 조직 및 헌법 공포 등이었다. ("平壤聯席會議發表公報 反對南韓總選決設立統一政府", 《中央日報》, 1948. 5. 6).

128 「朝鮮統一的曙光」, 《大公報》, 1948. 4. 28.

129 "南韓總選候選人近千", 《中央日報》, 1948. 4. 25.

130 "南韓選擧期近幕後競爭益烈", 《申報》, 1948. 5. 5.

선거가 의외의 파장을 일으켜 '동방의 화약고'를 폭발시킬 것으로 우려하였다.[131] 《대공보》도 미군정이 실패했다면서 그 이유를 친일 세력의 비호에서 찾았고, 그에 따른 민심의 이반이 한국인을 반미로 내몰았다고 주장하였다.[132]

그렇지만 《중앙일보》는 남한 총선거를 현실적으로 선택 가능한 최선책이라고 판단하였다. 선거의 성격도 민주주의와 공산주의의 이념 대결이 아닌 반공 우익 세력의 역량을 실험하는 계기로 이해하였다. 특히 《중앙일보》는 우익 세력 내부의 주도권 다툼에 주목하였는데 친미·반일·반공 성향의 이승만이 미국식 대통령중심제를 선호한 반면, 친일 자본가 출신으로 반공을 내세운 김성수는 프랑스식 분권형 대통령제를 옹호하여 양자 타협과 갈등 여부에 관심이 높았다.[133] 한편 《대공보》는 남한 총선거를 반민족적 반애국적 행위라고 비판하였다.[134] 남한에서 이승만과 일본 주구들을 제외한 모든 정당 지도자와 절대 다수의 인민들이 결사적으로 남한 총선거를 반대한 사실을 이유로 들었다. 따라서 미국이 강제적으로 남한 단독 정부를 만들려고 하지만 그 수명은 오래가지 못할 것으로 예측하였고, 김구·김규식·조소앙·홍명희 등의 남북협상론을 지지하였다.[135]

온갖 우려와 기대가 교차한 가운데 남한의 5·10 총선거는 예상 밖으로 평온하게 마무리되었다. 전체 유권자 8백여만 명 중 85% 내외가 투표에 참가하였고, 진행도 순조로워 미군정의 하지 중장과 이승만은 성공적인 결과라고 평가하였다. 그러나 《신보》는 이후의 한

131 「正視朝鮮的危局(社論)」, 《申報》, 1948. 5. 7.

132 「朝鮮統一的曙光」, 《大公報》, 1948. 4. 28.

133 "南韓大選今擧行", 《中央日報》, 1948. 5. 10.

134 "韓今天選擧", 《大公報》, 1948. 5. 10.

135 "美决成立南韩政府 不愿苏方撤军准备", 《大公報》, 1948. 5. 10.

국 정세를 비관적으로 보았다. 전후 미소가 한반도에서의 지위를 포기하지 않기 때문에 할거 국면을 초래하였고, 그 결과 분단이 고착화되었으며, 장차 역사상 볼 수 없던 내전을 조성하게 될 것이라고 예견하였다.[136] 남북 분열로 두 정부가 출현하게 되면 무력 충돌이 불가피하여 동아시아의 앞날에 대단히 위험한 상황을 가져올 것으로 인식한 것이다.

남한 총선거가 끝나자 《신보》의 한국 관련 보도는 단독 정부 수립에 초점이 맞추어졌다. 처음으로 소집된 제헌의회 보도에서 '고령인 74살에 반공 정치 영도자 이승만'이 의장으로 당선되었다는 소식을 전하였고,[137] 대한민국 헌법 초안이 중국 헌법을 참고하였음을 밝혔다.[138] 남한의 단독 정부 수립이 현실로 다가오면서 《신보》는 "조선의 비극은 이미 결정되었다. 조선의 분열은 이제 더 이상 피할 수 없게 되었다. 이것은 극동의 위기이며, 황해 시대의 거대한 파도"라고 하여 동아시아의 앞날을 우려하였다.[139] 미소의 남북한 분할 점령과 정치적 군사적 대결 구도가 단독 정부의 수립으로 굳어졌고, 이러한 형세 변화는 중국의 안정에 나쁜 영향을 끼칠 것으로 본 것이다.

한국 분단에 대하여 《신보》는 포츠담회담에서 38선을 경계 삼아 미소 양군이 남북을 분할 점령하고, 혼합 점령 방식을 취하지 않은 점이 결정적 오류라고 보았다. 미소의 분할 점령 이후 남한에서는 유

136 「南韓普選以後的朝鮮政局(社論)」, 《申報》, 1948. 5. 19.

137 "制定憲法組織民主政府朝鮮國會行開幕禮", 《申報》, 1948. 6. 1.

138 "韓國將改稱'大韓民國'憲法草案一讀通過", 《申報》, 1948. 7. 6. 북한에서도 단독으로 "조선민주주의 인민공화국 헌법"을 실행에 옮겨 조선인민대의원을 선출하기 위한 선거를 실시하였다. ("北韓定期普選 決向聯合國及美國挑戰", 《申報》, 1948. 7. 12).

139 「强權政治與韓國悲劇(社論)」, 《申報》, 1948. 7. 17.

엔과 미국의 지지 아래 이승만·김성수 등의 친미 보수 정부가 탄생되었다. 북한에서는 김일성 주도의 공산당 정부가 세워져 내정과 외교에서 소련의 지시를 받게 되었다. 이러한 냉전 구도에서 중간파인 김구와 김규식의 처지가 아주 비참하게 되었고, 정세를 되돌려 보려고 노력했지만 결과적으로 북한 쪽으로 기울러져 버린 것으로 보았다. 따라서 김구와 김규식 등 중간파들이 좌파로 기울게 된 것은 미군정의 실패를 증명한 것이라고 주장하였다.

《중앙일보》는 높은 투표율을 근거로 남한만의 단독 선거가 비록 몇 곳에서 소동이 발생했지만 전체적으로 순조롭게 진행되었다고 평가하였다.[140] 미군정과 유엔 한국 대표단은 전체 유권자 8백만 명 중 85% 내외가 투표에 참가하였으며 진행도 순조로워 투표 결과를 낙관적으로 받아들였다.[141] 그러나 남한 총선거 이후 전개될 한반도 정세에 관한 국민당 언론의 시각은 각양각색이었다.

우선 《신보》는 향후 남북한 정세를 비관적으로 보았는데 외세에 의한 남북 분단이 냉전에서 열선으로 변질될 것을 염려하였다. 무엇보다 남한 단독 선거로 별도 정부가 출현하게 된 것은 동아시아의 앞날에 대단히 위험한 상황으로 인식하였다. 따라서 《신보》는 앞으로 야기될 남북한의 대치 상황에 깊은 우려를 표시하고 미소의 평화적 해결을 촉구하였다.[142] 남한 선거에 호의적이던 《중앙일보》는 "이번 선거가 성공함으로써 어떤 사람들은 남북한의 분열이 더욱 촉진될 것으로 보고, 조선을 제2의 그리스로 예상한다. 사실 남북한의 분

140 "南韓選擧順利完成", 《中央日報》, 1948. 5. 11.
141 위의 글, 《中央日報》, 1948. 5. 11) ; "聯合國代表稱讚南韓選擧", 《中央日報》, 1948. 5. 12.
142 "南韓普選以後的朝鮮政局", 《申報》, 1948. 5. 19.

열을 이번 선거의 탓으로 돌릴 수 없다"면서 남한 단독 선거를 분단의 요인으로 보지 않았다. 다만 남한 총선거를 공산당 및 극좌파 인사들이 완강히 반대한 점과 우파의 김구나 중간파의 김규식 등이 참여하지 않은 점을 유감스럽게 생각하였다. 또한 미군정이 친일 자본가의 이익을 대표하며 한국인들로부터 '일본의 주구'라고 비난받아 온 김성수의 경선 참가를 허용한 것은 이번 선거의 한계라고 지적하였다.[143] 그러므로 《중앙일보》는 "남한 선거에 공산당 무리들이 파괴의도를 가지고 여러 가지 공포 수단을 동원하여 방해했지만 순리 대로 진행되었다. …… 2년 동안 한국은 불안한 정세가 계속되었지만 전체적으로 성과를 거두었다. 그러나 이러한 성취에도 불구하고 한계를 뛰어넘기 어려운데 세상 사람들의 이상과 거리가 멀고 모든 한국인의 기대에 미치지 못하기 때문이다"라고 평가하면서 반쪽 성공으로 총선거의 의미를 부여하였다.[144]

《대공보》는 애초부터 남한 단독 선거에 대하여 부정적이었다. 선거란 민의를 존중하고 측정하는 것으로, 민주 정치의 핵심인데 이번 남한 선거는 그렇지 못했다는 것이다. 예컨대 남한 선거의 입후보자 9백여 명이 하나같이 우파로, 선거 결과는 물어볼 필요가 없다는 것이다. 특히 이승만이 스스로 "나는 조선을 대표한다. 나는 공산당을 반대할 뿐만 아니라 좌파와 중간파도 반대한다. 이런 사람들은 문제 삼을 만한 것이 못된다."라고 언급한 것에 대해 체통이 없다고 비판하였다. 선거 과정도 "미국의 민주 정치가 사실상 남한에서 폭로된 면모는 동아시아 및 세계의 교육 의의가 크다. 남한 선거는 자유로운 분위기가 전혀 없어 세계에 나쁜 사례를 열어 놓았다"라고 지적하였

143 "南韓選擧順利完成", 《中央日報》, 1948. 5. 11.

144 「選擧前後的韓國局勢」, 《中央日報》, 1948. 5. 12.

다.[145] 억압적인 선거 분위기와 우파 일색의 일방적 선거 결과가 민주주의의 상징인 미국의 위신을 잃게 만들었다는 것이다. 더욱이 남한 단독 선거의 영향은 여기에 그치지 않고 연속적으로 비극을 만들어, 앞으로 더 많은 일들이 벌어지고 동아시아 지역을 더욱 불안하게 만들 것으로 내다보았다.

《대공보》는 남한 총선거의 승리자인 이승만과 김성수가 각각 대표적 친미, 친일 성향으로 이번 선거에서 유일한 경쟁자이자 최악의 콤비였다고 비아냥거렸다. 국내의 조직 기반이 약한 이승만과 친일 행위로부터 자유롭지 못한 김성수가 궁지에서 빠져나올 수 있도록 서로 돕고 있는 것으로 파악한 것이다.[146] 이런 상황은 전후 일본에서 천황제를 존속시키고 경제 부흥을 통해 안정적인 방소·반공 체제를 구축하려던 맥아더의 대아시아 정책과 관련된 것으로 남한의 극우파가 한 축으로 편입된 것이다. 이 때문에 《대공보》는 남한을 미국과 일본의 연합 식민지로 인식하였고, 김구·김규식·조소앙 등 독립 운동가들은 미군정하에서 결코 환영받을 수 없으며, 어떤 역할도 할 수 없을 것이라고 내다보았다.

남한 총선거가 끝난 후 국민당 언론의 한국 관련 보도는 궁극적 목표인 통일 독립을 위해 무엇을 어떻게 해야 할 것인가로 초점이 옮겨갔다. 《중앙일보》는 현재 정세로 볼 때 남북한 합작이 가능하지 않다고 보았다. 그 근거로 북한 정권의 합법성 문제, 한국 민주당파의 내부 분열과 갈등, 북한 공산 세력의 무장 등 세 가지 불리한 상황을 제시하였다. 그렇지만 한국 독립은 광범위한 국제성을 띠고 있기 때문에 한국 자신의 존망뿐만 아니라 중국의 엄중한 문제이며, 아시

145 「南韓的選擧」, 《大公報》, 1948. 5. 17.
146 위의 글, 《大公報》, 1948. 5. 17.

아로부터 세계의 안전까지 직결된 문제라고 주장하였다.[147] 이러한 대외 인식을 토대로 《중앙일보》는 남한 총선거 이후 한국 정세가 분명하게 정리되기를 희망하였다. 또한 지속적인 한국 관련 보도를 통해 남북 분단의 진상이나, 북한 공산화에 따른 심각성을 폭로하며 중국 공산당에 대한 경각심을 높이고자 했다. 요컨대 전후 한반도에서 형성된 냉전 구도를 내전 중인 자국의 반면교사로 삼고자 했던 것이다.

남한의 총선거가 끝난 후 국민당 언론은 김구와 이승만의 상반된 근황을 집중 보도하였다. 《중앙일보》는 서울 특파원을 통해 한국의 초대 대통령으로 선출될 가능성이 높은 이승만과 단독 기자 회견을 갖고 그의 미군 철수 불가론을 대대적으로 보도하였다.[148] 선거 이후 이승만은 왕성한 정치 활동을 통해 미군의 계속 주둔을 주장하고 나섰다.[149] 반면 김구는 모든 활동을 멈추고 마곡사에 칩거하였는데,[150] 국민당 언론은 "이승만의 최대 강적인 김구가 잠시 휴식을 선포한 것으로 남한에서 가장 역량 있는 정치인 중 한 사람을 잃는 것이 아니다"라고 보도함으로써 김구에 대한 기대감을 버리지 않았다.[151]

남한의 단독 정부 수립이 현실로 다가오자 중국 신문들은 냉전 체제 이후 동아시아 지역의 정세 변화에 관심을 집중하였다. 《신보》는 미국의 대한 정책이 진퇴양난에 빠진 원인을 한국 및 동아시아에 대한 미국의 소극적인 군사 정책에서 찾았다. 남북한의 군사 역량을 비

147 「選擧前後的韓國局勢」, 《中央日報》, 1948. 5. 12.
148 「李承晩談韓局現狀」, 《中央日報》, 1948. 5. 19.
149 "李承晩吁請美軍繼續留駐", 《申報》, 1948. 5. 21.
150 "盛傳金九暫擬退隱", 《申報》, 1948. 5. 20.
151 "金九退休養疴", 《中央日報》, 1948. 5. 21.

교해 볼 때, 일단 분쟁이 발생되면 남한에 주둔 중인 미군은 불리한 위치에 처하게 될 것으로 보았다. 왜냐하면 갈수록 취약해지고 있는 남한의 일부 정당들이 북한 쪽으로 기울고 있는 상황에서 미군정의 실패는 이미 결정된 것이나 다름없다는 것이다.[152] 《신보》가 남한 선거 이후의 상황을 비관적으로 파악한 것은 국공 내전에서 궁지에 몰린 국민당의 위기감을 반영한 것이다. 그리고 미국의 군사적 경제적 지원이 절박했던 중국 정부는 한국 분단에 대한 미국의 책임론을 제기함으로써 동아시아 냉전 체제에서 미국의 강력한 개입을 기대했던 것으로 보인다.

《중앙일보》는 남한 총선거가 새로운 세계 질서의 구축 과정에서 평화를 애호하는 사람들의 주의를 끌기에 충분했다고 평가하였다. 왜냐하면 일본의 항복 이후 분할 점령된 한반도는 미군 점령지인 남한에서 모든 것이 자유로운 반면, 소련 점령지인 북한에서는 공산당 이외의 정치 활동을 허용하지 않았고 공산주의 이외의 어떤 사상도 용납하지 않았다는 것이다. 이런 상황에서 수많은 우여곡절이 있었지만 남한 총선거가 마무리되어 이승만과 합작한 우익 세력이 다수의 지지를 얻은 사실에 주목하였다. 또한 한국 분단이 전후 미소의 세력 대결에 따른 분할 점령으로 시작되어 단독 선거를 치르면서 더욱 굳어졌기 때문에 냉전 체제가 해소되기 전까지 통일은 불가능할 것으로 내다보았다.[153] 남북한의 대치 국면을 이승만과 김일성의 단순한 좌우 대립이 아닌 민주주의와 공산주의의 이념 대결로 인식한 것이다. 따라서 정치·경제·사회·문화 등 여러 분야에서 남한과 중화민국이 서로 비슷한 점을 들어 이승만에 대한 전폭적 지지 의사를

---

152 앞의 글, 《申報》, 1948. 7. 17.

153 蔣君章, 「朝鮮選擧問題」, 《中央日報》, 1948. 5. 16.

밝히고 하루빨리 독립 정부를 수립하여 양국간 긴밀한 유대 관계의 구축을 희망하였다.[154]

이렇듯 《중앙일보》는 한국 분단의 주요 원인을 남한 단독 선거에서 찾지 않고 전후 미소의 이념 갈등과 체제 대결의 산물로 보았다. 또한 남한 총선거 이후의 당면 과제로 한반도의 완전한 통일 독립보다 신속한 자유 민주 정부의 실현에 큰 가치를 부여함으로써 냉전 체제를 기정 사실로 보고 이를 전제로 한국 문제를 인식하기 시작하였다. 그러한 변화는 이승만의 대한민국 정부와 우호 관계를 적극 모색한 점에서도 알 수 있다. 또한 《중앙일보》는 앞으로 대한민국의 과제가 미국의 원조를 받아 경제 건설을 완성시키는 것이라고 조언하였다.[155] 여기서 남한 단독 정부 수립 이후 미국의 대한 정책이 어떻게 진행될 것인가에 촉각을 곤두세운 국민당의 관심을 엿볼 수 있다. 친미반공을 내세운 이승만 정부의 등장은 내전 중 궁지에 몰린 국민당의 새로운 기회로 인식되었다. 국민당은 국공 내전을 내부 문제가 아닌 동아시아 지역의 냉전 체제와 연계시킴으로써 그 해결책 역시 미국을 필두로 한 아시아의 반공 연대에서 찾을 수 있다고 본 것이다. 요컨대 전후 한반도를 중심으로 첨예하게 진행된 냉전 구도에서 새로운 동아시아 지역의 반공 체제를 필요로 한 미국의 적극 대응을 기대하였다.

이승만이 대통령으로 당선된 후 《신보》를 비롯한 국민당 신문들은 곧장 축하 메시지를 전하면서 지리적으로 인접한 한중 관계의 중요성을 역설하고, 항일 독립운동과 카이로선언에서 보여준 중국의 우호적 역할을 강조하였다.[156] 《중앙일보》는 이승만 대통령과 이시영

154 李果, 「南北韓的對台戰」, 《中央日報》, 1948. 6. 11.
155 "朝韓行憲政府 傳說月底可成立", 《中央日報》, 1948. 7. 8.

부통령을 한국 독립운동의 권위자로 추켜세우며 “두 독립 혁명 지도자들이 한국의 대통령과 부통령에 당선된 것은 중한 양국의 우의 교류와 합작을 굳건히 하는 데 크게 공헌할 것”이라고 기대감을 감추지 않았다. 동시에 소련이 주도한 코민테른의 위협 아래 신생 국가의 주권과 국제 평등이 제대로 실현될 수 없다면서 공산당에 대한 경계심을 강조하였다.[157]

《대공보》는 한반도를 동유럽의 베를린에 비유하여 ‘동방의 화약고’로 규정하고, 한국의 초대 대통령으로 이승만이 당선되었지만 오히려 남북한 대립은 새로운 단계에 들어선 것으로 보았다. 또한 제헌의원들은 “이승만과 김성수의 주머니 안에 있는 인물”들이라면서 북한과 합작을 거절한 채, 다른 당파를 압박하며 김구를 끝내 배척한 점을 비판하였다. 《대공보》는 남북한 대립과 관련하여 북한 공산 세력의 책임도 지적하였다. 주로 유엔 합의에 따른 독립 절차를 일방적으로 무시해버린 것이나, 남한에서 폭력적인 반정부 활동을 조장한 점 등을 비판하였다. 이런 상황에서 미국과 일본, 그리고 남한이 공동 전선을 결성하고 있는데 만약 전쟁의 불꽃이 점화된다면 한국이란 화약고는 순식간에 폭발될 가능성이 큰 것으로 예견하였다.[158]

《대공보》는 남한에서 일제 잔재를 청산하지 않은 채 친일 세력을 군정에 참여시킨 것이나 단독 선거로 이승만과 김성수 등 친미·친일 세력의 권력을 합법화시켜 준 것은 남한 주민들의 열망을 외면한 것

---

156 「韓國獨立統一的曙光-慶祝李承晚博士當選首任總統(社論)」, 《申報》, 1948. 7. 22. 앞으로 수립될 남한 정부의 정통성은 유엔의 관리 감독과 민주 평화 방식에 의해 보증될 것이라고 새삼 주장하였다. (「社論 -韓國的是非」, 《中央日報》, 1948. 7. 14).

157 “李承晚當選韓國總統”, 《中央日報》, 1948. 7. 22.

158 「朝鮮一遠東的火藥庫」, 《大公報》, 1948. 7. 27.

으로, 이 때문에 남한 정부의 정치적 정당성을 인정하기 어렵다고 보았다. 남북한의 분열은 미소의 대립이란 외부 요인도 작용했지만 지나치게 대외 의존적인 우파와 공산 세력들 때문에 더욱 악화된 것으로 판단하였다. 한국의 남북 분단과 좌우 대립에 대해 외부요인을 중시한 《신보》·《중앙일보》와 달리 《대공보》는 국내 정파의 지나친 외세 의존과 내부 분열, 그리고 남한 정치 세력의 책임을 함께 지적한 것이다.

이승만은 대통령으로 선출된 후 이윤영을 총리 후보로 지명했는데 국회 비준에 실패하였다.[159] 그는 곧바로 이범석을 초대 국무총리로 다시 지명했고,[160] 국회는 110 대 84표로 첫 내각총리 임명 동의안을 통과시켰다.[161] 국민당 언론은 무당파인 이범석의 총리 인선에 대해 현명한 처사라고 평가하였다. 그가 이승만 대통령에게 직접 가해질 정치적 압력을 피할 수 있을 뿐만 아니라 중국·미국을 모두 만족시킬 수 있는 인물이라고 보았기 때문이다.[162] 그만큼 국민당 언론은 이범석 초대 총리에 대해 호의적이었고, 앞으로 역할에도 큰 기대를 걸었다.

이후 자주·독립·통일에 초점을 맞추었던 국민당 언론의 한국 관련 기사가 공산 세력의 불법성과 폭력성을 폭로하고 민주 역량의 승리를 알리는 쪽으로 옮겨갔다. 전후 한국의 완전한 통일 독립 정부 수립이란 기본 원칙이 미소의 세력 팽창과 체제 대결이란 냉전 논리에

159 "李承晚首遇挫折 李允榮任總理遭否決", 《中央日報》, 1948. 7. 30.

160 "韓首任總理人選 決再提出李範奭", 《中央日報》, 1948. 7. 30.

161 "韓首屆內閣昨組成", 《中央日報》, 1948. 8. 5.

162 이범석은 중국의 운난강무학당(云南講武學堂) 제12기, 충칭 중앙훈련단 제3기 졸업생으로 25년 이상을 중국에서 거주하였다. ("李範奭任韓國總理 組閣工作日內完成", 《中央日報》, 1948. 8. 3).

매몰된 것이다. 그 결과 중국은 해방 정국에서 김구를 중심으로 한 친중 정부의 구성을 기대했던 정책에서 탈피하였다.[163] 중화민국 외교부장 왕스제가 8월 12일 대한민국 정부를 승인한다는 공식 성명을 발표하였고, 리우위완劉馭万을 주한 중국 대사로 파견할 것과 대통령 취임식에 판챠오잉潘朝英·왕하오밍王皓明 두 사람이 참석할 예정임을 미리 통보하였다.[164] 이승만 대통령은 중앙통신사 기자와 회견에서 중화민국이 가장 먼저 대한민국 정부를 지지했다면서 장제스 총통과 왕스제 외교부장의 우호 표시에 깊이 감사한다고 밝혔다.[165]

1948년 8월 15일 마침내 대한민국 정부가 수립되었다. 국민당 언론은 한국의 독립 축하와 더불어 앞으로 발전을 기대하는 성명을 앞다투어 발표하였다. 《중앙일보》는 전후 냉전 체제의 희생양에서 온갖 곤란을 이겨내고 끝내 독립 정부를 수립한 대한민국은 "이승만·김구 등 온건한 정치가들에 의해 지도되고, 중·영·미 3개국과 우호 관계를 유지하며, 신속히 동아시아의 새로운 역량으로 완성되기를 기원한다."라는 축하 메시지와 함께 중국의 희망을 전하였다.[166]

《신보》는 한중 관계의 중요성을 또 다시 강조하였는데 "중한 양국은 전통적으로 수족과 같은 정을 갖고 있으며 관계가 아주 밀접하여 이와 입술처럼 가깝다"라고 하면서 오랜 역사적 연고를 강조하였다. 아울러 일제강점기에는 한국 독립운동을 동정하였을 뿐만 아니라 계속적으로 지원을 아끼지 않았으며, 카이로회담에서 장제스 총통이 한국의 독립과 해방을 위해 조력한 것은 이미 세상이 다 아는 사실이

---

163 "李承晩電謝朱部長家驊", 《中央日報》, 1948. 8. 6.

164 "潘朝英等飛赴漢城觀禮", 《中央日報》, 1948. 8. 11 ; "我承認韓國政府派劉馭萬氏爲外交代表", 《申報》, 1948. 8. 13.

165 "我承認韓國照會 昨已送達李承晩", 《中央日報》, 1948. 8. 14.

166 「大韓民國呱呱墜地」(寄稿), 《中央日報》, 1948. 8. 20.

라면서 근래의 협력 관계를 부각시켰다. 또한 중국과 인도의 연대를 통해 동아시아 평화의 백년대계를 도모할 것이라고 주장하여 아시아 민족주의의 부흥을 예고하였다. 이 기사에서 《신보》는 중국 스스로를 아시아의 '맏형'으로 위치 짓고, 중화민국이 분발하여 강대해지고 창의를 앞세워 아시아의 신생 국가들과 연합하여 평화와 번영을 보호한다면 동아시아의 밝은 미래가 반드시 실현될 것이라고 주장하였다.[167] 이러한 대한 인식은 오랫동안 중국의 저변에 깔려 있던 대외 의식을 보여주는 것으로, 비관적인 현실 여건에도 불구하고 변형된 중화 의식이 여전히 지속되고 있음을 보여준다.

그 후 중화민국 정부는 주중 한국 대표로 대한민국 정부에서 파견한 외교 대표를 정식 승인하였다. 외교부 차장 예공차오葉公超는 "한국 정부가 수립되기 전까지 중국 정부는 어떤 한국 단체도 승인을 해줄 수 없었고, 한국인을 그 대표로 보았다"라고 밝혔다.[168] 이러한 언급은 그동안 중화민국 정부가 임정 대표를 주중 한국 대표로 예우한 것과 다른 태도로, 종전 직후 중화민국 정부의 대한 정책이 임정을 통한 주도권 확보였다면 대한민국 정부 수립을 계기로 반공·친미에 기초한 새로운 공식 관계가 시작되어 질적 전환이 이루어진 것이다.

167 「東亞的新氣象(社論)」, 《申報》, 1948. 8. 16.

168 "中國承認韓正式代表", 《中央日報》, 1948. 9. 14.

## 5. 맺음말

일제의 식민지였던 한국은 2차 세계대전 기간 동안에 열강의 주목을 받지 못하였다. 전후戰後 미소 양국의 세력 대결이 본격화되면서 한국은 동아시아의 전략 요충지로 떠올랐고, 급기야 냉전 이데올로기의 각축장이 되었다. 소련·중국과 국경을 접한 아시아대륙으로부터 일본·미국의 태평양으로 뻗어나간 한반도의 지리적 조건은 미소 양국에게 정치·경제·군사적으로 결코 포기할 수 없는 지역이었다. 이 때문에 한국은 전후 처리를 위한 국제회의에서 빠짐없이 거론되며 열강의 대결 무대로 탈바꿈하였고, 끊임없는 항일 독립 투쟁에도 불구하고 스스로 쟁취한 해방이 아닌 전승국의 점령지로서 장래 운명이 타자에 의해 강제되었다.

종전과 함께 동아시아는 미소 주도의 냉전 체제로 급속히 재편되었고, 그 소용돌이에 중국과 한국은 점차 빠져들었다. 중국은 외형상 전승국이었지만 곧 국공 내전에 휩싸여 대외적으로 군사·외교 역량을 발휘할 수 없게 되었다. 그런 이유로 전후 동아시아의 새로운 질서 재편 과정에서 주체가 되지 못하였다. 오히려 내전이 악화되면서 중화민국은 미국의 지원과 협력에 의해서만 생존이 가능할 만큼 절박한 상황으로 내몰렸다. 결국 미소에 의해 분할된 분단 국가로 전락하고 한반도나 국공 내전 끝에 둘로 쪼개진 중국 대륙은 전후 동아시아 냉전 구도의 두 축을 형성하게 되었다.

종전 후 한국의 분단 과정을 지켜본 국민당 언론의 시각과 인식은 주체적이라기보다 미소의 대외 정책에 의해 많은 영향을 받았다. 한국 관련 보도의 초점과 비중이 개별 신문의 성향이나 현실 관심에 따라 약간 편차가 있었지만 대부분 정치와 군사 문제에 집중되었고, 이념 대립의 시각으로 점차 고정되어갔다. 이런 이유로 한국 관련 보도는 모스크바 삼상회의에서 결정된 신탁 통치 방안과 그에 따른 좌우 분열 및 반탁 운동, 미소공위의 참여 범위, 정부 수립의 시기와 방법을 둘러싼 즉시 독립론과 통일 독립론의 갈등, 미소 군대의 철수 시기와 방법, 공산당의 조직 확대와 폭력 사태, 유엔한국위원회의 활동과 단독 선거 실시, 각종 법제 제정 및 정부 수립 등 정치·군사·인물에 관한 기사가 압도적으로 많았다. 이를 통해 국민당 언론은 새로운 독립 국가 건설의 효과적인 수단과 국가 구성원 간에 정치·경제의 갈등 해소를 위한 학습 효과를 기대하였다.

전후 시기 중국 언론에 보도된 한국 기사는 대부분 중국의 현실 및 미래와 직간접적으로 관련된 것들이었다. 예컨대 전후 한국의 통일 독립 국가 건설을 위한 국제 논의 및 이행, 정부 수립을 둘러싼 정파의 동향과 대응, 정치 이념 선전과 통치 체제의 구축, 국가 현안에 관한 민의 수렴 방법 등이 주요 관심사였다. 또한 근대 국민국가의 기틀을 마련하기 위한 폭넓은 민의 형성과 수렴, 실천을 위한 민주적 절차와 제도 및 실현 방법 등도 자주 보도되었다. 이밖에 한국 내 화교의 경제 상황과 교육 실태, 한중 교역의 확대 방안 등 경제 문제도 다루어졌지만 큰 비중을 차지하지는 못했다.

한반도의 전후 처리 과정에서 중화민국은 모스크바 삼상회의와 미소공위 등 미소의 주도로 진행된 국제 논의에 직접 개입할 여지가 없었다. 단지 역사적 현실적으로 긴밀한 연대 관계와 대외적 후견인 역할을 담당해 온 도의적 책임론을 내세워 기회가 될 때마다 한국 독립 문제에 관한 자국 의사를 표시하였다. 중화민국은 자기 역량이 절대 부족한 상황에서 대외적으로 미국의 후원과 협력에 의해 제한된 역할만 가능하였다. 이 때문에 중국은 카이로회담에서 한국 독립을 국제적으로 확인한 자국 역할을 강조하며 이것을 실행에 옮긴 모스크바 삼상회의의 '4개국 협의에 의한 신탁 통치'를 한국 독립 방안으로 관철시키려고 노력하였다.

1947년 9월 17일 미국 정부가 한국 문제를 유엔에 이관하여 1943년 카이로회담 이후 '연합국 합의에 의한 통일 독립정부의 수립'이란 기본 원칙이 '남한 총선거를 통한 단독 정부 수립'으로 전환됨으로써 미국의 영향력이 극대화되었다. 그러나 중국의 입장에서는 역사적으로 오랫동안 지속된 우월한 지위가 무너지고 한국 문제에 직접 간여할 수 있는 명분과 통로가 제한되었음을 의미한다. 이러한 냉전적 세계 질서의 변화 속에서 자국 중심의 동아시아 질서 구축을 모색한 중화민국의 전후 구상은 허상으로 끝났다. 그뿐만 아니라 중화민국 스스로 미소가 주도하는 냉전 체제의 틀 속에 갇히게 되었다.

남북한 분단을 가져온 미소 군정 삼 년의 평가와 관련하여 국민당 언론은 대체로 부정적이다. 특히 종전 직후 미소 양국이 한국을 혼합 점령하지 않고 삼팔도선을 경계로 나누어 점령한 것부터 잘못된 것으로 보았다. 그 이유는 지리적 분할 지배가 정치 이념과 통치 체제의 분리로 이어지고 결국 한반도의 영구 분단으로 귀결되었기 때문이다. 더구나 유럽에서의 세력 대결로 악화된 미소관계가 동아시아의 세력 재편 과정에서 또다시 재현되어 냉전 체제로 굳어졌고, 한국은 첫 희생물이 되었다.

국민당 언론은 해방 정국에서 한국의 정치 세력들이 신탁 통치와 건국의 성격 및 방식을 놓고 서로 대립한 것도 분단의 한 원인이라고 지적하였다. 하지만 한국 분단의 일차 책임과 동아시아 냉전 체제의 원인 제공자로 미국을 꼽았다. 전후 세계 질서의 재편 과정에서 공산당의 폭력성과 팽창주의가 충분히 예견되었고 유럽에서는 이미 현실로 드러났음에도 불구하고 미국이 동아시아에서 소극적으로 대응한 것은 실책이라는 것이다. 그러한 예로 식민지에서 해방된 한국을 패전국 독일처럼 점령지 취급을 하고, 남한의 미군정 지배도 편의주의로 일관하여 친미의 탈을 쓴 친일 세력의 득세를 막지 못한 결과 해방 정국이 왜곡되었다는 것이다.

국민당 언론은 미군정 삼 년 동안, 남한에서 건국을 위해 새로운 정치 제도와 통치 세력이 형성되었는데 한국인의 열망과 민의를 담은 정당성과 형평성이 전혀 고려되지 않았다고 보았다. 이러한 대외 인식은 국공 내전이란 엄혹한 현실 속에서 분단 한국에 대한 동정이자 자국의 앞날에 대한 깊은 우려와 자괴감의 표현이었다. 전후 한국과 중국은 항일 시기의 우호, 협력을 토대로 새로운 연대 관계를 모색할 수 있었지만 자기 역량의 부족으로 미소에 의해 조성된 냉전의 굴레를 벗어나지 못했기 때문이다. 그 결과 동아시아 냉전 체제의 중심부에 위치하여 한국은 남북으로, 중국은 양안으로 각각 분리된 채 20세기 중반을 맞이하였다.*

* 이 글은 「냉전체제 형성기(1945~1948) 中華民國의 한국인식 -국민당 언론의 한국 기사를 중심으로」, 『동북아역사논총』 제29호, 동북아역사재단, 2010, 309~345쪽과 「美軍政時期(1945~1948) 中國國民黨 言論의 對韓認識」, 『東洋學』 第47輯, 檀國大學校 東洋學硏究所, 2010, 155~178쪽을 수정 보완한 것이다.

# Ⅱ. 미소 군정 시기 《신화일보》의 한국 인식

## 1. 머리말

전후戰後 미소의 대립으로 고착화된 남북한 분단은 냉전 체제의 전형을 보여주는 것으로, 중국의 장래에도 직접 영향을 주었으며, 이후 한중 관계의 기본 틀이 되었다. 그동안 남북한 분단 과정에 관한 연구는 미소를 주축으로 형성된 냉전 체제와 그에 따른 양자 책임의 외인론外因論 및 국내 세력 간 정치적 갈등을 주로 다룬 내인론內因論을 비중 있게 다루었다.[1] 반면 전후 동아시아 냉전 체제의 형성과 직결된 남북한 분단을 둘러싼 중국의 태도에 관한 검토는 상대적으로 미흡하였다. 그 이유는 일본의 패망 이후 중국이 곧장 국공 내전에 휩싸여 대내외적으로 군사·외교 역량을 갖추지 못했기 때문이다. 이런 상황에서 중국은 미소의 주도로 이루어진 동아시아의 전후 질서 구축에 수동적이었고, 영토를 접한 한반도의 향방에 적극 간여할 처지가 못되었다. 그 결과 해방 이후 한중 관계에 실질적 진전이 없었고,

1 한반도 분단을 보는 다양한 시각은 이완범, 『한국해방 3년사』, 태학사, 2007, 15~20쪽. 참조.

남북한의 분단과 정부 수립 과정에서도 중국은 별다른 변수가 되지 못하였다. 그렇지만 현재 중국과 한국의 상호 인식은 냉전 체제가 형성된 미소 군정 시기부터 시작된 것으로, 오늘의 한중 관계를 올바로 파악하려면 남북한의 분단 과정 및 정부 수립, 정치·경제 상황 등에 관한 중국의 이해가 필수 요소임에 틀림없다.[2]

이와 관련하여 기존 연구는 국민당 위주의 사료를 토대로 독립 국가 건설을 위한 민의 수렴과 정통성 확보 과정인 총선거의 실시, 의회 구성 및 헌법 제정, 정파간 주도권 다툼 등을 논의하고 있다. 그 결과 건국 과정의 절차상 문제와 국내의 정치적 갈등에 관심을 가짐으로써 새로운 중국 건설의 반면교사로 삼으려 했던 점에 주목하였다. 2차 대전이 끝난 후 중국과 한반도를 중심으로 움트기 시작한 냉전의 소용돌이 속에서 양국 관계를 공산당의 시각에서 분석한 연구는 매우 미흡한 상황이다.[3] 이 때문에 동아시아 냉전 체제의 형성 과정에서 중국이 한국을 어떻게 바라보았는가를 확인하는 데 뚜렷한 한계가 있다.

---

2 근래 한국 역사학계는 중국 동북공정의 대응 차원에서 한중간 인식 변화를 주로 다루었다. 백영서, 「중국의 '동북공정'과 한국인의 중국인식의 변화」, 『중국근현대사연구』 제58집, 한국근현대사학회, 2013. 6. 참조.

3 기존 연구에서 일제강점기 중국 공산당과 한국의 관계는 무장 투쟁 중심의 한국 독립운동을 주로 다루었는데 《해방일보》를 비롯한 공산당 언론을 토대로 대한 인식을 검토하였다. 이를 통해 1930년대 중국 공산당은 한국 혁명이 중국의 주변지대 혁명임으로 중국 혁명이 승리하면 한국 혁명도 당연히 승리한다면서 '수직적 충성 관계'를 요구하고 있음을 밝혔다. (장세윤, 「解放日報에 보도된 華北朝鮮獨立同盟의 활동」, 『五松李公範教授停年紀念東洋史論叢』, 지식산업사, 1993). 또한 2차 국공 합작 이후 중국 공산당은 임정에 대해 공개적으로 지지를 표시하고 조선·타이완 및 일본의 노동자·농민이 반침략 통일 전선을 조성하여 일제에 저항할 것을 촉구하는 등 '동아시아 피압박 민족의 연대'를 강조한 것으로 파악했다. (김지훈, 「중일전쟁기 중국 공산당의 한국인식」, 『역사학보』 제194집, 2004 ; ______, 「중일전쟁 시기 해방일보의 한국인식」, 『사림』 제25집, 2006).

일제강점기 중국 공산당의 한국 인식은 '손과 발手足', '입술과 이脣齒', '동병상련同病相憐' 등 변용된 중화 의식의 틀에서 벗어나 피압박 민족의 해방 투쟁 동지로서 강한 연대 의식을 드러내고 있다. 오늘날 중국의 한국 인식은 전통적인 중화 의식이 내면적으로 지속되어 온 측면과 근현대사를 거치면서 변용되어 온 측면이 함께 존재하고 있다. 그렇다면 미소 군정 시기 중국 공산당의 대한對韓 인식이 어떠했고, 전통적 중화주의는 어떻게 변하였는지를 검토할 필요가 있다. 무엇보다 전후 중국의 대한 인식은 국공 양당의 시각과 태도를 모두 파악함으로써 객관적이고 포괄적인 이해가 가능하다.[4]

이 글에서는 중국 공산당이 충칭重慶에서 발행한 《신화일보新華日報》의 한국 관련 기사 중 미소 군정 시기에 해당된 1945년 8월부터 1947년 1월말까지 약 1년 6개월 동안의 보도 내용을 주요 사안별로 분석하여 중국의 한국관을 살펴볼 것이다.[5] '내전중지內戰中止'와 '일치항일一致抗日'을 내건 제2차 국공합작 시기에 중국 공산당은 국민당 통치구에서 합법적으로 《신화일보》를 발행하면서 전면전, 지구전, 장기전 등 장제스의 대일 전략을 지원하고 마오쩌둥의 연합 정부론에

---

4 중국 국민당 언론은 미군의 남한 점령 및 단독 정부 수립 과정과 좌우 갈등 등에 치중하여 소군정과 북한 문제에 관해서는 상대적으로 소홀히 다루고 있다. 반면 중국 공산당 언론의 한국 관련 기사는 미소의 대한 정책과 북한 정권의 수립 과정에 깊은 관심을 보이고 있다. (임상범, 「중국의 남한정부 수립에 대한 인식 : 1948년 5월부터 8월까지의 신문 기사를 중심으로」, 『사총』 67, 2008).

5 《신화일보》는 중국 공산당의 기관지로 1938년 1월 11일 한커우에서 창간되었다. 전국 규모의 당보로, 주간지 『군중』과 함께 국민당통치구의 인민들에게 중국 공산당의 정책을 직접 알리는 데 목적이 있었다. 국공 내전이 한창인 1947년 2월 28일 국민당정부에 의해 폐간되어 3월 9일 충칭의 모든 출판 활동을 중단한 후 진기노예변구로 옮겨 갔다. (方汉奇, 『中国新闻事业通史』 第2卷, 中国人民大学出版社, 1996. 637, 1023쪽 ; 韩辛茹, 『新华日报史 1938~1947』, 中国居中出版社, 1987. 참조).

기초한 통일 전선 선전 활동을 폈다.[6] 1945년 8월 15일 일왕이 무조건 항복하자 《신화일보》는 일본 패망에 따른 전후 처리는 물론 충칭 담판, 정치협상회의, 차앙커우較場□사건, 국공 내전 등과 관련하여 대국민당 여론전을 주도하였다.[7] 또한 전후 동아시아 질서 재편과 관련된 국제 문제를 폭넓게 다루었는데 이 신문은 1938년 창간된 이래 한국의 식민 통치, 중국 내 조선의용대·조선독립동맹·한국광복군·한국임시정부 등의 항일 활동과 중한 관계를 중심으로 지속적이며 적극적으로 한국 관련 소식을 보도하였다. 그러므로 전후 《신화일보》에 게재된 한국 관련 기사를 분석함으로써 남북 분단 과정과 정치·경제 상황, 미소 군정의 점령 정책과 그 영향 등에 관한 중국 공산당의 시각을 이해할 수 있다. 또한 냉전 시기부터 현재까지 북한 정권과 '순치脣齒의 관계'로 '전통적 우의'를 유지하고 있는 중화인민공화국의 한국에 관한 인식 틀을 가늠할 수 있을 것이다.[8]

## 2. 남북한 분할 점령과 군정 실시

일본 패망 이후 한반도의 운명은 미소의 동아시아 전략에 따라 결정되었다. 전후 미소 중심의 냉전 질서가 유럽과 아시아 각 지역에서

6 四川省《新華日報》暨『群衆』週刊史學會 外編, 『新華日報史新著』, 重慶出版社, 1998, 13~40, 155~192쪽.

7 위의 책, 198~284쪽.

8 히라이와 슌지 저, 이종국 역, 『북한중국관계 60년 -순치관계'의 구조와 변용』, 선인, 2010, 21쪽.

양국의 점령 정책과 피점령지의 내부 갈등의 산물로서 형성된 것이다. 한반도의 삼팔도선 확정과 미소의 분할 점령은 한국인의 의사와 무관하게 실시되었고, 모스크바삼상회의(약칭 삼상회의)에서 결정된 임시정부의 수립과 신탁 통치안도 한국의 참여 없이 이루어졌다. 이런 점에서 전후 한국 독립 과정은 미소의 점령 정책과 깊은 관련이 있다.[9] 지리적 역사적 현실적으로 한국과 긴밀한 관계였던 중국은 대일 전쟁에서 승리를 거두었지만 국공 내전으로 주변의 외부 상황에 눈을 돌릴 틈이 없었다. 그러나 전후 질서 논의가 본격화되면서 국공 양당은 미소의 동아시아 정책과 한국 문제 처리를 예의주시하였다.

일본의 패색이 짙어가던 1945년 초부터 《신화일보》는 동북 지역을 비롯한 중국 내에서 한국인의 처지와 중국의 지원, 한국 독립운동과 중국 공산당의 연계 및 협력 관계, 조선의 식민지 상황, 징용·징병·위안부 및 강제 공출 등 일본의 인적·물적 착취를 포괄적으로 다루며 한중 협력을 강조하였다.[10] 동아시아 지역의 전후 처리를 위한 국제적 논의가 가시화되자 《신화일보》는 한국 관련 기사를 지속적으로 보도하였다. 1945년 2월 11일 얄타에서 미·영·소 삼국의 지도자들이 소련의 대일전 참여를 위한 비밀 협정을 체결하였다. 여기서 한국 분단과 관련된 38선에 대한 언급은 없었지만 루스벨트가 미·소·중에 의한 신탁 통치를 제안했고 스탈린은 영국의 참여를 주장했다. 또한 신탁 통치 기간과 관련하여 루스벨트는 필리핀에서 오십 년이 필요했던 것에 비추어 한국도 20~30년은 필요할 것이라고 하자 스

---

9 역사문제연구소, 『해방3년사 연구입문』, 까치, 1989, 15쪽.

10 "韓國青年三十多人 從敵營逃出來渝", 《新華日報》, 1945. 2. 6 ; "從敵寇的魔掌下逃到重慶 韓國革命志士談敵情",《新華日報》, 1945. 2. 21 ; 金世光, 「朝鮮近況: 日寇心臟內的炸彈將待機爆發!」《新華日報》, 1945. 5. 21.

탈린은 짧으면 짧을수록 좋다고 대응하였다.[11]

얄타협정 이후 중국의 충칭 시내에 한국 문제와 관련하여 갖가지 소문이 떠돌았는데 전후 한국의 지위에 대해 비밀협정이 맺어졌다는 것이다. 이에 대해 《신화일보》는 "얄타회담의 결정과 카이로회담은 충돌되지 않는다"라고 하면서,[12] 이런 소문의 의도가 "민주 방식으로 절박한 정치·경제 문제를 해결하고, 전 인류의 평화와 안전, 자유와 보편적 복리의 세계를 만들려는 소련에 반대하려는 것"이라면서 "나치나 파시즘과 같은 놈들이 하는 짓"이라고 맹렬히 비난하였다.[13] 당시 중국 공산당은 전후 동아시아의 세력 재편에서 철저히 소련의 입장을 지지, 옹호하는 태도를 견지하였다.

일본의 패망 직전 《신화일보》는 미소 양군의 동향 및 한반도 점령 상황을 상세히 보도하였다. 이에 따르면 1945년 2월의 얄타협정과 7월의 포츠담회담에서 약속한 대로 소련군은 8월 9일 0시에 대일 선전 포고를 하고 세 방면으로 나누어 만주를 공격했다. 소련과 접경한 한반도 동북 지역의 항구들도 만주 침투를 위한 주요 목표가 되어 8월 9일 경흥, 12일 웅기·나진, 16일 청진이 잇달아 점령되었다. 8월 24일에는 소련의 요동 제1전선부대가 한국의 동해안으로 진군하여 길주 및 철도 연결점을 공략하고, 공군 부대는 해주와 함흥을 폭격하였다.[14]

제2차 세계대전이 연합국의 승리로 끝난 직후, 중국은 소련뿐만 아니라 미국과의 관계에도 각별히 주의하였다. 《신화일보》는 별도의

---

11 김학준, 『북한의 역사 제1권 -강대국권력정치 아래서의 한반도분할과 소련의 북한군정개시 1863년~1946년 1월』, 서울대학교출판부, 2008, 574쪽.

12 "朝鮮獨立問題 雅爾塔會議的決定和開羅會議無冲突", 《新華日報》, 1945. 5. 28.

13 「時評: 爲什麽造這個謠言", 《新華日報》, 1945. 5. 28.

14 "蘇軍, 解放葉柏壽城 攻克朝鮮吉州海州咸興等城", 《新華日報》, 1945. 8. 26.

사설을 통해 8년간의 중일전쟁과 태평양전쟁에서 중국·미국이 승리했지만 양국 국민들은 상상할 수 없을 만큼 고통이 컸고, 아주 큰 희생을 치렀음을 강조하였다. 그 과정에서 중국과 미국의 관계가 긴밀해졌으며 앞으로도 양국의 연대는 계속되어야 한다고 주장하였다. 여기서 중국 공산당은 동아시아의 평화 상태를 유지하고 일본 파시즘의 재침략을 방지하며, 전후 태평양 연안 국가들의 행복과 번영을 위해 "강대하고 민주적인 중국"을 건설하는 것이 바람직하다고 역설하였다. 또한 현재 중국이 가난하고 혼란한 상태에서 멈춰버리면 중국의 재난일 뿐만 아니라 동아시아, 심지어 전 세계의 불행이라면서 신중국 건설과 자주적 평화적 해결을 강력히 희망하였다.[15] 전후 중국 공산당은 진정한 동아시아의 안녕과 세계 평화를 위해 신중국의 건설과 자립이 필수적이라고 본 것이다.

일본의 패전 이후, 미군과 소련군은 북위 삼팔도선을 기준으로 각각 남북으로 진군하여 일본군의 항복을 공식 접수하였다. 먼저 소련군사령관 치스차코프 대장이 8월 24일 함흥을 경유하여 26일 평양에 도착했고, 곧바로 북한 주둔 소련 군사령부를 설립하였다. 미국의 맥아더 원수는 북위 38도선 이남의 일본군에 대해 미군 제24군단 하지 사령관에게 항복할 것을 명령하였다. 당시 하지는 오키나와에 머물고 있었는데 곧 한국으로 이동할 예정이었다.[16] 마침내 9월 8일 미군 제7함대와 제7수륙작전부대가 황해에서 합류하여 인천으로 상륙했고, 하지 중장이 이끈 제24군단은 9일 일본군으로부터 정식 항복을 접수한 후 곧장 서울로 들어갔다.[17]

---

15 "戰後的中國與美國", 《新華日報》, 1945. 8. 28.

16 "美第二十四軍團 傳將開朝鮮", 《新華日報》, 1945. 8. 28.

17 하지 중장은 연합국 대표자격으로 항복을 접수하고 조선총독 아베 노부유키(阿部

해방의 감격에 들뜬 한국인들은 미군의 입성을 눈으로 확인하려고 했다. 미군이 상륙한 인천부터 서울까지의 도로변에는 한국인들의 뜨거운 환영 열기로 가득 찼다. 그러나 일본 경찰은 인천의 환영 인파를 데모대로 오인하여 경비상 이유로 총격을 가해 한국인 2명이 즉사하고 경상자 10명이 발생하였다.[18] 미군이 이 사건을 일본군의 정당한 경비 조치로 처리함으로써 한국인에게 식민지로부터 해방된 기쁨보다 새로운 점령자 미군에 대한 우려를 갖게 만들었다.

미소의 군대가 남북한을 분할 점령한 후 《신화일보》의 한국 관련 기사는 북한보다 남한의 미군정과 정치 세력의 동향에 집중되었다. 특히 미군이 남한에서 일본 제국주의의 유산을 말끔히 정리하고 그동안 식민 지배에 협력해 온 친일 세력을 어떻게 처리하는지 주목하였다. 미군이 남한에 주둔하자 곧바로 좌익계의 조선민족전선연맹 주미 대표 한길수는 트루먼 대통령에게 한국에서 일본의 통치를 잠시라도 보류하는 것은 옳지 않다고 주장하였다.[19] 그러나 미군의 남한 점령 이후로도 행정·경제·사회 전반에 걸쳐 일본의 영향력이 지속되었고, 이에 대한 반발이 커졌다.

예컨대 해방 이후 남한에서 일본 신문들이 계속 발행되어 피해가 컸지만 한국인의 신문 발행은 허용되지 않아 서울에 하나뿐이었다. 또한 일본인 소유의 재산 처리 문제가 확정되지 않은 채 미군이 잠정 관리한다는 원칙만 정해져 있었다. 그밖에도 8월 15일 이후 일본 경찰에 의해 살해된 자가 35명에 이르러 단 하루라도 한국인이 죽임을

---

信行)를 비롯한 3인이 일본을 대표하여 서명했다. ("美國艦隊在黃海會師卽登陸朝鮮南部受降", 《新華日報》, 1945. 9. 8).

18 "朝鮮南部日軍簽降 日警仍在仁川殺害朝鮮人民", 《新華日報》, 1945. 9. 11.

19 "朝鮮的日本政府 不應當暫予保留", 《新華日報》, 1945. 9. 11.

당하지 않은 날이 없었다. 따라서 남한 언론계는 언론 자유와 일본 재산의 몰수 및 처분, 경찰권의 회수 등을 미군 당국에 요구하였다. 《신화일보》도 이런 요구들이 미군 점령 이후 남한의 식민 지배를 청산하기 위해 가장 시급한 것으로 보았다.[20] 아울러 한국 내 정치 세력의 협력과 단결을 중시하여 조선독립동맹 주석 김백연이 한국독립당 김구, 조선민족혁명당 김약산, 신한민주당 홍명희 등 국내외의 정파 및 단체 지도자들에게 "단결하여 새로운 조선을 건설하자"라고 호소한 내용을 크게 보도하였다.[21]

그런데 트루먼 대통령은 미군정의 한국 정책과 관련하여 일본 관리들의 귀국을 일시 보류시켰다. 그 이유로 충칭의 대한민국 임시정부(이하 임정)가 국내에서 어떤 행정권도 집행하지 못했고, 연합국 정부의 승인도 받지 못해 대표권이 없으며, 대다수 한국인들은 어느 집단이 한국을 대표할 수 있는지에 대해 일치된 의견이 없다는 것이다. 따라서 미군정에 필요한 행정 인원이 크게 부족하기 때문에 잠시 일본인에게 행정 업무를 맡긴다는 취지였다. 이에 대한 저항을 예상한 하지 중장은 한국인에게 언론의 자유를 완전히 허용할 것이지만 현재처럼 과도한 행동은 혼란만 일으키고 민생에도 나쁜 영향을 미친다고 경고하였다.[22]

그 후 트루먼 대통령은 한국의 해방과 독립에 관하여 아래와 같은 내용의 성명을 발표했다.[23]

---

20 "朝鮮記者向盟方控訴", 《新華日報》, 1945. 9. 14.

21 "韓國臨時政府擧行新聞招待會", 《新華日報》, 1945. 9. 14 ; "鮮獨立同盟主席金白淵呼吁團結建設新朝鮮", 《新華日報》, 1945. 9. 15.

22 "敵酋阿部諾被解除職務 杜魯門總統聲明 朝鮮境內日官員暫時保留", 《新華日報》, 1945. 9. 15.

23 "關於朝鮮獨立問題 杜魯門發表聲明", 《新華日報》, 1945. 9. 20.

> 한국의 고도 한성에서 일본군이 항복한 것은 평화를 사랑하고 역사가 오래된 한국인의 자유 해방의 전주곡이다. 한국인들은 오랫동안 일본 군벌의 잔혹한 통치 아래 있었다. 그러나 항상 민족 해방을 잊지 않았고 자신의 문화 전통을 지켜왔다. 이제 일본 통치는 끝났고, 일본 군벌은 소멸되었다. 지금 한국에 머물고 있는 일본인은 한국인과 우리 미군에게 고용되어 일하는 사람들로, 이들의 기술과 재능을 이용하려는 것이다. 이제 해방을 맞이한 시기에 각자 앞으로 마주하게 될 어려운 임무를 잘 알고 있다. 미국·중국·영국·소련의 협조로 현재 위대한 국가 건설에 착수하였다. 이들은 한국의 자유·독립을 획득하는 데 모두 동의, 협조할 것이다. 한국인이 스스로 자유, 독립의 국가를 이끌어갈 책임이 있다. 일본에 의한 한국의 경제·정치·생활의 모든 질곡은 이제 해소되었다. 잠시 시간과 인내를 가지고 큰 목표를 향해 나아가야 한다. 그리고 신속히 목표에 도달하려면 한국인과 동맹국 모두가 노력해야만 한다. 미국인은 한국의 위대한 국가 건설과 고토 회복을 축하하고 환영한다.

여기서 전후 한국 문제 처리에 관한 미국의 의중을 읽을 수 있는데 한국인의 정체성을 인정하면서도 강대국 중심의 독립 방안에 대해 한국인의 수용과 인내를 일방적으로 요구하며 당분간 일본의 역할이 계속될 것임을 명확히 하였다. 그때까지 충칭에 머물고 있던 임정의 주석 김구는 트루먼 대통령의 성명에 대해 '4대국의 한국 독립 보장'이란 관점에서 다음과 같이 환영하였다.[24]

> 우리는 한성에서 일본군이 항복한 후, 국기가 우리 한국의 고도에 게양되었다는 소식을 들었다. 한국인들도 우리처럼 동감하며 기뻐할 것으로 확신한다. 아울러 한국의 해방에 협조해준 위대한 동맹군에게 영원한 존중과 경의를 표한다. 트루먼 대통령이 한국의 자유·독립에 대해 4강국이

24 "韓國臨時主席 金九發表談話", 《新華日報》, 1945. 9. 23.

동의한다는 성명을 다시 발표하였다. 이것은 한국뿐만 아니라 동아시아의 평화를 위해 참으로 시의적절하고 분명한 정책이다. 북한은 이미 오래전부터 홍군(소련군)의 협조 아래 해방되어 신속하고 효과적인 부흥을 계획하고 있다. 우리는 4강국이 가능한 빨리 한국의 행정을 한국인에게 넘겨 스스로 곤란한 문제를 해결할 수 있도록 맡길 것이라고 믿는다.

여기서 알 수 있듯이 김구를 비롯한 임정 세력은 강대국의 도움으로 해방을 맞이했지만 자주적 독립 정부 수립에 더 큰 관심을 가지고 있었다. 그러나 이것을 실행에 옮길 방안과 역량은 보여주지 못했다.

남한에 주둔한 미군은 식민 통치의 청산보다 점령지의 질서와 안전을 우선하여 일본인을 군정에 참여시키면서 오히려 한국인의 인내와 협조를 강요하였다. 하지 중장은 행정면에서 일본 관리들이 남한에 계속 남아 미군정 업무를 도와야 한다고 보았고, 갑작스런 해방이 여러 당파의 의견을 서로 다르게 만들어 한국의 혼란을 가중시킨 것으로 인식하였다.[25] 이런 미군의 초기 대응은 북한에서 소련군이 보여준 점령 정책과 확연히 비교되어 《신화일보》에 부정적으로 부각되었다. 소련군이 점령한 북한에서는 곧바로 각지의 독립운동가를 중심으로 인민정치위원회가 구성되어 소련군 사령관 치스차코프의 관할 아래 각도별로 행정을 맡았다.[26] 그리고 공산당을 포함한 각 정파 및 무당무파의 9명으로 인민위원회를 조직하여 모든 정치 세력을 단결시키고 식민 잔재의 청산 작업을 진행하였다.[27] 이로부터 일본에 의해 금지되었던 한국어가 회복되고, 1935년 이래 처음으로 한글신문이 발행되었으며, 지방마다 공업 시설이 생산을 재개하였고, 학교

25 "對朝鮮問題 美國務院發表聲明", 《新華日報》, 1945. 11. 18.

26 천관우, 『자료로 본 대한민국건국사』, 지식산업사, 2007, 69쪽.

27 "韓國流亡保守分子 李承晩意在言外", 《新華日報》, 1945. 10. 22.

도 다시 문을 열었다.[28] 이처럼 미소 군정 초기 《신화일보》에 비친 북한의 정치·경제·문화 상황은 남한에 비해 훨씬 양호하였다.

미소의 분할 점령 이후 한반도 정세는 통일보다 분열을 부추기는 쪽으로 진행되었다. 해외의 독립운동가들이 속속 귀국하면서 남한 내 정파간 대립 양상은 더욱 뚜렷하였다. 10월 16일 귀국한 이승만은 "한국이 장래 외국군에 의해 분할되는 것을 다시는 용인하지 않을 것"이라면서 미군정의 좌우 합작과 중간파 육성정책에 맞서 '선단정 후통일'에 따른 자율 정부 수립이라는 자신의 논리를 적극 펼쳤다.[29] 그는 해방 전부터 독립운동 지도자로서 최고의 명망가였기 때문에 조선공산당과 한민당을 포함한 대부분의 정파가 그를 추대하거나 이용하려고 했다. 하지만 그는 특정 정파와 협력하는 것을 거부하고 각 정파를 망라한 초당적 합작을 주장하면서 주도적인 위치를 차지하려고 했다.[30] 이러한 이승만에 대해 《신화일보》는 "한국의 떠돌이 보수주의자"라고 부르면서 그의 정치 노선과 활동을 비판하였다.[31]

이 시기 중국 국민당도 이승만에 대해 관심을 가졌지만 우호적인 시선은 아니었다. 그보다는 오랫동안 중국을 무대로 항일 운동을 펼쳐온 김구를 비롯한 임정 세력에 대해 깊은 연대감을 가지고 있었다. 식민 통치 시기 임정은 중국에서 항일 운동을 수행하며 유일한 해외 망명 정부로서의 법통성을 가졌고, 국민의 지지를 받고 있었다. 그런데 하지 중장은 김구를 비롯한 임정 인사들의 귀환을 앞두고 '일반인 신분'으로만 입국을 허락한다고 발표하였다.[32] 결국 이들은 미군정으

---

28 "朝鮮蘇軍占領區 建立自治政府", 《新華日報》, 1945. 9. 24.

29 김영명, 「남한의 정치적 동태와 미군정」, 한국정신문화연구원 현대사연구소 편, 『한국현대사의 재인식 I -해방 정국과 미소 군정』, 오름, 1998, 92쪽.

30 김영명, 위의 글, 83쪽.

31 "韓國流亡保守分子 李承晩意在言外", 《新華日報》, 1945. 10. 22.

로부터 정치적 법통을 인정받지 못한 채 개인 자격으로 귀환할 수밖에 없었다. 그런데 중국 항일 운동의 협력자였던 김구의 귀환에 대해 국공 양당의 보도 태도는 서로 달랐다. 국민당 언론은 임정 세력을 높이 평가하고 귀국 후 활동에 깊은 관심을 보이며 정치적 역할에 큰 기대를 걸었다. 그러나 공산당 언론은 김구에 대해 어떤 호의나 지지 의사를 밝히지 않고 우익 세력의 범주에 넣었는데 1946년 1월부터 반탁 운동이 시작되자 '반동분자'란 호칭을 사용할 만큼 비판적이었다.[33] 미소 군정 실시 이후 한국의 정치 세력과 중국 공산당의 친소親疎 여부는 항일 독립 투쟁이 아닌 사회주의 이념과 공산 혁명의 동지적 관계를 중시한 방향으로 변질되었다.

해방 이후 남한에서는 다양한 정당과 사회단체들이 조직되어 저마다 정치적 주도권을 놓고 각축전을 벌였다. 그러나 어느 세력도 한국인 전체의 지지를 받을 만큼 대표성을 가지고 있지 못했다. 식민 통치의 강압과 민족운동 내부의 분파주의로 좌우 어느 쪽도 민중적 기반을 가진 통일조직이 결여되었고, 연합국의 승인을 받은 정부가 없었으며, 민중의 내재된 정치력을 동원할 수 있는 토착 중심 세력도 없었기 때문이다.[34] 여기에 미소의 분할 점령과 냉전 구도까지 겹쳐 정치 지도 세력의 분열은 걷잡을 수없이 심화되었다. 이런 상황에 대해 《신화일보》는 미소 군정의 초기 점령 정책이 표면적으로 통일과 독립을 내세우고 있지만 현실은 분할 점령에 의한 교통, 상업, 인적 교류의 어려움이 매우 큰 것으로 인식하였다. 또한 정치·경제적으로 북한에서는 친일 세력의 척결이 신속히 이루어진 반면, 남한은 여전

32 "金九等回韓 只許平民身分", 《新華日報》, 1945. 11. 16.
33 "朝鮮反動分子積極活動 企圖推翻三外長協議", 《新華日報》, 1946. 1. 28.
34 김영명, 위의 글, 76쪽.

히 일본의 영향력이 지속되었기 때문에 한국인의 반발이 거센 것으로 보았다. 해방 직후 《신화일보》에 비친 남한의 상황은 혼란과 분열로 점철된 암울한 모습인 반면 북한은 소련군의 효율적인 점령 정책이 주민들의 환영을 받으며 성공적으로 진행되고 있었다.

## 3. 미소의 한국 독립 방안과 실제

한반도와 중국을 비롯한 전후 동아시아의 지역 질서를 재편하기 위한 국제 논의는 1945년 12월 16일부터 26일까지 모스크바에서 열린 미국·영국·소련 간의 외상 회의에서 구체화되었다. 이 회담의 합의문을 살펴보면, 한국 독립 절차에 관하여 다음과 같이 결정하였다.

> 첫째, 조선을 독립 국가로 재건설하며 조선을 민주주의적 원칙 아래 발전시키는 조건을 조성하고 가급적 속히 장구한 일본의 조선 통치의 참담한 결과를 청산하기 위하여 조선의 공업·교통·농업과 조선 인민의 민족문화의 발전에 필요한 모든 조치를 취할 임시 조선민주주의정부를 수립할 것이다.
>
> 둘째, 조선임시정부 구성을 원조할 목적으로 먼저 그 적절한 방책을 연구 조정하기 위하여 미소 주둔군 대표자들로 공동위원회가 설치될 것이다. 그 제안 작성에 있어 공동위원회는 조선의 민주주의 정당 및 사회단체와 협의하여야 한다. 그들이 작성한 제안은 공동위원회 대표들의 정부가 최후 결정하기 전에 미·영·소·중 각국 정부에 그 참고에 공유하기 위해 제출하여야 한다.

셋째, 조선 인민의 정치적 경제적 사회적 진보와 민주주의적 자치 발전과 독립 국가의 수립에 원조 협력할 방책을 작성함에 있어서 조선임시정부와 민주주의 단체의 참여 하에서 공동위원회가 수행하되, 공동위원회의 제안은 최고 5년 기한으로 4개국 신탁 통치 협약을 작성하기 위하여 미·영·소·중 정부가 공동 참작할 수 있도록 조선임시정부와 협의한 후 제출되어야 한다.

넷째, 남북 조선에 관련된 긴급한 여러 문제를 고려하기 위하여, 또한 남조선 미합중국관구와 북조선 소련관구의 행정·경제면의 항구적 균형을 수립하기 위하여 2주일 이내에 조선에 주둔하는 미소 양군 사령부 대표로서 회의를 소집할 것이다.[35]

이 회의에 참석한 삼국 대표는 중국 상황에 관해서도 의견을 교환하였다. 그들은 "국민정부 아래 일치단결하여 민주적 중국을 세워야 하고, 민주 인사들이 국민정부의 모든 부문에 광범위하게 참여해야 하며, 내부 전쟁은 무조건 중지되어야 한다."라고 인식을 같이하였다. 또한 그들은 중국 내정 문제에 절대 간섭하지 않겠다고 약속했는데 《신화일보》는 이 점을 부각시켰다.[36]

삼상회의는 전후 대립 양상을 보이던 미소가 교착 상태에 빠진 한국 문제를 타개하기 위해 마지막 노력을 보인 회담이었다. 여기서 결정된 한국 독립 방안은 임시 민주주의 정부 수립, 미소공동위원회(이하 미소공위) 설치, 5년 기한의 4개국 신탁 통치 실시 등으로 요약된다. 그런데 삼상회의가 끝난 후 곧바로 신탁 통치 관리안의 찬반 여부를 둘러싼 거센 논란에 휩싸였다. 이 방안은 미 국무부가 이듬해 1월 런던에서 거행될 유엔총회에 제출할 목적으로 미리 작성한 것을 삼상

35 천관우, 위의 책, 127쪽.

36 "外長會議一致協議 中國內爭必須停止", 《新華日報》, 1945. 12. 30.

회의에서 4대국 대표들에게 수정 작업을 맡긴 것이다. 회담 결과 한반도에 관한 결정은 루스벨트가 원래 구상했던 신탁 통치안보다 소련의 구상이 더 많이 반영되었다. 어떻든 전후 한국은 유엔 체제에서 가장 먼저 신탁 통치를 받는 국가로 거론되었다.[37]

4대국의 신탁 통치 방안이 한국에 알려지자 남한 정국은 순식간 혼란의 소용돌이에 빠졌다. 그동안 건국 주도권을 둘러싸고 벌어진 정파간 세력 다툼이 신탁 통치의 수용 여부를 중심으로 좌우파의 대결로 구체화되었다. 반탁 운동을 주도한 세력은 임정을 이끈 김구로 1945년 말부터 이듬해 1월 초까지 남한의 반탁 정국을 주도하였다. 그는 신탁 통치 반대라는 국민 감정을 이용하여 대규모 시위를 주도하면서 자신의 입지를 최대한 고양시켰다.[38]

남한에서 신탁 통치 찬반 문제로 좌우파의 대립이 심화된 가운데 《신화일보》는 찬탁 여론을 적극 옹호하였다. 조선공산당·인민당·국민당·민주당 등 한국의 5대 정당이 1월 7일 서울에서 정치회의를 열고 삼상회의의 임시 신탁 통치안을 옹호한다는 내용의 연합선언을 발표하였다. 이에 대해 《신화일보》는 한국의 극좌, 극우 정당들이 신탁 통치를 처음으로 공개 지지한 것이라면서 그 의의를 높이 평가했다. 또한 폭력을 수반한 우익의 정치 투쟁에 대해 인민을 해치는 자살 행위라면서 소규모 단체와 조직을 해산하고, 모든 한국인이 함께 애국 활동에 헌신해야 한다고 주장하였다.[39] 특히 김구가 주도한 임

---

37 "韓國托管制暫時協定 傳美國務院早已擬就", 《新華日報》, 1946. 1. 2.

38 김구는 하지와 회담을 갖고 남한에서의 모든 시위 및 집단 파업을 취소한다고 밝혔고, 이에 대해 하지는 한국인의 권익을 보호하는 것이라며 만족감을 표시했다. ("韓國金九取消示威運動", 《新華日報》, 1946. 1. 3).

39 이 연합 성명에 민주당도 참여했는데 나중에 당대표의 권한이 없는 자가 선언에 서명한 것이라면서 발표된 지 이틀 만에 서명을 무효화하고, 모스크바회의의 결

정 세력의 반탁 운동에 대해 "반동적 선동활동"이라면서 비판적으로 보도하였다.

급작스레 반탁 운동에서 이탈한 좌익 진영은 한국인의 격분을 샀다. 반탁 세력은 1월 12일 대규모 항의 시위를 조직하고 삼상회의의 신탁 통치 결정에 대해 한국인들은 더할 나위 없이 모욕으로 여긴다면서 공산당과 인민당 등 좌익 세력에 대한 폭력적 공격을 감행하였다. 남한의 대다수 신문들이 여기에 동조했는데 미군정도 반탁 시위를 지지하는 듯한 태도를 취하였다. 이 때문에 《신화일보》는 미국 정부가 삼상회의의 합의사항을 뒤집은 것이라면서 반탁 세력은 어떤 수단이든 가리지 않고, 반소 정서를 선동하여 소련을 한국인의 적으로 만들려한다고 비판하였다.[40]

《신화일보》는 반탁 운동이 결국 실패할 것으로 보았다. 소련의 지지라는 정치적 요인도 있지만 잘못된 미군정의 점령 정책이 남한 주민의 거센 저항에 부딪칠 것으로 예상한 것이다. 그 대표적 예로 친일 세력의 득세를 들었다. 일본 패망 후 남한에서 친일 세력이 '민주주의자'와 '민족주의자'의 겉옷을 입고 여전히 정치 활동을 하거나 심지어 자신들의 정당까지 만들었다는 것이다. 이들의 유일한 목적은 패권적 지위를 보전하는 것으로 곧, 식민 시대의 억압 통치를 유지하는 것이라고 보았다. 그 대표적 인물로 김성수를 지목했는데 "1942년 11월 한국인들에게 일본 천황을 위해, 대동아를 위해 목숨을 바치자고 선동했다"는 것이다. 또 다른 이유는 반탁에 나선 우익 단체들의 구성원이 십여 명 혹은 많아야 몇 백 명에 불과한 극소수

---

정에 동의하지 않는다고 선언했다. ("朝鮮五大政黨聲明 擁護暫行托管決定", 《新華日報》, 1946. 1. 13).

40 "朝鮮反動分子積極活動 企圖推翻三外長協議", 《新華日報》, 1946. 1. 28.

로, 이들이 한국을 대표할 권리를 가지고 있지 않다는 것이다. 반탁 운동을 주도한 김구와 이승만에 대해서도 "거리낌 없이 간사하고 선동적 음모를 일삼으며 여러 가지 도발과 이간책을 사용하고 있는데 그 목적이 궁극적으로 소련을 반대하는 것"이라고 인식하였다.[41] 이렇듯 《신화일보》는 한국 독립 방안에 있어서 역사적 배경이나 현실 상황의 고려 없이 소련지지 일변도로 나아가 한국인의 보편적 의사와 다른 신탁 통치를 지지하였다. 따라서 전후 중국 공산당은 자국에 대한 미소의 내정 간섭과 무력 개입을 극도로 경계하면서도 한국의 4대국 신탁 통치안은 찬성하는 상호 모순된 태도를 취하였다.

미소 양국은 삼상회의의 결정에 따라 미소 주둔군 사령관 회의를 1월 9일 거행하고, 한국 문제를 어떻게 처리할 것인가에 대해 의견을 교환하였다.[42] 미소군사대표회의가 16일 서울에서 개막되자 《신화일보》는 별도의 논평을 내고 삼상회의의 결정에 따라 공동위원회를 조직함으로써 한국 독립을 위한 임시 민주주의 정부의 각종 활동에 협조할 것이라는 긍정적인 평가를 내렸다. 미 국무부 동아시아 책임자도 삼상회의의 결정을 실천하는 것이 한국인 스스로 안정되고 유력한 정부를 갖게 되는 것이며, 신탁 통치 5년을 거친 후 한국은 자치 독립의 단계로 나아갈 것이라는 희망적인 견해를 밝혔다.[43]

그런데 남한에서 반탁 운동으로 세력을 얻은 우익이 해방 직후 정국을 선점한 좌익에 맹렬한 공세를 취함으로써, 정국의 세력 균형은

---

41 《신화일보》는 신탁 통치 여부를 둘러싼 남한 정세와 관련하여 소련 정치학자가 『진리보』에 게재한 기사를 전재하였다. ("蘇聯阿瓦林教授 分析朝鮮局勢內幕", 《新華日報》, 1946. 2. 15).

42 "協調朝鮮經濟行政事宜 美蘇決定明天會商", 《新華日報》, 1946. 1. 14 ; "朝鮮問題 美蘇將討論", 《新華日報》, 1946. 1. 17.

43 "朝鮮蘇美軍代表集會 開始審查南北部有關問題", 《新華日報》, 1946. 1. 21.

우익에게 유리하게 전개되기 시작하였다. 이런 상황에서 미군정은 사실상 탁치안을 폐기하고 우익의 강화와 좌익의 약화에 부심하였다. 트루먼 행정부는 중국과 한국에서 좌파 세력의 급격한 확산을 보고 이 지역에 대한 정책을 재검토하기 시작했으며, 북한의 소련화에 대해서도 경계심을 늦추지 않았다. 마침내 1946년 초 미국의 대소정책은 근본적으로 수정되었으며 대한 정책에 직접 영향을 미쳤다.[44]

미소공위가 시작되기 전에 미군정 당국은 내부적으로 신탁 통치안을 폐기한 상태였고, 남한에서의 격렬한 반탁 운동은 미소공위의 협상을 더욱 어렵게 만들었다. 당시 남한의 일부 신문들이 소련에 의해 신탁 통치가 추진되고 있는 것처럼 암시하였다. 소련당국은 이를 적극 부인했는데 중국 공산당 신문도 이와 관련된 기사를 보도하였다. 이에 따르면 한국의 신탁 통치안은 루스벨트 대통령에 의해 처음 제기되었고, 삼상회의에서 미국이 한국을 일정기간 중·영·미·소 4강국의 공동 관리로 둘 것을 제의했는데 최종적으로 소련의 제안을 수정 합의하였다. 내용면에서 소련안은 한국에 즉시 임시 민주 정부를 수립하고 중·영·미·소가 공동 감독하는 것으로, 기한은 5년이었다. 미국안은 4강국에 의해 십년 동안 감독을 받고, 신탁 통치가 시작될 때까지 미소 양군의 군사 장관을 수석으로 하는 연합 행정 기관을 설립하여 행정권을 집행하며, 한국인은 행정 자문이나 혹은 고문으로 참여할 수 있었다.[45] 그러므로 신탁 통치 기간이나 군정 시기 한국인의 참여 수준에 있어서 미국안보다 소련안이 진일보하다는 주장이었다.

---

44 트루먼 행정부는 한국 문제가 미국이 의도한 대로 해결될 때까지 미군이 남한에 주둔해야 한다고 생각하고 소련과의 더 이상의 타협 가능성을 배제하게 되었다. 그러므로 유럽에서 트루먼독트린이 발표되기 일 년 전에 한반도에서는 냉전적 분위기가 감지되고 있다. (김영명, 위의 글, 87~88쪽).

45 "對朝鮮問題的決定 蘇方說明協議經過", 《新華日報》, 1946. 1. 26.

남한에서 반탁 운동이 거센 가운데 소련 측 공동위원회 대표 5인이 1월 18일 서울에 도착하여 한국 문제 처리에 관한 예비 논의를 시작했다.[46] 소련군 사령관은 반탁 운동을 비판하면서 한국에 진정한 민주 독립의 우호적 국가가 수립되기를 희망하며, 소련의 공격 근거지가 되는 것을 결코 원치 않는다고 밝혔다.[47] 그러므로 소련의 북한 점령 정책은 친소 정부를 세워 자국의 안전을 도모하는 데 있었다.

1946년 3월 20일 서울에서 미소공위가 처음으로 열렸다. 하지 중장은 인사말에서 모스크바협정에 포함된 조항을 철저히 관철시키기 위해 이번 회의를 열었고 세계의 두 강대국인 소련과 미국이 합작 능력을 충분히 갖추고 있으므로 공정한 정신을 가지고 함께 노력하면 당면한 한국 문제를 해결할 수 있다는 자신감을 표명하였다. 소련의 슈티코프 대장은 삼상회의의 결정이 연합국의 호감과 열망을 표현한 것으로, 한국의 독립과 민주 발전을 위해 꼭 필요한 조건이라고 강조하였다. 그는 한국인들이 수많은 피와 고난을 통해 자신들의 권리를 얻었고, 이제 자유 민주의 한국을 건설하기 위해 폭넓은 정치 활동이 필요하다고 주장하였다.[48] 첫 미소공위에서 미국은 양국의 우호 협력을 강조한 반면, 소련은 삼상회의의 결정 준수와 한국인의 자치 확대에 비중을 둔 것이다. 그런데 《신화일보》는 반탁 세력의 저항이 한국 민주화를 어렵게 만들고 있다면서 미소공위의 임무는 한국인을 도와 민주 국가를 만드는 것으로, 임시정부를 수립하는 것이 최우선 과제라고 보았다.

---

46 "蘇方參加美蘇對朝鮮混合委員會五人", 《新華日報》, 1946. 3. 19.

47 "二十日美蘇聯合委員會", 《新華日報》, 1946. 3. 21.

48 "實現莫斯科會議對朝鮮決定 蘇美混合委員會開始工作", 《新華日報》, 1946. 3. 25.

1946년 3월 25일부터 29일까지 덕수궁에서 열린 미소공위는 소련 수석대표 슈티코프 대장의 사회로 삼상회의에서 결정된 의안 제3조 2, 3항에 대하여 상세히 연구 검토하였다. 미소공위의 활동 방향은 두 단계로, 1단계는 삼상회의에서 결정된 제3조 제2항을 실천하는 것이고, 2단계는 제3조 제3항을 실천하는 것이었다. 1단계에서 다루어진 문제는 첫째, 민주주의 정당 및 일반 사회단체들과 협의할 조건과 순서. 둘째, 조선민주주의임시정부의 기구 조직 원칙과 임시 헌장에 의해 구성될 각 기관에 대한 제안 준비 및 토의. 셋째, 장래 조선민주주의임시정부의 정강과 기타 조치에 관한 준비 및 토의. 넷째, 임시정부의 인선 추천 및 제안, 토의였다. 이러한 문제를 처리하는데 적당한 분과위원회가 필요하므로 3개의 분과위원회를 별도로 설치키로 결의하였다.[49] 제1차 미소공위에서 잠정 결정된 활동 방안은 소련의 주장대로 한국내 정당 및 사회단체와 임시정부의 조직에 관하여 협의하고, 시정 강령의 기초 및 정부 인선을 추진하는 것이었다.

그러나 미소공위의 협의 대상이 될 정당 및 시회단체를 어떻게 선택하느냐의 문제로 다시 갈등이 표출되었다. 이들이 곧 임시정부를 구성하는 산파역이 될 것임으로 결정하기 어려웠던 것이다. 결국 그해 5월 미소공위가 결렬되었는데 소련 당국은 곧바로 미국에게 파탄 책임이 있다고 주장하였다. 미군정의 하지 중장이 일부러 한국인들을 선동하여 신탁 통치안을 저지시켰고, 강압적 방식으로 남한의 우익 세력은 참여시키면서 공산당과 좌익 세력의 협상 자격을 박탈했을 뿐만 아니라 공인 조직의 참가도 저지했다는 것이다. 그러므로 미소공위가 무산된 책임은 전적으로 미국에 있다고 비판하였다.[50]

---

49 "朝鮮問題美蘇混合委員會 擬定初步工作步驟", 《新華日報》, 1946. 4. 20.

50 "莫斯科廣播評朝鮮談判 美應負破裂責任", 《新華日報》, 1946. 5. 17.

앞에서 언급했듯이 미소공위가 시작되기 전부터 미국 정부는 삼상회의의 신탁 통치안을 내부적으로 폐기한 상태였다. 하지만 그것을 소련 대표에게 강요할 수 없었고, 삼상회의의 결정사항도 고칠 수 없었기 때문에 실무협상인 미소공위를 결렬시킨 것이다.[51] 미소공위가 실패한 표면적 이유는 협의 대상이 될 한국의 정당과 사회단체를 어떤 기준으로 선정하느냐에 대해 양국의 합의가 어려웠기 때문이다. 소련은 삼상회의 결정에 반대하는 모든 정당·사회단체를 제외하자고 주장한 반면, 미국은 의사 표현의 자유를 들어 민주적인 정당·사회단체는 모두 협의 대상으로 삼자고 주장한 것이다. 미소 양국은 겉으로 삼상회의의 신탁 통치안을 한국 독립의 기본 방향으로 내세웠지만 실제로는 남북한에서 각각 자국의 영향력을 확장하는데 유리한 국면을 조성하기 위해 대립하였다.

그 후 미소공위의 결렬 사태가 장기화되자 미국측 수석위원을 역임한 A. V. 아놀드는 경색된 정국을 타개할 방법으로 미소 외무장관의 담판을 주장하였다.[52] 소련 측도 북한주둔 소련군 사령관을 통해 미군정의 하지 중장에게 삼상회의의 합의 사항을 이행하기 위해 미소공위의 신속한 회복을 희망한다는 뜻을 전하였다. 미 국무부는 한국 문제에 관한 협의를 재개하려면 준비가 필요하고 소련의 입장도 바뀌어야 한다고 답변하였다. 양측 모두 미소공위 활동이 결렬된 것은 상대방의 잘못이라며 책임 공방만할 뿐 다른 해결책을 찾지 못하였다.[53] 그런 가운데 미소 양국은 한국의 어느 정당·사회단체와 임시

---

51 미국은 나중에야 국무장관 대리 애치슨의 성명을 통해 미소공위가 중단된 책임을 소련에게 떠넘겼다. (“美代理國務卿艾奇遜發表聲明”, 《新華日報》, 1946. 10. 3).

52 “阿諾德就設立朝鮮獨立政府問題發表聲明”, 《新華日報》, 1946. 10. 13.

53 “關於朝鮮問題談判 蘇聯希望與美重開”, 《新華日報》, 1946. 11. 3.

정부 구성 문제를 협의할 것인가의 문제로 평행선을 달리면서 각자 영향력 확대에 치중하였다.

1947년 1월 미소공위의 재개 문제와 관련하여 미소 주둔군 사령관은 서로 서신을 교환하였다.[54] 주요 내용을 보면 첫째, 공위는 반드시 한국에 관한 모스크바의 결정을 전적으로 지지하는 민주정당 및 사회단체와 협의할 것. 둘째, 공위와 협의하기 위해 초청받은 정당 및 사회단체는 모스크바의 결정을 반대하는 주장에 동의한 대표자를 임명하지 말 것. 셋째, 공위와 협의하기 위해 초청받은 각 정당 및 사회단체는 모스크바의 결정 및 공위 임무에 대해 반대하거나 또는 반대할 의사를 가지지 않을 뿐만 아니라 타인에게도 이를 선동하지 말 것. 만일 이와 같은 정당 및 사회단체가 있을 때에는 양국 대표의 상호 노력으로 금후 공위와 협의에서 이들을 제외할 것 등이었다.[55]

이렇듯 미소공위의 재개를 위한 미소 양측의 태도는 이전과 크게 다를 바 없었다. 소련은 대외적으로 삼상회의의 결정사항인 '4대국 신탁 통치안'과 '임시정부의 수립'을 반복 주장할 뿐 이를 실행하기 위한 노력으로 협의 대상의 폭과 내용에 있어서 아무런 변화가 없었던 것이다. 미국도 애당초 삼상회의의 결정 사항을 준수할 의지가 없었고, 남한의 안정적 지배에만 몰입할 뿐 미소공위를 통한 한국 문제 처리는 처음부터 끝까지 무성의하였다. 한국 독립을 둘러싼 미소의 정치적 군사적 줄다리기는 《신화일보》를 통해 중국인들에게 그대로

54 그 이전 1차 교환은 11월 26일 소련군사령관의 서한과 12월 24일 미군사령관의 회신이 있었다. 여기서 소련은 한국의 여러 단체와 협의한다는 조건으로 미소공위의 재개를 제안하였다.

55 "爲重開朝鮮連席會議事 蘇美雙方交換函件", 《新華日報》, 1947. 1. 12.

전해져 두 강대국의 세력 대결로 비추어졌고, 전후 동아시아의 질서 재편에서 외세 간섭에 대한 부정적 인식을 심어주었다.

## 4. 남북한의 정치·경제 상황

《신화일보》에 따르면 해방 이후 한국에서 새로운 독립 국가를 건설하기 위한 첫 단계는 친일 세력을 완전히 제거하는 것이었고, 토지 개혁으로 경제를 회복시키는 것이었다.[56] 이와 관련하여 북한의 토지 개혁은 예상보다 아주 빠르게 이루어졌다. 1946년 3월 5일 임시 민족회의에서 토지 개혁 법안이 통과됨으로써 60여 만 호의 농가가 자기 토지에서 곧바로 봄 농사를 시작하였다.

그런데 북한의 토지 개혁은 소련군이 주도한 것이 아니라 북한의 지방 행정 당국과 정당 및 사회단체들이 대표를 파견하여 스스로 지도하고 협조하였다. 각 지역마다 고농雇農, 무지농無地農, 빈농貧農 집회에서 농민위원회를 구성하여 토지 개혁을 직접 실행한 것이다. 그 결과 총 963,659헥타르의 토지가 몰수되어 농촌 고용자와 토지가 없거나 적은 농민에게 분배되었고, 토지를 분배받은 632,760호의 농가 중 422,951호의 농가가 처음으로 토지를 소유하게 되었다. 북한의 토지 개혁은 남한에 곧바로 영향을 미쳤는데 대지주 및 우익 세력의 거센 반발을 불러일으켰다.[57]

---

56 "朝鮮假民主分子 反對莫斯科決定", 《新華日報》, 1946. 3. 30.

57 남한에서는 1946년 2월 미군정에 의해 농지 개혁 의지가 처음으로 천명되었다.

중국 공산당은 북한의 토지 개혁에 대해 깊은 관심을 가졌는데 특히 토지 개혁의 효과에 대해 주목하였다. 그 이유는 자신의 토지를 갖게 된 농민들이 정치 운동에 적극 참여함으로써 새로운 국가 건설의 가장 중요한 동력이 된다고 보았기 때문이다.[58] 미소에 의해 강제 분할된 한국에서 북한의 토지 개혁은 생산 수단의 국유화라는 사회주의적 개조가 아니라 농촌 사회에서 지주 계급을 일소하고 사회주의 정권의 지지기반을 구축하기 위한 토대를 마련했다는 점에서 의의가 크다고 본 것이다. 그리고 신속한 토지 개혁은 한국처럼 식민지에서 갓 해방된 피압박 민족에게 소련식 사회주의 경제를 선전하는 유효한 수단으로 이용되었으며, 이념 대립에 따른 체제 우위를 가시화할 수 있는 좋은 방편이었다.

해방 직후 북한의 경제 상황과 관련하여 주요 산업시설들이 강제 철거되어 소련으로 옮겨졌다는 소문이 파다했다. 이와 관련하여 연합국배상위원회 전문위원이자 트루먼 대통령의 정치 특사인 에드윈 폴리Edwin W. Pauley가 북한의 주요 공업 지대인 평양·수풍·원산 등지를 돌아다니며 제철·제강·금속·화학·전력·광산·제분 공장을 직접 시찰하였다. 그는 탐방을 마친 후 소련군이 점령 지역의 공업을 부흥시키기 위해 노력하고 있으며, 다만 숙련된 기술자가 부족하여 일본 노동자의 도움을 필요로 한다고 밝혔다.[59] 이런 기사가 《신화일보》의 지면에 크게 보도되었는데 북한의 산업 경제가 미국이나 남한 당국의 우려와 달리 정상적으로 발전하고 있음을 제삼자인 미국인의 눈

---

(이태욱, 「북한의 사회·경제상황과 소군정」, 한국정신문화연구원 현대사연구소 편, 『한국현대사의 재인식Ⅰ -해방 정국과 미소 군정』, 오름, 1998. 289쪽).

58 "北朝鮮完成土地改革", 《新華日報》, 1946. 4. 29.

59 "鮑萊發表視察韓北聲明 韓北工業在復興中", 《新華日報》, 1946. 6. 11.

을 통해 확인하고 적극 알리는 결과를 낳았다.

1차 미소공위의 결렬 이후 남한에서 정파 간 갈등과 대립이 심화되었다. 이 시기《신화일보》는 남한의 좌익 세력과 공산당에 대한 미군정의 탄압을 집중 보도하였다. 1946년 5월 미군정 헌병과 남한 경찰이 조선공산당 중앙위원회 총본부를 조사하여 신문과 관련된 서류를 몰수하였다. 수사가 본격화되면서 남한의 공산당 신문들이 일제히 정간되었는데《신화일보》는 조선공산당의 정치 활동을 막으려는 조치라고 비판하였다.[60] 그 이후로도 미군정의 좌익계 언론 탄압은 계속되어 조선공산당 기관지와 다른 두 신문사가 미군정의 안정을 해친다는 이유로 폐간되었다. 아울러 다수의 공산당원을 치안 문란 및 미국인의 생명과 재산의 안전을 해치는 범법자란 죄목으로 체포한 후 군사 법정에서 처벌하였다. 또한 남한 경찰이 조선인민당 정치부장 김서영金瑞榮의 자택을 수색하여 대량의 미군 관련 정보를 찾아냈다면서 좌익 인사들을 대대적으로 검거하였다. 이러한 미군정의 조치에 대해《신화일보》는 "무뢰한들의 행패로 남한 정국의 암흑 상태를 십분 보여주는 것"이라면서 "미국과 한국의 반동파가 결합하여 반민주적 인민 폭행을 시작한 것"이라고 비난하였다.[61] 그렇지만 하지 중장은 공산당 언론을 "유해한 선전"으로 규정하고 좌익 세력에 대한 탄압을 더욱 강화하였다.[62]

해방 이후 남한의 경제 상황은 북한에 비해 크게 열악하였다. 패망 직전 일본은 한국의 수많은 공장에서 기계 설비를 해체한 후 모두 본국으로 가져갔는데 서울에서만 55곳의 주요 공장 시설 중 45곳의

---

60 "朝鮮共産黨總部 竟被美軍無理搜查",《新華日報》, 1946. 5. 30.

61 "朝鮮美占領軍當局 大規模檢擧民主人士",《新華日報》, 1946. 8. 22.

62 "美軍摧殘韓人言論自由 韓共機關報被查封",《新華日報》, 1946. 9. 12.

설비가 없어졌다. 이 때문에 남한의 산업 경제는 거의 마비 상태였고, 전력난까지 겹쳐 더욱 큰 어려움을 겪었다. 당시 남한 지역의 전력은 대부분 소련군 점령 지역인 북한에서 공급되었다.[63] 전후 미소 군대의 남북한 분할 점령으로 교통·우편과 인적·물적 교류가 원활하지 못해 남한의 경제 곤란을 심화시켰다. 이를 타개하기 위해 미군과 소련군은 정치·군사 문제와 별개로 남북한의 교통 왕래를 비롯한 일반인의 여행, 우편물 전달, 무선 방송의 주파수, 경제·행정 협조 사항 등에 관한 협정을 맺었다. 특히 미군정은 전력 개방과 화물 교환 등을 처리하기 위한 별도의 위원회를 설립하였다.[64] 북한 지역에 대한 의존도가 높았던 남한 경제는 전후 분단으로 인한 어려움이 더욱 컸고, 사회적 경제적 불안을 일으킨 주요 요소였다.

더구나 1946년 여름, 남한에서는 수재水災로 전염병이 만연하고 통화 팽창의 폐해가 심각하여 사회 안정에 나쁜 영향을 주었다. 특히 수재는 20년 이래 가장 심각한 수준으로, 수확량이 1940년부터 1944년까지 매년 평균 산출량의 60% 이상으로 감소했고 전염병까지 창궐하였다.[65] 자립 능력이 부족한 남한 경제는 북한과의 경제 단절로 인플레이션이 심각했는데 자연재해와 전염병까지 겹쳐 상황이 더욱 악화되었다. 여기에 정치적으로 신탁 통치의 수용 여부와 미소 공위의 참여 자격을 둘러싼 국내 정치 세력 간의 갈등과 대립은 사회 혼란을 더욱 가중시켰고, 노동자·농민들의 집단 행동으로 표출되었다.

미군정 초기 남한 사회의 혼란상은 《신화일보》에 여과 없이 보도

---

63 "朝鮮工廠設備日本早已拆去", 《新華日報》, 1945. 9. 15.

64 "對朝鮮境內交通問題 蘇美雙方獲致協議", 《新華日報》, 1946. 2. 10.

65 "韓北婦女獲得平權 朝鮮南部災害甚重", 《新華日報》, 1946. 8. 30.

되었다. 1946년 8월 18일 전라남도에서 약 삼십만 명이 참가한 대규모 시위가 발생하였다. 이들은 "자유 민주 독립의 조선 건국"이란 기치를 내걸고 가두 시위를 거행하였다. 1천 1백 40여 명의 광산 노동자들도 33킬로미터를 행진하여 시위 대열에 동참하였다. 광산노동자들이 선두에 나서자 미군정은 비행기와 탱크를 동원하여 무력 진압했는데 이십 명의 사상자가 발생하였다.[66] 1946년 9, 10월에는 노동자·농민의 집단 시위와 파업이 만연하였다. 1946년 9월 23일 남한의 광산·철로 공인파업을 시작으로, 24일 주요 간선 철로의 공인들이 동조 총파업을 일으켰고, 해원·전기·식품기업의 공인들도 동맹파업을 선포하였다. 농민들 역시 납세 및 지조납부거부운동으로 공인운동을 지원하며 자신들의 자유와 권리를 쟁취하고자 했다. 공회와 농민 단체들은 인신 자유의 보장, 모스크바협정의 실천, 민주·자유 질서의 유지, 체포된 공산당원의 석방, 폐쇄된 공산당 신문의 회복을 주장하고 미군의 인권 유린과 폭력 행위 및 부녀자 강간 등의 중지를 요구하였다. 또한 북한에서 실행되고 있는 것처럼 공인들을 보호하기 위한 노동법과 민주적인 토지 개혁의 조속한 실시를 요구하였다. 이에 대해 하지 중장은 "이번 파업의 목적이 남한 내 미국 당국에 대한 불신임을 표시한 것"이라면서 공인 지도자를 대대적으로 체포했지만 파업은 계속 확대되었다.[67] 해방된 지 일 년이 지나도록 남한의 정치적 경제적 사회적 불만이 팽배한 가운데 노동자·농민의 좌익조직은 미군정 반대 투쟁을 본격적으로 전개함으로써 이념과 체제의 대립이 노골화된 것이다.

얼마 후 미군정의 점령 정책에 반대하는 저항 운동이 교육계로 확

66 "爲民主獨立朝鮮而奮鬪 韓南三十萬人游行示威", 《新華日報》, 1946. 9. 2.
67 "反對暗殺政治 韓南美占領區人民 展開罷工抗捐租運動", 《新華日報》, 1946. 10. 8.

산되었다. 서울대학 교수들이 미군의 여학생 추행 사건에 항의하여 9월 27일 일제히 강의를 중단하였다. 뒤이어 각급 중학교와 전문학교의 학생들도 수업 거부로 미군의 범죄 행위를 규탄하였다. 이런 과정에서 시위 농민들의 희생이 가장 컸고, 주요 도시마다 좌익 정당 및 사회단체 지도자들이 대대적으로 체포되었다. 《신화일보》는 민주전선 대변인의 말을 인용하여 "조선 인민은 본래 반항의 전통을 가지고 있어 과거 일본 파시즘에 불복하지 않았고, 앞으로 어떤 고압 정책에도 결코 굴복하지 않을 것"이라면서 미군정에 대한 공인·노동자의 반대 투쟁을 고무시켰다.[68]

남한의 철도 파업이 계속되면서 10월 7일 오산 일대의 철로공인과 경찰 사이에 무장 충돌이 발생하여 쌍방 간 70여 명의 사상자가 발생하였다. 미군정은 곧바로 계엄을 선포하고 2천여 명의 공인·농민과 청년 학생들을 체포하였다. 경상남도에서도 농민 폭동이 확대되자 일천여 명의 미군과 경찰이 출동, 진압하였다.[69] 이 과정에서 미군과 시위 군중의 충돌로 사상자가 다수 발생했는데 무력을 사용하여 파업 노동자를 체포했기 때문이다.[70] 노동자·농민들의 파업 및 시위에 대한 미군정의 탄압이 심해지자 우익 세력에 대한 공산당의 비판도 강화되어 《신화일보》는 김구를 "미국의 꼭두각시"라고 부를 만큼 부정적이었다.[71] 항일 전쟁 시기 김구와 임정에 대해 우호적인 연대감을 가졌던 중국 공산당의 태도가 전후 남북한의 이념 및 체제 대립이 본격화되면서 적대적으로 바뀐 것이다.

---

68 "朝鮮南部廣大人民 堅決反抗美軍黑暗統治", 《新華日報》, 1946. 10. 11.

69 "鮮南人民鬪爭激烈 起義農民與美軍警察激戰", 《新華日報》, 1946. 10. 12.

70 "美軍逮韓南罷工工人 雙方衝突死傷重大", 《新華日報》, 1946. 10. 22.

71 "金九政府在美軍庇護下 大肆鎭壓韓人自由", 《新華日報》, 1946. 10. 21.

1차 미소공위가 결렬된 후 남한에서 과도입법의원 선거가 실시되었다.[72] 선거 결과 우파가 크게 승리했는데 김성수의 한국민주당이 45석 중 15석, 이승만의 대한독립촉성회가 14석을 차지했고, 무당파 12석, 우파 성향의 독립당 2석과 제주도 대표 2석이었다. 서울에서 선출된 3명의 대표는 모두 민주당 출신으로 김성수도 여기에 포함되었다. 이 때문에 《신화일보》는 미군정의 조종으로 이루어진 '거짓 선거'라고 평가하였다.[73]

미국 시카고 선SUN지의 특파원이 직접 남한 선거를 취재했는데 각 지방마다 악명 높은 친일매국분자들이 당선되었다고 보도하였다. 또한 각 마을마다 아무런 공고도 없이 이장과 몇몇 지인들끼리 상의하여 후보를 결정하고, 가장과 촌장의 압력으로 사실상 자유로운 투표가 없었다고 지적했다. 이에 비하여 1946년 11월, 북한 최초로 치러진 각급 인민위원회 위원선거는 3,459명의 당선자 중 정파별로 노동당 1,102명, 민주당 351명, 천도교 청우당 253명, 무당무파 1,753명이었다. 직업별로는 노동자 510명, 농민 1,256명, 지식인 1,367명, 자영업자 145명, 공업자본가 73명, 종교 단체 대표 94명, 구 지주 14명이었고, 전체 대표 중 여성 대표는 453명을 차지했다. 이러한 남북한의 선거 결과를 비교 분석한 《신화일보》는 "자유와 부자유의 사이"란 사설을 통해 선거 과정의 민주성과 선거 결과의 민중성을 근거로 미소 군정의 성격을 차별화하고 북한의 체제 우위를 선전하였다.[74] 그러나 북한 선거는 북조선민주주의 민족통일전선위원회에서 추천한 단일 입후보에 대한 흑백함 투표로, 진정한 민주 선거라고

---

72 "傳漢南將組政府美官方表示否認", 《新華日報》, 1947. 1. 11.

73 "在美政府操縱下 韓南擧行'僞選'", 《新華日報》, 1946. 11. 6.

74 "韓南選擧韓奸當選", 《新華日報》, 1946. 11. 18.

말할 수 없다.

이 시기 《신화일보》는 한국뿐 아니라 일본을 비롯한 동아시아 지역의 민족 해방 운동과 공산주의 운동에 관해서도 자주 보도하였다.[75] 전후 동아시아 지역의 민족 해방 운동은 소련의 전쟁 승리에 고무되어 개별 투쟁과 더불어 중심 국가와의 연대를 중시했는데 중국 공산당도 마찬가지였다. 전후 중국 공산당은 급박한 내전 상황임에도 불구하고 인접 국가의 정치 상황에 깊은 관심을 가지고 한국의 남북 분단과 미소 군정, 월남의 민족 해방 운동, 일본 공산당의 활동 등을 예의 주시하면서 미소의 대외 전략과 동아시아 정책에 촉각을 곤두세웠다. 이런 과정에서 드러난 미소의 일방 통행식 점령 정책과 강압 지배는 중국인들에게 외세의 경각심을 불러일으켰고, 내전이 본격화되면서 공산당의 혁명 운동과 국가 건설에 깊은 영향을 끼쳐 독자성을 중시하는 방향으로 나타났다.

## 5. 맺음말

《신화일보》는 일본의 패망 직전부터 미소 양군의 동향 및 한반도 점령 상황을 상세히 보도하였다. 그 가운데 중국과 미국의 연대를 중시하면서 전후 진정한 동아시아의 안녕과 세계 평화를 위해 신중국의 건설과 자립이 필수적이란 주장을 폈다. 당시 중국 공산당은 한국 문제뿐만 아니라 전후 국제 질서와 동아시아의 세력 재편에 있어서 철

75 "朝鮮解放一周年 韓僑在東京集會紀念", 《新華日報》, 1946. 8. 20.

저히 소련의 입장을 옹호하였다. 그 연장선에서 《신화일보》의 한국 관련 기사는 남북한의 정치·경제·사회 상황을 비교 분석하였는데 미소의 점령 정책과 그 성과를 평가함으로써 사회주의 체제의 우월성을 적극 선전하였다.

이에 따르면 전후 남한의 주둔 과정에서부터 미군은 점령자의 성격을 띠었고, 북한의 소련군은 해방자의 이미지를 강하게 드러내고 있다. 미소의 분할 점령 이후, 《신화일보》의 한국 관련 기사는 북한보다 남한의 미군정과 정치 세력의 동향에 집중되었다. 특히 일본인 소유의 재산 처분과 언론 자유 등 식민지 유산의 청산과 친일 세력의 척결 여부에 주목하였다. 이러한 과제는 중국에서도 시급히 요구되었는데 식민 통치 세력을 비롯한 과거 지배 권력의 완전한 청산이 해방 이후 신중국 건설의 첫 번째 과업이라고 보았던 것이다.

《신화일보》에 비친 남한의 미군정은 식민 통치의 청산보다 점령지의 질서와 안녕을 우선하여 친일 권력을 유지시키는 데 급급하였다. 이 때문에 한국인의 반발과 저항은 필연적이라고 보았다. 더욱이 미군정은 국내의 독립운동이나 해외에서 활동해 온 임정의 성과와 법통을 모두 부인한 채 친일 세력과 손을 잡음으로써 북한의 소련군 점령 정책과 확연히 비교되었다. 소련군이 점령한 북한에서는 인민위원회를 중심으로 모든 정치 세력이 단결하여 식민지 청산 작업을 진행하였으며, 공장이 재가동되었고, 학교도 다시 문을 여는 등 여러 분야에서 새로운 변화가 있었다. 그러므로 미소 군정 초기 《신화일보》에 비친 북한 상황은 전반적으로 양호한 반면, 남한은 극도로 열악하였다. 무엇보다 남한 정세가 통일을 지향하기보다 분열을 심화하는 쪽으로 진행된다고 보았는데 그 중심에 이승만을 비롯한 우익 세력이 있다고 판단하였다. 이처럼 《신화일보》의 지면을 통해 비춰진 남한의 미군정은 혼란스럽고 부정적인 반면, 북한의 소련군정은 주민들의 환영을 받으며 성공적으로 진행되고 있었다.

한국의 독립 절차와 관련하여 삼상회의에서 신탁 통치안이 결정되었는데 그 실시 방법과 이행 여부를 놓고 남한에서 좌우 세력간 갈등이 격화되었다. 이에 대해 국공 양당은 중국을 포함한 4대국에 의한 신탁 통치안을 지지하였다. 국민당 언론이 한국에 대한 중국의 영향력 확대를 위해 신탁 통치를 찬성했다면, 《신화일보》는 미군정의 잘못된 점령 정책 때문에 반탁 운동이 거센 저항에 부딪쳐 실패할 것으로 보았다. 이 시기 국공 양당은 겉으로 한국 독립을 성원했지만 국민당은 변형된 중화 의식을 드러냈고, 공산당은 자국에 대한 미소의 내정 간섭을 경계하면서도 한국에 대한 신탁 통치를 지지하는 상호 모순된 태도를 취하였다.

삼상회의의 합의에 따라 미소공위가 시작되었다. 하지만 미군정은 내부적으로 탁치안을 폐기한 상태였고, 남한 우익의 반탁 운동은 미소공위 활동을 더욱 어렵게 만들었다. 회의가 진행되면서 미소 양측은 실현 가능한 노력보다 회의를 무산시킬 명분 축적에 주력하였다. 이런 과정을 보도한 《신화일보》는 삼상회의 결정의 준수와 한국인의 자치 확대에 비중을 둔 소련 정책을 적극 옹호하였다. 그러나 첫 번째 회의는 미소공위의 협의 대상이 될 한국의 정당 및 사회단체를 어떤 기준으로 선택하느냐의 문제로 결렬되었다. 소련은 삼상회의의 결정에 반대하는 정당·사회단체를 모두 제외시킬 것을 주장했다. 미국은 의사 표현의 자유를 들어 모든 민주적 정당·사회단체를 협의 대상에 포함시키자고 주장하였다. 그 후 미소공위의 재개를 위한 협상 과정에서도 양국의 태도는 크게 달라지지 않았다. 명분에서 앞선 소련은 '4대국 신탁 통치안'과 '임시정부의 수립'을 일관되게 주장할 뿐 협의 대상엔 아무런 변화가 없었다. 정치적 군사적으로 압도적 우위인 미국은 삼상회의의 결정을 준수할 의지가 애당초 없었다. 그런 만큼 한반도에서 자신의 힘을 바탕으로 친미·반공 세력을 강화시키는 데 주력하였다. 미소공위를 통한 한국 문제 처리는 처음부터 실현 가능성이 희박했고, 미소의 세력 확대에 필요한 명분 축적 과정에 불과했다. 이런 내용들이 《신화일보》를 통해 상세히 보도됨으로써 전후 동아시아에서 진행된 미소 대립과 외세 간섭에 대한 중국인들의 우려를 확산시켰다.

해방된 한국에서 시급한 과제는 친일 세력을 완전히 제거하고, 민주 세력이 연합하며, 토지 개혁과 생산 경제의 회복으로 새로운 국가의 기틀을 마련하는 것이었다. 이것은 국민당과 내전 중인 중국 공산당도 반드시 거쳐야 될 과정이었다. 해방 직후 남북한의 경제 상황은 일본 자본 및 기술력의 이탈로 급속히 악화되었고, 식민 지배 기간에 형성된 남북한의 산업 불균형 구조가 더욱 심화되었다. 농업 위주의 남한 경제는 중공업이 앞선 북한에 비해 매우 열악하였고 사회 불안을 가중시키는 한 원인이었다. 이 시기의 《신화일보》는 북한의 경제 추이에 관심을 가졌는데 무엇보다 신속히 시행된 토지 개혁의 효과에 대해 주목하였다. 경제적으로 자신의 토지를 갖게 된 농민들이 식민지 해방의 실체를 체험하고 정치 운동에 직접 참여함으로써 새로운 국가 건설의 가장 중요한 동력이 된다고 믿었기 때문이다. 이런 방식은 항일 전쟁 시기에 중국 공산당이 농촌 혁명 근거지를 중심으로 실천해 온 혁명 운동의 하나였다.

1차 미소공위가 결렬된 후 《신화일보》의 한국 관련 기사는 남한 내의 격렬한 좌우 대립과 좌익 세력의 노동자·농민운동을 크게 보도하였다. 1946년 9, 10월에 대규모로 발생한 광산·철도 노동자 파업을 비롯하여 해운·전기·식품 노동자들의 동맹파업과 농민들의 납세 및 지조납부거부운동, 학생들의 수업 거부와 대학교수의 강의 거부 등은 미군정의 점령 정책에 정면으로 도전하였다. 그런 만큼 미군정의 물리적 탄압은 더욱 거세어졌고, 남한의 우익 세력과 미군정에 대한 《신화일보》의 비판도 가중되었다. 이 과정에서 항일 운동 시기 김구와 임정에 대해 우호적이었던 중국 공산당의 태도는 적대적으로 급변했다. 《신화일보》는 정치적 자유에 있어서 남한보다 북한이 우위에 있다고 보았다. 미소공위가 결렬된 후 실시된 남한의 과도입법의원 선거에서 우파가 크게 승리했는데 미군정에 의해 조종된 것으로 보았다. 같은 시기 북한의 인민위원회 대표 선거는 민주성과 민중성을 근거로 자유가 보장되었다고 주장했는데 사실은 단일 후보에 대한 흑백함 투표로 민주적 방식이 아니었다. 이렇듯 《신화일보》는 정치적 경제적으로 소련 일변도의 좌편향 시각으로 한국 문제를 이해하여 시국 현안을 객관적으로 보지 못하였다.

전후 사회주의국가 건설을 목표로 삼았던 중국 공산당은 소련과의 협력이 필연적이었다. 그러나 한중 양국의 공통과제인 독립 국가 건설이란 목표로 볼 때, 중국인들에게 미소의 분할 점령에 따른 남북한의 강제 분단과 정치적 경제적 사회적 분리 및 대립, 외세의 일방적 간섭과 자기 세력의 이식 및 확대 등은 미소에 대해 부정적 인식을 갖도록 만들었다.

전후 《신화일보》를 통해 본 중국 공산당의 대외 인식은 일본·베트남 등 동아시아 지역의 민족 운동과 공산주의 운동에 대한 깊은 관심에서도 잘 나타난다. 그 핵심은 정치적 경제적으로 사회주의 국가 건설을 모색하며 소련의 지지와 원조를 주요 동력으로 삼았지만 자국 문제의 해결 과정에 있어서는 외세 개입을 배제하며 독자성을 유지하려 했던 점이다. 전후 동아시아 지역의 민족 해방 운동은 소련과의 연대를 중시하였고 중국도 대외 관계에서 친소 노선을 근간으로 삼았다. 이런 이유로 중국 공산당의 대한 인식은 소련의 세계 전략과 대외 정책에 많은 영향을 받았다. 그러나 궁극적으로 중국 공산당은 국공 내전과 그 이후의 건국 과정에서 미소의 한국 문제 처리 과정을 반면교사로 삼아 외세 개입을 배제하며 가능한 독자 노선을 가려한 것으로 이해된다.*

* 이 글은 「미·소 군정기 중국공산당의 한국인식 -1945~1946년 『新華日報』를 중심으로」, 『東洋史學研究』 第126輯, 東洋史學會, 2014, 317~351쪽을 수정 보완한 것이다.

# Ⅲ. 미소 군정 시기 《인민일보》의 남북한 인식

## 1. 머리말

1945년 8월 15일 일본이 패망한 후, 한반도는 미군과 소련군의 분할 점령으로 삼년간 군정이 실시되었다. 이 기간 동안 중국 대륙은 미국의 중재 노력에도 불구하고 종전 후 최후의 승리를 위한 국민당과 공산당 사이의 내전이 격렬하였다. 중국 공산당과 북한은 소련의 직간접적 영향 아래 사회주의 국가 건설에 매진하였고, 서로 불완전하지만 긴밀한 관계를 맺었다. 과거 동북 지역에서 항일 투쟁의 경험을 공유한 양자는 새로운 국가 건설이란 목표를 가지고 미소가 주도한 전후 질서 재편에 적극 대응한 것이다.

그동안 전후 중국 공산당과 남북한 관계의 연구는 정치적 이념적 제약과 일차 사료의 접근이 어렵다는 현실적 이유로 미흡하였다. 초기 연구는 한국전쟁 시기 중국 공산당군의 참전 과정을 다루면서 시작되었고,[1] 《인민일보》를 비롯한 신문·잡지 기사의 분석을 통해 양

1 김학준, 『한국전쟁-원인·과정·휴전·영향』, 박영사, 1989 ; 박명림, 『한국전쟁의 발발과 기원 1·2』, 나남출판, 1996 ; 한국정치연구회 정치사분과, 『한국전쟁의

자 관계를 검토하였다.[2] 본격적인 연구는 한중 수교 이후 사회주의 공동체로서 중소와 북한의 관계 및 북한사의 개설 연구에서 부분적으로 다루어졌다.[3] 주로 종전 후 재만在滿 조선족의 실태와 귀환, 국공내전 시기 북한 당국의 중국 공산당 지원, 중국 공산당군의 한국전쟁 참전 등을 검토하였다.[4] 근래에는 중국 방문기에 나타난 전후 중국 인식이나,[5] 중국 공산당 기관지인 《신화일보》의 보도 내용을 통해 미소의 남북한 점령 및 군정 실시, 한국 독립 방안과 이행 과정, 남북한

---

이해』, 역사비평사, 1990 ; 军事科学院军事历史研究部 著, 『抗美援朝战争史 1~3卷』, 北京 : 军事科学出版社, 2000 ; 徐.焰, 『毛泽东与抗美援朝战争』, 北京 : 解放军出版社, 2003. 이밖에 중국의 연구 성과는 우병국, 「중국의 한국전쟁 연구현황에 관한 분석」, 『中蘇研究』 29卷 3號, 한양대학교 아태지역연구센타, 2005. 참조.

2 1946년부터 1988년까지 《인민일보》의 한국 관련 기사를 통해 중국 공산당의 한국에 대한 견해를 분석하면서 신문의 보도 횟수 및 정치, 경제, 외교 분야에 관한 기사 내용을 검토한 성과가 있다. (정건재, 「中國 人民日報의 對韓關係 報導內容分析(1946~1988)」, 『季刊中國』 제16호, 단국대학교 중국연구소, 1991, 147~169쪽).

3 정진위, 『북방3각관계 -북한의 대중·소관계를 중심으로』, 법문사, 1985 ; 이은호·김영재, 『북한의 정치와 사회』, 서울프레스, 1994 ; 이종석, 『새로 쓴 현대북한의 이해』, 역사비평사, 2000a ; 전국대학북한학과협의회 편, 『북한 정치의 이해』, 을유문화사, 2001 ; 김학준, 『북한의 역사 1·2권』, 서울대학교출판부, 2008. 일본에서는 북한과 중국 관계를 한중 관계와 구별 지어 조중 관계라 칭하며 다각도로 연구하였다. 그 목적과 분석 시각은 (히라이와 슌지 저, 이종국 역, 『북한중국관계 60년 -'순치관계'의 구조와 변용』, 선인, 2010. 17~24쪽). 참조.

4 백학순, 「중국내전시 북한의 중공을 위한 군사원조 -북한군의 파병 및 후방기지 제공」, 『한국과 국제정치(KWP)』 10권 1호, 경남대학교 극동문제연구소, 1994 ; 염인호, 「중국 국공내전기 만주 국민당 지구 韓人의 동향(1948) -瀋陽 거주 韓人의 탈출과 귀환을 중심으로」, 『한국사학보』 27집, 고려사학회, 2007 ; ______, 「중국 국공내전기 목단강시 조선인 사회와 한반도와의 관계(1945. 8~1948. 2) -특히 북한과의 관계를 중심으로」, 『한국학논총』 32집, 국민대학교 한국학연구소, 2009 ; 박종철, 「중국 교과서 속의 한국전쟁 : 분단에서 중국의 참전까지(1945~1950)」, 현대중국학회 학술발표논문집, 2010.

5 정문상, 「냉전기 북한의 중국 인식 -한국전쟁 후 중국 방문기를 중심으로」, 『우리어문연구』 40집, 우리어문학회, 2011.

의 정치·경제 상황에 관한 중국 공산당의 시각을 정리하였다.[6] 이러한 성과들은 한중 관계사의 연구 지평을 북한까지 넓혔지만 분석 범위나 내용이 제한적이어서 냉전기 한중 관계를 포괄적으로 이해하는 데 한계가 있다.

이 장에서는 《신화일보》가 1947년 2월 28일 국민정부에 의해 폐간된 후, 새로운 중국 공산당 중앙 기관지로 발행된 《인민일보》의 한국 관련 기사 중 미소 군정기인 1946년 8월부터 1948년 12월까지 약 2년 6개월 동안의 보도 내용을 심층 분석하여 중국 공산당의 한국관을 살펴볼 것이다.[7] 중국 공산당이 한발 먼저 냉전의 희생물이 된 한국을 어떻게 인식했는지 살펴보려는 것이다.

전후 북한은 공식, 비공식 접촉을 통해 북부 지역을 중국 공산당의 후방 기지와 전략적 교통로로 제공하는 등 서로에게 필요한 인적 물적 공간적 지원과 협력을 아끼지 않았다.[8] 그리고 북한에는 조선민주주의인민공화국, 중국에는 중화인민공화국이란 사회주의 국가가 수립됨으로써 전후 동아시아 냉전 체제의 한 진영을 형성하였다. 따라서 미소 군정은 한반도를 남북으로 양분시킨 시발점이자 냉전 구도의 배양기요, 현재까지 한중 관계 정립의 주요인을 제공했다는 점

6 李在鈴, 「미·소 군정기 중국 공산당의 한국인식 -1945~1946년 《新華日報》를 중심으로」, 『東洋史學硏究』 第126輯, 2014. 3. (본서 제3부 제2장 재수록).

7 《인민일보》는 중국 공산당 진기노예변구(晋冀魯豫邊區) 중앙국이 1946년 5월 15일 허베이성 한단(邯鄲)에서 창간한 후 1948년 6월 15일 《진찰기일보(晋察冀日報)》와 합병되어 중국 공산당 중앙 화베이국 기관지가 되었다. (刘家林, 『中国新闻通史』(下), 武汉民大学出版社, 1995, 372~373쪽). 《인민일보》는 창간 직후인 1946년 8월부터 1948년 12월까지 약 1백여 건의 한국 관련 기사를 보도했는데 그 내용을 면밀히 분석함으로써 중국 공산당의 대한관을 가늠할 수 있다.

8 주요 통로는 실무적으로 북조선인민위원회와 중국 공산당 동북국 북한 주재 판사처간의 공식 통로가 있었고, 비밀 통로는 김일성과 함께 활동한 항일 유격대 출신이자 주보중의 처인 왕일지였다. (이종석, 위의 책, 53~61쪽).

에서 그 의미가 크다.

미소 군정 시기 북한과 중국 공산당의 관계를 이해하는 데 몇 가지 고려할 요소가 있다. 먼저 북중 관계를 실질적으로 제약한 조건들이 많았다. 1945~1948년 동안 소련은 종전 이전에 체결한 포츠담 협약과 중소조약을 의식하지 않을 수 없었다. 양자 관계의 파트너인 북조선인민위원회와 중국 공산당은 모두 소련의 영향 아래 있는 처지로 자율성에 한계가 뚜렷하였다. 재만 조선족 문제도 북한과 중국 공산당이 피할 수 없는 현안이었다. 중국 공산당은 중소조약으로 만주 지역에 직접 군대를 공개 투입하기 어렵게 된 상황에서 현지의 조선족을 연대 세력으로 끌어들이기 위해 애썼다. 조선족 역시 어느 소수민족보다 쉽게 중국 공산당을 지지했으며 내전 승패에 큰 영향을 미쳤다. 그 후 조선족 부대가 북한으로 들어와 군대와 정권 건설에 중요한 역할을 맡았다.[9] 다른 현안은 중국 내 조선족의 국적 문제로, 중국 공산당 중앙은 조선족의 이중 국적을 인정했는데 내전에서 중국 공산당을 위해 싸우게 하려는 책략이 있었다.[10] 이렇듯 북중 관계는 비공개로 분산적이지만 꾸준히 유지되었고, 서로에게 큰 비중을 차지하였다.

미소 군정 시기 《인민일보》의 한국 관련 기사는 모스크바 삼상회의(이하 삼상회의)에서 결정된 '한국 독립 방안'의 관철을 두고 미소 간 첨예하게 대립된 미소공동위원회의 내막과 미국의 한국 문제 유엔 이

9 이종석, 『북한-중국관계 1945~2000』, 중심, 2000, 45~105쪽. 재만 조선족이 중국 공산당을 지지한 이유는 국민당의 대한 정책 때문으로, 국민정부는 내전 승리를 위해 만주국의 잔여 세력과 한족 토비들의 만행에 관대한 반면 조선족에게는 냉혹했다. 중국 공산당은 이처럼 불안에 떨던 조선족을 보호하는 태도를 취하였다. (염인호, 「조선의용군연구」, 국민대 박사학위논문, 1994, 187~192쪽).

10 류준수, 「조선족 인민들 속에서」, 『승리』, 709·711쪽.

관, 이에 맞선 소련의 동시 철군 주장과 남북한 정파들의 대응, 사회 경제 상황 등을 주로 다루고 있다. 따라서 《인민일보》에 비친 남북한의 군정을 재구성함으로써 중국 공산당의 시각으로 본 전후 한국 상황을 포괄적으로 이해할 수 있다. 또 미국에 대해 어떤 인식을 가졌고, 어떻게 대응했는지 파악할 수 있다. 궁극적으로 현재 한중 양국의 이념적 상치相馳와 관계 변화의 양상을 파악할 수 있으며, 21세기 들어서 공공연히 충돌하고 있는 미중 관계의 뿌리를 이해할 수 있다.

## 2. 미소 군정의 실상

### 1) 남북한의 점령 정책

19세기 후반 이래 한반도는 러시아(소련), 영국, 일본, 미국 등 열강들의 세력 다툼이 끊이지 않았다. 이 시기에 소련은 자국의 안위와 팽창을 위해 한국과 우호적이고 긴밀한 관계를 맺을 필요가 있었다. 일본의 패망 직전까지 소련은 독자적인 대한 정책을 가지고 있지 않았다. 제2차 세계대전이 끝나가면서 소련은 미국과의 협력 속에 자국의 이해 및 영향력을 최대한 확보하려는 임기응변의 전략만 가지고 있었다.[11]

11 구대열, 「2차 대전 종전시 소련의 한국 문제 개입에 대한 재검토」, 『국제정치논총』 제34집 2호, 1994, 266~269쪽. 그러나 테헤란, 얄타, 포츠담 회담을 거치고 전쟁이 끝날 무렵 스탈린은 중국 및 일본과의 관계에 있어서 한반도의 지정학적 전략적 가치를 인정하고 한반도 전체를 점령할 계획을 가지고 있었다는 주장도 있

소군정의 대북 정책은 일차적으로 자국에 우호적인 정부를 수립하는 데 있었다. 이 때문에 자신들이 내세운 김일성을 적극 지원했으며 북한에 친소 정권이 들어설 수 있도록 모든 노력을 아끼지 않았다. 이러한 전략은 동유럽에서 경험한 소비에트화에서 비롯된 것으로, 북한은 전후 소비에트화 3단계 과정을 거친 아시아의 유일한 지역이었다.[12] 같은 시기 국민당과 경쟁하고 있던 중국 공산당은 소련군의 북한 점령과 사회주의 체제의 이식 과정에 깊은 관심을 가졌고 사태 추이를 《신화일보》와 《인민일보》 등의 자체 언론을 통해 지속적으로 보도하였다.[13]

대외적으로 중국 공산당을 대변한 《신화일보》의 전후 한국 관련 보도는 주변국의 소식을 단순히 전하는 정도가 아니라, 중국의 진로에 영향을 미칠 핵심 요소를 파악하려는 적극적인 의사 표시였다.[14]

---

다. (신승권, 「소련의 대한반도정책(1945~1948)」, 한국정신문화연구원 현대사연구소 편, 『한국현대사의 재인식 I 해방 정국과 미소 군정』, 오름, 1998, 168쪽).

12 소비에트화란 '소련군의 그림자 밑에 있는 곳의 정치·경제·사회·문화를 국내 공산당의 지도하에 스탈린의 의사대로 재편성하는 것'을 뜻한다. 또 소비에트화 삼단계란 공산당과 사회적 기반, 이데올로기 및 정강 정책이 상이한 몇 개의 정당들이 공통의 단기 목표에 입각하여 연합하는 순수한 연립정부 형태(제1단계)에서 출발하여, 공산당이 실권을 장악하게 되는 명목상 위장된 연립정부의 형태(제2단계)를 거쳐, 마침내 공산당 일당 지배 체제를 확립(제3단계)하는 과정을 통하여 모스크바에 충성하는 공산 정권을 조직하는 일련의 과정을 말한다. (김영수, 「북한 지역의 정치적 동태와 소군정」, 한국정신문화연구원 현대사연구소 편, 위의 책, 214~215쪽).

13 《신화일보》는 1945년 8월 15일부터 1947년 2월 28일 종간까지 총 131건(1945년 38건, 1946년 88건, 1947년 5건)의 한국 기사를 보도했다. 《인민일보》는 1946년 5월 24일 미소공위에 관한 첫 한국 관련 기사를 시작으로 1948년 12월말까지 총 98건(1946년 17건, 1947년 29건, 1948년 52건)의 기사를 보도했다. (《新華日報》, 《人民日報》 참조).

14 《신화일보》는 일본의 패망 직후부터 1947년 2월 28일 종간까지 모두 131건(1945년 38건, 1946년 88건, 1947년 5건)의 한국 관련 기사를 보도했는데 미소 군정의 점령 정책에 초점을 맞추어 사회주의 체제의 우월성과 분단 체제의

그 뒤를 이은 《인민일보》도 한국 문제를 주요 현안으로 삼아 종합적으로 심층 보도하였다.[15] 《인민일보》는 1946년 5월 24일 미소공위에 관한 첫 한국 관련 기사를 시작으로, 1948년 12월말까지 모두 98건(1946년 17건, 1947년 29건, 1948년 52건)의 기사를 보도하였다. 그 내용을 사안별로 분류하면 다음과 같다.

〈표 1〉 1946~48년 《인민일보》 한국 관련 기사 현황

| 구분 | 남한 | | 북한 | | | 국제 | | | | 당면현안 | | 중국대응 | | 합계 |
|---|---|---|---|---|---|---|---|---|---|---|---|---|---|---|
| | 정치경제 | 군사외교 | 사회문화 | 정치경제 | 군사외교 | 사회문화 | 미국 | 소련 | 기타 | 남북한비교 | 미소공위 | 국민당 | 공산당 | |
| 1946 | 1 | | 7 | 3 | | | 3 | | 1 | | 1 | | 1 | 17 |
| 1947 | 4 | | 1 | 4 | | | 8 | 2 | | 2 | 7 | 1 | | 29 |
| 1948 | 8 | | 1 | 26 | 3 | 2 | 2 | 2 | 2 | | | 1 | 5 | 52 |
| 합계 | 13 | | 9 | 33 | 3 | 2 | 13 | 4 | 3 | 2 | 8 | 2 | 6 | |
| 총계 | 22 | | | 38 | | | 20 | | | 10 | | 8 | | 98 |

한반도의 갑작스런 해방은 북한 지역에 권력 진공 상태를 초래하였다. 각 지방마다 독립운동가나 명망가를 중심으로 자생적인 자치 조직들이 결성되었다. 일본의 항복 선언과 동시에 북한 동북부 지역으로 진공해 온 소련군은 8월 15일 〈치스치아코프 대장 포고문〉을 발표하였다. 이 포고문은 평양과 원산 등지에 전단 형태로 살포되었는데 "조선 사람들이여 기억하라! 행복은 당신들의 수중에 있다. 당신들은 자유와 독립을 찾았다. 이제 모든 것이 죄다 당신들에게 달렸

형성 과정에 주목하였다. (이재령, 위의 글, 2014, 344쪽).

15 《인민일보》는 창간 이후 현재까지 중국 공산당의 주요 의결, 결정 사항, 법률, 당의 지도급 인물의 중요한 담화문 등을 알리고 자체의 사설, 논평, 해설 기사 등을 통해 당의 중요한 정책이나 방침을 밝히는 기관지 역할을 하고 있다. (정건재, 위의 글, 148쪽).

다."라고 선언하였다.[16]

북한으로 가장 먼저 진공進攻한 소련군은 한국인의 우애를 얻어야 한다고 인식했고, 한반도가 반소 기지로 되지 않도록 철저하게 제국주의 식민지와 봉건 전제의 착취 요소를 분쇄하려 했다. 이 때문에 소련군은 북한에 있던 일본의 각급 행정 기구와 전매 조직, 독점 회사 등을 없애고 일본인 군경·헌병의 무장을 해산 압수했으며, 모든 정치범을 석방시키고 전쟁 범죄자 및 민족 반역자들을 체포하였다. 동시에 해외의 항일 독립운동가들을 귀국시켜 새로운 정당과 각종 사회단체를 건립하고, 각 지역의 인민의회를 소집, 인민위원회의 신정권을 건립함으로써 북한의 자치 조직을 인민위원회로 빠르게 흡수 재편시켰다.[17] 이런 과정에서 기존 조직 중 좌익이 우세하면 그대로 인정하고, 우익이 우세할 경우는 영향력을 적당히 제어하여 좌익이 우세하거나 좌우 균형을 유지하도록 함으로써 전체적으로 좌익 우세의 정국을 만들어 나갔다.

전후 북한의 행정 체제는 군정 초기부터 소련에 의해 조직된 자치 조직으로 재편되었다. 1945년 10월 8일 평양에서 북조선 5도 인민위원회가 개최되어 농상관리·산업·공업·재정금융·행정 등 다섯 분과회의를 설치하였고, 각급 인민위원회는 소련군사령부의 지도 아래

16 『조선중앙년감』(1949), 평양 : 조선중앙통신사, 1950. 57~58쪽. 김학준, 『북한의 역사 제1권 -강대국권력정치 아래서의 한반도분할과 소련의 북한군정개시 1863년~1946년 1월』, 서울대학교출판부, 2008, 702쪽.

17 「朝鮮現實的總檢討」, 『新中華』(復刊), 第6卷 第5期, 17쪽. 『新中華』는 1933년 1월 상하이에서 창간된 반월간 종합 잡지로 1937년 휴간되었다가 1943년 重慶에서 復刊되어 1951년 12월까지 총 14권이 발행되었다. 발행 취지는 현실 지식을 전하고 민족정신을 발양하는 것으로 내전부터 중화인민공화국 수립까지 사회·정치·경제를 이해하는 데 귀중한 자료이다. (王桧林·朱汉国 主编, 『中国报刊辞典』, 太源 : 书海出版社, 1992, 233쪽).

지방 행정 기관의 기능을 수행하였다. 10월 13일에는 조선공산당 서북 5도 당원 및 열성자연합대회를 열어 조선공산당 북조선분국을 설립하고 조직국원 17명을 선출하였다. 같은 해 12월 17, 18일 평양에서 개최된 조선공산당 북조선분국 제3차 중앙확대집행위원회에서는 소군정의 뜻에 따라 33세의 김일성을 책임 비서로 선출하였다.[18]

북한 정권의 초석이 된 북조선임시인민위원회(이하 인민위)는 1946년 2월 보통선거를 통해 평양에서 정식으로 성립되었다. 북한 최초의 중앙 권력 기관인 인민위가 1946년 2월 7, 8일 정당, 사회단체, 행정국, 도·시·군 인민위원회 대표들의 협의회에서 구성된 것이다. 이 회의에서 김일성이 위원장에 취임함으로써 명실상부한 일인자로 등장하게 되었다.[19]

인민위는 진용을 갖추자 곧바로 개혁 작업에 착수하여 「긴급시정강령」을 제출하였다. 그 내용은 토지 개혁, 공업과 운수업의 회복, 교육계의 개조와 더불어 모스크바삼상회의(이하 삼상회의)의 결정, 곧 '신탁 통치에 의한 독립 실현'을 가장 절실한 과업으로 제시하였다. 이를 실천하기 위해 인민위는 여러 가지 조치를 취했는데 토지 분배가 가장 빠르게 진행되었다. 1946년 2월 5일 통과된 토지 개혁법에 따라 땅이 없는 농민과 빈농들에게 총 98만 3657 헥타르의 토지가 분배되었다. 5정보 이상의 토지를 가진 농민들은 지주계급으로 분류되어 동산과 부동산이 모두 압류당하였고, 친일파와 그 주구에 대한 숙청도 단행되었다.[20]

---

18 기광시, 「북한체제의 수립과 발전」, 전국대학북한학과협의회 편, 『북한 정치의 이해』, 을유문화사, 2001, 28~29쪽 ; 이종석, 위의 책 (2000a), 407쪽.

19 기광시, 위의 글, 32쪽.

20 劉光波, 「韓國近情」, 『新中華』, 1947年 第2期. 19쪽.

북한의 토지 개혁에 대해 중국 언론이 깊은 관심을 가졌는데 시각은 서로 달랐다. 중국 공산당 언론은 토지분배 후 북한 농민들이 기뻐 눈물을 흘리며 "우리들은 붉은 군대를 진심으로 믿었고, 마침내 토지가 진정한 주인에게 돌아왔다"고 말한다면서 인민위와 소군정에 대한 북한 주민들의 신뢰를 부각시켰다.[21] 또한 토지 개혁은 "수천 년 이래 인민을 압박해 온 봉건 관계를 제거한 것으로, 농민이 토지 관계에서 해방되어 자유롭게 경작할 수 있는 환경은 얻게 되었다. 그동안 인민의 피와 땀을 빨아 먹으며 사치스러운 생활을 해온 기생충과 같은 지주들은 조선의 절반에서 종적을 감추었고, 봉건적으로 나쁜 세력은 영원히 소멸되었다"라고 하면서 반봉건 투쟁의 승리를 선언하였다.[22]

국공 양당과 거리를 둔 중간 세력은 "소련군 당국의 토지 분배 정책이 참으로 민주적이라면 매우 큰 성공이고, 새로운 정권을 창조하는 데 유력한 이익을 얻을 수 있지만 토지 정책의 부정적인 면이 남한 인민들에게 점차 알려지면서 갑자기 냉각되었다"고 평가하였다. 여기서 토지 정책의 부정적인 면이란 토지 개혁을 주관한 지방인민위원회가 개인의 정치 성향을 판단하여 분배 여부를 결정하고 토지의 질도 달라졌기 때문에 집집마다 인민위원회에 뇌물을 받쳤다는 것이다. 또한 토지 개혁 이후 북한 농민들이 식량의 일부를 소련군에게 계속 제공했기 때문에 과거보다 나아진 것이 없다고 보았다.[23]

---

21 "朝鮮人民擁戴政府　土地改革已告完成　農民得到近百萬公頃土地", 《人民日報》, 1946. 6. 4.

22 王季堡 譯, 「北朝鮮的土地改革」, 『美亞月刊』, 1947. 2. 3쪽.

23 Sugg, H., 華蒂 譯, 「放眼看朝鮮」, 『民主與統一』(上海), 1947. 33. 『민주여통일』은 1946년 5월 상하이에서 창간되어 1947년 5월까지 발행된 순간(旬刊)으로, 민주 정치와 국가 통일을 주장하며 국공 양당과 다른 제3의 사상을 반영하였

1946년 중반 이후 북한에 수많은 사회단체들이 조직되었고, 삼십여 종의 신문이 출현하였다. 특히 각종 공인조직의 활동이 활발했는데 평양에만 18개의 직공중앙위원회가 직접 신문을 발행하여 자유롭게 의견을 개진하였다. 이들은 정치적으로 모두 '친소'를 표방했기 때문에 삼상회의의 결정을 지지하고, 민주 독립 국가의 수립을 위해 투쟁하며, 사회주의를 한반도 전체로 확산시키는 데 주력하였다. 그러므로 이들은 대규모 집단 운동을 통해 신탁 통치안을 지지하면서 김구 등의 반탁 활동은 '반동'이라고 비난하였다.[24] 북한의 정당과 사회단체들은 1946년 7월 북조선 민주주의민족통일전선위원회(약칭 북민전)를 조직하고 집단적으로 소군정에 참여하였다. 총강령은 "조선의 민주 독립 부흥을 촉진시키고 제국주의와 파시즘의 잔재를 제거하며 국제 합작을 실행하는 것"으로, 봉건 세력 및 매판 자본을 숙청하는 것을 주요 목표로 삼았다.[25] 이렇듯 북한의 정당·사회단체·공인조직은 소군정의 지도 아래 빠르게 조직화되어 사회주의 체제 속으로 편입되었나.

토지 개혁에 뒤이어 1946년 8월 10일 북한에서는 산업·교통·운수·체신·은행 등의 국유화가 실시되었다. 그해 8월 28일 북조선공산당이 연안파 중심의 조선신민당을 흡수·합당하여 북조선노동당을 조직함으로써 친소 정권의 수립기반을 갖추게 되었다.[26] 이후 인민위

---

다. (王桧林·朱汉国 主编, 위의 책, 389쪽).

24 "朝鮮北部面貌 新 各地政府完成民主改造", 《人民日報》, 1946. 8. 4.

25 북민전은 조선노동당, 조선민주당, 천도교 청우회 등 3대 정당 이외에 직공연합회, 농민동맹, 민주청년연맹, 민주부녀연맹 등이 노동당 외연에 위치했고, 문화예술공작자협회, 공업기술총동맹, 소비합작사연맹, 문화협회, 애국전사후원회, 인민교육문교교수회 등이 참여하여 회원규모가 육백만 명을 넘어 월남의 독립동맹을 제외하면 동아시아 최대의 조직이었다. (「朝鮮現實的總檢討」, 『新中華』(復刊), 第6卷 第5期, 18쪽).

원회 선거가 거행되었는데 일본에 협력한 자를 제외한 20세 이상의 공민은 누구든지 종교·신앙·교육 정도 및 재산 수입의 구분 없이 선거권을 가졌다.[27] 1946년 11월 3일 실시된 북한의 도·시·군 인민위원회 선거는 북민전이 추천한 단일 후보에 대한 흑백 투표로 실시되어 도·시·군 인민위원 3,459명을 선출하였다. 이 선거에 460만 명이 참여하여 전체의 99.6%가 투표했고, 각 계층의 대표들을 포괄한 인민대표기관을 구성하였다.[28]

이듬해 2월 17일에는 도·시·군 인민위원 3,459명 중 1/3과 북로당·민주당·천도교청우당·직업자동맹·민청·여성동맹 등의 대표 1,196명이 도·시·군 인민위원대회를 개최하여 북조선인민회의의 설치를 가결, 조직하였다.[29] 북조선인민위원회는 각 지역 인민위원회 대표대회를 통해 구성되었는데 친일 세력을 제외한 각 계층의 이익을 대표하는 최고 정치 기구였다. 인민위원회 위원 21명의 구성 분포를 보면 공인·농민을 대표한 조선노동당 11명, 교육계 및 지식인, 민족 자본가, 각계 지도자들로 구성된 조선민주당 3명, 도시의 상공계층 및 일반 중산층의 청우당 2명, 무당무파 5명이었다. 주석은 조선노동당 영수 김일성, 2명의 부주석은 노동당의 김책과 민주당의 홍명희가 맡았다.[30] 이로써 소련군의 북한 점령으로 시작된 사회주의 체제로의 이행은 일단락되었다.

---

26 김학준, 『북한의 역사 제2권』, 서울대학교출판부, 2008, 420~441쪽.

27 "朝鮮北部人民選舉", 《人民日報》, 1946. 11. 8.

28 김학준, 위의 책, 501쪽.

29 김영수, 위의 글, 239쪽. 북조선인민위원회의 성립을 축하하기 위한 북조선인민군의 열병식에서 위원장 김일성은 "이제 조선은 세계를 향해 우리 자신의 군대를 가졌다고 역사상 처음으로 말할 수 있게 되었다"라고 선언하였다. ("北鮮已有二十萬人民軍 朝鮮人民民主共和國憲法草案將表決", 《人民日報》, 1947. 2. 20).

30 "北朝鮮—人民的國家", 《人民日報》, 1948. 9. 5.

한편 남한 상황은 중국 언론에 전혀 다른 모습으로 묘사되었다. 《인민일보》는 "하지 중장의 총사령부가 서울에 성조기를 꽂는 순간 그들의 시야에 조선 인민은 전혀 보이지 않았고 군정부를 설립하여 직접 항복을 받았으며, 조선인민공화국 중앙인민위원회를 상대해주지 않았다"라고 보도하였다. 또 남한에 주둔한 미군들이 폭력과 한국 고유의 전통 및 미풍양속을 무시, 파괴하는 행위를 비판하였다.[31] 이 때문에 북한의 소련군은 인민을 위한 해방군으로, 남한의 미군은 식민지의 새로운 점령군으로 비춰졌다.[32] 국민당 언론도 미군정이 민주 정부를 구성하기 위해 좌우익의 온건파 지도자들과 연합을 모색했지만 실패한 것으로 보았다. 그 이유는 미군정이 점령과 동시에 친일 세력을 먼저 찾음으로써 한국인의 신뢰를 잃었고 모든 분야에 영향을 미치게 되었다는 것이다. 따라서 10월 폭동이나 위조 지폐 사건처럼 공산 세력의 위계僞計와 소련의 공산화 전략이 남한의 혼란을 야기했지만 미군정의 잘못된 정책이 더 큰 문제라고 보았다.[33]

전후 한국의 미래에 대한 미군정과 한국인들의 생각은 많이 달랐다. 미국에게 남한이란 새로운 적과 대치하고 있는 최전선으로, 현상 유지와 질서 회복이 최우선 과제였지만 한국인에게는 통일 독립 국가의 건설을 위한 전제로 친일 분자 및 식민 잔재의 척결이 무엇보다 중요하였다. 중국 언론도 전후 한국에서 가장 중요한 과제는 토지 개혁과 식민 잔재의 청산이라고 보았다. 이 때문에 중국 공산당 언론은 소군정의 사회주의 정책이 여기에 호응한 것으로, 북한 주민의 지지를 받고 있다고 보았다. 그러나 국민당과 중간파는 미군정 초기의 실

31 Frisch, N., 宜閑 譯, 「爲什麽朝鮮人恨美國兵」, 『自由總刊』, 1947-1. 40~42쪽.
32 "一半光明·一半黑暗 一年多以来的朝鲜", 《人民日報》, 1947. 4. 29.
33 Harold Sugg, 梓英 譯, 「朝鮮的苦難」, 『中央週刊』 1947年 9(11), 17쪽.

정을 지적하면서도 북한의 토지 개혁이 경제 안정을 위한 조치라기보다 소비에트화로 나아가기 위한 수단으로 이해하였다.

### 2) 남북한 사회 경제의 변모

해방 당시 남북한의 경제 구조는 상호 보완 관계였다. 38선을 중심으로 남한은 쌀농사 중심의 농업 지대였으며 전통적 경공업 생산 위주의 경제 활동을 하던 지역이었다. 북한은 밭농사 중심의 농업 지대이며, 1930년대 이후 일본의 대륙 진출을 위해 필요한 대규모 광업과 수력 자원을 바탕으로 한 군수산업과 중화학공업 위주의 지역이었다.[34] 그러므로 전후 북한에 중공업, 수력발전, 화학공업, 석탄·철 등의 광공업이 대부분 집중되었고, 전체 공업 생산량도 50.2%를 차지했으며 금·전력·화학 등의 생산량은 한국 전체의 80% 이상이었다. 반면 농업 총생산액은 전국의 37.6%로 대다수 농민들은 토지가 없어 전체 소작농의 45%를 차지하였다.[35] 이렇게 구조적으로 상호 보완 관계인 한국 경제가 남북 분단으로 양쪽 모두 원활한 경제 활동에 차질을 가져왔다.

이미 살펴보았듯이 북한을 점령한 소련군이 처음 실시한 경제 개혁은 토지 분배 정책이다. 1946년 3월 관련 법률이 공포된 후 곧바로 실행에 옮겨져 6월까지 토지 소유권 증명서를 발급하였다. 소련은 북한에서 김일성을 중심으로 한 사회주의 정권을 수립하는 데 토지 정책을 적극 활용하였다.[36] 농업 위주의 남한에서는 농민 복리가

34 이태욱, 「북한 지역의 사회·경제 상황과 소군정」, 한국정신문화연구원 현대사연구소 편, 위의 책, 274~275쪽.

35 "北朝鮮—人民的國家", 《人民日報》, 1948. 9. 5.

증진되어야 미군정이 성공할 수 있었지만 북한처럼 무상이 아닌 유상 방식이었고, 오히려 지체되었다. 이 때문에 남북한의 토지 정책은 "미군정의 남한 농민들이 봉건 제도의 생활을 하고 있는 반면 소군정의 북한 농민들은 자신의 토지를 갖게 되었다"라고 전해질 만큼 극명하게 대비되었다.[37]

재정 분야에서도 미소 군정은 상반된 정책을 실시하였다. 북한에서는 소군정의 유통권을 발행하여 조선은행의 지폐와 대체했지만, 남한은 기존 통화를 그대로 유지한 채 통제와 단속에 주력하였다. 그 결과 남한의 통화 팽창이 훨씬 심하여 물가와 임금이 큰 폭으로 상승하였다. 미군정은 물가 관리를 더욱 강화했지만 효과적인 조치가 없어 경제 상황이 갈수록 악화되었다.[38]

해방 이전 한국의 광공업은 대부분 일본인들이 경영하였다. 특히 북한 지역은 풍부한 전력 공급을 배경으로 일본의 군수 산업 개발이 활발하게 진행되어 근대 산업이 발전할 가능성이 많았다. 그러나 일본이 항복 직전에 모든 공업 시설을 폐쇄하고, 철강 공장의 용광로와

36 「북조선토지 개혁법령에 대한 공동성명서」와 함께 발표된 「선전대강」이란 시행지침서에 소련의 정책 의도가 잘 나타나있다. 첫째 지주를 없애고 소작제도를 영원히 철폐한다. 둘째 토지를 진짜 주인인 농민에게 넘긴다. 셋째 봉건 잔재 세력, 일본 파시스트 잔재 세력, 친일파, 민족 반역자, 반동파 등의 경제 토대를 소멸시킨다. 넷째 이 정책이 인민위에 의해 마련됐다는 것을 대중에게 가르친다. 특히 토지 개혁은 북조선인민위원회 위원장 김일성 장군의 지도 아래 실시된 것으로, 누가 정말로 조선민주혁명의 영도자인가를 증명한다. (국사편찬위원회 편집, 『북한관계사료집』 제5권, 국사편찬위원회, 1987, 351~354쪽).

37 「美國在南韓所推行的土地改革」, 『金融週報』 第18卷 第19期, 1947. 9쪽. 1936년 1월 상하이에서 창간된 『金融週報』는 상하이 중앙은행 경제연구회가 발행했는데 매주 상하이의 시황, 금융, 물가 통계 등에 관한 조사 통계 및 경제, 금융에 관한 소식을 게재하였다. (王桧林·朱汉国 主编, 위의 책, 274쪽).

38 George M. McCune, 全之胥 譯, 「占領一年後的韓國」, 『東方雜誌』 1947年 第9號, 27쪽.

채탄기를 파괴하였으며, 패전 후 본국으로 철수하면서 조업을 중단하였다. 이 때문에 북한으로 진주한 소련군 사령관 치스치아코프 대장은 북한 기업가들에게 파괴된 공장을 조속히 회복시켜 생산을 재개하도록 독려하고 모든 기업의 재산을 보호하며 정상 작업을 보장한다는 포고문을 별도로 발표하였다.[39]

1946년 8월 10일 인민위는 북한의 경제 부흥을 보증하기 위해 산업·교통·운수·통신·은행 등의 국유화법령을 발표하였다. 그 내용은 일본의 국가와 개인 및 법인 소유 또는 친일 세력이 소유한 기업·광산·발전소·철도·운수·체신·은행·상업 및 문화기관 등을 전부 무상몰수하여 국유화한다는 것이었다.[40] 그 후 북한의 공장들은 일부 금속 공장을 제외하고 대부분 재가동하였고 수풍수력발전소, 해주제련소 등 5개의 대규모 공장도 80% 이상 가동되었다. 북한의 공장이 인민위에 속한 후 생산량이 제고되었는데 데면데면 일 처리를 하던 자들이 식민지 시기에 30%였지만 10% 이내로 줄었다. 이후 1947년 1월까지 1,034개의 국유 기업 중 822개가 재가동되었고, 1948년 상반기에는 매월 평균 총생산량이 이전보다 높아졌다. 1947년부터 경공업도 계획된 생산 수준을 초과하기 시작하여 각종 제조품들이 원활하게 공급되자 물가가 하락하였다. 중국 언론은 북한의 공업 생산율이 제고된 요인을 민주 원칙에 따라 하루 8시간 일하고, 공인과 행정 관리자의 급여가 평등하며, 공인들 가운데 감독을 뽑는 등 노동 여건이 개선된 것에서 찾았다.[41] 요컨대 북한에서는 사회주의 경제체제가 도입되어 공업 생산과 노동 복지 등이 함께 개선된 것으로

---

39 김창순, 『북한 15년사』, 지문각, 1961. 45쪽.

40 이태욱, 위의 글, 291쪽.

41 憶林 譯, 「北鮮的工業」, 『美亞月刊』, 1947年 2月號, 4쪽.

판단한 것이다.

소련군이 북한을 점령하면서 설정한 경제 목표는 일본에 의지해 온 식민 경제를 독립시켜 새로운 방향으로 이끄는 것이었다. 서둘러 실시한 토지 개혁과 산업 국유화는 북한 경제 체제를 사회주의적 소유 관계로 개편하는 계기가 되었고, 국영기업에 대한 중앙 집권적 관리 체계가 마련되었다. 이에 대해《인민일보》는 "인민민주제도와 인민 생활 수준을 부단히 제고하는 역량의 원천이 되었고, 인민들로 하여금 계획 경제를 가지고 공업 및 운수업에 신속히 매진할 수 있는 기회를 보증한다."라고 높이 평가하였다.[42]

이 시기 미군정은 좌익 세력의 탄압을 본격화하여 인민당, 공산당 등의 좌익 정치 세력은 물론 노동·농민운동을 철저히 억압하였다. 이런 사실들이《인민일보》에 집중 보도되었는데 '반민주, 반인민 폭행의 서막', '암흑통치' 등 거친 표현을 써가며 미군정의 반공 정책을 비난하였다.[43] 특히 삼일절 28주년을 맞아《인민일보》는 별도의 논평을 게재하고 미소 군정하의 남북한 상황을 종합적으로 비교 평가하였다.[44] 이에 따르면 소군정의 북한은 일본 침략자의 식민 통치를 몰아낸 후 면모를 일신하여 각 지방마다 개조 과정을 거친 민주 정부가 들어섰다. 다른 방면에서는 민주개혁이 진행되어 인민들의 광범위한 자유·민주 권리가 헌법상 명시되었고, 각종 단체 활동이 활발했으며, 학교도 대부분 회복되어 한국어 사용과 함께 문맹 퇴치에 착수하였다. 경제적으로는 북한의 각종 대규모 공장과 광산들이 생산

42 "北朝鮮工業的躍進",《人民日報》, 1948. 1. 3.

43 "美韓反動派勾結反民主 朝鮮南部政局黑暗",《人民日報》, 1946. 8. 26 ; "朝鮮人民反對美國反動措施",《人民日報》, 1946. 10. 10 ; "朝鮮南部美軍占領區 人民反抗黑暗統治 與美軍及金九政府發生激戰",《人民日報》, 1946. 10. 15.

44 "'三一'運動與今日的朝鮮",《人民日報》, 1947. 3. 1.

을 재개하였으며, 중소기업도 많이 만들어졌다. 무엇보다 1946년 5, 6월에 마무리된 토지 개혁은 땅이 없는 농민과 가난한 농민들에게 무상으로 토지를 나누어주었다.[45]

그러나 《인민일보》에 비친 남한 정황은 완전히 상반된 것으로, 일본 침략자들이 투항했지만 정치·경제는 물론 정신적으로 아직까지 무장 해제를 하지 않은 것으로 보았다. 왜냐하면 미군정 아래 일본의 식민 통치 기구들이 그대로 유지되었고, 친일 세력들도 제거되지 않아 과거와 똑같은 지위를 누리고 있다는 것이다. 더구나 미군정과 남한의 경찰 및 정보 조직이 노동자들의 집단 행동을 철저히 탄압했는데 1946년 9, 10월에 좌익 세력의 검거와 시위 진압이 대대적으로 진행되었다. 《인민일보》는 남북한 상황에 대해 "북한이 천당이라면 남한은 지옥처럼 뚜렷한 대조를 이룬다."라고 했다. 그 이유로 "남한에서 토지 개혁이 아직 실행되지 않아 80%의 농민이 토지가 없거나 땅이 부족하고, 가렴 잡세로 안심하고 살 수 없으며, 공인의 실제 근로 시간이 8시간을 초과하고, 의약비가 없어 암흑과 공포의 정치 상황"이라는 것이다. 그리고 미군정의 좌익 탄압에 대해 "한국을 독점적으로 지배하려는 제국주의의 야욕"이라고 비판하였다.[46] 이렇듯 《인민일보》는 남한에 자유가 전혀 없고, 정국은 칠흑처럼 어둡다면서 "망국노를 원치 않은 조선 인민들이 일본 침략의 노예 상태에서 완강히 투쟁하여 해방을 이루어냈듯이 미국 제국주의와 그 주구의 압박 아래서도 스스로 투쟁하여 민족의 완전한 독립 자유와 해방을 얻어낼 것"이라고 반미 투쟁을 부추겼다.[47]

---

45 같은 글, 《人民日報》, 1947. 3. 1.

46 "一個朝鮮兩個天地", 《人民日報》, 1947. 8. 22.

47 같은 글, 《人民日報》, 1947. 3. 1.

전후 남북한의 교육 문화는 정치적 경제적 혼란에도 불구하고 상당히 발전하였다. 예컨대 새로운 교과서가 편집, 출판되었으며 대부분의 학교들이 개학하여 모국어를 사용하고 모국의 역사를 가르쳐 한국인들의 자존감을 되살렸다. 비록 교사와 교실, 학습 도구 등은 부족했지만 남북한 전 지역에 학교들이 새로 설립되었고, 학생 숫자도 식민통치 시기보다 크게 늘었다.[48] 북한에서는 사회 사업의 개선과 문화 생활의 보급 및 제고를 목표로 각종 개혁 조치들이 이루어졌다. 특히 노동자의 복리를 위한 신노공법 및 부녀평등법의 실시, 일부다처의 금지, 창기 엄금, 의무교육과 직업교육의 보편적 실시, 초중학교의 회복, 대학교 설립 등이 진행되었다.[49] 《인민일보》는 이러한 개혁 정책들이 "새로운 자유·민주의 조선을 다지는 견고한 기초"로서, 일본 관리와 친일 세력을 철저히 제거하고 노동자·농민의 권익을 보호하여 주민들의 폭넓은 지지를 받고 있다고 보도하였다.[50]

그러나 국민당 언론은 "북한에서 소련이 하나의 공산 국가를 건설하는데 바쁘다."라고 비난하였다. 그 이유로 인민위가 모든 권력을 장악하고 완비된 정치경찰을 동원하여 식량의 생산과 저장을 모두 통제하며 토지 분배를 시행한 결과 북한에서 지주들이 살 수 없게 되어 미군 점령지로 도망했다는 것이다. 또한 북한 전 지역에 스탈린의 사진을 내걸고 "유일하게 조선을 일본의 폭력으로부터 해방시켜준 신성한 인물"이라고 우상화한 것을 비판하였다. 그뿐 아니라 소련

48 George M. McCune, 위의 글, 27쪽.

49 1947년 7월 조선교육국 통계에 따르면 북한에는 1백 50만 명의 소학생, 15만 명의 중학생과 8개의 방송국, 1천 개의 클럽, 연극원, 극장, 도서관, 열람실 및 박물관이 있었다. (「朝鮮現實的總檢討」, 위의 책, 19쪽).

50 "朝鮮北部人民委員會舉行代表大會 蘇報指責美國扶植朝鮮反動派", 《人民日報》, 1947. 3. 4.

군이 북한 점령 초기에 저지른 간음과 약탈은 물론 토지 개혁 이후 계속된 소련군에 대한 식량 보급과 물자 공여 등 장기 주둔에 따른 폐해를 거론하였다.[51]

종교 정책과 관련하여 북한에서는 교회와 기독교인에 대한 소련의 핍박이 심하였다. 교회는 소련군 병영으로 사용되었고, 교회 재산 및 선교사의 안전은 보장되지 않았다. 이 때문에 중간파 언론은 북한 주민들이 일본의 속박에서 벗어나자마자 다시 소련이란 멍에를 짊어진 것으로, 이러한 공포와 기근은 한국인의 독립 신념을 근본적으로 동요시킨다고 보았다. 그러나 현재 소련 세력은 내리막길이고, 미국은 차츰 상승하고 있다면서 앞으로 미국이 제국주의의 길로 가지 않을 것임을 밝혀야 한다고 주장하였다.[52]

국민당 언론은 한국 상황에 대해 불만을 표시하고 "과거 조선인의 영광스러운 대일 항쟁이 증명하듯이 우리는 조선인을 저능하고, 독립 조건이 부족한 것으로 보지 않는다."라고 하면서 한국인에 의해 통일 정부가 신속히 수립되기를 바란다는 성명을 발표하였다.[53] 국민당은 한국 문제 처리가 번번이 실패하고, 남북한의 대결과 사회 혼란만 가중되는 것을 지켜보면서 미소 점령 정책에 대해 비판적이었다. 하지만 중국 공산당과 내전을 치른 국민당이 미국의 협력과 지원을 절실히 원했던 만큼 독자적인 대한 정책은 생각할 겨를조차 없었다.

한편 중간파는 북한을 점령한 초기에 소련군의 간음과 약탈이 빈번하였고, 식량 약탈도 심각했지만 인민 자치의 지배 방식을 취함으로써 짧은 기간이나마 한국인에게 '자기 정부를 가졌다'는 환상에 빠

---

51 玉志, 「朝鮮問題的硏討」, 『中央月刊』, 1947年 第9號(29), 14쪽.

52 Harold Sugg, 梓英 譯, 위의 글, 19~20쪽.

53 玉志, 위의 글, 15쪽.

지게 만든 것으로 보았다.[54] 또한 소련군이 정부를 따로 세우지 않았지만 공산당에 의해 모든 정치 활동이 통제받고, 북한의 어느 곳이나 조선유격대 지도자 김일성과 소련 원수 스탈린의 초상뿐이라고 비판하였다.[55] 무엇보다 미소 양국이 한국의 극단분자들만 이용할 뿐, 중간 노선을 걷는 자들은 양극단에 병탄되지 않아 고통받으며 소멸하고, 그 결과 한국의 존망을 위협하는 양극화가 조성된 것으로 이해하였다.[56] 한편 중간파는 김일성을 전면에 내세운 소련군의 점령 정책이 북한의 경제 부흥과 통일 독립을 위한 정책이라기보다 사회주의 체제의 이식 과정으로 파악하였고, 남북한의 대립 구도와 남한 내의 좌우 갈등도 미소에 의해 조장되는 것으로 판단하였다.

## 3. 미소공위와 단독 정부의 수립

### 1) 제1차 미소공위의 시말

《인민일보》의 초기 한국 보도는 미국의 대한 정책과 관련하여 미소공위에 초점이 맞추어졌다. 1945년 12월 모스크바에서 열린 미·

54 Sugg, H., 華蒂 譯, 위의 글, 9쪽.

55 소련군 점령 이후 북한의 어느 지역에서나 김일성과 스탈린의 대형 초상화가 함께 내걸었고, 모든 행사와 거리 행진 때마다 출현하였다. (A. 高里柯夫(旅行雜記), 何歌 譯, 「在韓國北部」, 『時代』, 1947年 第15號(제22기), 21쪽).

56 Mark Gagu, 「南北朝鮮 -美蘇國敵對下被犧牲的弱小國家之二」, 『文摘』, 1947. 12(4), 14쪽.

영·소 3국의 외무장관회의는 전후 한국 문제 처리를 위한 구체적인 논의가 이루어진 최초의 국제 무대였다. 여기에서 결정된 한국의 독립 절차는 첫째, 임시로 조선민주주의정부를 수립한다. 둘째, 임시정부의 구성을 위해 미소공위를 설치하고 조선의 민주정당 및 사회단체와 협의한다. 셋째, 5년 기한으로 4개국 신탁 통치를 실시한다는 것으로 요약된다.[57] 그러나 4개국 신탁 통치 방안이 남한에 알려지면서 그 수용 여부를 놓고 좌우 세력 간의 갈등이 증폭되었다.

해방 직후 남한의 정치 지형이 민주주의와 공산주의란 이념을 전제로 첨예한 갈등을 일으키게 된 계기는 신탁 통치 파동이 결정적 역할을 하였다. 삼상회의의 결정에 대한 지지 여부를 둘러싸고 격렬한 대립이 있은 뒤, 다양한 정치 세력들이 남조선대한국민대표민주의원(약칭 민주의원)의 우익과 민주주의민족전선의 좌익으로 '헤쳐 모여' 함으로써 1946년 초 남한 정치 세력의 좌우 구분이 굳어졌다. 이후 미군정은 한반도 통일을 분할 점령의 해소가 아닌 점령 지역의 정치적 이념적 통합 문제로 인식하였고, 그 연장선에서 소련에 대응하기 시작하였다.[58] 즉 공산주의에 대한 민주주의의 대치, 소련 지배에 맞설 미국의 영향력 확보가 현실 목표였으며 정치 이념의 기초가 됨으로써 냉전의 단초를 제공한 것이다.

한편 소련의 외무인민위원회 위원장 몰로토프는 미소공위가 열리기 직전인 1946년 3월 16일 미소공위의 소련 측 대표단에 보낸 「전조선임시정부 수립과 관련하여 미소공동위원회 소련군사령부에 보내는 훈령」 제1호에서 내각제의 한국 임시정부를 수립할 것, 내각은 남북한 균등하게 배분하되 남한 대표 중 절반은 좌익이 차지할 것,

---

57 천관우, 『자료로 본 대한민국건국사』, 지식산업사, 2007, 127쪽.

58 정용욱, 앞의 책, 196~207쪽.

신탁 통치 후 내각제 정부와 단원제 국회를 구성할 것 등을 소련 대표단의 지침으로 하달하였다.[59]

이런 가운데 삼상회의 결정 사항을 절차적으로 완수하기 위해 1946년 3월 20일 서울에서 미소공위가 열렸다. 첫 회의부터 미소 대표 간 의견충돌이 발생했는데 크게 세 가지의 논쟁거리가 있었다. 첫 번째 쟁점은 미소공위와 함께 임시정부 수립을 협의할 정당 및 사회단체의 자격 조건으로, 소련이 삼상회의의 결정을 승인하고 지지하는 조직으로 제한하였다. 그 후 미군측이 제출한 남한의 이십 개 정당 및 사회단체 명단 중 좌익은 세 곳에 불과하고 나머지는 모두 우익인 민주의원에 속하였다. 이들에 대해서 소련군은 자신들의 착오를 바로잡고 삼상회의 결정을 지지한다는 태도를 명확히 밝히지 않았다는 이유로 거부하였다.[60]

미군정은 내부적으로 반탁을 지지했지만 삼상회의의 결정을 집행할 책임이 있음으로 우익의 참여를 종용하지 않을 수 없었다. 하지 중장은 3월 22일 남한의 우익 세력에 대해 미소공위에 협조할 것을 거듭 호소하는 성명서를 발표하고, 삼상회의의 결정 중 '5년간의 신탁 통치안'은 곡해된 것이라고 해명하였다.[61] 민주의원들은 하지의 태도를 확인한 후 5월 1일 모스크바의 결정을 옹호한다는 선언에 서명했다. 하지만 이것이 곧 미소공위와 합작을 의미한 것이 아니며, 임시정부가 수립되더라도 신탁 통치에 반대할 것이란 성명을 따로

---

59 김성보, 「소련의 조선임시정부 수립 구상」, 『역사비평』 봄호, 1994, 368~369쪽.

60 "美方破壞莫斯科決議 朝鮮美蘇委會流產", 《人民日報》, 1946. 5. 24.

61 이와 관련하여 한국은 신탁 통치를 받지 않을 수 있고, 만약 받는다면 5년 이내로 한정할 수 있다는 것이다. 또한 제5호 공보에 서명한 것이 곧 신탁의 찬성 혹은 지지 의사를 표시한 것이 아니라고 해석하였다. (천관우, 위의 책, 164~165쪽).

발표하였다. 이러한 우익의 움직임에 대해 소련 측은 거대한 음모라면서 민주의원의 소속 정당과 사회단체들이 협의에 참가하는 것을 거부하였다.

두 번째 쟁점은 미국측 제안으로, 임시정부 수립 이전에 남북한의 정부 기구와 경제 통합을 위해 중앙 기관을 조직하자는 것이었다. 즉 미소공위와 다른 위원회를 조직하여 임시정부의 인선과 임시헌법 제정 등을 위임하자는 것인데 소련 측이 현실적으로 불가능하다며 즉각 반대하였다. 기타 문제는 쌍방 담판이 종결된 후 미국이 경제 통합과 남북한 경계선의 제거를 논의하자고 제안했는데 소련의 거절로 미군 대표단은 미소공위의 활동 중단을 선언하였다.[62]

세 번째 쟁점은 미소공위가 한국인의 독립 요구와 무관하게 점령자들에게 유리한 정부를 수립하기 위한 협상 기반을 조성하려는 각축장으로 변한 것이다. 소련은 임시정부의 협의 과정에서 반소·반탁 지도자들의 권력 장악을 분쇄하려 했고, 미국은 우익 인사를 임시정부에서 제외시키는 것이 곧 공산주의자들의 권력 장악을 보장하는 것으로 믿었다. 따라서 양측은 각자의 주장만 고수했고 교착 상태에 빠진 미소공위가 5월 8일부터 무기 휴회에 들어갔다. 미국은 결렬 원인을 소련의 완고한 입장과 양측 정치 철학의 차이, 남한의 반탁 운동에 돌렸다. 그러나 미국은 회담 이전부터 모스크바 결정의 이행에 애매한 태도를 보이고 있었다.

미소공위가 결렬된 실제 이유는 반탁 운동 때문이 아니라 이를 이용하려고 한 미국의 태도로부터 말미암았다. 아울러 반탁 단체를 배제하여 미국 측 입지를 약화시키고, 임시정부 수립 과정에서 유리한

62 "美方破壞莫斯科決議 朝鮮美蘇委會流産", 《人民日報》, 1946. 5. 24.

위치를 고수하려던 소련의 경직된 태도와 정치적 계산이 이를 도왔다. 그럼으로 협의 대상 단체의 선정을 둘러싼 미소 논쟁은 겉으로 드러난 핑계거리에 불과했고, 회담 결렬의 원인은 미소 양측의 임시정부 수립 구상을 회담에서 조화시킬 수 없었기 때문이었다.[63] 이 과정을 상세히 보도한《인민일보》는 소련 측의 계속된 인내와 양보에도 불구하고 임시정부의 수립을 지연시키려던 미국의 의도로 무산되었다고 주장하였다. 특히 하지 중장이 김구·이승만 등 남한의 특정 지도자에 대한 지지를 고집하지 않았다면 미소공위가 깨지지 않았을 것으로 보았다.[64]

미소공위가 결렬된 후 미소 양국은 거리낌 없이 남북한에서 자신들의 지지 기반을 강화하는 데 주력하였다. 소련은 미소공위가 재개될 때까지 북한을 정치적 경제적으로 원조하며, 사회주의 체제로의 이행을 급속히 진전시켰다.[65] 미국은 행정의 한국화와 중간파의 육성을 골자로 한 새로운 정책을 채택하였는데 남한에 안정되고 강력한 행정 기구를 건설하고 경제 지원을 확대함으로써 소련과의 협상에서 유리한 위치를 차지하는 동시에 극좌와 극우 세력을 모두 배제하고 중간파 중심의 임시정부를 구성하려는 의도였다.[66] 이에 따라 미국은 1946년 5월부터 1947년 10월까지 좌우합작위원회를 만들어 지원하였다. 이것은 한반도의 공산화 방지라는 첫 번째 목표를 달

---

63 정용욱, 앞의 책, 228~230쪽.

64 "韓人希望美蘇合作 協助朝鮮建立民主國家",《人民日報》, 1946. 7. 22.

65 "朝鮮人民擁戴政府　土地改革已告完成　農民得到近百萬公頃土地", 《人民日報》, 1946. 6. 4 ; "朝鮮北部面貌一新 各地政府完成民主改造",《人民日報》, 1946. 8. 4 ; "朝鮮北部人民選舉",《人民日報》, 1946. 11. 8 ; "北鮮已有二十萬人民軍 朝鮮人民民主共和國憲法草案將表決",《人民日報》, 1947. 2. 20.

66 김영명, 「남한의 정치적 동태와 미군정」, 한국정신문화연구원 현대사연구소 편, 『한국현대사의 재인식 Ⅰ -해방 정국과 미소 군정』, 오름, 1998, 90쪽.

성하기 위한 수단이었으며, 동시에 미소공위의 재개에 대처하는 전략이었다. 미군정은 중간파를 인위적으로 만들어 이들을 중심으로 진보적 개혁을 시도한다면 이제까지 악화된 한국인들의 대미 여론을 개선시키고 소련의 선전, 선동에 대항할 수 있다는 판단이었다.[67] 미국이 중간파에 주목한 까닭은 미소공위 결렬 이후의 상황 변화와 남한에서 중간파의 정치 위상이 제고된 때문이지만 중간파가 대소 반공 정책에 유용하다는 점과 이를 통해 미국 정책에 대한 대중 지지를 끌어낼 수 있다는 점에서 착안한 것이다.[68]

미국이 정치적으로 좌우 합작을 통한 과도 입법 기구 설치안을 마련하던 바로 그 시점에 오히려 남한에서는 단독 정부 수립 논의가 크게 부각되었다. 미국의 과도 정부 수립 계획이 한창 무르익고 있던 5월 하순과 6월 초순에 하지의 정치 고문인 굿펠로우와 이승만이 남한만의 단독 정부 수립을 공개적으로 제기한 것이다. 이들의 발언은 새로운 정책 변화를 모색하던 미국에 대해 그들 나름의 해석과 희망을 표현한 것으로, 미국의 새로운 구상을 자신들의 활동 계획과 일치시키려는 이승만의 선제 행동이었다.[69] 첫 미소공위가 결렬된 이후 본격적으로 단독 정부 수립을 제기한 이승만은 1946년 12월부터 5개월 동안 미국에 체류하며 대한 정책 담당자들과 자신의 후원자들, 언론 등에 단독 정부안을 부각시켰다. 이승만의 '단정' 캠페인은 그

67 이완범, 『한국해방 3년사』, 태학사, 2007, 146쪽.

68 정용욱, 위의 책, 251~252쪽.

69 굿펠로우는 5월 하순 한국을 떠나면서 미소공위가 조속히 재개되지 않을 경우 미국은 남한 단독 정부 구성을 추진해야 할 것이라고 선언했다. 또 이승만은 6월 3일 유명한 정읍 발언을 통해 '남한만이라도 임시정부 또는 위원회 같은 것'을 수립할 것을 제기함으로써 공개적으로 남한단정 수립을 주장하였다. (정용욱, 위의 책, 243~244쪽).

의 의도대로 부분적으로 미국의 남한 점령 정책에 대한 회의적 반응과 불신을 불러일으키는 데에 기여하였으며, 미국의 기존 정책을 착란시키는 효과를 가져왔다.[70]

1947년 들어서 미국의 세계 전략이 대소 대결 구도를 강화하는 방향으로 나아가게 되자 미국 국무부 내 국제주의자의 중간파 지원 전략은 추진력을 상실하였다. 마침내 1945년 11월 이래 미군정이 지속적으로 건의해 온 단독 행동 전략으로 선회하였다.[71] 이즈음 애치슨 미국 국무차관은 남한에 앞으로 3년간 2억 달러의 경제·기술 원조를 제공하고 군사적으로는 소규모 무기와 장비로 무장한 약 2만 5천 명의 경비대를 유지하면서 미군은 철수시킬 것이라고 밝혔다. 그리고 남한에 생명력 있는 정부가 수립되면 소련도 타협적으로 나와 미국이 수락할 수 있는 조건으로 한반도 통일을 이룰 수 있을 것이라고 전망하였다.[72] 같은 해 5월 미국 국무장관 마셜은 대일 화약 계획을 발표하면서 한국에 5억 4천만 달러 규모의 재정 원조 계획을 의회에 제출할 것이라고 밝혔다. 이러한 미국의 대한 지원 정책은 《인민일보》에 크게 보도되었고, 일본과 남한을 독점적으로 지배하려는 미국의 야심으로 비추어졌다.[73]

---

70 740.00119 Control(Korea), 「하지 부재 중 정세에 대한 미소공위 미국 대표단 보고서」(1947. 5. 1) ; 정용욱, 위의 책, 377쪽. 재인용.

71 이완범, 앞의 책, 150쪽.

72 제임스 I. 매트레이, 구대열 역, 『한반도의 분단과 미국』, 을유문화사, 1989, 137쪽.

73 "馬歇爾透露新擴張陰謀 美圖包辦對日和約 證實貸款給朝鮮反動派", 《人民日報》, 1947. 5. 15.

### 2) 제2차 미소공위의 경과

1차 미소공위의 결렬 이후 미소 양국은 실패의 책임을 서로에게 전가하면서 자기 세력을 확산시키는 데 주력했는데 표면적으로는 이념 갈등에 의한 세력 대결 양상을 띠었다. 1946년 후반부터 미소공위를 속개하기 위한 막후교섭이 진행되었는데 협의 대상인 정당 및 사회단체의 선정 기준과 선정 방법, 협의 절차, 임시정부의 조직과 구성, 임시정부의 헌장과 정강 등에 관심이 집중되었다. 이 과정에서 《인민일보》는 미소공위의 활동을 재개시키기 위한 소련의 양보와 노력을 집중 부각시켰다.[74]

제2차 미소공위의 개회를 앞두고 몰로토프는 소련의 북한 점령 정책과 관련하여 일본의 항복 이후 민주화에 뚜렷한 진보가 있었고, 경제·문화도 모두 회복되었다고 선언하였다.[75] 이때 《인민일보》는 북한 지역에서 거둔 소련군정의 정치·경제·문화 성과를 대대적으로 선전하며 남한의 미군정과 차별화된 북한의 소련화, 곧 사회주의국가 수립의 비전을 적극 선전하였다.

마침내 2차 미소공위가 1947년 5월 21일 서울에서 활동을 다시 시작하였다. 첫날 회의에서 소련 대표단 단장 슈티코프 장군은 미소공위 활동에 대한 한국인의 뜨거운 반응을 소개하면서 그들이 삼상회의의 한국에 관한 결정을 조속히 실행할 것을 기대하고 있으며, 우선 임시 민주 정부를 수립하는 것이 미소공위에 주어진 책무라고 밝

74 "莫洛托夫函馬歇爾談朝鮮問題 建議成立臨時民主政府 促進朝鮮政治經濟統一", 《人民日報》, 1947. 4. 29 ; "爲迅速恢複朝鮮蘇美聯委會工作 莫洛托夫再函馬歇爾 堵塞美方拖延召開會議的借口", 《人民日報》, 1947. 5. 15.

75 "莫洛托夫函馬歇爾談朝鮮問題 建議成立臨時民主政府 促進朝鮮政治經濟統一", 《人民日報》, 1947. 4. 29.

혔다. 아울러 소련군이 주둔한 북한에서는 일본 제국주의를 몰아내고 민주화와 국민 경제 및 문화 발전에 중대한 진보를 거두었다고 주장하며, "모스크바 결의를 토대로 조선이 앞으로 민주적 노선으로 발전하여 독립 국가로 바뀔 것이고, 전 세계의 평화를 사랑하는 민족의 대가정에 참가하여 하나의 평등한 성원이 될 것"이라고 전망하였다.[76] 요컨대 소련이 강조한 2차 미소공위의 책임은 이전과 마찬가지로 삼상회의 결정을 실행하는 것이며, 궁극적으로 북한뿐만 아니라 한반도 전체를 사회주의화하려는 의도였다.

2차 미소공위의 초반 분위기는 비교적 우호적이었다. 6월 7일 양측이 공동 결의문 12호 작성에 합의하고, 그 내용을 6월 11일 「공동성명 11호」로 발표하였다.[77] 여기서 미소공위의 협의 대상이 될 정당 및 사회단체의 자격 조건을 신탁 통치 및 임시정부 수립을 공개 지지하는 조직들로 제한하였다. 이후 미소공위는 정당·사회단체들의 협의 신청을 접수했는데 남한이 425개로 우익 158, 좌익 70, 중간파 42, 정체 불명의 군소 단체 153개였다. 접수가 끝난 뒤 미소공위는 6월 말과 7월 초에 각각 서울, 평양에서 신청 단체들과 회담을 갖고 협의 목적과 절차에 관한 설명회를 가졌다. 7월 초순, 협의 대상인 정당·사회단체의 명부 작성을 본격적으로 논의하는 단계에서 다시 양측 입장이 팽팽히 맞서게 되었다. 소련 측은 총 463개 단체 중 146개를 협의 대상으로 삼았는데 남한이 118개로 절대 다수였다. 소련은 이들의 성향을 우익 74, 좌익 62, 중도 10으로 분류하고 우익이 더 많음으로 반탁투쟁위원회에 가입한 단체는 배제시킬 것을

76 "朝鮮蘇美聯合委員會恢複工作　鮮人急盼建立民主政府", 《人民日報》, 1947. 5. 27.

77 "蘇美對朝鮮委員會發表公報 臨時民主政府組織原則通過 與民主政黨人民團體協商原則亦獲協議", 《人民日報》, 1947. 6. 11.

주장하였다. 그러나 미국 측은 중도까지 포함해도 단체 수에서 10%, 회원 수에서 20% 정도 우익이 적다면서 반탁투쟁위원회 가입 단체의 배제를 거부하였다.[78] 미소 양측은 이전과 마찬가지로 임시정부 수립의 주도권을 장악하기 위해 똑같은 명부를 놓고 상대방의 지지 세력이 더 많다는 주장을 폈다.

2차 미소공위도 임시정부 수립의 협의 과정에 참여할 단체 선정이 가장 곤란한 문제로, 마셜과 몰로토프 사이에 오고간 서신을 통해 양국의 입장을 확인할 수 있다. 마셜은 미소공위의 활동에서 광범위한 정당·사회단체와 협의할 것과 협의 과정에서 한국인의 의견 발표에 어떤 제한도 없어야 한다고 주장하였다.[79] 몰로토프는 마셜의 요구에 대해 어느 당파나 사회단체도 참가할 수 있지만 미소공위와 협의 대상은 "삼상회의의 조선에 관한 결정을 완전히 지지하는 민주당파와 사회단체"라고 명확히 선을 그었다. 그러므로 삼상회의의 결정을 반대한 반탁투쟁위원회에 속한 정당·사회단체는 기존 관계를 단절한 경우만 참가할 수 있었다. 또한 한국의 민주정당·사회단체와 폭넓은 협상을 견지하지만 소규모 단체와는 협상할 수 없다고 못 박았다. 협의 단체가 번잡하면 권위가 결여되어 협상 효과를 거둘 수 없고 공위 활동만 지연되어 임시정부의 성립이 지체된다는 이유였다. 따라서 소련 측은 회원 수 일만 명을 초과한 정당·사회단체만이 협의에 참가할 수 있다고 주장하였고, 몰로토프가 "조선 인민의 의견·의사표시 자유에 대해 어떤 제한도 받아들일 수 없다"는 마셜의 주장에 대

78 반탁 운동 과정에서 1947년 1월 24일 결성된 반탁투쟁위원회에는 비상국민회의·독립촉성국민회·민족통일총본부 등 우익 진영의 주요 단체들이 망라되어 있었다. (《조선일보》, 1947. 1. 24·26).

79 천관우, 위의 책, 332쪽.

해 오히려 남한에서 삼상회의의 결의를 지지하는 각 정당·단체들이 미군 당국에 의해 가혹한 제한과 박해를 받고 있다면서 전면 중지를 요구하였다.[80] 남한 내 미군정의 좌익 세력 탄압이 미소공위 활동의 주요한 장애 요인으로 지목된 것이다. 이후 미소 양측은 외교 책임자의 서신 왕래로 새로운 타결 방안을 논의하였지만 2차 미소공위는 처음부터 회담 성사를 목표로 시작했다기보다 자기 세력을 강화시키는 데 유리한 명분 축적에 급급하였다.

미국은 반탁 단체의 포함 여부로 협의 대상 단체의 명부 작성이 벽에 부딪히자 상호 협의를 통한 미소공위의 성사는 불가능한 것으로 판단하였다. 이후 일방적 행동을 통해 한국 문제를 해결하기로 결정한 미국은 7월 중순부터 남한 현지와 본국에서 단독 조치를 위한 준비를 시작하였다.[81] 소련은 반탁 단체의 제외 문제가 미국의 완강한 반대에 부딪히자 내부적으로 새로운 제안을 모색했지만 실현되지 않았다. 미소공위의 실패가 예상되면서 서로 책임 소재를 떠넘겼는데 슈티코프는 "미국이 염치없이 (미소공위를) 파괴하고서 유언비어를 날조하고 있다"는 비난 성명을 먼저 발표하였다.[82]

미국이 일방적 행동을 결심하게 된 시기는 미국 대표단이 평양을 방문하고 돌아온 뒤였다. 미국 대표단은 조만식 등의 면담을 통해 북한에도 정치적 반대자가 광범위하게 있다는 사실을 폭로함으로써 반탁 단체의 참여 문제나 미국이 주장해 온 '의사 표현의 자유' 원칙의 필요성을 강조하기 위한 것이었다. 그러나 미국은 의도하던 것을 제

---

80 "維護三外長會議對朝鮮決議　莫洛托夫駁馬歇爾",《人民日報》, 1947. 8. 28.

81 *Foreign Relations of the United States 1947, Vol, VI.*「제이콥스가 국무장관에게」(1947. 7. 16) ; 정용욱 위의 책, 410쪽. 재인용.

82 "因美代表無恥破壞 朝鮮談判陷於僵局 蘇代表團長斥美方造謠",《人民日報》, 1947. 8. 4.

대로 달성할 수 없었다.[83] 미국은 2차 미소공위를 재개하기 전, 남한의 우익과 중간파로부터 자신의 입장을 전폭적으로 지지받는 데 실패하였고, 회담이 진행될수록 미국의 입장만 난처해졌다. 협의 대상 단체의 명부 작성을 놓고 실랑이가 계속되는 동안, 소련은 미군정이 남한의 우익 진영으로부터 협조를 받지 못하고 있다는 것을 알아채고 더욱 강경하게 반탁 단체의 협의 배제를 고집하였다. 미국은 소련의 공세에 완강히 저항하는 한편 7월 중순 이후 미소공위의 결렬을 예상하면서 새로운 대책을 마련하였다. 곧 일방적 행동 계획으로 미국은 한국 문제의 4개국 회의 또는 유엔 이관을 준비하였다.[84]

일찌감치 실패가 예상되었던 2차 미소공위가 공식 결렬된 것은 두 달을 넘긴 10월 18일이었다. 그렇게 된 이유는 서로 결렬의 책임을 면하기 위해 먼저 정회를 제안하지 않으려는 양측의 태도와 가능한 회담을 지속하여 미군정의 좌익 탄압을 막아보려던 소련의 의도가 작용했기 때문이다.[85] 《인민일보》는 "미국이 조선 통일을 위한 미소공위의 모든 노력을 포기할 준비를 하며, 가능한 '미국의 계획'을 진행하려고 한다."면서 워싱턴의 대다수 인사들은 장차 수립될 남한 정부에 반소·반민주의 우두머리인 이승만이 미국의 지지 아래 정부 수장이 될 가능성이 높다고 보도하였다.[86]

---

83 미군정은 평양에서 귀환한 대표단원들에게 보고 들을 것과 방문 소감을 빠짐없이 보고서로 제출하도록 지시했는데, 보고서 내용들은 이북에 인민위원회 정권이 확립되었고, 전반적으로 정치적 통제가 완벽하다는 인상을 받았다고 지적하였다. (미소공위문서철, 롤번호 6, 「Pyongyang Trip - American Delegation, June~July, 1947」, 정용욱, 위의 책, 412쪽. 재인용).

84 정용욱, 같은 책, 414~415쪽.

85 유병용, 위의 글, 179~180쪽.

86 "美圖進一步破壞遠東和平 培植日寇代替蔣介石 獨占朝鮮作擴張基地", 《人民日報》, 1947. 8. 31.

미국의 일방적 행동은 단독 정부 수립으로 구체화되었고, 가장 중요한 계기는 1947년 8월 한국을 방문한 웨드마이어 사절단의 활동과 이들이 남긴 보고서였다.[87] 당시 중국은 국공 내전에서 국민당군의 패색이 짙어가고 국민정부 지도자들이 자력에 의한 문제 해결보다 외부 지원에 의존한 패배주의가 팽배하였다. 한국에서는 통일 독립 국가 건설을 위한 협상 창구인 미소공위가 해체될 조짐을 보이고 있었다. 이런 상황에 효과적으로 대처하기 위해 미국 트루먼 대통령은 국무장관의 건의를 받아들여 웨드마이어를 중국과 한국의 현지 조사 사절로 임명, 파견하였다.[88]

웨드마이어 보고서는 냉전 구도가 형성되고 있던 중국과 한국에서 미국의 현안 및 대응책을 담고 있다. 그 내용을 보면 중국과 한국은 동아시아 지역의 재편 과정에서 미국의 전략적 판단과 수요에 따라 운명이 결정될 하위 변수였고, 국민당이나 남한의 우익 세력은 이러한 목적을 수행하는 데 사용되는 도구에 불과하였다. 1947년 초기만 하더라도 미국은 공식적으로는 중국에 대해 불개입 정책을 취하였으나 이제 적극적인 중국 원조 정책으로 선회할 수밖에 없는 사정에 몰리고 있었다. 대한 정책 역시 미소 협상과 합작 정부 수립이라는 공식 정책에서 후퇴하여 남한 단독 정부를 수립할 수밖에 없는 상황이었고, 정부의 성격도 미국 여론 일각에서 비판하던 극우파의 집권을 전망하는 것이었다. 그 결과 웨드마이어 사절단의 방한 이후 미국이 취한 대한 정책의 방향은 남한군대의 육성과 강화, 경제 원조의

87 웨드마이어 사절단의 방한·방중에 관한 배경, 경과, 의의 등은 정용욱, 위의 책, 433~471쪽. 참조.

88 Lyman P. Van Slyke, *The China White Paper August 1949,* Stanford University Press, 1967, pp.255~260. 같은 해 9월 드레이퍼는 육군부 차관도 점령 지역의 상황을 시찰하기 위해 일본과 한국을 방문하였다.

확대, 남한 내 정치 혼란의 수습으로 진행되었다.

웨드마이어의 방한과 관련하여 《인민일보》는 "모스크바의 조선 문제 결의를 근본적으로 파괴하고 조선을 미국의 동아시아 확장 정책의 중요한 기지로 바꾸려는 것"이라고 분석하였다. 또한 웨드마이어가 중국에서 한 달 동안 머물며 국민정부 인사는 물론 각계각층의 다양한 인사들을 접촉한 후 맥아더와 만났는데 "일본 파시즘을 더욱 강하게 키워 장제스를 대신할 미국의 가장 좋은 경비견으로 충당하려는 것"이라면서 동아시아의 평화와 민주를 파괴하는 죄악을 저질렀다고 비판하였다.[89] 이처럼 중국 공산당은 웨드마이어의 방중·방한을 계기로, 미국의 동아시아 전략이 남한을 확실히 지배하고, 일본의 정치·경제를 조속히 회복시켜 두 지역을 반소·반공의 보루로 묶어 놓으려는 것이라고 판단하였다.

### 3) 한국 문제의 유엔 이관과 동시 철군론

2차 미소공위의 결렬 이후 미군정은 더 이상 만족할 만한 합의 도출이 불가능하다고 워싱턴에 보고하였다. 국무부 동아시아국 부국장 앨리슨은 다음과 같은 해결안을 제시하여 3성조정위원회의 승인을 받았다.[90]

> (1) 소련이 8월 5일 이전에 공동위원회를 결렬시키면 미국은 소련에

89 "美圖進一步破壞遠東和平 培植日寇代替蔣介石 獨占朝鮮作擴張基地", 《人民日報》, 1947. 8. 31.

90 Iohn M. Allison 메모, 1947년 7월 29일 ; 이우진, 「미국의 대한반도정책(1945~1948)」, 한국정신문화연구원 현대사연구소 편, 『한국현대사의 재인식 Ⅰ -해방 정국과 미소 군정』, 오름, 1998, 65쪽. 재인용.

> 외무장관 회담의 소집을 요구, 유엔의 감시 아래 남북한 총선을 제안한다. (2) 당선된 의원들이 임시정부를 수립한다. (3) 새로운 정부는 4대국과 협의를 거쳐 외국 군대 철수와 경제 원조를 결정한다. (4) 이 제안을 소련이 거부하면 유엔으로 한국 문제를 이관시켜 남한 단독의 동일한 계획을 실행한다.

앨리슨 계획에 따라 미 국무부는 한국에서 소련이 소수 좌익에 의한 정치 주도권의 장악을 추진하고 있다고 공개 비난하였다. 마셜 미 국무장관은 미소공위가 한국의 주권 회복에 실패했으므로, 8월 21일 미소 외무장관회의를 개최하자고 제안하였다. 동시에 미군정은 경찰을 동원하여 좌익 정당 및 단체의 습격, 공산당 지도자의 검거, 좌익 신문의 폐간 등 대대적인 공세를 취하였다.[91] 이처럼 미소공위의 실패 후 미군정이 남한의 지배력을 강화하는 가운데 소군정도 북한의 소비에트화를 서두르며 남북한의 분열은 더욱 가속화되었다.

한국 문제에 있어서 소련과의 협의 불가를 결정하고 독자 정책으로 전환키로 한 미국은 계획된 절차를 밟았다. 1947년 8월 26일 미 국무차관 로벳이 소련 정부에 미·영·소·중 4개국회의를 개최하여 한국의 의회 구성 및 임시정부 수립 문제를 논의하자고 제안하였다. 《인민일보》는 한국을 독점하고 동아시아 기지를 확장하려는 미국의 야심을 드러낸 것이라고 비판하면서 웨드마이어의 방한 조사가 중대한 작용을 한 것으로 보았다. 그리고 미국의 이런 행동에 대해 이승만을 비롯한 남한 우익 세력이 "가장 풍부하고 건설적인 계획"이라며 아첨한다고 비난하였다.[92]

---

91 이우진, 위의 글, 60쪽.

92 "魏德邁赴漢城政治陰謀畢露　美國妄想獨霸朝鮮　蘇方代表揭露美軍鎮壓南鮮民主", 《人民日報》, 1947. 9. 4.

4개국 회의안은 국민정부 외교부장이 1947년 4월 24일 마셜에게 제안한 것으로 미 국무부의 계획과 부합되었기 때문에 폭넓은 환영을 받았다. 국민정부는 미국으로부터 회의 참석 요청을 받자 본래 자신들의 주장이라면서 곧바로 동의하였다.[93] 《인민일보》는 "장제스 정부가 수치심을 모른 채 자기의 공로로 떠벌인다."라고 하면서,[94] "주인인 미국의 안색을 살피며 잘 보이기 위해 비굴하게 아첨하고 있다."고 맹비난하였다.[95] 전후 한국 문제 처리와 관련하여 자국의 영향력을 확보하기 위해 신탁 통치안에 찬성했던 국공 양당은 미소 대결이 본격화되면서 4개국 회의안을 놓고 서로 상반된 입장을 드러낸 것이다.

4개국 회의를 소집하여 한국 문제를 처리하자는 미국 구상은 소련의 거부로 좌절되었다. 몰로토프는 임시 민주 정부의 수립이 실현되지 못한 것은 미국 때문으로 미소공위에서 얼마든지 협의 가능하고, 남북한이 각각 임시입법회의를 구성하는 것은 정치적 분열만 가중시킬 뿐이라며 반대하였다. 무엇보다 4개국 회의에서 한국 문제를 다루는 것은 삼상회의의 결정에 부합되지 않는다고 비판하였다.[96] 결국 미 국무부는 9월 8일 거행하기로 예정되어있던 4개국의 한국 문제 협상 회의를 연기하였다.[97]

2차 미소공위가 결렬되자 소련 대표 슈티코프는 "조선의 분열 상황이 영구히 계속될 것이며, 현재 조선 인민은 엄중한 위험에 처해

---

93 "王外長在聯大記者招待會上談朝鮮問題", 《中央日報》, 1947. 9. 20.

94 "魏德邁赴漢城政治陰謀畢露　美國妄想獨霸朝鮮　蘇方代表揭露美軍鎮壓南鮮民主", 《人民日報》, 1947. 9. 4.

95 "美圖開四國會議商討朝鮮問題　蔣黨仰承美國鼻息", 《人民日報》, 1947. 9. 5.

96 "美建議四國討論朝鮮問題　蘇外長依約拒絕", 《人民日報》, 1947. 9. 11.

97 "美國日趨孤立　四國共商朝鮮問題美國陰謀受挫", 《人民日報》, 1947. 9. 14.

있다"면서 미국에게 결렬 책임을 묻는 성명을 발표하였다.[98] 마셜 장관은 9월 17일 유엔총회에 한국 문제를 상정하였다. 미소 양국이 주도한 한국 독립 방안이 다자간 논의로 바뀌어 신탁 통치에 의한 한국 문제 처리는 현실적으로 불가능하게 되었고, 미소의 대결이 국제기구로 옮겨진 것이다.

이때 《인민일보》는 전후 미국의 정치적 경제적 위상이 계속 추락하고 있다며 연이어 보도하였다. 또 미국의 수출이 계속 하락하여 곧 미국 경제에 위기가 닥쳐올 것으로 예상하였다. 영국에서도 반미 정서가 갈수록 높아지고 있는데 "미국은 완전히 제국주의 국가로 바뀌었다"거나, "미국의 자본주의와 자유기업은 민주주의의 최대 적"이라면서 영국이 미국 경제의 소용돌이 속에 빠져서는 안 된다고 경고하였다.[99] 그뿐 아니라 콜롬비아 수도에서 외국 자본의 독점에 반대하는 반미 시위가 발생하는 등 미국과 라틴아메리카의 갈등이 심화되고 있는 것으로 보도하였다.[100] 이처럼 전후 질서가 미소 중심의 냉전 체제로 굳어지는 가운데 《인민일보》는 미국에 대해 적대감을 노골적으로 드러냈다.

미국이 한국 문제를 유엔에 상정하자 소련은 즉각 미소 양군의 동시 철수와 남북한 총선거 실시를 주장하고 나섰다. 북한 당국은 소련의 결정을 열렬히 환영하면서 미군 역시 남한에서 철수할 것을 요구하였다. 북조선최고인민회의는 9월 20일 토론회를 개최하고 "소련

98 "美國欲使朝鮮永久陷於分裂 蘇方發表聲明斥責", 《人民日報》, 1947. 9. 27.

99 당시 여론조사에 따르면 미국인에 대해 우의를 표시한 영국인은 1945년 58%, 1946년 21%에서 1947년은 그 비율이 더 떨어져 런던 시민 6명 중 미국인에 대해 우의를 갖지 않은 사람이 4명으로 더 많았다. ("美國日趨孤立 四國共商朝鮮問題美國陰謀受挫", 《人民日報》, 1947. 9. 14).

100 "美國日趨孤立 四國共商朝鮮問題美國陰謀受挫", 《人民日報》, 1947. 9. 14.

의 결정이 조선인민의 주권을 존중한 역사적으로 의미 있는 행동"이라는 취지의 감사 편지를 소련 최고 소비에트 주석단에 전하며 미군 철수 투쟁의 필요성을 제기하였다. 곧이어 북한의 각 지역에서 군중 집회가 거행되었는데 일제히 소련에 대해 감사를, 미국에 대해 분개를 표시하였다.[101]

남한 언론도 소련의 동시 철군론과 미군 철수를 요구하는 군중 운동을 보도했다. 특히 일부 우익 세력은 소련 정부의 결정에 찬동하면서 미군 철수를 요구하였다. 김구는 9월 21일 성명을 발표하고 "소련은 이미 스스로 조선 철군을 결정하였다. 이것은 바로 소련이 우리 민족의 희망과 요구가 무엇인지를 알고 있는 것이다. 그러나 미국 정책은 언제나 뒤떨어져 있다."라고 비판하였다. 한편 이승만과 그의 지지자들은 미군의 계속 주둔을 요구하여 좌익 언론으로부터 "민족 이익을 공개적으로 배반한 것"이란 비난을 받았다.[102] 이처럼 미소공위가 최종 결렬된 후 한국 문제의 쟁점은 신탁 통치를 둘러싼 찬반 논란에서 독립 절차의 유엔 이관과 처리, 미소 양군의 동시 철수로 바뀌었고, 남한 내의 좌우 대립을 고조시켰다.

9월 26일 소군정 대표 슈티코프 장군이 1948년 초까지 미소 양군이 동시 철수하여 한국인 스스로 정부를 조직하도록 맡길 것을 공식 제안하였다. 북한 신문들은 소련 대표의 성명서 전문을 전재하며 이 건의의 중요성을 강조하였다. 그러나 미국은 소련의 제안처럼 동시 철군을 하게 되면 공산 혁명이 일어나 한반도는 아시아의 불가리아로 전락할 것이라며 반대하였다.[103] 이 시기 미국과 남한의 우익 세

101 "全鮮感激蘇聯撤軍決定　對美軍不願撤離南鮮一致表示憤慨", 《人民日報》, 1947. 10. 6.

102 위의 글, 《人民日報》, 1947. 10. 6.

력에게 소련의 동시 철군 선언은 전혀 예기치 못한 일로, 북한뿐만 아니라 한반도 전체의 공산화를 우려하게 만들었다.[104]

몰로토프는 10월 9일 마셜에게 미소 공동 철군을 거듭 제안하면서 미국의 조속한 태도 표시를 요구하였다. 그는 미소공위에서 보여준 미국 대표단의 태도로 볼 때 삼상회의 결정인 임시 민주 정부 수립은 불가능하다고 판단하고, 미소가 동시 철군하여 한국인 스스로 정부를 조직할 수 있도록 하자는 것이었다. 이후 소련 정부는 "조선 인민이 외국의 간섭을 받지 않고 자유롭게 선거를 치러야만 전국적인 민주 정부를 조직할 수 있고, 독립 통일 국가를 건설할 수 있다"면서 미소 군대의 동시 철군을 계속 주장하였다. 이후 소련 대표단이 동시 철군의 기한을 1948년 초로 정하여 1947년 10월 유엔총회에 제출했지만 접수되지 않았다.[105]

유엔총회는 미국의 제안대로 11월 14일 인구 비례에 의한 남북한 총선거를 실시하여 한반도에 통일 정부를 수립할 것을 의결하였다. 또한 유엔은 총선을 감시하기 위해 캐나다·인도 등 7개국 대표로 구성된 유엔한국임시위원단(이하 유엔위)을 구성하였다. 예상대로 소련군과 북한 당국은 유엔위 대표가 38선 이북으로 들어오는 것을 막았다. 이듬해 2월 26일 유엔소총회는 '한국의 가능한 지역에서 총선거 실시'를 찬성 32, 반대 2, 기권 11로 가결시켜 38선 이남 지역의 선

103 "蘇聯對朝鮮問題提出新建議　主張蘇美同時撤兵　蘇外長促美方對此表示態度", 《人民日報》, 1947. 10. 20.

104 하지는 소련의 동시 철군 제안을 '우리가 한국에 온 이래로 가장 감내하기 힘든 선전책동이다. 그것은 광범한 파급효과를 가지고 있고, 한국인들뿐만 아니라 전 세계 약소국들의 지지를 보다 광범하게 얻어내기 위한 시도'였다고 평가하였다. (정용욱, 위의 책, 430쪽. 재인용).

105 "蘇聯答複南北鮮民主黨派 美蘇軍必須同時撤離 才能夠保證朝鮮民族的利益", 《人民日報》, 1948. 5. 13.

거를 결정함으로써 남한 단독 정부의 수립이 공식화되었다.[106]

이와 관련하여 《인민일보》는 북조선민주주의민족통일전선위원회(약칭 북민전)의 「조선인민에게 알리는 글」을 전재하였다. 여기서 유엔위의 활동이 불법이며, 남한에 미국의 괴뢰 정부를 세우려는 기도라고 비판하였다. 또한 미국 정부가 한국을 자신의 식민지로 바꾸기 위해 한국의 반동파와 하나 되어 삼상회의의 결정을 파괴했다면서 한국 분단의 원인을 미국 탓으로 돌렸다. 남북한의 정치·경제·문화·사회 상황과 관련하여 북한은 인민 경제와 민족 문화를 부흥시켰고, 토지개혁과 산업 국유화를 실행하였으며, 노동자와 여성의 권리가 보장되고, 교육 여건이 개선되어 역사상 처음으로 인민들이 광범위한 정치·경제·문화의 자유로운 권리를 획득했다고 보았다. 이와 같이 《인민일보》는 소군정하의 북한 상황을 반복적으로 보도하면서 매우 긍정적인 평가를 내렸다.

그러나 남한은 완전히 다른 상황으로 미군사령부가 모든 권리를 독점하여 외국 제국주의와 결탁된 반동파 및 친일분자들이 행정 기관에 침여하고, 과거 일본 경찰에 고용된 자들 중 육천 명이나 남한 경찰로 계속 활동한다고 있다며 비판하였다. 이 때문에 남한 주민들은 아무런 권력도 없이 실업과 기아의 참혹한 상태에 빠져 박해받거나 죽임을 당하고 있다고 주장하였다. 그러므로 미국은 소련의 제안을 받아들여 즉각 한국에서 철수하고, 한국인이 스스로 정부 수립 문제를 해결할 수 있도록 해야 한다면서 보통·평등·비밀·직접 투표의 원칙에 따라 전국 인민의회 선거를 실시하고 헌법을 통과시켜 전국적인 민주 정부를 수립하자고 주장하였다.[107]

---

106 김영명, 위의 글, 102쪽.

107 "北鮮民主人民統一戰線　反對美帝奴役南鮮　應由朝鮮人民自己選擧政府", 《人民日

남한의 5·10 선거를 앞두고 《인민일보》는 전국적인 선거 거부 투쟁의 움직임을 전하면서 "외국의 간섭을 받지 않고 자유롭게 선거를 치러야만 전국적인 민주 정부를 조직할 수 있고, 통일 독립 국가를 건설할 수 있다"는 주장만 되풀이 하였다. 또한 남한에 단독 정부를 세우자고 주장하는 사람은 이승만과 그의 통제 아래 지주들의 이익을 대표하는 민주당뿐이라며, 궁극적으로는 한국인의 의지와 염원을 못 들은 체하며 상관하지 않는 미국의 책임이 더욱 크다고 비판하였다.[108] 이런 시각은 소련 언론의 보편적 주장으로, 《인민일보》가 그대로 수용, 전달함으로써 미국에 대한 부정적 인식을 증폭시켰다.

그 후 남북한에 대한민국과 조선민주주의인민공화국이 각각 수립되자 어느 쪽을 정통성 있는 독립 국가로 승인할 것인지의 여부가 국제적 논란거리였다. 1948년 12월 6일 파리에서 열린 유엔 정치위원회는 한국 정부의 승인 문제에 관한 토론을 시작하여 8일 저녁에야 종결되었다. 《인민일보》에 따르면 소련 대표단은 유엔에 의해 한국이 분열된 것과 남한만의 선거 결과를 비준한 것에 대해 비판하면서 유엔위의 폐지안을 제출하였다. 그러나 미국·오스트레일리아·중국 대표가 유엔위의 보고에 근거하여 남한 정부를 "한국 유일의 합법 정부"로 승인하고, 새로운 한국위원회를 설립하자고 다시 제안하였다. 소련은 유엔위가 미국의 지지 아래 유엔헌장까지 위반한 비합법 기구라면서 그 목적이 유엔의 이름으로 한반도를 분열시키고 남한을 예속하려는 미국 계획을 합법화한 것이라고 비난하였다. 그러나 유엔 정치위원회는 미국의 의도대로 조선민주주의인민공화국 정부를

---

報》, 1948. 3. 5.

108 "蘇聯答複南北鮮民主黨派 美蘇軍必須同時撤離 才能夠保證朝鮮民族的利益", 《人民日報》, 1948. 5. 13.

배제하고 5월 10일 실시된 남한 선거만이 민주적 선거라면서 이승만 정권을 '유일 합법 정부'로 승인할 것을 요구하였다. 이에 대해 백러시아 수석 대표는 미국이 한국을 분열시키고 남한을 식민지화하려는 것으로, 한국 내 외국 보호자와 군대의 점령이 없는 상황에서 스스로 문제를 해결할 수 있는 권리를 부여하여 통일 독립 민주 국가를 건립할 수 있도록 기회를 주자면서 새로운 한국위원회의 설치에 반대하였다. 결국 12월 8일 저녁, 소련과 사회주의 국가들의 반대에도 불구하고 미국 및 지지 국가들에 의해 제3국 안이 통과되었다.[109]

1948년 12월말 남한 정부가 유엔으로부터 정통성을 승인받자 《인민일보》는 '미국의 노예가 된 조선'이란 논평을 냈다. 군정이 실시된 3년 동안 "남조선 인민은 미국의 점령자와 한간韓奸의 통치 아래 과거 일본 통치 시대와 비교하여 더 가난하고 어두운 식민지 노예 생활을 하고 있다."라고 하면서 기아와 쌀값 폭등, 토지 집중 현상의 심화, 대량 실업 사태, 대중 운동 및 좌익 언론의 탄압 등을 증거로 열거하였다.[110] 그리고 "남한의 대다수 인민들은 불요불굴不撓不屈의 정신으로 미국 및 그 주구인 한간의 노예 상태로부터 벗어나 통일 독립을 쟁취하기 위해 저항하고 있다"면서 노동자, 농민의 무장 폭동을 고무시켰다.[111]

전후 세계 질서를 재정립하기 위해 조직된 유엔에서 한국 독립 문제는 주요 현안이었고, 그 처리 과정에서 미소의 대립 양상이 그대로 나타났다. 서로 다른 이데올로기와 정치 체제의 이식을 둘러싼 미소

109 "朝鮮人民民主共和國政府　抗議聯大反動決定　任令美帝分裂朝鮮", 《人民日報》, 1948. 12. 18.

110 "美國奴役下的南朝鮮", 《人民日報》, 1948. 12. 12.

111 "要求美軍撤退·反對傀儡政權 南朝鮮群衆運動高漲 平壤盛宴爲蘇軍餞行", 《人民日報》, 1948. 12. 14.

군정의 한국 문제 처리 과정은 내전 중이던 중국에도 곧 부닥칠 현실 문제였다. 그러므로 《인민일보》는 소련의 북한 점령 정책과 사회주의 체제로의 이행 과정을 대대적으로 선전하고 미군정의 대한 정책은 반소·방공에 얽매인 이념적 시각으로 신랄히 비난하면서 외세 개입을 배제한 사회주의 국가 건설을 모색하였다.

## 4. 북한 사회주의 국가의 수립

소련군의 북한 점령 정책은 내적으로 단독 정권의 수립이 목표였지만 외적으로는 1945년 12월 신탁 통치를 결정한 삼상회의에 앞서 '국제적 후견제 실시'란 국제 사회의 여론과 추세를 따랐다.[112] 이후 소련은 삼상회의에서 결정된 신탁 통치안을 기본 정책으로 삼아 미소공위가 최종 결렬될 때까지 고수하였다. 그러나 인민위의 구성과 김일성 추대 과정에서 볼 수 있듯이 소련은 사회주의 기지 확보 노선도 병행하여 인민 정권을 먼저 수립하려는 이중 전략을 취하였다. 특히 1차 미소공위가 결렬되자 소련의 전략은 이른바 '민주기지론'에 따른 북한 단독의 국가형성 작업으로 기울어졌다.[113]

2차 미소공위까지 최종 결렬된 1947년 후반기부터 중국 공산당 언론은 북한 동향을 이전보다 자주 전했는데 주로 정치적 경제적 사

112 김영수, 위의 글, 219쪽.

113 전현수, 「소련군의 북한진주와 대북한정책」, 『한국 독립운동사연구』 9집, 1995, 360~368쪽.

회적 성취에 관한 내용들이었다. 예컨대《인민일보》는 인민 경제 발전 2개년 계획을 소개하면서 현재 북한의 80여 개 대기업이 전년도 생산 계획의 50%를 초과하였고, 공업 기업은 일백여 종의 신제품을 제조하여 일본 수입품을 대체했다고 보도하였다. 농업 분야에서는 주요 작물의 수확량이 전쟁 이전의 수준을 크게 초과했으며 경지 면적도 1945년과 비교할 때 15% 이상 증가했다고 전하였다.[114]《인민일보》는 "김일성의 영도 아래 조선 정부가 전 인민의 지지를 받아 광범위한 민주 개혁과 인민 경제 및 문화의 신속한 발전을 이루었다." 라고 하면서 사회주의 체제의 성과를 적극 알렸다.

여기서 특별히 강조된 것이 교육 분야의 성취로, 3년도 되지 않아 북한에 3천여 개의 소학교와 9백여 개의 중학교, 68개의 기술전문학교, 10개의 연구소 및 대학이 개교하였고, 대다수 학교가 주민들 스스로 자금을 모아 건립한 것이라고 전했다. 그리고 "1947년부터 1948년 사이에 북한 청년들이 일백만 시간을 노동에 받쳐 공장·광산의 회복과 재건에 참여했다"면서 새로운 국가 건설에 헌신한 청년 학생들의 역할에 주목하였다. 특히 북한의 경제와 문화 발전에 중대한 역할을 한 민주청년동맹은 회원이 일백삼십만 명으로, 북한 청년의 89%를 차지하고 있으며 공업·운수업·농업 분야의 청년들도 조직화되어 서로 경쟁적으로 생산 목표를 달성하고 있다고 보도하였다.[115]《인민일보》는 북한 사회주의 체제의 성취를 대대적으로 알림으로써 내전 승리 이후 신중국 건설의 방향을 제시하고 청년 지식인

114 "朝鲜简讯",《人民日報》, 1948. 1. 17.

115 "北朝鮮實行土改後經濟文化迅速發展",《人民日報》, 1948. 1. 29. 김일성은 이 시기에 인민위원회에서 헌법 제정을 준비하면서 보편적인 의무 초급 교육과 노공법을 가장 먼저 다루었다. (Z. 米洛夫, 林達 譯, 「活的傳奇 -韓國人民英雄金貽蓀」, 『時代』 1947. 第15期. 19쪽).

들의 참여를 독려한 것이다.

남한에서 단독 선거가 확정되자 북한 주민들의 반대 집회 및 시위가 빈번하였다. 평양·신의주·원산·함흥 등의 군중 집회에서는 "미국 식민주의자들이 유엔의 깃발 아래 일부 조선의 매국노를 고용하여 거짓 선거를 실시하려는 것으로, 조선의 통일 자유 독립을 침범하는 일"이라고 맹비난하였다. 반면 외국 군대의 즉각 철수를 제안한 소련에 대해서는 "인민의 진정한 친구"라고 치켜세우며 외부 세력의 내정 간섭을 거부하였다.[116]

중국 공산당 언론은 이러한 소식을 전하면서 유엔 활동에 대해 미국이 남한을 식민지화하려는 제국주의적 책략이라고 비판하였다. 하지만 소련군은 "조선 인민의 가장 절실하고 중대한 이익을 지키는 것을 최고 원칙으로 삼으며, 진정한 민주 독립의 조선을 건립하기 위해 투쟁한다."라고 보도하였다. 또한 "조선 반도에 괴뢰 정부가 들어서면 미국의 속국이 될 것이고, 미국의 전쟁 기지로 변할 것"이라고 주장하면서 한국을 유럽의 그리스와 같은 상황으로 인식하였다.[117] 이 시기 중국 공산당의 대미 인식은 소련의 영향을 받아 냉전적 대결 의식이 자리 잡고 있었으며, 한국 관련 보도에 그대로 투영되었다.

남한 단독 선거를 반대한 북한의 정당·사회 단체들은 남한의 정당·사회 단체에 남북조선민주당파단체연석회의(이하 연석회의)를 제안하며 "미군 및 그 앞잡이가 괴뢰 정부를 조직하려는 음모를 괴멸시키는 데 행동 동일하자"고 주장하였다.[118] 총선거를 앞둔 남한에서는 정파

116 "朝鮮勞工黨主席堅稱　民主力量必將勝利", 《人民日報》, 1948. 4. 19.

117 V. 培爾寧, 「美國對聯朝鮮政策追求遠大的目標」, 『新聞類編』, 1948년 第1637期, 14쪽. 『신문류편』은 1941년 7월 17일부터 주중 소련 대사관이 발행한 중국어 신문으로, 중국 독자들에게 소련의 각 분야 상황과 건설, 대외 정책, 외신 등을 보도하였다. (王檜林·朱漢國 主編, 위의 책, 342쪽).

간 갈등과 반목이 아주 심하였다. 무엇보다 김구의 임정 추대와 이승만의 단정 수립이란 서로 다른 건국 방안이 대립되어 관계가 소원해졌다.[119] 김구·김규식은 단정 수립을 저지하기 위한 최후 수단으로 남북 협상을 촉구했고, 3월 25일 평양방송이 연석회의를 제의하였다.[120] 마침내 4월 19일 평양에서 연석회의가 개막되어 회의 대표 육백여 명이 참석했는데 남한의 이십여 개 정당·단체 대표 일백여 명도 참가하였다.[121] 이 시기 남한에서는 단정파의 득세로 정치적 입지를 상실한 김구와 김규식이 분단 고착화를 막으려는 민족주의적 열정으로 평양행을 감행하였다.[122]

연석회의는 유엔위의 구성 및 활동이 남한을 미국 식민지로 바꾸려는 의도라면서 남한의 암울한 상황에 비해 북한은 모든 방면에서 중대한 성취를 거두었다고 평가하였다. 연석회의는 남한 단독 선거의 저지와 미소의 동시 철수를 요구하는 결의안을 채택하고 5일 동안의 집회를 마쳤다. 《인민일보》는 연석회의 과정을 상세히 보도했는데 "남조선 민주당파 대표들은 하나같이 미제국주의 및 이승만 등 한간의 매국 범죄에 강한 증오와 항의를 표시했다."라고 전하면서 단독 선거를 저지하기 위한 대중 운동의 조직을 큰 성과로 꼽았다.[123] 사실상 연석회의는 남한 단독 선거를 저지하기 위한 회의라기보다

---

118 "北鮮人民呼籲南鮮民主黨派 打敗美帝分裂朝鮮毒謀 南鮮民主黨派代表已抵北鮮", 《人民日報》, 1948. 4. 24.

119 김영명, 위의 글, 104쪽.

120 "北鲜人民呼吁南鲜民主党派 打败美帝分裂朝鲜毒谋 南鲜民主党派代表已抵北鲜", 《人民日報》, 1948. 4. 24.

121 "爲爭取獨立統一民主新朝鮮 南北鮮民主黨派會議 各代表堅信能粉碎美帝分裂陰謀", 《人民日報》, 1948. 4. 28.

122 "決議抵制美帝分裂朝鮮 平壤會議圓滿閉幕", 《人民日報》, 1948. 5. 4.

123 같은 글, 《人民日報》, 1948. 5. 4.

공개적으로 소군정의 북한 점령 정책을 선전하고, 사회주의 정권의 수립을 정당화하기 위한 무대였다.

연석회의 이후 남북한의 31개 주요 정당과 사회단체 지도자들이 앞으로 남한에서 조직될 정부는 승인하지 않을 것임을 결의하였다. 그리고 외국군이 완전히 철수한 후 임시 민주 정부를 수립하여 민주적 보통선거에 의해 통일된 인민민주공화국을 건립할 것이라고 선언하였다. 또한 북조선인민의회 임시회의에 참가한 남한 대표들이 〈조선민주주의인민공화국 헌법 초안〉을 통과시켰는데 통일 독립 민주 평화를 근간으로 토지 개혁, 8시간 노동제, 공업 국유화 등 북한에서 실행 중인 정책들이 대부분 포함되었다.[124]

그 후 북한에서는 소련군의 철군 의사를 환영하는 집회가 곳곳에서 열렸고 단독 선거에 항의하는 파업과 반대 시위가 전국으로 확산되었다.[125] 《인민일보》는 미국의 대한 정책을 제국주의 노선이라고 비난하며 동시 철군과 연석회의에 의한 통일 독립을 주장함으로써 소련의 대한 정책을 지지하였다. 그러나 동시 철군론은 실현 가능한 통일 독립 방안이라기보다 단독 선거를 저지하고 좌익 세력을 결집시키려는 정치 선동의 색채가 농후하였다. 연석회의도 진정한 남북 협상 자리가 아니라 이미 완결 단계에 접어든 북한의 사회주의 체제를 정당화하고 남한 단독 선거를 저지하기 위해 김일성 세력이 김구·김규식 등 남한 지도자들을 이용했을 뿐이었다.[126] 그러므로 국민

---

124 북한 당국은 연석회의가 아직 끝나지 않았던 때인 1948년 4월 28~29일 북조선인민회의특별회의를 열고 〈조선민주주의인민공화국 헌법초안〉을 통과시켰다. 이것은 북한 정권이 연석회의의 결과에 관계 없이 자신의 원래의 의지를 관철하고자 했음을 방증한다. (김학준, 위의 책, 981쪽).

125 "蘇打算自朝鮮撤軍　北鮮人民深表感激", 《人民日報》, 1948. 5. 24.

126 송남헌, 『한국현대정치사 -건국전야』 제1권, 성문각, 1980. 참조.

당 언론은 동시 철군론과 연석회의에 대해 소련군이 자신들의 정책을 선전하고 사회주의 정권 수립을 정당화하려는 수단이요 무대라고 인식하였다.

1948년 5월 10일 남한에서 총선거가 실시된 후 북한은 7월 9일 북조선인민회의 제5차 회의에서 그동안 준비된 헌법 초안에 기초하여 8월 25일 남북한 총선거를 실시하기로 결정하였다.[127] 그해 8월 15일 남한에서 단독 정부가 출범하자 북한도 정부 수립을 서둘렀다. 이제까지 "단독 정부 반대, 통일 정부 수립"이란 명분을 내세워 유엔위원단의 입북과 5·10 총선거를 거부해 온 북한은 자체 정부 수립을 더 이상 늦출 이유가 없어졌다. 남북한 노동당이 총선거를 준비했는데 남한 대표로 남로당의 책임 아래 비밀 선거를 실시하여 최고인민회의 대의원 선거에 참여할 1,080명의 인민 대표를 선출하였다. 이 가운데 811명이 정당 및 사회 단체 대표였고, 269명은 무당파 인사였다.[128] 이들 중 997명은 8월 21일부터 해주시에서 열린 남조선인민대표자대회에 모여 인구 오만 명당 한 명씩의 비율로 남한의 몫인 360명의 대의원을 선출하였다.[129]

제2차 연석회의는 최고인민회의 및 통일 정부 성립에 관한 결의를 근거로 최고인민회의 대의원 선거를 거행하였다. 남한에서는 미군과 남한 당국의 저지로 직접 투표를 할 수 없게 되자 특별지도위원회의 지도 아래 두 단계로 나누어 선거를 진행하였다.[130] 북한에서는 8월

---

127 1948년 4월 북조선인민위원회는 조선민주주의인민공화국 헌장을 통과시켰다. ("北朝鲜一人民的国家", 《人民日報》, 1948. 9. 5).

128 "南鮮人代會勝利進行　決議擧行全國最高人民會議保證朝鮮成爲統一民主國家", 《人民日報》, 1948. 9. 3.

129 이종석, 『조선로동당연구: 지도사상과 구조변화를 중심으로』, 역사비평사, 1995, 205~206쪽.

25일 212명의 최고인민회의 대의원을 뽑는 선거가 북로당의 주도로 실시되어 99.97% 참가에 98.49%의 찬성이란 결과가 나왔다.[131] 《인민일보》는 이번 선거가 보통·직접·평등·비밀 투표의 방식으로 진행되어 한국에서 통일 독립 민주 국가를 건립하는 데 중대한 발전을 이루었다고 평가하였다.[132] 이렇게 뽑힌 572명의 대의원이 최고인민회의를 구성하여 9월 2일부터 1기 1차 회의를 개최하고 헌법을 채택하여 9월 8일 선포한 후, 그 다음날 조선민주주의인민공화국을 수립하였다.

조선 최고인민회의는 9월 2일 평양에서 첫 회의를 가졌는데 남한 대표 360명과 북한 대표 212명이 참석하였다. 여기서는 남한의 국회와 정부에 대해 국가를 분열시키고 미국의 식민지로 만들려는 목적이라면서 최고인민회의만이 전체 한국인을 대표하는 기관이라고 선언하였다.[133] 북한 정권이 정통성을 앞세운 이유는 입법기관의 대표성으로, 9월 4일 대회자격심사위원회 보고에 따르면 북한 선거민의 99.97%와 남한 선거민의 77.48%가 최고인민회의 대의원 선거에 참가했다. 선출된 대의원 572명의 직업별 분포는 공인 120명, 농민 194명, 의원 152명, 수예공인 7명, 상인 22명, 공장주 29명, 문화예술인 33명, 기타 15명이었고, 정파별로는 남북한의 22개 정당 및 단체를 대표한 458명과 나머지 114명은 어느 당파에도 속하지

---

130 "建立統一獨立民主朝鮮的重大步驟　全鮮人民選舉最高議會", 《人民日報》, 1948. 9. 5.

131 중앙일보특별취재반, 『비록 조선민주주의인민공화국(하)』, 중앙일보사, 1993. 386~391쪽.

132 "建立統一獨立民主朝鮮的重大步驟　全鮮人民選舉最高議會", 《人民日報》, 1948. 9. 5.

133 "朝鮮最高人民議會開幕　即將批准憲法成立全國民主政府", 《人民日報》, 1948. 9. 11.

않았다. 따라서 《인민일보》는 북한 최고인민회의가 각 계층을 대표한 조선의 진정한 입법 기관이라고 보도하였다.[134]

이 회의에서 21명의 조선 최고인민회의 주석단이 조직되었는데 북조선노동당 주석 김두봉을 주석단 주석으로 선출했다. 김일성은 총리에 임명되어 조선민주주의인민공화국 내각을 구성할 권한을 부여받았고, 내각 인선은 조선 최고인민회의의 비준을 거치도록 했다. 9월 9일 김일성은 인민회의의 비준을 받아 정부 인선 명단을 발표하였다.[135] 또한 최고인민회의는 15명의 위원으로 최고법원을 조직하고, 23명의 위원으로 의회법제위원회를 조직하는 등 정부 기관의 주요 골격을 갖추었다. 9월 11일 김일성은 정부 수립을 선언하고, 미소 정부에 주둔군의 동시 철수를 요구하였으며, 유엔의 한국 문제 토론에 참여하기 위해 대표단을 파견하기로 결정하였다.[136]

북한에서 사회주의 정권이 수립되자 중국 공산당은 9월 19일 중앙위원회 주석 마오쩌둥과 인민해방군 총사령관 주더의 명의로 정부 수립의 축하 전보를 보냈다. 여기서 중국 공산당 지도자들은 북한 정권의 수립을 "조선 인민 해방 사업의 위대한 승리이며, 동아시아 각 민족 해방 사업의 위대한 고무"라고 높게 평가하였다.[137] 《인민일보》도 북한 정권을 '인민의 국가'로 정의하며,[138] 그 수립 의의에 대해 대내적으로 "조선 인민이 자신의 단결된 역량을 발휘하고 전 조선의

134 "朝鲜最高人民議會議員　充分代表全鮮各階層", 《人民日報》, 1948. 9. 15.

135 "朝鮮人民議會通過憲法　金枓鳳等當選主席團主席　金日成榮任總理受命組閣", 《人民日報》, 1948. 9. 18.

136 "朝鮮民主共和國政府組成　最高人民議會首屆會議閉幕　致函美蘇政府要求同時撤軍", 《人民日報》, 1948. 9. 19.

137 "毛主席朱總司令　電賀朝鮮政府成立", 《人民日報》, 1948. 9. 23.

138 "北朝鮮一人民的國家", 《人民日報》, 1948. 9. 5.

해방과 독립을 위한 투쟁의 새로운 시기로 진입하였다"라고 평가하였다. 대외적으로는 "아시아 대륙에서 피압박 민족들이 흠모하는 새로운 형태의 국가로 우뚝 솟았다"면서 전후 사회주의 국가 건설의 선도자로서 큰 의미를 부여하였다.[139]

이 시기 중국 공산당 언론은 김일성을 해방 직후부터 항일 유격대의 지도자로서 전설적 영웅이라고 소개하였다. 1946년 2월 김일성이 인민의 주석으로 선출되어 토지 개혁, 의무교육, 노동법 등을 실시하면서 더욱 주목을 받았고,[140] 북한의 최고 지도자로 확정되자 《인민일보》는 "조선 인민의 지도자"로 호칭하며 인물 소개의 특집 기사를 게재하였다. 이에 따르면 김일성은 그 해 나이 34세로, 20세에 조선유격대를 조직하여 동만주공산주의청년단 서기로 활동하였고, 삼십대에 십만 명의 항일 유격대를 이끄는 지도자로 성장하였다. 그는 1934년 중국의 동북인민혁명군과 함께 대일 작전을 수행했는데 해방 직전에 불사조로 불러질 만큼 한국인에게 널리 알려졌다고 전하였다. 그리고 해방 후 북조선인민위원회 주석으로 선출된 김일성은 토지 개혁과 각종 개혁 정책을 성공적으로 이끌어 북한의 일천만 인민이 행복한 생활을 할 수 있게 되었다고 보도하였다.[141] 이렇

---

139 "朝鮮建立新型民主國家　波工人黨清算右傾偏向", 《人民日報》, 1948. 9. 23.

140 Z. 米洛夫, 林達 譯, 「活的傳奇-韓國人民英雄金貽蓀」『時代』, 1947. 第15期. 19쪽.

141 "朝鮮人民領袖　金日成", 《人民日報》, 1948. 10. 19. 1946년 2월 상하이에서 창간된 인물 평론 전문 월간지인 『인물잡지』는 우한(吳晗), 왕이성(王藝生), 장선푸(張申府), 펑위샹, 궈모뤄(郭沫若) 등이 편집진으로 참여했고 "좋은 사람을 칭찬하고 나쁜 사람을 비판한다. (表揚好人 批判壞人)"를 기치로 내걸었다. 여기서 이승만·김구·김규식·이범석·김일성 등 남북한 지도자들을 소개하며 김일성에 대해 "조선의 미래를 창조할 역사적 인물"이란 제목으로 그의 성장 과정과 활동상을 상세히 게재하였다. (潘朗, 「南北朝鮮的領袖李承晩, 李範奭, 金日成」, 『人物雜誌』, 1948年 第10期, 15~16쪽).

듯 김일성에 대한 중국 공산당 언론의 보도는 매우 과장되었으며 개인 우상화의 경향을 띠었다.

이 무렵 내전의 승기를 잡았던 중국 공산당은 북한 정권의 수립에 크게 고무되었으며 동아시아 민족 해방 운동에 긍정적인 영향을 미칠 것으로 판단하였다.[142] 그리고 대일 항전 시기의 연대 투쟁을 계승 발전시켜 새로운 공동의 적인 미국 제국주의와 싸우는 데 적극 협력할 것을 기대하였다. 중국 공산당은 한국뿐 아니라 동아시아 지역의 민족 해방 운동과 사회주의 국가 건설에 관심이 많았는데 북한 정권의 수립을 그 서막으로 보았던 것이다.

## 5. 맺음말

전후 새로운 동아시아 지역 질서를 모색하던 미국과 소련에게 남북한의 군정은 자신들의 체제를 정착시킬 첫 실험 무대이자 중요한 근거지였다. 제국주의를 대신해 민주주의와 공산주의를 내세운 미소 군정은 남북한에서 자본주의와 사회주의 체제를 각각 이식시키며 자국의 안전과 이익을 도모하였다. 이런 상황을 줄곧 지켜 본 국공 양당에게 미소 군정은 내전의 승패뿐만 아니라 앞으로 건설할 신중국의 향배에 결정적 영향을 미쳤다. 중국 언론은 남북한의 점령 정책을

142 《인민일보》는 한국인의 독립·통일·민주에 대한 불굴의 의지가 일본 노동계급과 공산당에게도 큰 자극이 될 것으로 보았다. ("朝鮮准備組織臨時民主政府 日本工人階級堅持罷工鬥爭", 《人民日報》, 1948. 5. 12).

비교 분석하며 우열을 논하였고, 자신들의 이해 관계에 따라 다양한 해석을 내놓았다. 이 기간 동안 국공 내전 중이던 중국 공산당은 미소 군정의 한반도 점령 정책에 깊은 관심을 가졌고, 《신화일보》와 《인민일보》 등을 통해 지속적으로 보도하였다.

중국 공산당 중앙의 기관지인 《인민일보》의 북한 관련 보도에 나타난 특징은 첫째, 소군정의 다양한 문제를 다루기보다 인민 자치 정부 수립, 토지 개혁, 산업 국유화, 경제 회복, 교육 복지의 확충 등 사회주의 체제의 실현 과정을 집중적으로 다루었다. 둘째, 주기적 또는 계기적으로 미소의 군정 상황을 상호 비교하여 미국 자본주의에 대한 소련 사회주의의 우월성을 입증하려 했고, 내전 승리 이후 신중국 건설 과정에서 제기될 문제와 대응책을 사전 학습하였다.

《인민일보》에 따르면 해방 후 북한에서는 인민 자치와 친일 세력의 청산이 철저히 이루어진 반면, 남한에서는 그렇지 못했다. 특히 북한의 신속한 토지 개혁은 농민을 정치 세력화했고, 산업 국유화는 경제 구조 개선 및 회복의 계기가 된 것으로 보았다. 그러나 중간파는 이런 조치들을 소비에트화 과정으로 파악했으며, 국민당은 일제 식민지에서 해방된 한국이 다시 소련의 멍에에 들어간 것으로 인식하였다.

국공 내전 중 중국 공산당은 만주 지역을 중심으로 북한과 공식, 비공식 접촉을 가지며 인적 물적으로 큰 도움을 얻어 실질적 협조 관계를 유지했지만 공개하지 않았다. 전체적으로 《인민일보》에 보도된 남한의 정치 사회적 갈등과 경제 실정은 자본주의의 실패를 의미했고, 북한의 신속하고 안정적인 인민 자치와 경제 국유화는 사회주의의 우월성을 보여주었다. 아울러 《인민일보》는 북한의 사회주의 체제 형성과 정부 수립 과정을 상세히 보도하면서 인민의 국가로 높이 평가하였다. 그리고 장차 중국 사회주의 국가 건설에 대한 자신감을 드러내며 동아시아의 민족 해방 운동에 대해서도 깊은 관심을 표시하였다. 전후 북한과 중국 공산당은 각각 소군정과 내전을 거치면서 냉전의 최전방에 위치하였고, 서로에게 필요한 협력자이자 반면교사로서의 의미가 컸던 것이다.

《인민일보》에 보도된 미군정에 관한 기사를 분석해 보면 미군정의 점령 정책, 미소공동위원회의 활동, 유엔의 한국 문제 처리, 소련의 동시 철군론, 남북한의 정치·경제 상황 및 정부 수립 과정 등에 대하여 보도하였다. 미군정의 초기 점령 정책에 대해 《인민일보》는 신탁통치를 먼저 제안한 미국이 남한 내 우익의 반소 활동을 조장하고 있다면서 강하게 비판하였다. 한국 독립을 실현시키기 위해 열린 미소공위는 양국이 각각 기능주의와 정치 우선의 접근 방식을 취하며 자기 입장만 고수함으로써 무산되었다. 《인민일보》는 이런 과정을 보도하면서 소련의 인내와 양보에도 불구하고 미국에 의해 결렬된 것처럼 주장하였다. 또한 《인민일보》는 미소 군정하의 남북한 실상을 암흑과 광명으로 비교하면서 소련식 사회주의의 성과라고 선전하였다.

미소는 처음부터 한국의 통일, 독립을 목표로 했다기보다 자기 세력을 강화시키는 데 유리한 명분 축적에 급급하였다. 이에 대해 《인민일보》는 미국의 동아시아 전략이 그동안 장제스를 주축으로 대소 방공 기지를 구축하려던 것을 포기하고 남한과 일본으로 전환했다고 보았다. 그 후 《인민일보》는 미군정의 좌익 탄압에 대한 비판 기사를 쏟아 내며, 북한의 소비에트화와 남한의 좌익 운동을 고취시키는 방향으로 보도하였다.

한국 독립과 관련하여 미소공위가 무산되자 미국은 한국 문제를 곧바로 유엔에 상정하였다. 이에 맞서 소련은 미소 양군의 동시 철수와 남북한 총선거 실시를 제안하였다. 미국은 자신들이 압도적 우위를 차지하고 있는 유엔에서 한국 문제를 처리하는 것이 명분과 실리를 모두 챙길 수 있는 유리한 방법이었으므로 총선거를 통한 남한 단독 정부 수립으로 나아갔다. 이에 대해《인민일보》는 "남한의 미제국주의 노예화"로 규정하며 적극 반대하였고, 소련의 동시 철군과 한국인의 자주 정부 수립을 지지하였다. 국민당과 내전 중이던 공산당은 남북한의 대립, 분열이 자신들과 직결된 문제이자 전후 동아시아 지역 질서를 좌우할 요소로 인식하였다. 그러므로 중국 공산당은 한국 독립에 있어서 양국의 역사적 우호 관계에 기반을 둔 전통적 입장보다 한반도에 사회주의 체제를 이식시키려는 소련의 전략을 견지함으로써 미국과 대척점을 이루었다.

냉전 형성기《인민일보》를 통해 중국인들에게 전달된 한국 소식은 미군정의 실패와 남한 주민들의 저항을 반복적으로 전하고, 북한 정권의 수립 과정에서 소련의 역할을 강조하며 북한 주민들의 전폭적 지지를 선전한 내용이었다. 내전 중이던 중국 공산당은 신국가 건설에 필요한 선행 학습 과정으로 남북한의 미소 군정을 인지한 것이다. 이를 통해 중국 공산당은 새로운 사회주의 국가 건설 과정에서 외세의 간섭 배제와 내부 안정이 주요 과제임을 명확히 인식하게 되었다.*

---

* 이 글은「미·소 군정기 중국 언론의 북한 인식 -소련군의 점령정책을 중심으로」,『中國學報』第72輯, 韓國中國學會, 2015, 203~227쪽과「미·소 군정기 중국공산당 언론의 남한 인식 -1946~1948년『인민일보』기사를 중심으로」,『東洋學』第60輯, 檀國大學校 東洋學研究所, 2015, 61~81쪽을 수정 보완한 것이다.

# Ⅳ. 2차 세계대전 이후 한국 독립에 관한 중국의 인식

## 1. 머리말

제2차 세계대전이 끝난 후 국제 정세에서 중국은 큰 변수가 되지 못하였다. 그러나 전승국의 일원으로서 중국은 한국 독립의 방법과 절차 등을 결정하는 데 상당한 영향을 미쳤다. 이 때문에 국민정부가 해방 정국에 관하여 어떤 인식을 가졌으며, 미소 분할 통치란 국제 관계에 어떻게 대응하였고, 한국 독립에 관한 구상이 무엇인지를 살펴보는 것은 20세기 중반 한중 관계를 이해하는 데 중요하다. 더욱이 국민정부의 후원을 받은 임정 세력이 반탁 운동을 계기로 일시적이나마 해방 정국을 주도하였고, 정치적 영향력도 적지 않았던 점에서 역사적 의미를 소홀히 볼 수 없다.[1] 여기서는 해방 직후 한국 독립에 관한 국민정부의 인식을 바탕으로 20세기 중반 한중 관계에 드러난 중화 의식의 이중성을 규명할 것이다. 이를 위하여 당시 중국 신문들 가운데 영향력이 컸던 《신보》·《중앙일보》와 대외 문제를 비

1 張世胤, 「1940년대 전반기 중국국민당 정권의 한국 독립 문제 인식과 대응」, 『한국근현대사연구논총』(오세창화갑기념), 대구 : 간행위, 1995, 474쪽.

중 있게 다룬 영자 신문들에 비친 한국 독립에 관한 인식을 구체적으로 분석, 이해할 것이다.[2]

## 2. 전후 한국 문제의 구상과 실제

1945년 8월 15일 일본의 항복 선언으로 한반도는 해방되었다. 하지만 곧장 삼팔도선을 분계선으로 미군과 소련군이 각각 남북한을 분할 점령하여 새로운 군정이 실시되었다. 종전 전부터 미·영·중·소 4개국의 신탁 통치 계획안이 마련되었지만 초기 점령은 미국과 소련에 의해 이루어졌다. 국민정부는 미소 양군의 한반도 점령에 이의를 제기하지 않았고, 설령 반대하더라도 국민정부군이 한반도에 진주할 가능성은 거의 없었다.[3]

종전과 함께 중국의 상황이 급변하였는데 대외적으로 동북 지역에서 소련의 지원을 받은 북한 공산 세력과 중국 공산당의 연계 가능성이 높아지고 있었다.[4] 대내적으로는 공산당의 세력 팽창과 더불어 국민당 통치 지역의 부정부패와 극심한 인플레이션 등으로 혼란이 가

2 《신보》와 《중앙일보》는 규모나 내용면에서 20세기 전반 중국의 민영 언론과 직영 언론을 각각 대표한 신문이다. (이재령, 『현대중국과 지식인』, 신서원, 2003, 125~127쪽). *The China Press*와 *The Shanghai Evening Post* 등은 臺灣 國史館에 마이크로필름으로 소장된 외교부 당안 중 『韓國問題剪報資料』(1947. 9. 19~1948. 10. 31)를 활용하였다.

3 「미국무성 비밀외교문서」, 김국태 옮김, 『해방3년과 미국』 1, 서울 : 돌베개, 1984, 44~45쪽.

4 「朝鮮獨立的展望」, 《中央日報》, 1947. 6. 7.

중되고 있었다. 이러한 여건 속에서 국민정부는 비록 전승국이었지만 전후 한국 문제 처리에 적극 나설 수 없었고, 오로지 내전에서 승리하기 위하여 대미 관계를 강화하는 한편 소련의 팽창주의를 극도로 경계하였다.

전후戰後 한국 문제에 관한 인식은 주변 관련국들의 역사적 문화적 현실적 배경에 따라 각각 달랐다. 이제 막 식민지 상태에서 해방된 한국은 신속하고 완전한 독립 국가의 건설이 지상 목표이자 해결책이었다. 미국으로서는 전후 세계 질서와 동아시아의 전략적 목표인 집단 평화 체제를 구축하기 위하여 한반도에서 세력 균형을 유지하는 것이 효과적이었고 이를 위해 주변 국가들과 타협이 필요하였다.[5] 이 때문에 지리적 역사적으로 중국이 한국과 특수 관계임을 인정하면서도 독점적 지위는 허용하지 않았다.[6]

중국의 한국 문제 인식은 문화적 역사적 친밀감에 따른 오랜 우호의식과 중화사상에 기초한 우월의식, 지리적 인접성에 근거한 공동운명체 의식, 국제적 역학 관계에 의한 현실적 요구 등이 복합적으로 깔려 있다.[7] 중국이 구상한 전후 한국 문제 처리 방안은 가능한 빨리 완전한 독립 국가를 세우는 것으로, 이것만이 장래 중국의 안전 보장을 담보할 수 있다고 믿었다.[8] 이 점에서는 국공 양당의 의견이 모두

---

5 해방 전후 미국의 대한 정책에 관해서는 아래의 연구 성과를 참조하였다. 구대열, 『한국국제 관계사연구』 2, 서울 : 역사비평사, 1995, 49쪽 : 정용욱, 『존 하지와 미군 점령통치 3년』, 서울 : 중심, 2003 : _______, 『해방 전후 미국의 대한정책』, 서울대학교 출판부, 2003 : 이우진, 「미국의 대한반도정책(1945~1948)」, 한국정신문화연구소 편, 『한국현대사의 재인식 1 -해방 정국과 미소 군정』, 서울 : 오름, 1998.

6 구대열, 위의 책, 1995, 49쪽.

7 「朝鮮獨立不容再緩!」《中央日報》, 1947. 8. 31 : 胡春惠 著, 辛勝夏 譯, 『中國안의 韓國獨立運動』, 서울 : 단대출판부, 1978. 참조.

8 China Agress to Put Korea on Assembly Agenda, *The China Press*,

같았는데 국가 이익과 안보 차원에서 한반도에 친중親中 정부를 세워 주변 열강의 세력 균형에 의한 완충 역할을 기대한 것이다.[9] 특히 장제스蔣介石는 한반도에 민주적인 통일 정부를 세워 공산 세력의 확산 및 중국 공산당과의 연계를 저지하려고 했다.[10]

요컨대 한국의 독립과 자유 회복을 명분으로 그동안 긴밀한 관계를 유지해온 대한민국 임시정부를 국제적으로 승인받아 환국시키고, 이들로 하여금 정통성을 갖춘 친중 정권을 세우게 하는 것이었다. 이러한 중국의 구상은 한반도를 자국의 안위에 필요한 순망치한脣亡齒寒의 관계로 보는 전통적 우호 의식과 종속 관계에 의한 과거 지배권을 회복하려는 우월의식 및 앞으로 아시아에서 경쟁 관계가 될 소련의 팽창을 막아보려는 현실적 요구가 반영된 것이다.

주변 각국의 한국 문제에 관한 인식 차이는 한반도의 지리적 전략적 가치에 대한 입장이 달랐기 때문이다. 무엇보다도 지리적 요인이 컸는데 해양으로 뻗은 거대한 팔뚝과도 같은 한반도가 일본의 대륙 진출에 필수적인 '교량'과 같았고, 소련이나 중국에는 '이와 입술'의 관계였으며, 미국의 입장에서 일본과 한국은 마치 '차바퀴와 차축'의 관계였다.[11] 공통적으로 한반도는 아시아 대륙과 일본 열도, 중국·일본, 중국·소련의 교량이자 대륙 세력과 해양 세력의 완충 역할을 함

---

1947. 10. 4. (臺灣 國史館, 『外交部檔案 : 韓國問題剪報資料』 1, 약칭 『剪報資料』, 0940/084).

9 張世胤, 「抗日戰爭期 中國共産黨의 한국 독립 문제 인식과 대응」, 위의 책, 273쪽.

10 일본의 패망 후 국민정부 군사위원회는 국민당 중앙집행위원회에 「한국 독립운동 협조에 관한 의견」을 제출하였다. 여기서 임정에 관한 그동안의 지원 현황 및 앞으로 지원 방안을 상세히 기록하고 있다. (「關於扶助朝鮮光復運動之檢討意見」, 秋憲樹 編, 『資料韓國獨立運動』 第1卷, 延世大學校出版部, 1971, 694~698쪽).

11 「韓國獨立統一的曙光-慶祝李承晩博士當選首任總統(社論)」, 《申報》, 1948. 7. 22.

으로써 동아시아의 평화와 안전을 위한 요충지이었다.[12] 그 가운데 중국은 한국 문제와 관련하여 역사적 인종적 안보적으로 특수 관계에 있다고 믿었다. 이런 이유에서 국민정부는 4개국의 일원으로 전후 한국 문제 처리에 단순히 참여하는 정도가 아니라 그 이상의 것을 바랬다.[13]

국민정부는 종전 후 한국 문제와 관련하여 신속하고 완전한 통일 독립 국가 건설을 일관되게 주장하였다. 애당초 미소의 한반도 진출에 부정적이었던 중국은 전통적 동아시아 세계 질서의 복원을 희망하였다. 이에 국민정부는 5년의 신탁 통치 기간 동안 한반도를 미소 두 나라의 관리 구역으로 나누는 것에 대해 반대하였다.[14] 특히 중국 동북 지역과 국경을 접한 북한 지역에서 소련군이 5년 동안이나 독점적으로 지배권을 행사하는 것에 대해 우려하였다. 따라서 국민정부는 소련의 한국에 대한 영향력 확대를 지적하며 신탁 통치 불가론을 펴기도 했다.[15]

국민정부는 태평양전쟁이 발발하자 일본에 빼앗겼던 대만·만주·요동의 고토 회복은 물론 일본 지배하의 한국과 영국·프랑스 등 서양 국가의 식민지까지 포함한 전 아시아의 해방 전쟁으로 간주하고 중국이 주도적 역할을 담당할 것이라고 선언하였다.[16] 전후 아시아

12 「朝鮮獨立的展望」, 《中央日報》, 1947. 6. 25 : 「東亞的新氣象(社論)」, 《申報》, 1948. 8. 16.

13 구대열, 같은 책, 88쪽.

14 "重慶華人歡迎三外長會議各項協定", 《申報》, 1945. 12. 30.

15 「1946. 1. 4. Acheson의 한국신탁통치에 대한 메모」, 구대열, 같은 책, 130쪽. 재인용. 당시 조사에 따르면 한국인 중 1천 5백만 명 곧, 68%가 신탁관리에 반대하였다. (朝鮮問題一波三折, 《中央日報》, 1947. 8. 12).

16 장제스와의 대담, *New York Herald Tribune*, 1942. 2. 24. LM 79, R. 1, 895.00/833. 구대열, 같은 책, 89쪽. 재인용.

의 맹주로서 과거와 같은 우월적 위상을 회복하려는 장제스와 국민당 지도부의 중화주의적 현실 인식을 드러낸 것이다.

그러나 종전과 동시에 국민정부가 내전에 휩싸이면서 한국 문제를 구상한 대로 추진하지 못하였다. 그 대신에 국민정부는 미국·영국의 협조를 통해 최소한의 목표라도 달성하려고 했다. 곧 서양 각국이 한반도에서 중국의 특수 지위를 승인하여 중국의 체면을 유지하고, 미국의 협조와 역할 분담을 통해 한반도에서 소련의 영향력을 가능한 억제하려는 것이었다.[17] 이러한 국민정부의 대한對韓 구상을 실제로 보여준 것이 전후 신탁 통치를 둘러싼 중국 당국의 대응이다.

전후 문제 처리 과정에서 중국은 카이로회담 이후 한국 독립에 대한 일관된 지지와 지원을 강조하며 미소의 분할 점령을 비판하였다. 분할 점령은 결국 한반도의 분단으로 이어지고 미소의 갈등이 심화되면 동북 지역의 불안이 가중될 것이며, 아시아의 평화도 함께 위기에 처할 것으로 보았다.[18] 이 방안으로는 한국과 동아시아 지역의 안정을 보장할 수 없고, 오히려 한반도의 분단 위기만 고조시킬 것으로 본 것이다.[19] 중국의 고민은 미소의 분할 통치에 부정적이지만 적극 대응할 만한 역량이 없다는 것이었다. 이런 상황에서 국민정부가 전후 한국 문제 처리에 참여할 수 있는 방안은 4개국 공동 신탁 관리였다.[20]

신탁 통치란 세계대전 이전에 식민지였던 지역에 적용되는 새로운 지배 형태로써 즉시 독립과 식민지 정책 연장의 중간적 성격의 것이

---

17 The Future of Korea, 1944. 12.20. 41801(6012/102/23). 구대열, 같은 책, 92쪽. 재인용.

18 "朝鮮問題一波三折", 《中央日報》, 1947. 9. 12.

19 "韓國人感戴蔣主席", 《中央日報》, 1947. 3. 17.

20 "韓國必修獲得獨立-歡迎李承晩博士來華", 《申報》, 1947. 4. 20.

었다. 신탁 통치를 구상한 미국의 외형상 의도는 과거 식민지를 가졌던 국가의 입장을 고려하면서 동시에 피압박 민족의 독립 염원을 수용하는 것이었다. 그러나 전후 미국의 대한 정책은 이 지역을 중국과 같은 특정 나라가 독점적으로 지배하는 사태를 방지하고 자국의 이익을 확보하면서 대소對蘇 우위권을 실현하는 데 있었다.[21] 한반도의 경우는 각종 현안을 미소 군사령부의 연합위원회가 한국의 각 민주 당파 및 사회 단체의 자문을 받은 후, 4개국 정부의 심의를 거쳐 최종 결정하는 방식이었다.[22] 이렇게 되면 중국은 한반도의 신탁 통치를 공동 주관할 4개국의 일원으로 참여하여 어떤 형식으로든 영향력을 행사할 수 있었다. 이 때문에 국민정부는 모스크바삼상회의(약칭 삼상회의) 결과에 완전 동의하면서 '동맹국 열강들이 밀접하게 합작하는 것이 진정으로 필요하다'는 점을 재삼 강조하였다. 아울러 신탁 관리 기간이 확실해지면 한국 독립을 실질적으로 도울 수 있다고 태도 변화를 합리화하였다.[23]

삼상회의의 신탁 통치 결정이 한국에 알려지자 여러 정치 조직과 학생들을 중심으로 대규모 반대 운동이 연일 계속되어 무력 충돌까지 발생하였다.[24] 신탁 통치를 둘러싸고 한반도가 큰 혼란에 빠진 가운데 중국 언론은 미 주둔군 하지 사령관의 실언을 비판하였다.[25] 또

---

21 김학준, 「분단의 배경과 고정화 과정」, 『해방전후사의 인식』, 한길사, 1979, 67쪽.

22 "朝鮮應設置臨時委員會", 《中央日報》, 1945. 12. 30.

23 "我國政府發言人談三强會議托管韓國實有助于獨立", 《申報》, 1945. 12. 30.

24 "韓人數萬名遊行示威抗議托管制", 《申報》, 1946. 1. 2 : "韓學生示威反對托治", 《申報》, 1946. 1. 20 : "韓青年請願爭取民主要求占領軍還政于民", 《中央日報》, 1947. 3. 2.

25 하지의 발언 가운데 '신탁 통치'를 '감독'으로 표현한 것이 한국인의 감정을 악화시킨 것으로 평가하고 있다. "韓人反對托治制度", 《申報》, 1945. 12. 30 : "韓國

한 미소 군대의 분할 점령이 가장 문제라고 비판하면서,[26] 조속한 자유 민주 독립을 바라는 한국 여론을 크게 보도하였다.[27] 특히 한국은 사십여 년 동안이나 일본 제국주의의 통치를 받아왔기 때문에 또다시 외국의 침략을 받을까 우려하고 있다는 점을 지적하였다. 중국 언론은 신탁 통치 계획을 과거 일본의 식민 통치와 같은 것으로 생각하는 것이 한국인의 정상적 감정이라고 옹호하였다.[28] 더욱이 종전 직전 4개국이 한국의 해방과 독립을 보증하였지만 현재 상황은 최소한의 개인 생활도 해결하지 못하고 있다면서 전후 미소의 분할 통치는 완전히 실패하였고, 그 실질적 책임은 미국과 소련에 있다고 주장하였다.[29]

이렇듯 해방 직후 남한 사회는 신탁 통치의 찬반 여부로 폭력 사태가 끊이지 않았고, 정치 지도자의 피살 사건까지 발생하였다.[30] 물론 신탁 통치에 대한 반대 시위는 북한 지역도 예외가 아니었다.[31] 남한의 반탁 지지자들은 자신들의 주장이 반미가 아닌 반공을 위한 정당한 활동이라고 주장하였다. 신탁 통치란 제한을 받게 되면 공산당의 확대를 막지 못하게 된다는 논리였다.[32] 이런 가운데 반탁 운동은 친미 반공의 색채를 띠면서 우익 세력의 결집을 빠르게 이루어냈다.

---

群情憤激反對托管制度",《申報》, 1945. 12. 31.

26 "李承晩在美聲明 韓必須獲得獨立",《中央日報》, 1946. 12. 11.

27 "南北韓完全隔閡對立勢力已在形成",《中央日報》, 1946. 12. 29.

28 "勃郎小將發表聲明解釋韓反託治運動",《申報》, 1947. 8. 10.

29 潘世憲, 「漢城會議展望」,《申報》, 1947. 8. 22.

30 "韓昨發生反託管示威",《申報》, 1947. 6. 24 : "南韓反託治分子當局下令逮捕",《申報》, 1947. 6. 28.

31 "韓北反託管示威多人被逮捕",《申報》, 1947. 7. 23.

32 "朝鮮十三省人民表示愿與美眞誠合作",《申報》, 1947. 7. 19.

또한 남한에서는 미소공동위원회의 참가 자격을 둘러싸고 정파 간 논란이 심하였다. 임정을 주축으로 한 한국독립당이 귀환 이후 원로파, 혁신파, 민주파로 분열되었는데 혁신파와 민주파가 미소공동위원회의 참가를 주장한 반면, 원로파의 김구 등은 반탁 운동을 주도하며 참여하지 않았다.[33] 이런 김구의 태도에 대해 미군 당국은 당연히 부정적이었고 미소공동위원회의 자문 자격을 박탈하였다.[34]

미소 군정이 실시된 이후 임정 인사들은 한반도 상황에 대하여 비판적이었다. 그 이유는 남한에서 매판 계급과 친미 세력들이 득세하고, 북한은 소련과 공산당에 의해 분단 상황이 갈수록 악화되고 있다는 것이다. 그리고 삼상회의에서 4개국의 5년간 공동 신탁 통치를 결정한 것은 열강 간의 세력 균형을 위해 한국을 희생시킨 것이라고 인식하였다.[35] 실제로 한반도가 미소에 의해 분할 통치되면서 북위 삼팔도선은 사상과 제도의 분계선이 되었다. 나아가 양대 세력의 충돌이 일어날 수 있는 모순의 최전선으로 탈바꿈하였다. 이 때문에 한국 문제의 해결이 장래 중국과 동아시아는 물론 세계의 평화와 깊숙이 연관된 것으로 파악하였다.

이런 상황에 대해 국민정부는 남한 지역의 공산주의 활동을 크게 우려하며 국공 내전과 연계시켜 이해하였다.[36] 무엇보다도 소련군에 의해 훈련된 북한 무장군의 수가 급속히 늘어났고, 그 가운데 일부가

---

33 "韓國獨立黨分裂 革新派安在鴻等被開除", 《申報》, 1947. 6. 22.

34 "美韓高級當局不滿金九國言行", 《申報》, 1947. 6. 24. 미군정은 신탁 관련 시위를 엄금하는 조치를 위반한 김구를 처벌하면 소련의 선전선동에 이용당할 것이고, 유화책을 쓰면 좌익 세력의 활동을 제어할 수 없었기 때문에 반탁 시위 주동자인 김구 처리 문제로 고심하였다. ("韓國獨立黨人擧行反對托管示威", 《中央日報》, 1947. 6. 25).

35 "魏德邁東來途中訪韓國臨時政府駐華代表團長朴純", 《申報》, 1947. 7. 23.

36 "南韓共黨醞釀革命 漢城人心極度不安", 《申報》, 1947. 7. 31.

동북 지역에서 중국 공산당과 연계되어 활동하고 있는 사실에 유의하였다.[37] 소련군에 의해 북한의 공산화가 완료되면 동북 지역의 중국 공산당과 연계되고 곧장 그 세력이 중국 전역으로 확산될 것을 염려한 것이다.[38]

국민정부나 미군 당국은 북한 공산주의자들이 중국 내전을 자신들에게 필요한 지식과 경험을 쌓기 위한 체험의 장으로 이용하는 것으로 보았다. 그리고 북한 지역에 공산당이 조직되면서 단단한 결속으로 언제든 좌파 정권을 수립할 수 있는 여력을 갖춘 것으로 파악하였다. 이런 점을 고려하여 북한에는 이미 소련 비호하의 공산당 정부가 존재한 것으로 보는 언론도 있었다.[39] 분명한 것은 1945년 8월, 북한 지역을 소련군이 점령한 이래 공산화를 실현하기 위해 꾸준한 노력을 경주해 오고 있다는 사실이었다.[40]

국민정부는 소련의 대아시아 정책에 관하여 먼저 북한을 공산화한 후 동북 지역과 시베리아·쿠릴열도·외몽고·신강 등을 합병시키고, 미군 철수 후에는 남한에 이어 일본까지 병합함으로써 중국을 포위하려는 것으로 판단하였다. 이 때문에 미군이 철수하게 되면 한반도

---

37 북한 군사력의 규모에 관해서는 신문 기사마다 다르다. 비교적 상세한 통계에 따르면 약 25만 명 이하로, 경찰대 및 해안방위대가 약 15만 명이었고, 이밖에 3~5만 명이 중·소·한 연합군사위원회의 명령을 받으며 중국 동북 각성에서 활동하였다. (“鐵幕籠罩下的北韓”, 《中央日報》, 1948. 2. 9).

38 “東北共軍移入朝鮮 已成北韓有力部隊”, 《中央日報》, 1947. 3. 9.

39 북한 지역에 소련군이 주둔한 지 2년 반 만에 공산 국가로 변하였다는 보도가 있다. (“鐵幕籠罩下的北韓”, 《中央日報》, 1948. 2. 9).

40 구체적으로는 상당히 강력한 친공산당 군대를 건설하고, 북한 행정부 내에 친공산주의자를 임명하며, 좌익 사상을 토대로 북한 주민들을 세뇌시키고 있는데 앞선 두 가지는 이미 성공한 것으로 여겨졌다. (Koreans Use War Here as Laboratory, *The Shanghai Evening Post*, 1948. 3. 10. (『剪報資料』 1290/004).

전체는 곧장 소련군에 의해 훈련된 북한 공산군이 접수하게 될 것이라고 예상하였다.[41] 따라서 국민정부는 이른바 "북한 좌파들이 반동분자라 칭하는 이들을 남한 사회에서 숙청하는 것을 제어할 수 있는 적절한 안전 장치가 강구될 때까지 연합국의 주둔 병력을 한국에서 철수하면 안 된다."는 의견을 내놓았다.[42] 미소 주둔군의 동시 철수와 관련하여 소련 측은 북한 지역에서 이미 군비와 무력을 강화하고 있는 반면, 남한 지역의 미군은 군비 강화와 관련한 어떤 움직임도 없었다. 이런 상황에서 북한의 무장 병력이 해산되기 전까지는 주둔군을 철수시키면 안 된다는 주장이었다. 요컨대 외국 군대의 철수와 함께 한국이 어느 한 쪽에 의해 내전에 빠지는 것을 방지할 안전 조치들이 선행되어야 함을 강조한 것이다.[43]

이런 위기 상황에서 무기력한 국민정부가 선택할 수 있는 방안은 반공 전선을 매개로 미국과 연대를 강화하는 것이 현실적이었다. 아울러 한중 양국의 전통적 특수 관계를 빌미로 전후 한국 문제 처리에서 중국의 이해를 관철시키는 것이었다. 구체적으로는 한반도에 친미 반공 정부를 세우게 되면 적어도 동북 지역의 불안한 정세는 간단히 해결될 것이라고 보았다. 더 나아가 미국을 주축으로 국민정부와 남한의 우익 정치 세력이 함께하는 동아시아의 공동 반공 전선 구축을 모색하였다.

이런 시각에서 중국은 미소의 분할 통치에 대해 유감을 표시하고 한국 문제에 관한 4개국의 전면적 재협상을 요청하였다.[44] 그 내용은

---

41 "蘇聯統治亞洲計劃", 《申報》, 1947. 8. 23.

42 China Wants US Troops to Stay in Korea, *The Shanghai Evening Post*, 1947. 10. 8. (『剪報資料』 0949/093).

43 "解決朝鮮問題的關鍵", 《中央日報》, 1947. 5. 16.

44 "王外長函復馬歇申明對韓問題態度", 《申報》, 1947. 4. 17.

미소공동위원회를 4개국 회의로 전환하고, 여기에서 한국의 통일 정부 수립에 관하여 논의하자는 것이었다.[45] 미국도 고착 상태에 빠진 한국 문제를 해결하기 위해 4개국 회의에 적극적이었고 유엔에 직접 제안하였다.[46] 그 내용은 한국 문제를 전담할 위원회를 유엔 내에 조직하여 한국 정세를 조사한 후 남북한 점령 지역에서 신속히 선거를 실시하며, 그 결과를 한국 의회의 조직과 기초로 삼자는 것이었다.[47] 정리하자면 유엔 감독 아래 남북한이 동시 선거를 실시하여 중앙 정부를 구성한 후 미소 주둔군을 철수시키자는 계획이었다. 이에 대해 국민정부 외교 당국은 적극 찬성하면서,[48] 한국 문제에 관한 입장을 다음과 같이 밝혔다.[49]

> 카이로협정(소련은 그 후 포츠담에서 이를 동의했음)에서 4대 강국이 한국 독립을 보증한다는 결의사항에 근거하여, 4개국은 협상을 통하여 한국의 임시정부를 설립케 하고, 자유 독립의 한국을 하루속히 건립하도록 협조해야 한다. …… 한국 문제를 유엔 의제에 넣는 것은 4개국의 협정 정신에 어긋나지 않는다. 한국의 장래는 중국에 큰 영향을 줄 것이므로, 우리는 각국이 가능한 노력을 경주하여 한국이 자유와 독립을 취득함으로써 유엔의 한 자리를 차지할 수 있도록 협조해 주기를 진심으로 촉구하는 바이다.

---

45 “商談韓國統一問題馬歇爾函詢蘇方意見”, 《中央日報》, 1947. 5. 4 : “四强會商韓政局 我政府同意參加”, 《申報》, 1947. 8. 31.

46 “朝鮮問題我決參加討論”, 《申報》, 1947. 9. 2.

47 “建立韓臨時政府問題 美將交聯大討論”, 《申報》, 1947. 9. 9 : “美國將朝鮮問題正式提交聯大會”, 《申報》, 1947. 9. 19.

48 China Agrees to Put Korea on Assembly Agenda, *The China Press*. 1947. 10. 4.(『剪報資料』 0940/084). 1947년 9월~12월 유엔회의에 왕스제와 구웨이쥔이 중국 대표로 참석하였다. (中国社会科学院近代史研究所 译, 『顾维钧回忆录』 第六分册, 北京 : 中华书局, 1988, 207~236쪽).

49 “我代表團闡述贊成美國建議理由 但保留對韓獨立主張”, 《申報》, 1947. 9. 23.

또한 외교부장 왕스제王世杰는 별도 성명을 발표하고 미소 주둔군의 한국 철수 문제는 유엔 및 모스크바협정과 관련된 4개국이 협상하여 결정할 것을 제의하였다.[50] 앞서 지적하였듯이 장래 한국과 중국이 아주 중대한 관계에 놓이게 되었는데 미소 군대가 동시 철수한다면 무정부 상태나 내전이 발생할 수 있다는 우려 때문이었다. 따라서 한국 문제를 총체적으로 해결하기 위해 4개국과 협상하여 결정할 것을 건의한 것이다.[51] 이러한 태도는 미국의 제안에 동의하지만 한국 독립이 신속하게 이뤄져야 하고, 외국 군대가 철수하기 전까지 임시 민주 정부를 세워 내전 발생의 가능성을 제거해야 한다는 논리였다.

이에 따라 미소의 군대 철수 시기와 사전 작업은 유엔에서 4개국의 의견을 청취하여 결정하는 것이 바람직하다는 내용의 중국 수정안이 미국 수정안에 뒤이어 제출되었다.[52] 그밖에 한중 양국의 특수관계를 강조하며 미소 주둔군 철수에 관한 충분한 정보제공과 더불어 철수시기 및 방법도 상의해 줄 것을 요청하였다.[53] 또한 '조선의 통일과 독립을 추진하는 것'이 국민정부의 유일한 목적이라고 밝히면서 '조선 영토의 안정을 보장하는 어떤 협정에도 동의할 것'이라고 확언하였다.[54] 이것은 한국 문제에 대한 중국 측의 지나친 관심이 과거 중화 체제에 근거한 패권주의의 부활로 의심하고 있던 미국을 비롯한 주변 국가의 불신을 해소하기 위한 외교적 발언이었다.

한편 국민정부는 전후 새로운 국제 질서의 각축장인 유엔에서 한국 정세를 알리는 데 적극적이었다. 주된 내용은 북한 지역에서 행해

50 "王外長在聯大記者招待會上談朝鮮問題", 《中央日報》, 1947. 9. 20.
51 "王外長發表聲明韓國應早予獨立", 《申報》, 1947. 10. 21.
52 "韓國問題我贊同美蘇同時撤兵", 《申報》, 1947. 11. 2.
53 "我聲明對韓境駐軍措施應有發言權", 《申報》, 1947. 11. 6.
54 "聯大通過朝鮮獨立案成立九國委員團", 《申報》, 1947. 11. 16.

지고 있는 소련의 군사력 확대와 미군의 소극적 대응 및 좌우파의 대립 양상이나 분단으로 야기된 경제적 혼란 등에 관한 것이었다.[55] 유엔에서 한국 문제에 관한 국민정부의 대변은 이승만을 비롯한 남한 우익 정치 세력의 요청에 따른 것도 있지만,[56] 북한 지역의 공산화를 염려한 국민정부의 현실적 고민이 반영된 것이다.

마침내 유엔 정치위원회에서 중국과 필리핀·인도 등이 수정, 제출한 한국 독립안을 통과시켰다. 한국에 파견할 9개국 위원단의 설립안도 함께 통과되었다. 반면 미소 주둔군을 1948년 1월 이전까지 한국에서 동시 철수시키자는 소련의 제안은 부결되었다.[57] 유엔 전체회의에서 최종 통과된 한국 독립 절차는 1948년 3월 31일 이전까지 선거를 실시하여 통일 정부를 조직하고, 정부 자체의 국군을 제외한 모든 군대는 해산시키며, 정부가 수립된 후 90일 이내에 미소 주둔군을 한국에서 철수시키는 내용이었다. 유엔에서 한국 문제 결의안이 통과되자 남한의 미군은 적극 호응한 반면 북한의 소련군은 비합법적이란 이유로 거부하였다. 국민정부는 유엔의 한국 문제 결의안을 적극 지지하였지만 소련의 반발로 실효성이 의심됨에 따라 상황 변화를 예의주시하였다.[58]

국민정부는 전후 한국 문제 처리에 있어서 미소 양국의 독점적 지배를 반대하고 4개국의 공동협의를 거친 유엔 결의 형식을 희망하였다. 소련의 팽창을 저지시키기 위한 방편으로 4개국의 세력 균형을 도모한 것이다. 이것은 군사·외교 및 재정·경제의 역량이 크게 부족

55 "南韓代表致蔣主席在聯大主持正義", 《申報》, 1946. 11. 4.

56 "李承晩派提出統一朝鮮計劃", 《中央日報》, 1947. 10. 29.

57 "聯大政治委員會通過美關于朝鮮問題的建議", 《中央日報》, 1947. 11. 1.

58 "聯大通過朝鮮獨立案成立九國委員團", 《申報》, 1947. 11. 16.

한 상황에서 중국의 이익을 지키며 영향력을 확보할 수 있는 최선책이었다. 애당초 국민정부는 전후 세계 질서의 재편 과정에서 한국 문제를 주도적으로 처리할 요량이었지만 대내외 여건상 제대로 할 수 없었다. 대신에 공동 신탁 관리의 일원이 됨으로써 일정한 영향력을 확보하려고 했다. 이러한 중국의 대응은 외형상 한국의 염원을 반영하여 완전한 통일 국가의 건설을 지지하고, 신속하면서 확실한 독립 절차를 중시한 것처럼 보인다. 하지만 그 이면에는 어떤 형태로든 한국 문제에 영향력을 유지 보존함으로써 현상 유지 혹은 자기 보존을 꾀한 이중성을 드러내고 있다.

## 3. 김구·이승만에 관한 인식

미소의 분할 통치와 그에 따른 정치 세력 간 대립이 고조되는 가운데 임정을 비롯한 해외 독립운동가들이 속속 귀국하였다. 그 가운데 남한으로 귀환한 대표적 세력은 중국에서 활동한 김구와 임정 및 미국에서 주로 활동한 이승만과 그 동료들이었다. 이 무렵 이승만은 미국의 신뢰를 바탕으로 적극적인 지원을 기대하였고, 김구는 국민정부에 대해 기대가 컸다. 국민정부는 김구에 대한 관심과 지지를 아끼지 않으며 가능한 빨리 임정 요인들을 환국시키려고 노력하였다.

이미 종전을 앞두고 국민정부는 전통적 주종 관계에 따른 보호자 역할을 자처하며 전후 한국 문제 처리구상에 적극 개입하였다. 예컨대 장제스는 국민당 중앙 비서처 우톄청吳鐵城 비서장에게 아래와 같은 지시를 내리고 있다.

> 한국 문제에 대해서는 점차 친중파 인사들을 배양하여 각 당파들을 단결시키되 될수록 한국 임시정부 인사들을 원조하는 외에 현재 우리나라 동북·화중·대만에 있는 삼백만 한인 교포들을 확실히 장악하여 앞으로 대한외교의 자본으로 삼아야 할 것입니다. …… 동시에 한국에서 우리나라가 마땅히 가질 권익을 확보할 방안을 강구하고 수복 지구의 한인 교포들을 관찰해둠으로써 앞으로 우리나라가 대한 정책을 차례로 실시해가는 데 편리하게 해야 할 것입니다.[59]

위에서 보듯이 국민정부는 전후 한국 문제 구상에서 자신들의 의중이 잘 반영될 수 있는 임정의 정치적 지위를 확보하는 데 적극적이었다. 또한 범중화권에 거주하고 있는 한인 교포들을 확실히 관리함으로써 자신들의 영향력을 극대화시키려고 했다.[60] 해방 정국에서 임정이 통일 독립 국가 건설의 주도 세력으로 자리매김함으로써 중국의 영향력과 이권을 부식시키려는 것이 곧 국민정부의 구상이었던 것이다.

그러나 전후 국제 관계로 볼 때 한반도에서 국민정부의 외교 군사적 영향력은 한계가 뚜렷하였다. 미·영·소 등이 한국의 신탁 통치를 이미 확정한 상황에서 중국만이 임정을 정식 정부로 승인하기란 불가능하였다. 그동안 미국은 임정의 대표성을 부인하였고, 종전 후 국외의 어떤 한인 정치 단체와도 협조하지 않을 것이며, 미군정에 협력할 사람만 개인 자격으로 입국하는 것을 돕겠다는 입장이었다.[61] 따

59 邵毓麟, 『使韓回憶錄』, 臺北 : 傳記文學出版社, 1980, 75쪽.

60 邵毓麟, 위의 책, 20쪽.

61 邵毓麟, 위의 책, 72쪽.

라서 임정 요인들은 개인 자격으로 귀국하지 않을 수 없었다.

김구와 임정 요인들이 귀환할 때 국민당은 우톄청·장지張繼·쩌우루鄒魯·쑨커孫科 등 주요 지도자들이 대거 참석한 가운데 환송연을 베풀고 우호 관계를 확인하였다. 이 자리에서 쑨커는 "국민당의 삼민주의가 중국의 건국 방침일 뿐만 아니라 아시아의 모든 국가들이 세계 평화의 사명을 완수하려면 반드시 거쳐야 될 과정"이라면서 미·중·소의 긴밀한 합작을 통한 민주·민권·민생의 새로운 한국 정부 수립을 기원하였다. 중한문화협회는 별도의 환송연을 갖고 임정 요인들이 환국한 후 한중 합작이 더욱 굳건해지길 기대하였다.[62] 장제스는 김구와 개별 회담을 갖고, 한국 교민의 선무 공작과 동북 지역에 대한 각별한 관심을 표명하였다.[63] 또한 그는 국민당 총재의 자격으로 임정에 대한 확고한 지지를 대내외에 천명하였다.[64] 이렇듯 국민정부 주요 지도자들은 중국의 삼민주의를 아시아 피압박 민족의 해방과 독립에 필수적인 이데올로기로 규정하고, 이것을 중심으로 아시아 민족의 연대를 모색하였다. 또한 중국에서 활동한 임정과 한인 교포 및 조직들을 적극 관리하여 앞으로 한국 문제에서 주도적 위치를 확보하려고 했다. 여기서 봉건적 중화 체제는 아닐지라도 중국 중심의 새로운 아시아 질서를 모색하고 있음을 확인할 수 있다.

마침내 김구와 수행원들은 장제스의 전용기로 귀국 길에 올랐다.

---

62 "中國國民黨中央黨部設宴歡送韓國臨時政府成員回國", 《中央日報》, 1945, 10. 25. 중한문화협회는 1942년 10월 11일 조직된 민간협력단체로 朱家驊와 金九가 주도하였다. (中央研究院近代史研究所 編, 『國民政府與韓國獨立運動史料』 史料叢刊(7), 臺北 : 中央研究院近代史研究所, 1988, 680~705쪽).

63 "韓革命領袖將還國蔣主席昨與金九晤談", 《中央日報》, 1945. 10. 30.

64 임정을 승인하지 않았기 때문에 국가원수의 자격이 아니었다. (Robertson to SS, 1945. 11. 5, 740.00119 Control(Korea)/ 11-545, RG 59, Box 3823. 구대열, 같은 책, 130쪽. 재인용).

김구는 그동안 국민정부로부터 받았던 지원과 후대에 보답하듯 "앞으로 국가를 다스리는 데 한중 수교를 우선 순위에 놓고 이를 최대 목표로 할 것"임을 천명하였다. 또한 그는 "장주석은 위대한 영도자이며 한국 국민의 영원한 벗"이라고 하여 장제스 개인에 대한 감사와 우의를 숨기지 않았다.[65]

중국 언론의 김구에 대한 인상은 각별하였다. 특히 1932년 4월 29일 홍커우虹口공원에서 발생한 윤봉길 의거를 김구의 가장 위대한 업적으로 손꼽았다.[66] 또한 김구가 일평생 독립운동에 전력하며 온갖 고초를 이겨낸 불굴의 혁명 정신을 한국 혁명 민중의 전형이라고 칭송하며 깊은 신뢰를 보였다.[67] 더 나아가 '김구의 정부(임정)가 멀지 않아 조선의 합법 정부가 될 것'이라면서 한국의 대다수 정파가 김구를 지지하고 있음을 대대적으로 보도하였다.[68] 이렇듯 중국 언론은 항일 독립운동의 활약상을 바탕으로 김구의 임정 세력이 해방 정국을 주도할 수 있을 것으로 기대하였다. 또한 김구의 귀환 과정에서 국민정부가 보여준 관심과 호의는 항일시기의 우호 협력을 뛰어넘은 것으로, 전후 대한 관계에서 질적 전환의 가능성을 보여주었다.

그렇지만 미군정은 김구를 비롯한 임정 인사들의 귀환을 개인 자격으로만 허용하였고, 동시에 임정의 취소를 약속받았다.[69] 임정이

65 "韓國領袖金九", 《申報》, 1945. 11. 24. 김구 등은 귀국 후 한중 관계를 돈독히 하고 문화 교류를 활성화시키기 위하여 각 방면의 인사를 영입하여 한중문화협회를 다시 발족시켰다. 이 협회는 장제스와 이승만을 고문으로 초빙하고, 쑨커를 명예 총재로, 김구를 총재로 선출하였다. ("南韓韓中文化協會刷新人選推進會務", 《申報》, 1947. 8. 11).

66 "韓國領袖金九", 《申報》, 1945. 11. 24 : "韓國臨時政府主席金九由滬還國", 《中央日報》, 1945. 11. 25.

67 "歡送韓革命領袖歸國", 《中央日報》, 1945. 11. 5.

68 "金九政府組成將被認爲韓國合法政府", 《申報》, 1945. 12. 5 : "金九獲各政黨擁護", 《申報》, 1945. 12. 6.

한국에서 통치권을 행사하도록 허용하지 않은 것이다. 그러나 김구는 귀국 이후 임정 중심의 국가 건설을 모색하면서 국민들에게 임정 법령에 따를 것을 호소하였다.[70] 또한 그는 국내 여론의 일치단결을 외치며 "우리는 우파든 좌파든 혹은 공산당이든 민족주의자이든 각자의 입장이 어떻든 모든 인민들은 오직 통일과 독립을 바랄 뿐"이라고 하여 좌우 합작에 의한 통일을 최우선 과제로 삼았다.[71] 중국에 잔류 중이던 임정 대표단도 국제 사회가 한국인 스스로 세운 임정을 정식 승인해 줄 것과 미소 주둔군의 즉시 철수, 신탁 통치의 폐지 등을 호소하였다.[72]

1947년 초, 이승만은 미국을 방문하여 단독 정부 수립 활동에 매진하였다. 그 사이 국내에서는 김구를 중심으로 새로운 임시정부의 수립이 논의되었다.[73] 이런 정황에 대해 미군정은 자신들의 임무가 통일된 자주 정부의 수립과 민주주의 실시임을 밝히고 임정의 정치 활동을 가로막았다.[74] 남한에서 미군정을 제외한 어떤 종류의 통치 조직도 허용하지 않겠다는 의지가 확고했던 것이다.[75] 그 결과 김구를 비롯한 임정 요인들의 활동 여건은 열악할 수밖에 없었다.

또 다른 문제는 전후 미소 주둔군에 의해 남북한이 분할된 상황에서 국민정부와 임정이 함께 해방 정국을 헤쳐 나갈만한 실질적 수단이나 역량을 갖추지 못한 것이다. 김구와 임정이 항일독립운동을 이

---

69 "金九籌組韓國臨時政府, 勒琪發表聲明認爲不合", 《申報》, 1947. 5. 13.
70 "金九呈淸人民服從政府法令", 《申報》, 1947. 3. 6.
71 "全國一心求達目標", 《申報》, 1947. 3. 7.
72 "韓駐華代表團呼吁獨立自由", 《申報》, 1947. 3. 7.
73 "美謀打破美蘇在韓僵局 籌設韓臨時獨立政府", 《申報》, 1947. 3. 22.
74 "韓國組臨時政府 美軍司令霍奇表反對", 《申報》, 1947. 3. 6.
75 "金九籌組韓國臨時政府, 勒琪發表聲明認爲不合", 《申報》, 1947. 5. 13.

끌어온 상징성과 대표성 및 이들을 지원하고 협력해 준 국민정부에 대한 한국의 호의와 관심이 유일한 명분이요 자산이었다. 말하자면 국민정부는 임정을 본격적으로 후원해 줄 수 있는 역량이나 방법을 갖지 못한 것이다. 마찬가지로 김구도 새로운 독립 국가를 창출할 만한 정치 세력이나 역량을 갖지 못한 채 해방 정국에서 소외되어갔다.[76]

한편 이승만은 이 기간 동안에 자신의 정치 자산과 배경을 잘 활용한 지도자였다. 그는 종전 직후 한반도가 미소에 의해 분할 통치되자 반탁과 반공을 내걸고 친미 우익의 정치 성향을 뚜렷이 하였다.[77] 그는 현실을 중시한 정치가로서 민족 통일보다 민주적인 독립 국가의 건설에 큰 비중을 두었다. 이에 비하여 김구는 귀국 일성에서 알 수 있듯이 '한국의 통일을 도모하고 쟁취하는 데 힘쓸 것'이라고 하여 통일을 최우선 과제로 삼았다.[78]

해방 정국에서 이승만은 무력에 의한 남북 대결의 가능성을 염두에 두고 남한 주민의 조속한 무장을 미군 당국에 요구하였다.[79] 왜냐하면 소련이 북한 지역에서 대규모 군대를 훈련시키고 있는 상황에서 남한도 군대를 양성해야만 공산당에게 유린당하지 않을 것이라고 본 것이다.[80] 이렇듯 신탁에 관한 찬반을 빌미로 남한 내에서 좌우 대립이 고조되자 이승만은 남한 단독 정부의 수립에 매진하였다. 그는 자신의 구상을 실현시키기 위하여 미국을 방문하였다.[81] 당시 유

76 "金九退隱消息已獲證實", 《申報》, 1948. 5. 22.
77 "李承晩表示右派決不接受托管", 《中央日報》, 1947. 1. 26.
78 "韓國領袖金九", 《申報》, 1945. 11. 24.
79 "朝鮮局勢趨複雜", 《中央日報》, 1947. 2. 26.
80 "李承晩主張韓南實行武裝", 《申報》, 1947. 2. 26.
81 "李承晩赴美呼吁朝鮮獨立", 《申報》, 1946. 12. 21.

럽에서 공산 세력이 급속히 확산되자 미국 트루먼 대통령은 아시아 지역에서의 소련 봉쇄와 반공 정책에 적극적이었다. 또한 신생 국가의 반공 기조를 유지하기 위하여 미국 의회는 그리스와 터키의 경제 원조안을 통과시켰고, 한국에 대한 2억 달러의 경제 지원 계획이 추진되었다.[82]

이승만은 귀국길에 중국을 경유하였다.[83] 그의 중국 방문은 상대적으로 덜 우호적인 국민정부의 지지를 얻기 위함이었다. 중국에 머무르는 동안 이승만은 한국 교포들의 환대를 받으며 장제스·쑨커 등과 접촉하였다.[84] 이런저런 자리에서 그는 정부 수립과 관련하여 미국의 승인을 얻었고 귀국하면 즉시 준비할 것이며, 맥아더 원수와 하지 장군의 동의도 구했다면서 자신의 방미 성과를 과시하였다. 또한 정부 수립 이후 미국 정부가 6억 달러의 경제 원조를 제공하기로 했다면서 자신과 미국의 긴밀한 관계를 내비쳤다.[85]

중국 언론은 이승만의 방중을 계기로 3·1운동에 참여한 독립운동 지도자로서 그의 이미지를 부각시켰다.[86] 당시 국민정부는 전후 한국에서 김구와 임정 요인들에 의한 새로운 독립 국가 수립이 기본구상이었다. 이 때문에 중국 언론은 이승만에게 하나같이 김구와의 협

---

82 "美謀打破美蘇在韓僵局 籌設韓臨時獨立政府", 《申報》, 1947. 3. 22.

83 이승만은 1946년 12월 말에 출국하여 이듬해 4월 7일 귀국길에 올랐는데 도쿄를 경유하여 4월 9일부터 21일까지 중국을 방문하였다. (國史館中華民國史外交志編纂委員會 編, 『中華民國史外交志(初稿), 臺北 : 國史館, 2002, 355쪽).

84 "李承晩拜訪立法院長孫科", 《申報》, 1947. 4. 14.

85 「寒國必須獲得獨立-歡迎李承晩博士來華(社論)」, 《申報》, 1947. 4. 10. 귀국 후 이승만은 미국의 한국경제원조계획을 부인하고, 정부 수립도 장차 자신이 주도할 수 있도록 건의할 계획이라고 밝혀 중국에서 밝힌 방미 성과와 차이를 보였다. ("李承晩談韓國政局擬提議設獨立政府", 《申報》, 1947. 4. 28).

86 "韓國必修獲得獨立 -歡迎李承晩博士來華", 《申報》, 1947. 4. 20.

력 여부를 질문하며 깊은 관심을 보였다. 반면 이승만은 독립운동에 관한 국민정부의 호의에 감사하고, 미래의 한중 합작을 공고히 하기 위해 상호 이해와 친선 강화를 강조하였다. 특별히 그는 공산당과 대치 중인 국민정부의 상황에 대해 '한국이 지금 처하고 있는 상황과 중국이 같다'면서 동병상련의 연대감을 표시하였다. 이에 대해 장제스도 한국을 '형제의 나라'로 부르면서 한국의 자유 독립에 최대한 협조할 것임을 재천명하였다. 또한 김구의 근황에 대해 묻고 두 사람의 긴밀한 협력을 기대하였다.[87] 이렇듯 장제스와 국민정부는 방중의 이승만에게 김구와의 협력을 강권할 만큼 임정 세력에 거는 기대가 컸다. 그러나 미소의 분할 통치로 임정이 해방 정국을 주도할 수 없는 현실이었다.

종전 직후 국민정부는 좌우파와 중간파로 분열된 남한 정국에서 통일과 자주 독립에 애쓴 중간파의 시국 대응을 높이 평가하였다. 김구·김규식 등이 여기에 속하였는데 이들을 통해 중국의 영향력이 확보될 수 있기를 기대하였다. 그러나 미소 대립이 격화될수록 남한 내 중간파의 정치적 위상은 약화되었다. 결국 남한 단독 선거 이후 중간파 곧 김구 세력은 정치적으로 약세를 면치 못하였다. 이에 대해 중국 언론은 "정치가로서의 광명정대한 마음이 부족하여 이리저리 눈치만을 보다가 북한 쪽으로 기울어져 버렸다"라고 평가하였다.[88] 이후 국내외 언론의 관심은 온통 이승만에게 집중되었고 특히 반공 정치 지도자로서의 위상이 부각되었다.[89] 중국 언론도 세계 약소민족

87 "祝韓國前途光明 -迎李承晩先生", 《中央日報》, 1947. 4. 12 : "李承晩晋謁主席代表韓人民致敬", 《申報》, 1947. 4. 14 : 「朝鮮局勢顯露陽光(社論)」, 《申報》, 1947. 4. 15.

88 「强權政治與韓國悲劇(社論)」, 《申報》, 1948. 7. 17.

89 "制定憲法組織民主政府朝鮮國會行開幕禮", 《申報》, 1948. 6. 1.

의 가장 장렬한 혁명 운동이었던 3·1운동을 이끈 이승만이 한국의 초대 대통령으로 당선된 것에 대해 큰 의미를 부여하였다. 아울러 세계 각국의 이승만에 대한 평가를 소개하면서 독립·통일·민주·강대의 상징으로 추켜세웠다. 물론 1947년 4월 중국을 방문했던 이승만과의 각별한 인연까지 언급하며 돈독한 우호 관계를 강조하였다.[90]

국민정부는 항일독립운동을 통해 김구와 개별적 비공식적 연대 관계를 맺었고, 해방 정국에서도 지속, 강화시킬 요량이었다. 그러나 미소의 분할 지배에 따른 중국의 영향력 상실과 김구의 취약한 정치 기반 때문에 양자 관계는 더 이상 발전하지 못하였다. 반면 이승만은 전후 냉전 체제에서 반공을 한중 관계의 새로운 공동 목표로 내걸고 적극적인 연대를 모색하였다.[91] 요컨대 한중 양국이 합작해야 만 동아시아의 평화를 유지할 수 있는데 곧 공산주의 세력의 확대를 저지하는 것이었다.[92] 이렇듯 공산당 타도란 새로운 공동 목표가 설정됨으로써 전후 한중 관계는 질적 변화와 더불어 새로운 협력 연대 관계가 요구되었다. 이런 상황에서 장제스와 국민정부는 통일을 앞세운 김구보다 반공과 독립을 주장한 이승만에게 관심을 갖게 되었다.[93]

전후 국민정부를 중심으로 이승만과 김구에 대한 인식은 사뭇 대조적이었다. 처음 국민정부는 김구에 대한 기대감이 컸던 만큼 이승만에게는 상대적으로 소홀하였다. 그러나 적극적인 대미 외교와 철

---

90 「韓國獨立統一的曙光 -慶祝李承晩博士當選首任總統(社論)」, 《申報》, 1948. 7. 22.

91 "李承晩談韓局現狀", 《中央日報》, 1948. 3. 19.

92 한국 정부 수립 이후 특사 자격으로 중국을 방문한 조병옥(趙炳玉)박사는 한중 관계와 관련하여 이미 몇 천 년의 역사를 갖고 있으며 입술과 이의 관계임을 강조하고 적색분자는 양국의 공동의 적으로 단정하였다. (趙特使談話, 《申報》, 1948. 9. 12 : "中國承認韓正式代表", 《中央日報》, 1948. 9. 14).

93 「朝鮮問題的回顧與前瞻」, 《中央日報》, 1948. 7. 20 : 「韓國獨立統一的曙光 -慶祝李承晩博士當選首任總統(社論)」, 《申報》, 1948. 7. 22.

저한 반공 노선을 편 이승만에 대해 국민정부 지도자들의 관심이 점차 높아졌다. 특히 남한 단독 선거에 의한 정부 수립 절차가 진행되면서 이승만의 지지 성향이 높아졌다. 그리고 대한민국 정부가 수립된 이후 국민정부는 신속한 외교 승인과 더불어 이승만 개인에 대한 절대적 신뢰를 보여주었다. 전후 양국의 현안이 된 반공 문제를 통로로 장제스와 이승만의 연대가 이루어진 것이다.

## 4. 남한 단독 정부 수립과 국민정부의 대응

제2차 세계대전이 끝난 후 한반도는 미소 주둔군의 점령 하에 좌우파로 갈라져 서로 이념의 높은 담을 쌓고 첨예하게 대립하였다. 또한 남북한은 경제 봉쇄 때문에 물자가 서로 유통되지 못하였고, 그 결과 사회적 혼란이 더욱 심각하게 되었다.[94] 이런 상황에서 소련이 군대를 먼저 철수시킨 후 총선거를 실시하자고 제안하였다.[95] 미국은 남북한에서 주둔군을 동시 철수하게 되면 한반도 전체가 공산주의자들에 의해 유린될 것으로 예상하였다. 따라서 미국은 우선 민선 정부를 수립하고, 국군을 조직하여 불법적인 무장 부대를 해산시킨 후 미소 주둔군을 동시에 철수시키자고 제의하였다.[96] 그러나 소련은 외국 군대가 주둔한 상태에서 선거를 실시하는 것은 합리적이지 못하다고

94 "東北有韓共二十五萬", 《中央日報》, 1948. 5. 7.

95 "蘇建議明年初美蘇駐軍同時撤出朝鮮", 《中央日報》, 1947. 9. 27.

96 "美蘇對駐韓國問題趨向攤牌階段", 《中央日報》, 1947. 10. 6.

반대하였다.[97] 결국 유엔 총회에서 미국이 건의한 '선거 후 정부 수립 방안'이 통과되어 '5년간 신탁 관리 방안'을 취소함으로써 한국 문제 처리는 새로운 전환기를 맞이하였다.[98]

유엔에서 통과된 한국 문제 처리 방안은 소련의 거부로 실현 여부가 의문스러웠다. 이승만은 북한에 주둔한 소련군이 유엔의 조사 활동을 거부하자 미군정이 실시되고 있는 지역, 곧 남한만이라도 단독 정부를 수립할 수 있도록 유엔에 요청하였다.[99] 이에 대해 김구는 "소련 점령지에도 국민들이 있고, 또 강대한 우익 세력의 통제에 놓인 남한에서 구속받지 않고 자유 선거를 실행할 수 있을 가능성이 없다"면서 반대 의사를 밝혔다.[100] 남한 단독 선거에 의한 정부 수립 계획으로 이승만과 김구의 갈등이 표면화된 것이다.

남한 총선거를 결정한 유엔 결의에 대해 이승만·김구·김규식의 반응은 각각 달랐다.[101] 이승만은 유엔 결의를 적극 지지하면서 남한 단독 선거로 정부를 수립하는 것이 최선책이라고 믿었다.[102] 단독 선거에 반대한 김구는 정부 수립보다 남북 통일이 우선 과제라고 주장하였다.[103] 김규식은 정국 혼란을 우려하여 선거에 반대하지 않았지만 정계 은퇴를 통해 자신의 의사를 표시하였다. 그는 남한만 선거를 실시할 경우 영구 분열을 피할 수 없다면서 미소 군대의 동시 철수와

---

97 Whose Korea? *The China Press*. 1947. 10. 20. (『剪報資料』 0990/134).

98 「憂患未已的朝鮮問題(社論)」, 《申報》, 1947. 11. 20 ; 「韓國問題的透視(社論)」, 《中央日報》, 1948. 3. 5.

99 "聯合國委會聆取韓領袖意見", 《申報》, 1948. 1. 27.

100 "聯合國朝鮮代表團擧行全體會議", 《中央日報》, 1948. 1. 28 ; "旅華韓僑致電賴伊請卽決定進行選擧", 《中央日報》, 1948. 2. 25.

101 "南韓三領袖就美占區選擧達成一致", 《中央日報》, 1948. 2. 12.

102 "李承晩要求南韓單獨選擧", 《中央日報》, 1948. 1. 27.

103 "南韓單獨選擧金九表反對", 《申報》, 1948. 1. 28.

남북 지도자 회의를 통한 정부 수립을 주장하였다.[104]

당시 유엔 결의에 의한 남한 단독 선거는 이승만과 김성수 등의 우익 세력만이 적극 지지하였다. 기타 정당들, 그들이 좌파이든 우파이든 혹은 중간파이든 간에 모두 반대를 표명하였다. 전체적으로 보면 70% 이상의 국민들이 남북한 각 정당 요인 회의의 협상 방법에 의한 통일을 지지하였고, 남한 단독으로 선거를 진행하는 것에 대해서는 5%만이 찬성하였다.[105] 이 통계 자료는 전후 한국의 여론이 남북 통일을 열망하고 있으며 김구·김규식의 방안이 지지받고 있음을 보여준다.

이런 가운데 남한 공산당이 총파업을 선동하여 유엔 한국위원회의 정부 수립 활동에 저항하였다. 북한 정당은 소련군의 통제 아래 남한과 합작할 의향이 전혀 없었을 뿐만 아니라 유엔한국위원회에 협력하는 것조차 거절하였다. 더욱이 유엔 한국위원회 회원국인 캐나다와 오스트레일리아가 단독 선거를 강행하게 되면 한국의 분열을 악화시켜 미소의 충돌이 오히려 가속될 것이라고 지적하였다.[106]

중국 언론은 한국 상황에 대해 유엔 한국위원회의 제반 활동이 실패한 것으로 판단하였다. 특히 미국이 남한만의 단독 선거를 진행하려는 것은 실책이라고 보았다.[107] 전후 미소의 분할 통치로 정치적 갈등과 경제적 손실이 심각한데 이에 대한 고려가 전혀 없다는 것이다. 반면 소련은 한국의 통일과 단결을 격려하며 가능한 한국인의 경제생활을 개선시키는 데 힘쓰고 있다는 점을 지적하였다. 그뿐 아니

---

104 "金九李承晩反糯不一致", 《申報》, 1948. 2. 28 : "金奎植辭議長反對全韓分裂", 《申報》, 1948. 2. 29.

105 "南韓各政黨反對單獨選擧", 《申報》, 1948. 3. 29.

106 "南韓共産黨煽動總罷工", 《申報》, 1948. 2. 15.

107 "韓國南北韓分合的關頭", 《申報》, 1948. 4. 7.

라 미군 당국이 일본의 부흥을 보조하고 남한에서는 친일 세력을 다시 임용하여 민심을 잃었고, 이 때문에 반미·반일 심리가 조성되어 폭동이 끊이지 않게 되었다는 것이다.[108] 따라서 미국이 남한에서 민심 수습부터 하지 않고 단독 선거를 강행한다면 큰 파동이 일어날 것으로 예측하였다.[109]

중국 언론은 자신들의 역사상 경험으로 작은 나라의 운명을 결정하는 유일한 첩경은 '자강을 위해 부단히 분투 노력하는 길' 뿐이라며 자강론을 강조하였다. 이것은 미소 두 강대국에 대하여 원초적 책임론을 제기한 것으로 동아시아의 평화 정착을 위해 양군이 한반도에서 철수하고 한국의 독립, 통일을 지켜보기만 하면 된다는 주장이었다.[110] 이러한 인식은 남한 단독 선거에 대한 부정적 여론에 영향받은 것이지만 김구·김규식의 정치 노선을 지지한 측면도 있었다.[111]

1948년 5월 10일에 실시된 남한 단독 선거는 서구 민주주의와 공산주의가 막후에서 전쟁을 벌인 이념 대결의 장으로 변하였다. 선거 결과는 팔백만의 선거인 중 투표에 참가한 사람이 85% 이상으로, 미군정 당국과 유엔 한국위원회 및 이승만은 높은 투표율을 근거로 긍정적 평가를 내렸다.[112] 이제 남북한의 분열은 피할 수 없게 되었고 공산당이나 좌파는 물론 김구·김규식의 불참으로 갈등이 가중되었

---

108 특히 남한 경찰의 대다수가 일본 경찰 출신으로 미군 당국의 비호를 받고 있었다.("美國扶植日本 失掉朝鮮人心", 《中央日報》, 1948. 5. 11).

109 「正視朝鮮的危局(社論)」, 《申報》, 1948. 5. 7.

110 "韓國南北韓分合的關頭", 《申報》, 1948. 4. 7.

111 당시 중국 신문들은 남북한 정당 및 정치 단체 연석회의를 참석하기 위해 북한을 방문한 김구·김규식에 관한 소식을 비중 있게 다루었다. ("金九決出席南北韓聯席會議", 《申報》, 1948. 4. 20. : "南北韓聯席會進行中", 《中央日報》, 1948. 4. 24. 등 참조).

112 "南韓選擧順利完成", 《中央日報》, 1948. 5. 11.

다.[113]

단독 선거로 남북한의 대립이 격화되는 가운데 중국 언론은 미소 냉전이 격화될 경우 한국을 불행하게 만들 수 있다고 보았다. 곧 미소 간 이념 및 체제 경쟁으로 한반도에서 내전이 발생할 수 있다고 예견한 것이다. 한반도의 정치적 분열은 동북 지역뿐만 아니라 중국 전역에 심각한 영향을 미칠 수밖에 없었다. 이에 국민정부는 남한 단독 선거로 악화된 남북 대치 상황을 우려하면서 미소 간 평화적 문제 해결을 촉구하였다.[114]

이 무렵 한국 정세에 관한 중국의 대응이 변하였다. 그동안 김구 중심의 '통일 이후 선거 실시' 혹은 '군대 철수 이후 선거 실시'를 지지하던 경향에서 이승만의 '선거 이후 통일' 또는 '정부 수립 이후 군대 철수'로 바뀐 것이다.[115] 그 결정적 계기는 전후 공산 세력의 확대를 우려한 미국 트루만 대통령이 반공을 최우선 과제로 삼았기 때문이다.[116] 이후 미국의 대한 정책은 공산화를 방지하는 데 초점이 맞추어졌고, 그 구체적 방안이 남한 단독 정부 수립이었다. 한국 입장에서 보면 남한 단독 선거는 분단의 고착화를 의미하였다. 이 때문에 이승만과 민주당을 제외한 대다수 정치 세력과 민중 조직 및 학생들이 남한 단독 선거에 반대하였다. 본래 국민정부도 김구의 통일 우선론을 지지, 후원하였지만 그의 통일 의지가 소련과 북한에 의해 이용당하고, 반면 강력한 반공 정책을 편 미국이 이승만에게 힘을 실어 줌으로써 중국의 대한국관에 영향을 미치게 되었다. 이후 국민정부

113 국민정부는 남한 단독 선거에 김구가 불참한 것을 가장 유감으로 생각하였다. ("選擧前後的韓國局勢", 《中央日報》, 1948. 5. 12).

114 「南韓普選以後的朝鮮政局(社論)」, 《申報》, 1948. 5. 19.

115 "中美建議小型聯大促成南韓選擧", 《中央日報》, 1948. 2. 26.

116 "韓南將建獨立政府 霍奇稱美須履行其責任", 《中央日報》, 1947. 4. 2.

는 미소 냉전 체제의 현실을 인정하고 이 모순이 해결되기 전까지는 통일이 불가능하다고 보았다. 아울러 한국 정국에서 통일보다는 민주 정치에 가치를 부여함으로써 남한 단독 선거를 적극 지지하고 정당성을 부여하였다.[117]

대한민국 정부 수립과 관련하여 국민정부는 항일 전쟁 시기에 임정 승인을 머뭇거렸던 것과 다르게 외교부장의 명의로 신속히 한국 정부의 승인을 발표하였다. 원래는 8월 15일 한국의 새로운 정부가 미 주둔군으로부터 행정권을 이양받을 때 승인 성명서를 발표할 예정이었지만 앞당긴 것이다. 그뿐 아니라 국민정부는 서울 주재 총영사인 리우위완劉馭万 박사를 대사급 외교관으로 승격시켰다.[118] 이처럼 국민정부는 한국 정부의 수립과 이승만 대통령의 취임 시기에 맞추어 비공식적 우호 연대를 실질적 외교 관계로 전환시켰다. 이러한 조치는 전후 동아시아에서 소련의 영향력이 급속히 확산되는 가운데 한국의 신정부와 함께 공산당 세력에 대처하려는 데 목적이 있었다.[119]

중국 언론은 대한민국 정부 수립에 관하여 호의적이며 적극적인 태도를 취하였다. 우선 신정부의 수립이 "한국 구국 통일 운동의 이정표이자 동아시아 민족주의 발전의 새로운 단계"라고 의미를 부여하였다. 아울러 동아시아의 평화와 안전을 위한 기점으로써 지리적 중요성과 단독 정부 수립의 당위성도 함께 밝혔다. 한중 관계는 전통

117 "朝鮮選擧問題",《中央日報》, 1948. 5. 16.

118 "我承認韓國政府派劉馭万氏爲外交代表",《申報》, 1948. 8. 13. 리우위완은 유엔 한국위원회에 참여한 인물로 1948년 초에 주한 한성총영사로 부임하였고, 대한민국 수립 후 가장 먼저 파견된 외교사절이었다. ("劉總領事卽赴漢城",《中央日報》, 1948. 1. 9).

119 "李承晩當選韓國總統",《中央日報》, 1948. 7. 22.

적으로 '수족手足'과 같은 정을 갖고 있으며 '순치脣齒'의 관계라면서 항일시기 한국 독립운동을 통한 우호 협력 관계를 내세웠다. 특히 카이로회담에서 장제스 총통이 한국 독립을 보장받기 위하여 외교적 후견 역할을 했던 점을 부각시켰다.[120] 그리고 중국이 대한민국 정부를 가장 먼저 승인한 점과 앞으로 국제적 지위를 획득하는 데 적극 협조할 것임을 다짐하였다.[121] 이렇듯 국민정부는 남한 단독 정부 수립 이후 양국의 역사상 친선 우호와 실질적 지원 협력 및 외교적 후원 등을 바탕으로 앞으로의 관계 발전을 기대하였다.[122]

2차 세계대전 이전의 아시아는 서방 열강들의 식민지였지만 종전 후 인도·한국·베트남 등지에서 민족주의가 활기를 띠고 있었다. 아시아 민족의 해방과 독립 움직임에 대하여 국민정부는 피압박 민족을 도와 침략 세력으로부터 벗어나게 하고 독립을 완성시키는 것을 중국 혁명의 목표 중 하나로 여겼다. 더욱이 중국과의 관계가 매우 깊고 오래된 한국이 전후 자유를 회복하지 못한다면 항일 전쟁은 무의미한 것이라고 하여 한국 독립 정부의 수립을 중국 혁명의 성공 여부와 연계시켰다. 그뿐 아니라 카이로선언의 당사자로서 한국 독립에 대한 도의적 법률적 책임을 내세웠다.[123] 국민정부는 대한민국 정부의 수립에 즈음하여 "아시아의 '맏이'인 우리 중화민국이 분발하여 강대해지고, 창의를 앞세워 아시아 독립 민주의 신생 국가들을 연

120 「東亞的新氣象(社論)」, 《申報》, 1948. 8. 16.

121 「韓國的是非」, 《中央日報》, 1948. 7. 14. 이 시기에 헌법 초안이 통과되었는데 몇 천 년 이래 '조선(朝鮮)', '고려(高麗)' 혹은 '고구려(高句麗)'로 사용되던 국호를 '대한민국(大韓民國)'으로 개명하였다. ("韓國將改稱'大韓民國'憲法草案一讀通過", 《申報》, 1948. 7. 6).

122 "南北韓的對台劇", 《中央日報》, 1948. 6. 11.

123 "迎韓國代表", 《中央日報》, 1948. 9. 13.

합하여 아시아의 평화와 번영을 보호한다면 동아시아의 빛나는 미래는 반드시 실현될 것"이라고 밝히고 있다.[124] 여기서 전후 중국이 구상한 아시아 문제, 곧 동아시아 세계 질서는 종속적인 중화 체제나 사대 관계는 아닐지라도 '중심 국가'로서 '보호자'의 역할에 의한 중화 의식의 변용을 보여주고 있다.

전후 국민정부의 처음 한국 구상은 미소의 영향력을 배제한 친중 성향의 통일 정부, 곧 김구와 임정에 의해 정통성을 가진 정부였다. 이에 중국은 미소의 남북한 분할 지배에 반발하면서 자국의 영향력을 확보할 수 있는 4개국의 공동 신탁 관리안을 추진하였다. 미국의 역량을 이용하여 소련 및 공산주의 세력을 배제 혹은 저지할 수 있는 친미 반공 정부를 수립하려는 것이었다. 실제로 반공이란 새로운 공동 목표를 통해 이승만과 미국 그리고 국민정부의 연대가 이루어지고 남한 단독 정부의 수립으로 귀결되었다.

## 5. 맺음말

20세기 전반 한중 관계를 살펴보면 전통적 중화사상에서 벗어나 3·1운동과 임정 중심의 독립운동을 통해 우호 협력 관계로 전환되었다. 항일 전쟁 시기에 중국은 한국을 '입술과 이'의 관계로 보고 비공식적이지만 독립운동을 꾸준히 지원하였으며 외교적으로도 후원하였다. 미국은 태평양전쟁 후반에 소련의 대일 견제 역할을 중시한 전

124 「東亞的新氣象(社論)」, 《申報》, 1948. 8. 16.

략에서 벗어나 전후 아시아에서 공산 세력의 확산을 저지하는 데 주력하였다. 그 가운데 대소 방어 전략과 반공 정책이 미국의 대한 정책으로 자리 잡았고 구체적 결실이 남한 단독 정부 수립이었다.

사대교린이라는 전통적 인식 틀로 근현대 전환기 한중 관계를 살펴보면 1930년대 이후는 항일이란 공동 목표를 두고 두 나라가 '형제'의 연대 관계로 발전하였다. 해방 전후 시기에는 한국 독립과 관련된 군사 지원과 외교 후원을 통해 '보호자'로서 역할을 하였다. 해방 이후 중국은 한국의 신속하고 자주적이며 완전한 독립 국가 건설을 희망하였지만 현실적으로 어려운 상황이었다. 차선책으로 중국은 미소 주둔군의 분할 통치에 반대하면서 미·영·중·소 4개국의 공동 신탁 관리를 선호하였다. 미소 중심의 국제 질서가 형성되면서 중국은 역학 관계상 소외되었고, 심각한 내홍 때문에 별다른 대응을 하지 못하였다. 그러나 해방 이후 중국의 대한 인식은 쇠락한 대국의 자조적 방관이 아닌 현상 유지 혹은 자기 보존에 우선한 중화 의식의 변용으로 이해할 수 있다.

국민정부의 주요 지도자와 언론들은 해방 후 한국 동향에 대해 지속적인 관심을 가졌는데 전후 한중 양국의 인적 교류 및 관심사에서 해방 이전과 상당한 차이를 보인다. 전쟁 기간에 국민정부는 '항일'과 '독립'을 매개로 김구의 임정 세력과 우호 관계를 맺었고 대부분 개인적 친분에 의해 비공식으로 이루어졌다. 종전 후 국민정부는 공산당과 내전에 휩싸였고, 북한 지역의 공산화로 동북 지역의 위기가 고조되자 친미 반공을 내건 이승만과 민주당의 우파 세력에게 관심을 보였다. 한국 문제에 있어서도 독립운동과 통일 문제에서 신탁 통치안, 유엔의 한국 문제 처리, 북한의 공산화, 남한의 단독 선거 실시 및 반공 정책 등 정치 외교 현안에 초점이 맞추어졌다. 말하자면 국민정부는 한반도를 둘러싼 미소 양국의 주도적 상황을 인정하면서도 세력 균형에 의한 현상 유지를 위해 한국 문제를 방기하지 않았다. 다만 국민정부가 한국 독립과 관련하여 형제의 나라임을 강조하며 보호자의 역할을 자임했지만 군사적 외교적 역량의 한계 때문에 별다른 결실이 없었다.

전후 한국 문제 처리와 관련하여 국민정부는 독립운동을 지원했던 연장선에서 임정을 중심으로 신속한 통일 정부의 수립을 구상하였다. 여기에는 역사적으로 한반도 문제가 중국의 안위에 절대 중요하다는 인식이 깔려 있다. 특히 소련을 중심으로 한 공산 세력이 급속히 확산되는 상황에서 한국 독립을 통해 주변 열강의 세력 균형에 의한 완충지대의 역할을 기대하였다. 또한 한중 관계의 오랜 역사 속에 내재된 종주국이란 관념이 전후 문제 처리 과정에서 보호자의 역할로 표출되었다. 그렇지만 전후 한중 관계는 두 나라 모두에게 대미 관계보다 하위 개념이었고, 미국의 한반도 정책에 의해 제한받을 수밖에 없었다. 현실적 힘의 논리로 좌우되는 국제 관계에서 변용된 중화 의식이 구상 단계에서 멈춘 것이다.*

---

* 이 글은 「20세기 중반 韓中關係의 이해 -韓國獨立에 관한 中華意識의 二重性」, 『中國近現代史硏究』 第29輯, 韓國中國近現代史學會, 2006, 91~116쪽을 수정 보완한 것이다.

# 결언

## 한국과 중국의 마주보기

# 결언 : 한국과 중국의 마주보기

1920년대 후반 북벌의 성공으로 전국 통일을 이룬 중국의 난징국민정부(약칭 국민정부)는 "당으로 나라를 다스린다"는 훈정을 실시하면서 쑨원의 삼민주의를 통치 이념으로 내세웠다. 삼민주의 가운데 민족주의는 서구 열강과 일제의 침략에 맞선 중국의 대외 관계를 규정지은 이념으로, 전통적 중화 의식이 호혜 평등과 상호 부조에 의한 반제연대 투쟁으로 대체되었다. 이 시기 중국 언론은 식민지 한국에 대해 이중적 시각을 유지하였다. 공동의 적인 일제에 대항하기 위해 우호협력이 필요한 반면, 만주나 중국 관내에 거주하고 있던 한인과의 갈등, 대립이 끊이지 않았기 때문이다. 이런 이중 구조 속에서 발생한 만보산사건은 1930년대 전후 중국의 대한 인식을 가늠하는 주요 척도였다.

이 사건이 발생하자 국민당은 일제 침략 정책의 하나로 인식하여 모든 책임이 일본에 있다고 주장하였다. 그 대응으로는 무력 강경책보다 외교에 의한 타협 방식을 취하여 일본의 사과와 관련자 처벌, 손해배상 등을 요구하였고 국제적으로는 일제의 침략 의도를 폭로하며 재발 방지책을 도모하였다. 아울러 중일 간의 갈등 요인이 되었던 만주 문제를 근본적으로 해결하려 했다. 하지만 일본의 호전성 때문에 아무런 성과도 거둘 수 없었다.

당시 식민지 한국 화교의 월등한 경제력은 배화 폭동의 또 다른 요인으로 작용하였다. 한국 화교들은 해외 수입과 주요 도시의 상권을 장악하였고, 농업 분야에서도 압도적 지위를 차지하여 한인들의 질시 대상이 되었다. 문제는 중국인들이 한국 경제의 낙후 원인으로 한인들의 나태한 품성, 무능력, 비생산적인 습성 등 부정적 이미지에서 찾고 자신들의 경제 지배력을 당연하게 여긴 데에 있다. 이 때문에 한인과 화교의 갈등이 빈번하였으며 상대방에게 나쁜 이미지를 심어주었다. 국민당은 폭력 사태에 직접 관여한 한인들을 일제 침략의 하수인이라고 비하하면서 분노, 연민, 동정 등의 표현으로 전통적 화이관과 문화적 우월감을 드러냈다. 한편 국민당은 일제의 침략에 효과적으로 대응하기 위한 현실적 필요 때문에 한중 연대와 공동 투쟁을 강조하였다.

1920년대 후반 이후 중국의 한국관에서 외형적으로 오랫동안 지속되어 온 중화 의식에 기초한 주종 관념이 완전히 자취를 감추었다. 그 대신 식민지 한국의 처지에 대한 연민과 동정을 표시하면서 반제 투쟁을 위한 우호 연대와 공동 투쟁을 중시한 동병상련의 동지적 관념이 표출되었다. 하지만 만주 지역 한인에 대한 통제와 핍박이나 한국 화교의 경제권 보호, 한인에 관한 부정적 시각 등에서 볼 수 있듯이 중국 언론에 나타난 한국 인식은 기본적으로 오랜 사대자소 관계를 토대로 한 우월감에 바탕을 두고 있다. 이런 이중적 한국관에 내재된 중화 의식은 한국 독립운동 과정에서 국민당의 인적 물적 지원과 외교적 군사적 후원을 통해 지속적으로 표출되었다.

북벌로 반장 군벌을 제압한 국민정부는 훈정 통치를 본격적으로 시작하였다. 국민당은 대내적으로 중앙화, 통일화 정책을 펴면서 급속히 성장한 공산당 토벌에 주력하였고 대외적으로는 불평등 조약의 폐지를 위해 전력하였다. 이 때 만주사변이 발생하자 장제스는 무력에 의한 즉시 항전보다는 "외세를 물리치려면 먼저 내부를 안정시켜야 한다."라는 선안내후양외 정책을 내세우며 공산당 토벌에 치중하였다. 아울러 국민당은 일당 지배의 훈정 체제를 공고히 하려고 언론계 정비에 나섰는데 직영 언론의 통제와 정비가 무엇보다 필요하였다.

1928년부터 국민당은 직영 언론을 구축하기 시작하여 각급 당부 및 개인 당원이 발행하는 모든 당보에 대해 중앙선전부의 비준을 받도록 규정하였다. 아울러 국민당 좌파의 영향력이 컸던 《중앙일보》를 재정비하여 당 중앙의 당보로서 기능을 강화하였으며, 만주사변을 계기로 새로운 전기를 맞이하였다. 당과 국민 사이의 여론 전달 주체로서 국민당 위주의 항일 여론을 생산, 보급시킨 것이다. 이 과정에서 《중앙일보》는 양적 질적으로 빠르게 성장하여 훈정 시기 관영 언론의 중심으로 자리 잡았다.

만주사변 직후, 《중앙일보》는 국민당 각급 당부 및 교육계·언론계·시민단체 등의 항일 열기를 연일 보도하면서 전 국민의 일치단결과 국민당 중심의 항전 준비로 여론 흐름을 유도하였다. 반면 민영 상업 언론은 장제스의 부저항 노선을 비판하면서 '즉시 항전'을 주장하며 항일 여론을 이끌었다. 《중앙일보》는 관영 신문이란 제한된 틀 안에서 일치단결과 질서 항전, 국제연맹의 외교 간섭, 대일 경제 단교와 국민의 정신 무장 등 비폭력적 방법에 의한 장기 저항을 선전하였다. 이 때문에 초기 항일 여론의 형성 과정에서 영향력이 미약했고, 오히려 여론을 왜곡 호도한다는 비판과 함께 신문사까지 공격당하였다.

《중앙일보》는 장제스의 부저항 노선만 옹호한 어용 언론이란 평가에도 불구하고 정부 정책에 대한 국민적 저항을 완화시키고, 즉시 항전을 요구하던 여론의 압박을 해소하는 등 국민당 기관지로서의 역할에 충실하였다. 그 결과 부저항 노선이 국민정부의 정통성에 상처를 입혔지만 장기 저항은 이후 중일전쟁 기간동안 '장제스 중심의 대일 항전'이란 큰 틀을 만들어냈다. 1937년 7월 루거우차오사변 이후 국지적 전쟁은 전면전으로 바뀌었고, 장기 항전이 대일 전략으로 굳어져 장제스의 지도력을 인정하게 되었으며, 국내외의 각 세력이 연합하여 항일 전쟁을 수행한 것이다. 그러므로 《중앙일보》로 대표되는 관영 언론은 국난 시기 정부의 대일 방침을 선전, 확산시키는 역할을 맡았고, 장기 전략을 전파하는 데 주도적 역할을 다하였다.

1930년대 들어서 중국 언론계는 양적 질적으로 크게 발전하여 《신보》·《대공보》 등 민영 상업 신문이 주류 언론으로 자리잡았다. 본래 상업 신문은 계도성啓導性이란 언론 본연의 사명 이외에 경제적 이윤 창출과 지속 가능한 성장을 소홀히 할 수 없다. 1930년대 초반 중국 공산당의 세력 확대와 일본의 계속된 침략은 국민정부의 훈정 통치를 마비시키고 자본주의 경제 성장을 저해하고 있었다. 이 문제가 국가적 이슈로 부각되었다. 이에 국민정부는 선안내[剿共], 후양외[抗日]정책을 실시했는데 《신보》는 양외를, 《대공보》는 안내를 더 시급한 과제로 보았다. 두 신문이 안내양외의 순서와 방법에 있어서 시각차를 드러낸 배경은 신문 제작자들의 정치·경제·사상 배경이 주요한 요소로 작용하지만 신문 구독자들의 제반 여건과 관심도 중요하고, 신문의 발행지와 영업 특성상 차이도 주요한 변수로 볼 수 있다.

두 신문은 안내양외의 순서와 상관없이 강력하고 통일된 중앙 정부를 원했는데 안내의 방편으로써 초공은 인정하지만 방법상 막대한 군사비와 인력을 소모하는 내전에는 반대하였다. 그 대신에 양외의 전제 조건이자 안내의 핵심으로써 내정 및 경제 개혁과 민권 보장 등을 촉구하며 이를 토대로 근대 국민국가의 건설을 열망하였다. 1930년대 초반까지 《신보》와 《대공보》 등 민영 신문은 국가 권력에 의해 좌우되지 않고 자본, 이념, 정치 지향, 대내외 관심 등이 복합적으로 작용하며 뚜렷한 자기 논리를 가지고 있었다. 국민정부는 언론의 근대성을 수용하지도, 자율성을 보장하지도 못한 채 개인 독재로 변질된 훈정 통치의 한계만 드러냈다. 이후 국민당과 민영 언론은 상호 보완과 견제의 길항 관계가 아닌 일방적 종속이나 대립 상황으로 치달았고 항일구망운동이 본격화되면서 민영 언론의 반국민당 성향이 고조되었다.

같은 시기 식민지 한국에서 발행된 《동아일보》에 보도된 중국 관련 기사는 북벌이 끝난 후의 중국 상황을 압축적으로 잘 보여준다. 당시 식민지 한국 언론은 반군벌 투쟁을 성공적으로 수행한 중국의 시국 상황과 대응 과정을 지켜보면서 독립의 비전과 방법을 찾았다. 당연히 중국 내 반봉건·반군벌 투쟁의 성과와 정치·경제·군사의 통일화·중앙화 정책에 깊은 관심을 가질 수밖에 없었다. 《동아일보》는 쑨원의 혁명 정신을 계승한 정치적 명분과 군사력을 가진 현실적 우위, 빈곤과 무지로부터 해방이라는 시대적 과제 등을 들어 장제스와 국민정부에 정당성을 부여하였다. 또한 정치·경제·군사의 중앙 집중과 통일을 지향하면서 개인이나 군대가 아닌 당 중심의 독재를 주장했고 민중적 기반을 강조한 것에 주목하였다. 아울러 당내 파벌 투쟁이나 군벌 전쟁에서는 장제스를 옹호했지만 신생활운동이 지나치게 통제 위주라고 비판하였다.

《동아일보》는 식민지 언론의 한계 때문에 대외적으로 온건·타협주의 성격이 강하였다. 하지만 일본의 만주 침략이 '동방의 잠자는 사자'인 중국을 일깨운 사변이라면서 비록 제한된 표현일지라도 반외세의 의지를 뚜렷히 드러내고 있다. 또한 《동아일보》는 일제의 탄압을 피해 외국 사례를 간접 소개하는 방식으로 독립과 번영을 모색, 고취시켰다. 인접한 중국 국민정부는 그런 구체적 모델로서 북벌에 성공한 후 국내 통일을 이루었고 불평등조약 폐지 운동으로 반외세 투쟁의 면모를 보여주었다. 이 때문에 《동아일보》에 소개된 중국의 움직임은 한인들에게 독립, 번영의 실천적 선구 또는 반면교사로 인식되기에 충분했다.

1930년대 들어서 신문의 상업성이 강화되는 가운데 '민족의 표현기관임을 자임한다'던 《동아일보》도 복합적인 성격의 신문으로 바뀌었다. 그리고 1937년 중일전쟁의 발발과 함께 국내 민영 일간지는 전쟁의 성격과 목적을 왜곡하며 황민화와 전시동원체제 구축에 앞장섰다. 이 과정에서 일본의 강력한 언론탄압이 작용했을 뿐만 아니라 신문을 적극적으로 선전 도구화하려는 강요가 있었다. 전면적 중일전쟁의 계기가 된 루거우차오사건이 발생하자 한중 언론은 이전의 만주사변과 전혀 다른 양상을 보였다. 《동아일보》는 처음부터 중국 음모론을 제기하였고, 사건 발생 직후 중국의 강경 대응을 비판하면서 외교 교섭에 의해 조속한 사건 해결을 희망한다는 일본의 견해를 대변하였다. 동시에 국민정부의 항전 의지와 중국인들의 무력 대응을 그대로 전하며 이전과 달리 중국 내 항일 열기가 확산되고 있음을 간접적으로 시사하였다.

중일전쟁 시기 《동아일보》를 비롯한 한국 언론은 중국의 전황과 승패에 관심이 클 수밖에 없었다. 《동아일보》의 관련 보도에 따르면 조선총독부는 곧바로 대민 선전책을 강구하며 전시 총동원 체제를 준비했는데 언론 통제가 최우선이었다. 아울러 국내의 정치적 동요나 사회적 혼란을 우려하면서 유언비어 유포 및 경제 문란과 무질서 행위 등에 대해 단속을 강화하였다. 이러한 보도태도는 식민 당국의 보도 지침에 따른 것이었지만 지속적으로 중국의 항전 의지와 승패에 대한 호기심을 불러 일으켜 항일 여론을 확산시켰다. 이 때문에 조선총독부는 국내외에서 독립운동의 불길이 되살아날까 우려하며 강경대응에 나섰다.

국민정부의 대일 방침은 장기전에 의한 국내외 형세 변화를 기다리는 것으로, 영·미의 참전을 유도하는 전략이었다. 따라서 《중앙일보》를 비롯한 중국 언론은 국제 정세의 변화를 촉발시킬 여론전에 주력한 반면, 《동아일보》는 전황과 내선일체를 선전하는 데 집중하였다. 애당초 일본은 단기간에 중국의 타협을 이끌어내려 했으나 결과는 그렇지 못했다. 1940년대 들어서 중일전쟁이 동아시아를 넘어 아시아·태평양전쟁으로 탈바꿈하면서 《동아일보》는 일본의 '동아 신질서 건설'이 쉽지 않다고 판단하였다. 일제는 전시 통제와 국민총동원 체제를 공고히 하면서 명맥만 유지하고 있던 《동아일보》와 《조선일보》까지 강제 폐간시켰다. 1937년부터 언론 통제를 한층 강화하던 일제는 자신들의 필요에 따라 신문을 통폐합하고, 이를 통해 전시동원체제에 부합되는 언론 구도를 만들었다. 이 과정에서 1930년대 중반까지 체제비판에 나섰던 《동아일보》는 일제의 억압에 저항하지 못하고 굴종하였으며, 논조도 변질되어 체제에 순응하는 방향으로 일원화되어갔지만 끝내 폐간 당하였다. 일제말 한국 언론의 핍박, 저항, 굴종, 순응, 파탄의 역사는 식민지란 태생적 한계와 강요에서 비롯되었다. 그러나 언론이 스스로 일제의 침략과 식민지배가 강고해지는 시대 추세를 읽고 대응한 점도 무시할 수 없다.

중국의 《중앙일보》는 7·7사변이 본래 예정된 계획의 산물이며, 그 책임도 전적으로 일본에 있다면서 중국은 자위를 위해 어쩔 수 없이 응전한 것이라고 주장하였다. 그리고 국가가 존망의 절박한 고비에 처하게 되면 어떤 희생을 치르더라도 반드시 강토를 지켜내야 한다는 결의를 밝혔다. 이 기간 동안 《중앙일보》는 다양한 지면과 형식을 활용하여 전면전, 장기전을 주창하고 일본군의 만행을 폭로하며, 애국심을 고취 시키는 등 중국인들의 대일 항전을 독려하여 마침내 승리를 쟁취할 것이라고 주장하였다.

중일전쟁이 전면전 양상을 띠게 되면서 한국 독립운동에 대한 중국의 관심도 함께 높아졌다. 중국 언론은 다양한 형식으로 한국 독립운동을 소개, 논평하였다. 그 대상도 중국·한국은 물론 동남아와 미주 지역까지 포함되었다. 기사 내용은 임정, 조선민족혁명당, 조선의용대, 광복군 등 중국 내 한인 독립운동 조직과 그들의 항일 활동이 주류를 이루었다. 3·1운동, 6·10만세운동, 광주학생운동 등 국내외 항일 운동을 분석한 기사나 대일 투쟁 관련 보도를 통해 한국 독립운동에 대한 지지와 성원을 보내었다.

일제 침략이 정점에 이른 1940년 전후 중국 지도자들은 정파와 상관없이 3·1운동 이래 간단없이 지속된 한국 독립운동을 높이 평가하면서 중국과의 우호·연대를 강조하였다. 특히 전면 항전 이후 중국은 한국과의 공동 투쟁을 중시하면서 한국 독립운동의 내부 단결을 통한 역량 강화와 동아시아 피압박 민족의 연대에 의한 일본 타도를 역설하였다. 이 과정에서 국민당은 삼민주의를 한국 독립의 정치강령으로 채택하게 하고, 공산당은 반일·반파쇼 운동의 국제적 단결과 연대 투쟁을 주장하면서 독자적 혁명 노선을 구축하였다. 이런 까닭에 국공 양당의 한국 독립에 관한 인식과 대응 방법은 서로 달랐다.

이 시기 중국 언론은 식민지 한국의 피해 상황과 항일 투쟁에 대한 심층 보도를 통해 일제의 경제 착취와 동화 정책에 의한 민족 말살 기도를 폭로하였다. 또 중국 내 한인과 깊은 연대 및 항일 무장 공동 투쟁, 국내의 독립운동 등을 선전하며 중국 민중의 항전 의식을 고취시켰다. 그러나 국공 양당은 일제의 강제 침탈 피해자로서 당면한 현실 인식과 결연한 독립 쟁취 의지보다 정치적 군사적 상황 변화에 좌우되는 편의적 이해와 형식적 대응을 보여주고 있다.

중일전쟁 시기 중국의 각 정파는 자신들의 정치적 입장에 따라 임정의 한국광복군과 조선민족혁명당의 조선의용대에 대한 뚜렷한 태도 차이를 보였다. 특히 태평양전쟁 이후 국공 양당 기관지의 한국독립운동 조직에 관한 보도는 이전과 비교하여 크게 달라졌다. 공산당 중앙의 기관지로 국민당 통치구역에서 발행된 《신화일보》는 광복군의 활동과 임정의 항일 연대 투쟁에 큰 비중을 두었지만 소비에트 변구의 당보인 《해방일보》는 화북조선독립동맹을 집중 보도하면서, 한국 독립 운동의 계급성과 혁명성을 중시하였다. 《신화일보》는 조선의용대가 광복군으로 통합 개편되자 항일 무장 활동 관련 보도를 크게 줄였다. 기사 내용도 단순한 사실만을 간략히 전하는 수준이었다. 반면에, 《중앙일보》는 국민정부 및 임정과 관련된 사안이나 광복군의 근황을 심층 보도하였다.

중일전쟁이 장기화되면서 중국 내 한국 독립운동은 독자적인 군사력을 갖출 수 있게 되었고, 중국군과 공동 항전까지 나서게 되었다. 한국 독립운동을 둘러싼 중국의 다양한 지원과 협력은 식민지 한국에 큰 힘이 되었다. 그렇지만 독립운동 세력에 대한 이중적 대응이나 임정 승인의 보류, 광복군의 예속화 등 때문에, 우호적인 언론 보도나 국민정부의 물질적 도움에도 불구하고 그 진정성을 의심하게 만들었다.

중일전쟁은 임정을 비롯한 중국 관내의 한국 독립운동에 새로운 변화와 역할을 요구하였다. 전면전, 장기전 양상을 띠게 되면서 한인 무장 역량을 하나로 모아 항일 전선에 직접 참가할 필요성이 절박해진 것이다. 1938년 말 조선의용대가 결성되었고, 한국광복진선청년공작대, 한국청년전지공작대, 한국광복군 등이 차례로 조직되었다. 이들은 중국군과 함께 대일 협동 작전을 펼 목적으로 조직되었지만, 일반적으로 정보 수집 및 포로 심문, 항일 선전, 초모 활동 등에 치중하였다.

중국 관내의 한인 무장 단체는 항일 투쟁과 함께 자기 조직을 유지, 확대하기 위해 선전 및 초모 활동이 필수적이었고, 주로 신문·잡지의 발행을 통해 이루어졌다. 조선의용대의 『조선의용대(통신)』, 한국청년전지공작대의 『한국청년』, 한국 광복군의 『광복』 등이 대표적인 매체로, 식민 당국의 언론 탄압에서 벗어나 전쟁 및 시국 상황에 관해 폭넓은 정보를 얻을 수 있는 유일한 창구이기도 하였다. 이들 잡지의 논조는 창간 이후 하나같이 무장 세력의 통합을 기초로 한중 공동 항전에 초점을 맞추었다. 가장 먼저 대일 항전에 참여한 『조선의용대』는 전투 역량의 강화와 한중 연대 및 동아시아 피압박 민족 해방의 혁명 투쟁 선전에 집중하였다. 『한국청년』은 적 후방의 교란과 초모 활동 및 대일 선전에 주력했는데 항일 문학과 가극 공연 등을 통해 큰 성과를 거두었다.

이 시기의 한국 언론은 중일전쟁이 길어질수록 일본의 역량은 쇠약해지고 국제 사회의 원조를 받는 중국의 역량이 강화될 것으로 판단하였다. 곤경에 빠진 일본 군부가 이런 상황을 타개하기 위해 인도차이나반도와 인도·호주까지 남진하려고 했는데 영·미와 군사적 충돌을 피할 수 없었다. 이 때문에 중국의 장기 항전과 미국의 참전이

전쟁의 승패를 좌우할 결정적 요인으로 부각되고, 한국 독립운동 진영 내에서는 이 기회를 놓치지 말아야 한다는 인식이 팽배해졌다.

마침내 일본의 진주만 공격으로 중일전쟁은 아시아태평양전쟁으로 확대되었다. 이후 한국 언론의 주된 관심사는 전황보다 연합국 내 임정의 위상 확보와 전후 구상으로 옮겨갔다. 곧 새로운 국가 건설을 누구의 주도로, 어떻게 할 것인가의 문제로, 한국 언론은 광복군의 교전 단체 승인을 최우선 과제로 삼아 모든 선전 역량을 집중하였다. 임정이 국제적 승인과 연합국의 지위를 획득하게 되면 광복군의 혁명 역량이 크게 증대될 것임으로 한국 독립의 성패를 결정짓게 된다는 판단이었다. 구체적으로는 중국 정부가 먼저 임정을 승인하고 영·미·소 등이 뒤따라 승인하게 되면, 다른 국가들도 뒤따를 것으로 판단하였다. 이것이야말로 동아시아의 평화와 인류 정의를 위해 마땅한 조치이자 일본을 궤멸시킬 수 있는 가장 확실한 방안이라고 보았다.

전후 국내정치 구상과 관련하여 임정은 일당 정치를 옹호하였다. 이것은 세계대전 이후 국제 정치의 큰 흐름으로, 비상 시기 한국인들도 일치단결하여 일당 정치를 실시함으로써 모든 의지와 역량을 집중시켜야 한다는 논리였다. 일당 정치는 국민당의 훈정을 본뜬 것으로, 『광복』 역시 한국독립당을 정점으로 통치역량을 집중시켜 효율성을 강화시킬 긴급 소치가 필요하다고 보았다. 아시아·태평양전쟁의 발발로 한국 언론은 일본의 패망을 확신하였고, 전후 질서의 변화 속에 임정이 독립 국가 건설의 주체임을 명확히 한 것이다. 반면 조선의용대는 한국의 자유 독립뿐만 아니라 동아시아 피압박 민족의 해방도 중요한 목표인 만큼 연대 투쟁에 주력하였다.

일제의 패망이 눈앞의 현실로 다가오자 전후 한국 문제 처리와 관련하여 국민정부는 임정을 중심으로 신속한 통일 정부의 수립을 구상하였다. 여기에는 현실적으로 한국 문제가 중국의 안위에 중요하다는 인식이 깔려 있다. 특히 소련의 지원으로 공산 세력이 확산되는 상황에서 독립국 한국은 주변 국가의 세력 균형에 의한 완충 역할을 할 것으로 기대하였다. 또 한중 관계의 오랜 역사 속에 내재된 종주국 관념이 전후 처리 과정에서 보호자의 역할로 표출되었다. 다만 전후 한중 관계는 대미, 대소 관계보다 하위 개념으로 미소의 냉전 구도와 동아시아 정책에 의해 제한받았다.

전후 새로운 동아시아 지역 질서를 모색하던 미국과 소련에게 남북한의 군정은 자신들의 체제를 정착시킬 첫 실험 무대이자 중요한 근거지였다. 제국주의를 대신하여 민주주의와 공산주의를 내세운 미소 군정은 남북한에서 자본주의와 사회주의 체제를 각각 이식시키며 자국의 안전과 이익을 도모하였다. 이런 상황을 지켜 본 국공 양당은 미소 군정이 내전의 승패뿐만 아니라 앞으로 건설할 신중국의 향배에 결정적 영향을 미친다고 판단하였다. 그러므로 중국 언론은 남북한의 점령 정책을 비교 분석하며 우열을 논하였고, 자신들의 이해 관계에 따라 다양한 해석을 내놓았다.

전후 시기 중국 민영 언론은 역사적 현실적으로 긴밀한 연대와 외교적 후견 역할을 통한 도의적 책임론을 내세워 한국 문제에 적극적으로 의사 표시를 하였다. 남북 분단과 미군정 3년에 대한 《신보》의 평가는 매우 부정적이었다. 전후 미소가 한국을 혼합 점령하지 않고 삼팔선을 경계로 분할 점령한 것부터 잘못된 일로, 지리적 분할 지배가 정치 체제의 분리로 이어졌고, 영구 분단으로 귀결되었다는 논리를 폈다. 또한 한국의 정치 세력들이 신탁 통치 여부와 건국 방식을 놓고 좌우 분열된 현상도 분단의 한 요인이었지만 정치적 최종 책임과 원인 제공은 미국이라고 판단하였다. 왜냐하면 전후 유럽에서 공산 세력이 크게 팽창했음에도 불구하고 미국이 동아시아에서 소극적으로 대응하여 냉전을 피할 수 없게 되었다는 것이다. 더욱이 미국은 전후 한국을 패전국 독일과 동일시하여 점령지로 취급했고, 군정통치도 지나치게 우편향으로, 친일파의 득세를 허용하여 민심 이반을 불러일으켰다고 보았다. 그러므로 남북 분단의 원초적 책임은 미소에 있으며, 한국이 냉전 체제의 첫 희생물로 전락되었다는 판단이었다. 《신보》가 미국 책임론을 부각시킨 이유는 남북 분단과 국공 내전을 불가분의 관계로 보고 동아시아 냉전 체제의 구축과 그에 따른 미국의 적극 개입을 기대했기 때문이다.

중국 언론이 미군정의 대한 정책을 실패한 것으로 본 주된 이유는 중국 내 한국 독립운동과 임정 활동을 철저히 무시한 반면, 친미의 탈을 쓴 친일 세력을 비호하여 자주적 통일 독립의 민족적 열망을 짓밟았다고 보았기 때문이다. 그 결과 냉전 구도가 굳어져 김구나 김규식처럼 중도 성향의 지도자들은 설 자리를 잃었고 민심이 떠나게 되었다고 판단하였다. 남한 단독 선거 이후 국민당 언론의 한국 관련 보도는 공산 세력의 불법성과 폭력성을 폭로하고 자유민주주의를 실현시키는 쪽으로 전환하였다. 그 연장선에서 국공 내전도 중국의 내부 문제가 아닌 전후 냉전 구도와 맞물린 사안으로, 그 해결책 역시 미국을 비롯한 국제 연대에서 찾았다. 미국의 군사 개입을 내전 승리의 열쇠로 보는 상황에서 친미 반공을 내세운 남한 단독정부의 등장은 국민정부에게 새로운 호재였기 때문이다.

《신화일보》와 《인민일보》 등 공산당 언론도 남북한의 미소 군정에 대해 깊은 관심을 가지고, 보도하였다. 이 신문들은 대외적으로 독자적인 취재 역량이 부족했기 때문에 뉴스의 발굴과 전달에 한계가 있을 수밖에 없다. 하지만 주요 뉴스의 선택과 보도 횟수 및 논평 등을 살펴보면, 한국 문제에 대한 관심거리와 상황 인식, 대응 양상 등을 가늠할 수 있다.

이 시기에 《신화일보》의 한국 관련 보도를 보면, 주변국의 소식을 단순히 소개하거나, 전달하는 소극적 표명이 아니라 장차 중국의 진로 및 상황 변화에 영향을 미칠 핵심 요소를 파악하고 적극적인 의사 표시를 취하였다. 예컨대 미소 군정의 실태, 모스크바 삼국 외무장관 회의의 신탁 통치안과 미소공동위원회의 구성 및 활동, 남북한의 정치·경제 상황 등 다양한 내용을 보도하였다. 그중 남북한의 군정 실시 상황을 비교하여 소련의 점령 정책을 높게 평가함으로써 사회주의의 우월성을 알리는 데 적극적이었다. 《신화일보》는 남한의 미군을 점령자로, 북한의 소련군을 해방자로 묘사하였다. 정치·경제·사회면에서도 북한은 안정되었지만 남한은 혼란과 분열이 극심한 모습으로 보도되었다. 이 때문에 중국인들에게 남한의 미군정은 실패한 사례로, 북한의 소련군정은 성공한 것으로 비춰졌다. 한국 독립 방안과 관련해서는 소련의 신탁 통치안을 지지하며 우익 세력의 반탁 운동을 비판하였고, 1차 미소공동위원회가 실패한 후 발생한 노동자·농민·학생운동을 적극 옹호하는 등 소련지지 일변도의 시각을 보여주었다.

해방된 한국에서 시급한 과제는 친일 세력을 제거하고, 국내외 정치 세력이 연합하며, 토지 개혁과 생산 경제의 회복으로 새로운 독립 국가의 기반을 마련하는 데에 있다고 보았다. 이런 과제는 국민당과 내전을 치루고 있던 중국 공산당도 해결해야 할 마찬가지 문제이기도 하였다. 전후 남북한의 경제 상황은 일본 자본 및 기술력의 이탈로 급속히 악화되었고, 식민지 기간에 형성된 남북한의 산업 불균형

구조가 더욱 심화되었다. 이 때 《신화일보》는 북한의 경제 추이에 관심을 가졌는데 특히 토지 개혁의 효과에 주목하였다. 경제적으로 자기 토지를 갖게 된 농민들이 식민지 해방의 성과를 경험하고 정치 운동에 직접 참여함으로써 새로운 국가 건설의 가장 중요한 동력이 된다고 믿었기 때문이다.

한편 《인민일보》는 미국의 전후 동아시아 전략이 장제스의 중국을 주축으로 대소 방공 기지를 구축하려던 계획을 포기하고 남한과 일본의 확실한 장악으로 전환했다고 보았다. 그 후 미군정의 좌익 탄압에 대한 비판 기사를 쏟아 내며, 북한의 소비에트화와 남한내의 좌익 운동을 고취시키는 방향으로 보도하였다. 1, 2차 미소공동위원회가 모두 무산되자 미국은 유엔에서 한국 문제를 처리하는 방법이 명분과 실리를 모두 챙기는데 유리하다고 판단하여 총선거에 의한 남한 단독 정부 수립의 방향으로 나아갔다. 이러한 전후처리 전략에 대해 《인민일보》는 "남한의 미제국주의 노예화"로 규징하며 적극 반대하였고, 소련이 제안한 동시 철군과 한국의 자주 정부 수립을 지지하였다. 따라서 중국 공산당은 한국과의 오랜 우호 관계에 기반을 둔 전통 입장보다, 사회주의 체제를 이식시키려는 소련의 전략을 지지함으로써 미국과 대척점을 이루었다. 전후 새로운 사회주의국가 건설 과정에서 외세의 간섭 배제와 내부 안정이 핵심 과제라고 인식한 것이다. 《인민일보》는 북한 내부의 다양한 문제를 다루기보다 인민 자치, 토지 개혁, 산업 국유화, 교육 복지 등 사회주의 체제로의 이행 과정을 집중 보도하였다. 또 주기적 계기적으로 남북한의 미소 군정 상황을 비교 보도하며, 자본주의와 사회주의의 실행 과정 및 성과를 구체적으로 전달함으로써 내전 이후 신중국의 방향을 모색하였다.

전후 한반도는 식민 잔재를 청산할 틈도 없이 외세에 의해 강요된 자본주의와 사회주의가 이식, 배양되면서 동아시아 냉전 체제의 진원지로 전락하였다.

전후 국공 양당 언론은 이러한 남북한의 대립, 분열을 지켜보면서 자신들의 미래와 직결된 문제이자 동아시아의 지역 질서를 좌우할 요소라고 판단하였다. 더욱이 북한은 내전 중인 중국 공산당에게 꼭 필요한 조력자이자 선행 학습자로서 의미가 컸다. 중국 공산당 언론은 일본의 패망 이후 미국과 함께 한반도를 분할 점령한 소련군은 북한 지역에 우호적 정부를 수립하는데 최우선 목표를 두었고, 처음부터 자신들이 내세운 김일성을 적극 지원했으며, 친소비에트 정권이 들어설 수 있도록 모든 노력을 아끼지 않았다고 이해하였다. 반면 미군정에 대해서는 신탁 통치를 먼저 제안한 미국이 남한 내 우익의 반소 활동을 조장하고 있다면서 강하게 비판하였다. 이렇듯 중국 공산당 언론은 소련군의 진주 후 북한의 정치·경제 및 사회·문화의 변화가 성공적인 반면, 남한의 미군정은 실패한 사례로 보았다.

전후 동아시아의 민족 해방 운동은 개별국가의 투쟁과 함께 중심국가인 소련과의 연대를 중시하였고, 대외 관계에 영향을 미쳤다. 중국 공산당의 한국 인식도 소련의 세계 전략과 정책에 많은 영향을 받았다. 그러나 신중국 건설이란 최종 목표로 볼 때, 미소의 한반도 분할 점령에 따른 강압 지배와 자기 세력의 확대 등은 외세 개입에 대해서 중국인들에게 경각심을 갖도록 만들었다. 그 결과 내전에서 승리한 중국 공산당은 신중국 건설 과정에서 한국을 반면교사로 삼아 외세 개입을 극도로 경계하며 독자성을 중시하는 방향으로 나아갔다.

근현대 전환기 한중 관계는 전통적 중화사상에서 벗어나 3·1운동과 의열투쟁, 항일 무장 투쟁, 임정 중심의 독립운동 등의 성과로,

우호 협력 관계로 전환되었다. 항일 전쟁 시기 중국은 한국을 '입술과 이'의 관계로 보고 비공식적이지만 독립운동을 꾸준히 지원하였으며 외교적으로도 후원하였다. 1930년대 만주사변과 7·7사변을 거치면서 한중양국은 항일이란 공동 목표를 가진 '형제' 관계로 발전하였다. 해방 전후 중국은 카이로회담과 광복군 결성에서 볼 수 있듯이 한국 독립과 관련된 군사 지원과 외교 후원을 통해 '보호자'로서 역할을 자임하였다. 전후 중국은 한국의 신속하고 자주적이며 완전한 독립 국가 건설을 희망했지만 내부적으로 어려운 상황에 처해 있었다. 차선책으로 중국은 미소 주둔군의 분할 통치에 반대하면서 미·영·중·소 4개국의 공동 신탁 관리를 적극 옹호하였다. 그러나 종전과 동시에 미소 중심의 냉전 질서가 형성되면서 종속 변수인 중국은 역학 관계상 소외되었고, 심각한 내홍 때문에 별다른 대응을 하지 못하였다.

전후 중국의 대한 인식은 역사적 문화적 배경에 의한 수직 관계와 국방·외교의 현실적 필요에 따른 수평 관계가 교직된 것으로 이해할 수 있다. 전자는 봉건전제시대의 중화주의에 기인한 산물로, 비록 '형제'의 우호 관계를 내세웠지만 '후원자' 혹은 '보호자'로서의 우월의식을 드러냈다. 후자는 한반도의 지정학적 군사적 가치에 주목한 것으로, '완충지대'의 역할을 기대하며 동아시아의 안정과 평화 정착에 한국 독립이 필수적이라고 보았다. 또한 한중 관계를 '순치' 혹은 '수족'으로 비유하듯이 항일 공동투쟁의 역사적 경험을 공유하였다. 전후 민족주의와 공산주의의 상이한 이데올로기를 내세운 분단 체제가 구축되었으며, 이를 기반으로 대한민국과 중화민국, 조선민주주의인민공화국과 중화인민공화국 간의 상호연대가 이루어져 1970년대 말까지 계속되었다.

근현대 전환기 중국의 한국 인식은 중화주의의 틀 속에서 종주 의식으로 지속되어 온 측면과 일제 침략에 맞서는 동안 현실적 필요에 의해 연대 의식이 부각된 면이 함께 존재한다. 이러한 우월과 연대, 공존과 독립의 변주 속에서 현대 한중 관계의 동력이 형성되었다. 이 시기는 새롭게 모색된 신중화주의의 맹아기로, 쇠락한 대국의 자조적 방관이 아닌 현상 유지 혹은 자기 보존에 우선한 중화 의식의 변형으로 이해할 수 있다. 또한 전후 처리과정에서 좌절된 중국의 대한 구상은 실질적 힘의 뒷받침이 없는 관념적 중화주의의 한계를 상징적으로 보여준다. 사회주의 국가 수립 이후 일관되게 나타난 '통일된 강한 중국'에 대한 열망이나, 점차 폭증하는 애국주의 열풍도 같은 맥락에서 이해할 수 있다.

# 참고 문헌

## 1. 사료

### 1) 신문·잡지

(1) 한국

《東亞日報》, 《朝鮮日報》, 『光復』, 『少年中國』, 『朝鮮中央年鑑(1949)』, 『韓國青年』

(2) 중국

《大公報》, 《上海民國日報》, 《時事新報》, 《晨報》, 《申報》, 《新華日報》, 《人民日報》, 《中央日報》, 《晋察冀日報》, 《解放日報》, 『群衆』, 『金融週報』, 『東方雜誌』, 『美亞月刊』, 『民主與統一』, 『世界與中國』, 『時代』, 『申論』, 『新聞類編』, 『新生』, 『新中華』, 『人物雜誌』, 『自由總刊』, 『中央月刊』, 『中央週刊』, 『解放週刊』, *The China Press*, *The Shanghai Evening Post*

### 2) 자료집·회고록

(1) 한국

국사편찬위원회, 『대한민국임시정부자료집 14』, 한국광복군 V, 교학사, 2006.
_____________, 『대한민국임시정부자료집 15』, 한국광복군 VI, 교학사, 2006.
_____________, 『북한관계사료집 제5권 法制篇, 1945~1947년』, 국사편찬위원회, 1987.
윤병석, 『한국독립운동사자료집 : 중국편』, 한국정신문화연구원, 1993.
秋憲樹 編, 『資料韓國獨立運動』 第1卷, 延世大學校出版部, 1971.

『조선중앙년감』(1949), 평양 : 조선중앙통신사, 1950.
(2) 중국
國史館中華民國史外交志編纂委員會 編,『中華民國史外交志(初編)』, 臺北 : 國史館, 2002.
羅家倫 主編, 『革命文獻』 第33輯, 中國國民黨中央委員會黨史史料編纂委員會, 1978.
臺灣 國史館,『外交部檔案 : 韓國問題剪報資料』(1947. 9. 19~1948. 10. 31)
大韩民国临时政府旧址管理处 编,『申报有关韩国独立运动暨中韩关係史料选编(1910~1949)』, 人民文学出版社, 2000.
陶菊隐,『记者生活叁十年』, 北京 : 中华书局, 1984.
邵毓麟,『使韓回憶錄』, 臺北 : 傳記文學出版社, 1980,
宋塬放 主编,『中国出版史料 (现代部分)』第1卷(上·下), 济南 : 山东教育出版社, 2001.
__________,『中国出版史料 (现代部分)』第2卷, 济南 : 山东教育出版社, 2001.
__________,『中国出版史料 (现代部分补卷)』第1卷(上·中·下), 济南 : 山东教育出版社, 2006.
劉金质 外篇,『中朝中韩关係文件资料滙编(1919~1949)』上·中·下, 北京 : 中国社会科学出版社, 2000.
李海平,『故何有(李锺凤)同志回想记』, 1976.
张静卢 辑註,『中国近现代出版史料』(1-8), 上海书店出版社, 2003.
張存武·趙中孚·胡春惠 主編,『近代中韓關係史資料彙編』1~12冊, 臺北 : 國史館, 1990.
中國國民黨 中央委員會 黨史委員會 編,『革命文獻 抗戰前國家建設史 -外交方面』第72輯, 臺北 : 中央文物供應社, 1977.
________________________________,『革命文獻 抗戰前國家建設史料 -財政方面』第73輯, 臺北 : 中央文物供應社, 1977.
中国社会科学院近代史研究所 译,『顾维钧回忆录』第六分册, 北京 : 中华书局, 1988.
中国第二歷史档案馆 编,『中华民国史档案资料滙编』第五辑 第一编 文化(1), 南京 : 江苏古籍出版社, 1994.
中央研究院近代史研究所 編,『國民政府與韓國獨立運動史料』史料叢刊(7), 臺北 : 中央研究院近代史研究所, 1988.

中華學術院,『先總統蔣公全集』, 臺北 : 中華文化大學出版社, 1984.
『國父全集』補編, 臺北 : 中國國民黨黨史會, 1985.
『萬寶山事件及朝鮮排華慘案』, 南京 : 中國國民黨中央執行委員會宣傳部印, 1931.
『蔣總統言論彙編』第21卷, 臺北 : 正中書局, 1957.
『中國近代報刊史參考資料』, 北京 : 中國人民大學出版社, 1982.
Lin, Yu-T'ang, *A History of the Press and Public Opinion in China*, Chicago : The University of Chicago Press, 1936.

## 2. 연구서

(1) 한국

姜東鎭,『日本近代史』, 한길사, 1985.
고구려역사재단 편,『한중관계사 연구논저 목록(근현대)』, 고구려연구재단, 2005.
高柄翊,『東亞交涉史의 硏究』, 서울대학교출판부, 1970.
구대열,『한국국제관계사연구』1·2, 역사비평사, 1995.
국가보훈처,『獨立有功者功勳錄』제5권, 1988.
國史編纂委員會,『韓國獨立運動史』1~5, 탐구당, 1969.
권혁수,『19세기말 한중관계사 연구』, 백산자료원, 2000.
김광재,『한국광복군』, 독립기념관 한국독립운동사연구소, 2007.
김국태 옮김,『해방3년과 미국』1, 돌베개, 1984.
김규환,『일제의 대한 언론선전정책』, 이우출판사, 1978.
김민환·박용규·김문종,『일제강점기 언론사연구』, 나남, 2008.
김인현 편,『한중관계논저목록(1900~1999)』, 예문춘추관, 2002.
김창순,『북한 15년사』, 지문각, 1961.
김학준,『북한의 역사 제1권 -강대국권력정치 아래서의 한반도분할과 소련의 북한군정개시 1863년~1946년 1월』, 서울대학교출판부, 2008.
_____,『북한의 역사 제2권 -미소냉전과 소련군정 아래서의 조선민주주의공화국 건국 1946년 1월~1948년 9월』, 서울대학교출판부, 2008.
_____,『한국전쟁-원인·과정·휴전·영향』, 박영사, 1989.

김한규 지음, 『한중관계사』 Ⅰ·Ⅱ, 아르케, 1999.
김희곤, 『대한민국임시정부연구』, 지식산업사, 2004.
_____, 『조성환 -독립군을 기르고 광복군을 조직한 군사전문가』, 역사공간, 2013.
_____, 『중국관내 한국독립운동단체 연구』, 지식산업사, 1995.
독립운동사편찬위원회, 『獨立運動史』 6권, 고려서림, 1983.
동북아역사재단, 『한중일 학계의 한중관계사 연구와 쟁점』, 동북아역사재단, 2009.
민두기 엮음, 『신언준 현대 중국 관계 논설선』, 문학과 지성사, 2000.
_____, 『中國初期革命運動의 研究』, 서울大學校出版部, 1997.
박명림, 『한국전쟁의 발발과 기원』 1·2, 나남출판, 1996.
박명희·이재령·김지훈·이찬원, 『근현대 전환기 중화의식의 지속과 변용』, 단국대출판부, 2008.
朴永錫, 『萬寶山事件研究』, 亞細亞文化史, 1978.
박용규, 『일제강점기 언론사연구』, 나남, 2008.
방선주, 『재미한인의 독립운동』, 한림대 아시아문화연구소, 1989.
裵京漢, 『쑨원과 한국 - 중화주의와 사대주의』, 한울아카데미, 2007.
_____, 『중국과 아시아』, 한울, 2016.
백영서 외 지음, 『동사이사의 지역질서 - 제국을 넘어 공동체로』, 창비, 2005.
_____, 『동아시아의 귀환 - 중국의 근대성을 묻는다』, 창작과 비평사, 2000.
石源華, 『한국독립운동과 중국 - 1930년대를 중심으로』, 국학자료원, 1998.
세계 속의 한국 편찬위원회 편, 『세계 속의 한국』, 단국대학교출판부, 2008.
孫科志, 『上海韓人社會史 1910~1945』, 한울, 2001.
손염홍, 『근대 북경의 한인사회와 민족운동』, 역사공간, 2010.
송남헌, 『한국현대정치사 - 건국전야』 제1권, 성문각, 1980.
송병기, 『근대한중관계사연구』, 단대출판부, 1985.
신주백, 『만주지역 한인의 민족운동사(1920~1945)』, 아세아문화사, 1999.
아시아평화와 역사교육연대 편, 『한·중·일 3국의 8·15기억』, 역사비평사, 2005.
양소전, 『중국에 있어서의 한국독립운동사』, 한국정신문화연구원, 1996.
역사문제연구소, 『해방3년사 연구입문』, 까치, 1989.
염인호, 『조선의용군의 독립운동』, 나남출판, 2001.

兪辛淳 지음·신승하 옮김, 『만주사변기의 중일외교사』, 고려원, 1994.
윤휘탁, 『신중화주의 -'중화민국 대가족' 만들기와 한반도』, 푸른역사, 2006.
이동현, 『한국 신탁통치 연구』, 평민사, 1989.
이문창, 『해방공간의 아나키스트』, 이학사, 2008.
이수인 엮음, 『한국현대정치사 1 - 미군점령시대의 정치사』, 실천문학사, 1989.
이시카와 쇼지·히라이 가즈오미 엮음, 최덕수 옮김, 『끝나지 않은 20세기 -동아시아역사 1894~』, 역사비평사, 2008.
이완범, 『한국해방 3년사』, 태학사, 2007.
이은호·김영재, 『북한의 정치와 사회』, 서울프레스, 1994.
이익주 외 지음, 『동아시아 국제질서 속의 한중관계사 -제언과 모색』, 동북아역사재단, 2010.
이재령, 『현대중국과 지식인』, 신서원, 2003.
이종석, 『북한-중국관계 1945~2000』, 중심, 2000.
_____, 『새로 쓴 현대북한의 이해』, 역사비평사, 2000.
_____, 『조선로동당연구 : 지도사상과 구조변화를 중심으로』, 역사비평사, 1995.
장석홍 외 지음, 『해방후 중국·대만지역 한인의 귀환』, 역사공간, 2012.
전국대학북한학과협의회 편, 『북한 정치의 이해』, 을유문화사, 2001.
全海宗, 『韓國과 中國 - 東亞史論集』, 知識産業社, 1979.
정문길·최원식·백영서·전형준 엮음, 『동아시아, 문제와 시각』, 문학과지성사, 1997.
정용대, 『대한민국임시정부외교사』, 한국정신문화연구원, 1992.
정용욱, 『존 하지와 미군 점령통치 3년』, 중심, 2003.
_____, 『해방 전후 미국의 대한정책』, 서울대학교 출판부, 2003.
정진석, 『일제하 한국언론투쟁사』, 정음사, 1979.
___, 『韓國言論史硏究』, 一潮閣, 1983.
정진위, 『북방3각관계 - 북한의 대중·소관계를 중심으로』, 법문사, 1985.
제임스 I. 매트레이, 구대열 역, 『한반도의 분단과 미국』, 을유문화사, 1989.
朝鮮無政府主義運動史編纂委員會, 『韓國아나키즘運動史』, 형설출판사, 1978.
曺永祿 外, 『中國과 東아시아世界』, 國學資料院, 1996.
존 루이스 개디스 지음, 정철·강규형 옮김, 『냉전의 역사 - 거래, 스파이, 거짓말, 그리고 진실』, 에코리브르, 2010.
중앙일보 특별취재반, 『비록 조선민주주의인민공화국(하)』, 중앙일보사, 1993.

진재교 외 지음. 『근대전환기 동아시아 속의 한국』, 성균관대학교출판부, 2004.
車培根, 『中國近代言論史』, 나남, 1985,
차상철, 『해방 전후 미국의 한반도정책』, 지식산업사, 1991.
천관우, 『자료로 본 대한민국건국사』, 지식산업사, 2007.
崔民之·金民珠, 『日帝下民族言論史論』, 일월서각, 1978.
최소자, 『명청시대 중한관계사 연구』, 이대출판부, 1997.
최원식·백영서 엮음, 『동아시아인의 '동양' 인식 : 19-20세기』, 문학과지성사, 1997.
추헌수, 『대한민국 임시정부사』, 독립기념관 한국독립운동사연구소, 1989.
_____, 『한민족의 독립운동과 임시정부의 위상』, 연세대출판부, 1995.
폴 A. 코헨 지음·이남희 옮김, 『학문의 제국주의 -오리엔탈리즘과 중국사』, 산해, 2003.
한국민족운동사연구회 편, 『한국독립운동과 중국 - 1930년대를 중심으로』, 국학자료원, 1998.
한국사연구회, 『고대한중관계사의 연구』, 삼지원, 1987.
한국정신문화연구원 현대사연구소 편, 『한국현대사의 재인식 Ⅰ -해방정국과 미소 군정』, 오름, 1988.
한국정치연구회 정치사분과, 『한국전쟁의 이해』, 역사비평사, 1990.
한국정치외교사학회, 『한국독립운동과 열강관계』, 평민사, 1985.
한상도, 『중국혁명 속의 한국독립운동』, 집문당, 2004.
_____, 『韓國獨立運動과 中國軍官學校』, 문학과지성사, 1994.
韓詩俊, 『韓國光復軍研究』, 一潮閣, 1997.
_____, 『황학수 -대한제국군에서 광복군까지』, 역사공간, 2006.
호춘혜 저 신승하 역, 『중국 안의 한국독립운동』, 단국대출판부, 1978.
히라이와 슌지 저, 이종국 역, 『북한·중국관계 60년 - 순치관계'의 구조와 변용』, 선인, 2010.

(2) 중국

贾晓慧, 『《大公报》新论 -20世纪30年代《大公报》与中国现代化』, 天津人民出版社, 2002.
江 涛, 『抗战时期的蒋介石』, 北京 : 华文出版社, 2005.

國史館中華民國史外交志編纂委員會 編, 『中華民國史外交志(初稿)』, 臺北 : 國史館, 2002.
军事科学院 军事歷史研究部, 『中国抗日战争史』 上·中·下, 北京 : 解放军出版社, 2005.
__________, 『抗美援朝战争史』 1~3卷, 北京 : 军事科学出版社, 2000.
军事科学院 外国军事研究部 编著, 『日本侵略军在中国的暴行』, 北京 : 解放军出版社, 2005.
唐培吉 主编, 『抗战时期的对外关係』, 北京 : 燕山出版社, 1997.
陶文钊·杨奎松·王建朗, 『抗日战争时期中国对外关係』, 北京 : 中国社会科学出版社, 2009.
賴光臨, 『七十年中國報業史』, 臺北 : 中央日報社, 1981.
廖永祥, 『新华日报史新着』, 重庆: 重庆出版社, 1998.
沐 涛·孙科志, 『大韩民国临时政府在中国』, 上海人民出版社, 1992.
穆逸群, 『中央日报的廿二年』, 北京 : 中央广播电视大学出版社, 1987.
方 蒙, 『《大公报》与现代中国 1926~1949年代事記實錄』, 重庆 : 重庆出版社, 1993.
方汉奇 等著, 『大公报百年史』, 中国人民大学出版社, 2004.
_____ 主编, 『中国新闻事业通史』 第二卷, 中国人民大学出版社, 1996.
裴京汉, 『从韩国看的中华民国史』, 北京 : 社会科学文献出版社, 2004.
復旦大学新闻系 新闻史教研室 编, 『简明中国新闻史』, 福建人民出版社, 1986.
费 正·李作民·张家骥, 『抗战时期的僞政权』, 河南人民出版社, 1993.
四川省『新华日报』暨『群衆』週刊史学会 外编, 『新华日报社新着』, 重庆 : 重庆出版社, 1998.
徐 焰, 『毛泽东与抗美援朝战争』, 北京 : 解放军出版社, 2003.
徐亮之, 『中韓史關係話』, 臺北 : 自由出版社, 1952.
徐万民, 『中韩关係史 近代卷』, 北京 : 社会科学文献出版社, 1996.
_____, 『中韩关係史』, 北京 : 中国社会科学出版社, 1999.
徐铸成, 『杜月笙传』, 杭州 : 浙江人民出版社, 1982.
石源华, 『中国共産党援助朝鲜独立运动纪事(1921-1945)』, 北京 : 中国社会科学出版社, 2000.

______, 『中韩文化协会研究』, 北京 : 世界知识出版社, 2007.
______, 『韩国独立运动与中国 : 1919-1945』, 上海人民出版社, 1995.
______, 『韩国独立运动血史新论』, 上海人民出版社, 1996.
______, 『韩国反日独立运动史论』, 北京 : 中国社会科学出版社, 1998.
宋 军, 『申报的兴衰』, 上海社会科学院出版社, 1996.
宋应离, 『中国期刊发展史』, 河南大学出版社, 2000.
梁昭全, 『关内地区朝鲜人反日独立运动资料滙编』 下, 遼宁民族出版社, 1987,
杨昭全·何彤梅, 『中国-朝鲜·韩国关係史』 下, 天津人民出版社, 2001.
杨昭全·韩俊光, 『中朝关係简史』, 遼宁民族出版社, 1992.
吳家榮, 『中華民國教育政策發展史』, 臺北 : 五南圖書出版公司, 1990.
吴廷俊, 『新记《大公报》史稿』, 武汉出版社, 1994.
王 敬, 『延安《解放日报》史』, 北京 : 新华出版社, 1998.
王 辅, 『日军侵华战争(1931~1945)』 1, 瀋陽 : 辽宁人民出版社, 1990.
王维礼, 『中国现代史』, 瀋陽 : 辽宁人民出版社, 1984.
______, 『中日战争15年及其他』, 北京 : 中央文献出版社, 2000.
王芝琛·劉自立 编, 『1949年以前的大公报』, 濟南 : 山东畫报出版社, 2002.
王桧林 · 朱汉国 主编, 『中国报刊辞典』, 太源 : 书海出版社, 1992.
劉家林, 『中国新闻通史』 (下), 武汉民大学出版社, 1995.
李龙牧, 『中国新闻事业史稿』, 上海人民出版社, 1985.
李盛平, 『中国近现代人名大辞典』, 北京 : 中国国际广播出版社, 1989.
張其昀, 『國民黨黨史概要』 第三冊, 臺北 : 臺灣中央文物供應社,
蒋琏瑰, 『1945年以前国际政治中的朝鲜和中国』, 哈尔滨 : 黑龙江教育出版社, 1996.
张篷舟 主编, 『近五十年中国与日本』 第2卷, 成都 : 四川人民出版社, 1985.
蒋非非, 『韩中关係史 现代卷』, 北京 : 社会科学文献出版社, 1999.
张宪文 主编, 『中国抗日战争史(1931~1945)』, 南京大学出版社, 2001.
趙君豪, 『中國近代之報業』, 上海 : 商務印書館, 1939.
周 雨, 『大公报史(1902~1949)』, 南京 : 江苏古籍出版社, 1993.
中国社会科学院中日歷史研究中心 编, 『九一八事变与近代中日关係-九一八事变70周年国际学术讨论会論文集』, 北京 : 社会科学文献出版社, 2004.
中国抗日战争史学会·中国人民抗日战争纪念 编, 『抗日战争时期重要资料统计

集』, 北京军出版社, 1997.
曾盧百, 『中國新聞史』, 臺北 : 三民書局, 1966.
陳紀瀅, 『胡政之與大公報』, 香港 : 掌故月刊出版, 1974.
陳逑洏, 『中朝關係100年』, 臺北 : 紳州國光社, 1951.
崔 丞, 『近代东北亚国际关係史研究』, 长春 : 东北师范大学出版社, 1992.
沈 予, 『日本大陆政策史(1868~1945)』, 北京 : 社会科学文献出版社, 2005.
韩辛茹, 『新华日报史 1938~1947』, 北京 : 中国居中出版社, 1987.
许焕隆, 『中国现代新闻史简编』, 鄭州 : 河南人民出版社, 1988.
胡德坤, 『中日战争15年及其他』, 北京 : 中央文献出版社, 2001.
_____, 『中日战争史(1931~1945)』(修订本), 武汉大学出版社, 2005.
黄定天, 『东北亚国际关係史』, 哈尔滨 : 黑龙江教育出版社, 1999.

(3) 일본, 미국
江口圭一, 『日本帝國主義史研究』, 東京 : 青木書店, 1998.
藤田正典, 『中國共産黨新聞雜誌研究』, 東京 : アジア經濟研究所, 1976.
藤井昇三, 『1930年代中國の研究』, 東京 : アジア經濟研究所, 1975.
和田春樹 外, 『岩波講座 東アジア近現代史通史 5 新秩序の摸索 1930年代』, 東京 : 岩波書店, 2011.
_______ 外, 『岩波講座 東アジア近現代史通史 6 アジア太平洋戰争と「大東亞共榮圈」 1935-1945年』, 東京 : 岩波書店, 2011.
『日本アナキズム運動人物事典』, 株はる出版, 2004.
E. Lauterback, R. E., 『韓國美軍政史』, 국제신문출판부, 1948. 12.
Lloyd E Eastman, *The Abortive Revolution : China under Nationalist Rule, 1927~1937*, Cambridge, Harvard University Press, 1990.
Lyman P. Van Slyke, *The China White Paper August 1949*, Stanford University Press, 1967.

# 3. 연구 논문

(1) 한국


강원식, 「북한에 있어서의 소련 군정(1945~48) : 해방직후 소련의 한반도 정책 구상」, 『아시아문화』 8권, 한림대학교 아시아문화연구소, 1992.

강진아, 「廣東 네트워크(Canton-Networks)와 朝鮮華商 同順泰」, 『사학연구』 88, 2007.

高永根, 「李允宰論述目錄」, 『周時經學報』 第10號, 1992. 12.

구대열, 「2차 대전 종전시 소련의 한국문제 개입에 대한 재검토」, 『국제정치논총』 제34집 2호, 1994.

구선희, 「상생을 위한 근대 한중관계사 연구 : 권혁서의 『근대한중관계사의 재조명』, 혜안, 2007」, 『정신문화연구』 32-2, 2009.

권혁수, 「중국학계의 근대 중한관계사 연구현황에 대하여」, 『근대 한중관계사의 재조명』, 혜안, 2007.

金世昊, 「1920年代 韓國言論의 中國國民革命에 대한 反應 : 東亞日報 特派員 朱耀翰의 '新中國訪問記' 取材(1928. 10~1929. 1)를 중심으로」, 『중국학보』 40, 1999. 12.

김성보, 「소련의 조선임시정부 수립 구상」, 『역사비평』 봄호, 1994.

金榮範, 「韓國光復軍 刊行 《光復》의 獨立運動論」, 『한국독립운동사연구』 1, 독립기념관 한국독립운동사연구소, 1987. 8.

김정현, 「제1, 2차 國共合作期의 한중 연대활동 - 黃埔軍官學校 人脈을 중심으로」, 『역사학연구』 46, 2012.

______, 「중국의 항일전쟁 승리 언설의 변화와 새로운 동향 - 중국의 항전연구 강화와 한중공조에의 함의」, 『한중관계연구』 3-2, 2017.

김지훈, 「중국 실험본 중학교 역사교과서의 한국사인식」, 『사학연구』 78, 2005. 6.

______, 「중국의 역사과정표준 고등학교 실험역사교과서의 한국관련 서술」, 『한국근현대사연구』 36, 2006. 3.

______, 「중일전쟁기 중국공산당의 한국인식」, 『역사학보』 194, 한국역사학회, 2004.

______, 「중일전쟁시기 《해방일보》의 한국인식」, 『사림』 25, 2006.

_____, 「현대중국의 영토인식과 역사교육 –현행중국 중학교 역사교과서의 지도를 중심으로」, 『사림』 52, 2015. 4.
김창순, 「중국공산당과 좌파 한국독립운동」, 『한민족독립운동사』 6, 국사편찬위원회, 1989.
김학준, 「분단의 배경과 고정화 과정」, 『해방 전후사의 인식』, 한길사, 1979.
김형종, 「19세기 근대 한중 관계의 변용 - 자주와 독립의 사이」, 『동양사학연구』 140, 2017. 9.
김희교, 「사드(THAAD)와 한국 보수주의의 중국인식」, 『역사비평』 121, 2017.
_____, 「중국 애국주의의 실체 : 신중화주의, 중화패권주의, 민족주의」, 『역사비평』 75, 2006.
_____, 「한국 언론의 동북공정 보도 비판」, 『역사비평』 69, 2004.
_____, 「한국의 비판적 중국담론, 그 실종의 역사」, 『역사비평』 57, 2001.
_____, 「『역사비평』과 한국의 중국 담론의 진로」, 『역사비평』 103, 2013.
閔斗基, 「1920年代 安在鴻의 中國革命資料二編」, 『서울大東洋史學科論集』 14, 1990.
_____, 「近代韓國雜誌(1917~1950)中國現代史關係論說目錄抄」, 『서울大東洋史學科論集』 10, 1986.
_____, 「동아시아의 실체와 그 전망 -역사적 접근-」, 『시간과의 경쟁』, 연세대 출판부, 2001.
_____, 「滿洲에서의 萬寶山사건(1931)과 한국 언론의 대응 –상이한 민족주의적 시각」, 『동양사학연구』 제65집, 1999. 1.
_____, 「滿鐵刊行 中國關係論說目錄 附朝鮮總督府 中國關係刊行物」, 『동아문화』 25, 1987.
_____, 「李允宰와 現代中國現場報告(1922~23) 五種」, 『서울大東洋史學科論集』 11, 1987. 11.
박 환, 「中日戰爭以後 中國地域 韓人 無政府主義系列의 向背 -韓國靑年戰地工作隊를 중심으로」, 『한국민족운동사연구』 16, 1997.
박기수, 「최근의 한중관계사·한일관계사 연구의 쇄도와 새로운 동양사 연구 방향의 탐색」, 『역사학보』 223, 2014.
박상수, 「중국학계의 근현대 한중관계사 인식 : 한중수교 이후의 연구시각」, 『한중일 학계의 한중관계사 연구와 쟁점』, 동북아역사재단, 2009.

박성순, 「항일투쟁기 한국독립당의 『震光』 발간과 한중연대」, 『동양학』 61, 2015.
박영석, 「장학량 중국동북정권의 대한인정책 -길림성 관내의 판법·밀령·훈령을 중심으로-」, 『한민족독립운동사』 6, 국사편찬위원회, 1989.
박영철, 「중국역사교과서의 한국사서술」, 『역사교육』 84, 2002. 12.
박용규, 「일제 말기(1937~1945)의 언론통제정책과 언론구조변동」, 『한국언론학보』 제48-1호, 한국언론학회, 2001. 12.
_____, 「일제의 지배정책에 대한 신문들의 논조 변화 -일제말기(1937~1940)를 중심으로」, 『한국언론정보학보』 28, 2005.
박정현, 「중일전쟁 종전 뒤(1945~1948년) 국민정부의 만주지역 한인정책」, 『대구사학』 123, 2016.
박종철, 「중국 교과서 속의 한국전쟁 : 분단에서 중국의 참전까지(1945~1950)」, 현대중국학회 학술발표논문집, 2010.
박태균, 「미국과 소련의 대한정책과 미군정」, 『한국현대사 1』, 풀빛, 1991.
배경한, 「1941년의 '꿈' -한국광복군의 국제정세 인식」, 『중국근현대사연구』 59, 2013.
_____, 「20세기 동아시아 국제질서와 한중관계 -'20세기 한중관계사'의 새로운 시각과 서술방안 모색」, 『동아시아 국제질서 속의 한중관계사 -제언과 모색』, 동북아역사재단, 2010.
_____, 「대한민국임시정부와 중화민국의 외교관계(1911-1945)」, 『중국근현대사연구』 56, 2012.
_____, 「孫文의 '大아시아주의'와 韓國」, 『부산사학』 30, 1996. 6.
_____, 「역사로 보는 한중 관계」, 『지식의 지평』 9, 2010.
_____, 「중국근현대사 연구 50년의 성과와 과제」, 『동양사학연구』 133, 동양사학회, 2015.
_____, 「중일전쟁 시기 蔣介石 국민정부의 對韓政策」, 『역사학보』 208, 2010.
_____, 「카이로회담에서의 한국문제와 蔣介石」, 『역사학보』 224, 2014.
백영서, 「변하는 것과 변하지 않는 것 -한중관계의 과거·현재·미래」, 『역사비평』 101, 2012.
_____, 「중국의 '동북공정'과 한국인의 중국인식의 변화」, 『중국근현대사연구』 58, 한국근현대사학회, 2013. 6.
백학순, 「중국내전시 북한의 중공을 위한 군사원조 - 북한군의 파병 및 후방기지 제공」, 『한국과 국제정치(KWP)』 10권 1호, 경남대학교 극동문제연구소, 1994.

石源華, 「중국공산당과 대한민국임시정부의 관계」, 『한국민족독립운동사연구』 16, 한국민족독립운동사연구회, 1997.

손과지, 「北京지역 한인독립운동세력과 대한민국임시정부」, 『동양학』 54, 단국대학교 동양학연구원, 2013.

孫成旭, 「최근 중국학계의 근대 한중관계사 연구(2007~2016)」, 『동양학』 69, 2017. 10.

손승회, 「1931년 식민지 조선의 배화폭동과 화교」, 『중국근현대사연구』 41, 2009. 3.

_____, 「근대 한중관계사의 새로운 시각 모색 : 萬寶山事件 연구에 대한 적용 가능성을 중심으로」, 『역사학보』 202, 2009.

_____, 「萬寶山事件과 中國共産黨」, 『동양사학연구』 83, 동양사학회, 2003.

_____, 「만보산사건과 중국의 언론」, 『역사문화연구』 28, 2007. 10.

손준식, 「식민지 조선의 대만 인식 -『조선일보』(1920-1940) 기사를 중심으로」, 『중국근현대사연구』 34, 2007. 6.

_____, 「『동아일보』(1920-1940) 기사를 통해 본 식민지 조선의 臺灣 인식」, 『중국학보』 61, 2010. 5.

송규진, 「근대시기 한중관계의 변화과정」, 『역사와 담론』 68, 2013.

염인호, 「중국 국공내전기 만주 국민당 지구 韓人의 동향(1948) - 瀋陽 거주 韓人의 탈출과 귀환을 중심으로」, 『한국사학보』 27, 고려사학회, 2007.

_____, 「중국 국공내전기 목단강시 조선인 사회와 한반도와의 관계(1945. 8~1948. 2) - 특히 북한과의 관계를 중심으로」, 『한국학논총』 32, 국민대학교 한국학연구소, 2009.

_____, 「해방후 한국독립당의 중국 관내지방에서의 光復軍擴軍運動, 『역사문제연구』 1, 역사문제연구소, 1996.

_____, 「해방후 한국독립당의 중국동북지방 진출과 재중한국독립당의 정책(45. 8~47. 2)」, 『역사교육』 60, 역사교육연구회, 1996.

오경평, 「抗戰時期의 韓國臨時政府의 承認에 대해 中國 國民政府가 가졌던 態度에 대하여」, 『동방학지』 92, 연세대국학연구원, 1996.

吳世昌, 「在滿韓人의 社會的 實態(1910~1930) - 中國의 對韓人政策을 中心으로」, 『백산학보』 9, 1970. 12.

우병국, 「중국의 한국전쟁 연구현황에 관한 분석」, 『중소연구』 29권 3호, 한양대학교 아태지역연구센타, 2005.
劉秉虎, 「在滿韓人의 國籍問題에 대한 연구 - 1900년대초 韓·淸 양국의 갈등을 중심으로」, 『사림』 18, 2002.
유용태, 「中國人의 '南朝鮮 漢城'」, 『동아시아역사연구』 4, 동아시아역사연구회, 1998.
윤덕영, 「1930년대 동아일보 계열의 정세인식 변화와 배경」, 『사학연구』 108, 한국사학회, 2012. 12.
윤선자, 「1920년대 한국인들의 중국여행기 분석」, 『한중인문학연구』 41, 2013.
尹恩子, 「20세기 초 南京의 한인유학생과 단체(1912~1925)」, 『중국근현대사연구』 39, 2008. 9.
_____, 「20세기 초 중국유학과 '金陵'의 韓人 유학생(1912~1927)」, 『중국근현대사연구』 64, 2014. 12.
_____, 「중국 南京의 국립 東南大學과 한인독립운동(1921~1926) -한인유학생을 중심으로」, 『중국근현대사연구』 68, 2015. 12.
윤휘탁, 「중국의 애국주의와 역사교육」, 『중국사연구』 18, 2002.
이은자, 「대한제국기 한중간 민사소송의 실례」, 『동양사학연구』 100, 2007.
_____, 「중화민국 전기(1912~1927) 在朝鮮 영사관 조직」, 『중국근현대사연구』 66, 2015.
_____, 「카이로회담에서의 한국문제와 蔣介石」, 『역사학보』 224, 2014.
_____, 「한청통상조약시기(1900~1905) 중국의 在韓 치외법권 연구」, 『명청사연구』 26, 2006.
이재령, 「1920년대 전후 北京의 유학환경과 韓人學生 현황」, 『중국학보』 80, 2017. 5.
_____, 「1930年代 中國 知識人의 民權問題에 관한 認識과 對應 - 言論·結社의 自由를 중심으로」, 『사학지』 31, 1998. 12.
_____, 「7·7사변 이후 《동아일보》의 시국 인식과 전시대응」, 『중국학보』 92, 2020. 5.
_____, 「南京國民政府期 教育界 紛糾의 背景과 樣相」, 『동양학』 28, 1998.
_____, 「일제강점기 上海 韓人留學生의 유학생활과 근대 경험」, 『중국근현대사연구』 70, 2016. 6.

_____, 「일제강점기 在中 韓人留學生의 실태와 지적교류 -上海地域을 중심으로」, 『중국근현대사연구』 68, 2015. 12.
_____, 「일제강점기 在中 韓人留學生의 근대학문·사상의 수용 -北京지역을 중심으로」, 『역사학연구』 67, 2017. 8.
_____, 「중국 역사교과서로 본 현대한국」, 『중국학보』 64, 2011. 12.
_____, 「中日戰爭時期 中國內 韓人武裝組織의 抗日戰略과 戰後構想 -言論動向을 중심으로-」, 『중국사연구』 123, 2019. 12.
이준태·김정현, 「현대 중국인의 애국주의와 민족주의 인식에 대한 계량 분석적 고찰」, 『세계지역연구논총』 29-1, 2011.
李炫熙, 「大韓民國臨時政府와 國民黨政府 : 상호외교관계 정책을 중심으로」, 『轉換期의 韓國社會』, 法文社, 1988.
任桂淳, 「대한민국 임시정부에 대한 중국정부의 지원」, 『한국사학』 8, 한국정신문화연구, 1987.
임상범, 「중국의 남한정부 수립에 대한 인식 1948년 5월부터 8월까지의 신문기사를 중심으로」, 『사총』 67, 2008.
장 신, 「1930년대 언론의 상업화와 조선·동아일보의 선택」, 『역사비평』 70, 2005.
장세윤, 「1940년대 전반기 중국국민당 정권의 한국독립문제인식과 대응」, 『한국근현대사연구논총』(오세창화갑기념), 대구 : 간행위, 1995.
_____, 「중일전쟁기 대한민국임시정부의 대중외교 - 광복군문제를 중심으로」, 『한국독립운동사연구』 2, 1988.
_____, 「항일전쟁기 중국공산당의 한국 독립문제 인식과 대응」, 『한국독립운동사연구』 9, 한국독립운동사연구소, 1995.
_____, 「解放日報에 보도된 華北朝鮮獨立同盟의 활동」, 『五松李公範教授停年紀念東洋史論叢』, 지식산업사, 1993.
田寅甲, 「1920年代 新聞·雜誌論說을 통해 본 韓國人의 中國認識의 성격 : 5·30運動에 관한 東亞日報의 論說을 중심으로」, 『서울大東洋史學科論集』 11, 1987. 11.
전현수, 「소련군의 북한진주와 대북한정책」, 『한국독립운동사연구』 9집, 1995.
정건재, 「中國 人民日報의 對韓關係 報導內容分析(1946~1988)」, 『계간중국』

제16호, 단국대학교 중국연구소, 1991. 6.
정문상, 「냉전기 북한의 중국 인식 - 한국전쟁 후 중국 방문기를 중심으로」, 『우리어문연구』 40집, 우리어문학회, 2011.
_____, 「냉전시기 한국인의 중국 인식」, 『아시아문화연구』 13, 2007.
_____, 「『역사비평』과 한국의 중국학 연구」, 『역사비평』 100, 2012.
정병준, 「1945~48년 대한민국임시정부의 중국내 조직과 활동」, 『사학연구』 55·56 합집(신재홍정년논문집), 한국사학회, 1998.
_____, 「동서냉전체제와 한국전쟁 - 한국 분단체제·동북아 질서의 재편을 중심으로」, 역사학회 엮음, 『전쟁과 동북아의 국제질서』, 일조각, 2007.
정용대, 「대한민국임시정부의 외교활동에 관한 연구」, 『대한민국임시정부의 법통과 역사적 재조명』, 국가보훈처, 1997.
鄭晉錫, 「日帝下의 言論 出版 硏究(上) -日帝의 言論政策을 통해 본 韓人·日人의 新聞·雜誌·單行本 발행 실태 비교」, 『관훈저널』 26, 관훈클럽, 1978. 5.
_____, 「日帝下의 言論 出版 硏究(下) -日帝의 言論政策을 통해 본 韓人·日人의 新聞·雜誌·單行本 발행 실태 비교」, 『관훈저널』 27, 관훈클럽, 1978. 10.
정혜중, 「개항기 인천 화상 네트워크와 화교정착의 특징」, 『중국근현대사연구』 36, 2007.
제임스 매트레이, 「미국은 왜 한국에서 극우세력을 지지했는가?」, 『계간사상』, 1990, 봄.
조경란, 「현대중국 민족주의 비판 - 동아시아 인식을 중심으로」, 『역사비평』 90, 2010.
조세현, 「1920년대 전반기 재중국 한인 아나키즘운동 - 한중아나키스트의 교류를 중심으로」, 『한국근현대사연구』 25, 2003.
조순승, 『한국분단사』, 형성사, 1982.
조윤경, 「동북공정논쟁 이후의 한중 양국의 인식 차이에 대한 비교연구」, 『중국학』 31, 2008.
周曉蕾, 「1920년대 조선 지식인의 만주기행문에 나타난 '중국(인)인식'」, 『한중인문학연구』 55, 2017.
차웅환, 「日本의 熱河侵略과 『獨立評論』(1932~1933)」, 『중국현대사연구』 3, 1997. 6.

최기영, 「1910~1920년대 杭州의 한인유학생」, 『서강인문논총』 39, 2014. 4.
_____, 「1930년대 중산대학과 한국독립운동」, 『진단학보』 99, 2005. 6.
崔鳳春, 「대한민국임시정부와 중화민국정부의 관계」, 『한국민족독립운동사연구』 16, 한국민족독립운동사연구회, 1997.
최상원·한혜경·송인덕, 「1937년 일본군의 중국 난징 점령 관련 한국언론의 보도태도 - 동아일보와 조선일보 기사를 중심으로」, 『지역과 커뮤니케이션』 14(1), 부산울산경남언론학회, 2010. 2.
秋憲樹, 「大韓民國臨時政府와 中國과의 關係」, 『한국사론』 10, 국사편찬위원회, 1987.
_____, 「중국국민당 정부와 한국 독립운동」, 『한민족독립운동사』 6, 국사편찬위원회, 1989.
한상도, 「해외 좌파진영과 민족문제」, 『한국독립운동과 국제환경』, 한울, 2000.
_____, 「화북조선독립동맹과 중국공산당」, 『역사학보』 174, 한국역사학회, 2002.
한시준, 「1940년대 전반기 독립운동의 특성」, 『한국독립운동사연구』 8, 1994.
_____, 「일제침략에 대한 한중 공동항전의 역사적 경험과 과제」, 『사학지』 52, 단국사학회, 2016. 6.
_____, 「중국관내 독립운동과 신문잡지」, 『한국독립운동사연구』 12, 독립기념관 한국독립운동사연구소, 1998.
_____, 「중한문화협회의 성립과 활동」, 『한국독립운동사연구』 35, 2010.
한정일, 「분단과 민군정」, 이수인 엮음, 『한국현대정치사 1 - 미군점령시대의 정치사』, 실천문학사, 1989.
한종민, 「1930년대 『동아일보』의 인적 구성과 변동」, 『민족문화연구』 제84호, 고려대 민족문화연구원, 2019. 8.
한철호, 「1930년대 전반기 한중연대와 항일운동」, 『한국근현대사연구』 22, 2002.
한혜자, 「항전시기 한국청년진지공작대의 항일예술활동」, 『역사연구』 30, 2016.
胡春惠, 「20世紀前半中國國民黨人的韓國觀」, 『근현대 전환기 中華意識의 지속과 변용 - 20세기 전반 中國人의 韓國觀을 중심으로』, 단국대학교 동양학연구소 국제학술회의 자료집, 2004. 5. 15.
홍순옥, 「대한민국 임시정부의 대중국외교(1940~45)시론 - 광복군과 임시정부인식문제를 중심으로」, 『한국독립운동과 열강관계』, 국사편찬위원회, 1989.
홍종욱, 「1930년대 '동아일보'의 국제정세인식」, 『한국민족운동사연구』 58, 2009.
황민호, 「1930년 재만 한인사회주의자들과 중국공산당의 합동에 관한 연구」, 『역사학보』 141호, 역사학회, 1994.

(2) 중국

陶菊隐, 「『新闻报』发家史」, 『文史资料选集』 第4册, 1960.
梁志善, 「天津韩人社会研究(1910~1946)」, 中国復旦大学研究生院 博士学位論文, 2012.
吕秀一, 「抗战时期中国国民党政府对在华韩国临时政府的援助」, 『中朝韩日关係史论』, 1996.
马荫良, 「坚持抗日, 反对内战, 史量才在一九叁二年」, 『上海文史资料选集』 第47辑, 1983.
万里霜, 「如何评价国民党在抗日战争中的歷史作用」, 『广西大学学报 (哲学社会科学版)』, 1995. 3.
穆逸群, 「《中央日报》的二十二年」, 『新闻研究资料』 第15辑, 1982.
武 伟, 「十年内战时期国民党新闻思想化政策初探」, 復旦大学新闻界 硕士论文, 1985.
方永春·吕秀一, 「中国对在华大韩民国临时政府的援助」, 『近代史研究』 81, 1994. 3.
谢俊美, 「中国共産党和韩国独立运动」, 石源华 编, 『韩国独立运动血史新论』, 上海人民出版社, 1996.
徐有威, 「1931~1937年间国民政府与朝鲜独立运动」, 『抗日战争研究』, 1994-2.
石建国, 「『申报』有关韩国独立运动报道述评(1919-1945年)」, 『韩国独立运动血史新论』 上海人民出版社, 1995.
石源华, 「論抗日战争期间国民政府的援助政策」, 『抗日战争研究』 12, 1994. 5.
_____, 「论大韩民国临时政府的歷史意义 : 纪念大韩民国临时政府创建90周年」, 『韩国研究論丛』 第21辑, 2009.
_____, 「论战时中国国民政府的援朝政策 -1937~1945-」, 『朴永錫華甲論叢』,

박영석화갑논총간행위원회, 1992.
______, 「论中国共產党与韩国临时政府的关係」, 『韩国独立运动研究』, 北京 : 学苑出版社, 1999.
______, 「论中日战争期间的韩国临时政府」, 復旦大学韩国研究中心 主编, 『韩国研究論丛』 第1号, 上海人民出版社, 1995.
______, 「蒋介石与初期国民党的对日和战态度-以名人日记为中心的比较研究」, 『抗日战争研究』 2010-2.
温文芳·袁飞, 「《申报》史料中的九一八事变考述」, 『兰台世界』 23, 2011.
王 毅, 「九一八事变后知识分子民主言说的特色 -以1930年代《再生》为中心」, 『社会科学论坛』, 2009. 8.
王文彬, 「上海《大公报》工作琐记」, 『新闻研究资料』 第17辑, 1983.
汪仲韦, 「我与『新闻报』的关係」, 『新闻研究资料』 第12期, 1982.
袁义勤, 「答《申报》 史编写组」, 『新闻研究资料』 第5辑, 1980.
俞志厚, 「一九二七年到抗战前天津新闻界概说」, 『新闻研究资料』 第14辑, 1982.
陸 诒, 「我所接触的史量才」, 『新闻研究资料』 第16辑, 1982.
张 云, 「『解放日报』·『新华日报』与韩国独立运动」, 『韩国独立运动血史新论』, 上海人民出版社, 1995.
张篷舟, 「大公报大事记(1902~1966)」, 『新闻研究资料』 第7辑, 1981. 12.
张曦文, 「《中央日报》抗日宣传手段及作用研究(1937~1945)」, 天津师范大学研究生学位論文, 2012.
全鹜颉, 「九一八事变对报纸社论影响的研究 -1927年~1937年《大公报》和《益世报》社论的社会学分析」, 南开大学研究生院, 硕士学位論文, 2010. 5.
郑大华, 「理性民族主义之一例 : 九一八事变后的天津《大公报》」, 『浙江学刊』 4, 2009.
齐 辉, 「《盛京时报》与九一八事变」, 『民国档案』 3, 2009.
______·李晶晶, 「"九一八"后《盛京时报》的宣传策略」, 『新闻爱好者 (上半月) 』 9, 2009.
赵继刚, 「试析胡适民族主义思想特点 一以1931至1937年间《独立评论》对日言论为线索」, 『高等函授学报 (哲学社会科学版) 』 4, 2011.
周朋畅, 「九一八事变后的报界舆论及其政治诉求 -《申报》·《大公报》·《中央日报》叁报社论比较研究-」, 华中师范大学歷史文化学院, 硕士学位論文, 2014. 5.

蔡铭泽, 「论叁十年代初期中国的与论环境」, 『中国人民大学学报』 1994年 第3期.

叢成義, 「九一八前的東北韓人問題與中日糾紛」, 『韓國學報』 3, 1983. 12.

_____, 「萬寶山事件之研究」, 臺灣政治研究所碩士論文, 1983.

叶 彤, 「九一八事变前《盛京时报》的报道策略」, 『新闻传播』 9, 2009.

胡春惠, 「大韓民國臨時政府與中國國民黨之關係 -一寫在白凡金九先生百二十歲誕辰」, 『近代中國』 123, 1998. 2.

_____, 「萬寶山事件中的韓僑問題」, 『韓國學報』 11, 1992. 6.

(3) 일본, 미국

權寧俊, 「抗日戰爭時代における韓國臨時政府の軍事活動と中國」, 日本現代中國學會編刊, 『現代中國』 72, 1998.

_____, 「抗日戰爭時代における韓國臨時政府の中國國民政府との外交交涉 -韓國臨時政府の承認·獨立問題をめぐって」, 『朝鮮史研究會論文集』 第40集, 朝鮮史研究會, 2002. 10.

味岡徹, 「國民黨'訓政'と抗日戰爭」, 中央大學人文科學研究所 編, 『日中戰爭 : 日本·中國·アメリカ』, 中央大學出版部, 1993.

石島紀之, 「抗日民族統一戰線と知識人(全篇) -'滿洲事變'時期の鄒韜奮と『生活』週刊をめぐって-」, 『歷史評論』 256, 1971. 11

石島紀之, 「抗日民族統一戰線と知識人(後篇) -'上海事變'時期の鄒韜奮と『生活』週刊をめぐって-」, 『歷史評論』 259, 1972. 2.

_______, 「中國知識人と雜誌 『獨立評論』(1931~1937)」, 『成蹊大學法學政治學研究』 10, 1992.

Lyman P. Van Slyke, *The China White Paper August 1949*, Stanford University Press, 1967.

Terry narramore, The Nationalists and The Daily Press: The Case of Shenbao, 1927~1934, Fizgerald, John eds, *The Nationalists and Chinese Society 1923~1937 : A Chinese Symposium*. Parkville : University of Melbourne, 1989.

# 찾아 보기


(ㄱ)
가렴잡세苛斂雜稅 151, 251, 484
가와구치川口사단 195
간도間島 한인 문제 231, 232
갑오전쟁 276
강남통신江南通訊 294
강우규 333
강제 징용 254
강제 폐간 168, 190
강화도조약 21, 23
『개벽開闢』 45
개조파改造派 92
개혁·개방 15, 29, 32, 33, 38
거궁전戈公振 133
건국대강 179
건군 운동 300
경술국치 23
경제 단교 63,~65, 109, 112, 114, 117, 127
《경향신문》 164
계계桂系 92
계급 해방 237
계급성 265, 567
계도성啓導性 562
계서階序적 차별관 34
고구려사 15, 16
고노에 221, 318, 352, 355
고농雇農 454
공동 신탁 관리 537
공동 항전 24, 26, 41, 140, 298, 299, 302, 303, 322, 567
공동 방공 220
공산 혁명 39, 134, 242, 243, 289, 443, 504
공산당 51, 55, 56, 129, 136, 151, 170, 174, 180, 182, 184, 191, 233, 242, 382, 392, 395, 421, 447, 456, 467, 483, 542, 554
공산당 언론 232, 247, 250~253, 258, 261, 262, 265, 282, 283, 286~289, 433, 443, 456, 571, 245, 567
공산당 토벌 63, 100, 151, 182, 560, 561
공산주의 93, 150, 243, 364, 404, 414, 415, 461, 465, 488, 518, 545, 549, 553, 570, 575
《공상일보》 308
공채 137, 180, 337, 354
과도 입법 기구 492
과도 정부 수립 계획 492
과도입법의원 선거 460, 465
과학가정운동科學下家運動 133
관동군 351
관민 일체 222, 225
관영 언론 40, 51, 80~85, 88, 93~95, 111, 128, 129, 145, 193, 562
광둥廣東 26, 97, 179, 220, 293, 313

『광복』 41, 46, 294, 325~331, 337, 343, 346, 351, 361, 366~370, 372, 568
광복군 46, 235, 243, 246, 254, 256, 261~265, 270, 292, 294, 296, 302, 307, 310, 321, 322, 326~334, 342, 345, 353~364, 369~371, 434, 566, 567~569, 575
광산·철도 노동자 파업 464
광시廣西 48, 94, 313
광저우廣州 25, 43, 66, 89, 91
광전廣田 3원칙 198
광주학생운동 241, 252, 566
9개국 위원단 536
9국 공약 318
구국국채 218
구국모금운동 146
구웨이쥔顧維鈞 211, 246, 386, 402, 403, 406
구이난桂南전투 207
국가 총동원령 189, 204
국가동원법 339
국가주의 청년당 174
국가주의파 180
국경의 밤 308
국공 내전 26, 40, 378, 389, 398, 421, 422, 427, 430, 431, 434, 435, 466, 499, 519, 531, 571
국공 양당 41, 42, 217, 229, 230, 238, 239, 243, 246, 251, 253, 255, 257, 271, 282, 287, 433, 435, 463, 502, 518, 567, 570
국공합작 217
국교 수립 290
국권 회복 178, 181, 299, 300, 331, 360, 370
국난회의 137, 138, 180
국문통신사 51
국민 경제 전쟁 115, 128
국민 혁명 77, 144, 160, 171, 184, 247
국민당 40, 46, 48, 52, 57, 58, 61, 63, 71, 77, 80, 84, 105, 111, 126, 129, 139, 143, 148, 150, 152, 157, 160, 170, 171, 175, 181, 229, 238, 370, 372, 382, 421, 422, 442, 446, 467, 499, 519, 539, 561, 566
국민당 언론 47, 57, 73, 89, 380, 386, 389, 390, 396, 397, 408, 413, 414, 417, 420, 422, 424~430, 433, 443, 463, 479, 485, 486, 513, 562, 571
국민당 우파 73, 174
국민당 좌파 91, 141, 176, 561
국민당 중앙군사위원회 362
국민당 중앙상무위원회 91
국민당 중앙선전부 100
국민당 중앙집행위원회 97, 103, 117
국민당 통치구 230, 232, 433, 524, 567
국민당 특무기관 141
국민당군 47, 499
국민당의 대일노선 100
국민당의 부저항 정책 160
국민당의 외교 방침 77, 172
국민당의 일당 통치 130, 317
국민외교학회 273
국민정부 25, 26, 40, 46~48, 59, 65,

73, 98, 128, 135, 151, 174, 178, 182~185, 228, 238, 263, 282, 299, 329, 339, 371, 393, 469, 532, 536, 540~542, 545, 552, 554, 555, 559, 560, 563, 567, 570, 571
국민정부군 206, 208, 231
국민정부 군사위원회 258~260, 265
국민정부 외교부 210
국민정부 중앙군 201
국민정부 참의원 281
국민정부의 대일 정책 104, 201
국민정부의 대한對韓 구상 528
국민정부의 외교 정책 212, 203
국민정신총동원연맹 220, 251
국민참정회 273
국민총동원 체제 565
국민혁명군 169
국민회의 176
국방 헌금 225, 251
국제 반일 통일 전선 238
국제반침략대회 241
국제연맹 89, 99~102, 105, 108, 110, 112, 120, 124, 140, 143, 145, 148, 561
국제주의 233, 238, 243
국책 담화회 201
군국주의 119
군대의 정리 135, 151, 169
군벌 46, 48, 142, 169, 171, 174~176, 563
《군보軍報》 91
군정 41, 135, 169, 379, 382, 467, 468, 508
『군중群衆』 231, 433
군축軍縮 47, 141
굿펠로우 492
궈타이시郭泰斯 211
그리스 공산당 29
근대 국민국가 33, 55, 563
금릉金陵대학 99
금수 조치 349, 371
《기독신보基督申報》 45
긴급치죄법 156
김광金光 327, 328, 358
김구 67, 209, 232, 240, 261, 281, 295, 327, 328, 331, 354, 362, 363, 368, 372, 385, 387, 392, 395, 408, 410, 412, 415~420, 423, 425, 439~443, 446, 448, 459, 465, 477, 491, 512, 513, 531, 537~550, 553, 554, 571
김규식 392, 409, 412, 415, 417, 419, 512, 513, 544, 547, 549, 571
김기원金起元 277
김동수金東洙 295, 296
김두봉 516
김백연金白淵 286, 439
김서영金瑞榮 456
김성수 411, 412, 415, 417~419, 423, 447, 460, 548
김약산金若山·김원봉金元鳳 209, 235, 253, 258, 261, 439
김익상 333
김인金仁 295
김일성 411, 413, 417, 421, 472, 475, 478, 480, 487, 509, 510, 513, 516~518, 574
김책 478

김학규 328, 333
꾸이양貴陽 94
꿍더뽀龔德柏 276

(ㄴ)
나월환羅月煥 295~297, 300~303
나카무라中村사건 87, 97, 136
난닝南寧 220
난징南京 49, 50, 92, 94, 99, 101, 144, 159, 181, 220, 229
난징南京국민정부 40, 189, 559
난징조약 172
난카이南開대학 199
남로당 514
남만주철도주식회사 64
남북 분단 22, 28, 40, 379, 380, 397, 399, 417, 420, 424, 429, 431, 434, 480, 571
남북 통일 394, 410, 412, 414, 547
남북한 총선거 407, 503, 505, 514, 521
남북한의 경제 상황 464, 480
남북협상론 415
남북회의 412
《남선경제일보南鮮經濟日報》 45, 46
남양 324, 337~340, 343, 344, 352, 355
남조선 민주당파 512
남조선대한국민대표민주의원(약칭 민주의원) 488~490
남조선인민대표자대회 514
남진南進 291, 314, 316, 317, 319, 323, 341~348, 350~355, 370, 371, 568
남한 단독 선거 410~413, 417, 418, 422, 429, 460, 511~513, 544, 546~550, 571
남한 단독 정부 386, 392, 399, 409, 412, 415, 422, 506, 542, 550~554, 571, 573
남한 언론 439, 504
내선일체內鮮一體 190, 224, 251, 261, 325, 565
『내외소식內外消息』 294
내인론內因論 379, 431
내전 140, 262, 433, 461, 486, 550, 562, 570, 575
내전폐지대동맹 143
내정 개혁 96, 132, 147, 149, 156, 161
내정부 296
내지잡거권內地雜居權 61, 85
냉전 19~22, 29, 38, 377, 398, 417, 420, 422, 427, 443, 469, 488, 571
냉전 체제 37, 39, 41, 190, 377, 379, 398, 403, 404, 408, 409, 420, 421, 425, 427~432, 503, 545, 571, 574
네덜란드 318, 353, 355
네델란드령 인도네시아 344
노농병勞農兵 234
노동당 460
노동법 458
노동보국대勞動報國隊 251
『농민農民』 45
농민위원회 454
농촌 혁명 근거지 464
농회農會 101
닝한寧漢 합작 91

(ㄷ)
다나카 기이치田中義一 58
다산大山사건 219
다이지타오戴季陶·다이촨셴戴傳賢 92, 98, 273
단독 선거 409, 411, 413, 421, 428, 511, 513, 548
단독 정부 수립 41, 378, 394, 408, 416, 420, 433, 492, 499, 509, 512, 514, 541, 547
당내 파벌 투쟁 169, 179, 563
당보 51, 90, 92, 93
당의黨義 92
당치黨治 47, 95, 125, 139, 147, 154
《대공보大公報》 40, 41, 48~52, 57, 63, 73~75, 80~84, 88, 93~96, 129~139, 144, 148, 149, 152~161, 169, 380, 382, 388~390, 396, 400, 405, 414, 415, 418, 419, 423, 424, 562, 563
대국굴기大國崛起 15, 33
대국주의 26, 277
《대동신보大東新報》 45
대동아공영권 233, 256, 257, 261
대동아전쟁 356
대륙 병참 기지화 167, 251
대륙 침략 정책 84, 317, 377
대만臺灣 66
대만의용대 236, 259
대서양헌장 285, 357
대소 반공 정책 492, 554
대소 방공 기지 520, 573
대소 전쟁 352, 319
대수해大水害 87, 136
대일 경제 단교 89, 112~116, 120, 127, 128, 561
대일 선전 포고 285, 356
대일 전략 127, 192, 257, 329, 339, 370, 517, 562
대일 정책 40, 95, 183
대일 타협 외교 180, 181
대일 항전 21, 95, 130, 231, 236, 241, 242, 248, 249, 258, 259, 277, 279, 284, 302, 309, 320, 326, 327, 332, 333, 339, 345, 357, 369, 370, 566, 568
대일 화약 계획 493
대일외교후원회 100
대일원교위원회 64
대중화주의 38
대학학생구국연합회 197
대한독립촉성회 460
대한민국 29, 272, 507, 576
대한민국 임시정부 292, 327, 439, 526
대한민국 정부 422, 425, 426, 546, 551, 552
대한민국 헌법 초안 416
대한제국 22, 189
덩샤오핑鄧小平 29
덩옌다鄧演達의 암살 사건 141
도쿄 543
독소 불가침조약 347
《독립신문》 45, 46
독립운동 24, 43, 46, 77, 224, 258, 329, 553, 554
『독립평론獨立評論』 46, 88, 130
『동광東光』 45
『동명東明』 45

독소불가침조약 371
독소獨蘇전쟁 230, 316, 348~353, 357
독일 77, 313, 318, 338, 340, 348, 351, 353, 356
동만주 231
동만주공산주의청년단 517
동맹파업 458, 465
동맹회 66, 273
동방민족학원 233
동방언어학교 235, 263
동북 지역 57, 65, 77, 97, 105, 140, 143, 247, 251, 283, 297, 321, 382, 387~389, 398, 406, 435, 467, 524, 532, 539
동북공정 15, 16, 31~34, 37, 38, 43
동북아 균형자론 38, 322
동북인민혁명군 517
동북항일연군 234, 241
동북항일의용군 267
동시 철군론 402, 404, 406, 504, 513, 516, 573
동아공영권 352
동아시아 각 민족 반파시즘대회 233
동아시아 반파쇼 운동 242, 249
동아시아 연대론 228, 232, 234, 236, 239, 240, 252, 287, 288, 303, 370
동아시아 피압박 민족 해방 운동 233, 238, 241, 260, 266, 287, 288, 315, 432, 568
동아신질서 219, 222, 318, 565
《동아일보》 40, 41, 45, 56, 164~185, 190, 191, 196, 197, 200, 201, 204, 205, 208~210, 214~216, 219~225, 563~565
동아자급권 340
동유럽 377, 381, 472
동화정책 251, 252, 257, 567
등기등록제 52
딩런걸丁人傑 101

(ㄹ)

라오수런樂恕人 218
라우유성劉煜生사건 156
량준시안梁尊賢 304
량한차오梁寒操 236, 275
량훙즈梁鴻志 338
러시아혁명 319
러일전쟁 22, 24, 31, 252, 319, 335
러허熱河 침략 155, 300
로버트 400
로벳 501
룽하이선隴海線 연안 215
루거우차오蘆溝橋사건 40, 189, 192~198, 201, 203, 208, 210, 214, 219, 223, 231, 301, 330, 562, 564
루산廬山 201, 217, 219, 231
루송如松 259, 260
루스벨트 211, 280, 318, 349, 351, 352, 367, 371, 435, 446, 449
루스벨트·처칠 선언 357, 361
루저우柳州 293
뤄자룬羅家倫 92
뤄지강劉啓光 236
리스청李石曾 92
리우위완劉馭万 425, 551
리쭝런李宗仁 260
린위탕林語堂 134
린펀臨汾 310

(ㅁ)
마관조약 66, 84
마르크스주의 134, 247
마셜 390, 391, 493, 496, 501, 503, 505
마쓰오까 요스께 348
마오수칭毛樹清 218
마오쩌둥毛澤東 29, 32, 233, 237, 433
마이馬義 236
마인추馬寅初 92
마자오준馬超俊 245, 266
마잔산馬占山 109, 140
마충량馬忠良 343
만몽滿蒙 178
만몽 특수 지위 178
만보산사건萬寶山事件 26, 39, 40, 56~58, 60~64, 68, 69, 73, 74, 77~85, 87, 113, 128, 136, 216, 559
만주 26, 56, 110, 120, 140, 470, 519, 559
만주 한인 55, 58, 59, 63, 73, 83, 238, 560
만주국 143, 155, 349, 470
만주사변 39, 40, 46, 47, 58, 87, 88, 93~95, 98~101, 104, 105, 107, 111, 113, 120, 123, 126, 128, 132, 133, 136, 139~142, 145, 149, 160, 166, 167, 169, 179~182, 189, 193~195, 201, 225, 231, 234, 252, 267, 271, 291, 293, 300, 302, 329, 333, 336, 353, 561, 564, 575
《매일신보每日申報》 45, 46
매판 계급 170, 531
맥네어H. E, Macnair 101
맥아더 382, 419, 437, 500, 543
메이지유신 341
모금 운동 80, 256, 257, 336
모스크바 348, 444, 453
모스크바삼상회의(약칭 삼상회의) 279, 382~385, 391, 395, 428, 435, 445~452, 463, 470, 475, 477, 488, 489, 494~496, 502, 505, 506, 509, 529, 531, 535
모스크바협정 402~405, 450,
몰로토프 400, 488, 494, 496, 502, 505
무당무파 460, 478, 514
무장 투쟁 26, 292, 432
무정부주의 활동 295
무지농無地農 454
문화대혁명 29
미국 34, 38, 46, 183, 193, 216, 316, 317, 324, 340, 344, 348, 349, 352, 356, 367, 371, 379, 398, 401~404, 409, 410, 415, 423, 424, 427, 449, 488, 500, 503, 518, 520, 537
미국의 대한 정책 389, 414, 420, 422, 487, 493, 495, 513, 550, 554, 555
미국의 참전 243, 316, 324, 345~347, 362, 363, 371, 568
미국의 패권주의 34, 36, 37
미군 철수 403~406, 420, 504, 532
미군정 380, 388~390, 393, 395, 414, 417, 438, 442, 447, 456~460, 463, 465, 479, 481, 483, 484, 488, 489, 492, 493,

497~500, 520, 521, 540, 541, 547, 549, 570, 571, 574
미소 군사령부의 연합위원회 529
미소 냉전 550, 551, 570
미소 대립 378, 424, 464, 544
미소 주둔군 388, 397, 399, 402, 406, 407, 448, 461, 486, 520, 524, 534, 535, 546, 554
미소공동위원회(약칭 미소공위) 379, 390, 392, 396, 399~401, 408, 411, 412, 428, 445, 449~453, 463~465, 470~473, 487~494, 497~505, 509, 520, 534, 573, 574
미소군사대표회의 448
미소 군정美蘇軍政 28, 35, 38, 40, 377~379, 384, 387~389, 397, 400, 429, 432~434, 443, 448, 461~463, 469~472, 481, 483, 508, 518~520, 531, 535, 553, 570~572
미소의 분할 통치 41, 395, 435, 461, 462, 465, 528, 530, 533, 537, 544, 545, 548, 574
미일항해통상조약 318
미주 한인 단체 256, 257
《민국일보民國日報》 47, 73, 89, 141, 273
민권 96, 138, 140, 142, 147, 149, 153, 156, 160, 161, 191, 562
《민립보民立報》 273
민석린 409
민영 신문 40, 48, 51, 57, 63, 73, 75, 84, 85, 88, 93~96, 103, 127~129, 132, 144, 145, 168, 190, 222, 325, 380, 382, 561~563
민영구 328
민족 말살 정책 251, 567
민족 자치구 232
민족 해방 운동 182, 237, 240~243, 246, 247, 250, 261, 267, 288, 306, 310, 312, 333, 440, 461, 465, 466, 518
민족자결주의 240, 354, 357, 365
민족자주연맹 409
민족주의 19, 32, 34, 66, 236, 244, 252, 295, 426, 447, 552, 559, 575
민족통일전선 241, 246, 252, 281
민족혁명당 46, 235
민주전선 459
민주당 446, 460, 478, 507, 550, 554
민주당파 42, 496, 529
민주의원 488~490
민주주의 149, 389, 414, 415, 488, 518, 549, 570
민주주의민족전선 488
민주집중제 280, 289
민주청년동맹 510
《민중신문民衆新聞》 45
민중혁명 238
민청 478
민치 153

(ㅂ)
바오산寶山 206
바이충시白崇禧 271
바쿠닌 304
박기성朴基成 295, 296
박동운朴東雲 308

박상수 21
박은식 328
박찬익 395
박헌영 393
반공 34, 35, 47, 95, 319, 386, 387, 390, 392, 394, 412, 415, 422, 426, 533, 542~546, 550, 553, 554
반국민당 128, 137, 179, 180
반미 투쟁 484
반봉건·반군벌 투쟁 563
반소反蘇 319, 447, 474, 500
반외세 투쟁 169, 177, 184, 185, 564
반일 구국단 99
반일 구국대회 101
반일 민족 통일 전선 247
반일복국反日復國사상 244
반일선전구제방침 112
반일원교구국회 64
반일회反日會 101
반장反蔣 51, 55, 63, 92, 136, 150, 172, 174, 178, 179, 560
반전反戰 운동 237, 242, 288, 308, 309
반제반일反帝反日 19, 60, 86, 232, 234, 288, 329, 559
반침략 전선 241, 351, 356, 357, 361, 353
반탁 운동 384, 385, 391~394, 411, 428, 446~450, 463, 495, 496, 523, 530, 531, 542
반파쇼 연대 233, 234, 241, 249, 250, 252, 262, 263, 287, 289, 372
발칸반도 398
방계군 215
방소防蘇 389, 390, 419
배급 경제 220, 335, 370
배일排日 운동 56, 61, 64, 75, 79~81, 116, 198
배화 활동 60, 65, 68~71, 85, 560
백화소설 133
버마 공로의 개방 347, 355
버마 파병 269
베이징北京 25, 26, 43, 46
베이징대학 16, 199
베이핑北平 49, 50, 97, 144, 155, 194, 310
베트남 32, 269, 465, 552
『별건곤別乾坤』 45
복국復國운동 66, 268, 271
볼세비키 247, 368, 372
부녀평등법 485
부당不黨·불매不賣·불사不私·불맹不盲 134
부저항 정책 47, 89, 104, 115, 123, 140, 561, 562
북로당 478, 515
북벌北伐 40, 46, 47, 55, 67, 90, 96, 126, 135, 139, 141, 144, 147, 158, 159, 170, 171, 178, 185, 559, 560, 563, 564
북조선 5도 인민위원회 474
북조선노동당 516
북조선민주주의 민족통일전선위원회 460, 477, 506, 478
북조선인민위원회 470, 475, 478, 503, 513, 514, 517
북중 관계 470
북중사변 205, 206, 214, 215
북지北支사변 215
북진北進 291, 316~319, 326, 341,

352~355, 371
북청사변의정서北淸事變議定書 197
북한 29, 37, 39, 387, 398, 399, 405, 411, 413, 419, 420, 423, 433, 449, 455, 460~463, 467, 472, 474, 478, 482, 494, 504, 509, 510, 514~520, 524, 531, 532, 547, 554
북한의 토지 개혁 454, 455, 476, 480
분단 국가 23, 34, 35, 38, 377, 380, 427, 430, 512, 576
분파주의 443
분할 점령 41, 382, 383, 411, 413, 416, 421, 438, 442, 443, 542
불령조선인 209
불평등조약 51, 169, 171, 300, 560, 564
브리앙M. Briand 107
블라디보스토크 352
비시정부 355

(ㅅ)
4개국 신탁 통치 407, 383~385, 445~448, 453, 463, 488, 524, 528, 554
4개국 협상론 391, 397, 400, 429
4개국 회의 502, 534
4대 현대화 29
사대교린 17, 18, 554
사대자소事大字小 24, 227, 252, 397, 560
사대질서 24
사변특별세 216
사불주의四不主義 134
사상구국연맹 251
사상범 보호 관찰소 251
사오리쯔邵力子 246, 273, 281
사전검열제 52
사회주의 31~33, 241~244, 252, 443, 455, 465, 467, 469, 477, 482, 483, 495, 518~521, 570~574
사회주의 정권 455, 465, 480, 494, 513~516
사회주의 체제 462, 472, 478, 487, 491, 513, 521
산둥山東 48, 70
산시山西 314
산하이관山海關 155
삼국동맹 338~341, 346~348, 352, 354
삼균三均제도 364
삼민주의 46, 71, 77, 91, 92, 119, 177, 179, 236~238, 266, 275, 276, 305, 307, 366, 368, 372, 397, 539, 559, 566
3성조정위원회 500
3·1운동 45, 67, 231, 234, 239~249, 252, 267, 288, 293, 333, 362, 483, 543, 545, 553, 566, 574
삼주주의三做主義 177
『삼천리三千里』 45
38도선 382, 395, 413, 429, 435, 437, 480, 505, 531
상가오上高전투 207
상국-속방 관계 24
《상보商報》 50, 91
상업 일간지 48, 80, 130, 132
상하이上海 25, 26, 43, 48, 49, 52, 73, 89~91, 96, 97, 129, 159, 191, 219, 303

상하이사변 88, 112, 122, 143, 148, 152, 169, 180, 182, 189, 300
상하이상회연합회 143
상하이시민지방유지회 146
상하이정전협정 143, 182
샌프란시스코회의 282
『생활』 130
샤오리즈邵力子 92
샤오위린邵毓麟 245
샤오위안충邵元沖 92
서세동점 22
선린 우호 의식 220, 290
선무宣撫공작 309~312, 323, 539
선안내후양외先安內後攘外 40, 62, 75, 87, 95, 96, 127, 132, 139, 144~149, 155, 158, 160, 161, 172, 173, 181, 185, 189, 562
선양瀋陽 95, 96, 108, 229, 329
신양외론 96, 149, 161
선전방략개선안 94
선전품심사조례 51
《성경시보盛京時報》 88
성한연맹聖汗聯盟 251
세계 피압박 민족 대회 359
소군정 462, 463, 472, 475, 477, 479, 481, 494, 506, 513, 519, 574
소련 222, 238, 241, 317, 343, 348, 350~355, 362, 368, 371, 377, 379, 381, 411, 417, 421, 423, 465, 470, 507, 518, 543, 547, 553
소련군 285, 286, 393~398, 403, 454, 462, 467, 473, 474, 478~480, 485~487, 513, 514, 531, 532
소련식 사회주의 경제 520, 455
소련의 동시 철군론 405, 471, 505, 520
소련의 북한 점령 정책 450
소련의 전략 466, 521, 573
《소보小報》 129
소비에트화 472, 480, 567, 519
송학선 333
송후淞滬정전 협정 122
수자오隨棗전투 207
수풍수력발전소 482
순망치한脣亡齒寒 24, 276, 277, 305, 403, 434, 526, 552, 575
쉬잉石瑛 92
쉬저우徐州 220
슈티코프 450, 451, 494, 497, 502, 504
스위안화石源華 25
스자오지施肇基 97, 107, 108
스자좡石家莊 310
스탈린 435, 471, 485
《시대일보時代日報》 45
시라카와白川 303
시베리아 316, 352, 532
《시보時報》 73, 74
《시사신보時事新報》 45, 73, 74
『시사평론時事評論』 45
시산회의西山會議파 90
시안西安 294, 302, 309, 311, 327, 369
10월 폭동 479
식민 경제 483
식민 통치 상황 34, 60, 58, 68, 77, 171, 225, 251, 255, 297, 441,

443, 462
식민지 언론 164~168, 225, 563
식민지 한국 43, 55, 69, 173, 184, 185, 229, 251, 291, 559, 560, 563
식민지 한국의 언론 130, 185, 189, 191, 563
신간회 241
신강 532
신규식 66
신기공사新記公司 51
신노공법 485
『신동아新東亞』 45
《신문보新聞報》 52, 73, 74, 130
신문화건설운동 181
《신보申報》 40, 41, 48, 52, 57, 63, 74, 80~84, 88, 93~96, 129~135, 140~146, 149~152, 158, 161, 191, 380~384, 387, 388, 391, 394, 395, 398~400, 403, 409~417, 422~425, 523, 562, 563, 570
《신보晨報》 275
신생활운동 181, 184, 563
신상新鄕 310
『신생활新生活』 45
신언준申彦俊 40, 165
신의주 70
《신주일보神州日報》 273
신중국 건설 461, 510, 519, 574, 575
신축조약 194
신탁 통치 41, 248, 280, 285, 379, 382, 385, 389~394, 401, 402, 428, 429, 435, 445~451, 463, 477, 488, 502, 504, 509, 520, 527~530, 538, 541, 547, 572, 574
신한민주당 439
신해혁명 184, 239, 241, 245, 253, 272
《신화일보新華日報》 41, 191, 230~235, 240~246, 257~259, 263~265, 272, 274, 283, 285, 289, 433~439, 441~448, 450, 453~463, 465, 468, 469, 472, 519, 567, 571, 572
실력양성론 173
실천주의 177
19로군路軍 142, 143
십인단十人團 99
싼싱바오三姓堡 이퉁하伊通河 57
쑤이위안綏遠 258
쑨원孫文·손중산孫中山 46, 65~67, 79, 89, 118, 137, 144, 160, 164, 172, 174, 177, 237, 274, 298, 302, 361, 397, 559, 563
쑨커孫科 235, 269~272, 278, 281, 539, 543
쑹저위안宋哲元 193~196
쑹즈원宋子文 278
쑹칭링宋慶齡 141
쑹후회전淞滬會戰 206, 207
쓰량차이史量才 133, 134, 141, 145, 191
쓰영겅史咏賡 133
쓰촨四川 151
씨유푸席裕福 133

(ㅇ)

아리랑 308, 309, 323

아시아·태평양전쟁 41, 193, 324, 325, 565, 569
아편전쟁 24, 31, 84, 172, 184
안공근 209
안명근 333
안순安舜 271
안재홍 392, 393
안중근 252, 293, 303, 333
안후이安徽 94
안훈 328
애국주의 17, 31~34, 120, 198, 576
애치슨 493
앨리슨 500
약법約法 120
얄타협정 382, 435, 436, 471
양신퍼어楊杏佛 92
언론 자유 투쟁 130
언론·출판의 자유 44, 102, 137, 148, 164
에드윈 폴리Edwin W. Pauley 455
여성동맹 478
여운형 392~394
연안파 477
연합국 443, 429, 569
연합국 4개국 381, 384, 401, 405
연합국배상위원회 455
연합군 350
영국 77, 222, 278, 317, 340, 344, 349, 350, 355, 371, 402, 435, 503
영사재판권 62
영자 신문 524
예공차오葉公超 426
예추창葉楚傖 92
옌션위嚴愼予 92
옌시산閻錫山 47, 92, 150, 170, 176, 201, 215
옌안延安 233, 247, 260, 286
옌안소비에트 지역 230
옌징燕京 197
5·4운동 245
오스트레일리아 407
5·10 선거 411, 415, 507, 514
오키나와 437
완핑현성宛平縣城 192~195
왕스제王世杰 138, 391, 402, 405, 425, 535
왕이성王藝生 246
왕정팅王正廷 97, 197, 211
왕지룽王郅隆 51
왕징웨이汪精衛 48, 90, 148, 174, 175, 201, 221, 338
왕충후이王寵惠 271
왕펑성王芃生 245, 281
왕핑링王平陵 92, 101
왕하오밍王皓明 425
외교부당안 42
외몽고 532
요동遼東 20
요시자와 겐키치芳澤謙吉 106
《용보庸報》 50
우딩창吳鼎昌 51, 131
우리통신 46
우월의식 525, 575
우즈휘이吳稚暉 92
우톄청吳鐵城 271, 276, 537, 539
우편물검사제 52
우한武漢 49, 91, 138, 144, 220, 293
원산대파업 241
원원시우文文修 306

월남 77, 285, 318, 340, 344, 350, 359, 461
웨드마이어 495, 499, 500
위안豫南전투 207
위유런于右任 103
위조 지폐 사건 479
윈청運城 310
윌슨 240, 365
유럽전쟁 338~343, 353~367, 371
유봉오劉鳳五 344
유엔 401, 402, 405~410, 416, 423, 503, 507, 508, 511, 516, 520, 534~536, 547, 573
유엔 한국임시위원단 379, 412, 505
유엔의 한국 문제 처리 520, 536, 554
유엔한국위원회 407, 410, 413, 428, 548, 549
유엔헌장 507
6·10만세운동 239, 252, 288, 566
6·25전쟁 39
윤봉길 293, 303, 333, 540
융딩하永定河 198
의식개혁운동 181
의연금義捐金 99
의열 투쟁 288, 303, 304, 574
의열단 235
의용군교육강령 117
의회법제위원회 516
의회주의 93
이극로 409
이당치국以黨治國 157, 174, 287
이동녕李東寧 67
이범석 424
이복영 328
이봉창 293, 333
이승만 282, 385~394, 402, 404, 408~412, 415~425, 442, 448, 460, 462, 491, 492, 498, 501, 504, 508, 512, 536, 537, 541~554
이시영 422
21개 조약 74
21세기 한중 관계 38
29로군 192, 193, 210
이웅 366
이윤영 424
이을규李乙圭 296
이응 328
이이제이以夷制夷 172, 178
이재명 252
이재현李在賢 295
이종봉李鍾鳳 296
이중 국적 문제 81, 83
2차 국공 합작 227, 231, 432, 433
2차 미소공위 393, 494~498, 500, 502, 509
2차 세계대전 28, 178, 291, 330, 354, 356, 377, 381, 384, 427, 436, 471, 523, 546, 552
이창宜昌 220
이청천 209, 261, 328, 331, 342, 363
이탈리아 77, 338, 340, 348, 355, 356
이토 히로부미伊藤博文 293, 303
이하유李何有 295, 296
이해평 296
익세보益世報 50, 88, 93
인도 340, 344, 407, 552
인도네시아 318
인도차이나반도 291, 351, 340

인민 자치 486, 519, 573
인민당 446, 447, 483
인민위 441, 460, 462, 465, 474, 475, 478, 482, 485, 509, 510
인민의회 474
《인민일보人民日報》 41, 467, 469, 471~473, 483, 484, 487, 491~494, 498~503, 506~513, 515~521, 571, 573
인민정치위원회 441
인종주의 34
인천 43, 70
일당 정치 46, 52, 137, 138, 154, 157, 228, 237, 367, 368, 372, 561, 569
일면저항一面抵抗, 일면교섭一面交涉 148
일반 명령 제1호 382
일본 32, 68, 77, 155, 183, 220, 253, 361, 414, 423, 461
일본 상품 배척 운동 113~116
일본 어전회의 219, 221
일본외교후원회 100
일본의 남진 정책 341, 343
일본의 대륙 침략 정책 58, 59, 75, 283, 480
일본의 만주 침략 58, 81, 96, 104, 111, 120, 144, 172
일본의 항복 421, 473, 524
일본 제국주의 71, 72, 102, 105, 115, 121, 237, 298, 330, 495, 530
일본 파시즘 168, 235, 437, 459, 500
일본 패망 41, 381, 431, 434, 437, 461, 574
일선동조론日鮮同祖論 251
일소중립조약 348, 349, 352
일시동인一視同仁 251
일왕위약日汪僞約 347
일지사변 219
1차 미소공위 391, 392, 456, 460, 464, 494, 509, 572
1차 세계대전 241, 283, 293, 356
일청공사 116
임시 민족회의 454
임시 민주 정부 402, 445, 448, 494, 513, 535
임시입법회의 502
임정 25~28, 46, 66, 67, 209, 224, 228, 229, 240, 246, 249, 255, 256, 260, 263, 265, 269, 274, 278~281, 288, 289, 293, 320, 327, 329~332, 356, 358~361, 363, 367, 369, 392, 395, 401, 426, 432~435, 439, 441~443, 446, 452, 453, 463, 465, 488, 489, 496, 501, 512, 531, 537~542, 553, 555, 566~571, 574
임정 승인 227, 248, 263, 269, 278, 289, 290, 364, 365, 372, 386, 567
임진왜란 332
잉리안지英斂之 51
잉지중應季中 133
잉커우營口 96

(ㅈ)
자강론 549
자본주의 31, 34, 48, 518, 519, 562, 570, 573, 574
자오이棗宜전투 207

자오주준趙竹君 133
자유담自由談 133
자유잡거권 62
자유한인대회 256
자주적 통일 독립 정부 386, 414, 571
잡군 215
잡지년 50
장광나이蔣光鼐 142
장기 항전 89, 95, 117, 120~123, 126~128, 189, 215, 222, 224, 225, 293, 314~320, 324, 336, 339, 342~345, 354, 370, 371, 433, 561, 562, 566, 568
장덕수 393
장쉐량張學良 56, 102, 178
장시江西 151
장시소비에트 56
장시만張西曼 266
장쑤江蘇 48, 49
장저江浙 49
장제스蔣介石 46~48, 52, 55, 56, 62, 67, 73, 75, 87, 89~96, 98, 103, 120, 122, 130, 132, 134, 136~141, 144~146, 149~152, 154, 159, 161, 164, 170~182, 197, 201, 202, 209~222, 231, 237, 248, 260, 262, 270, 271, 276, 280, 317, 342, 362, 386, 387, 393, 425, 433, 500, 502, 520, 526, 528, 537~540, 543~546, 552, 561~563
장젠張謇 133
장조영張兆榮 298
장즈롼張季鸞 51, 131, 136
장즈중張治中 260
장즈충張自忠 196
장지張繼 246, 539
장충다오張忠道 101
재만 조선족 문제 470
『재생再生』 88
재중 광복군 미국지대 257
저우언라이周恩來 246, 268
저장浙江 16, 48, 49, 181, 182, 199
전강戰崗 294
전국 인민의회 선거 506
전국노동총동맹 241
전국상회연합회 143
전국학계대표대회 99
전면전 40, 75, 189, 195, 207, 208, 215, 217, 224, 231, 235, 237~240, 287, 288, 293, 299, 301, 315, 320, 323, 335, 339, 370, 371, 433, 562, 564, 566, 568
전민 혁명 354
전시 공채 216
전시 체제 46, 189, 214, 225
전시 총동원 체제 220, 564
전시 통제 경제 335, 565
전시동원체제 325, 564, 565
전장鎭江 97
전조선정당사회단체대표자연석회의(약칭 연석회의) 411~414, 511~513, 549
전후 한국 문제 248, 277, 280, 285~290, 382, 404, 424, 428, 435, 488, 525, 527, 536~538, 555, 569, 571
정이진丁履進 343, 345
정풍整風운동 230

제1차 국공합작 47, 73
제2의 지난濟南사건 60
제2차 연석회의 514
제3당 90, 174
제3차 고노에近衛선언 219
제국국책수행요령 355
제국주의 22~24, 66, 71, 150, 176, 272, 377, 511, 513, 518
제헌의회 378, 412, 416, 423
조경한趙擎韓 327, 328, 337, 357, 364
조공 책봉 체제 17~22, 24, 31, 38, 65, 67, 184, 252, 305, 377, 369
『조광朝光』 45
조만식 497
조선 민족 해방 운동 232
조선 우편국 217
조선 최고인민회의 주석단 516
조선 혁명 228, 236, 267
조선공산당 392, 442, 446, 456, 475
조선노동당 478
조선독립동맹 248, 286, 434, 439
조선민족전선연맹 234, 289, 438
조선민족해방동맹 280
조선민족해방투쟁동맹 261
조선민족혁명당 229, 235, 246, 249, 253, 258, 260, 265, 280, 439, 566, 567
조선민주당 478
조선민주주의인민공화국 29, 469, 507, 513~516, 575
조선민주주의임시정부 451
조선민주주의정부 488
조선민주혁명 481
조선배화사건 40, 56~62, 64, 68, 69, 79, 82, 113, 128, 216
조선신민당 477
조선유격대 517
조선은행 481
조선의용군 248, 262, 286
조선의용대 46, 209, 224, 228, 229, 233~235, 241, 243, 249, 256, 258~261, 265, 268, 286, 289, 293, 294, 321, 434, 566~569
『조선의용대(통신)』 46, 294, 568
조선인민공화국 중앙인민위원회 479
조선인민당 456
《조선일보》 45, 56, 164, 166, 168, 190, 222, 225, 565
《조선중앙일보朝鮮中央日報》 45, 168
『조선지광朝鮮之光』 45
조선총독부 200, 204, 206, 214, 224, 564, 565
조선특별지원병 253
조선혁명군 241
조선혁명군정학교 286
조성환 292
조소앙趙素昂 67, 236, 240, 415, 419
조시제趙時濟 295, 327
조우루鄒魯 271
조청통상조약 23
종전 249, 290, 382, 426, 429, 467, 524, 530, 552
종주 의식 576
종파수의 244
좌경 노선 267
좌우 합작 운동 235, 392, 409, 442, 491, 492
좌익 세력 228, 286, 447, 449, 456, 459, 464, 484, 508
주더朱德 267, 268, 286

주원장朱元璋 176
주자화朱家驊 246
주조선사관당안駐朝鮮使館檔案 42
주중 한국 대표 426
주한 중국 대사 425
『중앙中央』 45
중간파 409, 442, 491~493, 498, 519
중국 공산당 60, 217, 218, 228, 241, 258, 395, 396, 406, 420, 432, 448, 455, 461, 464~467, 469, 472, 500, 516, 519, 521, 524, 532, 562, 573, 575
중국 공산당 언론 433, 449, 468, 469, 476, 479, 509, 511, 517, 519, 574
중국 언론 40, 74, 84, 159, 164, 191, 378, 385, 398, 399, 411, 428, 482, 530, 540, 543, 544, 548, 549, 551, 559, 562, 566, 571
중국 청년당 180
중국 특색의 사회주의 건설 32
중국 항전 236, 241, 245, 269, 270, 298, 302, 308~311, 330, 347, 356, 363
중국 혁명 170, 228, 238, 266, 267, 303, 432, 552
중국국민당 남의단藍衣團 180
중국군관학교 258, 295
중소상호불가침조약 349, 470
중앙당부조직개선안 94
중앙대학 99
『중앙반월간中央半月刊』 47
중앙상무위원회 94
중앙선전부 47, 90, 92, 94, 296, 561
《중앙시사주보中央時事週報》 94
《중앙야보中央夜報》 94
《중앙일보中央日報》 40, 41, 45, 47, 57, 73~80, 83, 88, 91~116, 119~129, 191~195, 198~203, 206~213, 217, 218, 223, 229, 234, 239, 240, 243~247, 250~260, 263~265, 272, 274, 279~285, 289, 380, 387, 390, 396, 413, 415, 417~425, 523, 561, 562, 565~567
중앙통신사 73, 79, 95, 279, 425
《중외일보中外日報》 45
중일 관계 57, 75, 78, 109
중일전쟁 26, 40, 41, 46, 51, 88, 126, 134, 168, 189~192, 202, 205, 206, 212, 214, 216, 227, 240, 243, 251, 252, 262, 265, 268, 273, 277, 287, 288, 291, 293, 298~303, 309, 310, 314, 315, 318~320, 323~325, 330, 332, 338, 342, 344, 346~348, 351~353, 369~371, 437, 562, 564~566, 569
중티아오산中條山전투 208
중한문화협회 235, 236, 263, 268, 270, 272, 275, 278, 281, 539
중한인민동맹회 282
중화 의식 20, 26, 38, 40, 67, 84, 86, 397, 523, 525, 528, 553, 554, 560, 575, 576
중화 질서 17, 18, 21, 24, 66, 227, 535
중화 패권주의 33, 34, 38
중화민국 23, 24, 29, 41, 272, 391, 400, 421, 425~429, 552, 575

중화인민공화국 23, 29, 41, 434, 469, 575
즉시 항전 104, 112, 115, 120, 122, 127, 128, 142, 145, 146, 160, 300, 561
지구전 143, 314, 315, 334, 351, 433
지난濟南사건 74, 87, 136, 310
지난행이知難行易론 93
지진루유변구冀晉魯豫邊區 250
직영 언론 47, 48, 51, 91~94, 98, 126, 514
진공 작전 279
진보정당 242
진주만 318, 356, 361
질서 있는 항전 준비 89, 104, 127
징병제 253~255
쩌우루鄒魯 539

(ㅊ)
차앙커우較場口사건 434
차이위안페이蔡元培 63, 68, 92
차이팅카이蔡廷鍇 142
창사長沙 94, 97
창씨개명 261
창춘長春 57, 96
책봉 조공 관계 17, 23, 34, 397
처칠 280, 349, 352, 371
천궁보陳公博 175
천궈지 307
천다바이陳大白 116
천도교청우당 460, 478
『천도교회월보天道敎會月報』 45
천령陳冷 133
천부레이陳布雷 92
천빈후陳彬龢 152
천순우陳訓悆 191
천조 체제 66, 84
《천진민국일보天津民國日報》 50
천황제 119, 272
철병撤兵 105, 110, 117, 120, 231
철혈단鐵血團 181
청년구국단 101
청년의용군 117
청당淸黨 48, 152
청두成都 94
청일전쟁 17, 18, 22, 24, 31, 74, 84, 247, 252, 283, 335, 377
청창보程滄波 202
청천백일기靑天白日旗 71
초공전剿共戰 96, 132, 144, 146, 149~154, 156, 160, 161, 172, 180, 181
초모招募 활동 294, 295, 301, 308, 311, 321, 323, 369, 568
초지전사대鍬之戰士隊 251
총선거 408, 411, 521
총파업 458, 548
추도 기사 239, 249, 250, 288, 289
충군 애국 정신 242, 244
충칭重慶 25, 94, 229, 254, 265, 293, 295, 302, 310, 327, 433, 439
충칭 임시정부 296
충칭남반 434
충·효·인·애·신·의·화평 118
치스챠코프 437, 441, 473, 482
치장綦江 327
친미 반공 394, 409, 415, 417, 419, 422, 423, 430, 464, 530, 531, 542, 553, 554, 571
친소 노선 450, 466, 472, 477

친일 세력 168, 220, 251, 377, 395, 414, 415, 418, 423, 430, 438, 443, 447, 454, 460, 462, 464, 475, 479, 484, 506, 571, 572
친중親中 정부 425, 526, 553
친중파 538
7·7사변 40, 189, 193, 195, 201, 204~206, 209, 222, 229, 231, 234, 235, 252, 259, 267, 287, 300, 302, 330, 335, 336, 341, 565, 575
칭다오青島 50, 310

(ㅋ)
카이로회담 247~250, 257, 263, 273~276, 279~283, 289, 378, 382, 388, 390, 400, 402, 404, 406, 422, 425, 429, 436, 528, 534, 552, 575
카츠키香月 195
코민테른 238, 423
쿠릴열도 532
쿤밍昆明 94, 221

(ㅌ)
타오시성陶希聖 276
타오싱즈陶行知 133, 152, 159, 246
타이얼좡台兒莊 전투 207, 208
타이완 29, 30, 283
타이위안太原 97, 310
타이항산太行山 308
탁치국託治國 383, 385
탕구塘沽협정 202
태평양전쟁 213, 243~247, 255~257, 261, 263, 265, 278, 282, 284, 287, 290, 293, 326, 356~365, 372, 437, 527, 567
톈진天津 26, 49~52, 73, 95, 129, 144, 155, 194, 310
톈진조약 21
토공討共 171, 182
토지 개혁 464, 475~480, 483~486, 513, 517, 519, 572, 573
토지상조권 61, 62, 83, 85
통일 독립 국가 건설 386, 390, 399, 404, 411, 424, 428, 508, 515, 527, 538
통일 전선 228, 238, 267, 288, 434
트루먼 378, 389, 395, 438~440, 449, 455, 499, 543, 550
특수 지위 178

(ㅍ)
파리강화회의 356, 362, 364
판공잔潘公展 92, 191, 275
판이즈潘宜之 91
판챠오잉潘朝英 425
팔로군八路軍 217, 231, 233, 262, 267
8·29국치일國恥日 239, 288
펑더화이彭德懷 262, 267
펑쉐페이彭学沛 91
펑위샹馮玉祥 47, 92, 150, 170, 174, 260, 271, 274
펑즈안馮治安 193
팽후도澎湖島 66, 283
편견 회의 173
평양 413, 437, 474, 477, 495, 497, 512, 515
평준기금협정 349
폐원희중랑幣原喜重郎 60

포츠담회담 282, 382, 436, 470, 471
푸스넨傅斯年 92
푸젠福建 94, 151
프랑스 222, 318, 340, 350, 352, 355, 407, 410, 415
피압박 민족의 반파쇼 연대 284
필리핀 256, 317, 407, 410, 435
핑싱관平型關전투 217
핑진平津 195, 199, 258

(ㅎ)
하얼빈哈爾濱 303
하이난海南섬 213
하주귀何柱國 부대 199
하지 384, 391, 437, 439~442, 450~452, 456, 479, 489~492, 529, 543
학생 구국 운동 118
학생군사훈련 99
학생의용군 99
학생청원단 103
한간韓奸 508
한교韓僑 259, 297, 309, 539
한국 독립 25, 28, 184, 247, 270, 284, 298, 311, 370, 371, 378, 379, 391, 397, 403, 404, 407, 408, 429, 444, 445, 448, 503, 508, 520, 529, 534, 536, 552, 574, 575
한국 독립운동 25, 41, 56, 59, 67, 165, 209, 224, 227, 229, 231, 238, 239, 244~249, 255, 257, 260~263, 266~268, 280, 284, 287, 292, 293, 299, 300, 303, 310~312, 320~325, 329, 333, 342, 345, 346, 353, 357, 360, 361, 367, 378, 425, 432, 560, 566
한국 문제 39, 41, 363, 407, 461, 466, 470, 503, 520, 523, 534, 547, 554, 569, 572
한국 민주당파 419
한국 분단 41, 398, 404, 416, 421, 429, 506
한국 화교 55, 82, 85
한국경제원조계획 543
한국광복진선청년공작대 293, 321, 568
한국독립당 46, 280, 330, 354, 356, 364, 367, 368, 372, 392, 439, 531, 569
한국민주당 411, 460
한국전쟁 29, 36, 38
『한국청년』 41, 46, 292, 294~296, 298~304, 308~325, 568
한국청년전지공작대 46, 243, 292~298, 302, 307~310, 321, 322, 334, 568
한국학생특별지원병제도 253
한길수 282, 438
한문강습반 235, 263
한민당 442
한인 거류민 43, 65, 69, 77, 251, 289, 311, 364, 538, 559
한인 무장 세력 298, 301, 302, 311, 320~323, 327, 330, 332, 334, 358, 361, 369, 370, 372, 568
한인 이민 정책 58
한중 공동 항전 22, 185, 329, 568
한중 관계 15~21, 26, 30, 35, 36, 40,

42, 44, 69, 246, 469, 545, 551, 575
한중 수교 19, 29, 31, 36, 468, 540
한중 연대 235, 246, 259~262, 271, 292, 297~299, 301~306, 311, 321, 322, 326, 330~333, 369, 370, 560, 568
한중 우호 관계 76, 276, 277
한중 합작 269, 328, 329, 369, 539, 544
한청통상조약 21, 22
한커우漢口 91, 97, 191, 433
한푸추韓復渠 215
함흥 437
항일 가극 308
항일 공동 투쟁 243, 246, 260, 261, 265, 266, 272, 277, 284, 287, 289, 567, 576
항일 구국 96, 104, 114, 115, 128, 140, 208, 239
항일 무장 투쟁 26, 27, 142, 165, 224, 228, 258, 260, 293, 567, 574
항일 문학 321, 568
항일 민족 통일 전선 234, 242, 260, 268, 281, 288, 289
항일 여론 95, 111, 120, 127, 142, 145, 148, 160, 198, 201, 206, 258, 321, 561, 568
항일 운동 28, 41, 99, 102, 124, 126, 194, 197, 223, 243, 248, 252, 255, 263, 378, 422, 427, 442, 443, 465, 517, 540
항일 전쟁 15, 24, 41, 51, 71, 98, 103, 104, 127, 128, 210, 221, 232, 234, 237, 249, 281, 301, 321, 323, 328, 369, 382, 467, 552, 553, 561~564, 566~568
항일구국회 99
항일어모抗日禦侮 143
항일연군 228
항일의용대 233
항전건국강령 366, 372
해군육전대海軍陸戰隊 122
해방 정국 394, 425, 429, 523, 540, 542, 544, 545
해방군 479
《해방일보解放日報》 41, 191, 230, 233, 240, 245, 247, 251, 258, 261, 265, 289, 432, 567
허난河南 49
허베이河北 49
헌병경찰제 240, 253
헌정憲政 135, 137, 149
헐 210, 318
헐츠 399
헤이룽강黑龍江 285
혁명 외교 62, 64, 81, 83
『현대평론現代評論』 45
혐한嫌韓론 33
형제의 나라 66, 245, 246, 275, 284, 544, 555, 575
호전好戰주의 119
홉킨스 351
홍군紅軍 231
홍명희 392, 409, 415, 439, 478
홍커우虹口공원 540
홍콩 191
화교 60, 70, 104, 218, 241, 343, 428

화남華南 258
《화남일보華南日報》 221
화북華北 26, 233, 260, 310, 312, 323
화북분리공작 88
화북정전華北停戰조약 182
화북조선독립동맹 261, 262, 265, 567
화북조선청년연맹 261
화북조선청년연맹 진차지분회晋察冀分會 233
화중華中 258
『화중통신華中通訊』 294
황민화 167, 190, 251, 253, 564
황복黃復 356
황옌페이黃炎培 133, 152, 159
황푸黃埔군관학교 67, 180, 235, 258, 268
황학수黃學秀 292, 293, 328, 332, 333, 364
후난湖南 151, 313
후난湖南대학 199
후등임後籐任 59
후베이湖北 151, 259, 293
후스胡適 211
후스쩌胡世澤 407, 412
후앙샤오구黃少谷 245
후야오방胡耀邦 29
후정즈胡政之 51, 131, 136
후한민胡漢民 48, 92, 97, 174
훈정訓政 40, 46, 51, 55, 87, 93, 126, 135, 139, 149, 153, 154, 157, 164, 185, 191, 237, 559~563, 569
훈정시기약법 150
흑백함 투표 460, 465, 478
흑우연맹 296
히틀러 351, 355